本书受到国家自然科学基金重点项目和"十二五"科技部主题863项目资助

VEHICLE TO EVERYTHING

车联网权威指南

标准、技术及应用

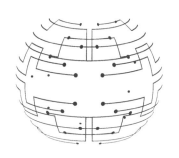

王平 / 主　编

王朝 刘富强 黄新林 / 副主编

尹学锋 孙晓艳 / 参　编

机械工业出版社
CHINA MACHINE PRESS

本书在内容上比较全面。车联网的信道、组网、仿真及应用等进行了全面阐述，而且涵盖了美标、欧标和中国主导的 LTE-V（也称 C-V2X）标准。本书所介绍的关键技术体现了最新的发展趋势，有助于帮助读者梳理主流的技术及其特点。本书结构比较清晰，从标准、技术、应用几个环节展开，便于读者理解与掌握全书内容。第 1 章是绪论，概括性地介绍了车联网的概念、范畴、标准、相关项目和测试场建设等内容，第 2~5 章是标准，第 6~9 章是关键技术，第 10 章是仿真实现，第 11 章是应用开发，第 12 章是车联网大数据。

本书注重帮助读者系统地理解车联网的基本概念、关键技术及应用开发技巧。本书适合于大专院校的物联网相关课程教材，也可以作为车联网（或智能网联汽车）领域相关工程师的参考书。

本书通俗易懂，由浅入深，侧重实用。本书提供电子教案，如有需要，可有偿提供车联网（智能网联汽车）应用场景案例实现和源码及相关培训服务。

图书在版编目（CIP）数据

车联网权威指南：标准、技术及应用/王平主编. —北京：机械工业出版社，2018.4（2022.9 重印）
ISBN 978-7-111-60178-4

Ⅰ. ①车… Ⅱ. ①王… Ⅲ. ①互联网络-应用-汽车 ②智能技术-应用-汽车 Ⅳ. ①U469-39

中国版本图书馆 CIP 数据核字（2018）第 171120 号

机械工业出版社（北京市百万庄大街 22 号　邮政编码 100037）
策划编辑：李馨馨　　责任编辑：李馨馨
责任校对：张艳霞　　责任印制：张　博
北京建宏印刷有限公司印刷

2022 年 9 月第 1 版 · 第 4 次印刷
184mm×260mm · 35.75 印张 · 885 千字
标准书号：ISBN 978-7-111-60178-4
定价：128.00 元

电话服务　　　　　　　　　　网络服务
客服电话：010-88361066　　　机 工 官 网：www.cmpbook.com
　　　　　010-88379833　　　机 工 官 博：weibo.com/cmp1952
　　　　　010-68326294　　　金 书 网：www.golden-book.com
封底无防伪标均为盗版　　　　机工教育服务网：www.cmpedu.com

前　言

　　车联网的发展经历了好几个阶段，最初出现的时候被称为"汽车移动物联网"，这个时候物联网发展正当时，人们纷纷盼望着物联网技术能够应用于汽车领域。后来，为了方便，"汽车移动物联网"又改名为"车联网"，并用英文"Internet of Vehicles"来表示，虽然它对应着美国的"Connected Vehicles"和欧盟的"Cooperative Intelligent Transport System（简称C-ITS）"，主要用于车车/车路通信，实现协同应用，但是这个概念一开始出现时，人们更多地是把它跟"Telematics"（车载信息服务，是指应用无线通信技术的车载计算机系统）应用混为一谈，而 Telematics 应用那时已经非常成熟。为了跟 Telematics 业务做更好的区分，业界开始更多地用"V2X"（Vehicle to Everything，包括 Vehicle to Vehicle 和 Vehicle to Infrastructure，即 V2V 和 V2I）来表示车联网。

　　在车间通信逐步被大家认可之后，一个融合的网络架构被提了出来，它包括车内网、车际网（也叫车间网）、车云网（也叫车载移动互联网），用于更好地为智能交通系统（ITS）提供通信服务。随着人工智能不断成熟，智能驾驶也向着更高阶段发展，人们希望把网络和人工智能有机地结合起来，通过协作式感知来弥补自主式感知的不足，以更好地服务于智能驾驶。于是，一个全新的说法"智能网联汽车"开始出现，智能汽车需要网联技术提供全方位的感知，也需要网络来共享云端的处理资源。此外，智能网联汽车所涉足的不再仅仅是汽车这么一个个体，而是需要把它融入大交通这个整体当中，宏观的交通特征将会对智能网联汽车产生影响，比如交通拥堵将会促使汽车在规划路线时提前规避拥堵区域。

　　智能网联汽车不仅是中国学者在这一领域达成的共识，也是美国、欧盟等发达国家普遍达成的共识，包括丰田、通用、上汽、奥迪等车企也在纷纷布局智能网联汽车的研发工作。但是，在汽车搭载网联技术时，以美国为首的西方国家采用的是专用短程通信技术（Dedicated Short Range Communications，DSRC）标准，而中国却力推 C-V2X（蜂窝车联网技术）标准。DSRC 是一个由 IEEE 802.11 标准扩充的通信协议，能够支持相邻车辆之间行车安全数据的相互通信和数据交换，符合智能交通系统的相关应用。从技术上来看，DSRC 标准对 IEEE 802.11 进行了多项针对车辆特殊环境的改进，例如，增强了热点间切换、更好地支持移动环境、增强了安全性、加强了身份认证等。C-V2X 是基于移动蜂窝网的车联网通信技术，以 LTE（长期演进技术）蜂窝网络作为基础的 C-V2X 称为 LTE-V2X。LTE-V2X 系统的空中接口分为两种，一种是 Uu 接口，需要基站作为控制中心，车辆与基础设施、其他车辆之间需要通过将数据在基站进行中转来实现通信，提供大带宽、大覆盖通信服务；另一种是 PC5 接口，可以实现车辆间数据的直接传输，满足低时延、高可靠的通信需求。

　　C-V2X 虽然起步晚于 DSRC，但是 C-V2X 可以直接利用现有蜂窝网基础设施，可以极大地降低部署成本，而且中国在 C-V2X 方面拥有更多的知识产权。因此可以想象，在中国市场，C-V2X 将会发展得更好。

　　在开展大规模实证测试项目"Safety Pilot Model Deployment"之后，美国交通部通过调查发现超过 90% 的驾驶员对于 V2V 安全应用持支持的态度，因此美国已经启动了法案强制要求新生产的轻型汽车支持 V2V 通信功能,这也就意味着 V2X 离大规模应用已经为期不远。因此,国内也掀起了一片浪潮,很多整车企业和研究机构纷纷开展 V2X 应用示范和测试验证工作,依靠同济大学团队开发的 LTE-V2X 应用示范系统于 2016 年 G20 峰会期间成功地在杭州开展了体验活动。正是在这种背景下,应广大读者的要求,我们精心编写了这本教材,希望能够有助于相关科研工作者、研究生、本科生掌握车联网原理,了解车联网应用方式。

本书在撰写的过程中得到了相当多同仁的帮助,其中同济大学电信学院王平副教授负责统稿,同济大学电信学院和同济大学计算机与信息中心实验教学中心主任尹学锋教授负责撰写了第 6 章,西安建筑科技大学信息与控制工程学院孙晓艳副教授负责撰写了第 10 章,同济大学电信学院王朝副教授、黄新林教授和刘富强教授也参与了部分章节的整理与校验,此外李想博士、邢玮俊、汪洋、解普龙、周宇、李南南、刘颖迪、罗肖、郑博文、王卓文、宁珍妮、蔡雪松、贺永宇、陈佳静、凌岑、洪靖翔、王晖、张超、叶筱康、储玺、邱徽虹、王南鑫、宋凯、张小莹、邵文兰等同学也参与了编写工作。

本书可以作为大专院校物联网相关课程的学习教材,可用于研究生教材和高年级本科教材,也可以作为智能网联汽车领域相关工作者的参考读物。

由于编者的水平有限,错误和疏忽之处在所难免,敬请广大读者提出宝贵意见。任何批评和建议请发至邮箱 shaffer_2001@163.com。

目 录

前言
第1章 绪论 1
1.1 当前所面临的挑战 1
1.2 车联网基本概念 2
1.2.1 车联网的定义 2
1.2.2 车联网的范畴 3
1.2.3 车联网与其他概念的区别与联系 4
1.3 车联网体系架构与通信标准 6
1.3.1 车联网体系架构 6
1.3.2 车联网体系参考模型 8
1.3.3 美国车联网通信标准 9
1.3.4 欧盟车联网通信标准及与美标的区别 11
1.3.5 中国力推的 LTE-V 标准 15
1.4 国内外车联网的发展现状 18
1.4.1 美国车联网的发展状况 18
1.4.2 欧盟车联网的发展状况 20
1.4.3 日本车联网的发展状况 22
1.4.4 国内车联网的发展状况 25
1.5 车联网的发展趋势 27
1.6 车联网测试场 30
1.6.1 美国密歇根大学 Mcity 31
1.6.2 瑞典 AstaZero 33
1.6.3 美国弗吉尼亚 Smart Road 33
1.6.4 英国 MIRA——City Circuit 35
1.6.5 其他测试场 35
1.6.6 测试场的对比及国内发展状况 36
1.7 各章概述 39
参考文献 42

第2章 IEEE 802.11p 标准 43
2.1 概述 43
2.2 物理介质关联子层 43
2.3 物理层会聚协议子层 45
2.3.1 PPDU 帧格式 45
2.3.2 PLCP 前导码 47
2.3.3 数据加扰、卷积编码和交织 48
2.3.4 子载波调制映射和导频插入 49
2.4 MAC 子层 51
2.5 802.11p 与蜂窝通信在 V2X 上应用的对比 52
2.5.1 背景情况 52
2.5.2 802.11p 在 V2X 上的应用 53
2.5.3 蜂窝通信在 V2X 上的应用 55
2.5.4 802.11p 与蜂窝通信在 V2X 应用上的互补 60
参考文献 61

第3章 IEEE 1609 标准 62
3.1 引言 62
3.2 IEEE 1609 标准及 WAVE 系统架构 62
3.2.1 IEEE 1609 协议及相关标准 62
3.2.2 WAVE 系统综述 65
3.3 WAVE 网络业务：IEEE 1609.3 73
3.3.1 概述 73
3.3.2 数据平面 74
3.3.3 管理平面 76
3.3.4 服务原语 83
3.3.5 WAVE 信息格式 89
3.4 多信道操作：IEEE 1609.4 94
3.4.1 概述 94
3.4.2 数据平面服务 95
3.4.3 控制平面服务 99
3.4.4 服务原语 102
3.5 资源管理：IEEE 1609.1 107
3.5.1 体系架构与通信流程 108
3.5.2 OBU 资源 110
3.5.3 RM 命令和响应 111
3.5.4 由 RM 提供的 RMA 服务 116
3.6 应用安全服务和管理：

IEEE 1609.2 …………… 121
   3.6.1 协议概述 …………………… 121
   3.6.2 安全管理服务 ……………… 122
   3.6.3 安全数据处理 ……………… 126
   3.6.4 密码材料与证书撤销 ……… 129
   3.6.5 加密操作 …………………… 131
3.7 SAE J2735 消息集 ……………… 131
   3.7.1 J2735 消息集概述 ………… 132
   3.7.2 基本安全消息 ……………… 133
   3.7.3 探测车辆数据消息 ………… 134
   3.7.4 路边警告消息 ……………… 135
3.8 总结与展望 …………………… 135
参考文献 ………………………… 136

第4章 欧盟车联网标准 …………… 138
4.1 引言 …………………………… 138
   4.1.1 ITS 站点整体介绍 ………… 140
   4.1.2 设备层 ……………………… 142
   4.1.3 网络层和传输层 …………… 143
   4.1.4 接入层 ……………………… 144
   4.1.5 ITSC 管理实体 …………… 146
   4.1.6 ITSC 安全 ………………… 149
4.2 应用及设备层 ………………… 150
   4.2.1 BSA 基本应用程序集 …… 150
   4.2.2 协作通信基础服务 ………… 156
   4.2.3 分散环境通知基本服务 …… 162
4.3 网络及传输层 ………………… 169
   4.3.1 GeoNetworking 简介 …… 169
   4.3.2 ITS 网络传输层要求 ……… 171
   4.3.3 GeoNetworking 协议 …… 173
   4.3.4 ITS 基本传输协议 ………… 185
   4.3.5 GeoNetworking 上的 IPv6 协议 … 189
4.4 接入层 ………………………… 198
   4.4.1 物理层和 MAC 子层 ……… 198
   4.4.2 分布式拥塞机制 …………… 208
4.5 管理 …………………………… 223
   4.5.1 ITS 应用程序综合管理 …… 223
   4.5.2 分布式拥塞控制的跨层操作 … 224
4.6 安全 …………………………… 228
   4.6.1 ITS 通信风险评估 ………… 228

4.6.2 ITS 信任与隐私管理 ……… 234
参考文献 ………………………… 237

第5章 LTE V2X …………………… 239
5.1 现状与需求 …………………… 239
   5.1.1 3GPP 在 V2X 上的标准化进程 … 239
   5.1.2 按接口分类的应用场景 …… 243
5.2 架构设计 ……………………… 246
   5.2.1 V2X 架构——基于 PC5 … 246
   5.2.2 V2X 架构——基于 LTE-Uu … 247
   5.2.3 关键问题 …………………… 248
5.3 无线空口关键技术 …………… 251
   5.3.1 资源分配 …………………… 251
   5.3.2 基于 Uu 接口的增强技术 … 258
   5.3.3 子帧结构增强 ……………… 259
   5.3.4 同步技术 …………………… 259
5.4 安全设计 ……………………… 260
   5.4.1 通信安全 …………………… 260
   5.4.2 LTE-V2X 无线资源访问授权 … 261
   5.4.3 V2X 实体设备环境安全 …… 261
5.5 LTE-V2X 的演进 ……………… 262
   5.5.1 LTE-eV2X 增强 …………… 262
   5.5.2 多接入边缘计算 …………… 262
   5.5.3 5G-V2X 标准工作推进 …… 262
5.6 发展前景 ……………………… 263
   5.6.1 V2X 的优势 ………………… 265
   5.6.2 C-V2X 的技术优势 ……… 266
   5.6.3 ITS 频谱需要考虑的问题 … 267
   5.6.4 C-V2X 的部署 …………… 268
   5.6.5 C-V2X 的实现 …………… 269
   5.6.6 5G 中 V2X 的发展方向 …… 269
参考文献 ………………………… 273

第6章 移动场景下的信道特征 ……… 274
6.1 研究现状 ……………………… 274
   6.1.1 高铁信道特征研究 ………… 274
   6.1.2 地铁信道特征研究 ………… 275
   6.1.3 无人机信道特征研究 ……… 275
   6.1.4 车-车信道特征研究 ……… 276
6.2 基于扩展卡尔曼滤波器(EKF)的信道参数跟踪估计算法 … 279

6.2.1 概览 ·········· 279
6.2.2 EKF 的结构 ·········· 279
6.2.3 扩展卡尔曼滤波器 ·········· 280
6.2.4 线性近似带来的模型失配 ·········· 282
6.3 基于粒子滤波的跟踪算法 ·········· 286
6.3.1 低复杂度的粒子滤波 PF 算法 ·········· 288
6.3.2 实测算法性能验证 ·········· 290
6.4 被动信道测量系统 ·········· 293
6.4.1 信道测量方法综述 ·········· 293
6.4.2 被动信道测量系统 ·········· 294
6.5 信道建模：高铁、地铁、无人机场景 ·········· 299
6.5.1 基于几何的随机高铁信道模型 ·········· 299
6.5.2 高铁环境中使用单天线构建虚拟阵列进行波达角估计 ·········· 313
6.5.3 LTE 系统下的高铁信道路径损耗模型 ·········· 318
6.5.4 LTE 系统下高铁隧道和非隧道环境信道模型 ·········· 323
6.5.5 地铁环境中的多链路信道模型 ·········· 326
6.5.6 地铁环境中的隧道站台转变信道模型 ·········· 343
6.5.7 无人机地对空信道模型 ·········· 349
参考文献 ·········· 356

第 7 章 接入技术 ·········· 362
7.1 引言 ·········· 362
7.2 信道接入协议 ·········· 363
7.2.1 基于竞争的 MAC 协议 ·········· 364
7.2.2 基于调度的 MAC 协议 ·········· 365
7.2.3 基于混合的 MAC 协议 ·········· 367
7.2.4 小结 ·········· 367
7.3 拥塞控制 ·········· 368
7.3.1 基于功率控制的拥塞控制机制 ·········· 369
7.3.2 基于速率控制的拥塞控制机制 ·········· 370
7.3.3 基于功率和速率控制的拥塞控制机制 ·········· 371
7.3.4 基于竞争窗口的拥塞控制机制 ·········· 373
7.3.5 小结 ·········· 375
7.4 多信道协调机制 ·········· 375
7.4.1 使用专用控制信道的多信道 MAC 协议 ·········· 375
7.4.2 基于跳频的多信道 MAC 协议 ·········· 376
7.4.3 基于时隙分割的多信道 MAC 协议 ·········· 377
7.4.4 拥有多收发机的多信道 MAC 协议 ·········· 378
7.4.5 基于簇结构的多信道 MAC 协议 ·········· 379
7.4.6 小结 ·········· 379
7.5 多信道分配策略 ·········· 380
7.6 优先级机制 ·········· 381
7.7 结论 ·········· 383
参考文献 ·········· 384

第 8 章 网络传输技术 ·········· 387
8.1 引言 ·········· 387
8.2 信息分发 ·········· 387
8.2.1 消息分发 ·········· 388
8.2.2 内容分发 ·········· 391
8.3 路由技术 ·········· 393
8.3.1 拓扑路由协议 ·········· 393
8.3.2 地理位置路由 ·········· 404
8.4 结论 ·········· 428
参考文献 ·········· 428

第 9 章 网络安全技术 ·········· 432
9.1 VANET 网络的信息安全需求 ·········· 432
9.2 VANET 网络中的攻击 ·········· 433
9.3 安全威胁评估 ·········· 436
9.4 安全服务 ·········· 437
9.4.1 加密算法 ·········· 437
9.4.2 PKI 介绍 ·········· 439
9.4.3 密钥管理 ·········· 441
9.5 安全认证 ·········· 446
9.5.1 车辆身份认证 ·········· 446
9.5.2 消息认证 ·········· 448

9.6 隐私保护 449
   9.6.1 隐私威胁 450
   9.6.2 隐私技术指标 450
   9.6.3 用户身份隐私保护 451
   9.6.4 用户位置隐私保护 453
9.7 总结 454
参考文献 454

第10章 移动建模与仿真 456

10.1 车联网建模与仿真概述 456
10.2 车辆运动建模 457
   10.2.1 车辆运动模型概述 457
   10.2.2 车辆运动模型分类 458
10.3 车联网网络仿真平台 463
10.4 交通仿真与网络仿真间的关系 464
   10.4.1 开环耦合 465
   10.4.2 闭环耦合 465
10.5 基于SUMO的交通仿真实现 475
   10.5.1 SUMO简介 475
   10.5.2 Hello SUMO实例 476
   10.5.3 节点描述 477
   10.5.4 边描述 478
   10.5.5 路网生成 480
   10.5.6 车辆相关描述 482
10.6 基于OMNeT++的车联网通信仿真实现 485
   10.6.1 Veins通信协议栈实现 485
   10.6.2 异构车联网VeinLte通信协议栈实现 487
10.7 车联网仿真实例 488
   10.7.1 Veins仿真实例 488
   10.7.2 VeinsLte仿真实例 492
参考文献 495

第11章 应用开发 498

11.1 车联网架构分析 498
11.2 车联网应用开发中的环境感知 501
   11.2.1 CAN数据采集处理 501
   11.2.2 GPS数据采集处理 508
   11.2.3 DSRC数据采集处理 517
11.3 数据处理 525
   11.3.1 坐标映射和轨迹预测 526
   11.3.2 区域划分 529
   11.3.3 场景分类和危险评估 530
11.4 基于中间件设计的平台开发架构 531
   11.4.1 平台功能需求 532
   11.4.2 平台架构设计 532
   11.4.3 平台硬件实现 534
   11.4.4 平台软件实现 535
11.5 应用场景分析 536
   11.5.1 交通安全类应用场景 537
   11.5.2 交通效率类应用场景 540
   11.5.3 交通便捷类应用场景 545
11.6 结论 547
参考文献 548

第12章 车联网大数据 550

12.1 车联网大数据及其特征 550
12.2 车联网大数据应用 550
   12.2.1 车辆碰撞避免 550
   12.2.2 驾驶行为分析 551
   12.2.3 车辆故障诊断与预测 552
   12.2.4 自动驾驶 552
12.3 总结 553
参考文献 553

附录 中英文对照表 555

第1章 绪　　论

1.1　当前所面临的挑战

城市交通是衡量城市文明水平的标志，也是城市生活的命脉。随着社会经济的高速发展，城市化进程的加快，城市交通需求也在迅速的增长，交通问题俨然已成为困扰城市发展的重大难题。在安全性方面，2015年全国共发生道路交通事故45万余起，造成近10万人死亡，直接财产损失18.8亿元；2016年中国共接报道路交通事故864.3万起，造成63093人死亡、226430人受伤，直接财产损失12.1亿元。道路交通事故万车死亡率为2.14，同比上升2.9%。据统计车祸也是造成11~27岁年轻人死亡的主要原因。在移动性方面，中国社会科学院数量经济与技术经济研究所估计，北京市交通拥堵造成的社会损失为每天4000多万元，每年高达146亿元，全国范围损失大约为每年1700亿元。与此同时，城市交通也造成了大量的环境污染，并挤占了原本用来居住、商业、绿化以及公共设施的空间，车辆制造的温室气体对气候变化的影响，不仅是中国也是全球的一个巨大挑战。

来自安全、移动、环境等多方面的交通问题，正迫使人们改变固有的交通出行方式，如何解决这些问题也是如今国内外专家正重点关注的热点课题。车联网即是在这一课题下应运而生的产物，它提出了将汽车、无线设备、驾驶员以及道路设施关联起来的实现交通智能化的解决思路[1]。

在安全驾驶方面，事故发生主要是由于司机的驾驶能力较差，交通感知能力不足，面对突发的交通情况不能做出迅速的反应。智能车联网系统可以通过通信设备获取本车、周围车辆以及道路的基本信息，全方位、多视角告知司机周围任何路段的情况，扩大司机的视听范围，同时车辆能够通过精确的计算，预估事故发生的可能性，警告司机潜在的危险，建议司机修正驾驶行为，在设想中此系统甚至可以直接控制车辆进行协助驾驶来减少甚至消除事故的发生。

在移动性方面，车辆可以将自己的位置信息发送给路边单元，交通部门通过汇总车辆的位置信息可以实时地了解城市交通的不同道路的拥堵情况，并可以及时根据实际情况发布车辆疏散信息来缓解道路通行压力，司机也可以通过智能车联网设备获知前方道路信息，从而选择合适的线路，减小在路途上的时间和经济方面的损失。

在环境方面，据统计，合理的驾驶行为（例如平稳的车速）能有效地降低车辆油耗[3]，从而缩减温室气体的排放，通过车辆传感器可以收集到驾驶员的驾驶行为信息，再通过车联网系统的通信设备将驾驶员的驾驶行为信息发送到服务器端，服务器端通过处理分析后可以向驾驶员提出驾驶行为的建议，以达到降低排放的目的。

车联网技术将汽车作为 V2X 系统①的通信终端,构建出一种面向汽车的移动互联网,通过在车辆之间以及车辆和路侧设施之间进行实时、高效的信息交互,一方面可以有效弥补传统激光、雷达和机器视觉分析等技术在距离、角度等方面存在的缺陷,另一方面又可以在各种交通要素之间充分共享信息,进而全方位地提升汽车主动安全系统的感知范围和感知程度,避免碰撞事故和交通拥堵引发的社会财产损失。正因为其重要意义,2014年2月3日,美国交通运输部部长 Anthony Foxx 指出,V2X 技术是继安全带、安全气囊之后的新一代安全技术,在维持美国处于全球汽车工业领导者地位中能发挥重要作用。美国将 V2X 技术作为交通领域中发展的重中之重,已经连续3次将其列入智能交通系统的国家战略规划。

1.2 车联网基本概念

1.2.1 车联网的定义

1.1节简要介绍了车联网概念以及应用背景,我们需要对其进行更详细的定义。车联网概念引申自物联网(Internet of Things, IoT)[4],车联网全称为汽车移动互联网,传统的车联网定义是指装载在车辆上的电子标签通过无线射频等识别技术,实现在信息网络平台上对所有车辆的属性信息和静、动态信息进行提取和有效利用,并根据不同的功能需求对所有车辆的运行状态进行有效的监管和提供综合服务的系统。

随着车联网技术与产业的发展,上述定义已经不能涵盖车联网的全部内容。根据世界电动车协会的定义,车联网(汽车移动互联网)是利用先进传感技术、网络技术、计算技术、控制技术、智能技术,对道路交通进行全面感知,对每部汽车进行交通全程控制,对每条道路进行交通全时空控制,实现道路交通"零堵塞"、"零伤亡"和"极限通行能力"的专门控制网络。由此可见,车联网运用了先进的信息通信技术,既要对车进行控制,又要对道路进行控制,其目标是实现交通安全"零伤亡"、交通效率"零堵塞"和"极限通行能力",这是一个远景目标,勾画出了未来人类出行美好的蓝图。

根据车联网产业技术创新战略联盟的定义,车联网是以车内网、车际网和车云网为基础,按照约定的通信协议和数据交互标准,在车与车、车与路、车与行人之间,进行无线通信和信息交换的大系统网络,如图1-1所示。车内网是指通过应用成熟的总线技术建立的一个标准化的整车网络,车际网是指基于专用短距离通信技术(Dedicated Short Range Communications, DSRC)技术和 LTE V2X 技术构建的实现车与车和车与路边的基础设施之间中短程距离通信的动态网络,车云网(也称车载移动互联网)是指车载终端通过3G/4G等通信技术与 Internet 和云端进行远程无线连接的网络。车联网是能够实现智能化交通管理、智能动态信息服务和车辆智能化控制的一体化网络,是物联网技术在交通系统领域的典型应用。而根据行业背景不同,对车联网的定义也不尽相同,我们需要对相关概念进行了解和区分。

---

① V2X(Vehicle to Everything)包括 V2V(Vehicle to Vehicle)和 V2I(Vehicle to Infrastructure)。

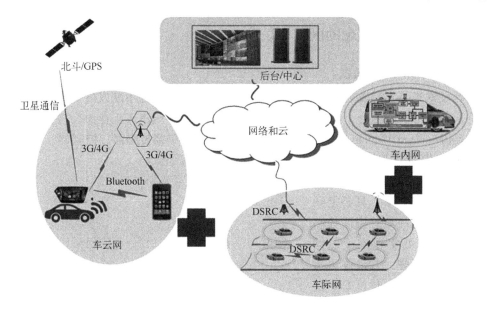

图 1-1　车内网、车际网和车云网

1.2.2　车联网的范畴

车联网一般又称为 V2X（Vehicle to Everything）或 C2X（Car to Everything），其中又包括了基于车与车、车与道路基础设施、车与行人（Vehicle to Pedestrians，V2P）以及车与后台数据中心或者车与云端（Vehicle to Cloud，V2C）的应用。在这里，车联网不仅是指将车连接起来的通信网络，而且还包括了基于车与其他实体之间交互（即 V2X 通信）的各种应用。在美国它被称为 Connected Vehicles（简称为 CV），是指车与车之间要进行互联，对应的还有 Connected Corridors（又称为路联网），道路之间也需要通过网络互相沟通，以及车路协同（Vehicle Infrastructure Integration，VII），指道路和车辆之间需要协同工作，可见车路协同是车联网中的一个有机组成部分。所以广义的车联网既包括车与车、车与路、车与人、车与后台中心的连接，还包括路与路、路与人、路与后台中心之间的连接，它通过各种通信技术将人、车、路、中心有机地互联起来。而狭义的车联网是指车车/车路之间的互联，它采用一种专用的中短程通信技术，在车辆之间以及车辆和路侧单元之间建立一种自组织的网络，实现节点之间的直接通信。在欧盟它又被称为协作式智能交通系统（Cooperative Intelligent Transport Systems，C-ITS），是指智能交通系统中的各个交通要素之间通过网络进行协作，所以又称为协作式（又称合作式或协同式）智能交通系统，属于智能交通系统中的一个特例，代表了智能交通系统借助各种新型信息通信技术向未来交通演进的一种技术路线。有些人认为 C-ITS 主要为交通服务，因此主要解决交通拥堵问题以提高交通效率。实际上，欧盟在提出 C-ITS 系统框架（可以参考后面的章节）时，主要强调的是车、路、人和后台中心之间的协作，与美国的 Connected Vehicles 框架和标准相对应，因此它首要的目的还是针对交通安全，然后才是解决交通效率和环境污染问题。

1.2.3 车联网与其他概念的区别与联系

1. 与智能网联汽车的关联

自动驾驶汽车是当前发展的一大热点,随着智能驾驶技术的不断发展,智能处理技术正在与网络通信技术深度融合,这就产生了智能网联汽车。中国汽车工业协会将智能网联汽车(Intelligent Connected Vehicle,ICV)定义为:搭载先进的车载传感器、控制器、执行器等装置,并融合现代通信与网络技术,实现车与X(人、车、路、后台等)智能信息交换共享,具备复杂的环境感知、智能决策、协同控制和执行等功能,可实现安全、舒适、节能、高效行驶,并最终可替代人来完成操作的新一代汽车。智能网联汽车是车联网与智能汽车的交集,图1-2显示了车联网与智能汽车、智能交通的相互关系。

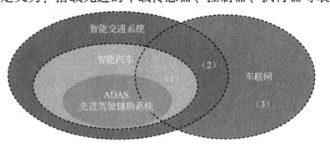

(1)协同式智能车辆控制(智能网联汽车)
(2)协同式智能交通管理与信息服务
(3)汽车智能能制造、电商、后服务及保险等

图1-2 车联网与智能汽车、智能交通的相互关系

2. 与ITS的关联

智能交通系统(Intelligent Transport System,ITS)是将先进的信息技术、通信技术、电子传感技术、控制技术等有效地集成运用于整个地面交通管理系统而建立的一种在大范围内、全方位发挥作用的,实时、准确、高效的综合交通运输管理系统。智慧交通是未来交通系统的发展方向,它是智慧城市的一个重要组成部分,其目的是使人、车、路密切配合达到和谐统一,发挥协同效应,极大地提高交通运输效率、保障交通安全、改善交通运输环境和提高能源利用效率。这里的"人"是指一切与交通运输系统有关的人,包括交通管理者、操作者和参与者;"车"包括各种运输方式的运载工具;"路"包括各种运输方式的通路、航线。"智能"是ITS区别于传统交通运输系统的最根本特征,是指运用于交通运输系统中的各种智能技术。从各国实际应用效果来看,发展智能交通系统确实可以提高交通效率,有效减缓交通压力,降低交通事故率,进而保护了环境、节约了能源。

车联网是物联网在智能交通领域的应用,是智慧交通的发展新动向。踏入新世纪,物联网、智慧地球、智慧城市等概念兴起,具体到交通领域的应用便产生了智慧交通、车联网的概念。物联网的概念,在中国早在1999年就提出来了,当时不叫"物联网"而叫传感网,物联网概念的产生与物联网行业的快速发展,与智能交通交汇融合,产生了智能交通行业的新动向——车联网。车联网就是汽车移动互联网,它强调的是以车为载体构建的一种信息网络平台,使车与车、车与路、车与人、车与后台中心之间实时联网,实现信息互联互通,从而对人、车、路、网进行有效的管理,实现人、车、路在时空环境下的高度协同。

3. 与车路协同系统的关联

车联网虽然关注的也是车与车、车与路、车与行人之间的信息交换,但是车联网并不等价于ITS。ITS下产生的一个重要概念为车路协同系统(Cooperative Vehicle Infrastructure System,CVIS),车路协同系统是基于无线通信、传感探测等技术获取车辆和道路信息,通过车车、车路通信进行信息的交互和共享，并在全时空动态交通信息采集与融合的基础上开展车辆主动安全控制和道路协同管理，充分实现汽车与道路的有效协同，保证交通安全，提高通行效率，从而形成安全、高效和环保的道路交通系统。值得注意的是，车联网与车路协同系统不尽相同且互有交集，可以说广义的车联网是一个比车路协同更宽广的概念，广义的车联网包括车联基础网络以及其应用，而车路协同只是车联网中的应用方式之一。车路协同最关注的是车路信息的交互与交通流的疏导，而车联网还关注车车之间的信息交互，希望解决行车安全，高效驾驶，减小碳排放，提供信息娱乐等方面的问题。车路协同缺点是没有好的模式、感兴趣的车企少，需要通过政府来大力推行基础设施的建造工作，只有在道路信息化和智能化比较高的情况下才能有效地发挥作用，而车联网具有更好的商业模式，使得车企更有兴趣参与进来。

4. 与 Telematics 的关联

Telematics 即车载信息服务系统，是 Telecommunications（远距离通信）与 Informatics（信息科学）的合成词。Telematics 的目的是以无线语音、数字通信和卫星导航定位系统为平台，通过定位系统和无线通信网，向驾驶员和乘客提供交通信息、紧急情况应对策略、远距离车辆诊断和互联网增值（金融交易、新闻、电子邮件等）服务的业务，可以说 Telematics 是车联网的重要组成部分，强调的是远程无线通信的接入，特别是跟 Internet 的互联。车联网除了包含 Telematics 之外，还包括一个车辆自组织网络，它可以在没有 Internet 接入的情况下形成一个独立而又相对完善的网络环境，为车车/车路之间的信息交互提供有力的支撑与保障。Telematics 目前发展比较成熟，通过与后台服务中心的蜂窝连接可以为驾驶员提供包括紧急救援在内的对通信时延要求不太高的服务，市场化程度较高的产品包括 OnStar、G-Book、InkaNet 等。早期不少人误认为 Telematics 就是车联网，这与美国所要发展的 Connected Vehicles 和欧盟的 Cooperative ITS 是截然不同的，因为后面两者强调的是车车/车路之间的中、短程通信，而不是车与后台中心之间的通信，而且要求极低的通信时延和极高的传输可靠性，比如在 200 ms 以内实现基本安全消息（Basic Safety Message，BSM）的交互，这是 Telematics 采用 3 G/4 G 技术提供远程接入所达不到的。

5. 与 ETC 及其标准的关联

ETC（Electronic Toll Collection）即电子不停车收费系统，为车联网的应用之一。其技术和工作原理是通过在汽车挡风玻璃上安装感应卡并预存费用，在车辆通过收费站时，无须停车，只需放慢速度即可，通过车载设备实现车辆识别、信息写入，通行费将从预先绑定的 IC 卡或银行账户上自动扣除。

ETC 系统是通过安装于车辆上的车载装置和安装在收费站车道上的天线之间进行无线通信和信息交换。它主要由车辆自动识别系统、中心管理系统和其他辅助设施等组成。其中，车辆自动识别系统有车载单元（On Board Unit，OBU）、路边单元（Roadside Unit，RSU）、环路感应器等组成。OBU 中存有车辆的识别信息，一般安装于车辆前面的挡风玻璃上，RSU 安装于收费站旁边，环路感应器安装于车道地面下。车载设备和路边设备通过专用短程通信协议 DSRC 完成路边设备对车载设备信息的一次读写，即完成收（付）费交易所必需的信息交换手续。

这里用于 ETC 的 DSRC 协议与 V2X 系统中的所采用的主流 DSRC 协议有着完全一样的名

称，极易让人混淆。根据美国 DSRC 标准的描述，专用短距离通信技术在美国被用于和 WAVE 协议相关的无线电频谱或技术，美国机动车工程师学会（Society of Automotive Engineers，SAE）已经明确提出 WAVE 协议要使用 5.9 GHz 的频带。在美国以外，DSRC 可能指的是一个使用 5.8 GHz 频带的不同的无线电技术，例如电子收费（Electronic Fee Collection，EFC）。从这句话可以看出，用于 ETC 的 DSRC 采用的是不一样的通信技术，不同之处包括：它采用半双工通信、工作在 5.8 GHz 频段，主要规定了物理层、数据链路层和应用层，工作距离只有 10～30 m，传输速率不到 0.5 Mbit/s，采用被动工作方式，数据链路层主要采用 HDLC 协议。而用于 V2X 的 DSRC 协议具有更加复杂和完备的协议栈，包括 IEEE 802.11p 和 IEEE 1609.X 以及 SAEJ2735，工作在 5.9 GHz，覆盖范围能达到数百米，传输速率能达到几兆，而且采用主动工作方式。此外，它们之间也存在密切的关联。首先，日本用于 V2X 的 DSRC 协议就是在用于 ETC 的 DSRC 协议基础上逐步发展起来的，所以也保留了 5.8 GHz 的工作频段；其次，ETC 可以作为一个单独的系统独立运行，也可以通过实现了包括 IEEE 1609.11 标准的 DSRC 系统来提供支付服务，这在美国的高层协议 IEEE 1609.11 里具有明确的描述，如图 1-3 所示。

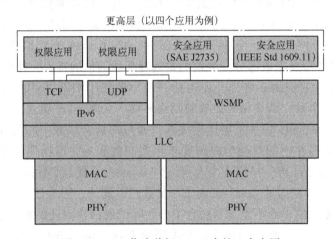

图 1-3 EFC 作为美标 DSRC 中的一个应用

1.3 车联网体系架构与通信标准

1.3.1 车联网体系架构

1. 云管端架构

"云-管-端"是未来信息服务的新架构，如图 1-4 所示，它展示其面向未来自动驾驶的端到端综合解决方案。简单来说，"云"是云服务，包括云计算和大数据，它能够基于大量收集到的数据实时进行智能处理和协同规划，进而开展队列控制等操作；端是智能终端，包括汽车、手机（代表行人）和路侧单元各种交通参与实体，也是执行云端指令的实体；而"管"则是连接"云"和"端"之间的各种管道，包括上、下行通信管道和直通管道，它将各种交通实体连接起来，并保证数据交互的顺畅。由于云端需要处理的数据量极大，对传输的时延和可靠性要求极高，所以目前更多地强调车车/车路之间的实时互联和分布式处理，以简化网络架构的设计和降低算法处理的复杂性。

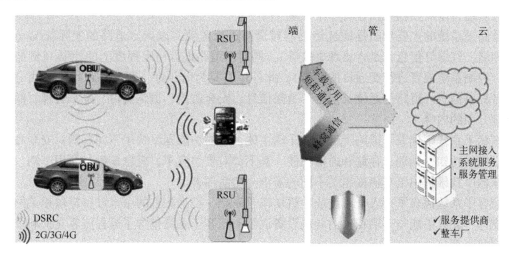

图 1-4　云管端架构

2. 人车路网子系统

在美国，引入车联网的 ITS 系统架构如图 1-5 所示，它总共包含了 22 个小的子系统，22 个子系统又被划分为四个大的子系统：中心子系统、道路子系统、车辆子系统以及旅客子系统。子系统之间采用不同的通信技术完成信息交互，包括车车通信、车路通信、点对点通信和广域无线通信，子系统与子系统之间通过标准接口来交换信息[6]。

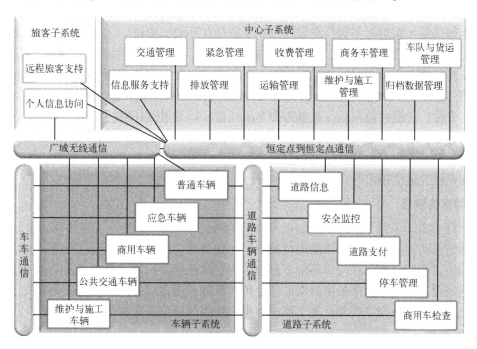

图 1-5　ITS 系统架构

由于 ITS 的子系统众多，需要一个能接收和处理其他子系统信息的中心，用于控制并协调其他子系统的活动，中心子系统就起到了这样的作用。中心子系统包含交通管理、紧急管

理、收费管理、商务车管理、车队和货运管理、信息服务支持、排放管理、运输管理、维护和施工管理，以及归档数据管理等子系统。

道路子系统的主要功能是通过传感器对道路进行监测，以确定道路的实际情况（例如是否拥堵，红绿灯信息，是否出现事故等），同时对道路进行一定程度上的控制（例如操作一些云控制系统或者进行交通灯的控制），此外还需要为信号灯、高速公路状况无线电等路边设备提供信息。道路子系统又包含了道路信息、安全监控、道路支付、停车管理、商用车检查等方面的内容。

车辆子系统则代表了道路上运行的车辆主体，它的功能则反映了不同车辆对安全高效行车所必需的感知、处理、存储和通信功能。其下针对普通汽车、应急车辆、商用车辆、公共交通车辆以及维护施工车辆提出了不同的需求与功能部署。

旅客子系统代表了行人子系统或非机动车子系统，是为旅客的个人设备提供相关的出行信息支持，此处不能与车辆相关的导航设备混淆。旅客子系统包含了远程旅客支持和个人信息访问两个部分。

1.3.2 车联网体系参考模型

作为物联网的一种特殊行业应用，车联网体系参考模型主要包括三层：数据感知层、网络传输层以及应用层。

1. 数据感知层

数据感知层承担车辆自身与道路交通信息的全面感知和采集，是车联网的神经末梢，通过传感器、RFID、车辆定位等技术，实时感知车况及控制系统、道路环境、车辆当前位置、周围车辆等信息，实现对车辆自身属性以及车辆外在环境如道路、人、车等静、动态属性的提取，为车联网应用提供全面、原始的终端信息服务。数据感知层的数据来源包括多个部分，一是对车辆自身的感知，例如速度、加速度、位置、横摆角速度等，主要通过读取CAN总线、GPS和其他感知设备来实现；二是对周围车辆行驶状态的感知，比如周围车辆的位置、方位、速度、航向角，这就需要车间通信，以及道路环境的感知，比如交通信号状态、道路拥堵状态、车道驾驶方向，这就需要车路通信，每辆车和路边设施单元需要把自己感知到的信息分发出去；三是通过与后台及第三方应用交互来获取更多的数据，比如天气数据、公交车优先调度请求等。

2. 网络传输层

为了在车车、车路、车人和车云（车与后台中心）之间实现信息的共享，这就需要考虑通用的通信协议的制定。网络层通过制定满足业务传输需求的能够适应通信环境特征的网络架构和协议模型，在一种网络环境下整合不同实体所感知到的数据；通过向应用层屏蔽通信网络的类型，为应用程序提供透明的信息传输服务；通过对云计算、虚拟化等技术的综合应用，充分利用现有网络资源，为上层应用提供强大的通信支撑和信息支撑服务。

3. 应用层

车联网的各项应用必须在现有网络体系和协议的基础上，兼容未来可能的网络拓展功能。应用需求是推动车联网技术发展的原动力，车联网在实现智能交通管理、车辆安全控制、交通事件预警等功能的同时，还应为车联网用户提供车辆信息查询、信息订阅、事件告知等各类服务功能。同时可以运用云计算平台，面向包括政府管理部门、整车厂商和信息服务运营企业以及个人用户在内的不同类型用户，提供汽车综合服务与管理功能，共享汽车与道路交通数据，从而支持新型的服务形态和商业运营模式。

由于不同的业务需求和传输环境，整个车联网采用不同的通信技术，一个实体往往具有多模式的接入能力，比如车载单元，既有 WiFi、DSRC、3G/4G 接入，还有卫星通信，如图 1-6 所示。具体到实体之间，路侧和后台中心子系统之间往往采用光纤通信，行人、车辆与中心子系统之间采用蜂窝接入。由于交通安全需要及其严苛的通信时延和传输可靠性，因此需要车与车、车与路之间的实时通信，且不与其他的通信系统相互干扰，就必须制定专用于车辆环境的通信标准以及开发相应的通信技术。考虑到其他的通信技术非常成熟，常常讨论的车联网（V2X）就是针对车车/车路通信这种狭义的车联网技术而言，而且目前美国、欧盟所规划的战略重点也是针对这种技术，因此我们后面的章节主要围绕车车/车路通信相关的 V2X 技术展开讨论。

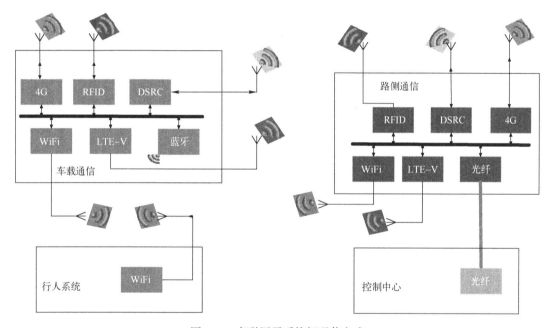

图 1-6 车联网子系统间通信方式

1.3.3 美国车联网通信标准

就狭义车联网的通信标准来说，国际上最典型的 V2X 通信技术为车辆专用短程通信技术。DSRC 是一种高效、专用的车辆无线通信技术，于 1998 年由美国国会颁布的《21 世纪交通平等法》最先提出，它是以 IEEE 802.11p 为基础，将 5.850~5.925 GHz 中的 75 MHz 频段作为智能交通系统中专用短程通信的无线电服务，服务目的是为了改善交通安全程度，减少拥堵等。后续，欧盟、日本、新加坡、韩国等相继推出自己的通信标准，但是都是基于美国的 DSRC 标准派生而来，所以这里首先介绍美国的 DSRC 标准。

DSRC 通信从根本上依赖于来自不同制造商的设备之间的互操作性。由美国交通部和汽车制造商组成的车辆安全通信 3（Vehicular Safety Communication 3，VSC3）团队已经开展了一个项目，用于测试 DSRC 技术的互操作性和扩展性。这个 V2V 互通性项目的第一阶段集中在新兴标准是否足够清晰和全面，能否实现独立的通信。测试显示，来自四个供应商的 DSRC 设备能有效通信，在标准识别上没有显著差异。

DSRC 协议栈如图 1-7 所示[7]。在物理层和 MAC 层，DSRC 使用 IEEE 802.11p（IEEE 802.11（WiFi）的改进版）提供车载环境下的无线接入。在协议栈中间位置，DSRC 采用一套 IEEE 1609 工作组定义的标准：1609.4——用于信道切换，1609.3——用于网络服务（包括 WAVE 短消息协议——WSMP），1609.2——用于安全服务。DSRC 还支持在网络和传输层使用 IPv6 协议，用户数据报协议（User Datagram Protocol，UDP）和传输控制协议（Transmission Control Protocol，TCP），以支持接入 Internet 的需求。在具体通信过程中，选择使用 WSMP 还是 IPV6+UDP/TCP 取决于应用程序给定的要求。单跳消息例如以碰撞预防为基础的应用，通常使用通信效率高的 WSMP，多跳数据包可使用 IPv6 的路由功能。

在协议栈顶部，SAE J2735 标准指定了固定的消息格式来支持各种基于车辆的应用程序，其中最重要的消息格式是基本安全消息，它传达了重要的车辆状态信息来支持 V2V 安全应用程序。频繁发送 BSM 的车辆可以互相追踪周边其他车辆的运动状态，通过具体算法分析行为轨迹来防止潜在的碰撞。SAE J2945.1 标准中对通信最低性能要求标准有详细说明，需要解决的主要问题在于 BSM 传输速率和功率、BSM 数据的准确性以及信道拥塞控制。

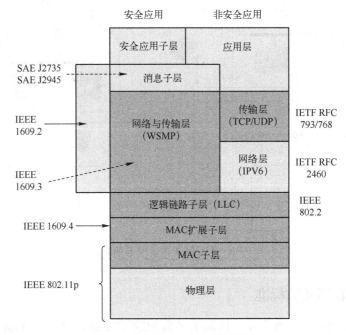

图 1-7 美国 DSRC 通信协议栈

美国联邦通信委员会（Federal Communications Commission，FCC）已经将 5.850~5.925 GHz 的 5.9 GHz 频带分配给了 DSRC 通信，这段频谱包含了 7 个 10 MHz 的信道和在最底部预留一个 5 MHz 的保护间隔，并指定了每个信道是服务信道（Service Channel，SCH）还是控制信道（Control Channel，CCH），如图 1-8 所示。其中，两个 10 MHz 的信道也能组合成 20 MHz 的信道，例如信道 175 和信道 181。美国在有关 DSRC 的测试中大多使用 10 MHz 信道，测试显示，这种带宽很适合在汽车环境中所遇到的延迟和多普勒扩散。信道拥塞问题能通过提升到 20 MHz 的信道容量来解决，这里需要考虑的是，虽然 20 MHz 能降低碰撞概率，但传输一个给定调制方式和编码方式帧在 10 MHz 信道上的花费只有 20 MHz 上的一半，此外一个 20 MHz 的信道在一个给定背景频谱下会产生更多的噪声。

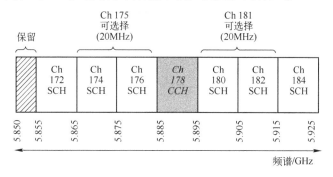

图 1-8　美国 DSRC 信道划分

美标 DSRC 为不同的信道分配了不同的任务，其中 172 信道和 184 信道指定用于公共安全相关的业务，172 侧重于 V2V 之间的 BSM 交互和生命财产相关，其最大输出功率限定为 33 dBm，184 侧重于长距离的交叉口安全业务，其最大输出功率可达 40 dBm。174 和 176 信道用于中距离的共享公共安全/私有服务，最大输出功率为 33 dBm。178 为控制信道，如果面向私有服务，最大输出功率为 33 dBm，如果面向公共服务，最大输出功率为 44.8 dBm。180 和 182 信道提供短距离的共享公共安全/私有服务，最大输出功率为 23 dBm，其 DSRC 频谱图如图 1-9 所示。

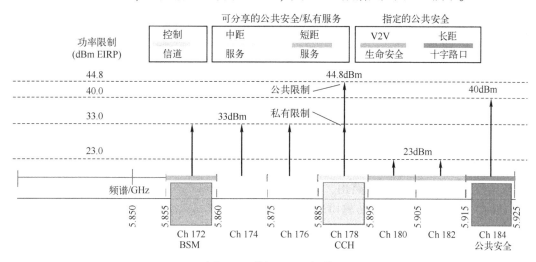

图 1-9　美标 DSRC 频谱

1.3.4　欧盟车联网通信标准及与美标的区别

各国在频段划分、定义、使用方面存在差异，本节将主要介绍欧标和美标的区别。

V2X 通信的欧洲标准为协作式智能交通系统 C-ITS，C-ITS 属于 ITS 的范畴，主要关心包括汽车、卡车、公共汽车、火车、基础设施等在内的一对一或一对多通信。其通信方式可以使用现有的适用于移动应用的技术，例如蜂窝网通信、Wi-Fi 或者专用短程通信 DSRC，但由于车辆场景下的高速移动特性，传统的 Wi-Fi 技术对于车辆移动通信不是最优选择。

欧标 C-ITS 拥有自己的通信体系结构，如图 1-10 所示，整个通信模块由五个主要部分组成：

1) 接入（Access）。对应 OSI 中的物理层和数据链路层，从图中可以看出 C-ITS 支持多种模式的接入。

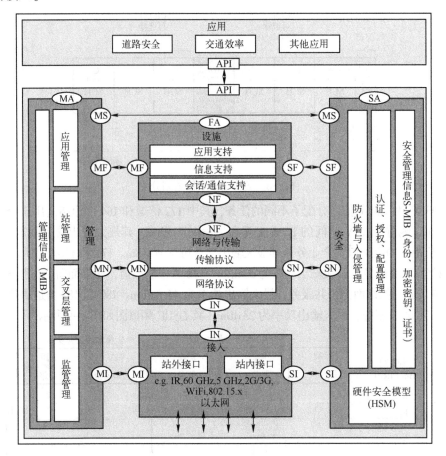

图 1-10　欧标通信体系结构

2) 网络和传输（Networking & Transport）。对应 OSI 中的网络层和传输层。网络层利用 IP 协议描述了如何寻址和寻找路由，其中定义了一种特殊的组网方式——基于地理位置的组网（GeoNetworking，GN）；传输协议定义数据是如何传输和控制的，例如 TCP/UDP 或基本传输协议（Basic Transport Protocol，BTP）。

3) 设施（Facilities）。对应 OSI 中的会话层，表示层，应用层。可以提供通信信息共享的支持，应用的支持，其中包含了消息协议（例如 CAM，DENM 和 SPAT）和 LDM（本地动态地图）的定义。

4) 管理。一个垂直支柱，管理 ITS-S 内所有进程，从底层到顶层。

5) 安全。一个垂直支柱，管理 ITS-S 内端到端的安全，从底层到顶层。

C-ITS 中的所有服务和应用位于顶层的应用层，与协议栈中的更低层通过 API 进行信息交互。

1. 通信频段的对比

就通信频段来说，欧标与美标的 DSRC 频段分配情况如图 1-11 所示。在欧洲的 C-ITS

标准中，为 DSRC 预留了 5.9 GHz 频段上的 70 MHz 带宽（在 ETSI TC ITS 和 CALM M5 in ISO TC 204 中被称为"ITS-G5"），用于支持快速移动车辆间的通信以及车辆和路边单元的通信。其频段范围为 5855～5925 MHz，与美国标准正好对应起来。

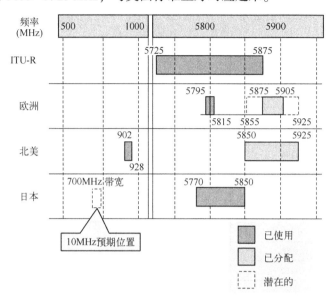

图 1-11 欧洲、美国、日本 DSRC 频段区别

在 IEEE 标准中 802.11 的信道只定义了核心频率，并没有定义特定的带宽，而欧盟以及美国的标准中对不同的编号信道还提出了一个特定的信道带宽。如图 1-12 所示，欧标的 10 号信道占用了 30 MHz 带宽，2 号信道和 8 号信道占用了 20 MHz 带宽；而在美标中，只有 175 号和 181 号两个可选的信道占用了 20 MHz 带宽。

中心频率/MHz	频带宽度/MHz	IEEE Std 802.11 信道编号	欧盟规定的信道编号	美国规定的信道编号
5860	10	172	1	172
5865	20	173	2	—
5870	10	174	3	174
5875	20	175	—	175
5880	10	176	4	176
5890	10	178	5	178
5900	10	180	6	180
5900	30	180	10	—
5905	20	181	—	181
5910	10	182	7	182
5915	20	183	8	—
5920	10	184	9	184

图 1-12 欧标、美标物理信道分配对比

欧盟与美国的标准中均有对逻辑控制信道、逻辑服务信道和逻辑安全信道的定义。逻辑控制信道用于传送信令或同步数据，逻辑服务信道用于传递数据，逻辑安全信道（Safety Channel，SfCH）为特定功能的物理信道（例如用于保障人身财产安全的信道）。对比欧标和美标的规范，关于DSRC的信道定义的不同之处如图1-13所示。

欧盟/美国信道编号	欧盟信道用途	美国信道用途
none/none (BRAN/U-NII channels)	SCH7 (ITS-G5C)	-
1/172	SCH4 (ITS-G5B)	SCH reserved for SfCH use
2/-	-	-
3/174	SCH3 (ITS-G5B)	SCH
-/175		SCH
4/176	SCH1 (ITS-G5A)	SCH
5/178	SCH2 (ITS-G5A)	CCH
6/180	CCH (ITS-G5A) and SfCH	SCH
-/181		SCH
7/182	SCH5 (ITS-G5D)	SCH
8/-		
9/184	SCH6 (ITS-G6D)	SCH reserved for SfCH use
10/-		

图1-13 逻辑信道到物理信道的映射关系

- 对于5.9GHz频带下的逻辑控制信道CCH映射到物理信道的方式是不同的。
- 对于5.9GHz频带下的逻辑安全信道SfCH映射到物理信道的方式是不同的。
- 在ETSI欧洲标准中相较于美标，数量更少的物理信道被单独映射成逻辑服务信道

2. 协议栈的对比

欧盟和美国的车联网通信标准主要的区别如表1-1所示。在接入层，欧标和美标大同小异，都是基于IEEE 802.11p，采用了多信道调配的机制。不同的是，美标只支持单一的接入，而欧标能支持多种模式的接入。主要的区别来自于上层，在网络传输层，美标以WAVE短消息协议为主，而欧标以基于地理位置的组网/基本传输协议为主。在应用层，美标主要基于基本安全消息进行信息交换，其中以周期性消息为主，其中又包含了事件触发的消息；而欧标则分别定义了两大类消息：周期性消息（Cooperative Awareness Message，CAM）和事件触发消息（Decentralized Environmental Notification Message，DENM）。

表1-1 欧盟与美国车联网通信标准的对比

国家/组织	频段/GHz	接入层	网络传输层	应用层
美国	5.9	IEEE 802.11p	以WSMP为主	以BSM为主
欧盟	5.9	以ITS G5为主	以GeoNetworking/BTP为主	以CAM和DENM为主

具体来说，欧标与美标的映射对比如图1-14所示，左图为欧标通信架构，右图为美标通信架构。

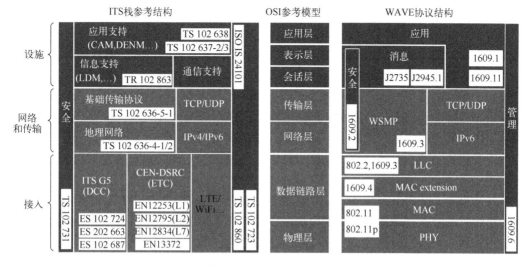

图 1-14 欧标与美标的映射(左边为欧标,右边为美标)

在设施层(包括应用层),欧标包含应用支持、信息支持、通信支持三个子层:应用支持为 ITS 基本应用程序集提供应用支持功能,该设备的例子有 CAM 管理和 DENM 管理;信息支持为 ITS 基本应用程序集提供普通数据和数据库管理功能,该设备的例子有本地动态地图(Local Dynamic Map,LDM);通信支持则为通信和会话管理提供服务;该设备的例子有寻址模式和会话支持。美标则划分为应用子层以及消息子层。

在网络传输层,欧标以 TS 102 636.5.1 以及 TS102 636.4.1/2 定义了基本的传输协议(Basic Transport Protocol,BTP)以及地理信息网络(GeoNetwoking,GN)标准,美标则在 IEEE 1609.3 中定义了车载环境下的短消息协议。两种标准均支持 TCP/UDP 和 IPv6 协议,美标不支持 IPv4 协议。

欧标将接入层纵向划分为 ITS G5、CEN-DSRC(ETC)、LTE/WIFI 三个子层,美标则按照通用协议栈将其划分为物理层、MAC 层、MAC 扩展子层以及逻辑链路层。若从纵向来看,欧标中的安全协议横跨了设施层、网络层、传输层及接入层,而美标的安全性则是通过 1609.2 协议来保证,它仅横跨了应用层和网络传输层。

1.3.5 中国力推的 LTE-V 标准

V2X 通信技术除了 DSRC 路线外,还有 LTE-V(也称为 LTE V2X)路线。2014 年 9 月,LG 向第三代合作伙伴计划(3rd Generation Partnership Project,3GPP)提交了 LTE 在 V2X 通信应用(RP-141381, Consideration of LTE-based V2X Communication)的规范草案。同年 12 月,Ericsson 提交了增强 LTE D2D 邻近服务(RP-142027, Enhanced LTE Device to Device Proximity Services)的规范草案,随后于 2015 年 2 月和 6 月,3GPP 的 SA1 和 RAN1 工作组分别设立了专题 "Study on LTE Support for V2X Services(V2XLTE)" 和 "Feasibility Study on LTE-based V2X Services",标志着 LTE-V 技术标准化研究的正式启动。

在欧洲,LTE-V 早有迹象,几年前欧盟在 C-ITS 标准化过程中即开始关注使用广域通信(例如蜂窝网)和短程通信的结合使用。高通、华为、乐金电子(LG Electronic)与大唐电信等企业共同主导了 3GPP 研究。中国通信标准化协会(Chinese Communication Standards

Association，CCSA）已经在中国针对 LTE V2X 推出了工作项目。

目前国际上主要选用 IEEE 802.11p 协议作为 DSRC 的接入协议，符合车联网系统中的相关应用需求。但由于使用 DSRC 技术必须在路边建设大量基础设施，使其部署成本大大提高，商业模式也不明朗，因此自 2010 年标准发布以来至今没有实现大规模商用。技术上来说，DSRC 还存在以下问题：基于载波侦听多点接入与碰撞避免（Carrier Sense Multiple Access with Collision Avoidance，CSMA/CA）技术，存在隐藏节点问题，在节点数量密集时容易发生碰撞拥塞，网络性能（时延、可靠性）急剧下降；车载环境下难以准确、及时估计及有效跟踪信道；缺少时域交织，难以抵抗深衰落；多信道工作的相邻频带泄露；覆盖/连通性较差。

从长远来看，随着高性能的 LTE 全面商用，相较于 DSRC，LTE-V 的最大好处在于能够重复使用现有的蜂窝基础建设和频谱资源，LTE 网络基础建设已经存在，电信运营商不需要布建专用的路侧设备以及提供专用频谱，同时其设备可以和手机使用同一类型的单一 LTE 晶片组，能为车厂大大降低整合成本。LTE 可以更好地支持长距离信息传递、高速移动节点、稀疏交通场景以及复杂的传输环境。此外，不同于 802.11p 自组织组网方式，LTE 采用中心组网或者中心辅助下的组网方式，通过基站的参与更加有利于保证 V2X 的通信质量，解决 802.11p 可靠性低的问题。

LTE-V 针对车辆应用定义了两种通信方式：集中式（LTE-V-Cell）和分布式（LTE-V-Direct）。集中式也称为蜂窝式，需要基站作为控制中心，集中式定义车辆单元、路侧单元与基站之间的通信方式，需要基站进行资源的调度；分布式也称为直通式，车辆之间可以直接通信，无须基站支撑，也可表示为 LTE-Direct（LTE-D）或 LTE D2D（Device-to-Device）。DSRC 和 LTE-V 的关系和区别总结如表 1-2 所示。

表 1-2　DSRC 和 LTE-V 的关系与区别

	LTE-V	DSRC
通信方式	a) 道路上的车与车之间的通信 b) 道路上的车辆与基站间的通信	a) 道路上的车与车之间的通信 b) 道路上的车辆与 RSU 间的通信
调制技术	SC-FMD	OFDM
多址技术	TDMA 或 FDMA	TDMA
频段	V2V 工作在 ITS 专用频段，如 5.9 GHz；而 V2B 工作在现有的 LTE 频段，如 2.6 GHz	5.850~5.925 GHz
通信类型	传输带宽最高可扩展至 100 MHz，峰值速率上行 500 Mbit/s，下行 1Gbit/s，部分 V2V 应用场景时延<20 ms，部分 V2V/I/P 应用场景<100 ms，V2N 应用场景时延<1000 ms，支持最大车速 500 km/h，覆盖范围能达到 10 km	支持车速 200 km/h，反应时间 100 ms，数据传输速率最大 27 Mbit/s，传输范围 1 km

LTE-V 与 DSRC 主要的不同是在接入层，基于不同的接入技术演变而来，前者是基于蜂窝移动通信进行演进，后者是基于无线宽带接入进行演进。而在网络传输层，LTE-V 极有可能借助现有的 DSRC 标准 IEEE 1609 系列，特别是在应用层，通过保持与 DSRC 应用协议的一致性，即完全兼容 SAE J2735 所定义的消息集，提供 LTE-V 与 DSRC 之间的互操作性。如图 1-15 所示。

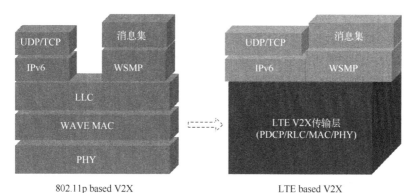

图 1-15 LTE V2X 沿用 DSRC 网络层的示意图

  LTE-V 是在 LTE 蜂窝网络的基础上，围绕车辆主动安全应用的通信需求进行了重点优化，在帧结构、最大发射功率降低、拥塞控制、信息安全机制等方面优化了系统性能。LTE-V 结合蜂窝和直通技术，形成了车辆终端自组织和基站集中控制两种调度模式下的技术方案，满足智能交通多样化的应用需求，更加全面地支持行车安全、交通效率、信息娱乐等多种业务。

  考虑到中国已经建成全球最大的 LTE 蜂窝网络，而且拥有全球第一大汽车市场，在车联网标准上应该占据主导权。但是 DSRC 标准已经形成，我国已经错过了一次机会，而 LTE-V 的国际标准刚刚起步，再加上其向 5G 演进的技术路线较为清晰，所以我国很有可能在 LTE-V 上大有作为，包括"新一代宽带无线移动通信网"国家科技重大专项在内的项目已经开始资助 LTE-V 的关键技术研发和标准化推进。国内的电信企业如华为、大唐以及信息与通信研究院已在积极参与 3GPP 制定 LTE-V 标准。3GPP V2X 的标准制定分为三个阶段。第一阶段和第二阶段 V2X 是基于 LTE 协议的 LTE-V 技术。第三阶段 V2X 是基于 NR 协议的新空口技术。目前已经完成了第一阶段 Rel-14 V2X 和第二阶段 Rel-15 eV2X 的标准化工作。基于 NR 新空口的 Rel-16 V2X 技术是第三阶段的任务，着重于满足 SA1 定义的 advanced V2X 应用场景，与 LTE V2X 形成互补关系。

  相比于 LTE-V，DSRC 已经测试了十多年的时间，非常成熟，特别是以美国为代表的强大汽车工业，在 DSRC 项目上投入了太多，非常支持 DSRC。美国交通运输部已经准备好推出这项强制安装 DSRC 的命令，在奥巴马政府下台之前，简化了一切可以简化的程序。但是，也正是因为新旧政府交替，相关的主管部门 FCC 和 DoT 现在都在更换领导层，所以政策问题仍悬在空中，DSRC 设备是否会在未来 6 个月内强制安装在美国新生产的汽车上需要拭目以待。

  在欧洲已经形成了一个新的联合体——5GAA，以推动 C-V2X（Cellular-V2X，即 LTE-V）技术为主要目的。奥迪、宝马、戴姆勒和罗尔斯·罗伊斯等汽车生产商与沃达丰、爱立信、英特尔、华为、诺基亚和高通等 IT 企业都加入了这个联盟。2018 年 8 月 15 日，松下北美公司联合科罗拉多交通部门（美国丹佛）、福特汽车、高通公司，成功进行了"全球首个"在真实公路环境（而不是测试专用道路）中的蜂窝车联网 LTE-V2X 展示。高通公司提供的 LTE-V2X 网络将福特汽车的位置和行驶状态、RSU 感知到的道路环境信息实时上传到松下北美公司的云数据平台，云平台对车载和道路数据进行实时分析给出决策，并及时地将决策结果反馈给福特汽车以实现碰撞预警、车速引导等应用。

  在随后短短一个月的时间，无锡举办了 2018 年世界物联网博览会，以中国为主的企业，包括移动、华为、上汽、奥迪,在社会开放道路联合展示了基于 LTE-V2X 的 13 个应用场景。车载单元(OBU)和边缘 V2X 服务器分别将车辆行驶状态和道路交通状态实时上传到 IoT 云平台,由云平台完成对车辆和道路的匹配,并进行决策分析,将分析结果实时下发到车载单元,实现相应的 V2X 应用场景。

随着时间的推移,LTE-V 可能会更加具有优势,因为未来将是 5G 的天下,5G 时代将更容易实现对 LTE-V 技术的继承和演进,并在智能网联汽车上真正商用推广。

1.4 国内外车联网的发展现状

1.4.1 美国车联网的发展状况

美国作为车联网领域的先行国家,很早就开始了对车间通信标准的制定工作。1999 年,美国联邦通信委员会将以 5.9 GHz 为中心的 75 MHz 的带宽分配给了 DSRC 作为车间通信专用频带。2001 年,ASTM 的 17.51 标准委员会选定 IEEE 802.11a 作为 DSRC 的底层无线技术,相应的标准于 2002 年发布。2004 年,IEEE 开展了对 802.11p 的修订工作,以及基于 ASTM 标准的车载环境的无线接入标准的制定工作[9]。

2002~2004 年,美国开始执行车辆安全计划。该计划同时测试多种无线通信技术,评估它们是否能满足这些行车安全应用的通信需求。这些通信技术包括 DSRC、2.5G/3G 数字蜂窝系统、蓝牙、数字广播电视、IEEE 802.11 等。结果显示:基于 802.11a 的通信技术能够支持 VSC 选择的大多数行车安全应用。但是在以下方面存在挑战:低时延通信、无线信道的高可用性以及与信道容量相关的问题。同时于 2003 年,美国提出了车辆基础设施一体化的设想,VII 是美国交通部(U.S. Department of Transportation,USDOT)制定的一个五年战略规划,它希望将美国生产的所有车辆上装备通信设备以及 GPS 模块,从而能与全国性的道路网进行数据交换。该计划是由美国联邦公路局、各州运输部、汽车工业联盟、ITS America 等组成的特殊联合机构,通过信息与通信技术实现汽车与道路设施的集成,并以道路设施为基础,于 2005 年推出并可以实施的产品。各州将采用统一的实施模式,使用 Probe Vehicle(试验车)获取实时交通数据信息,支持动态的路径规划与诱导,提高安全和效率。VII 计划主要包括智能车辆先导(Intelligent Vehicle Initiative,IVI)计划、车辆安全通信计划、增强型数字地图计划等,并且还通过美国通信委员会,为车路通信专门分配了专用短程通信频段,为驾驶员提供安全辅助控制。

2009 年,为了更加强调交通安全的重要性,美国交通部将 VII 更名为 IntelliDrive,这就是新的五年战略规划——《智能交通系统战略计划:2010—2014》,它为未来五年美国的智能交通系统研究项目提供战略引导。战略研究计划的目标是利用无线通信建立一个全国性的、多模式的地面交通系统,形成一个车辆、道路基础设施、乘客的便携式设备之间相互连接的交通环境,最大限度地保障交通运输的安全性、灵活性和对环境的友好性。IntelliDrive 计划是在 VII 的基础上深化研究车路协同控制,强调用人、车、路一体化方法来解决现代交通所存在的严重问题,其研究重点为车路/车车通信与协同控制。IntelliDrive 通过在车-车、车-路、车-X 之间的无线通信技术,让驾驶员全面感知车辆周围 360°范围内的危险信息,提高车辆行驶的安全性能;应用多种信息技术,向出行者和运输管理者提供多种实时交通信息,使交通运输的机动性能增强;通过提供实时交通拥堵和其他信息,既帮助交通管理者管理和调整交通策略,也辅助出行者选择合适的路线,以有效地减少交通对环境的影响。

为了给 DSRC 的强制安装提供合理的评估,由美国交通部和 9 个知名整车厂商组成的 CAMP-VSC3(Crash Avoidance Metrics Partnership-Vehicle Safety Communications 3)联盟联合,由 Intelligent Transportation Systems(ITS)Joint Program Office(ITS 联合项目办公室)和 Research and Innovative Technology Administration(研究创新技术管理处)主导于 2011 年 8 月起开展了"V2V Driver Acceptance Clinics"项目,该项目测试了在不同地理位置、不同环境下基于 DSRC 通信技术的 V2V 安全系统的性能和可靠性,以及驾驶员对主动安全系统的认可程度。该项目共计 6 处实验场所,668 位汽车驾驶员参与。其中 6 处实验场所分别对应 6 种行车安全应用:应急电子刹车灯(Emergency Electronic Brake Lights, EEBL)、前向碰撞预警(Forward Collision Warning, FCW)、盲点预警(Blind Spot Warning, BSW)、变道预警(Lane Change Warning, LCW)、左转辅助(Left Turn Assist, LTA)、交叉路口驾驶辅助(Intersection Movement Assist, IMA)和禁止通行警告(Do Not Pass Warning, DNPW),测试结果表明大多数驾驶员愿意在车上使用 V2V 系统,而 IMA 行车应用是驾驶员心目中最希望拥有的 V2V 安全应用。

随后,于 2012 年 8 月至 2013 年 8 月在密西根安娜堡开展了"Safety Pilot Model Deployment"(美国安全驾驶模型)项目。此项目是"V2V Driver Acceptance Clinics"的延续,它基于 V2X 系统(包括 V2V 和 V2I),采用车辆通信技术 DSRC 解决车辆碰撞和道路安全问题。项目中所设计的安全驾驶模型用来决定这些安全应用在降低碰撞时的有效性。总共有超过 2836 辆小轿车、商用卡车以及搬运车辆采用了 4 种不同的车载设备参与测试,这 4 种车载设备分别是:车辆感知设备(Vehicle Awareness Devices, VAD),该设备只发送基本的安全信息,不发送警报;后装安全设备(Aftermarket Safety Devices, ASD),该设备用于发送和接收安全信息,有一个显示器可发送视听警报给驾驶员;一体化的设备(Integrated Devices),该设备与车载系统集成在一起;改良的安全设备(Retrofit Safety Devices, RSD),该设备与 ASD 类似,但是与车辆的数据总线连接,可以提供汽车内部传感器信息。在 73 km 长的公路上安装了 29 个路侧设备,其中的 21 个安装在主要的十字路口、3 个在环路上以及 5 个在高速公路上。试验内容包含:前方告警、电子紧急告警灯、交叉口辅助驾驶、盲区告警、禁止通行告警、左转交叉通行、右转前方告警、弯道速度告警和行人检测。该测试形成的报告已经用于启动在轻型车上强制安装 DSRC 立法的讨论。该模型部署的目标主要有 6 个:①产生经验数据,用于支持 2014 立法决定;②展示真实环境下 V2V 和 V2I 应用的能力。③检验驾驶员的可接受程度。④对后装和改良的车载设备进行评估。⑤测试 DSRC 技术性能。⑥为了以后行业发展需要,收集和存档数据。此外,还检查了网络安全性,审核了设备认证过程。

2013 年美国启动了智能网联汽车试点计划(Connected Vehicle Pilot Program),投资了 4500 万美元分别在怀俄明州南部、纽约和坦帕(Tampa)进行智能网联汽车的设计、建造和测试工作。2016 年 9 月,美国交通部宣布该项目的第一阶段顺利完成并开始启动第二阶段。在第一阶段中,三个测试点均完成了网联汽车高效快速通信的部署工作。第二阶段将持续 20 个月,用于设计、建造和测试复杂情况下的车辆、移动设备和路边设备的无线通信。怀俄明州的网联汽车试点部署的主要目的是减少与天气有关的事故发生,相关的路侧设备被部署在 647 千米场的高海拔公路 I-80 上,该公路特别容易遭遇极端天气事件,例如路面被冰雪覆盖,能见度差,有雪和大风,经常导致卡车吹翻。纽约试点的主要目的是通过 V2X

技术来提高旅客和行人的安全性，评估拥有密集交叉路口的典型城市交通系统情况下 V2X 安全功能的实际有效性，相关路边设备被安装在高事故率的曼哈顿和布鲁克林区主干道上，有超过 10000 车辆安装了车载设备。佛罗里达州试点由坦帕晓峰高速公路管理局领导，在坦帕市中心的高速公路上部署了多种 DSRC 技术，部署区域还包含了公交和电车服务、高密度行人以及特殊事件的检测触发器，用于分析一天中高度可变的交通需求，主要目的是缓解早晨通勤时间的交通拥堵情况。

2014 年，美国交通部提出了 ITS 新的五年（2015-2019）战略规划[10]，战略重点放在实现汽车互联技术和推进车辆自动化上。通过发展更优的风险管理、驾驶监控系统，打造更加安全的车辆及道路。通过建立起系统构架和标准，应用先进的无线通信技术实现汽车与各种基础设施、便携式设备的数据交互，促进信息共享。

2016 年 12 月 13 日，美国交通部发布《联邦机动车安全标准——第 150 号》（FMVSS No.150），要求所有轻型新车安装 V2V 通信设备，确保车辆和车辆之间能够发送和接收"基本安全信息"，V2V 选择 DSRC（5.85~9.925 GHz）作为车间通信统一标准。与此同时，美国交通部也将该项 FMVSS 强制标准纳入《联邦机动车安全法案》（修正案草案），向立法机构正式提出。预计经历 90 天公众评议期和《联邦公报》全文刊登之后，正式编入联邦法律第 49 章节（49 CFR Part 571）。美国交通部 V2V 强制立法的初衷源于两个层面，一是改善道路交通安全现状，避免和减轻美国 80% 以上非酒精或药物所引发的交通事故；二是美国汽车行业监管机构——交通部道路交通安全管理局（National Highway Traffic Safety Administration，NHTSA）对汽车安全技术标准采用的方向性转变，即从"耐撞"转变为"防撞"，从被动安全转为主动安全。

该立法的核心内容包括三个方面：

一是在所有轻型新车上强制安装 V2V 通信设备。总体上看，该阶段的立法尚属于"实验"性质，强制安装的范围暂划为轻型新车。条文阐明，交通部保留"未来可能将 V2V 强制安装范围扩大到中型和重型车辆，以及已经上路的轻型车辆"的立法权力。

二是 V2V 通信标准采用 DSRC（5.85~9.925 GHz）专用短程通信。将 DSRC 写入立法，是联邦通信委员会与交通部、商务部三方共同协商的结果，后续将由 FCC 再行负责美国标准与欧盟、北美自由贸易区（North American Free Trade Area，NAFTA）、亚太等地区的标准协调事宜。

三是最大程度保障车辆的数据安全，防止黑客攻击。V2V 强制安装会将传统的网络安全、数据安全和车辆安全威胁叠加放大，法律将车辆大规模联网之后的安全职责交给了汽车制造商，要求其树立严格网络安全意识，成立网络安全部门，对网络安全的警惕从"事前预防"调整为"事中应对"和"事后恢复"。即将大规模 V2V 联网车辆的网络攻击视为常态化，启动程序性应对机制。

主导 V2V 强制立法的美国交通部、联邦通信委员会和商务部一致认为，V2V 将成为改善美国机动车安全性能的一项"革命性"工具，未来 30 年的正面收益极为可观。

1.4.2　欧盟车联网的发展状况

欧洲车联网发展较早，主要是依托在全欧洲建立 ITS 网络的基础上进行智能网联汽车标准的制定。早在 20 世纪 80 年代，欧洲即在政府主导下开始了超越国界的研究开发工作，在

1986年开始了民间主导的PROMETHEUS计划,以实现车辆的智能化,在1988年开启的DRIVE计划,则以开发智能交通基础设施为目的。

2003年,欧洲汽车制造商发起成立了车车通信联盟(Car-to-Car Communication Consortium, 2C-CC),首要任务是制定泛欧通用车载通信标准,由此整合各国资源、共同规划发展的工作才得以正式展开。

2004年欧洲进行了ITS整体体系框架的研究(FRAME计划),对各国的体系框架进行统一。欧洲在智能车联网上形成了三纵四横的发展战略,如图1-16所示,三纵为研究内容和方向,主要包括C-ITS(协同式智能交通系统)、自动化、社会经济与人为因素;四横为面临的难题,包括安全、易受伤害道路使用者(VRU)、移动性和效率、物流。欧盟据此推行了eSafety和CVIS等大型项目。

图1-16 欧盟车联网三纵四横发展战略

2003年,欧洲智能交通协会(ERTICO)提出eSafety(又称ComeSafety)的概念,在欧盟的第六框架中启动77项与eSafety相关的研究开发项目,推荐了28项行动计划,可以分为基础设施建设、车辆保护系统与事故分析三类。eSafety的主要内容是应用通信技术研发安全系统与应用,解决道路交通中的安全问题。eSafety项目有几个重点子项目,包括PreVENT项目、I-way项目和Car2Car项目。ComeSafety由欧盟委员会资助,主旨提高安全,以车路协同为重点,重视体系框架和标准、交通通信标准化、综合运输协同等技术的研究,推动综合交通运输系统与安全技术的实用化。

协作性车辆基础设施一体化系统研发计划是欧盟所支持的大型ITS研究与发展项目。项目中包含三个子方向,分别研究核心技术、相关应用、测试站。从这三个子方向出发,设计、开发和测试为了实现车辆之间通信以及车辆与附近的路边基础设施之间通信所需的技术。其主要目标是:开发标准化的网络终端以实现车-车、车-基础设施之间的通信;利用伽利略和其他一些先进技术,开发获取增强车辆位置信息和动态地图信息的新技术;采用车载和路侧设备来检测事故、监控路网运行,强化基础设施与交通流的合作;开发用于辅助驾驶、交通管理、移动信息服务、商务及货运管理的协作性应用系统。CVIS项目分别在核心技术与应用功能两个层面开展具体的研究工作,期间共有60多个政府、大学及企业的研究机构参与了项目工作。CVIS项目采用的是多种通信技术结合的方式,包括2.5G/3G、DSRC、WiFi。

2009年9月在瑞典斯德哥尔摩举行的第16届ITS世界大会期间,CVIS进行了场内演示以及实际路况演示,介绍了CVIS研发完成的部分成果。2010年荷兰阿姆斯特丹协同移动性展示了 21 项应用，包括 3 个 SAFESPOT 应用（基于 V2V 和 V2I 通信的采用 IEEE 802.11a/p 的道路安全设计协作系统应用）以及 4 个 COOPERS 应用（道路监测设备网络信息相关应用）。

2011 年起欧盟开始开展 DRIVE C2X 项目（2011.1.1-2014.6.30），该项目主要聚焦 V2V 和 V2I 的通信，通过在欧洲不同地方展开外场测试，对协作系统进行综合评价。欧盟在这之前的项目，比如 PReVENT、CVIS、SAFESPOT、COOPERS 和 PRE-DRIVE C2X 已经证明了基于 V2X 通信实现主动安全应用的可行性，此项目希望进一步评测 ComeSafety 定义的智能交通通信架构（Cooperative ITS）下的七个主动安全应用：绿灯优化速度建议、车辆标识（In-Vehicle Signage，IVS）、天气预警、交通堵塞预报、道路施工警告、摩托车接近指示和紧急电子刹车灯。

2013 年的 6 月，荷兰、德国和奥地利三国签署了欧洲联合 ITS 走廊（Cooperative ITS Corridor）部署协议，打算建立一条以荷兰的鹿特丹为起点，途经德国慕尼黑、法兰克福，最终达到奥地利维也纳的智能交通走廊，如图 1-17 所示。这是世界上第一个由三个国家共同合作进行部署的智能交通项目，该项目并非测试项目，而是将要投入实际使用。欧洲多国表示，在这条长廊建成之后，他们会将各自国内已经建成的智能道路与长廊连接。在计划中，2015 年为研究、招标与原型设计阶段，2016 年进行了相关测试与实现，2017 年进入服务的实际操作阶段。

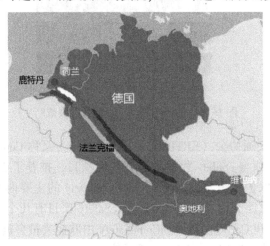

图 1-17 Cooperative ITS Corridor 规划图

此外，欧盟也提出了对未来智能交通的规划。2011 年，欧盟委员会发布的白皮书《一体化欧盟交通发展路线——竞争能力强、资源高效的交通系统》中提出目标：2020 年交通事故数量减少一半，2050 年实现"零死亡"，并从建设高效与集成化交通系统、推动未来交通技术创新、推动新型智能化交通设施建设等三个方面推进具体的工作。2012 年，欧盟委员会提出了《欧盟未来交通研究与创新计划》。该计划定义了交通领域包括清洁、节能、安全、低噪声和智能化道路汽车等 10 个关键技术和创新点，优化了相关研究和创新。奔驰、奥迪、沃尔沃等企业也纷纷推出自动驾驶测试车辆，预计 2025 年左右量产。

1.4.3 日本车联网的发展状况

1996 年，日本政府提出《ITS 总体构想》，并开始研究道路交通情报通信系统（Vehicle Information and Communication System，VICS）。VICS 是日本在智能交通（ITS）领域的一套应用产品，该系统通过 GPS 导航设备、无线数据传输和 FM 广播系统，将实时路况信息和交通诱导信息即时传达给交通出行者，从而使得交通更为高效便捷。该系统也是当今世界上最成功的 ITS 系统之一，截至 2008 年日本已销售 VICS 车载系统 2381 万套，覆盖日本 80% 的地区，所有高速公路及主干道均能收到 VICS 信息。

2001 年，日本发布了车-基础设施通信的标准，并称其为"专用短程通信系统"（也称为 DSRC），该系统基于时分多址（Time Division Multiple Address，TDMA），工作在 5.8 GHz 频段，传输距离为 30 m。该标准最初的用途是电子收费，但经推广后也能支持其他多种服务，比如弯道车速预警。一开始主要用于 ETC 能够在车载单元和路侧单元之间实现双向通信的 DSRC 系统以及基于红外的车辆-基础设施通信得到成功应用后，研究工作者对车辆-基础设施以及车-车通信进行了论证和进一步的提升。在先进车辆安全活动（Advanced Vehicle Safety Initiative）项目中建议利用基于扩展的 ARIB STD T-75 的载波监听多路访问（Carrier SenseMutiple Acess，CSMA）来解决车-车的通信问题。与安全驾驶支持系统（Driving Safety Support System，DSSS）一样，先进导航辅助公路系统基于 5.8 GHz 的 DSRC，并使用红外技术进行车-路通信，该智能公路系统侧重于 ITS 服务以及提供建立在已有网络上的公共服务平台。日本以往的车车、车路通信方式主要是基于红外和微波的通信方式，但在新一代的系统中这些通信方式已无法满足当前车路协同系统的要求，所以相关 ITS 项目也在积极推进基于 802.11p 的车路协同通信系统。日本 MLIT 和总务省（MIC）已经提供较低的特高频（Ultra High Frequency，UHF）760 MHz 来推动类似于 DSRC/WAVE 通信系统的发展。由此可见日本的 DSRC 发展脉络，是在 ETC 的基础上采取实用化的路线稳步推进，合理规划，与美国和欧盟并不一样。

随着导航系统、VICS 和 ETC 的快速普及，2006 年，日本启动了下一代道路服务系统，包括车载信息系统和路侧集成系统的开发与试验，该项目名称为"智能道路计划"（SmartWay），它标志着日本进入 ITS 的第二个阶段。SmartWay 的发展重点是整合日本各项 ITS 的功能，包括先进的 VICS、ETC、DSRC、自动高速公路系统（Automated Highway System，AHS），并建立车载单元的共同平台。该计划在全国主要的高速公路上安装了大约 1600 个路侧设备，在高速公路服务区安装了大约 50 个路侧设备。SmartWay 提供三类服务：（1）信息和辅助驾驶；（2）互联网连接服务；（3）免现金支付服务，包括收费站、停车场、加油站、便利店等。SmartWay 在 VICS 上进行了重大创新，尤其是以声音形式和可视形式同时提供更具体的交通路况信息。也就是说，该系统能把道路上车辆位置信息和交通流信息结合起来，通过声音指令警告司机，如"前方弯道，堵塞，立即减速"。

SmartWay 在 2007 年已初步完成在东京首都高速公路（Tokyo Metropolitan Expressway）部分路段的试验计划，自 2009 年起于日本三大都会区进行试验，其示范系统展示了六个方面的信息服务、包括辅助安全驾驶信息服务、静止图像信息服务、浮动车信息采集服务、道路汇集援助服务、停车场电子付费服务、以及宽带互联网连接服务。之后日本又制定了 SmartWay 2012 计划，其核心目的为整合日本各项 ITS 功能，建立车载集成平台，将道路与车辆连接为一个整体，形成车路协同感知整体环境。相较之前的计划，SmartWay 2012 更注重加强利用无线通信技术的车车/车路间协调系统实用化技术的研发，构筑人、车、路一体化的高度机密的信息网络，研发交通对象协同式安全控制技术以及关注能源、环境效率，包括 CO_2、NO_x、PM 排放。

2013 年，日本提出《世界领先 IT 国家创造宣言》，启动战略性创新推进计划（Strategic Innovation Promotion Program，SIP）。该计划提出了日本自动驾驶汽车商用化时间表，以及

ITS 2014—2030 技术发展路线图,其中包括预计在 2020 年前完成第二阶段的市场部署,让日本交通事故死亡人数降到 2500 人/年,完成驾驶安全支持系统、V2X 研发与市场化,建成世界上最安全及最畅通的道路,在 2030 年完成自动驾驶系统第三、四阶段的系统研发及市场应用,让日本正式进入汽车网联化、自动驾驶的发展阶段。而 SIP-adus(Automated Driving Systems for Universal Service 为大众服务的自动驾驶系统)也是 SIP 的 11 个项目之一,目前成立了 HMI 和地图架构两个特别工作组,以及系统应用、下一代城市交通、国际合作三个工作组,研发内容覆盖自动驾驶领域各主题共 20~30 个项目,主要研究内容如下。

(1) 动态地图

动态地图实现自动驾驶系统所必须的数字基础设施,对其他领域的影响范围非常大,图 1-18 是核心技术之一的以时间段分层的数字地图分层结构。

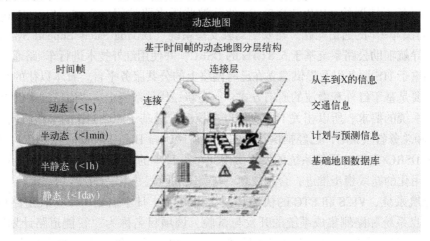

图 1-18 数字地图分层结构

(2) HMI

HMI(人机交互接口)是为了让人和系统融为一体,确保安全的自动驾驶系统,为了正确定义驾驶者和自动驾驶系统之间的关系,为了让大众理解而进行人机交互界面相关的调查和开发工作。如图 1-19 所示。

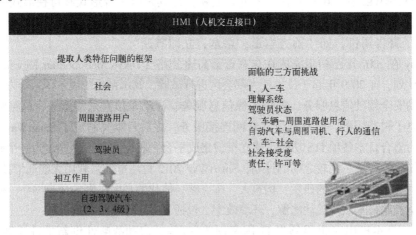

图 1-19 HMI 示意图

（3）信息安全

通过车与车、路与车、行人与车之间的通信，让车辆、行人、汽车检测系统和动态地图中心功能实用化，实现前提是需要探讨和开发外部网络攻击和安全威胁防御对策，降低汽车联网时代的威胁和风险。

（4）降低行人事故相关技术

构建实现车、人、基础设施三位一体的交通事故对策，形成相应技术基础及实行体制，进行驾驶辅助系统及自动驾驶系统的开发和实用化、普及和促进，同时解析交通事故死者数据，提高模拟技术，开发安全措施效果预测和检验验证技术。

（5）下一代城市交通

提高地区交通管理，进行有助于国际未来发展的下一代城市交通系统——先进高速交通（Advanced Rapid Transit，ART）的实用化开发，针对移动出行困难者提供相应解决对策，确保所有人安全、安心、顺利地移动出行。

SIP-adus 将从 2017 年 9 月开始进行大规模道路环境研究项目（FOT），在高速公路、主干道及模拟测试场地进行包含以下五大主题研究方向的测试：

- 动态地图，例如检测 SIP-adus 提供的动态地图的准确性和实用性。
- 人机交互，例如监测长途驾驶情况下司机状态。
- 下一代城市交通，例如先进快速交通 ART 技术。
- 信息安全，例如来自车辆外部的黑盒攻击测试。
- **行人交通事故防范**，例如 V2P 交互终端的使用。

1.4.4　国内车联网的发展状况

近年来，我国在物联网技术研发和标准研制方面取得了一定的突破。在芯片、通信协议、网络管理、协同处理、智能计算等领域开展了多年技术攻关，已取得许多成果。在传感器网络接口、标识、安全、传感器网络与通信网融合、物联网体系架构等方面相关技术标准的研究取得进展，成为国际标准化组织（International Organization for Standardization，ISO）传感器网络标准工作组（WG7）的主导国之一。这些物联网方面的技术成果将成为车联网技术发展的重要基础。

2010 年，科技部现代交通技术领域发布了与车联网相关的主题项目：智能车路协同关键技术研究，旨在建立智能车路协同技术体系框架，攻克智能车载系统、智能路测系统、车车/车路协同信息交互与控制等关键技术，形成我国道路交通主动安全保障的核心技术体系。

2011 年，在"十二五"国家科技计划交通领域中，车联网技术作为汽车共性技术得到继续支持。该项目按照工程化的架构设计实现了真正意义的广义网联汽车原型，开发完成了协同式的智能驾驶应用，对于在我国自主汽车智能化网联化发展方面迈出一大步。在这两个主题"863 计划"及上汽科委专项的资助下，同济大学开发了智能网联汽车应用示范与测试系统，成功进行了多次演示与体验，包括：2014 年 5 月亚太经合组织（Asia-Pacific Economic Cooperation，APEC）车联网技术及其全球应用合作论坛暨展示活动、2015 年 10 月在上海汽车博览公园的中国汽车工程学会年会暨展览活动、2015 年 11 月荷兰太阳能家用电动车 Stella Lux 中国创新之旅活动、2016 年 6 月在上海智能网联汽车综合测试区（F 封闭区）的开园仪式，以及 G20 峰会期间在杭州与上汽、华为开展的基于 LTE-V 智能网联汽车体验活动。

1. 我国发展车联网的意义

我国发展智能网联汽车的意义重大。其一，交通事故、交通拥堵和环境污染等问题日益突出。其二，中国拥有全球第一大汽车市场和较为强大的通信和互联网产业优势，智能网联汽车的发展基础条件非常好。而汽车作为潜在的第二大移动市场，其高速增长的通信需求和有特殊要求的通信场景已引起业界的高度关注，华为、大唐和中兴争相发展各自技术标准，力求占领行业制高点。目前在车联网通信标准上存在两种声音，一种是DSRC方案，这也是目前企业普遍在采用的通信标准，包括深圳金溢、清华和东软都已经开发出了DSRC样机；第二种是LTE-V（即LTE V2X）方案，相对于主机厂和电子零部件供应商推崇DSRC，华为、大唐等国内大部分电信领域厂家更加支持LTE V2X。国内的通信标准化协会、中国智能交通产业联盟、车载信息服务产业应用联盟（TIAA）等多个标准组织与产业联盟也启动了V2X方面的通信标准研发。CCSA TC3多个工作组同时开展架构、频谱、空口等方面的研究，基本与3GPP标准化进程保持一致；C-ITS、TIAA分别开展了合作式ITS车用通信系统应用层及应用数据交互标准、V2X信息安全及频谱方面的研究。

2. 我国车联网的发展历程

中国车联网的发展历程，主要事件包括：

1）在标准化方面，自2014年起，大唐、华为等联合牵头完成"基于TD-LTE的车辆安全短程通信技术研究"、"基于LTE车联网无线通信技术总体技术要求"行标制订、"智能交通车车-车路主动安全应用的频率需求和相关干扰共存研究"、无线接入网"基于LTE的V2X可行性研究"。

2）在应用示范方面，2015年4月，在南京的第十四届亚太智能交通论坛上，华为携手上海汽车集团（SAIC）、同济大学展示首个基站参与的LTE-V车联网应用，清华大学联合大唐、长安等演示了没有基站参与的LTE-V车联网应用；2015年6月，华为携手沃达丰（Vodafone），与捷豹路虎在英国盖登共同进行LTE-V路测演示；在G20峰会期间华为联合浙江移动、阿里巴巴、上汽、同济大学等产业链合作伙伴在美丽的西子湖畔打造面向5G的LTE-V实验孵化基地。

3）在测试场建设方面，2016年6月7日，中国首个"国家智能网联汽车（上海）试点示范区"封闭测试区在上海嘉定正式开园，目前可为自动驾驶和V2X网联汽车提供近30种场景的测试验证。上海由此成为中国首个智能网联和无人驾驶试点城市。同样在2016年，由中国信息通信研究院牵头的《我国车联网创新发展行动计划》和工信部委托中国汽车工程学会牵头编制"智能网联汽车技术发展路线图"已经出台。

2015年5月8日，国务院公布了《中国制造2025》，作为中国版的"工业4.0计划"，《中国制造2025》中多次提到智能汽车的发展目标。工信部在详细解读《中国制造2025》时表示，到2020年，要掌握智能辅助驾驶总体技术及各项关键技术，初步建立智能网联汽车自主研发体系及生产配套体系。到2025年，要掌握自动驾驶总体技术及各项关键技术，建立较完善的智能网联汽车自主研发体系、生产配套体系及产业群，基本完成汽车产业转型升级。这是从国家战略层面要求将智能网联汽车作为国家优先发展的方向。

在2015年中国车联网大会上，工信部科技司副巡视员代晓慧提出了车联网的近期目标和中期目标。其中近期目标为：在2015年到2017年大幅提升车载信息服务平台的服务能力和水平；完成汽车与交通安全及能效相关应用的关键技术与系统研发。从具体的指标上看，一是车载信息服务终端市场渗透率要达到17%；二是针对LTE-V标准制订原型系统开发和频率规划，这是我国作为主要参与单位起草的国际标准；三是5G，构建国家级测试验证平台和市场试验外场。中期目标为：从2018年到2020年全面构建车联网综合信息服务新生态；实现网联部分自动驾驶的技术示范和大规模道路实验。大幅提升车联网对汽车制造的支撑服务能力,全面形成车联网支撑汽车设计、开发、供应与远程运维的服务体系。测试区网联车辆的碰撞率要降低50%,燃油效率提升10%,排放降低10%,车载信息服务终端市场渗透率要达到35%。

在2017年6月12日,在工信部指导下,汽车、通信等多个行业98家单位联合成立了中国智能网联汽车产业创新联盟。工信部表示,将建立部际协调机制,制定智能网联汽车发展的战略规划,起草并出台产业发展整体指导意见。工信部部长苗圩表示,对中国而言,智能网联汽车是抢占汽车产业未来战略的制高点,是中国汽车产业转型升级、由大变强的重要突破口,是关联众多重点领域协同创新、构建新型交通运输体系的重要载体。未来将从国家战略的高度,集中资源、加大力度、加快推进智能网联汽车发展。智能网联汽车产业已经确立了起步期、发展期、成熟期三个阶段的发展目标。第一个阶段是到2020年的起步期,汽车DA(驾驶辅助)、PA(部分自动驾驶)、CA(有条件自动驾驶)系统新车装配率超过50%,网联式驾驶辅助系统装配率达到10%,满足智慧交通城市建设需求;同时,交通效率提升10%,油耗降低5%。第二个阶段是到2025年的发展期,汽车DA、PA、CA新车装配率达80%,其中PA、CA级新车装配率达25%,高度和完全自动驾驶汽车开始进入市场。第三个阶段是到2030年的成熟期,汽车DA及以上级别的智能驾驶系统成为新车标配,汽车联网率接近100%,HA/FA(高度/完全自动驾驶)级自动驾驶新车装配率达到10%。部分区域初步形成"零伤亡、零拥堵"的智能交通体系。与此相对应,中国在发展LTE-V2X技术方面已经勾画出行业发展新蓝图,国家发改委在2018年8月16日新闻发布会上明确指出:到2020年,智能道路交通系统(ITS)建设取得积极进展,大城市、高速公路的车用无线通信网络(LTE-V2X)覆盖率达到90%,北斗高精度时空服务实现全覆盖。到2025年,"人-车-路-云"实现高度协同,新一代车用无线通信网络(5G-V2X)基本满足智能汽车发展需要。到2035年,中国标准智能汽车享誉全球,率先建成智能汽车强国,全民共享"安全、高效、绿色、文明"的智能汽车社会。

1.5 车联网的发展趋势

近年来,互联网技术的迅速发展给汽车工业带来了革命性变化的机会,汽车智能化技术正逐步得到广泛应用,这项技术使汽车的操作更为简单,行驶安全性也得到了更高的保障,而其中最典型也是最热门的应用就是无人驾驶汽车技术的开发。从有人驾驶到智能驾驶,从智能驾驶到无人驾驶,这是汽车发展的必然趋势,智能驾驶包括驾驶辅助(Driving assistance,DA)和自动驾驶(Automatic driving,AD)两个阶段。

驾驶辅助顾名思义,仍需要驾驶员主动控制车辆的行进过程,并密切注意路况和车况,汽车上搭载的智能系统可以辅助驾驶员更为舒适、安全地行车。在传统的汽车行业中,驾驶辅助主要研究方向为车道保持辅助系统、自动泊车辅助系统、刹车辅助系统、倒车辅助系统和行车辅助系统。然而在如今的车联网中,驾驶辅助的内容更为宽泛,一些主动安全的技术,应该也归于驾驶辅助系统当中,安全性应用主要包括基于车辆和车辆之间的应用以及车辆和交通设施之间的应用。V2V应用主要包括:前向碰撞预警、紧急电子刹车灯、盲点/换道预警、禁止通行警告、交叉路口驾驶辅助、左转弯辅助。V2I应用主要包括:弯道车速警告(Curve Speed Warning,CSW)、红灯警告(RLVW)、停止信号提醒(SSGA)、智能路况、行人警告等。这些驾驶辅助系统旨在提高行车的安全性，以及帮助驾驶员养成一个良好的驾驶习惯。

自动驾驶主要关注的方向为汽车的自动化行驶，驾驶辅助中的主动安全警告为安全自动驾驶的前提，自动驾驶可分为4级。驾驶0级：由驾驶员驾驶；1级：具备1种以上自动化控制功能（如自适应巡航和车道保持系统ACC等）；2级：以汽车为主体执行多种操作功能；3级：当以汽车为主体的驾驶行不通时可指示驾驶员切换为手动驾驶；4级：完全可以无人驾驶。

无人驾驶是自动驾驶的最高目标，无人驾驶汽车希望减少由于人类疏忽而造成的交通事故，现如今的自动驾驶汽车是通过车载传感系统感知道路环境，自动规划行车路线并控制车辆到达预定目标的智能汽车。国外著名汽车企业及IT行业巨头谷歌都竞相着手研发无人驾驶汽车技术，研发进程十分迅速，不少研发车型已接近量产。

从技术层面来讲，智能驾驶又分为自主式和协作式，如图1-20所示。自主式汽车（Autonomous Vehicle）是利用车载传感器来感知车辆周围环境，并根据感知所获得的道路、车辆位置和障碍物信息，控制车辆的转向和速度，从而使车辆能够安全、可靠地在道路上行驶。它集自动控制、体系结构、人工智能、视觉计算等众多技术于一体，是计算机科学、模式识别和智能控制技术高度发展的产物。自主式汽车的传感器主要包括摄像机、雷达传感器和激光测距仪等，例如谷歌公司的Google X实验室研发的全自动驾驶汽车Google Driverless Car，车顶上搭载的扫描器可以发射64束激光射线，激光碰到车辆周围的物体，又反射回来，就可以计算出物体的距离，这套高性能的激光雷达设备价格不菲。另一套搭载在车辆底部的系统可以测量出车辆在三个方向上的加速度、角速度等数据，再结合GPS数据计算出车辆的位置，并将所有这些数据与车载摄像机捕获的图像一起输入计算机，软件以极高的速度处理这些数据进而规划和控制车辆的行为以保证车辆的行驶安全。

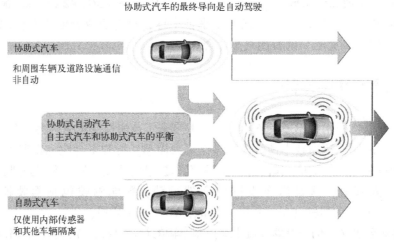

图1-20 智能驾驶汽车发展方向

自主式汽车有其固有的缺陷性，它不仅需要留意周边的其他车辆，还必须完全依靠自身能力检测到周围的路人、车道、停止线、交通标志、交通灯等一系列因素，也需要有预测目前行驶的车道是否会在几百米之外终止、前方道路上是否有停泊车辆等问题的能力，这就受到了传感器探测距离与精度的限制。激光扫描仪无法穿越固体障碍物，如果有行人突然从车辆背后出现在车道上，扫描仪可能无法及时检测出来。此外，天气对自主式汽车也有巨大影响，当路面上有积雪时，自主式汽车经常会面临无法"看清"道路标志以及其他线索的难题,而计算机必须利用这些信息才能进行正确的定位。

协作式汽车也即网联汽车(Connected Vehicle),它通过车车联网、车路联网的方式来解决车辆的安全行驶问题。每辆车均可通过 DSRC 技术形成车辆间自组织网络获取其他车辆的行驶状态,以及道路环境,基于这种高度共享的信息来判断事故发生的可能性。面对以后需要大范围推广自动驾驶汽车的情况,协作式汽车无须安装大量高端精密的传感器,其搭载 DSRC 设备制造价格相较于激光/雷达更为低廉,可靠性更高(误警次数更少),传输性能也更好。每辆车的 DSRC 设备通信范围可达几百米(最远可达 1 千米),有很好的隐私保护机制,不受视线遮挡,受天气环境影响较小。最关键的是,协作式的网联汽车打开了汽车之间交流的通道,就像人类之间可以交流一样,汽车之间可以共享任何的信息。因此协作式智能驾驶也为如今政府所力推的智能汽车发展方向。但其仍存在一定的缺陷,例如需要所有的车辆都安装 DSRC 设备才能使车辆安全驾驶的提高成为可能,前期需要投入大量的资金铺设道路设施等。自主式智能汽车仅仅依靠车载传感器,因此需要有极其强大的感知能力和处理能力,就像一台超级计算机,自身的能力足够的强,不依靠外界的帮助。协作式智能汽车通过网络实时的交互实现信息的充分共享,不仅加强了信息的获取能力,而且还降低了自身的处理能力要求,就像是一台联网的计算机,虽然自身能力不强,但是通过网络的资源共享反而能获取更多的信息。

智能化和网联化是智能驾驶发展的两大趋势,美国交通部在 2015-2019 的五年战略规划中已经把车联网和自动驾驶作为优先发展的两大战略,如图 1-21 所示。从政府层面来说,网联化都是各国政府大力推广的技术路线,因为市场渗透率越高就越能发挥它的优势,所以需要借助政府来强制推动立法。美国政府希望在 2017 年推动立法,要求所有轻型轿车都安装 DSRC 设备,并且在 2021 年取得实质性的推广。从企业层面来说,自主式的智能化路线更加有利于迅速切入市场,不需要过多外部资源的协作,所以整车厂商和 IT 企业纷纷在这一技术路线上布局。2016 年 5 月,在美国佛州高速公路上,一辆特斯拉 Model S 在启用 Autopilot 功能时撞上了一辆半挂卡车,这起交通事故引起了业界广泛对自动驾驶路线的讨论。从信息技术发展上来说,万物智能和万物互联是未来的发展趋势,而物联网是人工智能的基础,在自动驾驶领域更为迫切地表现为车联网是自动驾驶的基础。此次事故的直接原因是 Mobileye 把卡车当成了蓝天白云,毫米波把卡车当成了路牌。毫米波雷达+摄像头的方案属于自主式的智能化方案,即自车的环境感知系统,面对参差不齐的路况场景,一个显而易见的事实摆在面前,就是没办法穷尽极端情况,特别是视觉传感器无法做到全天候、全路况的准确感知。解决这一问题可以通过现在车联网技术,重视安全盲区的设计,假设卡车与特斯拉靠近时相互预警,或者在卡车左转的必经之路上预埋一个地感线圈并连接路边单元,通过 V2I 与特斯拉交互,驾驶者即使在被卡车挡住视线或靠近角落时也能接收到汽车发出的预警信息,就会轻松避免相撞。Google 在大力发展自主式自动驾驶时也逐渐意识到了需要结合车联网才能提供更加全面的感知信息,其对待网联化的协作技术的态度已经从怀疑变为肯定。因此,智能网联汽车是未来的发展方向,只有将智能化和网联化有机地结合起来,才能做到全天候、全路况的准确感知。所以,将智能化和网联化相结合,让自主式的智能化感知系统(如摄像头、激光雷达)在视距范围、环境相对简单的场景下发挥作用,而网联化的协作式感知系统即 V2X 技术则在非视距范围及环境更加复杂的情况下更具优势,通过深度交流可探测到较大范围内的潜在危险车辆,通过路况信息提前规划变更行车路线等,自主式与协作式的感知系统起到良好的互补作用,为自动驾驶技术的完备打下基础。可以预见,真正自动驾驶时代的到来,可能是在车辆全部联网、智能决策和协同控制更加完善以后,在此之前只能做到辅助驾驶,并不是完全意义上的自动驾驶。

图 1-21 美国交通部 2015-2019 的 ITS 战略规划中的第一条

1.6 车联网测试场

在美国及欧洲,允许正在开发的智能汽车上路行驶正成为一种普遍现象。美国内华达、加利福尼亚、佛罗里达及密歇根州为谷歌、特斯拉等正在开发的无人驾驶汽车发放了公路试验牌照,谷歌无人驾驶汽车已经行驶超过 290 万 km,实现了零事故。美国交通部开展的 Safety Pilot Model Deployment 共组织了 2836 辆车,花了两年的时间在公共道路参加了实证测试,这也是有史以来最大规模的智能网联汽车测试活动。欧洲方面,德国向宝马发放了许可证,西班牙也允许无人驾驶汽车上路行驶。在国内,2011 年一汽红旗 HQ3 无人驾驶车完成从长沙至武汉 286 km 的路测;2015 年 12 月百度无人驾驶汽车完成北京开放高速路的自动驾驶测试;长安汽车公司也于 2016 年 6 月成功完成 2000 km 超级无人驾驶测试。这意味着中国的智能网联和无人驾驶汽车从国家战略高度正式进入实际操作阶段。

智能网联汽车特别是无人驾驶汽车是无法逆转的发展趋势,但都有一大批关键技术需要突破,更为重要的是缺少能够对这些关键技术进行反复验证和测试的公共测试平台,以避免在实际环境中给交通留下隐患。主要体现在以下几方面。

(1) 智能网联汽车对基础设施的适应性

在现阶段,环境对智能汽车的要求相当苛刻。考虑到行人数量和其他障碍物,现有的城市环境可能都达不到自动驾驶汽车的要求。此外,智能汽车面临的一个挑战是城市的基础设施建设,比如车道的宽度、停车场的改进等。如何将智能网联汽车融入现有的交通系统中来,还是一个不小的难题。因此,智能网联汽车需要一个基础设施的测试平台,特别是能够模仿中国社会的各种自然环境和道路状况,为智能网联汽车的研发提供原始测试数据。

(2) 智能网联汽车与普通汽车的适应性

未来相当长一段时间,智能网联汽车与普通汽车将会在共同的基础设施中共存,普通汽车的驾驶行为多种多样,这些将会对智能网联汽车产生重要影响。在正式上路之前,需要有一个公共的测试平台,在确保安全的前提下,分析不同驾驶行为对智能网联汽车的影响,以及智能网联汽车对不同驾驶行为的适应性。

(3) 智能网联汽车的安全性

现有的智能网联汽车引发了公众对于驾驶人员隐私泄露的担忧。此前,美国政府审计局在一次调查中无意间发现了汽车制造商操控了用户的信息,由此引发了用户信息泄露的担忧。近年来,苹果手机可以监控用户地理位置的内幕曝光后,许多人开始担心今后无人驾驶汽车制造商、无人驾驶系统供应商以及卫星导航服务提供商,有可能不当存储乃至使用无人驾驶汽车用户的行驶数据,使用户行踪等个人隐私无法得到应有的保障。

对于依赖人工智能以及互联网的智能网联汽车来说,安全问题不解决,也难以得到消费者信赖。一旦汽车上网之后会碰到两个突出的问题:首先,汽车上网后就可以远程被黑客控制,黑客甚至不用接触到你的汽车;随之而来的第二个问题是,一旦有一辆车被黑客攻破,就有可能通过网络把被黑的汽车数量迅速放大。

除了黑客问题外,智能网联汽车本身的可靠性也值得重视,当海量的用户接入这个系统的时候,如何保证这个系统的稳定就是个很重要的问题,尤其是当客户接入量从万级增加到几十万级甚至几百万级的时候,一定会遇到性能瓶颈,对整个智能网联汽车的系统来说,数量迅速增长所隐含的威胁是非常大的。

因此需要一个公共平台,对于智能网联汽车的隐私保护、网络安全和市场渗透率等进行综合检验。该服务平台需要能够为智能网联汽车提供一个测试环境,能够模拟各种基础设施和各种驾驶行为。同时,该服务平台将发展成为一个智能网联汽车的测试基地,利用测试过程积累的大数据,制定智能网联汽车的相关测试规范,为智能网联汽车提供测试保障。

美国、欧盟、日本等在很早就开始布局智能网联汽车并耕耘多年,为推动技术进步和商业化应用,欧、美、日都已经建设有公共服务平台,比如封闭试验场、示范区等。在智能网联汽车特别是无人汽车正式上路之前,先要进行合规性测试。只有测试得到认可之后,才能进入社会道路开展实证测试。

1.6.1 美国密歇根大学 Mcity

Mcity 是由美国密歇根大学主导、密歇根州交通部支持建立的无人驾驶虚拟之城,位于美国密歇根州安娜堡市,占地 32 英亩(约合 12.9 m²),斥资 1000 万美元,于 2015 年正式投入运营,是世界上第一座针对测试无人驾驶汽车、V2V/V2I 车联网技术而打造的模拟小镇,其构造如图 1-22 所示。它经过环境变量控制设计,提供一种放大系数。在这里,多种道路突发状况可以集中地发生,因此,每公里的测试路程能够代表真实环境中 10 km、100 km 甚至 1000 km 的驾驶。

1. Mcity 试验区域构成

Mcity 试验区域由高速试验区和低速试验区两部分组成。

(1)高速试验区:有按照美国法规标准修建的高速公路路段,该路段设有护栏、防撞垫、防撞墙、入口以及出口匝道,可用来测试车辆进入和驶出高速路的情况,以及汇入和汇出队列的情况。

(2)低速试验区:有多条道路可供选择,可用来模拟城市街区、郊区街道、郊区干线和乡村道路等。

2. Mcity 路面及道路元素

Mcity 由多种路面和道路元素构成。它包含水泥、柏油、仿真砖等铺装路面,还有泥土、碎石等非铺装路面。在试验区内,随处可见交通标志、车道线、信号灯、人行横道、指示牌、减速带等道路元素,也包括生活中不那么常见的隧道、环岛、交通管制、施工区等道路元素。在城市场景中,它有可移动的房屋外墙,墙体材料均取自于真实建筑,如玻璃、砖、

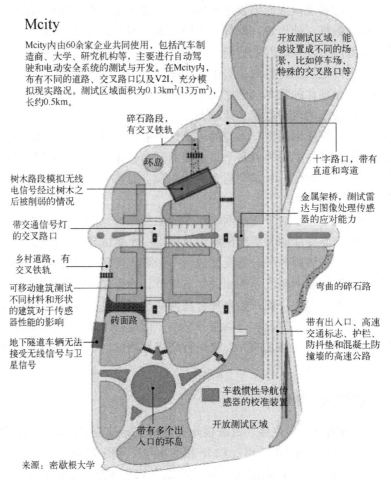

图 1-22 Mcity 构造图

木头、铝乙烯等，用于模拟传感器对于不同材料的不同反馈。它还有多种停车位可供测试，如侧方停车、倒车入库和斜对角停车等。在市中心区域，也包含邮箱、消防栓、候车椅、计时码表等自动驾驶车辆在真实世界中会遇到的道路元素。

3. city 场景构成

Mcity 可以模拟真实世界中的各类场景。除了日常行车中的多车道行驶，通过有信号灯、无信号灯、有行人的路口，通过斜坡、环岛、高速路等场景，还特别设计了一些用于测试传感器和整车控制算法的场景。例如试验场内有人造树荫区域、地下隧道等场景，用于测试传感器信号被削弱、遮蔽和延迟对于自动驾驶的影响；有金属架桥、测试雷达与图像处理算法的应对能力；有正南北、正东西方向的道路用于测试全球定位系统（GPS）的精度；有机械控制的假人用于测试车辆对于突然出现的行人的反应；有可工作的铁路道口，包含警示灯、闸门和轨道灯；有贯穿整个测试场的照明设施，配有不同的发光源；有故意做旧的道路标牌用来测试图像处理系统等。以上这些都是真实生活中自动驾驶车辆会遇到的场景，Mcity 均有所准备。

Mcity 最值得借鉴的便是柔性化设计理念。它的道路都是无固定标线的，可以随时更改车道布置。它的多种交通元素是可以移动的，包括建筑外墙、假人等。它的交通标志也是可以随时根据实验要求进行更换的。而且，它还预留了巨大、平整的沥青路面区域用于设计和布置已有场地中未包含的场景，例如大型停车场等。这样可以极大地方便测试者布置他们需要的场景，而且大大降低了后期升级成本。

1.6.2 瑞典 AstaZero

Astazero 是欧洲现有最大的智能汽车测试场，总部位于瑞典。于 2014 年由政府以及诸多企业和行业学会出资组建，瑞典 SP 技术研究所和查尔姆斯理工大学运营。总面积 200 万 m^2，其中铺装路面 25 万 m^2，可承受轴重 13T、满载 60T 的货车。

Astazero 可以根据测试环境的不同而进行各种不同领域方面的相关研究，并且可以提供多种测试条件及服务：

- 开发、测试及验证新的交通安全技术方案。
- 提供开发方法和测试设备。
- 提供完整的测试场地合作方案。
- 提供先期测试或早期技术研究开发所需的测试场地仿真。
- 针对客户面临的问题提供解决方案。
- 提供演示设备，为客户产品发布、会议召开和公司活动提供便利

AstaZero 试车场由五个区域组成：

(1) 多车道测试区域。
(2) 由四个街区组成的城市区域。
(3) 高速道路测试区域。
(4) 农郊道路。
(5) 主试验中心，通过不同区域的组合可以模拟几乎全部的道路交通模式及交通状况。

测试场地使用 Wi-Fi 全覆盖，同时可为各种设施提供电力及光纤信号。Astazero 现阶段可用的模拟物品包括：假人模型以及大型的动物、可远程控制的气球车、道路护栏与交通标志等，在第二阶段还会加入隧道、大雾发生器和雨水发生器等。

Astazero 的五个不同测试区域包含了大量的测试场景，如：车道变换，侧向超车，十字路口交汇，全无照明和局部照明，高速变道，高速避障，高速定位与导航，紧急隐蔽障碍物，单调的环境，规避车辆、自行车和行人，行车碰撞，横穿道路等场景。

基于以上多场景多区域的工况设置，AstaZero 的测试内容基本涵盖面较全。包括了车辆动力学测试、驾驶员行为测试、V2V&V2I 功能测试、功能可靠性测试和通信技术测试。Astazero 同样具备了很强的柔性化设计，比如试车场的照明设备可控可调节（开关、明暗）；拥有气球车、行驶机器人等移动障碍物，可变的交通标识，可变车道数和车道宽，调整的自由度较大。

1.6.3 美国弗吉尼亚 Smart Road

弗吉尼亚智能道路项目始于 20 世纪 80 年代，是由弗吉尼亚交通运输部出资，交由弗吉尼亚理工大学交通学院负责运营和管理。它是一条长 5.7mi（约合 9.17 km）的限制进入的高速公路，目前已经建成了 2.2mi 双车道公路。迄今为止，在这条智能道路上进行的研究项目已经超过 1800 项，同时 Smart Road 也是美国北部唯一一条能够在交通领域提供如此广泛测试环境的试验道路。

1. Smart Road 道路情况

Smart Road 包含 12 种不同路面，14 个路段，其中包括一个开放的等级摩擦路面，还有为被淹没路面测试而设计的地势较低的路面（Zero-crown Pavement）。Smart Road 的每条测试道路中都安装有传感器，可用于检测湿度、温度、应变、振动等环境因素，同时还可以进行动态称重。

2. Smart Road 天气模拟系统

Smart Road 最具特色的是它的天气模拟系统。如图 1-23 所示，试车场中 75 个天气塔可以产生雨、雪和雾。它有一个 500000 加仑（约合 1892.7 m^3）的水箱为水塔供应水，这个水塔可以在舒适的温度和风的环境下在 0.5 mi 的道路范围内产生特定的天气。这套系统可以产生雨量为 0.8~2.5 ft/h 的下雨天气；能见度在 10~300 ft 范围内变化的雾天；及厚达 4 ft/h 的大雪天气。

图 1-23 Smart Road 天气模拟系统

3. Smart Road 还有照明系统、连接系统和能见度检测系统

（1）试车场配有可变照明来研究照明技术对可见度的影响。它复制了 95%的国家公路照明系统，采用了变极间距设计。光源有多个灯具头可用，包括发光二极管（LED）模块。额外的塔安装在便携式基地根据需要允许其他环境的模拟，例如人行横道。整条道路上共装有 39 个架空光塔。

（2）为网络连接需要，7 个路边无线设备以约为 2000 ft 的间距被安装在智能试车场道路上。整个网络可以集成数据收集系统和道路特征控制系统。这些设备可用于帮助车辆、基础设施和设备之间的连接，使得相关的信息可以在它们之间传递。试车场道路上还提供两个移动路边设备站点。

（3）能见度测试系统包括两个路段（静态和动态），用于测试路面标记和其他对象的可见性。一种便携式天气系统可以在这些环境中创建各种可视情况。路面标线可配置模拟任何道路条件。过去的路面标记的研究包括：紫外线反射的标记，反光混合物的标记，三维标记，安装质量对标志可见性的影响等。其他视觉对象已被用于研究行人（有生命和无生命的）、标牌和测试目标。

弗吉尼亚理工大学交通学院（VTTI）设置了控制室为公路研究安排时间，并提供全天 24 小时监控。控制中心可以通过监控摄像机直接或间接观测到路上交通和驾驶员的表现，控制室也作为 511 弗吉尼亚数据质量保证/质量控制（QA/QC）中心。控制室内的调度员可以操纵照明和所有天气系统，可以控制访问此类设施。VTTI 拥有一些实验室来辅助研究目标，这些实验室包括驱动接口开发、眼睛扫视数据研究、照明研究、事故分析、事故数据库分析、路面研究和交通仿真等。

综上所述，Smart Road 的天气模拟系统和照明调节系统在国外现有的智能车试车场中处于先进水平，为国内智能网联试车场的建设提供了良好的参考。

1.6.4 英国 MIRA——City Circuit

City Circuit 是由英国著名传统试车场 MIRA 测试中心的城市道路改建而成，也开始为智能网联车辆提供测试服务。MIRA 试车场是世界上最大、综合性最高、独立的试车场。该试车场坐落在英国腹地米德兰，占地 750 英亩，共 24 个环路全长超过 95 km。该试车场分为 9 个区域，可分别用于传统车辆测试以及智能交通和网联车辆的测试。可以在一个完全重复试验并且安全的"现实版实验室"环境下进行开发和 ITS 方案评价，用于车辆硬件在环测试。

（1）City Circuit 可以提供一个可控的城市和非城市环境，由铺装路面构成。主要交通环境有：2 km 长的圆形跑道，300 m 长的多车道高速度，多种路面条件，网状的十字路口，城市道路标识，双向的交通流，可定制的交通信号灯，可安装的人行道等。

（2）City Circuit 试车场最大的特色在于其无线通信和访问权限限制，具体如下：
- 建设专用的 GSM/GPRS 网络，带有独立的供电和信道分配。
- 提供 WiFi 接入网络。
- 根据欧盟标准 ETSI CAM 建立 ITS G5/IEEE 802.11p 基础设施，其中 5.9 GHz 用于 V2X 服务。

（3）City Circuit 在跟踪定位以及监控方面：
- 提供差分基准站 RTK-GPS。
- 提供一种稳定的 4G NOW 无线网络。
- 在主交叉路口按车流方向放置摄像头，提供高精度的 3D 交通行为抓拍。

（4）City Circuit 还拥有一个中心系统可用于监控和控制所有的城市环道基础设施：
1）基础设施控制：
- 入口栅栏的开启与闭合。
- 交通灯按需控制。

2）无线网络结构：
- 专用的 GSM/GPRS 网张。
- 可扩展的 Vodafone（英国电信企业）3G 网络。
- 3 个受控的 IEEE 802.11a/b/g/n/（Wi-Fi）接入点。
- 一个 ITS G5 基础设施点并提供 ETSI CAM 支持。
- 即将完成 2 个 ITS G5 交通信号灯控制（支持 ETSI DEMN、MAP 和 SPaT）。

综上所述，该试车场能够提供基本的智能网联汽车的 V2V 和 V2I 测试服务，交通场景较为丰富。

1.6.5 其他测试场

美国还拥有其他多个试车场，主要有位于加州的 GoMentum Station 试车场和 Castle Air Force Base 试车场，以及位于密歇根的 Willow Run 试车场。

GoMentum Station 试车场建于 2014 年，由康特拉科斯塔交通管理局运营，总面积达 850 万 m^2，拥有 32 km 铺装的公路和街道，其中约 11 km 用作车辆高速测试。其涵盖的场景主要包括：建筑楼、街道、十字路口以及结构化和非结构化道路；两条 727m 的隧道进行车辆通信测试及定位测试；高速公路、立交桥、高架桥下通道；不同的地形特征如丘陵、坡道等；铁路及交叉路口；不同类型的停车位（垂直、水平和斜向）的停车场。总体来说，该试车场提供的场景基本能够覆盖城市日常工况，满足车联网和无人驾驶测试需求。

Castle Air Force Base 试车场建于 2011 年，由谷歌运营，总面积为 24.3 万 m^2，试车场内全部为铺装路面，主要涵盖了郊区和半城市半街区的街道、支路和停车标识、交通指示灯、交通环岛等场景，且车辆的运行时速不能超过 25 mi/h。该试车场最大的特点是具备雨天模拟功能。综上，该试车场可用于简单的无人驾驶车辆的测试。

位于密歇根的 Willow Run 某种程度上是 Mcity 的 2.0 版本，计划于 2018 年完工，总面积为 120 万 km^2，由密歇根州政府、联邦政府以及其他利益相关者出资运营，该试车场规划了类似于 Astazero 的多个测试区域，主要场景有天然坑洞、复杂的十字路口、人行天桥和桥梁道路、高速道路、三层立交桥、雨雪路面等，计划建成一个功能完备、场景齐全的试车场。

1.6.6　测试场的对比及国内发展状况

纵观国内外现有的智能网联汽车试验场地，主要集中在美国、欧盟以及日本等发达国家。各个试验场地大小、功能、场地特征、场景设置及运营模式等方面都不尽相同。例如，场地方面：Mcity 占地面积 13 万 m^2，而 GoMentum Station 则达到 850 万 m^2，是 Mcity 的 65 倍；另外像 Smart Road 可以模拟雨雾天气以及雪天，而 Mcity 则没有设置这样的功能。不同试验场地间的具体区别见表 1-3。

表 1-3　国外测试场对比分析

测试场地	场景情况	天气模拟	区域划分	交通标志	柔性化设计	测试内容
AstaZero	1. 车道变换；2. 侧向超车；3. 十字路口交汇；4. 全无照明和局部照明；5. 高速变道；6. 高速壁障；7. 高速定位与导航；8. 紧急隐蔽障碍物；9. 单调的环境；10. 规避车辆、自行车和行人；11. 行车碰撞；12. 横穿道路	二期加入雨、雾模拟器	分五个区域——多车道公路区域；高速道路区域；城市区域；乡村道路；主试验中心	1. 具有车道标识线（可变）2. 交通指示牌3. 电控指示牌4. 人行横道、行人标志5. 交通信号灯	照明设备可调节、移动假人、可变的交通标志、车道线可变以及可移动建筑物	车辆动力学/驾驶员行为/V2V & V2I/功能可靠性/通信技术
Mcity	1. 树木路段，模拟无线电信号经过树木之后被削弱的情况；2. 带交通信号灯的交叉路口；3. 乡村道路，有交叉轨道；4. 可移动建筑，测试不同材料和形状的建筑对于传感器性能的影响；5. 地下隧道，车辆无法接收无线信号与卫星信号的情况；6. 十字路口，带有直道和弯道；7. 金属架桥，测试雷达与图像处理传感器的应对能力；8. 弯曲的碎石路；9. 带有出入口、高速路交通标志、护栏、防撞垫和混领土防撞墙的高速公路；10. 带有多个出口的环岛；11. 车载惯性导航传感器的校准装置；12. 砖面路	无	分两个区域——用于模拟高速公路的高速试验区域；用于模拟城市街区、郊区街道、郊区干线、农村道路的低速试验区域	1. 做旧的交通标志2. 人行道标记3. 交通信号灯、指示牌4. 车道轮廓标志、减速带	照明设备可控可调节；移动假人；可变的交通标识；可变车道线；可移动的建筑物	自动驾驶、V2V/V2I 车联网技术

(续)

测试场地	场景情况	天气模拟	区域划分	交通标志	柔性化设计	测试内容
City Circuit	1. 交叉路、十字路口和环岛；2. 多车道高速公路路段；3. 多样化的道路路面和标记；4. 交通信号灯、路灯、道路标志；5. 跨路面的门架用于测试安装	无	不分区域	1. 全尺寸城市道路标志 2. 用户自定义的交通标志	可变的交通标志	车辆硬件在环测试
Smart Road	1. 雨量达到 0.8~2.5 ft/h 的雨水天气；2. 能见度 10~300 ft 的有雾天气；3. 高达 4 ft/h 的下雪天气；4. 可变照明；5. 静态与动态路段用来测试路面标记及其他对象的可见性；6. 三座桥梁（其中一座为智能桥梁）	雨、雾、雪模拟器	不分区域——高速道路	1. 交通信号灯、交通指示牌 2. 车道线等	照明设备、交通标志可变	新的交通运输技术
GoMentum Station	1. 建筑楼、街道、十字路口以及结构化和非结构化道路；2. 两条 727m 的隧道用于车辆通信测试及定位测试；3. 高速公路、立交桥、高架桥下通道；4. 不同的地形特征如丘陵、坡道等；5. 铁路及交叉路口；6. 不同类型的停车位（垂直、水平、斜向）的停车场	无	分区域——高速公路试验区；城市试验区	交通指示牌	可变的交通标志	车联网、无人驾驶技术
Castle Air Force Base	1. 郊区和半城市半街区的街道；2. 支路和停止符；3. 交通指示灯；4. 交通环岛；5. 时速不超过 25 mi/h	雨天模拟器	分区域——城市区域、半城市半街区道路	1. 交通指示牌 2. 人行横道 3. 信号灯等	照明设备可控可调节；可变的交通标识	无人驾驶技术
Willow Run	1. 天然坑洞；2. 复杂的十字路口；3. 人行天桥和桥梁道路；4. 高速道路；5. 三层立交桥；6. 雨雪路面	无	分区域——高速路段、越野区域、乡村道路、城市区域、居民区、用户自定义区	基于 Mcity 的基础	照明设备可控可调节；移动假人；可变的交通标识；可变车道线；可移动的建筑物	自动驾驶、V2V/V2I 车联网技术

近几年来我国也开始相关智能网联汽车测试平台的建设工作。2016 年 6 月 7 日，由工信部批准的国内首个"国家智能网联汽车（上海）试点示范区"封闭测试区正式开园运营，这是国内第一个针对车联网和无人驾驶建立起来的封闭测试区。

国家智能网联汽车（上海）试点示范区封闭测试园区位于上海赛车场东南方向，占地约 2 km²，现有道路总长度约 3.6 km。测试区可提供网联类测试和自动驾驶测试。目前，F-Zone 可提供 50 种网联类测试，涵盖安全类、效率类、信息服务类、新能源汽车应用类以及通信能力测试，并可组合成多种自定义场景，如表 1-4 和图 1-24 所示。其中，安全类场景包括非机动车横穿预警、道路湿滑预警、前向碰撞预警、超车辅助等；效率类包括自动泊车、前方拥堵提醒、绿波带通行、协作式车队等；信息服务类包括智能停车引导、充电/加油提醒、基于 ITS 大数据的信息服务等；新能源汽车应用类包括充电地图引导、无线充电等；通信类隧道通行、林荫道通行等。F-Zone 提供场景柔性化设计，可组合成多层次、多类型的自定义场景，满足自动驾驶在正常驾驶工况下的行为能力测试、危险工况下的避撞能力测试及退出机制和应对能力测试三方面的测试需求，同时支持低等级自动驾驶中驾驶员误操作应对能力测试。自动驾驶测试场景涵盖行为能力测试、避撞能力测试、退出机制测试。

测试设备有驾驶机器人、RT-RANGE、VBOX、四轮定位台等；数据采集设备包括：车载数采、路侧数采、麦克风、摄像头等；基础设施设备包括：球形监控摄像头、微波雷达、道路特征探测摄像头、交通违法检测设备和 RFID 出入口控制设备。

表 1-4 F-Zone 封闭测试区测试场景

场景类型	数量	典型场景
安全类	33	行人横穿/非机动车横穿/紧急制动/超车辅助/行人路口通行（大巴）
效率类	6	自动泊车/绿波通行/动态车道管理
信息服务类	6	智能停车引导/本地地图下载
新能源应用类	3	充电地图引导/充电桩信息提示
通信能力测试	2	隧道通行/林荫道通行
自动驾驶测试	>100	行为能力/避撞能力/退出机制和应对能力

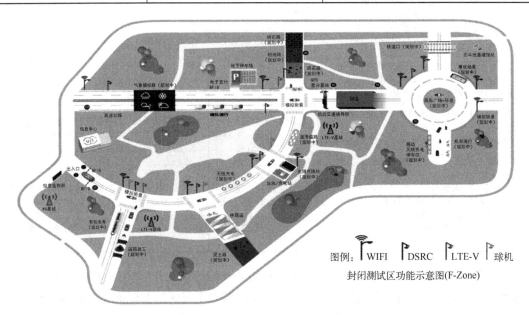

图 1-24 F-Zone 测试区功能示意图

2015 年 9 月，工信部和浙江省在宁波签署合作推进"基于宽带移动互联网的智能汽车、智慧交通应用示范合作框架协议"，浙江成为工信部首个智能汽车、智慧交通应用示范合作省。以杭州市云栖小镇和桐乡市乌镇为核心区域，建立一个集智能汽车、智慧交通、宽带移动互联网于一体的试验验证示范区。2016 年 1 月 27 日，工信部和重庆市签署《基于宽带移动互联网的智能汽车与智慧交通应用示范合作框架协议》，将陆续启动多个应用示范项目，助推车联网、移动通信和汽车制造等相关产业发展。希望在 2017 年之前，打造一个封闭的试验场地，为企业及政府部门提供智能汽车、通信技术、电子信息产品及智慧交通管理等方面的测试服务；从 2017 年开始，试验由封闭式转变为开放式。开放试验场地计划设在礼嘉至北部新区绕城高速一带，总长为 11.5 km。1 月 18 日，"智能汽车与智慧交通产业创新示范区"成立发布会在北京经济技术开发区举办。应用示范区以企业为主体，共享创新资源、开放创新平台，发挥京津冀地区智能交通领域产学研用资源优势，协同创新，在智能汽车与智慧交通行业引领和示范，并带动相关产业发展。2017年，北京智能车联产业创新中心在北京经济开发区（亦庄）完成封闭试验场一期及开放试验场公路V2X智慧道路建设工作，面向全球厂商提供服务。

在智能网联汽车迅猛发展的同时，专门的测试场必不可少。但是，当前的试验场大小和道路基础设施都有限，只能够复现有限的交通场景，不能够穷尽所有的交通场景，有些未知的不确定的交通场景将会构成智能网联汽车测试的盲区。因此，还有必要研究建设虚实结合的半实物平台，融合我国特殊交通环境特征，通过虚拟环境和实际道路相结合大幅拓展测试态势，构建各种交通场景，特别是那些极小概率发生的场景，满足智能网联汽车全工况、场景更为全面的测试要求，满足智能驾驶车辆测试评估对不确定因素的要求。

1.7 各章概述

1. 绪论

车联网有时也称为车间通信，不仅涉及车车通信，也涉及车路、车人和车云通信，所以也称之为V2X，即Vehicle to Everything。在定义方面，有从控制网络角度把车联网理解成物联网在汽车领域的应用；也有从通信网络方面把车联网理解成车辆子系统、道路子系统、旅客子系统和后台中心子系统，通过多种网络技术互联形成一个大系统网络。车联网是一种交叉学科，与智能汽车、智能交通系统、5G等都有关联，特别是发展到现在，车联网与智能网联汽车关系非常密切，包含了更多的人工智能内容。

车联网主要有两种不同的标准体系，其一是以美国牵头的DSRC标准，其二是中国主导的C-V2X标准。以美国为代表的政府已经在DSRC方面开展了大量的尝试，包括IntelliDrive五年战略规划，中国也不甘落后，以华为、大唐为主的电信企业已经纷纷针对C-V2X标准进行了测试验证。此外，为了更好开展测试评估工作，各国纷纷在筹建相应的封闭测试场，测试场的特色却各不相同。本章将对车联网定义、范畴、标准、进展及测试场展开描述。

2. IEEE 802.11p 标准

IEEE 802.11p标准是由IEEE 802.11a演变而来的，在物理层方面同样采用了正交频分复用（Orthogonal Frequency Division Multiplexing，OFDM）技术，只是为了适应车辆通信环境中较高的时延扩展而加大了符号周期和保护间隔（802.11a标准的两倍）。在MAC子层方面，IEEE 802.11p标准同样采用了CSMA/CA机制，同时在服务质量方面引入了IEEE 802.11e标准中的多信道机制，以期为交通安全类应用提供低延迟的传输保障。本章节围绕IEEE 802.11p标准展开描述。

3. IEEE 1609 标准

车联网行业中拥有WiFi、WAVE和WiMAX等多种多样的通信技术，其中以美国电子电气工程师协会（IEEE）制定的基于IEEE 1609.x/802.11p的DSRC标准最具有代表性。美标DSRC包括两大组成部分：接入层的IEEE 802.11p标准和网络传输层的IEEE 1609.x标准。我们对IEEE 1609.x标准进行详细的介绍与描述：其中IEEE 1609.1定义了控制信道消息的格式和数据存储的格式，并且制定了多个远程应用和资源管理之间的控制互换过程规范；IEEE 1609.2 涉及 WAVE 通信中的安全问题，包括签名、加密等工作过程；IEEE 1609.3 规定了 WAVE 网络层和传输层的标准，包括 WAVE 的连接设置和管理；IEEE 1609.4 中主要规定了多信道的操作。本章围绕 IEEE 1609 系列标准展开描述。

4. 欧盟车联网标准

智能交通系统是信息与通信技术与传统交通技术的结合，在欧洲，协作式智能交通系统的定义是：基于车车通信、车路通信和车云通信的智能运输系统，各系统之间能够进行信息交互，可以向出行者提出建议，让设施进行有效运行，与单个系统相比，可以提高交通安全性、可持续性、效率及舒适性。

欧洲标准组织 CEN 于 1991 年成立 CEN/TC278 委员会，开始针对道路运输信息通信（Road Transport and Traffic Telematics，RTTT）进行标准化工作。2009 年欧委会委托欧洲标准化机构 CEN、CENELEC 和 ETSI 制订一套欧盟层面统一的标准、规格和指南来支持合作性 ITS 体系的实施和部署。2013 年，ETSI 和 CEN/ISO 完成首版标准 Release1 的制订。

欧标 ITS 通信模块由五个主要部分组成。

（1）Access 接入　OSI 物理层和数据链路层。

（2）网络和传输　OSI 网络层和传输层。网络层利用 IP 协议描述了如何寻址并路由数据；传输协议定义数据是如何传输和控制的。

（3）Facilities　OSI 会话层，表示层，应用层。通信信息共享的支持，应用的支持，包括消息协议（如 CAM，DENM 和 SPAT）和 LDM。

（4）管理　一个垂直支柱，管理 ITS-S 内所有进程，从底层到顶层。

（5）安全　一个垂直支柱，管理 ITS-S 内端到端安全，从底层到顶层。

本章主要针对这五个部分介绍欧标。

5. LTE-V2X

本章就目前 3GPP（3rd Generation Partnership Project）正在制定的 LTE-V 标准进行介绍。首先对 3GPP 在 V2X 上的标准化进程和 LTE-V 的应用场景做了简单的描述；其次分别对标准中提出的两种 V2X 架构（PC5 架构和 LTE-Uu 架构）及相应的关键问题做了详细的介绍；之后，对应 LTE-V 两种不同的架构，我们列举了无线空口的关键技术；最后，分析了 LTE-V 的安全设计问题和未来的发展趋势。通过对标准化的了解，希望可以帮助读者对未来通信的发展方向有进一步清晰的认识。

6. 移动场景下的信道特征

作为车联网的重要组成部分，在高铁、地铁、无人机、车车等场景中的大带宽、低时延、高可靠性的通信是车联网满足工作、娱乐需求以及实现智能化交通的基本保证。对于这些场景下的无线传播信道的认知和准确的建模对通信系统的设计和验证起着至关重要的作用。与传统的蜂窝通信场景如宏小区、微小区、和微微小区等不同，对于这些新兴移动场景下的信道建模工作依然处于较为初始的阶段。本章主要围绕这些移动环境下的场景，从信道特征分析、信道估计、信道跟踪、被动信道测量和信道建模几个角度展开了叙述。

7. 接入层关键技术

MAC 层为 VANET 中的节点提供了物理寻址和信道接入控制操作功能，为上层提供了快速、可靠的报文传输支持。在 VANET 中如何控制节点接入信道，以及如何利用有限的无线信道资源，对车载自组织网络的性能有着重要的影响。本章首先介绍了 MAC 层的三种信道接入协议，目前的信道接入协议主要有 IEEE 802.11p 中采用的 CSMA/CA 协议、基于调度的 MAC 协议以及混合协议，有不少 MAC 协议都是在 IEEE 802.11p 的基础上进行的改进；其次本章还关注了拥塞控制的问题，拥塞控制主要是从功率控制、速率控制和功率-速率联合控制三个方向来解决，这几种方法各有优劣。拥塞控制的目标就是要控制信道负载，保证在高负载的条件下依然能够实现健壮性通信；本章节还将从多信道协调机制和多信道分配机制两个方面，对 MAC 扩展子层的相关技术进一步详细地阐述，并对优先级机制进行介绍。

8. 网络传输技术

网络层具有路由选择、中继和服务选择等功能，而在 VANET 中，车辆节点具有较高的移动性，整个网络的拓扑变化比较频繁，并且 VANET 中的路由需要满足两个要求：低时延和高可靠，这些都对路由选择、中继和服务选择带来了极大的挑战。本章介绍了 VANET 中的信息分发技术，主要分成消息分发和内容分发两类做相关介绍；然后介绍 VANET 中的路由技术，包括拓扑路由和位置路由，一些常用的路由策略放在位置路由中讨论；此外，还针对 VANET 的一些特性，专门介绍了经典路由算法的改进措施。

9. 网络安全技术

VANET 在为用户提供便捷服务的同时，也带来了安全隐患。本章从 VANET 网络的安全方面入手，带领读者了解安全需求，掌握攻击类型，同时介绍为提高 VANET 网络的安全性所采用的关键技术，包括 PKI 系统简介及密钥管理方式。此外，除了加强对密钥的管理之外，车辆的身份认证及消息认证也是一大难题，本章着重介绍对 VANET 网络安全性影响较大的两个因素——安全认证和隐私保护。安全认证中的身份认证不允许有不良行为的节点或恶意节点加入网络并完成通信，消息认证验证通信节点所发信息是否可靠，降低因恶意节点发送的虚假信息而损害网络安全性的可能性。最后分别介绍两种基于用户身份和用户位置的隐私保护方式，比如采用匿名和 Mix-zone 内更换假名的方法来隐藏用户的身份信息和位置信息等。

10. 移动建模与网络仿真

不同的应用研究对仿真的需求不同。在主动道路安全类和交通效率类应用中，车辆间（V2V）以及车辆与基础设施间（V2I）无线通信的结果会影响车联网中拓扑的变化。例如，在交通事故预警、实时交通状况更新和任何需要驾驶员间协同的应用中，驾驶员需要对无线通信发送的控制信息进行反应并导致车联网拓扑变化。这就需要在车联网的建模和仿真中实现交通仿真与网络仿真间的双向耦合和实时交互。而娱乐类应用只是利用车联网作为传输增值服务的媒介，不会影响车联网的拓扑，所以只需要通过车辆运动轨迹确定网络仿真中节点的位置就可以满足建模和仿真的需求；另一方面，娱乐应用的建模和仿真实现需要网络仿真平台中包含由完整的通信协议栈。

因此，车联网的建模和仿真中需要考虑的因素包括以下三点：
1）实现车辆运动模型的交通仿真。
2）实现通信协议栈网络仿真。
3）交通仿真与通信仿真间的交互模式。

本章在后续的内容中将针对以上三点分别进行介绍，并基于 SUMO 和 OMNeT++ 仿真平台给出车联网建模和仿真实例。

11. V2X 应用开发

车联网是以车内网、车际网和车载移动互联网为基础，按照约定的通信协议和数据交互标准，在车-车、车辆与互联网之间进行无线通信和信息交换，以实现智能交通管理控制、车辆智能化控制和智能动态信息服务的一体化网络。作为整个架构中的最顶层，应用层承载着算法分析、场景判断、决策预警等关键作用。整个应用开发系统分为车载子系统，路侧子系统、行人子系统和后台中心子系统。通过传感器包括 CAN 总线、GPS、交通信号灯等感知车辆状态信息及周围环境信息，将消息进行编码，利用 DSRC 通信技术传输，并在接收端进行解析。借助中间件，对相关数据进行融合，针对不同的业务场景进行算法分析，并做出下一步决策，从而完成应用层的数据流动作。由于车联网环境包含众多的应用场景，因此如何对场景进行整合，进而覆盖实际场景中的多个功能显得尤为重要。本章将针对以上内容，展开具体描述。

参考文献

[1] Y Toor, P Muhlethaler, A Laouiti. Vehicle Ad Hoc networks: applications and related technical issues[J]. Communications Surveys & Tutorials IEEE, 2008, 10(3):74-88.

[2] Hasan S F, Ding X, Siddique N H, et al. Measuring Disruption in Vehicular Communications[J]. IEEE Transactions on Vehicular Technology, 2011, 60(1):148-159.

[3] Zhou X, Huang J, Lv W, et al. Fuel Consumption Estimates Based on Driving Pattern Recognition[C]// IEEE International Conference on Green Computing and Communications and IEEE Internet of Things and IEEE Cyber, Physical and Social Computing. Pisataway:IEEE Computer Society, 2013:496-503.

[4] Gubbi J, Buyya R, Marusic S, et al. Internet of Things (IoT): A vision, architectural elements, and future directions[J]. Future Generation Computer Systems, 2013, 29(7):1645-1660.

[5] Al-Sultan S, Al-Doori M M, Al-Bayatti A H, et al. A comprehensive survey on vehicular Ad Hoc network [J]. Journal of Network & Computer Applications, 2014, 37(1):380-392.

[6] Dar K, Bakhouya M, Gaber J, et al. Wireless communication technologies for ITS applications[J]. Communications Magazine IEEE, 2010, 48(5):156-162.

[7] Kenney J B. Dedicated Short-Range Communications (DSRC) Standards in the United States[J]. Proceedings of the IEEE, 2011, 99(7):1162-1182.

[8] Schoettle B, Sivak M. Public opinion about self-driving vehicles in China, India, Japan, the U.S. the U.K. and Australia[J]. University of Michigan Ann Arbor Transportation Research Institute, 2014.

[9] Department of Transportation, US. (2015). Connected Vehicle Research. [OL]. Available: https://www.its.dot.gov/research_areas/connected_vehicle.htm.

[10] Barbaresso J, Cordahi G, Garcia D, et al. USDOT's Intelligent Transportation Systems (ITS) ITS Strategic Plan 2015-2019[J]. Intelligent Transportation Systems, 2014.

[11] Chang T W, Chen J L. Remote vehicular system management functions and information structure[J]. Telematics Communication Technologies & Vehicular Networks Wireless Architectures & Applications, 2010.

第 2 章 IEEE 802.11p 标准

2.1 概述

2004 年，IEEE 成立了 802.11p 工作组，在著名的 IEEE 802.11a 标准的基础上开展制定 IEEE 802.11 在 MAVE（Wireless Access in Vehicular Environment，车辆环境下无线接入）的版本，并于 2010 年发布了 IEEE 802.11p 标准，该标准对物理层（Physical Layer，PHY）和介质访问控制（Media Access Control，MAC）子层两个部分进行了标准化。该通信标准拥有 300 m 的单跳覆盖范围和 3~27 Mbit/s 的数据传输速率，同时还针对车辆通信环境从热点切换、移动性支持、通信安全等方面对传统标准进行了优化。

相对于传统的 IEEE 802.11a 标准，IEEE 802.11p 标准在物理层方面同样采用了正交频分复用（Orthogonal Frequency Division Multiplexing，OFDM）技术，只是为了适应车辆通信环境中较高的时延扩展而加大了符号周期和保护间隔（802.11a 标准的两倍）。在 MAC 子层方面，IEEE 802.11p 标准同样采用了载波侦听多路访问与碰撞避免（Carrier Sense Multiple Access with Collision Avoidance，CSMA/CA）机制，同时在服务质量方面引入了 IEEE 802.11e 标准中的多信道机制，以期为交通安全类应用提供低延迟的传输保障。

IEEE 802.11p 标准从面世至今仍未被广泛应用于智能交通领域，目前市面上也只有少量的商业原型样机产品问世。究其原因，一方面是由于该标准本身尚存在一定的问题（如可靠性不理想、数据包碰撞严重等），还不能完全适应传播环境和网络拓扑快速时变的交通环境；另一方面，其商业模式不清晰及推广困难等问题也限制了其大规模应用。本章后续部分将详述 IEEE 802.11p 标准物理层的技术细节并对 MAC 子层做简单介绍。

2.2 物理介质关联子层

物理介质关联（Physical Medium Dependent，PMD）子层用于定义和表述在物理介质上进行单个比特的传输和接收方面的技术细节。本节主要描述 OFDM 物理层可以提供的 PMD 服务，物理层会聚协议（Physical Layer Convergence Procedure，PLCP）子层的功能将基于这些服务来实现。图 2-1 描述了 PMD 子层与整个 OFDM 物理层之间的关系。

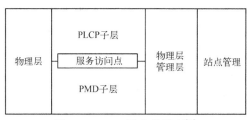

图 2-1 PMD 层参考模型[1]

OFDM 物理层的 PMD 子层向 PLCP 子层提供将数据流发送至传输媒质和从传输媒介接收数据流的方法。通过服务访问点，PLCP 采用服务原语同 PMD 子层交换信息，这些信息包括发送/接收信号参数、数据流、定时信息等，其服务原语可以分为两类：对等层交互原语和层间交互原语。前者主要用于 PLCP 对等层之间数据和控制信息的交换，后者用于本地子层之间的交互。PMD 子层支持的基本服务原语如表 2-1 所示，下面对各原语的详细作用及所携带的参数进行分析。

表 2-1　PMD 服务原语[1]

服务原语	请求	指示	层间原语	对等层原语
PMD_DATA	支持	支持		支持
PMD_TXSTART	支持		支持	
PMD_TXEND	支持		支持	
PMD_TXPWRLVL	支持		支持	
PMD_RATE	支持		支持	
PMD_RSSI		支持	支持	
PMD_RCPI		支持	支持	

（1）PMD_DATA 请求和指示原语

该原语定义了 PLCP 和 PMD 之间的数据交互过程，包含请求和指示两种原语，前者用于待发送数据从 PLCP 到 PMD 的数据传输，而后者用于接收数据从 PMD 到 PLCP 的传输。当 PLCP 子层需要向传输媒介发送数据时，它向 PMD 子层提交该服务原语，其参数为编码和调制后单个 OFDM 符号对应数据流的组合。该原语对应数据流的时钟信号应该由 PMD 子层提供。当接收到有效数据时，PMD 子层使用指示原语通知 PLCP 子层接收数据，其原语参数为接收到的数据流。该原语的数据流同步时钟同样由 PMD 子层来提供。

（2）PMD_TXSTART 和 PMD_TXEND 请求原语

该原语由 PLCP 子层发出，分别用于请求 PMD 子层开始和结束层间的物理层协议数据单元交换过程，这组服务原语皆不带有任何参数。

（3）PMD_TXPWRLVL 请求原语

该原语同样是由 PLCP 子层向 PMD 子层发出的请求原语，用于指定当前数据包的发送功率的等级，其携带的参数为所需的功率等级（共支持 1~8 个发送功率等级）。该原语应当在发送 PMD_TXSTART 请求之前向 PMD 发送，且接收到该请求后 PMD 子层应当立即改变当前的传输功率等级。

（4）PMD_RATE 请求原语

该原语用于 PLCP 子层请求 PMD 子层改变当前物理层的调制速率，其携带的参数指定了所需的传输速率（根据标准，物理层支持 3~27 Mbit/s 的数据传输速率）。该传输速率仅用于数据的发送过程，物理层可以继续接收和解调各种速率的数据流。

（5）PMD_RSSI 指示原语

物理层解调和 MAC 子层的退避过程需要使用正在接收射频信号的功率等级信息，这一信息通常由 PMD 子层来提供。在接收过程中，PMD 子层不断测量接收射频信号的功率并通过 PMD_RSSI 指示原语向 MAC 子层和物理层发出指示，该原语的参数即为功率等级测量的结果。该服务原语只有当物理层处于接收状态时才会产生。

（6）PMD_RCPI 指示原语

该原语由 PMD 子层生成，用于向物理层和 MAC 子层提供当前信道的接收功率测量结果（在该原语所携带的参数中，取值范围为 0~255）。该服务原语同样只有在物理层处于接收状态的情况下才会产生。

2.3 物理层会聚协议子层

IEEE 802.11p 物理层标准定义了物理层会聚协议（PLCP）子层，主要用于将来自 MAC 子层的服务数据单元通过编码、调制、映射等过程转换为物理层服务数据单元，并在其头部添加 PLCP 前导码和帧头，进而构成完整的物理层 PLCP 协议数据单元（PLCP Protocol Data Unit，PPDU），这些附加的信息对接收端的解调来说是至关重要的。

2.3.1 PPDU 帧格式

PPDU 的帧格式如图 2-2 所示，由前导码、帧头、PLCP 服务数据单元（PLCP Service Data Unit，PSDU）、尾比特及填充比特构成。PLCP 头中包含了后续 PSDU 的基本信息，如长度（LENGTH）、调制速率（RATE）、奇偶校验位（Parity），以及服务域（SERVICE）等。长度、速率、校验字段构成了 PPDU 帧的 SIGNAL 域，由于其中包含了该帧最重要的参数信息，物理层采用调制方式为 BIT/SK 且码率为 1/2 的单个 OFDM 符号来传输。PLCP 头中的 SERVICE 和 PSDU 字段构成了 DATA 域，这部分数据采用 RATE 字段中指定的速率进行编码调制（见表 2-2），通常由可变数量的 OFDM 符号组成。SIGNAL 域中尾比特的存在使得接收端在收到该符号后立即就可以对其进行解调和译码，这一点对于接收端来说是至关重要的，否则只能在接收到整个 PPDU 后才能进行解调和译码。此外，由于 SIGNAL 域采用了固定的调制方式和速率，即使接收端不支持后续数据符号的调制方式和编码速率，它仍然能够获取该接收帧的基本信息，这一特性使得 MAC 子层的虚拟载波侦听机制不会失效。

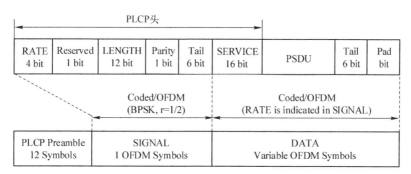

图 2-2　PPDU 的帧格式[1]

PLCP 编码过程很复杂，本节在此先给出概要的介绍，具体细节将在本章后续部分进行详细描述。

1）产生 PLCP 前导码，该前导码由 10 个重复的短训练符号（Short Training Sequence，STS）和 2 个重复的长训练符号（Long Training Sequence，LTS）组成，前者主要用于接收端的自动增益控制、分集选择、定时获取、粗频偏同步等处理过程,后者则用于信道估计及精频偏估计等过程。

2) 根据 RATE、LENGTH 等字段生成 PLCP 头中的 SIGNAL 域和 SERVICE 域。为了使接收端能够及时和可靠地获取 RATE 和 LENGTH,SIGNAL 域后填充了 6 个 "0" 比特(使卷积编码器回归零初始状态,接收端可以单独对其译码),并采用 1/2 速率的卷积编码和 BIT/SK 调制生成单独的 OFDM 符号传输。

3) 根据调制和编码方式分别计算每个子载波携带的比特数($N_{BIT/SC}$)、每个 OFDM 符号携带的原始数据比特数($N_{DBIT/S}$),以及每个 OFDM 符号携带的编码数据比特数($N_{CBIT/S}$),见表 2-2。

表 2-2 OFDM 物理层调制编码参数[1]

RATE	码率	调制	$N_{BIT/SC}$	$N_{CBIT/S}$	$N_{DBIT/S}$	速率/(Mbit/s)
1101	BIT/SK	1/2	1	48	24	3
1111	BIT/SK	3/4	1	48	36	4.5
0101	QPSK	1/2	2	96	48	6
0111	QPSK	3/4	2	96	72	9
1001	16-QAM	1/2	4	192	96	12
1011	16-QAM	3/4	4	192	144	18
0001	64-QAM	2/3	6	288	192	24
0011	64-QAM	3/4	6	288	216	27

4) 扩展由 SERVICE 和 PSDU 构成的数据域比特流,使其长度为整数个 OFDM 符号($N_{DBIT/S}$ 的整数倍),且其后至少填充 6 个零比特。

5) 使用非零伪随机种子初始化扰码生成器,并产生扰码序列对扩展后的数据比特流加扰(将扰码序列与数据比特流相异或)。

6) 将 6 个已加扰的填充零比特替换成未加扰的零比特,它们将会使卷积编码器重新回归到初始零状态。

7) 采用效率为 1/2 的卷积编码器对加扰后的数据流编码,并按照速率要求执行凿孔操作,删除编码输出比特流中相对不重要的比特。

8) 将编码后的比特流按照每组 $N_{CBIT/S}$ 比特进行分组,然后按照数据速率对每组比特串进行信道交织操作。

9) 对编码和交织后的比特流进行分组(每组包含 $N_{BIT/SC}$ 比特),根据调制方式将每个分组转换成一个复数(星座图上的点)。

10) 将上述复数串重新分组(每组 48 个数据),在后续处理过程中每个分组将被映射成一个单独的 OFDM 符号。

11) 插入 4 个导频子载波,导频子载波的相位受伪随机序列调制。

12) 采用逆傅里叶变换将每个 OFDM 符号的频域序列转换成时域序列,并在其前端扩展循环前缀,然后通过时域窗函数对其进行滤波处理。

13) 通过上变频将基带信号转换为射频信号,串行传输每个 OFDM 符号的时域序列。

2.3.2 PLCP 前导码

IEEE 802.11p 标准中,PLCP 前导码主要用于接收端的同步处理,其结构如图 2-3 所示。图 2-3 中 $t_1 \sim t_{10}$ 为 10 个重复的 STS 符号,T_1 和 T_2 为两个重复的 LTS 符号,整个前导训练序列的长度为 32 μs。

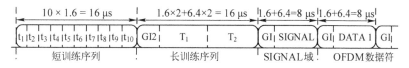

图 2-3 PLCP 前导码结构[1]

STS 训练符号持续时间为 1.6 μs,共占据了 12 个子载波,可以通过下列序列对这 12 个子载波进行调制而得到:

$$S_{-26,26} = \sqrt{(13/6)} \{0,0,1+j,0,0,0,-1-j,0,0,0,1+j,0,0,\\
0,-1-j,0,0,0,-1-j,0,0,0,1+j,0,0,0,\\
0,0,0,0,-1-j,0,0,0,-1-j,0,0,0,1+j,\\
0,0,0,1+j,0,0,0,1+j,0,0,0,1+j,0,0\} \quad (2\text{-}1)$$

其中,因子 $\sqrt{(13/6)}$ 用于对 OFDM 符号的功率进行归一化处理,其时域序列相应地可以表示为

$$r_{STS}(n) = w_{STS}(n) \sum_{k=-N_{STS}/2}^{N_{STS}/2} S_k \exp\left(j\frac{2\pi}{N_{STS}}kn\right) \quad (2\text{-}2)$$

其中,$w_{STS}(n)$ 为窗函数,定义为

$$w_{STS}(n) = \begin{cases} 1, & 1 \leq n \leq N_{STS} \\ 0.5, & 0, N_{STS}/2 \\ 0, & 其他 \end{cases} \quad (2\text{-}3)$$

短前导序列具有良好的周期性和伪随机性,可以被接收端用于信号检测、符号同步、粗频偏估计等接收信号处理过程[2-4]。文献 [2] 中使用 STS 符号的自相关函数来实现信号检测和载波频偏估计,其度量函数定义为

$$M(n) = \frac{|R(n)|^2}{|P(n)|^2} = \frac{\left|\sum_{i=n}^{n-N_{STS}+1} r^*(i)r(i-N_{STS})\right|^2}{\left|\sum_{i=n}^{n-N_{STS}+1} r^*(i)r(i)\right|^2}, n \geq 0, \quad (2\text{-}4)$$

其中,$r(n)$ 为接收到的复基带序列;$R(n)$ 为其自相关函数;$P(n)$ 为接收序列的平均功率。考虑度量函数值 $M(n)$ 的统计特性:当接收序列为噪声时其均值为零,当 STS 符号出现时其均值为接收序列的信噪比。因此,可以通过检测度量函数 $M(n)$ 的值来实现信号检测,并粗略定位接收帧的起始位置。此外,令 $\Delta\omega = 2\pi\Delta f/f_s$ 表示归一化的收发信机载波频偏,当接收序列为 STS 序列时,有

$$R_{STS}(n) = \sum_{n=0}^{N_{STS}-1} (r_{STS}^*(n) e^{-j\Delta\omega n})(r_{STS}(n-N_{STS}) e^{j\Delta\omega(n-N_{STS})})$$

$$= \left(\sum_{n=0}^{N_{STS}-1} r_{STS}^*(n) r_{STS}(n-N_{STS})\right) e^{-j\Delta\omega N_{STS}} \quad (2\text{-}5)$$

因此根据STS序列的自相关函数也可以粗略估计收发信机的载波频偏[4]。

LTS符号主要用于接收端的信道估计和精频偏估计等处理过程，它覆盖了53个子载波，可以通过下列序列对子载波调制来得到：

$$L_{-26,26} = \{1,1,-1,-1,1,1,-1,1,-1,1,1,1,1,1,1,-1,-1,1,1,-1,1,-1,1,1,1,1,$$
$$0,1,-1,-1,1,1,-1,1,-1,1,-1,-1,-1,-1,-1,1,1,-1,-1,1,-1,1,-1,1,1,1,1\} \quad (2\text{-}6)$$

考虑到循环前缀的存在，其时域序列可表示为

$$r_{\text{LTS}}(n) = w_{\text{LTS}}(n) \sum_{k=-N_{\text{LTS}}/2}^{N_{\text{LTS}}/2} L_k \exp\left(j\frac{2\pi}{N_{\text{LTS}}}k(n-16)\right) \quad (2\text{-}7)$$

其中，$w_{\text{LTS}}(n)$为类似于$w_{\text{STS}}(n)$的窗函数。令H_k为第k个子载波上的信道频率响应。当发送序列为LTS符号时，不考虑窗函数的影响，接收序列可表示为

$$r_{\text{LTS}}(n) = \sum_{k=-N_{\text{LTS}}/2}^{N_{\text{LTS}}/2} H_k L_k \exp\left(j\frac{2\pi}{N_{\text{LTS}}}k(n-16)\right) \quad (2\text{-}8)$$

对接收到的LTS序列进行傅里叶变换可得

$$R_{\text{LTS}}(k) = H_k L_k \quad (2\text{-}9)$$

因此接收端可以利用LTS序列估计各子载波上的信道频率响应[5]。此外，由于L_k的取值均为-1或1，接收机只需简单地改变$R_{\text{LTS}}(k)$的符号即可方便地进行信道估计，这一特点对接收机的实现来说是非常有利的，能够有效降低其复杂度。在室内时不变信道的通信环境下该信道响应估计值可用于均衡后续所有OFDM数据符号，然而在室外高速移动的车辆通信环境下这种方案是不适用的，接收机必须在接收过程中跟踪估计信道响应[6]。

2.3.3 数据加扰、卷积编码和交织

IEEE 802.11p标准中，SERVICE、PSDU、帧尾及填充比特都需要采用循环长度为127的帧同步扰码器加扰，该扰码器的原理框图如图2-4所示，其生成多项式为可以表示为

$$S(x) = x^7 + x^4 + 1 \quad (2\text{-}10)$$

物理层收发信机均采用相同的扰码器。发送端首先采用一个非零的7位伪随机二进制比特串来初始化扰码器。由于原始SERVICE域的最后7位为零，接收端可根据这些零比特对应的加扰后的比特串估计发送端扰码器的初始状态。

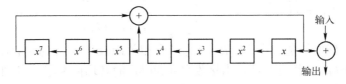

图2-4 数据扰码器

为了增强传输的可靠性，物理层采用了约束长度为7的工业标准卷积码作为信道编码方案，其编码效率为$R=1/2$，对应的生成多项式分别为$g_0=133_8$和$g_1=171_8$，即

$$\begin{cases} A(x) = x^6+x^5+x^3+x^2+1 \\ B(x) = x^6+x^3+x^2+x^1+1 \end{cases} \quad (2\text{-}11)$$

其原理框图如图2-5所示，编码比特流按照先A后B的顺序输出。通过对编码效率为1/2

的输出比特流进行凿孔,物理层也可支持 3/4 和 2/3 码率的卷积码,卷积编码和凿孔方案如图 2-5 所示。

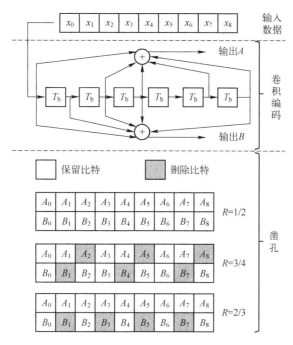

图 2-5 卷积编码和凿孔方案

信道编码机制只在检测和纠正单个突发误码和较短的误码串时才有效,对于连续出现的长串误码是无能为力的。为了解决这一问题,物理层规定所有数据比特流需要进行信道交织。IEEE 802.11p 物理层采用块状交织器,其分块长度取决于所采用的编码速率和调制方案,每个分块的比特串对应一个完整的 OFDM 符号,即长度为 $N_{\text{CBIT/S}}$。交织过程是一个对输入数据进行重新排列的过程,可分为两个步骤。第一次排列对应的规则为

$$i=(N_{\text{CBPS}}/16)(k\%16)+\text{floor}(k/16), \quad k=0,\cdots,N_{\text{CBPS}}-1 \quad (2-12)$$

其中,k 为重排之前二进制比特的序号;i 为排列之后其对应的序号;函数 floor 表示不超过其输入参数的最大整数。第二次重排列对应的规则为

$$j=\text{floor}(i/s)s+(i+N_{\text{BPSC}}-\text{floor}(16i/N_{\text{CBPS}}))\%s, \quad i=0,\cdots,N_{\text{CBPS}}-1 \quad (2-13)$$

其中,i 为排列之前的序号;j 为排列之后的序号;$s=\max(N_{\text{BPSC}}/2,1)$。上述交织过程可以:①保证相邻的编码比特被映射到不同的子载波上;②保证相邻的编码比特被交替地映射到星座点的高位和地位比特上。

由于物理层采用了约束长度为 7 的卷积编码且信道交织是以 OFDM 符号为单位进行的,接收机在接收到一个完整的 OFDM 符号后即可进行解调和译码,而不用等到整个数据包接收完成。这种特性不利于抑制深度衰落造成的长串误码,然而另一方面却使得一类数据子载波辅助的信道估计方法[7,8]得以应用于该标准来进行时变信道估计和跟踪。

2.3.4 子载波调制映射和导频插入

IEEE 802.11p 标准的 OFDM 物理层带宽为 10 MHz,整个频带分成了 64 个子载波,相邻

子载波之间的间隔为 156.25 kHz。在所有 64 个子载波中，48 个用作数据子载波，每个数据子载波支持 BIT/SK、QSPK、16QAM 和 64QAM 的调制方式（由 RATE 字段决定，见表 2-2）。子载波调制的过程首先是将交织后的比特流进行分组（每组包含 $N_{BIT/SC}$ 比特），然后将其映射为相应星座点对应的复数，星座图采用格雷码来编码，其中 BIT/SK、QPSK 及 16QAM 的星座图如图 2-6 所示。

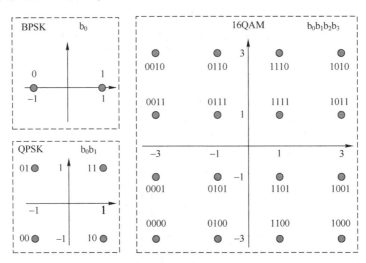

图 2-6 BIT/SK、QPSK 及 16QAM 星座图

除了数据子载波外，每个 OFDM 符号中都会插入 4 个导频子载波，它们分别是-21、-7、7 和 21 号子载波（见图 2-7）。导频对应的时域序列可通过对以下序列求取傅里叶变换来获取：

$$P_k = \begin{cases} 1, & k=-21,-7,7 \\ -1, & k=21, -26 \leq k \leq 26 \\ 0, & 其他 \end{cases} \qquad (2\text{-}14)$$

此外，导频子载波的极性在传输过程中不断更新，受伪随机序列 p_i（下标 "i" 表示一帧中的第 i 个 OFDM 符号）控制每个符号更新一次，p_i 可以采用与扰码器相同的生成多项式（初始状态为全 "1"）来生成。导频子载波可被接收端用于剩余相位跟踪等信号处理过程。在时变信道估计方面，有些算法采用对导频子载波处的信道估计值进行线性插值的方法来跟踪信道变化[9-11]，然而由于 IEEE 802.11p 标准的物理层信号结构中导频数量较少且间隔相对较大，这些算法并不能适用，需要对现有的标准做出修改。

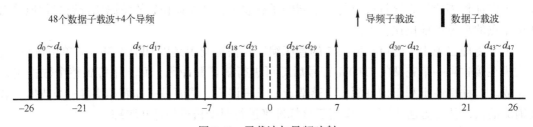

图 2-7 子载波与导频映射

综合考虑数据子载波、导频子载波及循环前缀，第 n 个 OFDM 数据符号的时域序列可

以表示为

$$r_{SYM,i}(n) = w_{SYM}(n)\left(\sum_{k=0}^{N_{SD}-1} d_{k,i}\exp\left(jM(k)\frac{2\pi}{N_{SC}}k(n-N_{GI})\right)\right.$$
$$\left. + p_{n+1}\sum_{k=N_{ST}/2}^{N_{ST}/2} P_k\exp(j\frac{2\pi}{N_{SC}}k(n-N_{GI}))\right), \quad 0 \leq n \leq N_{SC} \quad (2\text{-}15)$$

式中，$w_{SYM}(n)$ 为窗函数；$N_{SD}=48$ 为数据子载波的数量；$N_{ST}=52$ 为非空子载波的数量；$N_{SC}=64$ 为全部子载波的数量；$N_{GI}=16$ 为循环前缀的长度；$d_{k,i}$ 为第 i 个数据符号的第 k 个子载波；$M(k)$ 为逻辑子载波 0~47 到频偏索引-26~26 的映射关系，定义为

$$M(k) = \begin{cases} k-26, & 0 \leq k \leq 4 \\ k-25, & 5 \leq k \leq 17 \\ k-24, & 18 \leq k \leq 23 \\ k-23, & 24 \leq k \leq 29 \\ k-22, & 30 \leq k \leq 42 \\ k-21, & 43 \leq k \leq 47 \end{cases} \quad (2\text{-}16)$$

2.4 MAC 子层

IEEE 802.11p 标准的 MAC 协议实体位于物理层实体之上，主要作用是通过相关的机制来协调各个车辆通信节点对信道资源的访问，保证各通信节点能够公平和可靠地访问共享的无线信道资源。与 IEEE 802.11a 标准相同，802.11p 标准也提供了点协调功能（Point Coordinated Function，PCF）和分布式协调功能（Distributed Coordinated Function，DCF）两种信道协调功能。前者主要用于集中式网络，即所有车辆通信节点在中心节点（路边单元或簇头）的集中控制下有序地进行数据交换。DCF 则用于全分布式网络，在这种类型的网络中不存在用于集中控制的中心节点，所有车辆通信节点需要根据自身对物理信道的观测结果独立访问信道。鉴于 PCF 是一个可选机制且很多商业产品也不对其提供支持，本节只讨论 DCF 机制。

在 DCF 访问控制方式下，车辆节点间通过 CSMA/CA 机制实现无线资源的共享，其过程可分为侦听、退避和握手三个方面。发送端在向无线信道发送 MAC 帧之前需要通过侦听信道来检测是否有其他节点正在访问信道资源。MAC 协议中同时提供了物理载波侦听和虚拟载波侦听两种方式，前者通过物理层检测到的载波信号强度估计物理信道状态，而后者则通过接收帧帧头中的相关字段对信道状态进行预测。为了减少传输碰撞，MAC 协议还采用了随机退避机制。根据该退避机制，发送端在发送数据帧之前需要侦听信道一个随机的时间，只有在这段时间内信道一直空闲，它才能真正开始传输。

在通信过程控制方面，DCF 提供了两步握手和四步握手两种方式。两步握手又称 DATA/ACK 握手，即目的端在正确接收到远端节点发送的数据帧后需要向发送端节点回复确认帧，数据帧或确认帧的丢失都会触发重传过程。考虑到车辆通信系统中广泛存在的隐藏终端和暴露终端等问题，IEEE 802.11p 标准的 MAC 协议中还规定了一种称为请求发送/清空发送（Request-to-send/Clear-to-send，RTS/CTS）的四步握手机制，即发送端先发送 RTS 帧请求占用信道，接收端回复 CTS 帧清空信道，然后才开始两步握手传输过程。此外，为

了使相关应用能够在尽可能短的时间内高效完成,MAC 层还删减了主动扫描、关联和认证等 802.11a 标准的 MAC 协议流程。在通信质量控制方面,MAC 标准引入了 IEEE 802.11e 的增强型分布式信道接入机制,以便为低时延高可靠的通信业务提供服务质量保障,该机制是通过 IEEE 1609.4 标准中定义的多信道机制来实现的。

2.5　802.11p 与蜂窝通信在 V2X 上应用的对比

2.5.1　背景情况

车辆共享信息、相互协作以提高交通的安全性、高效性和娱乐性,这种想法非常具有吸引力。与该概念相关的各种技术统称为 C-ITS,它有望缓解交通堵塞,减轻交通对环境的影响,大幅减少致命交通事故的数量。仅其对安全的影响一项就值得将 C-ITS 纳入考虑范围,因为据世界卫生组织(World Health Organization,WHO)统计,2015 年有近 125 万人死于交通事故,各国政府为此付出的代价约占 GDP 的 3%[12]。

如图 2-8 所示,实现 C-ITS 的一项关键技术是无线通信技术,包括车辆对车辆通信、车辆对基础设施通信和基础设施对车辆(Infrastructure to Vehicle,I2V)通信,统称为 V2X 通信。

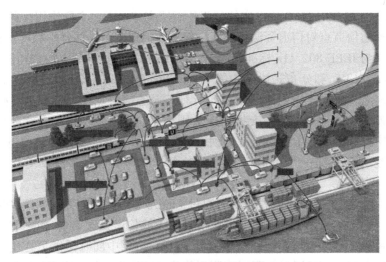

图 2-8　无线通信技术示意图

V2X 需要支持 ITS 系统的诸多安全相关和非安全相关用例。表 2-3 和表 2-4 分别列出了主要用例。

表 2-3 给出了安全相关用例,比如收发"紧急电子刹车灯"消息的能力,车辆以广播模式每 0.1s 发送一次该消息,报告紧急刹车行为。表 2-4 给出了非安全相关用例,比如"交通灯最佳建议速度"消息,该消息旨在通过定期广播,给出最佳速度建议的方式改善交通流。

为了支持安全相关和非安全相关消息,对 V2X 通信中使用的无线技术有以下几方面要求:1)它们需要在高度动态化的环境中工作,其中,发射器与接收器之间有着相对较高的速率；2）需要为安全相关应用提供极低延迟支持（"碰撞前检测警告消息"为 50 ms，见表 2-3。3）它们还需要承受因多个主机定期传输多条消息而造成的高负载，以及交通堵塞时存在的高车辆密度问题。

另一个考虑因素是，V2X 消息具有局域性，也就是说，它们对附近的接收者最为重要。例如，"碰撞前检测警告消息"对碰撞事故周围车辆极其重要，却与远离现场的车辆无关。

表 2-3 安全相关用例

安全服务	用例	类型	通信模式	最小频率/Hz	最大延迟/ms
车辆状态警告	紧急电子刹车灯	DEN/V2X	基于事件的限时广播	10	100
	异常状况警告	DEN/V2X	基于事件的限时广播	1	100
车辆类型警告	应急车辆警告	CAM/V2X	定期广播，因车辆模式而异	10	100
	慢速车辆警告	CAM/V2X	定期广播，因车辆模式而异	2	100
	摩托车警告	CAM/V2X	定期广播	2	100
	脆弱道路使用者警告	CAM/VRU2X	定期广播	1	100
交通危险警告	错路行驶警告	DEN/V2X	基于事件的限时广播	10	100
	静止车辆警告	DEN/X2X	基于事件的限时广播	10	100
	交通条件警告	DEN/X2X	基于事件的限时广播	1	100
	闯红灯警告	DEN/I2X	基于事件的限时广播	10	100
	道路施工警告	DEN/I2X	基于事件的限时广播	2	100
车辆动态警告	超车警告	DEN/V2X	基于事件的限时广播	10	100
	变道辅助	DEN/V2X	基于事件的限时广播	10	100
	碰撞前检测警告	DEN/V2X	基于事件的限时广播	10	50
	协同减少眩光	DEN/V2X	基于事件的限时广播	2	100

表 2-4 非安全相关用例

非安全服务	用例	类型	通信模式	最小频率/Hz	最大延迟/ms
交通管理	限速	I2V	定期广播	1	
	交通灯最佳速度提醒	I2V	定期广播	2	100
	十字路口管理	I2V	定期广播	1	100
	协同灵活变道	I2V	定期广播	1	500
	电子收费	I2V	定期广播	1	500
信息娱乐	目标点通知	I2V	定期广播	1	500
	本地电子商务	I2V、V2I	双工，互联网接入	1	500
	媒体下载	I2V	双工，互联网接入	1	500
	地图下载和更新	I2V	双工，互联网接入	1	500

2.5.2 802.11p 在 V2X 上的应用

V2X 目前已有的标准包括专用短距离通信（Dedicated Short Range Communications，

DSRC）无线技术（基于 IEEE 802.11p 标准）、美国的 1609 行车环境无线接入协议和欧洲电信标准协会（European Telecommunication Standard Institute，ETSI）的 TC-ITS 欧洲标准。美国交通部向国会所交报告[12]（现已出版）明确地说明了 IEEE 802.11p 为 V2X 应用带来的好处。

IEEE 802.11p 在设计上从一开始就明确要以最严格的性能指标满足 V2X 应用的所有需求。1999 年，美国联邦通信委员会（Federal Communications Commission，FCC）在 5.9 GHz 区域为 V2X 留出了 75 MHz 的带宽，此为 IEEE 802.11p 标准的工作频段。该标准于 2009 年获得批准，此后，业界进行了一些现场试验。包括 Autotalks、恩智浦半导体和 Renesas 在内的多家半导体公司还设计并测试了符合 802.11p 标准的产品。

IEEE 802.11p 已做好部署准备，并且日益受到青睐。ETSI 组织了四次 ITS "插拔测试"，最近一次于 2015 年 3 月在荷兰赫尔蒙德市进行[14]，第一次在 2011 年 11 月进行。另外还进行了广泛的现场试验，具体有美国的"安全驾驶员"项目、欧洲的"驾驶 C2X"项目、法国的 Score@F 项目和德国的 simTD 项目；在 ITS 走廊项目中，荷兰、德国和奥地利的基础设施组织对 V2I 专用 802.11p 标准和 C-ITS 中央系统技术的成熟度进行了评估。这些现场试验反映了过去 10 年为验证 802.11p 技术而进行的大量投资，旨在解决同一应用需求的任何其他技术都需要重新进行所有这些试验。

美国基于收集到的证据认为，IEEE 802.11p 技术能大量减少道路上的碰撞事故，并且预计将于 2016 年第二季度强制在安全相关用例中采用 802.11p 技术[13]。美国交通部在 2015 年的一份预先通知中表达其意向。一家美国汽车制造商已决定在交通部颁布命令之前，在其产品中采用 802.11p 技术。

2016 年，在美国颁布命令之后，802.11p 技术市场有望大幅扩张。以下两个因素进一步增进了这一势头：越来越多的证据有力地证明了 V2X 的安全优势；市场逐渐意识到，替代解决方案（包括蜂窝技术）远未达到市场推广要求，甚至尚未形成技术规格。

恩智浦半导体（NXP Semiconductors）于 2013 年针对 802.11p 推出首款 RoadLINK™ 系列产品 SAF5100，它适用于汽车对汽车和汽车对基础设施通信，符合美国、欧洲以及日本 V2X 标准，且适应现有标准的不断发展演变，它有望成为世界上第一款 V2X 量产车型——2017 款凯迪拉克 CTS——提供解决方案。SAF5100 处理器是完全可编程的处理器并支持独有算法以改善无线通信的接收情况，它可以支持不同 OEM 制造商的天线配置和不同的分集方案。此外，SAF5100 还可借助 Cohda Wireless（DSRC 设备供应商）的 802.11p 固件提供业内最佳的无线连接性能，其中 802.11p 固件为该解决方案的重要组成部分，它为 OEM 制造商提供足够的灵活性以便通过固件升级支持不同地区新兴的通信标准。即使是在非视距的情况下，SAF5100 也能够提供业内最佳的 802.11p 接收性能和通信范围，适合快速移动环境下的 V2X 应用。

SAF5100 的早期单天线 802.11p 的 TEF5000 版本在全球范围内的 C2X 现场试验中大获成功，例如德国的 simTD 试验、美国密歇根大学运输研究学院（UMTRI）持续进行的安全试验模型部署（Safety Pilot Model Deployment），以及法国 SCORE@F 的试验。

ETSI 以及 Fraunhofer 协会明确指出 NXP/Cohda's 的性能优势在于区分接收器灵敏度（主要表现在采集算法、RF 调谐器性能及移动性处理）、满足 OEM 实际应用需求，同时美国 OEM 考虑将该系列芯片用于更复杂的应用场景中。如图 2-9 所示，在 5 个应用场景中，

NXP 公司所生产的芯片性能明显优于其他公司，其中高速视距传输场景和郊区视距传输场景中，仅 NXP 公司能够满足 OEM V2X 的传输要求。

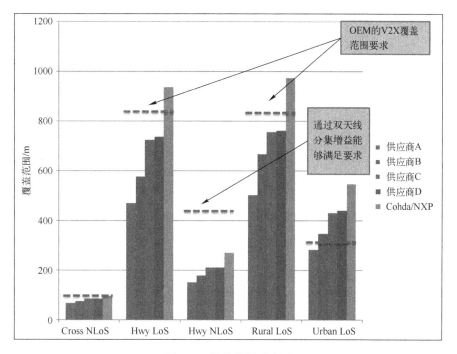

图 2-9　性能分析对比图

2.5.3　蜂窝通信在 V2X 上的应用

C-ITS 系统通常只指定其应用需求，不会指定具体的技术。目前，除 802.11p 之外，还有多种技术以支持 V2X 用例需求为目标。其中有蜂窝类技术，包括 3G、LTE 和 LTE-A[15-17]。

如图 2-10 所示，全球每天有数十亿人在使用蜂窝技术，该技术显然是当前最成功的无线标准。蜂窝技术规范由第三代合作伙伴项目（3rd Generation Partnership Project，3GPP）定义。如今被认为是宽带蜂窝技术且称为 4G 或 LTE 的技术可以追溯到 2009 年的第 8 版 3GPP 标准。由于蜂窝基础设施部署十分广泛，因此，其升级需要时间。整体而言，第 8 版的大规模部署需要大约 6 年时间。

鉴于蜂窝技术在全球取得的成功以及其在全球的普及性，将蜂窝基础设施和蜂窝用户设备（User Equipment，UE）用于 V2X 应用的可能性极具吸引力。然而，当前版本的蜂窝技术只能满足基本的 V2X 用例需求，缺少对低延迟和高移动用例的支持。这些是与安全相关用例密切相关的要素。

为了突出进一步发展蜂窝技术以支持 V2X 的必要性以及 C-ITS 的优势，3GPP 成立了一个 V2X 研究小组，以推动 C-ITS 技术的发展。在 3GPP 评估支持所有 V2X 用例所需要的新能力并达成一致意见之后，就会出现一个发展期，业界也会加大投入以实现这些能力。在此基础上，一旦有新的 3GPP 标准可以部署，则会再出现一段时间的延迟，因为要升级基础设施以支持这些新的能力。现实地说，可能需要多年时间，蜂窝技术才能完全满足 V2X 通信

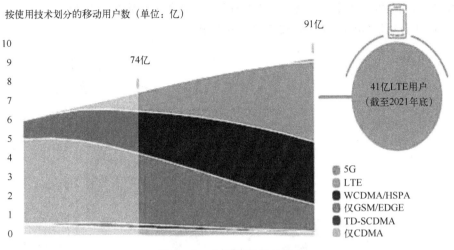

图 2-10 全球移动用户数

的所有需求。

目前来看，蜂窝技术非常适合表 2-4 所列非安全相关用例。总体上，这些是 V2I 和 I2V 通信中涉及基础设施的用例，其中，内容源于云或在云端处理。

第 8 版 LTE 只需少量改动或者无须改动，即可涵盖多数这些用例，因为它提供了必要的性能和带宽。但不清楚的是，LTE 网络在超拥堵和某些运营商漫游条件下将拥有什么样的性能。例如，交通管理消息对高度拥堵的城市环境至关重要。作为管理高度拥堵问题的一个选项，可以考虑采用点对多点接口，比如，LTE-A 中定义的演进多媒体广播/多播服务（Evolved Multimedia Broadcast Multicast Service，eMBMS）。然而，eMBMS 设计用于支持静态情景，比如人群在体育馆观看足球赛的情况。换言之，该接口可以有效管理面向一群人的通信，前提是他们基本保持静止；但在处理大量进出车辆时，无法达到效率需求。

类似地，如何管理移动网络运营商（Mobile Network Operator，MNO）之间的切换、如何管理应用服务提供商之间的合作，以及其他应用的数据流量可能对 I2V 应用造成哪些影响，这些都并不清楚。此外，作为一种用例，I2V 应用这个案例是否足以证明为实现上述目标部署 eMBMS 而进行投资的合理性。目前，已经部署的多播/广播解决方案非常少，因为基础设施和用户设备升级的成本非常高。

可以考虑的另一个办法是在具有不同安全需求的领域采用蜂窝调制解调器。LTE 调制解调器需要支持实现车辆主动控制所需的各种安全认证。例如，如果用从基础设施传输到搭载有高级驾驶辅助系统（Advanced Driver Assistance System，ADAS）的车辆的限速消息来设定汽车的巡航控制，则调制解调器就需要满足相关汽车安全完整性等级（Automotive Safety Integration Level，ASIL）的要求，而这会增加调制解调器硬件的成本。

鉴于全球手机用户市场的当前规模已达约 80 亿用户，而汽车市场每年只售出约 1 亿辆车，因此，调制解调器行业可能看不到支持特定汽车要求的必要性。在蜂窝连接方面，汽车工业一向发展缓慢，部分原因在于，汽车一直都不是蜂窝工业的发展重点。

在 I2V 和 V2I 通信中，面向非安全相关用例的蜂窝技术面临的技术挑战不如安全相关问题和 V2V 通信面临的挑战严峻。

蜂窝网络（若有）可用于 V2V 通信。汽车产生消息，网络接收消息，然后再把消息转发给所有其他汽车。假设蜂窝网络完全覆盖所有道路沿线（情况并非如此），蜂窝服务需要提供超高数据带宽并实现超低延迟。但现实情况是，当今的蜂窝网络并不能提供这一性能水平。

有些 V2V 用例要求在车辆之间连续进行信息交换（0.1~20 Hz），其产生的数据太多，单播 LTE 网络根本无法处理。据美国交通部 ITS 联合项目办公室预测，如果以欧盟标准广播 V2V 协同感知消息（Co-Operative Awareness Message，CAM），或以美国标准广播基本安全消息（Basic Safety Message，BSM），仅一辆汽车一个月就会产生约 0.5 GB 的数据，峰值速率达 2.5 KB/s。这相当于每条消息 256 B，每秒要发 5 条消息，每天行驶 4 h。在接收器端，假设目标区域有 30 辆汽车（或者最多 300 辆），则基础设施每个月需要处理约 16 GB 数据（峰值为 750 KB/s）。

一直以来，蜂窝网络都需要大量带宽，每个 3GPP 版本都会提高带宽要求。另外，更多的数据也意味着更多的商机，因为移动网络运营商是基于资源用量收费的。理论上，应该免费支持 V2V 流量，这意味着，移动网络运营商需要开发替代业务模式，以证明为增量 V2X 流量进行投资的合理性。运用 eMBMS 协议（已经是第 8 版的部分内容）虽能缓解问题，但正如前面讨论的那样，这类协议并未得到广泛部署。

有些 V2V 用例并不要求高带宽，例如基于事件广播分散化环境通知消息（Decentralized Environmental Notification Message，DENM）。虽然蜂窝网络能支持这些用例，但问题在于，这些消息要求超低延迟。如果未提前将资源分配给 V2X 服务，蜂窝系统虽然支持低延迟，但并非所有条件下均能如此，比如跨越多个移动运营商、跨境，甚至跨基站时。举一个最关键的例子——碰撞前警告消息，其延迟要求为 50 ms——尤为如此。

利用蜂窝技术支持 V2V 用例的另一种方式是在蜂窝系统的基础上开发直接通信技术。事实上，这正是 3GPP V2X 研究小组的重点工作。他们提出的方法以设备对设备（Device-to-Device，D2D）通信协议为基础，该协议是 3GPP R12 阶段的研究重点，但并不适合 V2V 用例。D2D 协议依赖于已将必要资源分配给用户的蜂窝网络。例如，如果附近的两个用户想共享一个文件，网络就会告知终端，可以使用哪些时间频率资源进行直接通信，如图 2-11 所示。网络初始化通信，并管理本地 D2D 传输产生的干扰。这种方法不适用于在网络未覆盖时也要满足要求的 V2V 用例。

D2D 可在无网络时正常工作，但仅允许在紧急情况下这样做，并且仅受一种超慢设备发现协议支持。为了使 D2D 配置适合于 V2V 通信，3GPP V2X 研究小组总结了一些基本挑战，例如，需要改变信号结构（如额外试验，以更好地估算通道），甚至需要重新讨论最合适的调制模式（如 SC-FDM 或 OFDM）。令人意外但又在情理之中的是，3GPP V2X 研究小组做出的技术选择与 802.11p 标准的选择类似。这些关键变化会带来新的硬件解决方案，而这些解决方案的开发则需要时间和成本。

所有蜂窝类 V2X 服务都需要应用服务提供商（Application Service Prouider，ASP）的积极合作，以便最大化利用协同数据共享的优势。从商业角度来看，应用服务提供商需要定义新的合作模式，并且这些模式只会非常缓慢地发展。基于 802.11p 的 V2X 服务不要求进行这类合作，因为消息已经标准化，并且是用明码发出的。

可以肯定的是，蜂窝技术界会找到 V2X 的技术解决方案，因为 3GPP 在技术领域拥有

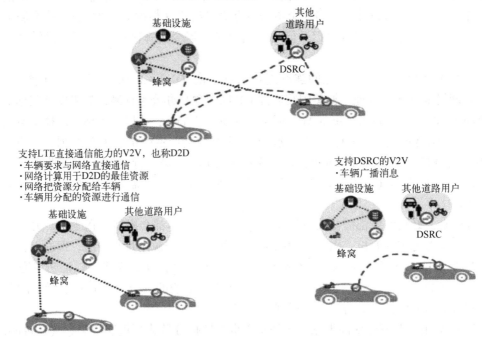

图 2-11　蜂窝设备到设备通信技术与 IEEE 802.11p 在 V2V 中的应用比较

辉煌业绩。实际上,问题不是行不行,而是何时可行,因为还有大量工作要做。图 2-12 为 IEEE 802.11p 与蜂窝技术在支持 V2V 用例方面的时间表。

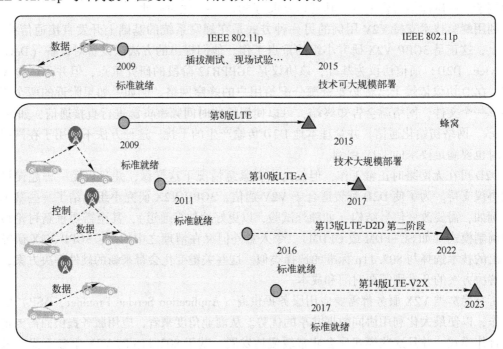

图 2-12　IEEE 802.11p 与蜂窝技术在支持 V2V 用例方面的时间表

对 V2X 用例的支持已经成为 3GPP 标准的一部分，可见于第 14 版和第 15 版，这两个版本已于 2017 年定稿。但该技术的全面应用还需要更多的时间。如前所述，大规模基础设施升级需要 6 年时间才能完成。以此为依据，乐观估计的话，面向 LTE-A 的 V2X 服务要到 2023 年左右才会出现。

更现实的情况是，V2X 将纳入第 16 版及以后的版本，这些版本被称为 5G，如图 2-13 所示。目前，5G 还是一个非常宽泛的概念。其最有意思的一个方面是，其具有异质性，通过一种伞形技术把多种不一样的通信通道链接起来。V2X 很可能成为 5G 生态系统的一部分，由完全重新设计的硬件来支持架构上的变化。

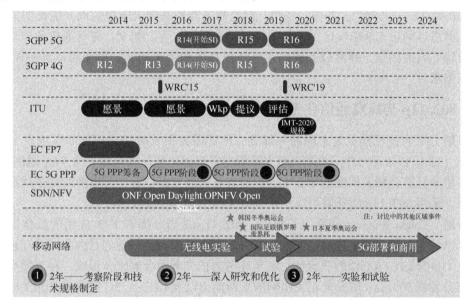

图 2-13　5G 路线图

安全性是另一个需要考虑的方面。目前的蜂窝系统利用手机中的用户识别模块（Subscriber Identification Module，SIM）进行网络验证。网络识别 SIM 卡，并基于识别结果提供安全连接。SIM 可能对网络辅助型 V2X 通信有效，但如果没有网络，则需要实施某种其他安全机制。802.11p 定义了这类安全机制，3GPP 可能会采取类似的方法，但目前尚未正式处理这个问题。

在美国，国家公路交通安全管理局（National Highway Traffic Safety Administration，NHSTA）提出了隐私问题。在基于网络的解决方案中，用户数据通过网络传输到云端。运营商需要提供相应的机制来保护云端的用户数据，并且可能最重要的是，用户需要接受并信任这些机制。对每个人来说，隐私都是一个日益严峻的问题，因此，可以预计，基于云的系统会受到强烈的反对。在基于 IEEE 802.11p 的解决方案中，消息不会传输到云端，如此，就可以更加方便地解决隐私相关问题。

蜂窝网络在全球范围内已经部署到位，这一事实经常被作为在 V2X 解决方案中采用蜂窝技术的一个理由。其主要论点是，既然已经有了蜂窝网络，则没有必要为 802.11p 投资并部署一套新的基础设施。但是，如前所述，将现有的蜂窝基础设施用于 V2X 并不像表面上那样简单，因为今天的基础设施并不具备支持众多 V2X 用例的能力，此类用例需要在高移动性或高拥堵条件下实现超低延迟。

需要注意的是，基于802.11p的技术（表现为路边单元RSU）可以部署在大部分现有道路基础设施中，包括交通灯和交通信号。与需要新基站塔来扩容的蜂窝基础设施不同，802.11p基础设施可以利用现有结构，从近期和长期部署来看，这样可以节省大量成本。从系统需求角度来看，在十字路口采用路边单元是合乎情理的。信号相位和配时控制器与路边单元相配合，可实现多种安全、移动和交通效率应用。十字路口是采取"行动"的地方。

对于802.11p，需要注意的另一个方面是，全球已经为基于802.11p的V2X服务分配了频谱。如前所述，5.9GHz区包括为基于802.11p的V2X服务留出的75MHz带宽。这是802.11p最宝贵的一项资产。各国、各州、汽车制造商和基础设施提供商只需证明其遵循这些标准，就可以利用5.9GHz区了。无须订阅、漫游协议等。如今，随着消费者活动的不断增多以及物联网的扩张，蜂窝服务提供商已经面临多种带宽问题，可能难以满足V2X的技术和业务需求。

2.5.4 802.11p与蜂窝通信在V2X应用上的互补

第8版LTE可能已经成为车辆的一部分，但还需要很长时间（可能8年或以上）所需蜂窝标准（即LTE-A和5G）才能全面支持所有安全相关和非安全相关的V2X用例。相反，经过现实检验且符合相关标准的802.11p解决方案已经万事俱备，可以随时在全球范围内大规模部署。采用802.11p意味着可以更快享有V2X用例的种种好处。

恩智浦、Cohda Wireless和西门子相信，802.11p是当今部署V2X应用的最佳选择，因为该技术已经整装待发。但他们也发现，有必要扩大其兼容性。他们目前秉持共存理念，以提高802.11p与LTE-A/5G的兼容性，甚至在考虑把二者融合起来，形成一种异质车辆网络系统，充分发挥802.11p对安全相关用例的支持能力以及LTE-A/5G对非安全相关用例的支持能力。

CoCar（Cooperative Cars）是由德国汽车制造公司与Vodafone和Ericsson在2006年~2009年共同发起的一个项目，旨在了解蜂窝技术在ITS包括V2X的实用性。CoCar之后以CoCarX（Cooperative Cars Extended）为名在2009年~2011年进行了后续研究。CoCarX主要关注于评估LTE作为单独通信系统或者作为802.11p的补充在V2X应用中的性能表现。

一个可行的场景如下：为了节约架构开支，在高速路以及乡间使用LTE或LTE的演进（比如有P2P功能的LTE-A），得益于LTE更广的覆盖范围能力以及其对在高速情况下严重的多普勒扩展抵御的壮健性并在大多数情况下有着合理的低延迟，例如100ms或以下时，网络不会发生任何问题。由此使用LTE来覆盖大部分V2X应用，包括安全应用，如DENM、RHW、EEBL或者in-vehicle signage。DSRC将主要应用在拥挤和易于发生事故的地区，比如十字路口和市区，以避免碰撞的发生。从CoCarX系统架构和它的混合无线电平台中我们可以获得混合架构的启发。另外，Nissan-driven SKY项目通过一个与行人通信的协同系统很容易实现避免人车碰撞的事故。新加坡的Connected vehicle platform ERP2项目也是通过蜂窝网络辅助完成V2I通信，实现收费管理。

参考文献

[1] IEEE Standard for Information technology-Local and metropolitan area networks-Specific requirements-Part 11: Wireless LAN Medium Access Control (MAC) and Physical Layer (PHY) Specifications Amendment 6: Wireless Access in Vehicular Environments [S/OL]. IEEE, 2010. https://ieeexplore.ieee.org/servlet/opac?punumber=5514473.

[2] Schmidl T M, Cox D C. Robust Frequency and Timing Synchronization for OFDM[J]. IEEE Trans Commun, 1997, 45(12):1613-1621.

[3] Ruan M, Reed MC, Shi ZN. Training Symbol Based Coarse Timing Synchronization in OFDM Systems[J]. IEEE Transactions on Wireless Communications, 2009, 8(5): 2558-2569.

[4] Li J, Liu GQ, Giannakis GB. Carrier frequency offset estimation for OFDM-based WLANs[J]. IEEE Signal Processing Letters, 2001, 8(3): 80-82.

[5] Marc E. Wireless OFDM Systems: How To Make Them Work?[M]. New York:Springer Science & Business Media, 2002.

[6] Wu XZ, Subramanian S, Guha R, et al. Vehicular Communications Using DSRC: Challenges, Enhancements, and Evolution[J]. IEEE Journal on Selected Areas in Communications, 2013, 31(9): 399-408.

[7] Fernandez J A, Borries K, Cheng L, et al. Performance of the 802.11p Physical Layer in Vehicle-to-Vehicle Environments[J]. IEEE Transactions on Vehicular Technology, 2012, 61(1): 3-14.

[8] Zhao ZJ, Cheng X, Wen MW, et al. Channel Estimation Schemes for IEEE 802.11p Standard[J]. IEEE Intelligent Transportation Systems Magazine, 2013, 5(4): 38-49.

[9] Li Y. Pilot-symbol-aided channel estimation for OFDM in wireless systems[J]. IEEE Transactions on Vehicular Technology, 2000, 49(4): 1207-1215.

[10] Zemen T, Bernado L, Czink N, et al. Iterative Time-Variant Channel Estimation for 802.11p Using Generalized Discrete Prolate Spheroidal Sequences[J]. IEEE Transactions on Vehicular Technology, 2012, 61(3): 1222-1233.

[11] Qi CH, Yue GS, Wu LN, et al. Pilot Design Schemes for Sparse Channel Estimation in OFDM Systems[J]. IEEE Transactions on Vehicular Technology, 2015, 64(4): 1493-1505.

[12] World Health Organization. Global status report on road safety 2015[EB/OL], 2015. http://www.who.int/violence_injury_prevention/road_safety_status/2015/en/.

[13] Caitlin Bettisworth, Matthew Burt, Alan Chachich, et al. Status of the Dedicated Short-RangeCommunications Technology and Applications: Report to Congress [EB/OL], 2015. https://www.its.dot.gov/research_archives/connected_vehicle/pdf/DSRCReportCongress_FINAL_23NOV2015.pdf.

[14] ITS Cooperative Mobility Services Event 4[EB/OL], ETSI, 2015. http://www.etsi.org/technologies-clusters/technologies/testing/22-services/news-events/events/846-plugtests-2015-itscms4.

[15] A Vinel. 3GPP LTE Versus IEEE 802.11p/WAVE: Which Technology is Able to Support Cooperative Vehicular Safety Applications?[J]. IEEE Wireless Communications Letters, 2012, 1(2):125-128.

[16] G Araniti, C Campolo, M Condoluc, et al. LTE for vehicular networking: a survey[J]. Communications Magazine IEEE, 2013, 51(5):148-157.

[17] Roger Lanctot. Cellular vs. DSRC for V2V: Wi-Fi in a Car? [EB/OL]. Strategy Analytics, 2015 http://www.strategyanalytics.com/access-services/automotive/infotainment-and-telematics/reports/report-detail/cellular-vs.-dsrc-for-v2v-why-fi-in-a-car#.Vot1qfkrLq4.

第 3 章　IEEE 1609 标准

3.1　引言

近年来随着通信、导航与车用电子技术的迅速发展，欧、日、美等国家积极投入车载通信的技术与服务开发和研究中，促进了车联网行业的蓬勃发展。但每个行业的发展都离不开规范与标准，尤其在车联网行业中，有着多种多样的通信技术，包括红外线、WiFi、车载环境无线接入（Wireless Access in Vehicular Environments，WAVE）和 WiMAX 等，每一种通信技术都需要有各自的标准。其中以美国电子电气工程师协会（IEEE）制定的基于 IEEE 1609.x/802.11p 的 WAVE 标准最具有代表性。

本章将对 IEEE 1609.x 进行详细的介绍与描述，IEEE 1609 标准可按照功能分为数据平面和管理平面。管理平面上，IEEE 1609.2[3]涉及 WAVE 通信中的安全问题，包括签名、加密等工作过程；在数据平面上，IEEE1609.1[7]则描述了 WAVE 结构中的一些重要组成部分，定义了控制信道消息的格式和数据存储的格式，并且规定了多个远程应用和资源管理之间的控制互换过程。而 WAVE 网络层和传输层的内容是由 IEEE 1609.3[8]规定的，包括 WAVE 的连接设置和管理。它采用标准的 IPv6 协议，同时引入了 WAVE 短程协议信息协议（WAVE Short Message Protocol，WSMP），并提供一系列的管理功能来支持 WAVE 协议服务。在 IEEE 1609.4[9]中对多信道的操作进行了规定，包括如何处理 WAVE 中各个不同信道之间的数据传输操作，同时定义了一些介质访问控制（Media access control，MAC）层的功能。此外，本章还将对 SAE J2735 的消息集字典标准中定义的无线传输结构进行介绍。

但要注意的是，本章所介绍的标准都是在不断改进与变化中，有些是相对比较稳定的，有些则还在进行重大的改进。本章则只对其中比较稳定的内容进行介绍，如有想要进一步了解，请参考已经更新的标准文件。

3.2　IEEE 1609 标准及 WAVE 系统架构

3.2.1　IEEE 1609 协议及相关标准

1. IEEE 1609 标准简介

全世界都在发展智能交通系统（Intelligent Transport System，ITS），走在世界前列的美国在 1991 年的地面运输效率法案中就提出了 ITS 计划，并由美国交通运输部（Department of Transportation，DoT）进行管理。该计划采用先进的电子设备来提高车辆的安全性，从而能够有效缓解交通压力，降低空气污染以及节省化石燃料。这项计划中的关键就是美国智能交通体系结构，这个结构提供了规划，并定义和整合了智能交通系统的一个共同框架，此框架定义了以下内容：
- 智能交通系统要求的功能（如收集交通信息或寻找路线）。
- 实现功能的物理实体或子系统。
- 连接这些功能和物理子系统，组合成一个集成子系统的信息流和数据流。

这种架构重点指导了智能交通系统结构的物理实体或子系统，如美国国家智能交通系统结构，这个交通系统结构中对于系统所要求的功能进行了初步的叙述，标识了四类子系统：旅客（如远程旅行支持、个人信息访问等）、中心（如交通管理和应急管理）、车辆和道路领域（如巷道支付和停车管理）。我们所熟知的路边单元（Roadside Unit，RSU）存在于道路领域中，车载单元（On Board Unit，OBU）存在于车辆领域中，车车与车路之间的通信则依靠 WAVE 系统实现。

在 2006 和 2007 年，一组 IEEE 1609 的标准被采纳并进行了试用，这些试用的标准被用来展示和证明了 WAVE 结构和协议，并在 2010 年发布了完全版的使用标准。与试用标准相比，完全版的标准协议体系结构更加明确清晰，如图 3-1 所示。

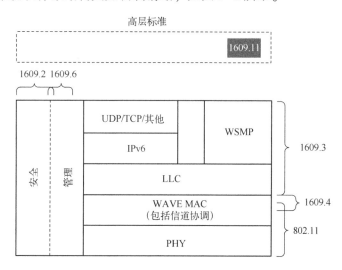

图 3-1　完全版使用标准

其中，不同的协议针对不同的功能进行描述，比如 IEEE 1609.4 标准（多信道操作）指定扩展到 IEEE 802.11 MAC 协议，具有以下功能：
- 信道的时序和转换。
- 在基本服务的范围外使用 IEEE 802.11 的设施，如信道接入、增强型分布式信道接入（Enhanced Distributed Channel Access，EDCA）。
- 在 WAVE 系统中使用 IEEE 802.11 供应商的特定操作和广告时间帧。
- MAC 层再寻址以便支持假名。

IEEE 1609.3 标准（网络服务）则包括以下功能：
- WAVE 服务广告。
- WAVE 短程信息协议。
- 使用已存在的协议，如逻辑链路控制（Logic Link Control，LLC）和 IPv6，包括最新的 IPv6 配置。

- 通过空中接口传输常用的管理信息。

IEEE 1609.2 标准（应用程序和管理信息的安全服务）规定了提供给更高层的基于 WAVE 服务广告和 WAVE 短信息的安全通信。IEEE 1609.11（智能交通系统的无线电子支付数据交换协议则是第一个应用程序层的 IEEE 1609 标准，它参照国际标准化组织的标准规定支付协议。IEEE 1609.12 标准（标识符分配）记录了供应商服务标识符（PSID）的分配决定，以及 WAVE 标准所使用的其他标识符，包括对象标识符（OID）、以太网类型、ID 管理等。

其他的 WAVE 标准则可能用来指定开发更高层，或者特征以及应用等。

2. 其他相关的标准及协议

目前除了我们所熟知的 IEEE 1609.x 协议外，比较权威的还有由欧洲电信标准协会（European Telecommunications Standards Institute，ETSI）制定的欧标，它描述了智能交通系统站点的参考构架，其来源于开放系统互联（OSI）分层模型。不仅如此，这种智能交通系统站点的参考架构和开放系统互联模型以及 IEEE 1609 协议之间有着非常清晰的对应关系，如图 3-2 所示。比如，在智能交通系统站点参考架构中，道路安全对应着 OSI 应用层；IPv6 和通信协议都处于网络层和传输层；IEEE 802.x、3G 蜂窝以及蓝牙都在接入层。

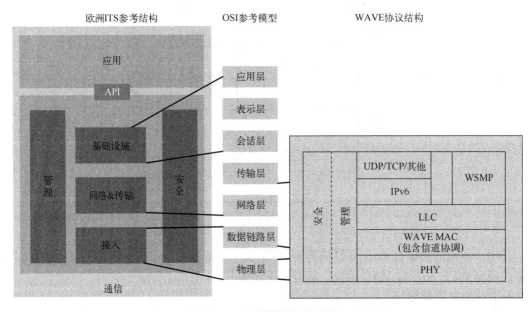

图 3-2 协议模型间的关系

国际化标准组织智能交通系统站点通信协议和 IEEE WAVE 协议之间最重要的区别就是国际标准组织协议把数据传输给网络层和运输层以上的实体时，使用的是欧洲标准化委员会（Comité Européen de Normalisation，European Committee for Standardization，CEN）、ETSI 以及 ITS 规定的端口号；而 WAVE 通信则使用标准的 IPv6 协议端口号（如传输控制协议和用户数据报协议），它使用供应商服务标识符作为 WAVE 短信息协议范围内的标识符。

此外，美国汽车工程师协会（Society of Automotive Engineers，SAE）专门制定了用于车与车之间（Vehicle-to-Vehicle，V2V）以及车辆与基础设置之间（Vehicle-to-Infrastructure，

V2I）的通信标准——J2735 专用短程通信（Dedicated Short Range Communications，DSRC）消息集字典。它包括一组消息、数据帧和数据元素，其中消息集是消息类型的集合，消息类型是一种通用结构，是数据元素和数据帧的集合，本章将在最后对此进行详细介绍。

3.2.2 WAVE 系统综述

1. 系统概况

WAVE（车辆环境中的无线接入技术）系统为固定和移动（如行人和车辆）的应用程序提供连接支持，给用户提供安全和便利，并且能够保证机密性、真实性、完整性、可靠性和私密性。它支持一系列的应用，帮助车辆系统和驾驶人员更好地感知危险事件、潜在威胁和紧急危险等状况，提高日常交通的安全性、移动性和便利性。

WAVE 标准主要支持在车车之间、车辆和基础设置之间、车辆和手持移动终端之间具有低延时处理的网络环境，使安全应用和移动性应用成为现实。而为了保证可靠的低延时通信，该系统拥有专门的频谱范围和特定的短消息协议。接下来我们将对 WAVE 系统进行详细的介绍。

（1）WAVE 系统的组成和连接

对于 IEEE 1609 协议而言，对不同的设备类型并不进行区分，同时能够灵活地支持多种类型的设备，包括 RSU 和 OBU 等，如图 3-3 所示。RSU 一般固定在某个地点进行使用，并且是永久性的；OBU 则在使用过程中是不断移动的，一般安装或放置在运载工具（如车辆）上；其他的设备则包括便携式单元和行人单元（如路边的行人）。

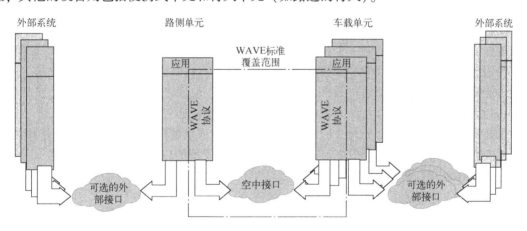

图 3-3　WAVE 系统组成

应用服务是为 WAVE 设备的高层次实体（如一个具体的应用），与另外一个相似的 WAVE 设备实体之间提供数据交换，WAVE 协议则能够使应用持续、协作、及时地交换数据。同时，WAVE 标准详细说明了供应者在设备层面上扮演的角色——发送可用的应用服务公告，同时也说明了用户在设备层面上扮演的角色——选择参与已公告的可用应用服务。在大多数情况下 RSU 都是供应者，但是这并不意味着供应者和用户就一定是 RSU 和 OBU。

（2）WAVE 协议栈

WAVE 协议栈的构成如图 3-4 所示，分为数据层和管理层两大部分。其中数据层用来携带更高层的信息，管理层则明确了用来支持信息传输的安全和管理功能。物理层（Physical layer，PHY）、MAC 层和 LLC 层这些都有自己相应的一套协议，对应的协议单元规划在图 3-1 中已经进行说明。

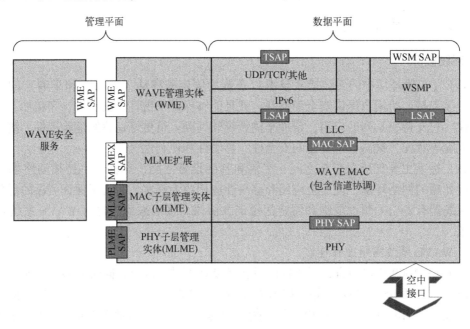

图 3-4　WAVE 组成与服务接入点

根据 IEEE 1609.3 标准的规定，在数据层有两个协议栈——IPv6 和 WSMP，这两个协议栈在数据链路和物理层共享同一个底层的协议栈，这样就可以实现在车辆环境下无线通信的最佳使用。WAVE 短消息（WAVE Short Message，WSM）可以通过任何信道进行发送，网络传输协议则仅允许在服务信道（Service Channel，SCH）使用，这样就减少了来自控制信道（Control Channel，CCH）的大容量 IP 流量。这两个协议栈通过以太型字段进行区分，以太型字段是指逻辑链路控制部分开头的两个字节，用来在识别逻辑链路控制协议上所使用的网络协议。在 IEEE 1609.3 标准中规定了 IPv6 和 WSMP 使用的以太型字段的值，用十六进制表示分别为 0x86DD 和 0x88DC。

（3）WAVE 短消息协议和网络 IP

WAVE 短消息协议允许应用直接控制物理特性，如用于传输消息的信道数量和发送功率。源应用则提供了目的设备的 PSID 和 MAC 地址，也包括广播地址。目的地址的接收实体能否正确接收 WAVE 短消息协议则是根据 PSID，如果接收消息头部的 PSID 值代表这个应用服务程序并不是当前接收实体，那么就忽略此消息。WAVE 短消息消耗最少的信道容量，所以在 SCH 和 CCH 上都可以使用。

我们可以通过一个 WAVE 短消息交换的例子来进一步了解。首先源应用构建 WSM 数据进行传输，并将其放置到 MAC 层的广播地址。应用程序根据相应的配置（如根据功率等级和数据速率进行选择）选择合适的广播信道来传输，然后调用初始的 WSM-WaveShortMessage.request. 原语（WSM-WaveShortMessage.request），使 WAVE 短消息协议在当前的操作信道上的后续传输中向下一层传输数据。接收装置接收到数据包后将其上传到通信协议栈，WSMP 根据 PSID 传输消息到接收实体，这样接收应用就能知道发送端装置的地址，并在需要时可以继续进行交换，同时根据情况选择单播或者广播。

WAVE 协议同样支持 IPv6，但它并没有规定在 IPv6 下使用什么样的传输协议以及更高层次的协议。事实上，IP 更适合具有互联网协议组特征的应用程序，如到远程主机的数据包路由等，同时 IPv6 提供重组和分段功能。在 IP 下有两个广泛应用的传输协议——用户数据报协议（User Datagram Protocol，UDP）和传输控制协议（Transmission Control Protocol，TCP），其中 UDP 具有端口号寻址以及非 WSMP 提供的校验和，而 TCP 则通过应答确认和选择性的重发提供端口号寻址实现端到端的可靠性传输。但需要注意的是在 WAVE 案例中，当数据包的丢失或者错误率很高或者连接持续时间很短时，应当酌情考虑是否使用 TCP。

（4）接口

根据 IEEE 802.11-2012 标准中规定的空中接口，WAVE 中的设备能够在无线媒介中交换信息。协议组件之间的接口则由服务接入点（Service Access Points，SAP）实现，对应的标准规定如图 3-4 所示，其中白色底纹代表的 SAP 由 IEEE 1609 标准规定；灰色底纹代表的 SAP 由其他的标准规定；灰色阴影代表的 SAP 意味着它是由其他标准规定的，SAP 对其中的信息交换进行了描述，但对如何实现接口没有进行规定。SAP 是由一系列的基元组成的，每一个基元都是一种逻辑消息结构，通常包含一套能实现特定功能的数据元素。每一个 SAP 都是由提供服务的层或实体进行定义和命名的。在数据层 SAP 仅可由相邻的实体访问；在管理层，由于分层的结构相对比较薄弱，所以不管是不是相邻实体，都可以访问。

在 IEEE 1609.3-2010 中则对其进行了扩展。

从 IEEE 802.11-2012 的角度来看，IEEE 1609 标准中描述的 WAVE 管理实体（WAVE Management Entity，WME）和 MAC 子层管理实体扩展（MLME extension，MLMEX）可看成 IEEE 802.11 站点管理实体（Station Management Entity，SME）的一部分。例如，传递给 MAC 层管理实体（MAC sublayer management entity，MLME）的请求 MLME 计时公告原语在 IEEE 802.11-2012 中描述为 SME，但在 IEEE 1609.4-2010 中则描述成 MLMEX。

WAVE 协议支持面向更高层实体的接口，如在 WAVE 协议之外的应用层。这些应用可以通过上述提到的 SAPs 或者特定的实现机制来与 WAVE 协议栈对接，但在 WAVE 标准中并没有规定相对应的应用程序接口。同时，WAVE 系统也能够容纳 WAVE 设备的其他外部接口，比如在一辆车上，外部接口可以使车载系统访问 WAVE 设备提供的本地通信服务。同样，路侧单元也可以连接到广域网使 WAVE 设备与应用服务器或者管理实体等系统进行通信。

（5）5.9 GHz 频谱分配

美国联邦通信委员会（Federal Communications Commission，FCC）定义了 DSRC 的专用无线信道，美国部署的 WAVE 系统或者子系统将会使用这些信道，但其他的国家的 WAVE 系统并不一定使用这些信道。各个频段的使用情况如图 3-5 所示。

1）5.850~5.855 GHz 为保留频段。

2）信道 178 为 CCH。

3）信道 172、174、176、180、182 和 184 为 SCH。

4）信道 174、176 和信道 180、182 可分别组合成两个 20 MHz 的信道 175 和 181。

5）信道 172 和 184 则专门为涉及生命和财产安全的公共安全应用使用。在 FCC 06-110

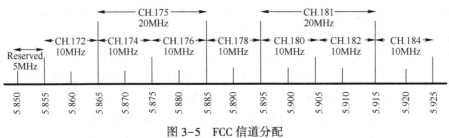

图 3-5　FCC 信道分配

[B8] 中规定，信道 172 分配给避免或减轻事故的车车安全通信使用；信道 184 则分配给涉及生命和财产安全的公共安全应用的大功率、长距离通信使用，包括对道路交叉口碰撞的缓解。

（6）信道类型

WAVE 标准定义了两种类型的无线信道：单一的控制信道和多层次服务信道。控制信道主要用于传输 WSMP 消息和系统管理信息，如 WAVE 服务公告（WAVE Service Advertisements，WSA）；服务信道一般用于常见的应用数据传输，可与 WSA 协同使用。在服务信道上，WAVE 标准既允许 IPv6 进行通信，同时也允许 WSMP 和管理层进行通信。

WAVE 标准中规定了在控制信道上可以使用 WSA 广播，但不允许使用 IP 传输，对于如何使用这些信道也没有进行规定。比如，如果 IEEE 1609 标准中没有规定唯一的安全信道，那么任意一个控制或者服务信道都可以配置成安全信道。而一些特定的信道也能将其规定成安全信道。按照目前的规划，信道 172 被视作美国部署的专用安全信道，但从 WAVE 协议的观点来看，它实际上还是一个服务信道。

2. WAVE 系统的通信服务

WAVE 通信服务能够通过 WAVE 协议中的空中接口，使得信息从一个高层实体传递到另一个设备上的高层实体。而应用程序也可以通过 SAP 的服务原语向 WAVE 协议和管理实体请求服务，同时也能通过 WAVE 通信向其他程序提供应用服务，其应用信息则可以在控制和服务信道进行交换，但不同的信道具有不同的通信方式。接下来我们将首先对通信中的一些基本概念进行介绍。

（1）一些基本概念介绍

1）MAC 地址与 IPv6 地址

在 IEEE 网络中，每一个设备都会拥有一个 MAC 地址，用来在数据连接中传输数据包，这个地址是 48 位的。一个设备中不同的物理层具有不同的 MAC 地址，比如说一个具有 WAVE 和以太网物理接口的设备能同时拥有这两个接口的 MAC 地址。根据 IEEE 802.11-2012 标准，每一个传输框架中的 MAC 首部都会包含 MAC 源地址和目的地址。

对于每一个 IP 主机或者路由器都至少有一个 IP 地址。IP 地址分为全局地址和本地连接地址，一个设备上可以同时具有这两种地址。但全局地址一般是全局唯一的，与其所连接的网络共享同一个前缀，因此可在互联网中按照某一路径发送数据包；而本地连接的地址则是由设备产生的，并不具有全局唯一性，因此只能在同一个网络中识别宿主。在 WAVE 系统中，当一个应用程序服务基于 IP 进行通信时，其设备的 IP 地址则会在 WSA 中。

2）协议与端口

IEEE 1609.3-2010 支持使用 TCP 或 UDP 中端口号的标准，所以当一个数据包由 TCP 或 UDP 在传输层接收时，TCP 或 UDP 目的地址的端口号则用来将数据负载包传递给合适的上层实体。同样在应用程序服务基于 IP 进行通信时，其设备的端口号也包括在 WSA 中。

3）PSID 和 PSC

PSID 和供应者服务内容（Provider Service Context，PSC）是在 WAVE 标准中进行定义的，从网络服务的角度来看，PSID 标识了一个从属于一个或多个应用程序的应用服务。一个 PSID 值将分配给一个能够规定如何使用这个 PSID 的组织，比如这个 PSID 是要用在 WSMP 还是 WSA 环境中，以及与这个 PSID 相关的通信将使用什么样的消息集。PSID 的长度可以是 1 到 4 个字节，首字节说明了在 IEEE 1609.3-2010 中规定的长度。

在 WSMP 环境下，PSID 由接收装置传输接收的 WSM 到正确的更高一层实体；而在 WSA 环境下，提供服务应用程序的 PSID 或者 PSC 则包含在 WSA 中。用户接收到 WSA 中的 PSID 值会被 WME 拿来与之前本地应用程序的用户服务请求中的 PSID 值进行比较，以此判决这些代理应用服务是否对此有兴趣。

至于 PSC，如果出现在 WSA 中，则通常包含一些补充信息，比如应用服务公告的特定版本号。同时 PSC 也可以使用户判断应用服务是否对其感兴趣。PSC 的长度可达 31B 并且含有文本或者编码信息，其格式是由相 PSID 的值规定的，并由分配 PSID 值的组织进行定义，所以接收信息的高层实体对于 PSC 的解释是基于相关的 PSID 的值。

4）优先级

WAVE 标准中有两种类型的优先级，包括 IEEE 1609.3 的服务优先级与 IEEE 802.11 中底层为无线介质的数据包传输建立的一个独立的 MAC 传输用户优先级。IEEE 1609.3 服务优先级与应用程序服务请求有关，这能够帮助 WME 决定哪个应用程序可以优先接入通信服务，例如，哪个应用服务公告优先防止与供应者产生冲突，哪个应用服务公告优先防止与用户产生冲突。分配的供应者服务优先级在 WSA 的服务信息字段中，用户将根据它来决定是否参与应用程序服务公告。

在 IEEE 802.11 的独立 MAC 传输用户优先级中，IP 数据包的用户优先级由产生应用的传输级别进行分配，而 WSAP 数据包的用户优先级则由基于逐包传输的应用程序分配，用户的优先级在 IEEE 802.11-2012 中的 EDCA 使用较多。

（2）通信服务

WAVE 通信主要是指在控制和服务信道上的通信，其中控制信道仅允许 WSMP 和管理实体进行通信，而传输的 WSM 的方式可以是单播、多播或者广播，并且可以被附近位于控制信道上的 WAVE 设备接收。比如我们可以用控制信道通信从任意一个附近的 WAVE 设备获取计时信息，此时请求的设备可以通过 WSMP 广播请求信息，而应答设备则通过管理框架或者单播的形式返回计时信息。

相比而言，在服务信道上的通信则要复杂些，因为多种应用服务无论是否公告都可以在同一区域内同时使用同一个服务信道。在未公告的应用服务中，应用程序可使用一个预先设定的服务信道进行通信，这种具有特定目的服务信道的使用会通过一些带外机制进行预配置或者预决策。任一可通信的 WAVE 设备（调整到正确的信道）都可以参与到这种应用服务中，但这并不意味着它在这个应用中扮演着一个特定的角色，如用户、服务者、发送者或接收者等。

在公告的应用服务中，一个 WAVE 设备作为供应者，传输 WSA 消息，并描述应用服务公告和可用的服务信道。这个供应者 WAVE 设备作为一个应用服务公告的参与者，可以在指明的服务信道上与已公告的应用服务进行信息交换，其他的 WAVE 设备则可能作为用户或者应用服务公告机会的潜在参与者。如果用户接收到一个应用服务公告 WSA，那么它可以选择在指定服务信道上的供应者，从而访问应用服务公告，此时供应者和用户就可以交换应用服务相关的通信业务。

我们可以通过一个例子来进一步地了解这一过程。假设一个固定的路侧供应者设备发送了一个 WSA，它包含了已分配到交通咨询应用服务 PSID 的服务信息，以及指定服务信道为 182 的信道信息。交通咨询应用程序通过 WSMP 在 182 信道上广播本地交通公告，并通过 IPv6 对更多常见的交通信息进行回应，而进入这个 RSU 覆盖范围的车辆用户接收并评估在控制信道上 WSA 中的服务信息。那些对行驶公告有兴趣的用户设备将识别广播中的 PSID 值并调谐到 182 信道，从而可以访问公告中的交通咨询应用服务。但用来组建应用服务公告的交换信息只包括 WSA，其他信息的交换都是由各个应用程序完成。

接下来我们将对应用服务公告中 WAVE 设备所扮演的角色进行说明，它既可以作为供应者，也可以作为用户。作为供应者时传递包含应用服务公告信息的 WSA；作为用户时则监听 WSA 并参与到应用服务公告中，如图 3-6 所示。

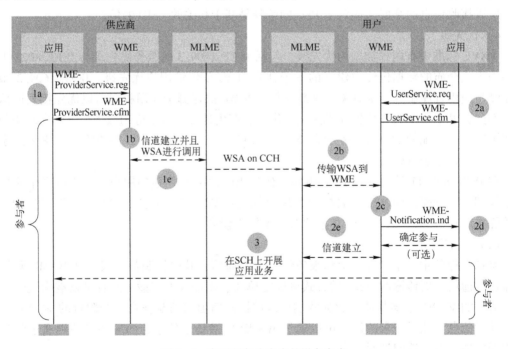

图 3-6　应用服务公告中的设备角色

刚开始，WAVE 设备并没有请求应用服务的支持。在步骤 1a 中，供应者设备上的应用程序发送一个供应者服务请求以唤醒 WME，这个请求中表明了服务的性质，如公告的 PSID、服务的优先级、公告的重复频率以及使用的服务信道。但如果无线资源被其他请求的服务占用时，WME 则会拒绝请求；如果没有拒绝，WME 将会执行该请求。一般服务参数包含在一个 WSA 的长度可变的服务信息段中；信道参数则包含在一个长度可变的信道信息段中。

如果请求表明有安全要求，那么 WME 将在步骤 1b 和安全处理服务进行交互签名 WSA，然后在步骤 1c 中，WME 和 MLME 进行交互从而保证访问正确的服务信道以及 WSA 在控制信道上的周期性传输。WSA 在 IEEE 802.11 的管理框架范围内进行传输，其具体的格式由 IEEE 1609.3-2010 进行详细规定，我们将在 3.3 进行详细讲解。

此时，作为用户的 WAVE 设备中，首先在步骤 2a 中，应用程序向 WME 发送用户服务请求，成功处理该请求后，WAVE 设备将等待接收 WSA。在 2b 中，用户 WME 接收并处理 WSA，如果 WSA 是已经签名的并且安全验证需要每个用户的服务请求，那么 WME 将在 2c 和安全处理服务进行交互。如果安全验证成功（或不需要验证），那么 WME 将会检查 WSA 服务信息中 PSID 值所指明的应用服务是否和用户服务请求匹配；如果不匹配或者安全验证失败，那么将忽略此 WSA 并且设备继续监视控制信道。

如果检查到匹配对象，WME 将会在 2d 通知应用程序。假定其他条件已经满足的情况下，经过用户的请求，WME 能够自动参与步骤 2e 中应用服务公告或者在参与之前等待程序的确认。在确定参与的情况下，设备将会接入正确的服务信道。这时作为供应者和用户的设备接入了同一个信道，做好了支持应用程序进行数据传输的准备。

但 WAVE 标准并没有规定确认终结的无线信息交换，一般设备参与到应用服务公告后，就会持续到本地参与终止。在同一个设备内，WME 通知 MLME 决定终止通信以便于它采取行动，如停止信道接入或停止 WSA 中应用服务公告的可用性，同时对其他受影响的应用进行通知。当然，WME 也可能因为其他的原因终止，如应用活动完成导致程序请求结束，或者在向更高优先级的请求提供服务时，WME 需要重新分配本地通信资源。

在基于 IPv6 通信的应用程序中，一个 RSU 与网络进行连接，成为一个供应者并通过服务信息中的 PSID 值发送 WSA 对常见的互联网接入服务进行公告。WSA 中可以选择包含 WAVE 路由公告（WAVE Routing Advertisement，WRA）、服务信息或者信道信息，同时也包含了 OBU 接入网络所需要的信息，且不需要网络控制协议版本 6 中的路由公告信息。基于在 WRA 中收到的消息，OBU 配置它的 IPv6 堆栈，并接入网络，此时使用 RSU 作为网关路由。如果 IPv6 应用在 RSU 上，那么就不需要网络连接或 WRA，RSU 发送的 WSA 已经包含了本地服务信息和信道信息。

3. WAVE 服务公告

在上面两小节中，我们一直提到应用程序服务公告这样一个概念，它是通过 IEEE 802.11 管理框架内的 WSA 公告在无线接口中的一种消息，接下来将首先对 WSA 进行说明，其组成如图 3-7 所示。

（1）WSA 的构建

构建 WSA 并将其发送是从某个应用请求应用服务公告开始的，在接收到高层实体的请求后，供应者的 WME 建立一个指向 MAC 子层扩展管理实体的请求（该请求在 IEEE 1609.4-2010 中有详细规定）来启动应用服务公告，各个层间的信息流动如图 3-7 所示。

在构建 WSA 前，系统参数将会被载入供应者的管理信息库（Management Information Base，MIB）中，包括使用的信道及其参数，还可能包含 IP 网络配置信息的 WRA。如果应

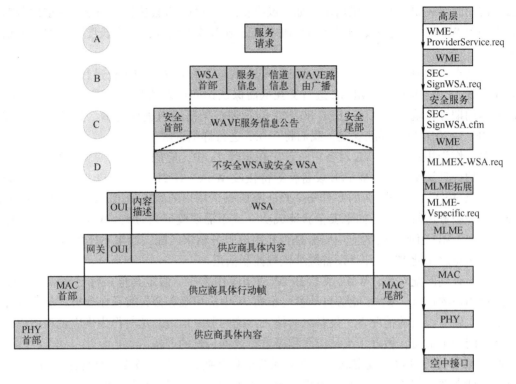

图 3-7 WSA 的构建

用程序通过 WME 请求服务（如图 3-7 中的步骤 A），那么 WME 将输入参数到 MIB 中。

供应者的 WME 产生一个传递给潜在应用服务用户的 WSA，然后收集能提供给应用服务的应用信息，包括 MIB 中的信道特性的信息，这些信息之前都在它的 MIB 中，WME 把这些信息作为服务信息插入 WSA 中。此外，如果应用服务是基于 IP 的，那么 MIB 中的 IP 网络配置信息也要包含进来。

如果任何一个应用发出请求后，WSA 进行了签名认证，这就意味着它是可靠的，并加上安全验证的首部和尾部，生成一个安全的 WSA（如图 3-7 中的步骤 B 和步骤 C）。接着将 WSA 提供给供应者 MLME，如步骤 D 所示，底层结构为其增添无线首部，同时这个框架作为 IEEE 802.11-2012 中定义的供应商具体行动管理框架进行传输。

（2）WSA 的拓展

WSA 中的每一个字段，如首部、服务信息、信道信息、WRA 等都可以选择性地进行拓展，纳入 IEEE 1609.3-2010 中已经预先确定好的扩展字段。每个扩展字段前都有一个识别码和长度指针，这使得将来在维持不同版本兼容性的基础上可以额外增加字段。

在 WSA 中有一个首部扩展域，叫作 Country String，表明了系统操作所在的使用域，比如国家。同样 WSA 在信道信息字段中包含每个应用服务公告的信道信息、传输速率、传送功率等级等参数，在特定的服务信道上没有缺省参数的话也可包含 EDCA 参数。

（3）WSA 重复频率

在 IEEE 1609.3-2010 中说明了每个供应者的服务请求怎样按照重复频率请求 WSA 进行

传输，该重复频率大概在 5 次/100 ms 到 1 次/s。在为两个有不同延迟需求的供应者服务构建 WSA 时，自然会有不同的请求重复频率，WME 可以选择更高的那个频率进行传输，这样就可以同时满足两个请求。

但在应用服务的过程中还需要考虑应用程序的增减情况，一般供应者的 MAC 子层管理扩展实体会定期产生 WSA 进行传输以保证应用服务公告的持续，不同的应用在一段时间内会在同一个服务信道上进行公告，比如后续的 WSA 会改变服务信息的内容，所以一般默认 WSA 目的地址 MAC 地址为广播地址。在 WSA 的内容改变后，WSA 首部会增加一个值为 4 的 2 bit 字段，用户可以用这个字段中的值与之前的 WSA 进行比较，从而判断 WSA 是否发生改变。当 WSA 发生改变时，用户 WME 会更新 MLME 管理信息库中的信息，以此说明应用程序中服务参数的改变。

3.3 WAVE 网络业务：IEEE 1609.3

本节所讲内容主要是 WAVE 网络业务在 WAVE 设备间提供管理和数据传递服务，这种网络业务代替了 OSI 通信栈的第三层和第四层，在 WAVE 系统中提供寻址和数据传递服务，使多个上层实体能够访问 WAVE 通信服务。WAVE 网络业务支持所有 WAVE 设备间的无线通信，设备可以是移动的、便携式或固定的，通信可以是高速率或者低延时的。本节详细讲述了 WAVE 网络业务的数据平台，其通过 WAVE 系统携带上层数据；对管理平台如何支持系统运作进行了详述；同时定义了用于 WAVE 网络业务与其他内部功能实体之间通信的原语；最后详细介绍了 WAVE 网络业务的广播格式和短消息，如果读者想要进一步了解此方面内容，可以参考 IEEE 1609.3-2010。

3.3.1 概述

WAVE 提供了针对车辆环境最合适的通信协议栈，具有用户自定义模块和通信模块，其网络服务（即 IEEE 1609.3 所述内容）在图 3-1 中已经标明，包括数据平面和相关的管理平面，其中数据平面主要用于说明数据如何进行传输，以及在传输的时候需要哪些参数，而管理平面则主要对如何获取传输时需要的参数进行了说明。

1. 数据平面

WAVE 网络服务的数据平面由以下几个部分组成，但并不需要包含所有的部分。

（1）逻辑链路控制

对于 IP 和 WSMP 业务，网络服务包含 LLC 子层。

（2）IPv6、UDP 和 TCP

网络服务基于 IP 协议栈传输接收来自高层的数据，并能向高层传输接收的 IP 数据。

（3）WSMP

网络服务基于 WSMP 接收来自高层的数据，并向高层传输接收的 WSM 数据。

2. 管理服务

WAVE 网络服务的管理平面由以下几个部分组成。

（1）服务请求和信道接入分配

WME 处理来自高层的服务请求，提供服务信道接入以满足服务请求，并发送 WSA、定时公告以及通用管理数据。

（2）管理数据传输

WAVE 接收来自空口的数据，将其处理或者传输给指定的管理实体。

（3）WSA 监听

WME 通过其他高层和管理功能监视并核实其他 WAVE 设备提供的服务公告。

（4）IPv6 配置

WME 使用来自其他 WAVE 设备接收数据来配置本地 IP 协议栈。

（5）MIB 维护

WME 对包含配置和状态信息的 MIB 进行维护。

3.3.2 数据平面

网络服务数据平面是人们为了使车载应用的空口效率和低延时达到最佳而提出的，本节则对网络服务数据平面进行详细的说明。

1. 简介

在数据平面中，网络服务要能够同时支持 IPv6 和 WSMP，在 IEEE 1609.3-2010 中对这两个协议的使用进行了详细说明，尤其是 WSMP。对于 WSMs 而言，其使用的信道、传输的功率以及数据速率都是由高层在消息令牌的基础上进行设置的。对于 IP 数据报而言，其使用的信道、传输能量及数据速率等存储在发射机中。图 3-8 和图 3-9 分别说明了 IP 数据和 WSM 数据的信息流，其中原语是为了数据平面上的组件之间进行信息交换而定义的，这将在第 3.4 节进行说明。

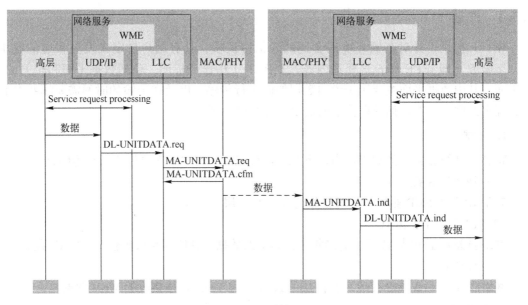

图 3-8　IP 数据流

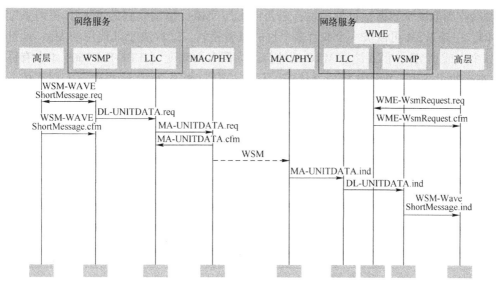

图 3-9　WSM 数据流

2. 逻辑链路控制层（LLC）

对于一个网络服务而言，它应该支持 LLC 层的未确认的无连接 I 型操作 [ISO/IEC 8802-2（IEEE Std 802.2TM）规定]、子网接入协议 [SNAP，（IEEE Std 802.2TM）规定] 以及 IEEE 802 网络上的 IP 数据包传输标准（IETF RFC 1042 规定）。不同的以太网类型值表示在 WAVE 中使用了不同的网络层协议。

当 LLC 收到一条通过 IEEE 802.2 DL-UNITDATA.request 原语发来的 MAC 层数据时，他会检查原语 SNAP 首部的以太类型值并接收数据包。如果以太类型值为 0x86DD，LLC 将数据交给 IPv6；如果以太类型值为 0x86DC，LLC 将数据包交给 WSMP，但无论是哪种情况，数据包都会通过 IEEE 802 DL-UNITDATA 指示原语发往上层。

当 IPv6 使用 IEEE 802 DL-UNITDATA.request 原语请求传输数据时，LLC 协议应将以太类型值设为 0x86DD，这个值将会封装在 LLC 数据包和 SNAP 首部中，并且通过 IEEE 802 DL-UNITDATA.request 原语将数据发送至下层。同样，当 WSMP 使用 DL-UNITDATAX.request 原语请求传输数据包时，LLC 协议将以太类型值设为 0x88DC，这个值也会封装在 LLC 数据包和 SNAP 首部中，并通过 IEEE 1609.4 MA-UNITDATA.request 原语将数据传递给下一层。图 3-10 显示了一个 LLC 和 SNAP 首部的例子。

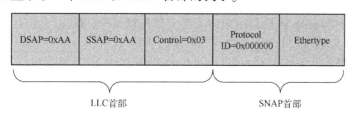

图 3-10　LLC 和 SNAP 首部

3. WAVE 短消息协议

WAVE 系统中对于 WSMP 的支持也具有一定的强制性，MAC 层对于接收到的一条数据帧是否接收则取决于数据帧目的地址；是否向上层实体传输接收到的 WAVE 短消息则取决于 PSID。一条 WSM 可以被一个或者多个目的设备接收，这取决于其使用的 MAC 地址的类型（如个人或小组），但要注意 MAC 地址会因为假名而改变（IEEE Std 1609.4 中有详细讲述）。在接收设备中，WSMP 将消息传输给任意一个对相关 PSID 感兴趣的上层实体，这个上层实体主要负责消息的签名和授权（IEEE 1609.2 中规定）以及为传输提供信道信息。

（1） WSM 传输

在收到来自上层的 WSM 短消息请求时，WSMP 将计算 WSMP 首部的长度，并验证 WSMP 的首部长度与 WSMP 数据的长度和是否低于 WME 中 MIB 参数 WsmMaxLength 的值。当验证成功时，WSMP 则会根据其格式生成相应的 WSMP 首部，以此包含 LLC 中的 DL-UNITDATAX. request；当验证失败时，WSM 无法通过，并且失败的信息会在生成的 WSM-Wave-ShortMessage. confirm. 中进行标明。DL-UNITDATAX. request 的参数如表 3-1 所示。

表 3-1 DL-UNITDATAX. request 的参数

参数	说明
source_address	将 WAVE 接口设置成 IEEE 802.11 中的 dotllStationID
Destination_address	根据 WSM 中的 WSM-WaveShortMessage. request. 设置 Peer MAC address
Data	设置将随后进行讨论
Priority	根据 WSM 中的 WSM-WaveShortMessage. request. 设置 User Priority
Channel Identifier	根据 WSM 中的 WSM-WaveShortMessage. request. 设置 Channel Identifier
DataRate	根据 WSM 中的 WSM-WaveShortMessage. request. 设置 Data Rate
TxPwr_ Level	设置将随后进行讨论
WsmExpiryTime	根据 WSM 中的 WSM-WaveShortMessage. request. 设置 WsmExpiryTime

Data 参数由一条 WAVE 短消息组成，而这条消息则是由 WSMP 的首部和来自 WSM 的 WSM-WaveShortMessage. request. 的数据组成，而传输功率等级在接收到这个请求后将转换成 DL-UNIT-DATAX. request 中的 TxPwr_ Level，它将会被设置成 IEEE 802.11 MIB 中 DotllPhyTxPo-werEntry 的最大值，但不会超过传输功率等级。如果这样的值不存在，那么请求将会被拒绝。

（2） WSM 接收

当接收到来自 LLC 的 DL-UNITDATA. indication 以及位于 WSMP 首部（包含 WAVE 短消息）的 WAVE Element ID 时，WSM 将收到的信息发送一个或者多个上层目标实体，而这些目标实体则是由 WSMP 首部中的 ProviderServiceIdentifier 和 MIB 中的 WsmServiceRequestTable 决定的。当接收到来自 LLC 的 DL-UNITDATA. indication 以及位于 WSMP 首部的 WAVE Element ID 时○，WSMP 会将收到的信息传递给对应的实体。在任何情况下，WSM 的 WSM-WaveShortMessage. indication 原语都用来向上层实体传输 WSM 消息。

3.3.3 管理平面

网络服务的管理功能提供了获取数据平面的控制传输参数（数据速率和功率）的方法，这一节则主要对网络平面的管理功能进行详细讲述。

○ 这个首部不仅可以是 WAVE 短消息的首部，也可以是 WSMP 安全补充（WSMP-S）的首部，关于 WSMP-S 的详细内容可参考 IEEE 1609.3-2010 附录 F。

1. 服务请求

一般 WME 接收来自更高实体的各种类型的服务请求，而为了满足这些需求，WME 需要提供 SCH 的访问权并周期性地传输管理信息。如果高层实体需要访问服务信道，那么 WME 需要在一个或者多个信道间隔内，通过向 MAC 子层管理实体（MLME）发送请求，并切换设备收发器到指定信道。

（1）内部设备操作

为了方便理解，在此定义了两种 WAVE 设备的角色：提供者（Provider）和用户（User）。提供者主要用来发送 WAVE 服务公告（WSA），其中 WSAs 包含了在一个或者多个服务信道上进行数据交换的信息；而用户则主要监听、接收 WSAs，它会加入服务信道进行数据交换，WAVE 设备可根据需要扮演任何角色。表 3-2 总结了各种服务请求类型，产生的信道接入分配以及自动生成的消息。

表 3-2 服务请求总结

服务请求类型	主要目的	产生的信道/间隔分配	生成消息
提供者	服务公告/服务信道参与	在 SCH 间隔使用 SCH，或在 SCH 和 CCH 间隔使用 SCH	包含 WSA 的 VSA（Vendor Specific Action（frame））帧
用户	可用服务通知/服务信道参与	在 SCH 间隔使用 SCH，同时在 CCH 间隔可使用 SCH	无
WAVE 短消息	传输接收到的消息	无	无
控制信道	控制信道参与	在 CCH 或 SCH 或者二者的间隔使用 CCH	无
管理数据	管理数据分发	CCH 或者 SCH；CCH 或 SCH 间隔或二者间隔	VSA 帧
定时广播	时间分配	CCH 或者 SCH；CCH 或者 SCH 间隔或二者间隔	TA 帧（Timing Advertisement（frame））

单一的物理信道设备和多物理信道设备并不一样，单一物理信道设备是指一个 WAVE 设备不能在多个无线信道上同时运行，多物理信道设备是指一个 WAVE 设备能够在多个无线信道上同时运行。一个可以进行信道切换的设备至少包含一个可以在信道间进行切换的物理信道（比如可以在控制信道和服务信道上进行切换）。信道使用的模型通常有以下几种：只在 CCH 上运行；只在 SCH 上运行；在 CCH 和 SCH 间隔内，分别在 CCH 和 SCH 上交替运行；同时在 CCH 或者一个或多个 SCH 上同时运行（多物理信道设备）。

图 3-11 举例说明了信道接入的一些例子（适应于单一物理信道设备）。第一个表示持续运行在 CCH 上；第二个表示在 CCH 和 SCH 间隔内，分别在 CCH 和 SCH 上交替运行，对 SCH 的访问基于来自高层的请求；第三个表示 SCH 运行在某些 CCH 间隔内，对于来自高层的请求，SCH 访问立刻做出反应。基于不同的服务请求，网络服务可以使信道接入有以下几种情况：在 SCH 和 CCH 间切换，在 SCH 间隔进行 SCH 访问，在 CCH 间隔进行 CCH 访问；在 SCH 和 CCH 间隔，立刻或延长 SCH 访问；在 CCH 或 SCH 间隔进行 CCH 访问。

（2）服务请求信息

在决定信道接入分配使用时，WME 维持请求服务信息，这些服务信息在 MIB 的 ProviderServiceRequestTable、UserServiceRequestTable、WSMServiceRequestTable 和 CCH－ServiceRe-

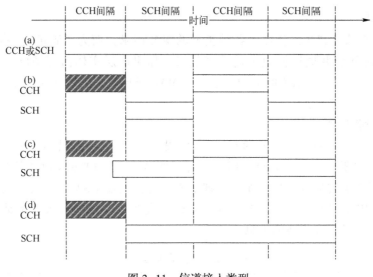

图 3-11 信道接入类型

questTable 中进行维持。图 3-12 是一个通过服务请求原语执行操作的例子。在 WAVE 系统中有各种各样的服务请求的形式，如 WME-ProviderService.request，WME-UserService.request，WMEWSMService.request，WME-CchService.request，WME-ManagementDataService.request 以及 WMETimingAdvertisementService.request，接下来将对这些请求进行详细说明。

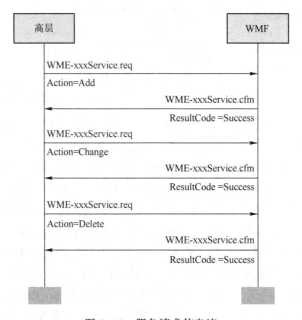

图 3-12 服务请求信息流

1）提供者服务请求（WME-ProviderService.request）

这个请求说明 WME 中的高层实体希望在其代表下生成 WSAs 并提供 SCH 访问权限。接收到 WME-ProviderService 请求导致 MIB 生成对应的 ProviderServiceRequestTable-Entry，同时考虑如何进行信道分配。其中发送 WSA 的设备作为提供者，接收 WSA 的设备作为用户。

2）用户服务请求（WME-UserService.request）

这个请求说明 WME 中的高层实体对满足其需求的服务感兴趣，其中包含了当 WME 识别这些可用服务时应该采取的措施，包括对 SCH 接入的分配。当用户服务请求被高层实体接收时，它将无条件的通过自动访问 UserRequest 进而请求单边服务信道访问，在这一过程中不用考虑服务的有效性。接收 WME-UserService 请求会在 MIB 中产生相应的 UserServiceRequestEntry，同时考虑如何进行信道分配。

- WSM 服务请求（WMEWSMService.request）

这个请求说明 WME 中的高层实体希望接收具有特定 PSID 的 WSM。接收这个请求会在 MIB 产生相应的 WsmServiceRequestTableEntry，并将与 ProviderServiceIdentifier 相匹配的 WSMs 传输到请求的高层实体。

- CCH 服务请求（WME-CchService.request）

这个请求说明高层实体需要在特定的信道间隔中进行不间断的信道访问，比如在 WSM 处于活动状态或者接收 WSA 时。同样接收到这个请求后会在 MIB 中产生相对应的 CchServiceRequestTabelEntry，并考虑信道分配的问题。这个请求可以应用于 CCH 间隔、SCH 间隔或者二者之间的间隔，并且在 CCH 间隔中运行的 CCH 服务请求不会影响在 SCH 间隔中分配 SCH 访问权限，但在低优先级的用户请求的 CCH 间隔中，它可以阻止分配立即接入 SCH 或者延伸 SCH。

- 管理数据服务请求（WME-ManagementDataService.request）

这个请求说明 WME 中另外一个管理实体希望传输它自己的供应商具体行动帧（Vendor Specific Action frames，VSA）并提供 SCH 访问功能。在接收到这样的一个请求时会导致进行信道接入分配以及生成 VSA 请求给 MLME。

- 定时广播服务请求（WMETimingAdvertisementService.request）

这个请求说明 WME 中另一个管理实体希望传输它自己的定时广播传输帧，并提供 SCH 访问功能。在接收到这样的一个请求时会导致进行信道接入分配以及生成 VSA 请求给 MLME。

- 变化的服务请求

一旦收到任何变化的服务请求，相应的服务信息在 MIB 和 WME 信道接入分配功能中进行更新。

- 删除服务请求

一旦收到任何删除的服务请求，相应的服务信息在 MIB 和 WME 信道接入分配功能中进行删除。

2. 信道接入分配

网络服务在服务请求的支持下分配本地无线信道资源，包括为特定的服务信道分配无线资源从而为请求实体提供数据通信的机会。提供者和用户服务请求的信道分配原语交换如图 3-13 所示，用户作为提供者接入到 SCH 中，然后 WME 初始化 WSA 广播和 SCH 访问，并通过 WaveSecurityServices-SignedWsa.request 标识出 WSA 信息。然后 WME 通过 MLMEX-VSA.request 初始化 CCH 上的 WSA 广播，采用 MLMEX-SCHSTART.request 原语交替访问 SCH。用户则监视 CCH 并接收 WSA，根据 MLMEX-VSA.indication，识别出感兴趣的服务也采用 MLMEX-SCHSTART.request 原语交替访问 SCH。如果期间有服务使用 IP，那么就会用到 MLMEX-REGISTERTXPROFILE.request，最后设备之间将在 SCH 上进行高层业务交换。

在提供者请求、用户服务请求、管理数据请求、定时广播请求等原语的支持下都可以进行信道分配，如图 3-13 中的请求原语。不同的请求对应着不同的参数设置，但其内容类似，这里仅以提供者请求为例进行详细说明，其他的请求可以进一步参考 IEEE 1609.3-2010 中的内容。

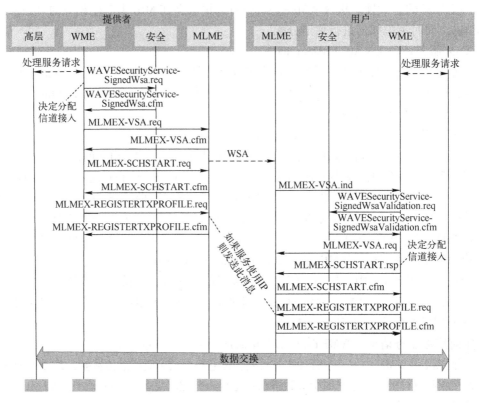

图 3-13　信道接入分配信息流示例

对于提供者服务请求来说，当服务信道满足其需求后，WME 除了发送 MLMEX-VSA.request 使 MAC 子层生成 VSA 帧外，还通过发送 MLMEX-SCHSTART.request 开始处理 MAC 子层，并进行信道访问。如果 WME 提供者服务请求中包含 IPv6 地址，那么 WME 会发送一个 MLMEX-REGISTERTXPROFILE.request 来进行 IPv6 通信。其中 MLMEX-SCHSTART.request 与 MLMEX-REGISTERTXPROFILE.request 的参数设置如下。

MLMEX-SCHSTART.request：

Channel Identifier	定义了信道分配，通过 MIB 中 ProviderChannelInfoTableEntry 设置信道
OperationRate	未使用
EDCAParameterSet	如果存在，从相关信道的 MIB 中 ProviderChannelInfoTableEntry 插入值
ImmediateAccess	设置为 FLASE
ExtendedAccess	设置为 0

MLMEX-REGISTERTXPROFILE.request：

Channel Identifier	与 MLMEX-SCHSTART 中的设置一样
Adaptable	从与信道有关的 MIB 中 ProviderChannelInfoTableEntry 获取

TxPwr_Level	设置成 IEEE 802.11 MIB DotllPhyTxPowerEntry 中最高值,但不超过 ProviderChannelInfoTransmitPowerLevel 的值。如果不存在,那么服务器请求将被拒绝
DataRate	从 ProviderChannelInfoTableEntry 中获得

3. 消息的产生

在满足相关的服务请求时,MLME 会产生由 WME 触发的自动管理消息,这些 MLME 主要包括服务公告 VSA、变化的公告、TA 时间分布、VSA 管理数据传输以及产生自动消息终止器等。

(1) 服务公告 VSA

在服务公告 VSA 中,WME 构建 WAVE 服务公告,这个公告包括了服务信息,以及来源于 MIB ChannelInfoEntry 中与服务信息中信道编号相对应的信道信息。如果服务信息指的是 IP 服务和存在于 WME MIB 中的 WRA,那么这个 WRA 会在 WAVE 服务公告中宣告网络连接的可用性。同时,WME 也依据 WAVE 服务公告构建 1609 Dot2Message,它包括一个不安全的 WSA 或者安全的 WSA。

如果服务要求安全性,那么就像它的接口在 MIB 的提供者服务请求列表对 WSA 进行安全认证一样,通过 WAVESecurityServices-SignedWsa.request 使 WAVE 服务公告生成一个安全的 WSA。生存时间(LifeTime)则表示什么时候认证失效,其根据 IEEE P1609.2 进行编码,并设置成当前时间与服务公告相关的最小签名生存时间(来自于 WME 提供者服务请求)之和。而 VSA 传输则是利用 WME 产生的 MLMEX-VSA.request 来触发,通过把 ContentDescriptor 和 1609Dot2Message 连接来构建 Vendor specific content。这两种原语的参数设置如下所示。

WAVESecurityServices-SignedWsa.request 参数:

WSA Data	设置成 WAVE 服务公告
Permissions	根据 IEEE P1609.2 中规定的 ProviderServiceRequestTableEntry 中的内容构建的一个数组
LifeTime	在之前的讨论中进行了说明

MLMEX-VSA.request 参数:

Destination MAC address	如果存在将其设置成触发 WME 提供者服务请求的 MAC 目的地址,否则设置成 MAC 广播地址
Management ID	设置成 IEEE P1609.3
Vendor Specific content	包括之前描述的 ContentDescriptor 和 1609.2Message
Repeat Rate	设置成触发 WME 提供者服务请求的重复频率
Channel Identifier	CCH 的信道标识符
Channel Interval	CCH 的信道间隔

(2) 变化的公告

当连续进行公告时,WME 可能会改变 WAVE 服务公告的内容,比如接收到一个新的提供者服务请求且它与已存在的 WSA 中的 ChannelInfo 兼容,或者多个公告中的一个通过 WME-ProviderService.request 执行等同于删除这样的操作时,或者一个高层实体通过 WME-

ProviderService.request 对 PSC 进行改变。如果 Secured WSA 的标识发生部分改变，那么公告将会通过 Wave-SecurityServices-SignedWsa.request 进行认证和保密。而在一个连续 WSA 的生存时间结束之前，WME 应该通过 WaveSecurityServices-SignedWsa.request 更新认证。整个持续公告的改变则通过 MLMEX-Set.request 来访问 MLME 的 MIB 中的 WSA 来实现，WSA 的更新信息流如图 3-14 所示。

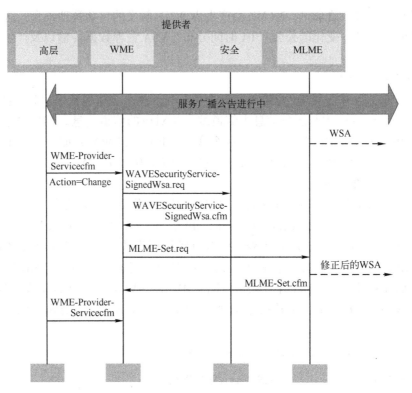

图 3-14　WSA 更新信息流

（3）TA 时间分配

图 3-15 显示了支持在 WAVE 设备间的时间信息流，其中 WME-TimingAdvertisement.Confirm 原语是指 WME 成功接收请求并进行调度，而 WME-Notification.indication 则是指定时公告信息已经被成功调度安排。其中 MLMEX-TA.request 的参数如下：

```
Destination MAC address        设置成触发 WMETimingAdvertisementService 请求的目标 MAC 地址
Repeat Rate                    设置成触发 WMETimingAdvertisementService 请求的重复频率
Channel Identifier             设置成触发 WMETimingAdvertisementService 请求的信道标识符
Channel Interval               设置成触发 WMETimingAdvertisementService 请求的信道间隔
TimingAdvertisement-Contents   设置成触发 WMETimingAdvertisementService 请求的 TA 目录
```

对于 VSA 管理数据来说，其传输和 TA 时间分配的流程大致相同，在此不再进行赘述。至于产生自动消息终止器，则通过 WME 发送 MLMEX-VSAEND.request 终止 VSA，发送 MLMEX-TAEND.request 终止 TA。

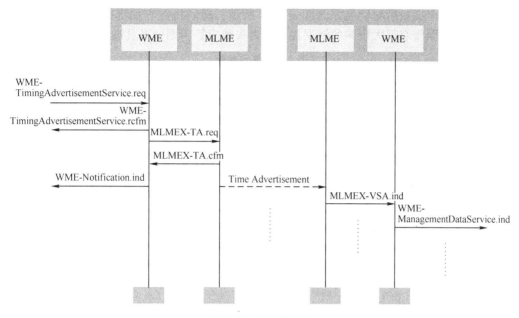

图 3-15 TA 信息流

4. 其他

除了之前讲述的服务请求、信道分配及消息产生等主要内容外，在管理平面中还包含其他多项内容，如管理数据传输，WAVE 服务公告显示、IPv6 配置及 MIB 维护等，其中有些是必须包含的（如 IPv6 配置、WAVE 服务公告），有些则是可选项（如管理数据传输、MIB 维护）。

在管理数据传输中，WME 通过空口接收管理数据，并对其进行处理或者将其传送到指定的管理实体，传输的过程则基于数据的管理 ID。WAVE 服务公告显示是指 WAVE 设备以 WSAs 的形式传输关于可用服务信息的公告，这种可用服务在 MIB 中进行维护，主要由高层实体和信道接入分配使用。

IPv6 配置则是 WAVE 支持 IPv6 所必需的，静态 WAVE 设备所用的 IPv6 信息由网络管理者提供，移动 WAVE 设备能够通过与基础设施网络相连的另一台 WAVE 设备来访问基础设施网络，从而获得信息。设备的本地地址可以通过 WAVE 设备导出并且不需要任何的外部配置信息便可使用，它来源于设备的 MAC 地址。对于一些支持假名的设备，则需要定时更换设备的地址。

在 WAVE 管理设备中，WME 对包含配置信息和状态信息的 MIB 进行维护，高层可以通过 WME-Get 和 WME-Set 原语来访问 MIB，同时，设备还能够支持其他和网络服务相关的 MIB。

3.3.4 服务原语

在 WAVE 网络实体和其他实体之间通信的服务接入点（SAP，图 3-4 所示），WSM SAP、WME SAP 以及链路扩展服务接入点（Link Service Access Point，LSAP）都在此标准中有详细的说明，此标准中对个人管理 SAP 未进行定义，WME SAP 则使高层实体可以进入管理服务层。每个接口所对应的原语如表 3-3 所示，随后将对它们进行详细的描述。对于那些对网络服务操作有很大影响的错误提示或者失败应答，则会对其进行详细说明。

表 3-3 原语摘要

SAP	原 语	指定标准
WSMP	WSM-WaveShortMessage.request	IEEE Std 1609.3
	WSM-WaveShortMessage.confirm	IEEE Std 1609.3
	WSM-WaveShortMessage.indication	IEEE Std 1609.3
WME	WME-ProviderService.request	IEEE Std 1609.3
	WME-ProviderService.confirm	IEEE Std 1609.3
	WME-UserService.request	IEEE Std 1609.3
	WME-UserService.confirm	IEEE Std 1609.3
	WME-WSMService.request	IEEE Std 1609.3
	WME-WSMService.confirm	IEEE Std 1609.3
	WME-CchService.request	IEEE Std 1609.3
	WME-CchService.confirm	IEEE Std 1609.3
	WME-ManagementDataService.request	IEEE Std 1609.3
	WME-ManagementDataService.confirm	IEEE Std 1609.3
	WME-ManagementDataService.indication	IEEE Std 1609.3
	WME-TimingAdvertisementService.request	IEEE Std 1609.3
	WME-TimingAdvertisementService.confirm	IEEE Std 1609.3
	WME-Notification.indication	IEEE Std 1609.3
	WME-Get.request	IEEE Std 1609.3
	WME-Get.confirm	IEEE Std 1609.3
	WME-Set.request	IEEE Std 1609.3
	WME-Set.confirm	IEEE Std 1609.3
	WME-AddressChange.request	IEEE Std 1609.3
	WME-AddressChange.confirm	IEEE Std 1609.3
LSAP	DL-UNITDATAX	IEEE Std 1609.3
	DL-UNITDATA	ISO/IEC 8802-2 [IEEE Std 802.2]
MLME	MLMEX-DELETETXPROFILE	IEEE Std 1609.4
	MLMEX-REGISTERTXPROFILE	IEEE Std 1609.4
	MLME-TA	IEEE Std 1609.4
	MLME-TAEND	IEEE Std 1609.4
	MLMEX-VSA	IEEE Std 1609.4
	MLMEX-VSAEND	IEEE Std 1609.4
	MLMEX-SCHSTART	IEEE Std 1609.4
	MLMEX-SCHEND	IEEE Std 1609.4

(续)

SAP	原语	指定标准
	MLME-GET	IEEE Std 802.11
	MLME-SET	IEEE Std 802.11
	MLME-MREPORT	IEEE Std 802.11
	MLME-MREQUEST	IEEE Std 802.11
	MLMEX-DELETETXPROFILE	IEEE Std 802.11
	MLMEX-REGISTERTXPROFILE	IEEE Std 802.11
MAC	MA-UNITDATA	IEEE Std 802.11
	MA-UNITDATAX	IEEE Std 1609.4
Security	WaveSecurityServices-SignedWsa	IEEE P1609.2
	WaveSecurityServices-SignedWsaValidation	IEEE P1609.2

在 IEEE Std 802.11 中使用了信道编号（Channel Number 范围 0~200）来标识操作类型中定义的一系列信道中特定的信道，这样就符合了国家字符串（Country String）定义的地理区域。在 IEEE 1609 的 SAP 中使用的信道标识符（Channel Identifier）完整地对一个信道进行描述，包括国家字符串、操作类型和信道编号。接下来将对不同的类型的服务原语进行详细说明，由于篇幅有限，将只对其中的一部分进行讲述。

1. WSMP SAP

WSMP 原语主要用于使高层实体发送和接收 WSM，这里主要对 WSM-WaveShort-Message.request 和 WSM-WaveShortMessage.confirm 从功能、服务原语的语义、产生时间及接收后的反应等方面进行阐述。

（1）WSM-WaveShortMessage.request

这条请求主要是高层实体用来请求发送 WAVE 短消息，由高层实体请求发送 WAVE 短消息而生成，当接收到这个请求原语后，WSMP 将 WAVE 短消息传输至 LLC，其服务原语语义的具体参数如表 3-4 所示。

表 3-4 服务原语语义的具体参数

名字	类型	有效范围	描述
Channel Identifier	整型	0~200	信道标识符中的信道号被写入到 DL-UNIT-DATA.request 中，它表示这个信道号将用于传输并且位于要传输的 WSM 中
DataRate	整型	2~127	写入到 DL-UNITDATA.request 中，表示用于传输的数据速率，同时可能处于要传输的 WSM 中
Transmit Power Level	带符号整型	-127~127	指明传输需要的功率，也处于要传输的 WSM 中
ProviderServiceIdentifier	字符串	1~4 B	用于构建 WSM
User Priority	整型	0~7	写入 DL-UNITDATA.request，详细规定参考 IEEE Std 802.11

(续)

名　字	类　型	有 效 范 围	描　　述
WsmExpiryTime	整型	$0 \sim (2^{64}-1)$	高层选择性的生成该指标并指明消息失效的时间；低层则在传输前清除过期的信息，通过WSM的有效时间与时间同步定时器相比较来判断信息的有效性
Length	整型	1~65535	用于构建WSM
Data	字符串	未规定	用于构建WSM
Peer MAC Address	MAC地址	任何有效的私有或广播MAC地址	写入到DL-UNITDATA.request的目的地址中，详细规定参考IEEE Std 802.11
WSMP header extensions	比特串	未规定	指明哪些WSM首部扩展应包含在传输的WSM中
WAVE Element ID	整型	128~255	指明WSM数据的类型以方便接收方进行处理，默认值为128

（2）WSM-WaveShortMessage.confirm

这个请求原语主要用于确认接收WAVE短消息，对WSM-WaveShortMessage.request的应答而产生，其语义的具体参数如表3-5所示。

表3-5　语义的具体参数

名　称	类　型	有 效 范 围	描　　述
ResultCode	枚举型	接收、拒收超过最大长度时及拒收未定义的	指明相关请求的结果

2. WME SAP

WME原语允许高层实体访问WME功能，如服务请求和MIB接入，同时允许WME通知高层实体，它可分成服务请求、通知、MIB接入和地址改变这4个方面，接下来对每个方面中的部分原语进行简单介绍，如果想要进一步了解，可以查看IEEE 1609.3-2010中第七部分的内容。

（1）服务请求

本小节定义的服务请求提供网络服务的管理功能。一般服务请求的信息都保存在WME的MIB中以便将来进行访问。本地服务索引（Local Service Index）主要用于区分不同的请求数据，它是与MIB表格或者内部数据结构有关的索引，但它的构成与使用完全独立。

1）WME-ProviderService.request

此原语指明高层实体请求传输WSA，当高层实体有需要时便会生成此原语。在接收时，WME会生成一个WME-ProviderService.confirm来表明是否接收了请求，一旦接收，提供者服务请求将考虑进行信道分配。此服务原语语义的具体参数如表3-6所示。

表3-6　服务原语语义的具体参数

名　称	类　型	有 效 范 围	描　　述
Local Service Index	整型	0~65535	WME MIB中消息的内部标识符
Action	枚举型	添加、删除、改变	表明请求行为

(续)

名称	类型	有效范围	描述
Destination MAC Address	MAC 地址	任何有效 MAC 地址	WSA 的目的地址，默认为广播地址
WSA Type	枚举型	发送安全 WSA 发送不安全 WSA	表明请求的安全过程
ProviderServiceIdentifier	字符串	1~4 个字节	写入到 WSA 中
ProviderServiceContext	字符串	0~31 个字符	写入到 WSA 中
ServicePriority	整型	0~63	信道分配中使用
ServiceSpecificPermissions	字符串	0~255 个字符	安全进程中使用
SecurityServiceIdentifier	字符串	16 个字符	安全进程中使用
Channel Identifier	整型	0~200	用于信道分配。如果信道标识符不存在，WME 将会选择一个合适的信道，此时任何相关的限制都应该进行考虑
Channel Access	枚举型	SCH 间隔和 CCH 间隔（持续接入）仅 SCH 间隔（选择接入）	默认仅使用 SCH 间隔。表明调度算法所期望使用的信道
Repeat Rate	整型	0~255	每 5 s 传输 WSA。如果目的 MAC 地址是个人地址，那么将其忽略
IP Service	布尔型	True，False	表明公告服务是否基于 IP，并且 WRA 是否需要支持此项服务
IPv6 Address	IPv6 地址	任何有效的单播 IPv6 地址	如果存在，写入 WSA 中
Service Port	整型	$0 \sim (2^{16}-1)$	如果存在，写入 WSA 中
Provider MAC address	MAC 地址	任何有效的 MAC 地址	如果存在，写入 WSA 中
RCPI Threshold	整型	详见 3.3.5 节	如果存在，写入 WSA 中
WSA Count Threshold	整型	详见 3.3.5 节	如果存在，写入 WSA 中
WSA Count Threshold Interva	整型	详见 3.3.5 节	如果存在，写入 WSA 中
WSA header extensions	比特流	未定义	表明传输的 WSA 中应当包含的 WSA 首部扩展
SignatureLifetime	整型	10~30000 ms	WSA 签名的时间应当有效

2）WME-ProviderService.confirm

此原语主要用于确认接收相应的请求，在响应 WME-ProviderService.request 时生成此原语，同时接收此原语的高层实体将在确认之后采取行动。其服务原语语义参数如表 3-7 所示。

表 3-7 服务原语语义参数

名称	类型	有效范围	描述
Local Service Index	整型	0~65535	WME MIB 中消息的内部标识符
ResultCode	枚举型	接收、拒收超过最大长度时及拒收未定义的	指明相关请求的结果

(2) 通知

在通知类别的原语中，只有一种服务原语：WME-Notification.indication，它表示时间已经发生,更加详细地说明可实施者可以对消息的内容进行合理的拓展。当指定的事件发生时会发送此原语,接收的高层实体将会对其进行处理。其服务原语语义详细参数如表 3-8 所示。

表 3-8 服务原语语义参数

名 称	类 型	有 效 范 围	描 述
Event	枚举型	信道分配、无信道分配、请求可用的服务	定义了可以触发通知的事件
Local Service Index	整型	0~65535	WME MIB 中消息的内部标识符
Reason	枚举型	枚举值包括:未指定的、被请求的、信道不可用、服务竞争、被请求帧已调度、优先权抢占、安全认证失效	指明相关请求的结果

1) MIB 接入

此类服务原语一共有 4 种,包括 WME-Get.request、WME-Get.confirm、WME-Set.request 和 WME-Set.confirm,这里主要对前两种进行说明。

- WME-Get.request

此原语主要由高层实体检索/取回一个特定的 WME MIB 属性值而生成的,在接收到此原语后,WME 将从 WME MIB 中返回 MIB 的属性值。其服务原语语义如下。

WME-Get.request(
   MIBattribute
)

- WME-Get.confirm

此原语主要用于返回 WME-Get.request 的结果,在确认 WME-Get.request 的结果时生成此请求。如果状态(Status)为成功,那么将返回合适的 WME MIB 属性值;否则将在状态中显示错误,显示错误的状态为"无效的 MIB 属性"或"企图获取只写的 MIB 属性"等。其服务原语语义如下。

WME-Get.confirm(
   Status,
   MIBattribute,
   MIBattributevalue
)

2) 地址改变

此类服务原语只包含 WME-AddressChange.request 和 WME-AddressChange.confirm 这两种,接下来将对它们进行详细说明。

- WME-AddressChange.request

此原语表明需要立刻改变网络层地址,然后将其传递给 WME。一旦接收,WME 将改变它的标识符地址并返回确认消息。如果一个设备上没有地址,那么将产生一个新的本地地址,此服务原语的语义如表 3-9 所示。

表 3-9 服务原语的语义

名 称	类 型	有 效 范 围	描 述
Link Local Address	IPv6 地址	任意的	如果存在,那么设备将会采用这个新的本地 IP 地址

- WME-AddressChange.confirm

此原语表明网络层地址改变的结果,当对 WME-AddressChange.request 进行应答时生成此原语,其语义参数如表 3-10 所示。

表 3-10 服务原语的语义

名 称	类 型	有 效 范 围	描 述
ResultCode	枚举型	接收、拒绝	表明相关请求的结果

3. WAVE LSAP

LLC 中的原语通常都加上"DL"前缀,主要用于向 LLC 层发送或发出数据包。在 WAVE 的 LLC SAP 中的 DL-UNITDATA.request 添加额外的参数后,它就变成和 IEEE 802.2 LLC SAP 一样,这些参数使高层能够控制 WSMP 数据的传输特性。此类原语主要指 DL-UNITDAT-AX.request,它主要针对未确认的无连接传输数据服务,并通过信道标识符、数据速率、传输功率等级、WSM 到期时间等对其进行扩展。其服务原语语义参数如表 3-11 所示。

表 3-11 服务原语的语义

名 称	描 述
source_address	源地址,在 ISO/IEC 8802-2 [IEEE Std 802.2]中有详细描述
destination_address	目的地址,在 ISO/IEC 8802-2 [IEEE Std 802.2]中有详细描述
Data	数据内容,在 ISO/IEC 8802-2 [IEEE Std 802.2]中有详细描述
Priority	用户优先级,同样在 ISO/IEC 8802-2 [IEEE Std 802.2]中有详细描述
Channel Identifier	与 3.4.1 节中描述一样,用于 WSMP 业务
DataRate	与 3.4.1 节中描述一样,用于 WSMP 业务
TxPwr_Level	与 3.3.2 节中一样,用于 WSMP 业务
WsmExpiryTime	与 3.4.1 节中描述一样,有选择地用于 WSMP 业务

对于信道标识符、数据率、传输功率等级以及 WSM 生存时间等通过 WAVE LLC 传输给 MAC 层,否则就把此请求当成 ISO/IEC 8802 [IEEE Std 802.2]中规定的 DL-UNITDATA.request 处理。至于 MLME 和 MLME SAP,则允许 WME 和 MAC 子层管理实体之间进行通信,安全 SAP 则在后文进行讲述。

3.3.5 WAVE 信息格式

这一小节主要讲述通过无线发送的信息格式以及在网络服务中的初始化,无线信息的格式要符合 IEEE Std 802.11 和 IEEE Std 802.11p,其中部分描述如下:字段的信息格式应当是一个特定顺序的序列，数据从左到右描述字段，就像 MAC 帧中那样。根据 IEEE Std 802.11 中的规定，字段的字节号从 0 到 k，其长度为 $k+1$。当多字节字段代表一个数量级时，整个字段中最高字段号是最重要的，当这样的字段进行传输时，首先传输最重要的 8 位（如这 8 位包含了最重要的一位）。可以用一个简单的例子进行说明，如十进制数 1 用 16 位表示时，在 WSM 或 WSA 中就像十六进制值 0x0001，如表 3-12 所示。

表 3-12 字节段示例

	重要 8 位字节								非重要 8 位字节						
字节号	b15	b14	b13	b12	b11	b10	b9	b8	b7	b6	b5	b4	b3	b2	b1	b0
字节值	0	0	0	0	0	0	0	0	0	0	0	0	0	0	0	1

在 WSM 首部和 WSA 的部分字段中存在扩展字段，扩展字段的结构如图 3-16 所示，每个字段都是 8 位，其中长度字段表明内容的长度，用 8 位表示；扩展字节的内容主要包括管理 ID、内容描述符以及 PSID；WAVE 元素 ID

图 3-16 扩展字段

值则用来确认 WSA 和 WSM 首部中的单元，如它的值为 1 时代表服务信息，并且是用于 WSA 服务信息中。

1. WSA 格式

WSA 信息通过无线电进行传播时要采用 1609Dot2Message 信息格式，如图 3-17 和 3-18 所示。一个 WSA 消息可以在安全或者不安全的 WSA 中进行发送，一个不安全的 WSA 由 WAVE 服务公告、协议版本号以及字段类型等组成；安全的 WSA 由 WAVE 服务公告、协议版本号、字段类型、安全首部和尾部等组成，如图 3-17 所示。

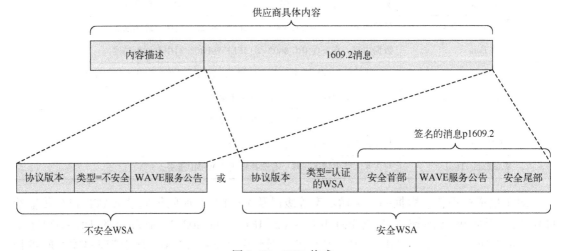

图 3-17 WSA 格式

图 3-18 表明 WAVE 服务公告中包含了首部信息、可变长度的服务信息字段、可变长度的信道信息字段以及 WRA。服务信息、信道信息以及 WRA 都可以有选择地包含在 WSA 中，在图 3-18 中，可选字段用条纹表示，参数的长度则默认为 8 字节。

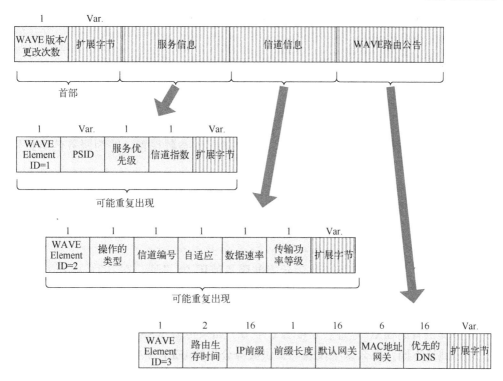

图 3-18 WAVE 服务公告格式

（1）首部

WSA 首部包含了关于 WAVE 传输装置的一般信息，由 WSA 版本与变化计数共享同一个 8 字节。

WAVE 版本　在标准 1609.3 中。WAVE 的版本信息为 1，其他值保留。当设备接收到一个不受支持版本的 WSA，应当丢弃此帧。

变化计数　接收者用于确定 WSA 是否与之前的 WSA 重复。每次 WSA（包括 WAVE 服务公告或者安全信息）发生变化时，发送方则将这个值增加。

WSA 首部扩展字段　这个扩展字段不能使 WSA 首部的长度超过 255 字节，现行标准定义了 6 个扩展字段。

1）重复频率：这个 8 bit 字段表明每隔 5 s 发送一次公告，接收者可以用它来评估链路质量，但这并不意味着使用单播公告。

2）采用的发射功率：WSA 帧的发送功率，其范围从 -128~+127 dBm，该功率从天线的输出端口测得。

3）二维位置：提供了发送天线的二维位置，包括编码为 32 位的经度和 32 位的纬度。

4）三维位置：提供了发送天线的三维位置（32 位经度、32 位纬度和 20 位高度）和一个 4 位的位置置信值。

5）公告者标识符：1~32 位字节的文本字符串，并与发送公告的设备相关联。

6）区域标识符：长度为 3 字节，用来确定发送方所属区域，格式参考 IEEE 802.11。

（2）服务信息

在 WSA 中有 0~32 个组件，每个都提供各自的服务，具体如下：

服务信息 WSA WAVE 元素 ID　表明服务信息的开头，不同的值代表着不同的服务信息，具体请参考 IEEE 1609.3。

PSID　提供者标识符，已经在 2.2.2 节中进行过说明，不再赘述。

服务优先级　长度为 8 bit，值从 0~63，其中 0 表示最低的优先级而 63 代表最高的优先级。高层实体公告服务来此确定优先级，同时网络服务提供商用此优先级进行信道的优先访问。

信道索引　用来表示 WSA 的信道信息中相关的信道参数设置，并为服务信道提供广告服务。

可变长度的服务信息扩展字段　该扩展字段与其他扩展字段采用相同的编码格式，但是不能使服务信息的长度超过 255 字节。现行标准中定义的服务信息扩展域包括以下方面：

1) 提供者服务内容（PSC）：长度为 1~31 的 8 bit 字符串，用来提供相关服务的补充信息，详见 2.2.2。

2) IPv6 地址：长度为 16 字节，表示当前服务使用 IP 寻址，在 IETF RFC 3513 中有详细规定。

3) 服务端口：长度为 2 字节，表明高层实体用来提供服务的端口，其值从 0~35535。

4) 服务提供者的 MAC 地址：长度为 6 字节，如果传输 WSA 的设备与提供公告服务的设备的 MAC 地址不同，那么该字段表明提供服务公告的 IEEE MAC 地址。

5) RCPI 阈值：长度为 1 字节，表明接收 WSA 信号的最小接收功率，从 0~-110 dBm。如果 RCPI 低于这个阈值，那么接收端将拒绝访问该服务，其格式在 IEEE Std 802.11 k-2008 中有详细规定。

6) WSA 计数阈值：长度为 1 字节，范围从 0~255，表明建议接收 WSA 的最小数量，低于该值时，接收端将拒绝访问该服务。

7) WSA 计数阈值间隔：长度为 1 字节，范围从 0~255，单位是 100 ms，表明计数接收的 WSA 的时间间隔，默认值为 1 s。

（3）信道信息

每个信道中都有一个信道信息字段来支持 WSA 中的服务公告，其格式如下。

信道信息 WSA WAVE 元素 ID　表明这是一个信道信息，长度为 1 字节，值为 0x02。

操作类型　长度为 1 字节，使接下来的信道标号能够识别一个区域中特定的信道。

信道标号　长度为 1 字节，它的值为 172、176、180、182 或 184，这里并不包括信道 178，因为在美国它被指定为 CCH，但这个字段只描述 SCH。

适配域　长度为 1 字节，表明传输速率和传输等级是否是边界值或固定值，使用了其中的 1 bit 作为标志位。如果标志位为 0，表明传输速率和发送功率等级是固定值；如果标志位为 1，则表示数据传输速率是最低允许速度而发射功率等级则是实际等级的最大值。

数据传输速率　长度为 1 字节，表明信道上的数据速率。根据 IEEE Std 802.11 规定，传输速率的值从 0x02 到 0x7F，以 500 kbit/s 为基本单位从 1 Mbit/s 到 63.5 Mbit/s。如果设置了适配域，那么适配域中的数据速率就是传输的最小速率值。

发射功率等级　长度为 1 字节，是一个有符号数，其范围从-128~+127 dBm，表明天线输出端口的功率。

信道信息扩展字段　同样，此扩展字段不能使信道信息超过 255 字节。现行的标准定义了两个扩展字段：EDCA 参数设置和信道接入。EDCA 参数设置用于表明信道上各种通信设备所使用的 MAC 层信道接入参数，EDCA 参数设置的格式以及缺省的 EDCA 参数集定义在 IEEE 802.11 标准中。信道接入参数则用于指示该服务是在 SCH 上不间断的提供还是只存在于 SCH 间隔内。

(4) WAVE 路由公告

这个是 WSA 中的一个可选域，当设备提供的服务利用 IPv6 部分进行发送公告时，这个可选域才有用。WRA 提供基础设置之间的网络互连，从而使接收端能够进行正确的配置并参与到公告的 IPv6 网络中。与服务信息段和信道信息段相同，WRA 也有一个定长部分和一个变长的可选扩展部分，其中所有的字段都是强制性的，如下所示。

WRA WSA WAVE 元素 ID　长度为 1 字节，值为 0x03。
路由生存时间　长度为 2 字节，单位为 s，表示默认网关和相关信息的有效时间。
IP 前缀　16 字节的 IPv6 子网前缀。
前缀长度　长度为 1 字节，指明 128 位的 IP 前缀中有多少位是有意义的。
默认网关　16 字节的默认路由器的 IPv6 地址，用于实现互联网连接。
主域名系统（DNS）　长度为 16 字节，表明域名服务器的 IPv6 地址。
WRA 扩展字段　同样不能使 WRA 的长度超过 255 字节。现行标准包括二级 DNS 和网关 MAC 地址。其中二级 DNS 是一个备用设备的 IPv6 地址，长度为 16 位；网关 MAC 地址表示如果默认路由器的地址不同于发送者的 MAC 地址，那么这个就表示默认路由器的 6 字节 MAC 地址。

2. WSM 格式

WSM 的传输由高层通过数据层面一个简单的初始发起，该初值提供了 WSM 的内容和附加的协议控制信息，包括数据传输速率、发射功率、用户优先级等。图 3-19 表明当从源高层实体通过网络服务传输数据到 MAC 层时，如何构建 WSM 格式的头部。虚线部分表示从一开始就作为独立的参数，而不是数据报的一部分；实线部分表示用于空中传输的字段格式；条纹部分则是可选项。接收的 WSM 信息通过同一层向上传递，其头部则由合适的协议进行处理和抛弃。WSM 的格式也在图 3-19 中表示，包括一个长度可变的头部和一个长度可变的有效 WSM 数据，其中各个字段的定义如下。

版本　该版本包含了一个预留给 WSMP 未来使用的字节及一个说明 WSMP 版本号的字节。为了符合现行标准，版本号的值为 2。只有当新的版本与之前的版本完全不兼容时才会进行版本修订。当设备接收到 WSMP 数据报中带有它不支持的修订版本时，就会丢弃这个数据包。

PSID　它的值用来决定 WSM 合适的高层目的地址，详见 2.2.2 节。

WSMP 首部扩展字段　此扩展字段中包含三部分信息：信道标号、数据传输速率以及发送功率级别，具体内容如下。

1）信道编号：长度为 1 字节，可选字段，表示 WSM 发送时所用的信道。
2）数据传输速率：长度为 1 字节，可选字段，表示包含了 WSM 的帧的传输速率，其格式由 IEEE 802.11 定义。数据速率等于 500 kbit/s 乘上这个字段的低 7 位所代表的整数。
3）发送功率级别：长度为 1 字节，是一个有符号数，其范围为 $-128 \sim +127$ dBm，表明天线输出端口的功率。

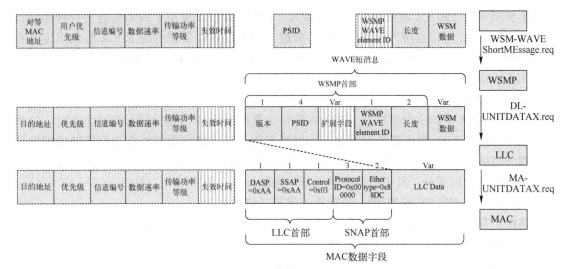

图 3-19　WSAM 数据报构建

WSMP 中的 WAVE 元素 ID　长度为 1 字节，强制字段，表明了 WAVE 短消息的类型。

WSM 长度　长度为 2 字节，其中 4 位用于保留以便将来 WSMP 使用，剩余的位则用来表明紧接着的 WSM 数据字段的长度。

WSM 数据　WSM 的有效载荷，由更高层提供。

3.4　多信道操作：IEEE 1609.4

IEEE 1609.4 的目标是为了在不需要物理层参数的情况下，通过有效的机制使上层数据能在多信道之间进行传输，并描述了多个信道路由的运行以及不同策略之间的切换，主要用于 WAVE 设备中 IEEE 802.11 规定的无线接入。简单来说，就是使设备在切换时能够发现对方，比如说在同一时间侦听同一信道时，不同的设备之间能够相互通信。

3.4.1　概述

此标准描述了多信道射频操作、WAVE 模式、媒体访问控制层、物理层、控制信道和服务信道等内容，制定了支持 WAVE 设备间多信道无线连接的 MAC 子层功能和服务。WAVE 能够同时支持 IP 和非 IP 数据传输，其中非 IP 数据传输则是基于在 IEEE 1609.3 中 WAVE 短消息协议的支持。在此 1609.4 中有一个信道协调的概念，它是一个增强的 IEEE 802.11 MAC 集合，并与 IEEE 802.2 LLC 和 802.11 PHY[12] 相互作用，而在 MAC 和 PHY 层的概念中也包括管理实体，也叫 MAC 子层管理实体和 PHY 管理实体（Physical Layer Management Entity，PLME）。这些管理实体通过调用层管理功能来提供层管理服务接口。各种不同实体之间的交互也都是 SAP 交换服务原语。

该标准提供的服务主要用来管理信道协调和支持 MAC 服务数据单元（MAC Service Data Unit，MSDU），其中 MLME 管理服务和数据服务的具体内容如下[15]。

1. MLME 数据平面服务

1）信道协调：MAC 子层协调信道间隔，将数据报文在正确的时间、合适的射频信道上发送出去。

2）信道路由：MAC 子层处理来源于高层和发送至高层的数据，同时包括从 LLC 到指定信道之间的数据包路径，以及为 WAVE 传输设定的参数（如发射功率）。

3）用户优先级：WAVE 根据在 IEEE Std 802.11 中定义的 8 种优先级来支持各种安全和非安全的应用。用户优先级（UP）和相关访问类别（AC）的使用则保证了采用 EDCA 的服务质量。

2. MLME 管理平面服务

1）多信道同步：MLME 使用来源于本地和通过空口接收的信息，通过调整正在进行通信的 WAVE 设备之间的信道间隔以完成同步功能。MLME 能够生成定时公告（TA）帧来分配系统的时间信息并监控 TA 帧的接收。

2）信道访问：MLME 在接收来源于 WME 通信请求的情况下能够控制特定无线信道的访问。

3）供应商具体行动框架：MLME 接收 VSA 帧并把它传送到 WAVE 管理实体；MLME 也能够在 WME 的请求下生成传输用的 VSA 帧。

4）其他 IEEE 802.11 服务：MLME 能够访问 IEEE 802.11 服务，这样就能够调用每个信道。

5）MIB 维护：MLME 对包含配置和状态信息的管理信息库（MIB）进行维护。

6）地址改变：MLME 在假名的支持下允许设备改变地址。

3.4.2 数据平面服务

一个 WAVE 多信道 MAC 的内部结构如图 3-20 所示，该结构可以用来表示以下发送操作：信道路由、数据队列、优先级和信道协调。图中有两个 IEEE 802.11 p 定义的 MAC 实体：一个用于 CCH，一个用于 SCH。数据根据访问类别进行优化，如图中队列所显示的那样，对不同优先级的数据帧提供不同的内容和发送参数。

在 WAVE 中有三种不同类型的信息交换：管理帧、数据帧和控制帧。WAVE 利用管理帧进入 MAC 层的数据平面，管理帧主要包括 TA 帧和 VSA 帧，TA 帧用于发布时间同步信息，VSA 帧用于交换管理信息，如 WAVE 服务公告，这两种帧可以在任何信道上进行传输。WAVE 系统同时支持 WAVE 短消息协议和 IPv6 协议，包含 WSM 的数据帧可以在 CCH 或 SCH 上传输，但是包含 IP 数据包的数据帧只能在 SCH 上传输。

1. 信道协调

信道协调用于支持数据交换，涉及一个或者多个切换设备同时改变在 CCH 或者 SCH 上的操作。例如，允许一个单一物理信道设备在 CCH 间隔访问高优先级数据和管理业务，在 SCH 间隔访问一般的数据业务。信道在持续接入时不需要信道协调，但在交换接入时需要信道协调。信道协调功能保证了数据报文在想要的射频信道上发送出去。

同步间隔包括 CCH 间隔和 SCH 间隔，如图 3-21 所示，这两个间隔的值都为 50 ms。CCH 和 SCH 的间隔值都存储在管理信息数据库的属性中，两个属性值之和等于同步间隔的长度值。世界标准时间（Coordinated Universal Time，UTC）定义了 WAVE 信道协调的共同时间基准，在 1s 中，同步间隔的开始部分应该与 UTC 秒的开始部分对齐。在每一个信道间隔（CCH 间隔或 SCH 间隔）的开始部分是一个保护间隔（4 ms），用来负责不同设备间的无线切换。

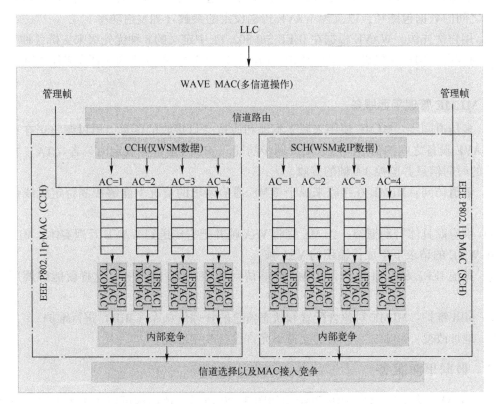

图 3-20　MAC 层信道协调时发射端内部结构参考

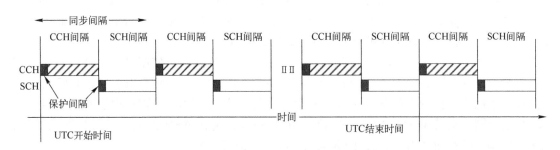

图 3-21　同步间隔、保护间隔、CCH 间隔、SCH 间隔

WAVE 设备应该支持发送或者接收操作，也应该支持下面 IEEE 802.11 帧类型中的至少一种或者多种：定时广播类型的管理帧、供应商特定行为类型的管理帧、WSM 数据帧、IP 数据帧。上述任何帧类型都可以在 CCH 间隔或者 SCH 间隔发送。IP 数据帧不能在 CCH 上发送，但可以在 SCH 上发送，其他帧类型都可以在 CCH 或者 SCH 上发送。

2. 信道路由

设备可用的信道数存储在管理信息数据库属性表中，MAC 层从 LLC 子层接收发送数据。

IP 和 WAVE 短消息数据则通过子网接入协议（SNAP）数据报首部中的以太网类型字段来区分，在接收端，LLC 也使用该字段传递数据到合适的高层协议。对于 WSM，其信道、发射功率以及数据速率都是高层在消息令牌的基础上进行设置的，而 IP 数据报、信道、发射功率以及数据速率都存储在发射机的配置文件中。

根据 IEEE 802.11 传输数据的流程图如图 3-22 所示，MAC 通过 PHY-TXSTART.request 中的 TXVECTOR 的值来控制物理层使用的数据速率和功率等级，同时 MLME 可以防止发射功率超过允许的最大值。整个传输过程如下。

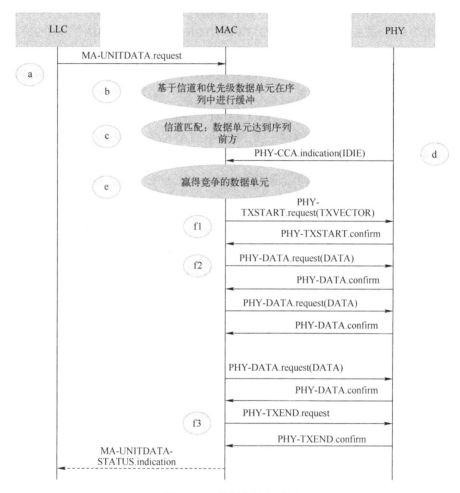

图 3-22 数据传输流程图

（1）LLC 通过 MA-UNITDATA.request 或者 MA-UNITDATAX.request 传输 MSDU 到 MAC。

（2）MAC 信道路由检查 MSDU 的以太网类型字段：

1）如果以太网类型字段指向 WSMP，MAC 基于 MA-UNITDATAX.request 分配 MSDU 到访问类别。MAC 与 MAC 协议中的 MSDU 结合来构建 MAC 协议数据单元（MPDU），并把 MPDU 放到合适的队列中，从而分配访问类别和原语中的信道参数。

2）如果以太网类型字段指向 IP，MAC 基于优先级分配 MSDU 到一个访问类别，MAC 与 MAC 协议中的 MSDU 结合来构建 MAC 协议数据单元（MPDU），并把 MPDU 放到合适的队列中，从而分配访问类别和从发射机配置文件中获得 SCH。

（3）识别与当前信道有关的数据队列的设置

1）如果该帧中包含 WSM，那么就使用接收到的 MA-UNITDATAX. request 中的发射功率和数据速率。

2）如果该帧中包含 IP 数据报，那么就使用存储在 MIB 的发射配置表（Transmitter-profileTable）的发射功率和数据速率。

（4）物理层通过发布 PHY-CCA. indication 向 MAC 报告可用的信道。

（5）MAC 层在当前信道上通过 EDCA 选择赢得内部竞争的 MPDU。

（6）功率等级和数据速率的值都在 TXVECTOR 中设置，在 MAC 和 PHY 之间传输 MPDU 的过程可以分为以下几个步骤：

1）MAC 发布一个 PHY-TXSTART. request 到 PHY，在 PHY 设置好期望的功率等级和数据速率后向 MAC 返回一个确认消息。

2）数据通过 MAC 发布的一系列 PHY-DATA. request（DATA）原语来完成 MAC 和 PHY 之间的数据交换，然后 PHY 返回一个 PHY-DATA. confirm 消息。

3）在 MPDU 的最后一个字节传输结束后，MAC 通过 PHY-TXEND. request 来终止传输。

（7）如果 MPDU 的传输在当前信道间隔时间结束时没有完成，那么 MAC 将通过 PHY-TXEND. request 来取消传输。

3. 部分数据路径

（1）数据帧接收

当 MAC 接收到 MPDU 时，MAC 层会提取出 MPDU 并将其传递到 LLC。如果在信道切换过程中，PHY 正在接收数据帧，那么就会引起接收中断，相应未完成接收的数据帧则会被 MAC 丢弃。

（2）WSMP 数据路径

通过设置与 WSMP 数据报相关的 MA-UNITDATA. request 原语中的优先级、信道标识符、发射功率等级和数据速率，使上层能够控制每个数据报的物理发射参数。当 WSMP 数据从 LLC 传递到 MAC 时，MAC 会根据信道标识符和优先级把数据包传输到合适的队列。如果信道标识符无效，那么数据将不会放置到发送队列。

（3）IP 数据报路径

发送 IP 数据报需要在 MIB 属性中注册发送配置文件，这个配置文件包括 SCH 编号、功率等级以及功率等级的自适应性和数据速率，而每个 MSDU 的优先级则由上层进行设置。当 IP 数据包从 LLC 传输到 MAC 时，MAC 会根据 SCH 和请求的优先级把数据包发送到数据队列。如果没有 SCH 的发射配置文件，或者 MLME 没有提供到 SCH 的访问，那么数据就会被丢弃。

（4）管理数据路径

管理信息的组织标识符为 0x 00 50 C2 4A 4 时，那么就发送接收的这个管理信息。管理帧的发送则是由 MIB 属性中的信道设置表（ChannelSetTable）的数据速率和功率参数。

4. 用户优先级

WAVE 系统的 MAC 使用 IEEE 802.11 标准定义的 EDCA。选择信道路径时，MAC 会根据用户优先级（范围0~7）、访问类别（范围1~4）和访问类别指数（范围0~3）对数据进行排队，这些映射在 IEEE Std 802.11 中都有详细的描述。同时根据 802.11 指定管理帧为最高访问类别（4 或 AC_VO）。服务提供者通过广播机制公告 SCH 的 EDCA 参数。

每一个访问类别都有独立的信道接入功能，而且通过合适的 EDCA 参数来管理优先级访问，这些参数如下：仲裁帧间隔、竞争窗口（Contention Window，CW）和传输机会限制（Transmission Opportunity，TXOP）。根据 IEEE 802.11 标准定义的内部竞争算法，需要分别对每一个访问类别（AC）计算其回退时间。拥有最小回退时间的 AC 赢得内部竞争，然后对外部无线媒体再进行外部竞争。

为了实现 WSMP 的传输，对 IEEE 802.11 标准定义的默认的 EDCA 参数进行优化。在控制信道上进行操作时，推荐使用该参数；在服务信道上时，则没有限制，IP 数据报、WAVE 短消息数据报和管理数据报都可以在服务信道上传输。

3.4.3 控制平面服务

此部分主要讲述 MAC 子层管理实体的扩展功能，包括用于支持信道协调功能的时间同步和信道接入，以及周期性发送管理帧。

1. 多信道同步

同步功能允许 WAVE 设备实施信道协调功能，没有本地定时源的设备可以采用无线的方式从其他 WAVE 设备获得定时信息。无线同步过程会利用定时广播帧的时间戳字段和时间公告信息元素作为评估 UTC 时间的输入，其中时间戳字段表明发送者定时同步功能（Timer Synchronization Function，TSF）定时器的值，这个值是一个以 264 为模的整数，以微秒为单位增加，时间公告信息则提供了发送者 TSF 定时器与精确 UTC 时间之间的偏差。

对于在信道间隔边界进行信道转换的 WAVE 设备而言，同步到 UTC 是强制性的。同步使用的定时信息可以通过定时管理功能从接收到的无线信息处获得或者从本地参考时间处获得。同步功能使用 UTC 作为公共时间基准，UTC 可以通过很多方式获得，如全球定位系统（Global Positioning System，GPS），稍微复杂点的则是使用时间公告信息元素来更新 UTC 时间的内部估计量。MLME 对信道协调使用的评估 UTC 时间进行维护，而来源于这个评估 UTC 时间的定时管理功能对于 MLME 来说既可以是外部的也可以是内部的。对于一个外部的定时管理功能而言，可以通过 MLMEX-SETUTCTIME.request 原语来设置 MLME 的评估 UTC。

（1）定时信息

时间公告信息元素是指一个定时广播帧携带并包含接收者用以估计 UTC 的信息。该单元具有一个定时功能子字段、一个时间值字段和一个在 IEEE 802.11 标准中规定的时间误差字段。定时广播帧的接收者可以使用该定时广播帧的时间戳、时间值和时间误差子字段，在任何时间获取当地 TSF 提供的估计 UTC。当一个设备发送的 TA 帧中没有有效的时间估计时，时间值设置为 0，时间误差则设置成它的最大值。

（2）同步容错

每一个 CCH 和 SCH 间隔都包含一个初始保护间隔，该保护间隔等于 MIB 系统参数中的同步公差值加上最大信道切换时间值。同步公差值除以 2 得到的结果用来决定设备是否与 UTC 同步，最大信道切换时间是在多信道上运行的 WAVE 设备所允许同步的最大时间。

在保护间隔内，切换中的设备可能无法通信，因为切换中的物理信道处于一种信道间的过渡状态。对于在信道间隔边界切换信道的设备来说，在保护间隔开始部分，之前信道的 MAC 活动会停止；在保护间隔的结束部分，下一个信道的优先级访问活动将开始或者继续之前暂停的活动。为了防止在保护间隔结束时多个设备同时尝试发送，应显示媒介繁忙，那么所有的传输尝试都会在信道间隔开始时进行随机退避。

图 3-23 表示了保护间隔的组件，其中最大信道切换时间表明当前切换设备的无线电处于不可用的状态，无法进行接收或者发送；同步容错/2 则表明通信设备的时间可能不精确同步，并且第二个设备会在第一个设备保护间隔的任一时间进行切换，但仍处于第一设备的保护间隔内。对于一个切换信道的设备，接收操作可以在设备支持的时候实施，但发送操作只能在保护间隔之外实施。

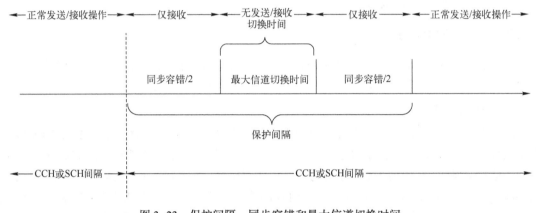

图 3-23 保护间隔、同步容错和最大信道切换时间

（3）发送/接收定时广播

发送与接收定时广播是可选的，在收到 MLMEX-TA 请求时，MLME 通过在 MLMEX-TA.request 中包含的重复率所表示的速率开始产生 MLME-TIMING_ADVERTISEMENT.request 原语。定时广播帧在信道上以及 MLMEX-TA.request 中表明的信道间隔中进行传输。接收方在接收到 MLME-TIMING_ADVERTISEMENT.request 时，MLME 产生一个 MLMEX.indication 原语，它的参数则设置成接收的 MLME-TIMING_ADVERTISEMENT.indication 中的值。同时 MLME 通过信道标识符表明在哪个信道上接收帧。

2. 信道接入

MLME 在 WME 的控制下提供特定的无线信道接入，无线信道接入分为持续接入（Continuous Access）、交替 SCH 和 CCH 接入（alternating SCH and CCH access）、即时 SCH 接入（immediate SCH access）和扩展 SCH 接入（extended SCH access），如图 3-11 所示。服务信道接入允许高层在指定的服务信道上交换数据。在 SCH 和 CCH 之间的协作，最理想的情况是每个车载无线设备都能够同时在各个物理信道进行安全消息和非安全消息的收发，但是这种情况目前是不可行的。在未来的很长一段时间内，部分的车载无线通信设备仍是单物理层设备，每个设备在某一时刻只能工作于每一个信道，因此必须通过信道切换来实现在不同信道上的收发。在此协议中根据这种情况规定了 4 种信道切换与协作模式，以使信道协作更加具有灵活性和环境适应性。

(1) 持续接入模式

在这种模式下，通信设备将一直工作于控制信道上，传送和接收 WAVE 消息是该设备在此模式下的唯一任务。这种模式最大程度上保证了 WAVE 消息的及时传递，尽最大可能保证了交通安全。但是从无线资源的利用率及实际的交通需求来说，这种模式并没有实现对无线资源的充分利用，是资源分配不合理的一种表现。

(2) 交替 SCH 和 CCH 接入模式

这种模式下，每一个 100 ms 的帧都由 CCH 和 SCH 共同平均占有，各持续 50 ms，二者都以 50 ms 为间隔执行无条件的切换，每个信道占有的时间长度及切换的时间点都是固定的，因此这种机制实现起来相对比较容易，但是由于信道切换的时间点是固定的，这就使得对于具体环境与具体应用的适应性较差。具体的切换过程如图 3-24 所示，在 CCH 间隔开始时，MLME 发送 PLME-SET 请求并把 dot11CurrentFrequency 设置为信道编号，这个信道编号由 MIB 属性表—信道设置表决定；同样，在 SCH 间隔开始时，MLME 发送 PLME-SET 请求并把 dot11CurrentFrequency 设置为信道编号，这个信道编号则来源于 MLMEX-SCHSTART 请求。

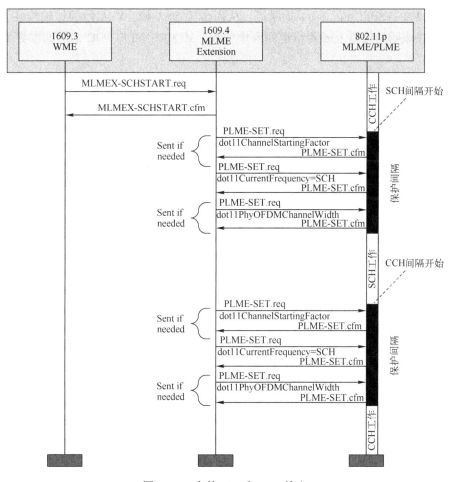

图 3-24 交替 SCH 和 CCH 接入

（3）即时 SCH 接入模式

该模式在交替 SCH 和 CCH 接入模式的基础上，当 CCH 出现空闲时，无线设备就可以将工作频段切换到 SCH 进行一些数量比较大的非安全相关消息的传送，无须等待下一个 SCH 间隔。当下一个同步周期到来的时候，再无条件切换到 CCH 上。

（4）扩展 SCH 接入模式

该模式允许 SCH 占用多个 50 ms 而不必切换到 CCH。在请求原语方面，除非接收到一个新的 MLMEX-SCHSTART.request 或 MLMEX-SCHEND.request，不然对于一个扩展接入的信道间隔，MLME 无须发送任何的 PLME-SET.，在此模式结束后，MLME 返回到持续或者交替的服务信道接入。

3. 其他管理平面知识

对于管理平面来说，除了多信道同步和信道接入外，还有其他需要了解的知识，如供应商具体行动帧（VSA）、MIB 维护、再编址等，在这里将对它们进行详细介绍。

（1）供应商具体行动帧（VSA）

VSA 的传输与接收都是可选的。在收到 MLMEX-VSA.request 后会导致 IEEE 1609.4 中的 MLME 生成 LME-VSPECIFIC.request 原语，从而传输 VSA 帧，VSA 帧的传输应在 MLMEX-VSA.request 中表明的信道上或者信道间隔中完成。MLME-VSPECIFIC 请求的参数如表 3-13 所示。

表 3-13　MLME-VSPECIFIC 请求参数

参　　数	值
PeerMacAddress	根据 MLMEX-VSA.request 设置目的 MAC 地址
Organization Identifier	参考表下面的说明
Vendor Specific Content	根据 MLMEX-VSA.request 设置供应商具体内容字段

组织标识符（Organization Identifier）根据 MLMEX-VSA.request 中的组织标识符进行设置。如果存在的话，那么组织标识符就设置成 0x 00 50 C2 4A 4z，其中 0x 00 50 C2 4 表明 IEEE 1609，z 表示来自 MLMEX-VSA 请求中 4 bit 的管理 ID。

（2）MIB 维护

在一个管理的 WAVE 设备中，MLME 对 MIB 进行维护，这个 MIB 包含规定的配置和状态信息。通过在 IEEE 802.11 标准中规定的 MLME-Get 和 MLME-Set 原语，MIB 可以访问高层。此外，该设备还可支持其他 MIBs（如包含供应商特定信息的 MIB）。

（3）再编址

为了支持假名，设备支持再编址功能。在收到一个 MLMEX-AddressChange.request 后，MLME 就将重置设备的 MAC 地址。如果这个请求中包含了 MAC 地址，那么新地址就是这个 MAC 地址；如果没有，就随机选择一个地址使用。注意地址的变化可能中断任何正在进行的通信。

3.4.4　服务原语

在 3.3 节中我们对 WAVE 信息传输中各个 SAP 的请求原语做了简单介绍，包括 WSMP、

WME 以及 WAVE LSAP 等，这一节我们将重点讲述在信道同步与切换过程中涉及的原语。本节涉及的原语如表 3-14 所示，其中每一个原语都包括三种语句：请求、确认与表明。由于篇幅有限，在此只对其中部分进行详细介绍，有兴趣了解更多的读者可以查阅 IEEE Std 1609.4 标准。

表 3-14 服务原语概述

SAP	原 语	指 定 标 准
MLME extension	MLME-TA	IEEE Std 1609.4
	MLMEX-TAEND	IEEE Std 1609.4
	MLMEX-VSA	IEEE Std 1609.4
	MLMEX-VSAEND	IEEE Std 1609.4
	MLMEX-SCHSTART	IEEE Std 1609.4
	MLMEX-SCHEND	IEEE Std 1609.4
	MLMEX-REGISTERTXPROFILE	IEEE Std 1609.4
	MLMEX-DELETETXPROFILE	IEEE Std 1609.4
	MLMEX-CANCELTX	IEEE Std 1609.4
	MLMEX-GETUTCTIME	IEEE Std 1609.4
	MLMEX-AddressChange	IEEE Std 1609.4
	MLMEX-SendPrimitive	IEEE Std 1609.4
MLME	MLME-GET	IEEE Std 802.11
	MLME-SET	IEEE Std 802.11
	MLME-VSPECIFIC	IEEE Std 802.11
	MLME-TIMING_ADVERTISEMENT	IEEE Std 802.11p
	MLME-GETTSFTIME	IEEE Std 802.11p
PLME	All	IEEE Std 802.11
MAC	MA-UNITDATA	IEEE Std 802.11
	MA-UNITDATAX	IEEE Std 1609.4
PHY	All	IEEE Std 802.11

1. WAVE MLME 扩展的服务访问点

在 IEEE 802.11 和 IEEE 802.11p 中附加的 MLME 原语主要用于管理操作。当需要一种机制来区分多个正在进行的服务时（比如结束多个激活的信道接入服务中的一个时），原语只是隐晦地表明如何进行区分，但具体的细节还是由实施者完成，比如可以通过一个索引参数来区分多个服务。此部分原语包括 WAVE 时间公告、供应商具体行动框架、WAVE 服务信道访问、发射机配置文件、取消传输、UTC 时间、地址变更以及 IEEE 802.11 MLME 原语系列，此处只对其中前三种进行详细介绍。

（1）WAVE 时间公告

时间公告原语主要用于控制时间公告的发送和传递，包含 MLMEX-TA 和 MLMEX-TAEND 两种原语，这里只对第一种进行介绍。

1）MLMEX-TA.request

此原语在初始化定时信息传输时产生,主要用于请求 MLME 开始发送时间公告,而 MLME 接收到原语后,开始安排定时信息的发送,详细参数如表 3-15 所示。

表 3-15 MLMEX-TA.request 详细参数表

名称	类型	有效范围	描述
Destination MAC Address	MAC 地址	任何有效 MAC 地址	TA 的目的 MAC 地址
Repeat Rate	整型	0~255	每 5 s 传输的 TA 帧数量。0 表明只发送一条消息
Channel Identifier	整型	0~200	TA 帧在哪个信道（CCH 或 SCH）上进行传输
Channel Interval	枚举型	SCH 间隔 CCH 间隔 二者都有	表明传输发生在哪个信道间隔上
TimingAdvertisementContents		可选项。它包括构建 MLME-TIMING_ADVERTISE MENT.request 所需要的信息,包括部分或者以下内容的全部:性能信息、时间公告、国家、功率限制、扩展功能以及供应商具体信息	

2）MEX-TA.confirm

此原语用于 MLME 在应答 MLMEX-TA.request 时产生,主要用于报告并标明 MLMEX-TA.request 的结果,详细参数如表 3-16 所示。

表 3-16 MEX-TA.confirm 详细参数表

名称	类型	有效范围	描述
ResultCode	枚举型	成功 未同步 无效参数 未知错误	报告 MMEX-TA.request 的返回结果

3）MLMEX-TA.indication

当接收到 TA 帧时,MLME 产生这个原语,标明接收到 TA 帧。当接收者接收到这个原语时,它将开始处理相应的信息,详细参数如表 3-17 所示。

表 3-17 MLMEX-TA.indication 详细参数表

名称	类型	有效范围	描述
Timestamp	整型	N/A	接收帧的时间戳,在 IEEE Std 802.11p 中有详细描述
Local Time	整型	N/A	根据 IEEE Std 802.11p,它表示开始接收 TA 帧中时间戳字段第一个字节时 TSF 定时器的值
RCPI	整型	0~255	根据 IEEE Std 802.11k,RCPI 是接收到的 WAVE 管理帧中测量到的功率值
Source MAC address	MAC 地址	IEEE Std 802.11 中有详细规定	接收 TA 帧的 MAC 实体地址

(续)

名称	类型	有效范围	描述
Channel Identifier	整型	0~200	TA 帧在哪个信道（CCH 或 SCH）上进行接收
TimingAdvertisementContents			可选项。它包括构建 MLME-TIMING_ADVERTISE MENT.request 所需要的信息，包括部分或者以下内容的全部：性能信息、时间公告、国家、功率限制、扩展功能以及供应商具体信息

（2）供应商具体行动帧

VSA 原语用于支持 WAVE 设备间的管理数据传输，包括 MLMEX-VSA 和 MLMEX-VSAEND，同样这里对第一个进行详细介绍。

1）MLMEX-VSA.request

当开始传输 VSA 帧时便生成这个请求，请求 MLME 开始传输 VSAs。当收到这个请求时，MLME 便开始安排 VSA 帧的传输，详细参数如表 3-18 所示。

表 3-18 MLMEX-VSA.request 详细参数表

名称	类型	有效范围	描述
Destination MAC Address	MAC 地址	任何有效 MAC 地址	VSA 的目的 MAC 地址
Management ID	整型	0~15	当数据来源是 IEEE 1609 的实体时，识别出这个来源，它的值在 IEEE P1609.0 中有详细规定
Organization Identifier	IEEE Std 802.11p 中定义	IEEE Std 802.11p 中定义	当数据来源不是 IEEE 1609 的实体时，识别出这个来源，可以参考 IEEE Std 802.11p
Vendor Specific Content	字符串	未定义	作为供应商具体内容的信息。
Repeat Rate	整型	0~255	每 5s 传输的 VSA 帧数量。0 表明只发送一条消息。如果目的 MAC 地址无效，那么此项可忽略
Channel Identifier	整型	0~200	在哪个信道上进行传输
Channel Interval	枚举型	SCH 间隔 CCH 间隔 二者都有	表明传输发生在哪个信道间隔上

2）MLMEX-VSA.confirm

当 MLME 对 MLMEX-VSA.request 回应时生成此原语，报告 MLMEX-VSA.request 的结果，详细参数如表 3-19 所示。

表 3-19 MLMEX-VSA.confirm 详细参数表

名称	类型	有效范围	描述
ResultCode	枚举型	成功 未同步 无效参数 未知错误	报告 MMEX-VSA 请求的返回结果

3) MLMEX-VSA. indication

当接收到一个 VSA 时，MLME 会生成这个原语，表明已经接收到 VSA 帧，之后 WME 将会采取行动，详细参数如表 3-20 所示。

表 3-20 MLMEX-VSA. indication 详细参数表

名称	类型	有效范围	描述
Source MAC Address	MAC 地址	IEEE std 802.11 有详细规定	接收管理帧的 MAC 实体地址
Management ID	整型	0~15	识别数据的来源，它的值在 IEEE P1609.0 中规定
Vendor Specific Content	字符串	未定义	VSA 帧的数据内容
Channel Identifier	整型	0~200	在哪个信道上进行接收
RCPI	整型	0~255	根据 IEEE Std 802.11 k，RCPI 是接收到的 WAVE 管理帧中测量到的功率值

(3) WAVW 服务信道访问

这种原语主要用于指引 MLME 分配相应的无线资源给指定的服务信道，包括 MLMEX-SCHSTART 和 MLMEX-SCHEND 两种，这里对 MLMEX-SCHSTART 进行详细介绍。

1) MLMEX-SCHSTART. request

这个原语用于请求 MLME 提供指定信道的接入，当接收到这个原语时，MLME 便开始提供请求的信道接入，详细参数如表 3-21 所示。

表 3-21 MLMEX-SCHSTART. request 详细参数表

名称	类型	有效范围	描述
Channel Identifier	整型	0~200	通信可用的 SCH
OperationalRateSet	整数集	0~127	如果存在，就如 IEEE Std 802.11 中所规定
EDCAParameterSet	IEEE Std 802.11p 中定义	IEEE Std 802.11p 中定义	如果存在，就如 IEEE Std 802.11 中所规定
ImmediateAccess	布尔型	true 或者 false	表明 MLME 应该提供即时接入 SCH 还是等待下一个 SCH 间隔
ExtendedAccess	整型	0~255	表明 MLME 应为扩展接入控制信道间隔提供持续接入（在 SCH 和 CCH 间隔）SCH

2) MLMEX-SCHSTART. confirm

此原语表明 MLMEX-SCHSTART. request 的结果，之后 WME 将会采取行动，详细参数如表 3-22 所示。

表 3-22 MLMEX-SCHSTART. confirm 详细参数表

名称	类型	有效范围	描述
ResultCode	枚举型	成功 部分成功-无扩展接入 部分成功-无即时接入 部分成功-无扩展或即时接入 未同步 无效参数 未知错误	报告 MMEX-SCHSTART-. request 请求的返回结果

2. WAVE MAC SAP

除了附加在 MA-UNITDATA.request 的参数外，WAVE MAC SAP 和 IEEE 802.11 MAC SAP 是基本相同的，这些参数位于接下来详细描述的 MA-UNITDATAX 中，并允许高层来控制 WSMP 数据的传输特性。

（1）MA-UNITDATAX.request

当一个 WSMP MSDU 被传送到对等的 LLC 子层实体时，LLC 子层实体将会生成此原语，主要用于请求从本地 LLC 子层传输 MSDU 到一个对等的 LLC 子层实体，或者在多播时传输到多个对等的 LLC 子层实体。

当接收到这个原语后，MAC 子层根据请求参数判断该请求是否可以完成。不能实现的请求将被抛弃，并用 MA-UNITDATAX.confirm 描述无法实现的原因。若可以完成请求，MAC 子层实体添加所有 MAC 指定的字段，传递正确格式的 MAC 帧到底层来实现到对等 MAC 子层实体的传输，同时使用 MA-UNITDATAX.confirm 原语告知 LLC 子层实体传递成功，其参数如下：

```
MA-UNITDATAX.request (
            source address,
            destination address,
            routing information,
            data
            priority,
            service class,
            Channel Identifier,
            Data Rate,
            TxPwr_Level,
            ExpiryTime
            )
```

（2）MA-UNITDATAX.confirm

此原语从 MAC 子层实体传递到 LLC 子层实体来表示 MA-UNITDATAX.request 的应答状态，其参数如下：

```
MA-UNITDATAX.confirm (
            source address,
            destination address,
            transmission status,
            provided priority,
            provided service class
            )
```

3.5 资源管理：IEEE 1609.1

在此标准中规定了 WAVE 专用短距离通信应用程序，称为 WAVE 资源管理器（RM），它位于应用层，通信目的是进行信息交互，并实现远程 WAVE/DSRC 应用程序的需求。WAVE 中有两种类型的无线接入设备，第一种设备为路边单元，运行时是固定的，通常永久性的安装在路旁；第二种设备为车载单元，运行时可以移动，通常安装在车上。一般情况下，固定设备安装一个应用程序来提供一项服务，移动设备则安装一个对等的应用程序使用此服务，当然也有应用程序安装在远离路边单元的设备上，其目的是向车载单元提供服务。

在该标准中还定义了资源管理器（RM）和资源命令处理器（Resource Command Processor，RCP），资源管理器属于 WAVE 应用程序，并位于路侧单元，而资源命令处理器则是作为资源管理器的对等实体，位于车载单元。资源管理应用程序（RMA）指远离路边单元的其他应用程序，并通过 RM 和 RCP 进行通信。通信的目的是为了向 RAM 提供访问资源的机会，这些资源包括内存、用户界面和其他由 RCP 控制的车载设备接口。

同时，RM 使用了一个概念：所有的通信由一个被称为"提供者"的实体发起，提供者向被称为"用户"的实体发送请求，用户对接收到的请求进行应答。在这个标准中，RM 是服务的提供者，可以把它作为 RMA 的代表；RCP 是服务的使用者，可以把它作为被管理资源的代表。但无论是路边单元还是车载单元，都可以作为提供者来运行，即任何一种设备都可以安装资源管理器。因此，无论是路边单元还是车载单元，只要安装了 RM 就可以称之为"供应者设备"。本节主要对 WAVE 系统中的 OBU 资源、RM 的服务与界面等进行详细的介绍和说明。

3.5.1　体系架构与通信流程

1. 体系架构

对于该标准中描述的特定 WAVE 应用程序来说，它由资源管理器、合作者、资源命令处理器和一个资源管理应用程序组成，其中，资源命令处理器向远程实体提供服务。RM（或供应者）把从 RMA 收到的命令中继给 RCP（或用户），RCP 依次执行它收到的命令并且通过 RM 返回响应给 RMA，由于 RCP 位于 OBU 上，那么 RM 可以运行在 RSU 或者 OBU 上。

一般来说，RMA 通过一个安全的有线网络与一个或者多个 RM 通信，但一个 RM 与 RCP 可通过一个不安全的无线进行通信。RM 可以与多个 RMA 进行多路通信会话，从而使每个 RMA 都能够与 RCP 进行端到端的通信。

该标准与 OBU 上的资源管理有关，主要包括以下这些，但又不仅限于这些：读/写内存；作为 OBU 一部分的用户界面；其他车载设备的专用接口；OBU 上可选的车辆安全设备接口。同时该标准还指定了各种功能与服务：RM 向 RMA 提供的服务；如何利用 IEEE 1609.3 提供的服务向 OBU 广播 RM 和 RMS 的出现；RCP 如何识别和响应 RM 以及每个和它相关的 RMA 从而完成应用程序进程或者事务；OBU 上基于内存的资源管理如何存储和检索信息，并控制 OBU 用户接口和其他设备接口；管理这些资源的命令集在一个安全的 WAVE 无线射频连接上如何使这些命令以及它们的响应在 RAM、RM 和 RCP 之间交互；使用特定的读/写内存资源的方式允许 OBU 数据转移到其他设备接口。

2. 数据结构以及传输和管理

通过 RF 连接在 RM 和 RCP 之间进行交换的数据被封装成信息数据包，并在 RMA 和 RM 之间进行传输，这些信息数据包称为应用程序协议数据单元（APDU）。在 RSU 或者 OBU 协议栈之间交换的数据则称为应用服务数据单元（ASDU）。

PDU 是在通信媒介中双向传输的数据，并且这种传输是可见的，完成这种可见的、开放的传输需要实施者构建具有特定结构的 PDU。这种特定结构采取 ASN.1 编码，并通过压缩编码规则、对齐等将定义的 ASN.1 结构转换成传输格式，通常使用的 ASN.1 结构如下所示：

```
<ComponentStructureType>::= SEQUENCE
{
        <descriptive-tag1><SubComponentStructureType1>,
        <descriptive-tag2><SubComponentStructureType2>,
        etc.
}
```

SDU 则主要描述了在同一设备中一个协议层提供给另一个协议层的服务参数。一般 SDU 通过软件机制来实施，如函数调用等，其信息的传输也是经过软件接口（即 SAP）来完成。就其本身而言，SDU 是不可见的，但数据字段可以在内层进行自定义传输。为了和 PDU 进行区别，SDU 采用了下面这种格式（非 ASN.1）：

```
<SDU-NAME<.request>|<.confirmation>|<.indication>|<.response>>
( <ASN.1 parameter1-type><parameter1-name>,
<ASN.1 parameter2-type><parameter2-name>,
etc.
)
```

服务一般有 4 种基本形式：请求、指示、响应和确认，这些服务形式可以用在确认模式、未确认模式或者本地确认模式中。对于基本端到端的应用数据传输流程有两种方式，在 RMA 和 RCP 之间建立数据传输的过程则如图 3-25 所示。

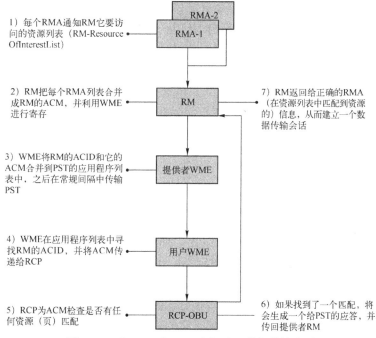

图 3-25 在 RMA 和 RCP 之间建立数据传输会话

3.5.2 OBU 资源

1. 内存

所有的 OBU 都包含符合本节的定义内存，包括其他额外的资源，如 UI、设备以及网络接口和安全设备等，这些资源都能够被 RCP 中相应的命令控制。符合此标准的 WAVE 设备提供内存，并细分为可寻址的块，这些块则被称之为页，这些页被 RMA 用来存储（写入）和检索（读取）数据，包括以下这几种：存储页（读/写）、内存映射页（如 UI）、传输页（到/来自外部接口）。当一个页作为保存内存命令使用时，根据枚举值 RM-PageType 规定这个页的种类。存储页（0 类）、映射页（1 类）和传输页（2 类）用于应用控制格式或者 RM 信息格式的数据结构，存储插入页（128 类）、映射插入页（129 类）和传输插入页（130 类）则只用于 RM-信息格式的数据结构。

（1）存储页

最常用的页就是应用程序控制的存储页，这种页的也用于 RM 存储和检索数据。通常来说，RMA 系统在保留的特定页中请求生成大量的 OBU，这些 OBU 既可以由制造商用保存内存页命令来生成，也可以在 RMA 系统控制的设施上生成，随后 RMA 用 RM 服务的存储和检索功能使用这个页上的数据，这种数据通过一种 RMA 特定的格式进行存储，而且 RM 和 RCP 都不能对其进行修改。

（2）内存映射页

OBU 能够对此节中提到的 UI 设备进行组合，这些可以访问 RMA 的 UI 设备是否有效在一个指定的数据域中进行描述。可以通过设置用户接口命令来控制这些 UI 设备，从而在一些特殊的页上进行读取/写入数据操作，这些特殊的页被称为内存映射页，它们可以作为与它们相关联 UI 缓冲器。当通过设置用户命令接口转移内存映射页中的数据到相连的 UI 时，会用到写入这些页中的数据。当数据是来自 UI 时，比如说键盘，那么写入到这个页中的数据需要用内存命令来检索，把数据传输到与此页相连接的 RMA 上。

（3）传输页

传输页主要提供车载设备和网络的接口，并连接到 RCP 所控制的特定的外部接口。如果一个授权的 RMA 在这些页写入数据，那么这些数据会被传输到与其相连的接口。传输机制是特定的，存储数据的方式则在设计特定的应用程序时就定义好的。至于把从车载设备或网络接口接收到的数据存储在这些传输页上的方式，则可以用来创建一个 RMA 双工通信通道。

OBU 并不是可以随意访问 RMA 的内存的，它需要具有一些特定的属性：能够进行分区，并在每个分区中都有可寻址的页（RM-Page）；每个区的字节数为 16 位，在 64 kB 以内；每个页的字节数也为 16 位，在 64 kB 以内。如果一些页在单独的区中，那么字节数将会被进一步限制；0 区的 0 页保留，用于自定义，并且无法访问；同时 0 区是强制性的，其他区可以自定义选择；RMA 可以通过离线注册保留强制性分区 0，或者其他能够分配页给特殊用途的分区，这样就保证了每个供应者预分配的 OBU 都能够作为多个 RMA 的专用虚拟设备。如果有内存映射页和传输页的话，那么它们应该具有上述描述的功能。所有的区和页都被一个 16 位的标识符识别。

2. 用户界面（UI）

在 OBU 上，一个必不可少的组成便是用户界面（User Interface，UI），它可以为 OBU 上的设备提供显示、输入、报警等功能，常见的 UI 主要有视觉显示、蜂鸣器、发音器、符号读取装置以及键盘等，同时在 IEEE Std 1609.1 中为未来的修订版本预留了空间。

视觉显示器主要用于显示信息，如彩色的发光二极管，最多有三个，每个都为不同的颜色，常用为红、绿、黄三色；蜂鸣器则用听觉信号来警告用户；发音器用于模拟语音和音乐；蜂鸣器只能开/关固定的音调，但发音器需要事先写入表示的消息相应的内存映射页；字符读取装置用于显示短信息，同样这些信息要事先写入相应的内存映射页中；对于键盘而言，打键次数作为信息并插入相应的内存映射页中，而已授权的应用程序则可以读取这些页进而获取这些数据。

3. 内存资源的数据形式

如果具有互操作性的应用程序之间通过存储和检索数据来共享信息，那么数据的格式和内容就应该通过标准化的信息格式进行定义；如果不要求应用程序之间具有互通性，那么此标准允许任何形式的数据。

在插入消息命令的页的种类中，使用的都是 RM-信息格式。RM-信息格式包括了一个首部和此标准规定的 ASN.1 说明的信息内容（此部分可参考 IEEE Std 1609.1 附录 A）。每个信息的优先级分为 0~3 级，0 是最高级，是最紧急的。如果优先级指定为 4~255 级，那么把它当成第 3 级，优先级的分配是由这项标准之外的注册机制来实施的。

OBU RCP 使用消息的有效字段来移除无效的消息，通过释放之前占用的内存来存储更新的数据，消息的有效字段长度的拓展则参考表 3-23，这个格式指定了消息在接收后从 1 s 到 192 天的有效性。

表 3-23 消息有效期字段

修改值								每个修改值的大小（0~64）的解释
bit 7	6	5	4	3	2	1	0	
0x00		以秒为单位的时间间隔的消息是有效的			1~64 s 0 = 1 s, 63 = 64 s			
0x01		以分钟为单位的时间间隔的消息是有效的			1~64 min 0 = 1 min, 63 = 64 min			
0x02		以小时为单位的时间间隔的消息是有效的			1~64 min 0 = 1 h, 63 = 64 h			
0x03		以 3 天为单位的时间间隔的消息是有效的			3~192 d 0 = 3 d, 63 = 192 d			

如果在请求的页上没有足够的内存来存储新的信息，RCP 会删除最低优先级的最陈旧的信息，直到有足够的空间来存储新信息。如果失败，则会返回"内存不足"给 RMA，准备删除的信息则恢复原有的状态。RCP 不会为了插入一个新信息而删除一个没过期的同等或者更高优先级的信息，它在 RMA 上的职责就是用保留内存页命令为所有预计可能保存在这个页面上信息分配足够的内存。

3.5.3 RM 命令和响应

所有 RM 管理的 UI、安全设备和车载接口都被映射到分区 0 里预留的页面。如果能够正确地使用这些命令在页面上存储和检索信息,那么其对应的资源管理就减少了。在此部分说明的命令中,有些是强制的,有些是可选的,每一条命令都有一个相对应的响应,这些响应包括了 RCP 通知给 RMA 的数值,这些数值表示虽然收到一个可选的命令,但并没有在这个设备中实施。

1. 命令格式

每个命令包含了 4 个字段,如表 3-24 所示。命令主要包括读取内存、写入内存、插入信息、设置用户界面、睡眠事务、保留内存页面、释放内存、保留分区、释放分区等 9 种命令,所有命令和命令字段都会先传输最高有效字节和字节中的最高有效比特(MSB)。

表 3-24 命令字段

bit 7 (MSB)	6	5	4	3	2	1	0
保留 1 bit	命令标识符 7 bit							
无响应指示 1 bit	命令事务标识符 7 bit						
命令参数长度 2 字节(规定了参数字段遵循的总长度字节)							
命令参数(包括各种参数)长度可变——基于命令参数长度字段中的值							

基于上述结构,将命令串联在一起就成为一个命令序列,一个单独的命令在传输时要当成包含一个命令的命令序列来传输,在处理这些命令时要按照序列的顺序依次处理每个命令并做出响应,命令序列的格式如表 3-25 所示。

表 3-25 命令序列

命令编号(1 字节)	$N = 255$
命令 1	保留字节
	命令 1 标识符
	无响应指示标识符
	命令 1 事务标识符
	命令 1 参数长度
	命令 1 参数
命令 2	保留字节
	命令 2 标识符
	无响应指示标识符
	命令 2 事务标识符
	命令 2 参数长度
	命令 2 参数
N 个命令重复	……

(1)命令标识符

长为 7 bit,标识了将要执行的命令,表 3-26 中的编码命令标识符识别命令标识符。

表 3-26 命令标识符

命令标识符	命令名称	实现需求及用途
hex(00)	保留	保留以待将来分配
hex(01..0F)	用于新命令	保留以待将来分配
hex(10)	读取内存	强制性、用于检索之前存储在内存上的数据
hex(11)	写入内存	在读/写入内存时为强制性的、用于存储数据到内存上
hex(12)	插入信息	在读/写入内存时为强制性的、用于在优先序列中插入信息到支持信息插入的页上的表中
hex(13..1F)	保留	保留以待将来分配
hex(20)	设置用户接口	UI 存在时为强制性的、用于控制 UI 的行为
hex(21..2F)	保留	保留以待将来分配
hex(30)	睡眠事务	强制性、用于向 RCP 发送事务暂停或结束的信号
hex(31..3F)	保留	
hex(40)	保留内存	在读/写入内存时为强制性的、用于在特定的区上创造新的内存页
hex(41)	释放内存	在保留内存命令使用时为强制性的、用于删除内存页并释放其内存
hex(42)	保留	
hex(43)	保留分区	可选、在 OBU 上创建新的区，分区 0 是强制性的并且是预先分配好的
hex(44)	释放分区	在保留分区命令使用时为强制性的、用于删除分区并释放其内存
hex(45..6F)	保留	
hex(70..7F)	制造商特定测试	可选、不能用于部署在这个字段中的生产单元

（2）无响应指示符

字段大小为 1 bit，当为 0 时，向 RCP 说明应该返回事务的正确响应；若为 1，则向 RCP 说明这条命令的响应无须返回。

（3）命令事务标识符字段

大小为 7 bit，由 RCP 设置，主要为了每个传输给 RCP 的命令并作为唯一标识该实例的命令工具，返回不变的标识符来响应对应的命令。就其本身而言，RMA 可以将此字段用于任何允许连接到原始命令响应的情况。

（4）命令参数长度字段

大小为 2 字节，RMA 用于指定其所在命令的总体长度（按字节），并允许 RCP 提取当前命令的参数然后移动到下一个命令序列。

（5）命令参数字段

大小取决于命令，并与命令参数长度字段指定的值相等，RMA 用此字段执行命令并传递 RCP 请求的信息。

2. 响应格式

一般来说，RCP 对一系列的命令进行处理直到它发现第一个无效的命令时停止，对于在此之前所有的有效命令以及这个无效命令，如果无响应指示位为 0，那么 RCP 就会生成一个响应，随后的命令都会被忽略。对一个单独命令的响应格式如表 3-27 所示，如果同时响应多个命令，那么响应序列的格式可以参考表 3-28。如果以命令序列的形式接收,那么对应的响应也是以序列的形式,但响应序列的形式不一定要和接收到的命令序列的顺序一致。

表 3-27 响应字段

bit 7(MSB)	6	5	4	3	2	1	0
保留 1 bit	命令标识符 7 bit							
无响应指示 1 bit	命令事务标识符 7 bit							
响应状态 1 字节							
响应长度 2 字节(定义了响应数据的总长度)							
响应数据,长度可变							

(1) 命令标识符字段

大小为 7 bit,包含收到的原始命令序列。

(2) 命令事务标识符字段

大小为 7 bit,包含收到的原始命令事务标识符。

(3) 响应状态字段

大小为 1 字节,包含一个数值,表示 RCP 执行命令的状态,见表 3-28。只有当响应状态字段表示命令有效时,对命令的响应中才包含有效的响应数据,其他所有的值都表示失败。

表 3-28 响应状态值

响应名称	值	规定及描述
Reserved	hex(0)	保留
Command Success	hex(1)	执行成功
Command Failed	hex(2)	因为一些未说明的情况失败,如参数错误
Command Not Recognized	hex(3)	命令指示符无效
Command Not Supported	hex(4)	RCP 不支持此命令
Page Not Defined	hex(5)	页标识符与 RCP 上的页不匹配
Partition Not Defined	hex(6)	分区标识符与 RCP 上的分区不匹配
Device Error	hex(7)	RCP 硬件或软件发生了故障
Memory Access Error	hex(8)	因未定义的内部错误,请求的内存无法分配
Page Length Mismatch	hex(9)	请求的内存大于页的大小
Insufficient Memory	hex(A)	没有足够的内存执行命令
Commands Not Executed	hex(B)	由于内存限制,命令序列无法执行。无论序列被转发还是序列中有无效的命令,处理都会失败
Command Sequence Error	hex(C)	因序列格式错误而无法处理命令(典型的是参数长度错误)
Page Type Mismatch	hex(D)	请求写入或插入信息的页不支持该信息
Page Already Exists	hex(E)	尝试保留一个已经保留过的页
Partition Already Exists	hex(F)	尝试保留一个已经保留过的分区
Unauthorized	hex(10)	缺乏授权导致访问拒绝

(续)

响应名称	值	规定及描述
Write Error	hex(11)	试图在只读页面写入数据
Nonexistent	hex(12)	试图释放一个不存在的分区或页
Reserved	hex(13..AF)	保留
Vendor Area	hex(BF..FF)	供应商特定的错误情况

（4）响应长度字段

对于读取内存页命令的响应，该字段大小为 2 字节，说明响应数据字段中包含信息的总长度（按字节），对于其他的命令，该字段不存在。

（5）响应数据字段

对于当前的命令集来说，只有当读取内存页的命令的响应成功时该响应数据字段才会出现，其长度可变，在响应长度字段中定义，并包含请求页图像。

3. 指令定义

这里主要讲述了表 3-26 中出现的部分命令，由于篇幅有限，这里主要说明读取内存页命令、写入内存页命令、插入信息命令这三种，更多的内容可以参考 IEEE Std1609.1。对于每一个命令，表 3-23 中定义了其字段格式。每一个命令都是 RMA 用来执行 RCP 返回响应的行为。所有长度的字段都被编码成了一个无符号整数，并从最高位开始传输。

（1）读取内存页命令

该命令主要用于请求特定页中的内存数据在响应中返回，这个命令中不设置无响应标识符，同时包含表 3-29 中的字段。

表 3-29 读取内存页命令字段

命令字段	长度/B	描 述
命令标识符	1	hex(10)
命令事务标识符	1	RMA 控制
命令参数长度	2	值=8 命令参数字段的总长度（按字节）
分区标识符	2	包含这个页的分区
页标识符	2	具有特定分区的页
页面偏移	2	起始字节
编号	2	返回字节的编号

RCP 在正常时，如果分区和页在 RCP 上，那么应包括这些响应：设置命令成功的命令状态字段；设置响应数据字段长度的响应长度字段；包含请求的内存镜像的命令数据字段。在 RCP 无法正常响应时，则根据表 3-28 中定义的情况返回相应的值。

（2）写入内存页命令

该命令主要用于请求将参数列表中的内存镜像重写在特定的页上，它应该包括表 3-30 中的字段。

表 3-30　写入内存命令字段

命 令 字 段	长度/B	描　　述
命令标识符	1	hex(11)
命令事务标识符	1	RMA 控制
命令参数长度	2	命令参数字段的总长度（按字节）
分区标识符	2	包含这个页的分区
页标识符	2	具有特定分区的页
页面偏移	2	起始字节
编号	2	开始写入字节编号
内存镜像	可变	页中重写部分的镜像

当 RCP 正常时，对于在 RCP 上的内存区和页，页面偏移字段和编号字段说明的部分完全作为内存镜像的参数进行重写。如果是传输页，则要通知将这些数据传输到相连的本地网络/设备的本地进程中。同时，RCP 还应该返回一个设置命令成功的响应状态字段的响应。在 RCP 无法正常响应时，同样根据表 3-28 中定义的情况返回相应的值。

（3）插入信息命令

此命令用于在一个支持信息插入的页中的信息表中插入信息，这样页中便可以包含多种信息而不仅限于基本的读/写。插入信息命令的字段如表 3-31 所示，它只能用于"存储插入（类128）""映射插入（类129）"以及"传输插入（类130）"等种类的 RM 页。

表 3-31　插入信息命令字段

命 令 字 段	长度/B	描　　述
命令标识符	1	hex(12)
命令事务标识符	1	RMA 控制
命令参数长度	2	命令参数字段的总长度（按字节）
分区标识符	2	包含这个页的分区
页标识符	2	具有特定分区的页
信息镜像	可变	附加到页上的信息

当 RCP 正常时，RCP 在页的信息表中插入信息镜像命令参数，但需要按照信息的优先级和有效期在当前页中插入信息，先按照优先级（从最高优先级开始），然后在相同的优先级中按照根据有效期进行排序（从快到期的信息开始），同时还应回复一个设置命令成功的命令状态标识字段。在 RCP 无法正常响应时，同样根据表 3-28 中定义的情况返回相应的值。

3.5.4　由 RM 提供的 RMA 服务

WAVE RM 和 WAVE 应用类似，它可以看作向 WAVE RMA 提供各种服务的应用层：激活和停止；在激活时，通知可以访问的 RCP 资源所在的 OBU 它们的存在；在响应的 OBU

中的 WAVE RCP 上交换命令和响应；终止当前存在的数据交换会话。在此小节中描述的接口是由 RMA 和 RM 之间的 APDU 交换所控制的，这种交换通常在一个安全的 IP 网络上进行。如果在 IP 网络上进行，那么激活的请求应发送到一个已知的 UDP 或者 TCP 端口。在一些情况下，RMA 和 RM 共存在同一个供应者设备上，此时 RMA 和 RA 之间所使用的协议就不再是网络协议，而是通过供应者设备内的 SAP 完成，这个时候它利用 ASDU 来描述每个设备。

1. RMA-RA 接口服务元素及协议服务

服务是由请求和响应之间的交换以及指示和确认之间的交换完成，传输协议中的一部分数据单元称作协议数据单元（PDU），通过软件接口交换的数据单元称为服务数据单元（SDU），接下来对它们进行详细说明。

（1）PDU—RMA APDU

WAME RMAAPDU 在供应者设备上通过一个安全的网络连接来完成在远程 RMA 和 RM 交换，传输的接口可以"看得见"，它们的格式则是遵循 ASN.1 类型中的定义，基本的 ASN.1 类型为 RMA-APDU。

（2）SDU—RMA ASDU

SAP 是驻留在设备中具体实现软件模块之间接口的抽象，它是一种代表软件接口集合的符号。对于每一个正式定义的 APDU，如果 RMA 和 RA 位于相同的设备上，那么就一定存在一个相匹配的 APDU。

对于 PDU 和 SDU 的命名，它们中的每个服务都有相对应的服务名称，"<service>"被相关的服务名称代替。如 RMA-<SERVICE>-Request 代表一个在 ASN.1 中描述的 APDU，并通过一个"看得见"的接口完成传输来调用服务，而 RMA-<service>.request 则代表相关的 ASDU 通过内部实现的方式来调用相同的服务。

协议服务则被细分成管理服务和数据传输服务，其中管理服务用于执行管理接口，数据传输服务则用于通信连接之间的信息交换。ASN.1 类型 RMA-APDU 中说明了提供的 APDU，它包括表 3-32 中所包含的服务。

表 3-32　RMA-RA APDU

RMA-ACTIVATE-Request
RMA-ACTIVATE-Response
RMA-NOTIFY-Indication
RMA-NOTIFY-Confirmation
RMA-TERMINATESESSION-Indication
RMA-TERMINATESESSION-Confirmation
RMA-EXCHANGE-Request
RMA-EXCHANGE-Response
RMA-EXCHANGE-Confirmation
RMA-DEACTIVATE-Request
RMA-DEACTIVATE-Response
RMA-ACTIVATE-Request

2. 协议管理服务

协议管理服务针对协议使用的整个过程，常用的一共有 9 种服务，包括激活请求服务、激活响应服务、通知指示服务、通知确认服务、终止会话指示服务、终止会话确认服务、停用请求服务以及停用响应服务，限于篇幅，这里只对其中的几种进行简单介绍。

（1）激活请求服务

当一个 RMA 的兴趣资源已经并入 RM 的应用程序内容标记（Application Context Mark，ACM）中，而且准备与 RCP 进行通信，那么它应该通过以下格式的激活请求来通知 RM。

```
APDU:
    RMA-ACTIVATE-Request
ASDU:
ASDU:
    Status = RMA-activate.request
    (RM-ID                      rm-ID,
    RM-ResourceOfInterestList   rm-ResourceOfInterestList,
    RM-CommandSequence          rm-AutoCommandSequence,
    )
```

接下来将对这些字段进行详细说明。

1）rm-ID 字段

它包含两个部分，一部分为 16 位的值，专门用来定义 RMA；另一部分为 8 位的值，用来定义它的优先级，在 ASN.1 类型 RM-ID 中定义了它的结构。

2）rm-ResourceOfInterestList 字段

这个字段包含了 OBU RCP 上资源的标识，说明 RMA 具有访问特权，包含了分区与页的配对以及请求的接入页面的能力。由于所有的资源都映射到特定的页，所以每个独特的分区页标识符各自定义了一个资源。一个 RMA 可以访问 RCP 上的多种资源，ASN.1 类型 RM-ResourceOfInterestList 用来区分哪些资源是 RMA 感兴趣的。

传输的 PST（Provider Service Table）包含了由证书颁发机构签名的证书，并装在供应者设备上。访问供应者设备实质就是访问每个 RMA 的完整资源列表。当激活时，RMA 指定资源表来表明它请求的访问（它可能是有特权访问资源的子集），同时 RMA 需要验证这个表是否和已签名的到 RMA 的访问一致。如果不一致的话，整个请求都将被忽略。

3）rm-AutoCommandSequence

每个 RMA 在注册时都要包含正确格式的序列。RM 应当验证这个字段是否包含格式不正确的命令或者 RMA 尝试访问没有权限访问的资源。如果接收到的自动命令序列是空的，这表明当 RCP 用于回应给 PST 的兴趣资源时，RMA 希望立即得到通知。

如果 RCP 响应给 PST，表明它拥有多种 RMA 的兴趣资源，虽然可以将来源于多个 RMA 的自动命令序列合并成一个统一的自动命令序列，但不会进行这样的尝试。相反，RM 将分别发出每个自动命令序列中 RMA 的优先级，如果优先级相同，那么就按照其他特定的顺序进行发送。

（2）激活响应服务

为了完成激活，RM 将会返回一个激活响应到请求的来源，激活响应的格式如下。

APDU：
  RMA-ACTIVATE-response
ASDU：
  Status=RMA-activate.response
    （RM-ConnectionID   rm-ConnectionID
    ，RM-ActivationStatus   rm-ActivationStatus
    ）

1）rm-ConnectionID 字段

它的值由 RM 进行分配，在 RM 的内部使用。

2）rm-ActivationStatus

这个字段用来返回请求的状态，在响应中返回的唯一信息是成功指示。如果在 APDU 中有错误，那么请求将被忽略。如果一个有效的响应在传输中丢失，那么 RMA 应重新发送请求并最终接收到成功状态的响应。

（3）通知指示服务

在 RMA 激活后，它会等待潜在通信伙伴 RM 的通知。通知服务通常用来 OBU RCP 上的 RMA 至少有一种资源有权限进入到供应者设备的通信区域。它的格式如下：

APDU：
  RMA-NOTIFY-Indication
ASDU：
  RMA-notify.indication
    （RM-ConnectionID   rm-ConnectionID
    ，RM-LinkIdentifier   rm-LinkID
    ，RM-ResourceElementList   rm-Resources
    ，RM-ResponseSequence   rm-AutoResponseSequence
    ）

1）rm-ConnectionID 字段

这个字段包含在 RMA-ACTIVATE-Response 中接收到的值的副本。

2）rm-LinkID

这个字段传递给 RMA，并包含随后供应者设备上的 RM 所使用的内部值，从而来识别刚建立的会话。然后 RM 使用这个值来识别接下来所有的服务中同时发生的 WAVE 通信会话。

3）rm-Resources

这个字段包含一个接收 OBU 和特定 RMA 兴趣点的资源列表。注意 RPST 包含一个由 RCP 建立的资源列表，这个列表中包含 RM 对所有的 RMA 提供的兴趣服务。RM 应将此列表格式化成子列表，将每个子列表格式化成只涉及特定 RMA 的 RM-ResourceElementList。在通知指示中这些子列表返回到它们相关的 RMA。

（4）rm-AutoResponseSequence field

这个字段包含一个 RM 从 RCP 接收到的自动命令序列的响应序列。

3. 协议数据传输服务

在应用程序通信会话建立后，RMA 可以发送 RM 命令序列到 RCP，而这则通过交换服务完成。在协议数据传输服务中，一共包括三种服务：交换请求服务、交换响应服务和交换确认服务，接下来则对这三种服务进行介绍。

（1）交换请求服务

RMA 可以使用交换请求服务发送命令序列到 RCP，此服务的格式如下：

  APDU：

    RMA-EXCHANGE-Request

  ASDU：

    RMA-exchange. request

     （RM-ConnectionIdentifier   rm-ConnectionID

     ，RM-LinkIdentifier   rm-LinkID

     ，RM-CommandSequence   rm-CommandSequenceToSend

     ）

1）rm-ConnectionID 字段。这个字段包含在 RMA-AVTIVATE-Response 中返回到 RMA 的值。

2）rm-LinkID 字段。此字段包含在 RMA-NOTIFY-Indication 中返回到 RMA 的值。

3）rm-CommandSequenceToSend 字段。这个字段包含一个发送到 OBU 上的 RCP 的正常格式化后的命令序列，在发送这个序列之前，RM 先分析这个序列来确定 RMA 具有访问这个序列目的资源的权限以及每个命令的语法是否有效。如果发生了错误，那么请求就会被忽略。

（2）交换请求响应

在命令序列传输到 RCP 并且接收到响应序列时，RM 通过交换响应来转发这个序列到 RMA，其格式如下：

  APDU：

    RMA-EXCHANGE-Response

  ASDU：

    RMA-exchange. response

     （RM-ConnectionIdentifier   rm-ConnectionID

     ，RM-LinkIdentifier   rm-LinkID

     ，RM-ResponseSequence   rm-ResponseSequenceReceived

     ）

rm-ConnectionID 与 rm-LinkID 字段和交换请求服务中一样，rm-Response SequenceReceived 的则包含从 RCP 返回的命令的响应序列。

（3）交换确认服务

在 RMA 从 RM 接收到交换响应后，它应该通过返回 RM 一个交换确认来表明已经进行了接收，其格式如下：

  APDU：

    RMA-EXCHANGE-Confirmation

  ASDU：

    RMA-exchange. confirmation

（RM-ConnectionIdentifier　　　　　　rm-ConnectionID
,RM-LinkIdentifier　　　　　　　　　　rm-LinkID
）

同样，rm-ConnectionID 与 rm-LinkID 字段仍然和交换请求服务中一样。

3.6 应用安全服务和管理：IEEE 1609.2

3.6.1 协议概述

该标准主要针对 WAVE 设备中无线接入的安全信息格式，包括保证 WAVE 条件下管理信息和应用程序信息的安全，并针对上层应用和 WAVE 中多层协议中的执行流程，指定了一系列管理平面的 WAVE 安全服务[16]，主要包括以下几个部分：

（1）安全处理服务　确保数据和 WSA 的安全通信。

（2）安全管理服务　证书管理实体（Certificate Management Entity，CME）提供证书管理服务以及证书有效性的相关管理信息；供应商提供的安全管理实体（Provider Service Security Management Entity，PSSME）提供基于服务的安全管理服务，以及用于发送安全 WSA 的证书和私钥的相关管理信息。

图 3-26 展示了 WAVE 安全服务的功能和实体，同时表明 WAVE 安全服务实体和其他实体之间的服务访问点（SAP），但在 WAVE 安全服务中的水平边界是抽象的并且和数据平面中的并不一致，整个安全进程则是通过图中 SAP 之间的原语完成。

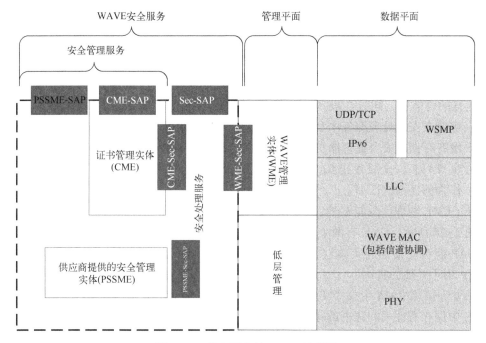

图 3-26　安全服务的 WAVE 协议栈

IEEE 1609.2 提供了 WAVE 安全服务用于确保下述的通用安全服务：

（1）保密　由安全处理服务（Security Processing Services）中的加密解密提供保障。

（2）身份认证　由安全处理服务中的签名验证提供保障。

（3）授权　由安全处理服务中的签名验证提供保障。

（4）完整性　由安全处理服务中的签名验证提供保障。

一般来说，通过这个标准定义的 SAP 后的数据认为是安全和可信赖的，但在这个标准中并没有这样的机制来确保数据的可信度。

3.6.2 安全管理服务

WAVE 的安全管理主要用于管理保存在本地的整数，并标明其有效性、安全级和证书链等。安全管理需要能够清晰地辨识上层的服务提供者，同时提供特定的证书，安全管理实体必须将每一份密钥材料给予特定的标识以分辨它们。

1. 供应商服务安全管理实体

WME 和需要安全供应商服务的高层实体之间通过 PSSME 共享安全管理信息，包括密码材料等。PSSME 能够提供以下功能：

（1）管理本地安全服务指标分配（Local Service Indicator for Security，LSI-S）从而使安全处理服务能够区分上层实体。

（2）为供应商安全服务提供权限，使 PSSME 以外的进程能够使用 WSA 签名证书。

（3）为安全处理服务提供通信证书和私钥，从而允许安全处理服务能够基于 WME 签名 WSAs。

（4）对于每一个已知的 WSA 签名证书，PSSME 能够存储大多数这个证书签名的 WSA，从而使重复的 WSA 能够快速接收。

2. 证书管理实体

CME 支持安全处理服务确定证书是否存在，若存在则验证证书的有效性，支持其验证接收到信息的可信度，同时 CME 还管理了以下信息：

（1）存储在安全处理服务中私钥对应的证书的有效性以及其他相关状态信息。

（2）没有存储在安全处理服务中私钥对应的证书的有效性和其他相关状态信息（如那些属于对等 WAVE 安全服务或 CA 的证书）。

（3）作为信任锚的证书。

此外，CME 管理信息能够确认之前所接收的 PDU 是否是已经接收过的 PDU。

如图 3-26 所示，CME 有两个服务访问点，分别为 CME-Sec-SAP 和 CME-SAP，通过这两个 SAP 能够使其他的实体获得和更新管理信息，CME-Sec-SAP 用于安全处理服务，CME-SAP 用于其他的实体。

证书管理信息由 CA 生成，实体可以通过多种方法从 WAVE 安全服务中获得证书管理信息。CME 中保存有证书和证书的相关信息，保存的证书的相关信息如下：

（1）证书本体。

（2）该证书相关的 CRL 的最新接收时间。

（3）该证书下一个相关的 CRL 的预计接收时间。

（4）该证书是否已经被安全服务验证。

（5）该证书是否是信任锚。

（6）该证书是否已经被证实无效的。

此标准提供了 CME-Certificate Info. request 和 CME-CertificateInfo. confirm 这两种原语使呼叫实体（Calling entity）能够请求 CME 管理的证书信息，CME 则支持呼叫实体通过证书本身或者证书的 Hash 值（8 位或者 10 位）来获取证书信息。CME 中的证书信息可以被任何连接到此 CME 上的实体获取。

通过原语 CME-AddCertificateRevocation. request 可以请求 CME 将某一个特定的证书新撤销信息，而 CME 则通过 CME-AddCertificateRevocation. confirm 原语来确认接收；通过 CME-AddCrlInfo. request 原语可以请求 CME 更新 CRL 中的信息，根据 CMEAddCrlInfo. confirm 原语确认接收；通过 CME-AddTrustAnchor. request 原语可以将某一个证书作为信任锚保存到 CME 中，CME 通过 CMEAddTrustAnchor. confirm 原语进行应答。如果证书不是最近生成或者已经过期或被撤销了，那么 CME 将拒绝该证书作为信任锚保存到 CME 中；通过 CME-AddCertificate. request 可以将非信任锚的证书及其相关信息保存在 CME 中，如果该证书信息不足或者已经过期或被撤销，那么 CME 将拒绝保存该证书。

如果当前时间在证书的起始有效时间和过期时间之间，并且该证书没有被撤销，那么就认为该证书是有效的。证书中包含了过期时间，如果通信过程的生成时间或者过期时间在它们签名证书的过期时间之后，那么该通信则无效；如果数据中没有过期时间，那么就认为它的过期时间和签名证书的过期时间是一致的。

同样证书中包含了开始时间，如果通信过程中报文的生成时间或过期时间在它们签名证书的生成时间之前，那么认为该报文无效；如果报文中没有生成时间，那么就认为该报文的生成时间和其签名证书的生成时间是一致的。如果证书中没有生成时间，那么就认为该证书的生成时间是 IEEE Std 1609.2 中规定的时间点。

3. 权限以及权限的一致性

证书中包含其持有者的权限，具体如下：

1）地理范围　即在该范围内，该证书有效。

2）有效时间　即在该时间范围内，该证书有效。

3）操作权限　即该证书可以进行哪些操作，它通过一些变量来描述该权限（例如，该标准中定义的 PSID 数据类型；SSP，这个并不是该协议定义的，只是提供一个这样的接口；对于 WSA 证书而言，最大优先级表示 WME 所允许的服务）。

4）对于一个 CA 证书而言，证书的类型就是允许它发布其他证书。

CA 的权限中只包含 PSID，对于 CA 而言，它的证书里面的权限是用来限制其发布的证书权限的最大范围。对于拥有终端实体证书的实体来说，证书中权限里面的 PSID 限制了其操作范围，而 SSP 则一般由 PSID 的发布者进行发布。

4. 签名通信与签名证书的一致性

如果通信来源的地理区域在证书中有说明，并且通信在证书的有效期内创建，其截止时间也在证书的有效期内，通信信息和证书中的操作权限一致，证书中的公钥能够用于秘密验证通信中的签名，那么就可以说明签名通信（签名数据和 WSA）和签名证书是一致的。

签名数据则是根据此标准规定数据结构进行编码，编码中包含 PSID。如果签名数据中的 PSID 信息是证书操作权限的一员，则意味着签名数据和认证的证书权限一致。同样证书中也包含每个 PSID 的 SSP（Service Specific Permissions）字段，安全处理服务能够使 SDEE 利用 SSP 来验证签名数据。

如果在 IEEE Std 1609.3 中描述的 WAVE 中的 WSMP 里接收到的签名数据，除非这个签名数据结构中的 PSID 和 WSMP PSID 首部字段一样，否则就认为该签名数据无效。如果签名数据包含了生成时间和过期时间，如果这个过期时间在生成时间之后，那么同样认为该签名数据无效。

对于签名 WSA，它可以包含安全或者非安全的服务信息字段，而安全的服务则只能决定安全供应者服务的有效性。如果每个 WSA 中的服务信息实体和其对应的证书中的权限实体一致，那么这个签名 WSA 就和证书中的操作权限一致。服务信息实体包括 PSID 和服务所提供的优先级。WSA 证书中的权限实体则包括 PSID、服务的最大优先级以及可选的 SSP。如果 PSID 实体和权限实体的 PSID 实体一样，并且服务信息的优先级小于或等于权限的最大优先级，那么服务信息实体就和权限实体一致。

WSA 签名证书中的权限通过签名 WSA 中的 permission_indices 字段映射到 WSA 中的服务信息上，这个字段是整数数组，并且其长度和 WSA 中服务信息数组的长度一样。如果对于该字段回应的结果为 0，则说明服务信息中描述的是非安全服务；如果不为 0，则表明是证书权限中的相关字段。

5. 发布证书及其子证书的一致性

如图 3-27 所示，下面对发布证书及其子证书的一致性检测进行说明。

1）子证书的有效地理范围是发布证书的有效地理范围的子集。

2）子证书的有效时间范围是发布证书的有效时间范围的子集。

3）子证书的权限是发布证书权限的一个子集。

4）如果发布证书是一个明确的证书或者证书中密码材料可以用于判断它是否为隐含的证书，那么该证书可以签名子证书。

5）发布证书中的 permitted_holder_types 判定了其是否可以发布该类型的子证书。

证书链只要有一个子证书和其发布证书的验证不通过，那么该子证书之后的证书都是无效的，并且后续证书的安全通信也是无效的。如果子证书和发布证书不一致，但是拥有能够验证发布证书公钥的签名，那么安全服务就认为这个发布证书发布的所有证书都是无效的。

子证书的权限可以在发布证书中详细说明，也可以从发布证书那里继承完全一样的权限（证书中的写法为"from_issuer"）。如图 3-28 所示，最末端的证书和 CA 证书 2 具有相同的操作权限，和 CA 证书 1 具有相同的地理权限，CA 证书 1 则和 CA 证书 2 具有相同的操作权限。

6. 证书链

一般可以通过关联的终端实体证书来验证接收的签名通信，除了发布证书之外，其余所有的证书都是终端实体证书。证书包含的内容有：属于证书持有者的公钥、公钥相关的一系列权限、证书发布者的标识符以及可以认证公钥和权限之间关联性的算法模式。

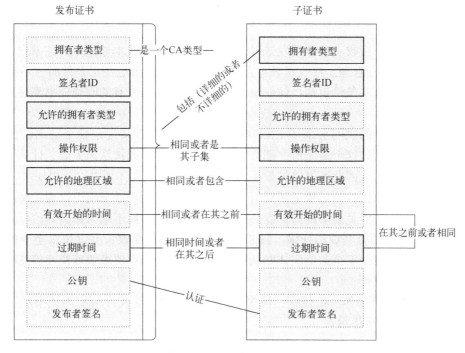

图 3-27 发布证书及子证书之间的权限一致性检测

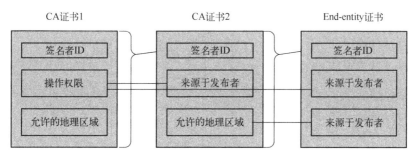

图 3-28 继承权限

使用与公钥相对应的私钥的实体称为证书持有者,而一个用于验证应用及管理数据有效性的证书为终端实体证书,用于验证另外一个证书有效性的证书为 CA 证书。如果公钥在证书中明确给出,那么这个证书就是明确证书;如果没有明确给出,但通过其他方式可以获得,那么这样的证书为隐含证书。

接收方确认一个证书是否有效的必要而不充分条件是可以在该证书和信任锚之间构建证书链。证书链是一个证书的集合,其中证书链中的每一个证书都是后一个证书的发布者。当第一个证书的持有者用其私钥来创建第二个证书时,如果通过签名,那么第二个证书就是明确证书;如果通过创建恢复公钥的密码材料,那么第二个证书为隐含证书。为了建立证书链,本标准中定义的证书包含签名者的 ID,写在 singer_id 中。

信任锚可以是值得信赖的任何证书,即不需要其他证书进行验证。信任锚可以是一个根证书,可以通过包含在证书中的公钥进行自我认证,同时,它也可以是一个公认的可信赖的 CA 证书。发送者发送报文的时候对于签名证书的发送有以下情况:签名证书的 Hash 值、签名证书、证书链，证书链是指从信任锚开始到终端实体证书结束的证书集，但不包括根证书。

为了建立证书链，接收者会使用发送者发送过来的证书以及本地保存的证书副本，这个证书副本则由 CME 进行管理。接收者只有在从证书到信任锚满足一定条件时才不会拒绝这个证书签名的通信，这些条件包括：信任锚是一个明确证书；所有的明确证书都必须是由明确证书颁发的。

一个安全通信实体的说明会采用 IEEE 1609.2 的安全文件来规定整个证书链的最大长度，如果证书链长度超过这个最大值，那么这个安全通信实体则被认为无效。计算整个证书链的长度时包括根证书，因此证书链的最小长度为 2，即终端实体证书以及根证书。

虽然证书链的有效性检测只要追溯到信任锚而无须追溯到根证书就可以确定使用终端实体证书应用的有效性，但是证书链的长度必须追溯到根证书，而不能只追溯到信任锚，否则会被其他 WAVE 安全服务当成信任锚。过长的证书链或许会导致长度过长以至于信道拥挤和误码率过高，所以需要安全通信实体降低证书链上界，尤其在要求快速交互信息时，降低证书链的长度就更加重要。

CME 只接受有效证书作为信任锚，证书链中证书的验证以及终端实体证书和通信签名验证的过程如图 3-29 所指示。

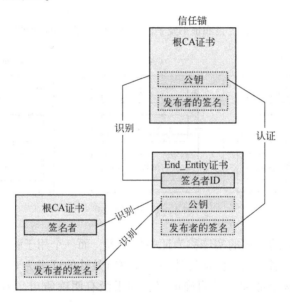

图 3-29　明确证书的密码验证

3.6.3　安全数据处理

WAVE 安全数据处理主要在于最基本的加密、解密、签名以及验证，在签名时需要考虑证书和待处理数据之间的一致性。

1. 安全处理服务实体

安全处理服务接收调用实体的请求，并对每一个输入请求进行响应，并输出包含请求结果的确认信息。安全处理服务包括以下几部分：

1）将不安全的 PDU 转换成安全的 PDU 交给数据平面进行转发，并处理接收到的安全 PDU，包括将安全的 PDU 转化成不安全的 PDU，这些操作统称为数据交换。此标准中指定的安全服务包括：在 PDU 发送前对其进行加密或者签名；在接收到 PDU 后对其做解密或者验证。

2）对 WSA 做签名操作，以及对接收到的已签名的 WSA 做验证操作，WSA 的相关操作由 WME 实体处理。

3）安全管理的相关操作：确定能够获得密码材料（私钥、公钥和证书）；生成证书请求并处理反馈；验证证书撤销列表。

4）保存私钥及相关证书。

WAVE 安全服务一定会调用安全处理服务中的一种服务，安全处理服务提供的服务主要有：生成签名数据、生成加密数据、验证已签名数据、解密已加密数据、生成签名 WSA、验证收到的已签名 WSA、生成证书请求、处理证书请求的反馈，以及处理证书吊销列表。

WAVE 安全服务中主要的安全处理有：安全数据交换、签名 WSA、安全管理。其中安全数据交换涉及的操作有：生成签名数据、生成加密数据、验证已签名数据、解密已加密数据。签名 WSA 涉及的操作有生成签名 WSA、验证收到的已签名 WSA。安全管理涉及的操作有：生成证书请求、验证证书反馈、验证证书撤销列表。

2. 安全数据交换

安全处理服务实体提供安全交换的一些操作：签名、加密、签名和加密、解析接收到的安全数据。这 4 种操作都遵循以下模式：

- 呼叫实体通过请求原语调用安全服务处理一段待定数据。
- 安全服务根据接收到原语做出相应的处理，并通过确认原语返回呼叫实体一个结果。这个结果用来表明请求是否成功。

接下来将对安全数据交换中的操作进行详细说明。

（1）签名

SDEE 通过 Sec-SignedData.request 原语来安全处理服务签名数据，原语中包含一个状态为 Key and Certificate 的 CMH，而安全处理服务则通过 Sec-SignedData.confirm 原语向 SDEE 反馈结果，这个结果可能是一段包含签名的字符串，或者是一个错误代码。如果成功，那么这个字符串必须是符合数据结构 1609Dot2Data 有效编码。

在以下情况下安全处理服务实体将反馈错误代码：证书无效、证书与数据不一致、CMH 无效、CMH 状态不是 Key and Certificate。证书链的长度都有上限，如果证书链长度超过上限，那么安全处理服务实体也将反馈错误代码。

（2）加密

SDEE 通过 Sec-EncryptedData.request 原语请求安全处理服务实体来加密数据，原语中包含有接收方的证书，该证书就是用来加密的证书，接收方证书可以有多个。安全处理服务则通过 Sec-EncryptedData.confirm 原语向 SSDE 反馈结果，反馈的结果可能是一段包含加密后的字符串，或者是一个错误代码。如果成功，那么这个字符串必须同样是符合数据结构 1609Dot2Data 有效编码。

如果证书无效或者接收方的证书数量超过 6，那么安全处理服务实体同样将反馈错误代码。安全处理服务产生的加密数据中含有完整性检测值。对于签名和加密则只要将签名原语

Sec-SignedData. request 和加密原语 Sec-EncryptedData. request 串联使用就可以了。

（3）解密

SDEE 通过 Sec-SecureDataContent-Extraction. request 原语请求安全处理服务实体解密数据，该原语中含有一个状态为 Key and Certificate 的 CMH，带解析的密文必须是数据结构 1609Dot2Data 的有效编码。通过调用 Sec-SecureDataContentExtraction. confirm 原语向 SDEE 反馈结果。如果解密成功，则反馈的结果必须包含有数据类型、数据明文以及发送方附加的信息。如果解密失败，反馈的结果则是相应的错误代码。

如果请求的接收方数量超过 6，那么安全处理服务将直接拒绝请求，并反馈相对应的错误代码。

（4）验证签名

调用方通过 Sec-SignedDataVerification. request 原语请求安全处理服务实体对已签名数据进行处理。如果成功，则反馈原语中包含有发送的证书；如果失败，则反馈原语中包含有相应的错误代码。

发生错误的原因有很多，如证书无效、证书和数据间的关联性无效，同时还需要检测一些如地理位置、时间等信息的有效性。证书链的长度也不能大于 SDEE 中指定的上界。反馈原语中需要包含安全处理服务实体从相关联的证书中所提取的信息。

3. 签名与验证 WSAs

对于 WSA 来说，可以通过 WME-Sec-SignedWsa. request 原语使安全处理服务实体对 WSA 进行签名，同样这个原语中需要状态为 Key and Certificate 的 CMH，而 CMH 则通过 PSSME-Sec-CryptomaterialHandle. request 原语从 PSSME 实体获得。如果证书无效、CMH 无效或者 CMH 参考的证书不是明确证书，那么 WAVE 安全服务将会拒绝对 WSA 进行签名。如果证书链的长度超过 5 或者 WSA 中包含了超过 32 个服务信息实体，那么 WAVE 安全服务也将拒绝对 WSA 进行签名。签名过程如图 3-30 所示。

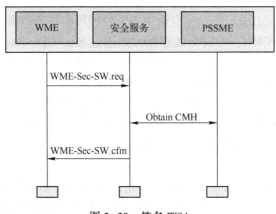

图 3-30 签名 WSA

在验证 WSA 时，WME 调用 WME-Sec-SignedWsaVerification. request 原语请求安全处理服务对已签名的 WSA 进行验证，而通过 WME-Sec-SignedWsaVerification. confirm 原语可以将结果反馈给 SDEE。如果验证通过，那么安全处理实体将会调用 CME-AddCertifIcate. request 保存新的证书信息。

如果证书链的长度超过5或者WSA中的服务信息实体超过32，那么WAVE安全服务会拒绝对WSA进行签名。

3.6.4 密码材料与证书撤销

1. 密码材料

安全处理服务中密码操作的密码材料有：私钥和相关公钥、私钥和相关证书，以及在安全处理服务中没有私钥但有对等实体持有的数字证书。在安全处理服务使用私钥和相关证书后进行的操作有：生成签名数据、解密接收到的加密数据，以及生成签名WSA等。

如果一个请求中使用了未经验证的配对私钥和相关证书，或者未经验证的配对的私钥和相关公钥，那么WAVE安全服务将会拒绝该请求，私钥和公钥只会在证书请求时使用。每个实体拥有的证书可以用来进行以下操作：验证接收到的已签名数据、生成加密数据、验证接收到的已签名WSA。私钥一般由安全处理服务持有，并由CMH管理，同时每个实体拥有的证书都由CME进行管理。

此标准中的私钥和相关公钥以及证书都由安全处理服务存储并通过CMH进行索引，CMH是指向私钥和相关公钥或者私钥相关证书的索引，CMH的存在机制保证了来源于索引处的密码材料可以通过配对验证。请求实体通过安全处理服务发送CMH来指定某个已经被安全处理服务实体保存的私钥，然后这个实体控制CMH的状态来回复上层实体。安全数据交换调用CMH的流程如图3-31所示。

用于签名WSA的私钥和证书由PSSME存储管理，PSSME也是采用CMH索引私钥和证书的，WME、WSA相应的密钥材料和WAVE安全服务的关系如图3-32所示。WAVE安全服务中内部存储的证书是永不删除的，但是车联网中证书的数量基数是非常大的，而且证书本身的大小也是很客观的，所以当一个WAVE安全模块在较长的一段运行时间之后，WAVE设备内部的内存将会被占用非常多，但在此标准中并没有删除无用CMH或者相关密钥的机制。

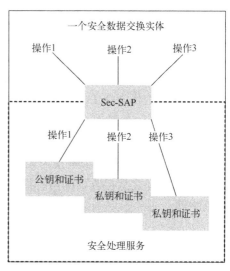

图3-31 安全数据交换实体和密码操作

图3-32 WME、WSA相应的密钥材料和WAVE安全服务的关系

2. 证书撤销信息

CRL是用于为一个或者多个证书发布撤销信息的已签名的报文，通过Sec-CRLVerification.

request 原语请求安全处理服务验证 CRL，安全服务实体通过 Sec-CRLVerification.confirm 原语反馈验证结果。CRL 由证书的发布者签名，并且含有该 CA 的标识符（hash）值。CRL 的有效性判断要遵循以下标准：

（1）CRL 的签名证书和信任锚之间可以形成有效的证书链

1）证书链中的证书都是由本标准中定义的数据组织结构的。

2）证书链中的证书是可匹配的，前一个证书是后一个证书的发布者。

3）证书链中的证书是没有撤销的。

4）证书链中的证书的签名都可以被前一个证书中的公钥或者本身（信任锚）验证通过。

（2）CRL 和签名证书之间是可匹配的

1）CRL 的创建时间和过期时间是在证书的有效时间内。

2）允许对 CRL 签名的证书只有 CA 或者一些特殊的证书，这些特殊的证书在字段 holder_type 中会有特殊的标识。

3）CA 总是有权利对它自身发布的证书发布 CRL 的。

4）CA 会将它发布的证书分成多个系列，将不同系列的 CRL 做撤销，这样可以有效控制 CRL 的大小。

（3）CRL 的签名可以由 CA 的证书验证通过

图 3-33 说明了签名证书是如何验证 CRL 的，CRL 可以使用 1609.3 中定义的 WSMP 短消息，PSID 域的值为 0x23，type 域的值为 crl，在 1609Dot2Data 中的 type 支持 crl_request。证书撤销的唯一途径就是 CRL，某证书被撤销，那么所有在证书撤销之后才接收到的报文都视为无效报文，哪怕这个报文的生成时间是在证书被撤销之前。某 CA 证书被撤销，那么所有由该证书发布的证书都被视为无效证书，CA 证书之后的证书链里面的证书也被视为无效，在 CRL 发布之后接收到的所有证书都将被视为无效，哪怕它们的生成时间是在 CRL 发布时间之前。

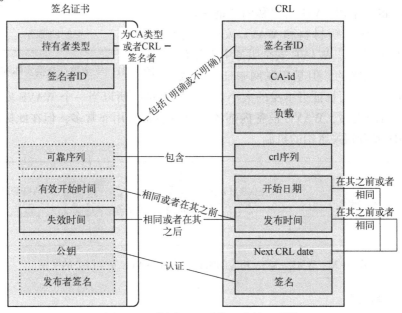

图 3-33 检测 CRL 及其证书的一致性

当 CME 没有准时收到某一份证书的最新 CRL 时，该 CME 是不能准确判断该证书有效性的。证书中的 ca_id 和 CRL 中的 signer_id 以及证书中的 crl_series 和 CRL 中的 crl_series 都是一样的。当 CME 没有获得任何的 signer_id、crl_series 和证书中一致的 CRL 时，就认为自己没有收到最新的 CRL。如果 CME 收到 signer_id、crl_series 和证书中一致的 CRL，但上次收到的最新 CRL 中表明下一次的发放时间在当前时间之前，即 CME 没有及时收到最新的 CRL，那么 CME 也会认为自己没有及时收到最新的 CRL。

3.6.5 加密操作

此小节主要讲述在 WAVE 系统中具体加密的流程，在此标准中使用的是对称加密和非对称加密相结合的加密技术，加密消息的发送者必须知道预期接收者的公钥。一般对称加密技术比非对称加密技术更加高效，所以此标准使用的加密方法有两个步骤：第一步，发送者选择一个新的对称密钥，并使用该密钥来对消息进行对称加密；第二步发送者使用接收者的公钥，将对称密钥进行非对称加密。

通过这种方法，可以使用高效的对称加密算法加密大量的消息。在此标准中指定了使用的对称加密算法和非对称加密算法。对称加密算法选用 CCM 模式下使用 128 位密钥的高级加密标准，即 AES-CCM。非对称加密算法选用的是 P-256 的椭圆曲线综合加密方案（Elliptic Curve Integrated Encryption Scheme，ECIES）。

（1）对发出的消息进行加密

发送者执行的步骤如下：

1）从证书缓存中检索出接收者的私钥。
2）执行检查以确保公钥尚未被撤销。
3）生成一个随机的对称密钥。
4）使用随机的对称密钥和 AES-CCM 算法对消息进行加密，从明文生成密文。
5）使用 ECIES 算法和接收者的公钥对随机的对称密钥进行加密。
6）将密文和已加密的对称密钥打包到一条可以通过无线媒介传输的消息里。

（2）对接收的消息进行解密

接收者执行的指定步骤如下：

1）接收者使用 ECIES 算法和自己的私钥对已加密的对称密钥进行解密。
2）接收者使用解密出来的对称密钥和 AES-CCM 算法对密文进行解密。

3.7 SAE J2735 消息集

在之前的几节中，我们讲述了 IEEE 1609 系列的标准，对 WAVE 系统的框架结构以及网络层、MAC 层和资源管理等进行了比较详细的介绍和说明，但是对于应用层的消息如何定义仍然是未知的，这一小节我们则主要关注为 WAVE 系统应用提供消息服务的协议集：SAE J2735 DSRC[1] 消息集字典标准中定义的 DSRC 消息。

J2735 的目的是定义无线传输的消息结构，本节中则主要对 SAE J2735 消息集的结构以及三种消息的使用：基本安全消息、探测车辆数据消息和路边警告消息进行说明。

3.7.1 J2735 消息集概述

SAE J2735 定义了 DSRC 消息的详细结构，此标准将 DSRC 数据分成了消息、数据帧和数据元素。J2735 消息集字典定义了表 3-33 列举的每种消息的类型的结构，消息类型是数据元素和数据帧的数据结构集合，其中数据元素是最基本的数据结构，数据帧则是更加复杂的数据结构，它由一个或多个数据元素或其他数据帧构成，此标准定义了每一类数据元素和数据帧的语法和语义。

表 3-33 SAE J2735 DSRC 标准消息集

消息集	目的
菜单（A La Carte）消息	一般消息，包含灵活的内容
基本安全消息	传递车辆状态信息，这些信息对于支持车辆到车辆的安全应用是必需的
常规安全消息	车辆使用这种消息向另外一辆车要求获得具体状态信息
紧急车辆警告消息	提醒司机一辆紧急车辆正在一个区域运行
路口碰撞避免	提供相对某个十字路口的车辆位置信息
地图数据	路边的单元用此来传达十字路口的车辆位置信息
NMEA 修正	封装一种类型的 GPS 修正——国家海洋电子协会（NAME）183 类型
调查数据管理	RSU 用此来管理从车辆中探测得的数据集合
探测车辆数据	车辆报告它们在某一特定路段的状况，从而使得 RSU 能够得到道路和交通条件
路边警告	RSU 用此来警告过往车辆危险情况
RTCM 修正	封装另一种类型的 GPS 修正——RTCM（用于海事服务的无线电技术委员会）
信号相位和定时消息	十字路口的 RSU 用此来传达信号相位和定时状态
信号请求消息	车辆用此来请求一个优先信号或者一个信号抢占
信号状态消息	RSU 用此来传达信号请求的状态
旅行者消息	RSU 用此来向过往车辆传达咨询和路标等类型的信息

J2735 标准中的数据元素、数据帧和消息集是在一门正式的语言中定义的，这种语言定义于 ITU-T X.680 系列标准中，称为抽象语法标记（ASN.1）。J2735 消息集字典还需要使用可辨别编码规则（Distinguished Encoding Rules，DER），这个编码规则的作用是将 ASN.1 翻译成在无线网络中传播的位和字节，BER 则是在 ITU-T X690 标准中定义的。DER 是将每个数据项编码成以下三个组成部分：标识符、长度和内容，有时也称之为"标签（tag）""长度（length）""值（value）"，简称 TLV。

标签用于表示 TLV 中值的数据类型，长度仅用于表示值中有多少个字节，值字段则包含了实际的内容。使用 ASN.1 中明确的定义并调用特定的编码方式主要有三个优点：兼容性、解析的高效性以及可扩展性。兼容性是指通过使用标准定义的术语可以保证发送端和接收端的一致性，使它们对每一位所传输的值都具有相同的理解。解析的高效性是指解释对复杂的数据结构而言，TLV 编码方式也可以被高效地解析。可扩展性则是指当向字典中增加新的数据帧和数据元素时，能够轻易地保持向后兼容性。

DER 编码还有其他的优点，但是使用该编码需要额外付出数据规模的代价，每一个标签和长度都是额外的开销，因此如果值字段很短，此时的开销则不容忽视。在一些情况下，对于基本安全消息而言，DER 编码会因为有效利用带宽而牺牲一些灵活性。

3.7.2 基本安全消息

基本安全消息（BSM）是 J2735 标准中最重要的消息类型之一，它表达了发送消息的车辆的核心状态信息，包括位置、动态、系统状态和车辆尺寸等信息。此外，它还是车辆防碰撞系统通信模型的关键组成部分，即所有的车辆都频繁地使用 BSM 广播它们的状态信息，接收消息的车辆跟踪它的相邻汽车的消息，预测每一辆车的运行轨迹，然后将这些轨迹和自身的预测轨迹进行对比，如果预测到将与某一辆车发生碰撞，那么系统将采取一些行动。

BSM 一般被设计成两个部分：第一部分包括每次更新都必须出现的核心状态信息，因此在每一个 BSM 中它都必须要发送，其数据结构强调紧凑型和高效性；第二个部分则是一个可选区，包含附加的数据元素和元素帧，有三种灵活的形式：包含一些与 BSM 总体广播频率相比频率较低的数据类型；定义新的安全应用，使用已有应用以及可能用于车辆其他传感器的数据精度和类型；支持一定程度的消息机制。

BSM 第一部分的内容如表 3-34 所示，这些内容是固定的，在每一个 BSM 实例中都会出现。BSM 总体尤其是 BSM 第一部分对带宽的消耗是高度敏感的，所以 BSM 第一部分的要素并不是各自进行 DER 编码的，以防止每一个标签和长度至少增加两个字节。表 3-34 显示内容总共消耗 39 字节，也就是说如果对数据项进行各自 DER 编码，无线网络带宽将会包括大致等同于标签和长度数目的字节开销，所以 DER 编码只用于两个数据项，其中 DSRCmsgID 必须单独进行 DER 编码，因为它在解析时是独立于其他内容的。而第一部分剩余部分被定义成一个复杂的数据元素（BSMblob），该元素使用了 DER 标签和长度。所以加上这两个的类型和长度，BSM 第一部分的总长度是 43 字节。

表 3-34 J2735 基本安全消息——第一部分

元素/帧，长度	描述
DSRCmsgID 元素，1 字节	每个消息的第一个元素，用来判断消息的类型
MsgCount 元素，1 字节	给定一辆车的序数，每成功传输一条 BSM 消息序数就相应增加，主要用于统计错误包
Temporary 元素，4 字节	这个元素受发送车辆的控制。它在一段时间内是一个随机的常量，偶尔会因为私人原因改变，它使接收车辆易于将发送同一车辆的消息流联系起来
DSecond 元素，2 字节	时钟信号，按分钟取模，精度为 1 ms
Latitude 元素，4 字节	地理纬度，精度为 $1/10\mu$ 度
Longitude 元素，4 字节	地理经度，精度为 $1/10\mu$ 度
Elevation 元素，2 字节	低于或者高于海平面的位置，精度为 0.1 m
PositionAccuracy 元素，4 字节	一个复杂的元素，记录沿着地球长半轴和短半轴的标准差，以及长半轴的罗盘方向，用以传达经纬度的精确值
TanmissionAndSpeed 元素，2 字节	3 位用于编码车辆的传输设置，剩下的 13 位用于传达车辆的无符号速度，精度为 1 cm/s
Heading 元素，1 字节	车辆的方向，经度为 $1/80°$
SteeringWheelAngle 元素，2 字节	方向盘的当前位置，顺时针旋转表示为一个正角度，经度为 1.5°，允许的角度范围为 180°
AccelerationSet4Way 帧，1 字节	一个复杂的帧，提供纵向加速度、横向加速度、垂直加速度和偏航率

(续)

元素/帧，长度	描述
BreakSystemStatus 元素，7 字节	一个复杂的元素，传达四个车轮上的制动是否起作用及以下控制系统的状态：牵引力控制系统、反锁制动、平衡系统、制动提高和辅助制动。对于任何系统，该值显示车辆是否装配有该系统，是否打开以及是否处于激活状态
VehicleSize 帧，2 字节	车辆的长度和宽度，精度为 1cm

在 BSM 的第二部分可以加入大量的标准数据元素和数据帧，但事实上仅有少数几个数据项被关注，其中有 4 项是常备讨论的，位于 VehicleSafetyExtention 数据帧内，如表 3-35 所示，一个给定的这样的帧则可以由表中的 4 个数据项任意组合而成：第一个项表示一个或多个时间会发生，并且确实存在这种事件时才会包含在该帧内，其他 3 项则都可能比较长，所以它们在一些安全应用的操作中是必需的，但并不是每个 BSM 都必须包含它们。

表 3-35 车辆安全扩展数据帧—BSM 第二部分（部分）

元素/帧，长度	描述
EventFlag 元素，2 字节	一系列标志位的集合，每一个标志位能够传达指定事件的发生，每一个事件都有一个最小的激活标准，在发送者能够设置相应的标志位前必须满足这个最小激活标准。发送者并没有被要求必须设置标志位或者包括这个元素，一些重要的事件标识为： （1）紧急制动 （2）危险灯亮 （3）发送者是紧急响应车辆 （4）违反停车线 标志位可以用于提升消息的优先级，即使需要发送的信息是在 BSM 中其他地方编码的
PathHistory 帧，可变长度	这个帧用于以 breadcrumbs 的数据结构形式来传达车辆到过的地方，每一个 breadcrumbs 包括位置信息，此信息作为 BSM 第一部分完整精确的位置信息的补充。此外每一个 breadcrumbs 可以包括一个时间和一个位置精确性的指示。在这个帧中，breadcrumbs 的集合可以用来预测可能的碰撞，一个帧中 breadcrumbs 的数目是可变的，并根据偏离预测轨道的情况进行选择
PathPrediction 帧，3 字节	该数据帧用来显示消息发送者想要经过的路线，以一个 2 字节的曲率半径和一个 1 字节的预测置信度表示
RTCMPacket 帧，可变长度	类似 RTCMcorrections 消息类型，该帧允许发送者以 RTCM 类型传送 GPS 修正数据，长度可变，并且取决于发送端 GPS 单元看到的 GPS 卫星数目

3.7.3 探测车辆数据消息

探测车辆数据消息（Probe Vehicle Data Message，PVDM）是由车辆发送给可接收探测数据的 RSU，这些 RSU 部署在特殊区域如政府的交通部等。一个 PVDM 包括车辆当前和过去的状态信息，通过收集这些信息，RSU 可以了解到实时的路况及天气、交通状况等，从而路边网络能够为到达的车辆提供建议或者指示适当的行为。表 3-36 中显示了这个数据消息的结构。

表 3-36 J2735 探测车辆数据消息

数据元素/帧，长度	描述
DSRCmsgID 元素，1 字节	识别消息类型
ProbeSegmentNumber 元素，2 字节	可选的随机标识符，大约几秒或者几百米发生一次变化

(续)

数据元素/帧，长度	描　述
VehicleIdent 帧，可变长度	可选的帧，描述一个具体车辆的可识别信息。这个帧对那些希望匿名的探测车辆没用，信息可以通过多种方式进行传递：一种用户可识别的名字、一种车辆可识别的数据（VIN）、一个车主密码，以及一个临时 ID。该数据帧也能够传达车辆类别
FullPositionVector 帧，可变长度（最大 29 字节）	这个帧传达了车辆的二维位置，并且选择性地包括时间、高度、速度、方向，以及各种置信度和准确度测量
VehicleType 元素，1 字节	该元素传达探测车辆的类型：摩托车、小汽车和各种类型的轴承数、轮胎数以及车尾类型组合
Snapshot#1 帧，可变长度	第一个快照，每一个快照都是一个数据帧，用以传达车辆行驶路径上与当前点相关的完整位置矢量以及一条车辆状态数据。发送者可以灵活地从与车辆状态相关的大量可选元素中选择任何一个
Snapshot#n 帧，可变长度	最后一个快照，一个单独的探测车辆数据消息可以包含最多 32 个快照

3.7.4 路边警告消息

路边警告消息（RSAM）通常由 RSU 发送给指定范围内的车辆，警告它们附近要发生的危险，这些危险事件的类型和描述则来自于一个单独的 SAE 标准：J2450-2（SAE J2450 2006）。表 3-37 显示了 J2735 标准中 RSAM 的结构。

表 3-37　J2735 路边警告消息

数据元素/帧，长度	描　述
DSRCmsgID 元素，1 字节	识别消息类型
MsgCount 元素，1 字节	从 RSU 发出的警告消息的序号
IT IS. ITIScode 外部定义结构，2 字节/个，消息中有 1~9 个密码	来自 J2450-2 标准。最初的 ITIScode 是命令式的，其列出了一类警告和来自该类的一个具体数据项，可以允许多达 8 个附加 ITIScode。这些可以用来进一步描述引发这个消息的事件，也包括指导司机如何避开危险
Priority 元素，1 字节	可选元素，用于传达指定事件的运输信号优先级，相对于其他 IT IS 事件，此元素部位来自于指定设备的消息定义局部优先级
HeadingSlice 元素，1 字节	可选元素为给定时间传达其最感兴趣信息的粗略情况，分辨率是 22.5°的弧
FullPositionVector 帧，可变长度（最长 29 字节）	可选的，这个帧传达了车辆的二维位置，并且选择性的包括时间、高度、速度、方向和各种置信度和准确度测量
FurtherInfoID 元素，2 字节	该元素是一个 2 字节的字符串，能为其他任何可利用的事件信息提供链接

3.8　总结与展望

本章是对美标 IEEE 1609.X 中 WAVE 环境下车辆通信的一些概述与描述，此标准从不同的方面对 WAVE 系统进行详细的规定，包括网络业务、多信道操作、资源管理，以及应用安全服务和管理等方面的内容。同时还对 J2735 标准中定义的消息集进行了简要的介绍，包括 BSM、探测车辆数据消息以及路边警告消息。根据这些协议，我们可以实现在 WAVE 环境下车辆的应用，如前/后向碰撞预警、超车预警、车速引导以及行人非机动车穿越马路提醒等应用，从而提高交通安全以及车辆的通行效率等。

参考文献

[1] Standards N I O. Specification for the ADVANCED ENCRYPTION STANDARD (AES)[J]. FIPS-197, 2001.

[2] IEEE P1609.0™/D1.0, April 2011, Draft Guide for Wireless Access in Vehicular Environments (WAVE) - Architecture.

[3] Transportation I, Committee S. 1609.2-2006 - IEEE Trial-Use Standard for Wireless Access in Vehicular Environments - Security Services for Applications and Management Messages[J]. 2006:0_1-105.

[4] IEEE. 8802-11-2012 - Information technology--Telecommunications and information exchange between systems Local and metropolitan area networks--Specific requirements Part 11: Wireless LAN Medium Access Control (MAC) and Physical Layer (PHY) Specifications - Redli[M]// IEEE Standard for Information Technology- Telecommunications and Information Exchange Between Systems-Local and Metropolitan Area Networks-Specific Requirements-Part 11: Wireless LAN Medium Access Control (MAC) and Physical Layer (PHY) Specifications.Pisataway: IEEE, 2012:i-445.

[5] Std I. IEEE Standard Specifications for Public-Key Cryptography[J]. IEEE, 2004:1-228.

[6] IEEE Guide for Wireless Access in Vehicular Environments (WAVE) - Architecture[J]. 2014:1-77.

[7] IEEE Draft Standard for Wireless Access in Vehicular Environment (WAVE) - Identifier Allocations[J]. 2012:1-20.

[8] Ieee B E. IEEE Standard for Wireless Access in Vehicular Environments (WAVE) - Networking Services[J]. 2010:1-144.

[9] Ieee B E. IEEE Standard for Wireless Access in Vehicular Environments (WAVE)--Multi-channel Operation [J]. 2010:1-89.

[10] IeeeB E. IEEE Standard for Information Technology—Telecommunications and Information Exchange Between Systems—Local and Metropolitan Area Networks—Specific Requirements—Part 11: Wireless LAN Medium Access Control (MAC) and Physical Layer (PHY) Specifications Amendment 1: Radio Resource Measurement of Wireless LANs.

[11] IEEE 802.11 Working Group. IEEE standard for information technology - Telecommunications and information exchange between systems - Local and metropolitan area networks - Specific requirements - Part 11: Wireless LAN Medium Access Control (MAC) and Physical Layer (PHY) specifications Amendment 6: Wireless Access in Vehicular Environments[J]. IEEE Std, 2010, 802(11).

[12] IEEE. Information technology. Telecommunications and information exchange between systems-Local and metropolitan area networks-Specific requirements-Part 11 : Wireless LAN medium access control MAC and physical layer PHI specification[J]. IEEE Standard, 1999.

[13] IEEE Standard for Local and Metropolitan Area Networks: Overview and Architecture[C]// IEEE Std.Pisataway: IEEE, 2002:1-48.

[14] Yergeau F. UTF-8, a transformation format of ISO 10646[M]. RFC Editor, 2003.

[15] Netze H. Standard for the transmission of IP datagrams over IEEE 802 networks[J]. Heise Zeitschriften Verlag, 1988.

[16] British Standards Institution. Road transport and traffic telematics. Dedicated Short Range Communication (DSRC). DSRC application layers, 2013.

[17] Ieee B E. IEEE Standard for Information Technology - Telecommunications and Information Exchange Between Systems - Local and Metropolitan Area Networks - Specific Requirements[J]. 2007:0_1-121.

[18] Itu-T X. Information Technology--Abstract Syntax Notation One (ASN.1): Specification of Basic Notation [J]. Journal of the Chemical Society Faraday Transactions, 2002, 19(1):3553-3553

[19] Agency M. United States Department of Defense, World Geodetic System 1984: Its Definition and Relationships with Local Geodetic Systems[J]. 1997.

[20] Dworkin M J. SP 800-38A 2001 edition. Recommendation for Block Cipher Modes of Operation: Methods and Techniques[M]. National Institute of Standards & Technology, 2001.

[21] Dworkin, Morris J. SP 800-38B. Recommendation for Block Cipher Modes of Operation: the CMAC Mode for Authentication[J]. National Institute of Standards & Technology, 2003, 5(6):669-675.

[22] Dworkin M J. SP 800-38C. Recommendation for Block Cipher Modes of Operation: the CCM Mode for Authentication and Confidentiality[M]. National Institute of Standards & Technology, 2004.

第4章 欧盟车联网标准

4.1 引言

智能运输系统（Intelligent Transport System，ITS）是将信息、通信、传感和计算机等技术有效地运用于地面运输管理体系，而建立起的一种实时、高效的综合运输管理系统。为实现 ITS 对车辆的智能化、动态管理，国际上专门开发了适用于 ITS 领域的短距离无线通信协议，即专用短程通信（Dedicated Short Range Communications，DSRC）协议，欧洲、日本和美国都制订了各自的 DSRC 标准。DSRC 为车与路之间提供单向或双向交互式通信，使车辆能够使用交通信息网络中的各种资源，同时为交通控制中心提供行驶车辆的有关数据，从而将车和路有机地连接起来。

欧洲标准组织 CEN 于 1991 年成立 CEN/TC278 委员会，开始针对道路运输信息通信（Road Transport and Traffic Telematics，RTTT）进行标准化工作。为了解决欧洲 ITS 的问题，2008 年欧委会发布了欧洲 ITS 行动计划。2009 年欧委会委托欧洲标准化机构 CEN、CENELEC 和 ETSI 制订了一套欧盟层面统一的标准、规格和指南，来支持合作性 ITS 体系的实施和部署。2013 年，ETSI 和 CEN/ISO 完成首版标准 Release 1 的制订。该标准能够支持不同制造商生产的车辆之间以及与路边系统互相通信，主要涉及五个标准工作组：WG1~WG5。其中，WG1 主要规定了应用层及相关设备的规范；WG2 管理 ITS 站点（ITS Station，简称 ITS-S）内从上到下的所有进程；WG3 对网络层和传输层的协议进行了描述；WG4 涉及物理层和数据链路层的具体标准；WG5 则对系统的风险评估、信任和隐私管理进行了分析。

在欧洲，车联网被称为协作智能交通系统业务（Cooperative Intelligent Transport Systems and Services，C-ITS）。C-ITS 将各种交通要素分成四个子系统：个人 ITS 子系统、车辆 ITS 子系统、道路 ITS 子系统和中心 ITS 子系统，如图 4-1 所示。各个子系统都属于一个 ITS 站点，通过 ITS 通信技术集成起来。因为 C-ITS 能够在每个 ITS 站点之间通信（即 ITSC，ITS Communications）并分享信息，这是它与传统 ITS 显著不同的地方，其结果是它能够有效提高安全，改善交通效率和提高舒适度。

C-ITS 有以下特点：
- 一个共同的参考体系结构，如图 4-2 所示。
- 任何 ITS 站点之间可以共享信息（车辆子系统、道路子系统、中心子系统和个人子系统）。
- 在单个 ITS 站点中应用共享资源（通信、定位、安全等）。
- 支持多个应用同时运行。

C-ITS 在发展的过程中也在不断扩展。首先，C-ITS 不仅关心汽车，也包括卡车、公共汽车、火车等，同时也包括了交通生态和人。第二，早先车路协同系统专注于 DSRC 这一种技术,它对于解决移动车辆间的通信是个很好的选择,现在的研究关注了更多的通信方式,这些通信方式允许使用者、车辆、基础设施和操作者之间一对一地通信。

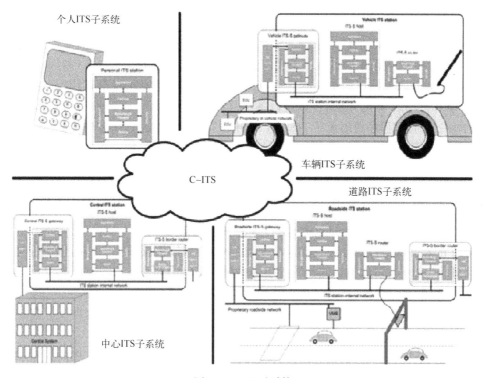

图 4-1　ITS 子系统

3G/4G 将车辆与后台中心进行连接,实现远程信息处理。为了建设一个完整的 ITS 系统,C-ITS 将 V2X 集成进来。欧洲在 5.9 GHz 频段上为 DSRC 预留 70 MHz 的带宽,其在 ETSI TC ITS 和 CALM M5(在 ISO TC 204 中)中被称为"ITS-G5"。传统的 WiFi 技术对于车辆间的移动通信不是最优选择,相比之下,ITS-G5 可以支持快速移动车辆间的通信以及车辆和路边单元的通信。车辆通过 ad-hoc 网络连接的概念也是 C-ITS 研究的范畴。因此,为了协同合作,车辆之间或者车辆和路边单元之间可以通过 ad-hoc 方式直接交流。

为了解决交通问题,实现主动安全应用,C-ITS 还包括许多其他的技术:
- 定位:很多复杂的应用需要精确的车道级定位,用现在的 GPS 或新的伽利略系统不能实现,可以依赖差分 GPS。
- 地图:LDM 本地动态地图的概念将提供更高精度的更多细节,LDM 是一个很重要的基于地理位置分层的数据库,存储了静态、半静态和动态移动的目标。数据由其他 ITS 站点或连接到 ITS 站点的传感器提供。
- HMI 人机界面:C-ITS 应用需要提供适合驾驶员的界面。
- 车载和路边传感器:ADAS 传感器(如摄像头、雷达等)需要在未来有更多的推广。未来的复杂 ADAS 将集成通信和传感器信息于一体。传感器在基础设施这个层面很重要,包括摄像头、雷达、冰雾检测器,将为车辆提供基本的天气环境和危险路况警告,这可以通过与 V2X 相结合来完成。

4.1.1 ITS 站点整体介绍

1. ITS 站点的参考架构

ITS 站点是采用 ITSC 通信来承载 ITS 业务的实体，如车载子系统或道路子系统，其参考架构为了满足 ITS 应用程序的扩展，采用了 OSI 分层通信协议。

图 4-2 展示了 ITS 站点的参考体系结构，中间三块分别代表 OSI 分层模型的接入层（1、2 层），网络和传输层（3、4 层），以及设备层（5~7 层）。

在图 4-2 中应用程序块展示了 ITS 站点应用进程使用 ITS 站点服务连接到位于另一个或多个 ITS 站点应用进程。两个或多个 ITS 站（ITS-S）应用进程相互协作就可以向 ITS 用户提供 ITS 服务。一个例子是服务器应用程序和客户端应用程序，服务器应用程序存在于一个 ITS 站点中，而客户端应用程序存在于另一个 ITS 站点中。

图 4-2 的左侧部分展示了管理实体，这种实体在 ITS 站点中负责管理通信过程，并授予管理信息库（Management Information Base，MIB）访问权限。

图 4-2 的右侧部分展示了安全实体，可以为 OSI 通信协议栈、安全实体、管理实体提供安全服务，"安全"可以被认为是管理实体中的一个特定部分。

在图 4-2 中展示的功能块通过可观测的接口或服务访问点（Service Access Point，SAP）或应用程序接口（Application Programming Interface，API）进行连接，这些交互连接的名称也分别显示在了图 4-2 中。

虽然 OSI 分层模型的概念是基于图 4-2 展示的，每层都包含一组上述的完整功能的独立层，但 ITS 提供了与这些层相关的更深层次的功能，即跨层功能，如分布式拥塞控制。

2. ITS 站点的功能组件

（1）概述

一个 ITS 站点包括以下功能组件：
- ITS-S 主机。
- ITS-S 网关。
- ITS-S 路由器。
- ITS-S 边界路由器。

（2）ITS-S 主机

参照图 4-2，ITS-S 主机至少包含 ITS-S 应用程序和所需的 ITS 站点参考体系结构的功能实现。

（3）ITS-S 网关

图 4-3 显示了一个 ITS-S 网关提供的功能。它在第 5 层到第 7 层连接了两个不同的 OSI 协议栈。网关应当有转换协议的能力，典型地，图 4-3 右边的协议栈与 ITS 站点内网络连接；左边的协议栈与专有网络连接，比如车载以太网。

（4）ITS-S 路由器

一个 ITS-S 路由器提供了如图 4-4 所示的功能，即在图 4-2 中给出的除"应用程序"和"设备层"以外的功能。在第三层它连接两个不同的协议栈。路由器可能支持转换协议，其中一个协议栈通常连接到 ITS 站点内网络。

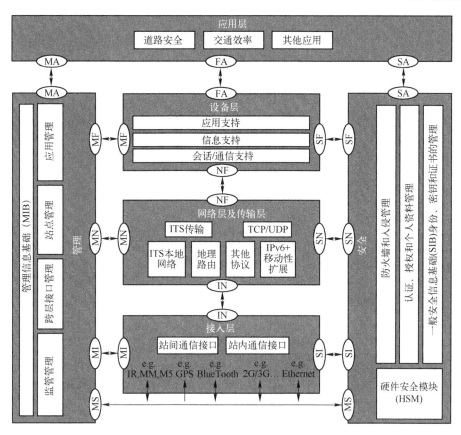

图 4-2 ITS 站点参考体系结构的可能实例

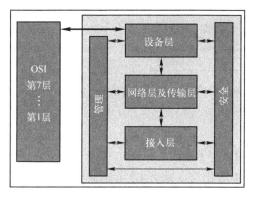

图 4-3 ITS-S 网关

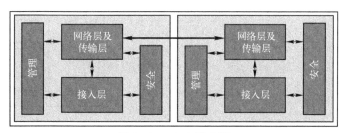

图 4-4 ITS-S 路由器

(5) ITS-S 边界路由器

如图 4-5 所示，一个 ITS-S 边界路由器基本上提供与 ITS 路由器相同的功能，如图 4-4 所示。不同的是，外部网络相关协议栈可能不遵循 ITS 的管理和安全性原则。

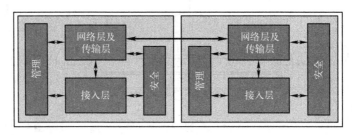

图 4-5 ITS-S 边界路由器

4.1.2 设备层

如图 4-6 所示，ITS 通信（ITS Communications，ITSC）的设备层是 ITS 站点参考体系结构的一部分。

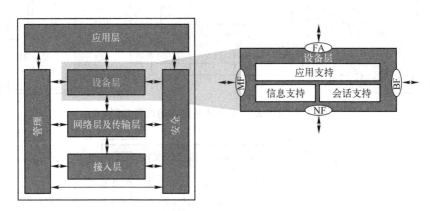

图 4-6 ITS 站点参考结构体系的一部分：ITSC 设备层

1. 一般功能

ITSC 设备层的细节如图 4-7 所示。

ITSC 设备层对应了 OSI 应用层、表示层（如编码和译码以及加密技术）和会话层（如主机间通信），并针对 ITSC 做了修正。

- 应用层支持。
- 信息支持。
- 通信支持。
- 会话层支持。
- 设备层管理。
- 设备层与 ITS 站点应用程序之间的接口 FA。

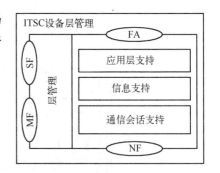

图 4-7 ITSC 设备层

- MF 接口，通过使用管理服务连接 ITSC 管理实体。
- SF 接口，通过使用安全服务连接 ITSC 安全实体。
- NF 接口，通过使用通信服务连接 ITSC 网络层和传输层。

ITSC 设备层对 ITS 应用提供支持，ITS 应用可以根据它们对应的功能和操作要求共享通用的功能和数据。

2. 设备层详细介绍

在本节中主要介绍设备层支持公共数据管理在 ITS 站点应用之间的数据交换。

（1）事件消息

事件消息通过探测事件的发生所触发。一旦 ITS 站点探测到了某些事件的发生，便会重复它发送该事件消息。事件消息通过广播功能去标记事件。根据特定的事件可以定义信号覆盖的范围、停止重复广播。分散式环境通知消息（Decentralized Environmental Notification Message，DENM）就是一种典型的事件消息。DENM 虽然是事件触发，但是一般也会持续一段时间，即一种瞬时性的周期消息。

（2）周期消息

协作感知消息（Co-Operative Awareness Message，CAM）是周期性消息的一个例子。设备层在给定的频率下周期性地广播 CAM，该频率既满足道路安全应用的要求，也满足传输层和网络层的网络要求。CAM 频率可以由通信管理实体所决定，通信管理实体会将受支持的道路安全应用操作要求、传输层要求以及当前信道的负载情况考虑进来。

另一个周期消息的例子就是服务广播。

（3）服务消息

服务消息是管理会话的消息：

- 服务环境消息承载在服务环境帧中，它是服务广播消息的应答。
- 请求消息承载来自 ITS 站点应用的协议数据单元（Protocol Data Unit，PDU）请求。
- 响应消息承载来自 ITS 站点应用的 PDU 响应。

4.1.3 网络层和传输层

如图 4-8 所示，ITSC 网络层和传输层是 ITS 站点参考结构体系的一部分。

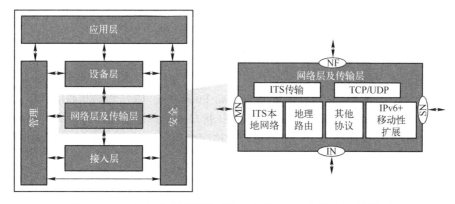

图 4-8 ITS 站点参考结构体系的一部分：ITSC 网络层和传输层

1. 一般功能

ITSC 网络层和传输层的细节如图 4-9 所示。

ITSC 网络层和传输层对应着 OSI 网络层和传输层的功能，并针对 ITSC 做了修改：

- 一个或多个网络协议，不仅仅是 IP。
- 一个或多个传输协议。
- 一个网络层和传输层的管理。
- 一个 NF 接口，通过提供通信服务连接 ITSC 设备层。
- 一个 NM 接口，通过提供管理服务连接 ITSC 站和通信管理实体。
- 一个 SN 接口，通过安全服务连接 ITSC 安全实体。
- 一个 IN 接口，通过使用通信服务连接 ITSC 的接入层。

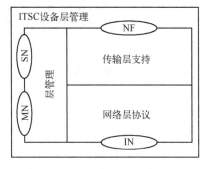

图 4-9　ITSC 网络层和传输层

2. 网络层协议

如图 4-8 所示，到目前为止，对于 ITSC 已经定义了一些不同的网络协议：

- 地理网络协议（GeoNetworking）。
- 支持移动性的 IPv6 网络。
- GeoNetworking 上的 IPv6。
- CALM FAST 协议。
- IPv6 网络的其他模式。
- 其他协议。

每个网络协议也许与特定的 ITSC 传输层协议或者与已经存在的传输层协议相关联，如 UDP、TCP。IPv6 网络包含了可以与传统 IPv4 协议互操作的方法。

3. 传输层协议

ITSC 规定了不同的传输层协议，如图 4-8 所示。

- UDP/TCP。
- ITSC 专用传输层协议，即基本传输协议（BTP）。
- 其他协议。

4.1.4　接入层

作为 ITS 站点参考体系结构的一部分，ITSC 接入层（AL）的一般细节如图 4-10 所示。

图 4-10 区分了站内通信接口（Communication Interfaces，CI）和站间通信接口。从协议的角度来看，图 4-11 中通过 IN 接口、IM 接口和 SI 接口来管理通信接口是没有区别的。但是需要有一个管理协议的方法，以确定每个特定的通信接口的属性和状态以及操作它们的参数。

1. 一般功能

图 4-11 描述了 ITSC 接入层的细节。

接入层包括：

- 物理层（Physical Layer，PHY）：与通信介质保持物理连接。

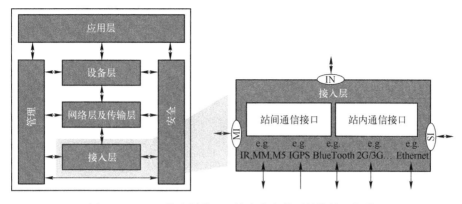

图 4-10　ITSC 接入层是 ITS 站点参考体系结构的一部分

- 数据链路层（Data Link Layer，DLL）：分为介质访问控制子层（Media Access Control，MAC）和逻辑链路控制子层（Logic Link Control，LLC）；MAC 层管理对通信介质的访问。
- 接入层的管理层：直接管理物理层和数据链路层。
- IN 接口：通过提供数据链路层通信服务连接 ITSC 网络层和传输层。
- MI 接口：通过提供管理服务连接 ITS 站点和通信管理实体。
- SI 接口：通过使用安全服务连接 ITSC 安全实体。

由于 ITSC 支持不同接入技术（包括传统技术），所以需要一个传统技术的适配层，如图 4-12 所示，其适配层包括：

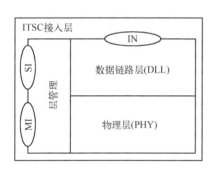

图 4-11　接入层细节

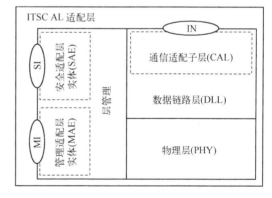

图 4-12　接入层的适配层

- AL 通信适配子层（CAL）。
- AL 管理适配层实体（MAE）。
- AL 安全适配层实体（SAE）。

2. 通信信道

（1）逻辑信道

一个 ITSC 的通信接口 CI 提供一个或多个逻辑信道（Logical Channel，LCH）的功能，LCH 与物理信道的映射关系将在接入技术标准中指定。

LCH 按顺序编号（LCHx，x 表示顺序数），应该用 ASN.1（Abstract Syntax Notation，抽象描述文法）语法描述。

LCH 主要应用在以下几方面：
- 基站管理。
- 服务广播。
- ITS 应用数据交换。
- 信息传播。
- 通用目的，如因特网、视频流的传输。

LCH 提供优先级机制。

（2）信道类型和接入技术

如果可以的话，逻辑信道应当被视为一个通信接口（Communication Interfaces，CI）或它的一个虚拟实例（Virtual Communication Interfaces，VCI），一个通信接口就是接入层技术的一个实现，通过通信接口标识符（Communication Interface Identifier，CI-ID）被唯一选择。VCI 也可以通过 CI-ID 被唯一选择。一个 CI/VCI 可以对应一个信道或者多个信道。

3. 优先级

（1）一般概念

传输请求的优先级通常可能在 ITSC 接入层的两个不同层级中处理：

1）接近 IN 接口的下面，如 DLL。
2）接近物理层或者在物理层中。

以下两种方法都可以采用：
- 在通信接口中的同一个站点处理不同 ITS 应用程序之间的优先级竞争。
- 在特定媒介的物理信道中处理不同的 ITSC 站之间的优先级竞争。

（2）单个站点内的竞争

当每个传输请求通过 IN 接口时，传输请求所表征的信道接入优先权用来表示通信接口中当前传输请求的优先权，DLL 中的优先权应该基于优先级队列。

（3）物理通信信道的竞争

ITSC 站之间的竞争依赖于特定的接入技术，并且信道接入优先级到信道竞争等级之间的合理映射关系应该被定义。

在物理通信信道中的竞争处理主要基于少量的不同优先层级，例如：对于四个优先值来说，信道竞争等级可以设为"极高""高""中等"和"低"。

4.1.5 ITSC 管理实体

如图 4-13 所示，ITSC 的管理实体是 ITS 站点参考体系结构的一部分。

1. 概述

ITSC 管理实体包含了管理元素，如图 4-13 所示，这些管理元素按照功能进行分组：
- 跨层接口管理。
- 单元间管理通信。
- 组网管理。
- 通信服务管理。
- ITS 应用管理。

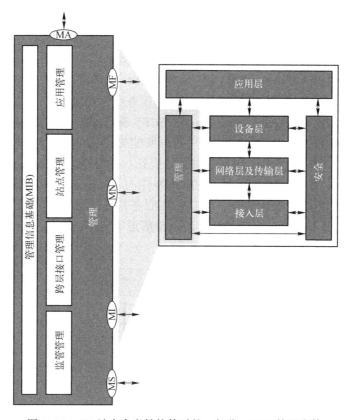

图 4-13 ITS 站点参考结构体系的一部分：ITSC 管理实体

- 站点管理。
- 一般拥塞控制管理。
- 服务广播管理。
- 传统系统保护管理，如 DSRC 保护。
- 管理信息库（MIB）。
- MI 接口：通过使用接入层管理服务连接 ITSC 接入层。
- MN 接口：通过使用网络层和传输层管理服务连接 ITSC 网络层和传输层。
- MF 接口：通过使用设备层管理服务连接 ITSC 设备层。
- AM 接口：通过提供管理服务连接 ITS 站点应用。
- MS 接口：通过使用安全管理服务连接安全实体。

2. ITS 服务广播

（1）识别 ITS 服务

为了帮助 ITS 站点了解 ITS 服务，ITS 主要采用推（push）和拉（pull）机制。push 机制即"ITS 服务广播"，通过广播推送能够提供的服务给 ITS 站点，根据背景信息允许采用不同的实现方式，其中一种是以单跳的方式广播 ITS 服务，这就是"FAST"服务广播协议。Pull 机制采用请求——响应的机制，与 Internet 类似的订阅方式来获取想要的服务。

（2）"FAST"服务广播

"FAST"服务广播为单跳用户提供服务广播，一个服务广播管理器负责收集来自 ITS 站点应用的请求,并且根据 ITS 应用服务提供者实体(即服务提供商)所建立的请求初始化服务广播消息的传输频率。ITS 站点接收来自一跳范围内对等站点的服务广播消息,并且根据 ITS 应用服务客户实体(即用户)的要求处理广播数据。

服务广播和服务会话操作有两种方式,分别如图 4-14 和图 4-15 所示,由 ITS 应用决定使用哪种方式。图 4-14 描述了 CEN DSRC 如何用服务广告帧(Service Advertisement Frame,SAF)以及服务背景帧(Service Context Frame, SCF)来承载广播数据包的方法,在服务初始阶段,服务提供商通过服务广告帧向用户通告所能提供的服务,用户收到之后回复 SCF 消息,告诉服务提供商环境信息,包括感兴趣的服务;在服务运行阶段通过请求——响应的方式提供相应的服务。图 4-15 描述了 IEEE 1609 中(Wireless Access in Vehicelar Environment,WAVE)车载环境下的无线接入方法,在服务初始阶段只使用了 SAF,而没有使用 SCF。SAF 在逻辑信道 1 或者一个应用特定的逻辑信道中传播,其他所有帧在逻辑信道 2 或者应用特定的逻辑信道中传播。

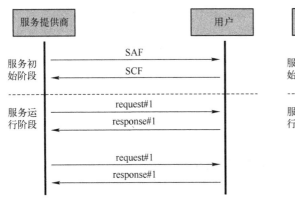

图 4-14　ITSC 服务帧交互实例(SAF 和 SCF)　　　图 4-15　ITSC 服务帧切换实例

(3)拥塞控制

众所周知,物理通信信道的带宽有限,在实际操作环境中,大量 ITS 站点将同时尝试访问物理通信信道,所以需要提供特殊的方法来避免物理信道上过大的负载。

这些方法叫作拥塞控制,并且会影响所有的通信层,主要包括:

1)对接入层参数的动态调整。
2)对已选数据包信道访问优先权的动态调整。
3)改变通信接口,切换到其他的网络(垂直切换)。
4)周期性消息重复率的动态调整。

(4)CI/ITS 站点应用映射

如何根据 ITS 站点应用动态选择最好的通信接口,图 4-16 显示了这种映射过程的基础架构和数据流。

通信接口给 ITS 站点应用提供通信服务,为了确定最适合的通信接口,CI/ITS 应用映射的管理需要知道:

1)通过 ITS 应用需求表了解 ITS 站点应用通信需求是什么。
2)什么类型的 CI 是合适的,并且这些 CI 的属性和状态是什么样的。
3)通过规则集了解使用规则是什么。

如有可能，CI/ITS 应用映射需要分散到所有的 ITS 站点，映射的决策由 ITS 站点主机来处理。

（5）本地节点图

ITSC 站点管理可能将通信参数和它们的运动状态向量（如位置，速度和航向角）结合起来去维护相邻站点的信息，即"本地节点图"信息。这些参数包括 MAC 层地址、网络地址等。

如果可以，本地节点图管理与站点的本地动态地图（Local Dynamic Map，LDM）服务相互作用。

（6）管理内部通信

在相同 ITS 站点管理实体的实例间通信是通过管理内部通信来实现的。

（7）控制信息管理

控制信息根据接入技术的需要来管理，除此之外，如果可以，ITSC 管理实体将为控制信息管理提供一个公共帧。

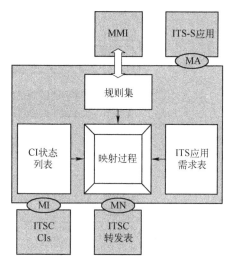

图 4-16　CI/ITS-S 应用映射

（8）ITS 应用管理

ITS 应用管理主要管理 ITS 站点应用的安装、配置以及必要的更新。应用管理支持对 ITS 站点应用的错误处理，也提供安全保护机制以降低损害应用的行为。

ITS 应用管理可能使用从管理实体到应用实体、安全实体和到通信协议层的接口。

（9）ITS 通信服务管理

ITS 通信服务管理监控着 ITSC 的操作，包括：

1）通信系统配置和更新管理：
- 新的通信系统的添加和配置。
- 用于实现 ITSC 功能的核心软件的更新。

2）法规的遵从，如遵从国家频谱使用规范。

3）计费消息的记录和转发：
- 特别是针对第三方可支付的通信服务介入到车辆与车辆之间的通信
- 持有许可协议以确保 ITS 站点已被授权使用通信服务

4）通信系统故障监测、报警、诊断、自动解除（包括切换到可选择的通信系统）和报告。

5）维护设备来管理故障，如允许停用本地错误的通信系统。

服务管理的更高层次要求设计的 ITS 站点可以支持道路安全应用，这些包括：监测服务水平和记录通信系统的性能。

4.1.6　ITSC 安全

如图 4-17 所示，ITSC 安全实体是 ITS 站参考体系结构的一部分。包含了与 ITSC 通信协议栈、ITS 站点和 ITS 应用相关的安全功能。如：
- 防火墙和入侵管理。
- 认证、授权和个人资料的管理。

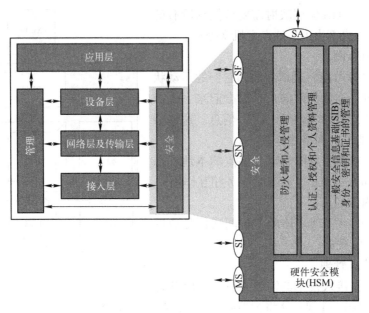

图 4-17　ITS 站参考结构体系的一部分：ITSC 安全实体

- 身份、密钥和证书的管理。
- 一般安全信息库（Security Information Base，SIB）。
- SI 接口：通过提供接入层安全管理服务连接 ITSC 接入层。
- SN 接口：通过提供网络层和传输层安全管理服务连接 ITSC 网络层和传输层。
- SF 接口：通过提供设备层安全管理服务连接 ITSC 设备层。
- SA 接口：通过提供安全管理服务连接 ITS 应用。
- MS 接口：通过提供安全管理服务连接 ITSC 管理实体。

4.2　应用及设备层

4.2.1　BSA 基本应用程序集

基本应用程序集由应用程序/适用案例组成，且这些应用程序被认为可以在系统的标准化工作完成后三年之内进行部署。基本应用程序集在不同的应用程序中将适用案例进行了重组。

本节具体说明所有属于基本应用程序集适用案例的功能性需求。

ITS 应用程序通过 ITS 站点之间的协同来实现。站点通过使用多个通信协议栈交换 V2X 消息达到通信目的。

BSA 的通信方案有点对点和点对多两种。点对点是指从一个 ITS 站点到另一个 ITS 站点之间的通信；点对多是指从一个 ITS 站点到多个 ITS 站点之间的通信。

4.2.1.1　道路主动安全

1. 辅助驾驶——协同感知

（1）应用一览

这一应用是在驾驶过程中提醒驾驶员邻近车辆紧急状况的出现，比如紧急车辆靠近。该应用的主要特点是利用从 ITS 站点发出的周期性 CAM 广播来实现。CAM 的传输是在 ITS 自组织网络内部进行的。另外，ITS 站点可能会发出补充的 DENM 来向更远距离的站点发送环境信息或提供与环境相关的额外信息。一旦接收到 CAM 或 DENM，ITS 接收站点判断形势的相关性和风险，通过人机界面向驾驶员提供有关的警报信息，往往不会反向去控制车辆的驾驶。

协同感知应用包含以下 4 种案例：车辆紧急警告、车辆减速提示、交叉口碰撞预警和机动车靠近预警。

（2）应用流程图

应用流程如图 4-18 所示，仅以 CAM 传输数据流为例。

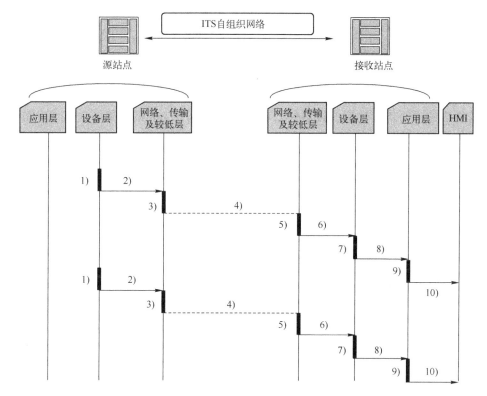

图 4-18　协同感知应用流程图

1）设备层通过从相关设备收集必要数据构成 CAM。
2）设备层以要求的传输参数向网络层和传输层发出一条 CAM。
3）较低层处理 CAM 并构成用于广播的数据包。
4）数据包在 ITS 自组织网络内广播。
5）在 ITS 接收站点，底层处理接收到的数据包并提取 CAM。
6）CAM 传输至设备层。
7）设备层处理 CAM 并向相关设备分发信息。
8）CAM 内的信息传输至应用层。

9) 应用层处理接收到的 CAM 信息。

10) 应用层通过 HMI 向驾驶员提供必要的警示信息。

CAM 是周期性发送的，ITS 接收站点每次会根据危险情况决定是否发生预警消息。

2. 驾驶辅助——路况危险警告

（1）应用概述

路况危险警告应用是协助智能交通系统的使用者在行驶的过程中提供路况危险情况的信息。

1) 事件地点：事件可以发生在一个具体的地点或者一个地理上的区域或者一个路段。
2) 持续时间：事件的持续时间可以从几分钟到几天、几个月不等，比如修路。
3) 严重性：由事件造成的对于路况安全和交通效率的安全性影响。
4) 进展：事件可能同时涉及时间和空间两个维度。

该应用以使用和传播分散环境通知消息（即 DENM）为特征。DENM 基本服务是一套实现道路危险警告所需要的应用软件和设备。DENM 基本服务包括以下主要功能：

① DENM 管理：DENM 的构造和管理。

② 路况危险警告应用：一个路况危险警告应用需要在应用层和设备层之间紧密交互。道路危险警告的主要功能包括侦查事件、初始化、终止 DENM 的广播、定义 DENM 和传播所需的具体信息，尤其是：

- 事件类型。
- 事件地址。
- DENM 的传播范围。
- 事件的持续时间，在事件的持续过程中能被估计和预测的。
- DENM 的传播速率。
- 在更新的分散的告知信息中事件演进的更新。

③ 本地的动态地图：本地动态地图数据库的事件管理。

道路危险警告（RHW）应用的目的是为了提高道路安全，用于道路危险警告的 DENM 消息分发主要在 ITS 自组织网络内实现。但是，RHW 应用能够提供道路危险相关的信息用于交通管理。出于这样的目的，需要建立与 ITS 后台管理中心之间的通信，通过向其通知侦查到的事件，从而采取相应的救援或者交通管理措施。

DENM 会随着所侦查到的事件进展而更新。即使消息源已经停止发送 DENM 或者已经远离了事件区域，只要 DENM 是有效的，相关 ITS 站点间的通信系统就必须在相关的区域保持 DENM 的激活状态。事件的终止通过消息源发送一个取消 DENM 消息或者通过授权的第三方 ITS 站点发送一个否定的 DENM 消息来触发。更新、取消和否定 DENM 的消息参考先前发出的 DENM。

根据接收到的 DENM，ITS 站点分析该信息是否是事件所关联的，并且通过人机交互界面给驾驶员提供相应的信息或警告。

有两种情况可以描述为道路危险警告使用情况：

1) 汽车侦查到的道路危险事件

通常来说，汽车侦查到的道路危险事件是汽车上的电子设备连续监测到的状态变化。这种变化可以是动态的（例如通过 ESC/ESP 监测到的道路湿滑）或者是静态的（例如雾灯或者雨刷器的开启）。当监测到道路危险事件时，RHW 应用会要求生成 DENM 消息，根据应用要求采用广播或基于地理位置的广播发送出去。只要 DENM 依然有效，还没有收到取消 DENM 或者否定 DENM 消息，那么即使 DENM 消息源已经驶离了，那些接收到 DENM 的 ITS 站点还需要继续分发 DENM。在拥挤的交通路段，需要采取措施来缓解可能的网络拥塞。在车辆稀疏的路段，ITS 站点可以先本地存储 DENM，等到有其他 ITS 站点进入覆盖区域后再广播出去。

2）路边装置侦查到道路危险事件

相对于运动的车辆 ITS 站点，通常路侧 ITS 站点发出的道路危险警告不会展示相同的动态特性。然而，功能和应用处理是相似的。为了能够支持 RHW 应用，路侧 ITS 站点需要装备传感器来检测相关的道路危险事件。这些路侧 ITS 站点应该被授权提供 RHW 应用。

（2）应用流程图

道路危险警告应用流程如图 4-19 所示。

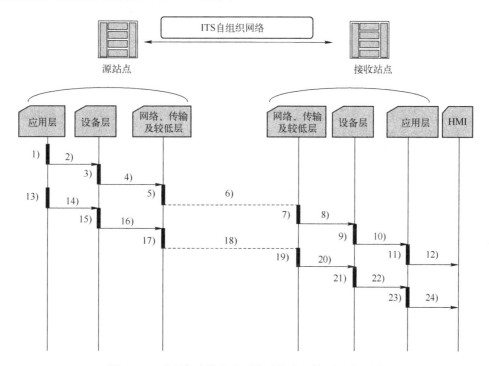

图 4-19　路况危险警告应用的功能应用摘要和流程图

1）通过侦查道路危险事件，RHW 应用决定是否发送请求来构建 DENM 消息。
2）RHW 应用发送一个服务请求给 DENM 管理设施，同时提供相关的事件信息给设备层。
3）DENM 管理设施从相关的设备和接收到的 RHW 应用中收集相关信息来构造一个 DENM 消息。
4）一旦生成 DENM 消息，设备层就给网络传输层发布 DENM 传输的服务请求。然后，设备层将传输要求和 DENM 消息发送给网络传输层。
5）底层处理 DENM 和创建用来广播的传输报文。
6）报文通过选定的通信信道传递。
7）一旦接收到消息，接收站点要么将报文转发给其他的 ITS 站点，要么将报文传递给上面的协议层，如果它位于数据报的分发区域。

8）DENM 从网络传输层传递给设备层。

9）设备层在 DENM 管理设施中处理 DENM，相应地更新 LDM 消息。

10）如果 ITS 站点认为接收到的 DENM 消息相关，会将事件信息传递给 RHW 应用。

11）RHW 应用处理事件信息，并通过人机交互界面（HMI）决定是否和何时来告知危险。

12）根据第 11）条的结果，ITS 站点通过 HMI 发布危险警告。

13）根据 RHW 的使用实例要求，ITS 站点监测事件的变化。监测的时间间隔与 RHW 使用实例密切相关。

14）更新的事件信息或者 DENM 管理规则传递给 DENM 管理设施。应用层将发布服务请求来构建更新的 DENM 消息。

15）设备层构建更新的 DENM。

16）如 4）定义的。

17）如 5）定义的。

18）如 6）定义的

19）如 7）定义的。

20）如 8）定义的。

21）如 9）定义的。一旦更新的 DENM 消息是用来通知事件终止的，ITS 接收站点将使相关联的事件信息失效，这些信息可能存在于 LDM 消息中。

22）如 10）定义的。更新的事件信息被传递给 RHW 应用。

23）如 11）定义的。一旦事件被终止，RHW 应用也被终止。

24）如 12）定义的。一旦事件被终止，该步骤不会出现。

4.2.1.2 协作式交通效率提升应用

协作式交通效率提升应用由路侧 ITS 站点向车辆 ITS 站点或者个人 ITS 站点提供交通信息。此外，它也会要求路侧 ITS 站点与中心 ITS 站点之间进行信息的交互。

协作式交通效率提升应用会利用协作式道路安全信息。此种情况下，存在两种可能性：

1）路侧 ITS 站点接收发自其他 ITS 站点的 CAM 和 DENM，通过点对点通信直接向中心 ITS 站点转发接收到的信息。

2）路侧 ITS 站点接收 CAM 和 DENM，先本地化预处理接收到的 V2X 消息。然后通过点对点通信向中心 ITS 站点传送处理结果和聚合的信息。

协作式交通效率提升应用可以由一个路侧 ITS 站点直接发起，通过传输 V2X 消息向道路使用者提供信息。或者通过一个中心 ITS 站点发起，该中心站点向路侧 ITS 站点提供与应用相关的信息，路侧站点处理信息之后向用户传送 V2X 消息。存在两种通信场景：

1）对于路侧 ITS 站点和车辆站点之间或与个人 ITS 站点之间的通信，可以是基于地理位置向处于特定区域内的车辆或个人 ITS 站点广播信息，或者是在路侧站点和特定的车辆或个人 ITS 站点之间进行点对点的通信。

2）对于路侧 ITS 站点和中心 ITS 站点之间的通信，这种通信的建立是为了完成必要的处理，例如，应用升级、交通管理数据升级等，通常采用点对点的通信方式。

路侧站点需要授权向用户提供交通管理信息，协作式交通效率提升应用通过路侧站点来发布所能提供的服务。

1. 速度管理——限速提醒

协作式速度管理-限速提醒应由提供相关服务的路侧 ITS 站点通过服务公告发布。

一条"限速提醒"的 V2X 消息由授权的路侧 ITS 站点广播。该消息由路侧站点激活和终止，必要时由中心 ITS 站点来控制执行。该消息采用基于地理位置的广播来发送，所有位于覆盖范围内的车辆 ITS 站点都能接收到消息。

一旦开始广播"限速提醒"的 V2X 消息，将在设定的时间间隔内以给定频率持续进行。这一持续进程也允许速度限制信息被更新。

作为例子，一条"限速提醒"V2X 消息可能包含当前的限速规定和推荐的背景速度限制。用于交通管理、交通安全相关的背景因素也可以与限速关联起来。当然，限速需要根据地理范围和行驶方向来设置关联区域的速度限制。

2. 速度管理——基于交通灯的车速建议

"基于交通灯的车速建议"的服务应由路侧 ITS 站点通过服务公告来发布。

路侧 ITS 站点会在"信号相位和配时"V2X 消息中提供关于交通信号的相位和配时的信息，在"交叉口拓扑"消息中向车辆 ITS 站点提供十字路口拓扑信息。上述两种消息由授权的路侧站点广播。广播的激活和终止均受路侧站点控制，必要时也受中心 ITS 站点控制。消息采用基于地理位置的广播来传输，所有位于传输范围内的车辆 ITS 站点都能接收到消息。

一旦开始广播，将以给定频率持续进行。这一持续过程也允许"信号相位和配时"消息包含更新的交通灯状态和剩余时间。

作为例子，一条"信号相位和配时"V2X 消息可能包含当前交通灯相位（绿灯、黄灯或红灯），例如，控制每条车道的信号灯状态，信号灯状态转换前剩余时间，每种状态持续时间。一条"交叉口拓扑"消息应当包含相关路口或地理区域每个道路标识，地理位置和停车线位置。

3. 协同导航

"协同导航"的服务应由路侧 ITS 站点通过服务公告来发布，通过授权的路侧 ITS 站点广播"协同导航"V2X 消息。广播的激活和终止均受路侧站点控制，必要时也受中心 ITS 站点控制。同样地，也是采用基于地理位置的广播来传输该消息，所有位于传输范围内的车辆 ITS 站点都能接收到消息。

一旦开始广播，将以给定频率持续进行。在这个过程中允许"协同导航"消息中包含更新的导航信息。

作为例子，一条"协同导航"V2X 消息可能包含导航信息有效区域的定义，道路受限信息，推荐路线和其他的建议信息等。也可以包含本地交通信息等内容。

4.2.1.3 协同本地服务

1. 基于位置的服务——兴趣点提醒

"兴趣点（Point of Interest，PoI）提醒"的服务应由授权的路侧 ITS 站点通过服务公告来发布，广播的激活和终止均受路侧站点控制，必要时也受中心 ITS 站点控制。采用基于地理位置的广播或者一对多的通信方式用于该 V2X 消息的传输，所有位于传输范围内的车辆 ITS 站点不必发出请求都有可能接收到消息。

一旦开始广播，将在设定的时间间隔内以给定频率持续进行。这一持续过程也允许

"兴趣点提醒"消息包含动态的信息。

作为例子，一条"兴趣点提醒"V2X 消息可能包含发布的消息数量，与每个兴趣点相关的位置、类型和动态信息。兴趣点的类型包括加油站/充电桩、4S 维修店/检测中心、公共交通站点、休息区、停车场、酒店/餐馆、旅游景点、医疗点、派出所和收费站。

2. 基于位置的服务——自动准入控制和停车管理

"自动准入控制和停车管理"的服务应由授权的路侧 ITS 站点通过服务公告周期性地发布。采用一对多通信或者基于地理位置的广播方式来进行该 V2X 消息的传输。

在至少一个车辆 ITS 站点的请求下，"自动准入控制和停车管理"消息的广播可由路侧站点激活。然而，所有出现在传输范围内的其他车辆 ITS 站点不必发出请求就都有可能接收到该消息。

一旦开始广播，将在设定的时间间隔内以给定频率持续进行。这一持续过程允许"自动准入控制和停车管理"消息包含动态信息。

举个例子，一条"自动准入控制和停车管理"V2X 消息可能包含驾驶员决定是否停车的动态请求信息，具体包括：

- 停车精准位置。
- 准入条件。
- 营业时间。
- 停车价格和当前可用停车位。
- 付账方式，预定停车位的可能性。
- 车辆限制条件。
- 可提供其他设施和服务等。

取决于停车服务的步骤，在路侧 ITS 站点和车辆 ITS 站点之间需要进一步的点对点通信来交换所需信息，例如：车辆配置信息、客户身份确认、准入权限配置，以及停车数据记录等。

3. 基于位置服务——ITS 本地化电子商务

ITS 本地化电子商务是和其他程序相关联的，例如兴趣点提醒或停车管理应用。这种情况下，电子商务的服务公告就和有关的应用程序服务公告关联在一起。

ITS 本地化电子商务并不总是意味着金融业务交易，例如银行要求的网络访问，这时电子商务是通过账单功能或是电子钱包功能实现的。

通常情况下，一笔 ITS 电子商务交易是与 PoI 消息的原始发布者在本地达成的。这种情况下，点对点通信会话在 ITS 站点客户端和授权接受付款的本地服务提供商之间建立起来。

4. 基于位置服务——多媒体下载

多媒体下载是和其他一些程序相关联的，例如，PoI 提醒应用。这种情况下，其服务由相关联的服务公告来发布。

若多媒体数据是免费的或由公共机构提供，就可以进行广播。当多媒体是付费的或按需提供时，它的传输就受客户访问权限制约。这种情况下，点对点会话只在交易双方之间建立。

全球多媒体下载要求提供 Internet 的服务访问。

4.2.2 协作通信基础服务

协作感知消息（CAM）在 ITS 网络中用于 ITS 站点间建立和维持彼此之间的联系，也是一种在道路网络中支持协作应用的一种信息。CAM 包括发送 ITS 站点的状态和属性，其内容随着 ITS 站点的类型不同而改变。对于车辆 ITS 站点来说，状态信息包括时间、位置、运动状态、激活的系统等，并且该特性信息包括其尺寸、车辆类型和在道路交通中的角色等。在接收 CAM 时，接收方的 ITS 站点能够感知到发送方 ITS 站点的类型和状态。接收到的信息可以被用来支持多个 ITS 应用。例如，通过把发送方 ITS 站点的状态与它自己的状态相比较，接收方 ITS 站点能够估计其与发送方发生危险碰撞的可能性，并且在必要时通过 HMI 告知驾驶员。多个 ITS 应用程序可能要依靠协作通信（CA）基础服务，它被分配到设备层的应用支持这一功能模块。

除了支持应用以外，利用 CA 基础服务感知其他 ITS 站点的功能可被用于网络与传输层，依据消息的分发进行定位，例如通过基于地理位置组播发送的 DENM。CAM 的产生和传输由 CA 基础服务通过执行 CAM 协议来进行管理。

4.2.2.1 CA 基础服务的功能说明

1. ITS 架构中的 CA 基础服务

发送 CAM 作为 CA 基础服务的一部分，应用在所有 ITS 站点中，后者（车辆 ITS 站点、个人 ITS 站点等）参与到道路交通中。

CA 基础服务是 ITS 站点架构的设备层实体。它可能与设备层的其他实体和 ITS 应用程序有接口，以收集相关的信息用于 CAM 生成、转发和进一步处理所接收的 CAM 的内容。CA 基础服务在 ITS 站点架构中与其他层以及在设备层内可能的逻辑接口如图 4-20 所示。

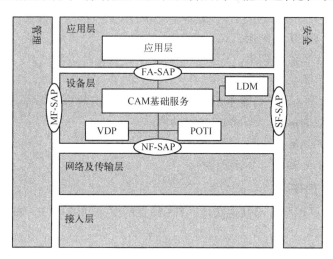

图 4-20　ITS 站点架构中 CA 的基础服务

在车辆 ITS 站点实体中，数据可能是由车辆数据提供商（Vehicle Data Provider，VDP）以及位置和时间管理系统（Position and Time Management，POTI）收集，本地动态地图（LDM）为接收数据的接收终端。VDP 与车载网络连接，并提供该车辆的状态信息。POTI 提供 ITS 站点的位置和时间信息。LDM 是用于 ITS 站点的本地地图数据库，根据收到的 CAM 数据进行更新，ITS 应用程序可从 LDM 检索信息以做进一步处理。

CA 基础服务通过 NF-SAP 连接网络传输层（Networking & Transport Layer，N&T），与其他 ITS 站点交换 CAM 信息，通过安全实体的 SF-SAP 访问用于 CAM 传送和 CAM 接收的安全服务，通过 MF-SAP 连接管理实体，如果接收到的 CAM 数据被直接提供给应用程序，则通过 FA-SAP 连接应用层。

2. CA 基础服务的功能架构

CA 基础服务是设备层的应用支持功能的一部分。图 4-21 所示的是 CA 基础服务的功能块和与设备层其他功能的接口。

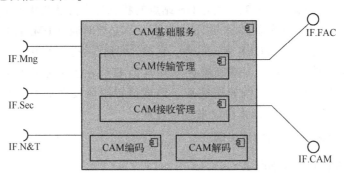

图 4-21 CA 基础服务的功能框图

为了发送和接收 CAM，CA 基础服务应提供以下子功能：

1）CAM 编码　该子功能按照规定的格式构建 CAM，车载数据的最新的可用的值应始终包括在 CAM 中。

2）CAM 解码　解码接收到的 CAM。

3）CAM 传输管理　该子功能用于实现发送方 ITS 站点的协议操作，特别包括：

- 启动和终止 CAM 传输操作。
- 决定所述 CAM 生成的频率。
- 触发 CAM 的产生。

4）CAM 接收管理　该子功能用于实现接收方 ITS 站点的协议操作，特别包括：

- 在 CAM 的接收时触发"解码 CAM"功能。
- 提供接收到的 CAM 信息给 LDM 或接收站点的 ITS 应用。
- 检查收到的 CAM 信息（可选功能）。

3. CA 基础服务的接口

本节定义了 CA 基础服务与其他实体、ITS 站点的层之间的接口，如图 4-21 所示。

（1）ITS 应用接口

一个 ITS 应用是实现其一个或多个用例的逻辑应用层实体。为提供接收的数据，CA 基础服务提供接口 IF.CAM 到 LDM 或 ITS 应用层，如图 4-21 所示。ITS 应用程序层的接口可以实现 API，并通过这些 API 完成数据在 CA 基础服务和 ITS 应用之间的交换。

在另一种可能的实现方式中，以 FA-SAP 实现应用层接口。

（2）数据供应设施接口

在 CAM 的产生中，通过 CA 基础服务与其他设备层实体进行交互以获得所需的数据。这套提供 CAM 生成数据的设备称为数据供应设施。数据由 IF.FAC 接口实现在数据供应设施和 CA 基础服务之间的交换。

（3）网络传输层接口

CA 基础服务通过 IF.N&T 接口（见图 4-21）与 ITS 的网络传输层交换信息。

在发送方 ITS 站点处，CA 基础服务应当将嵌套在设备层服务数据单元（FL-SDU）中的 CAM 消息与协议控制信息（Protocol Control Information，PCI）传递给 ITS 的网络传输层。在接收方 ITS 站点处，网络传输层会将接收到的 CAM 传送给 CA 基础服务。

（4）GeoNetworking/BTP 协议栈接口

CAM 可以依赖 GeoNetworking/基本传输协议（Basic Transport Protocol，BTP）栈提供的服务。如果使用这个协议栈，则使用地理网络（GeoNetworking，GN）中用于分组传输的单跳广播（Single Hop Broadcast，SHB）。在这种情况下直接通信范围内的节点才有可能收到 CAM。

（5）IPv6 协议栈及 IPv6/GeoNetworking 联合协议栈的接口

CAM 可以使用 IPv6 协议栈或 IPv6/GeoNetworking 联合协议栈进行 CAM 传播。

当 CAM 利用 IPv6/GeoNetworking 联合协议栈传播时，CA 基础服务与 IPv6/GeoNetworking 联合协议栈之间的接口可以和 CA 基础服务与 IPv6 栈之间的接口是相同的。

（6）管理实体接口

CA 基础服务可能与 ITS 站点的管理实体之间经由 MF-SAP 接口交换基本命令（见图 4-20）。在发送方 ITS 站点处，CA 基础服务通过上述的 IF.MnG 接口从管理实体获取相关信息。

（7）安全实体接口

CA 基础服务可以以 SF-SAP 接口与 ITS 站点的安全实体交换基本命令（见图 4-20）和使用由安全实体提供的 IF.SEC 接口（见图 4-21）。

4.2.2.2 协作感知消息（CAM）传播

1. CAM 传播的必要条件

传送的 CAM 应当使用一对多通信。如果 ITS G5 用于 CAM 传播，则控制信道（G5-CCH）被使用。该 CAM 应通过一跳从发送方 ITS 站点传递到其直接通信范围内的接收 ITS 站点。接收到的 CAM 不得再转发给其他的 ITS 站点。

2. CA 基础服务的激活和终止

CA 基础服务的激活根据不同类型的 ITS 站点变化，例如车辆 ITS 站点、路侧 ITS 站点、个人 ITS 站点等。只要 CA 基础服务是激活的，则 CAM 的产生应由 CA 基础服务触发和管理。

对于车辆 ITS 站点，CA 基础服务应在 ITS 站点激活时激活。当 ITS 站点被停用时，CA 基础服务被终止。

3. CAM 生成频率管理

CAM 的产生频率由 CA 基础服务管理。它定义连续产生两个 CAM 之间的时间间隔。对发送间隔的上限和下限设定要求如下：

1）对于 10 Hz 的 CAM 生成速率，CAM 生成时间间隔不得小于 T_GenCamMin = 100 ms。

2）对于 1 Hz 的 CAM 生成速率，CAM 生成时间间隔不得大于 T_GenCamMax = 1000 ms。

在该限定下，CAM 的触发取决于发送方 ITS 站点的动态特性和信道拥塞状态。有时发送方 ITS 站点的动态特性导致 CAM 的生成间隔降低，多个连续的 CAM 应保持相同的时间间隔。每隔 T_CheckCamGen 应检查 CAM 的触发条件。T_CheckCamGen 应等于或低于 T_GenCamMin。

根据分布式拥塞控制（Decentralized Congestion Control，DCC）信道利用率的要求，为了减少 CAM 的生成，参数 T_GenCam_Dcc 应该提供连续产生两个 CAM 之间的最短时间间隔。这有利于根据剩余信道容量调整 CAM 的发生频率，以防止信道发生拥塞。T_GenCam_

DCC 的取值范围为 T_GenCamMin ≤ T_GenCam_DCC ≤ T_GenCamMax。如果管理实体提供该参数大于上述 T_GenCamMax 的值，T_GenCam_DCC 应设置为 T_GenCamMax；如果该值低于 T_GenCamMin 或者不提供此参数，T_GenCam_Dcc 应设置为 T_GenCamMin。

参数 T_GenCam 代表 CAM 产生间隔的当前有效上限值。T_GenCam 的默认值应为 T_GenCamMax。如果 CAM 是由于条件 1 触发，T_GenCam 应被设置成自上一次的 CAM 产生经过的时间。由于条件 2 触发连续的 N_GenCam 个 CAM 后，T_GenCam 应被设置成 T_GenCamMax。参数 N_GenCam 的值可以根据某些环境条件进行动态调整。N_GenCam 的默认值和最大值为 3。

触发 CAM 产生的具体条件为以下几点：

1) 离上次的 CAM 产生经过的时间等于或大于 T_GenCam_Dcc 且满足下面 ITS 站点相关动力学条件中的一个：
- 发送方 ITS 站点的方向和之前由该 ITS 站点发送的 CAM 之间的绝对差超过 4°。
- 当前位置和以前 CAM 的位置超过 4 m。
- 当前的速度和以前 CAM 的速度之间的绝对差超过 0.5 m/s。

2) 上次的 CAM 产生经过的时间等于或大于 T_GenCam，且等于或大于 T_GenCam_Dcc。

如果满足上述两个条件之一，则一个 CAM 应立即产生。

当 CAM 需要产生时，CA 基础服务应当构造强制性信息段。强制性信息段主要包括发送方 ITS 站点的动态信息。一个 CAM 也可能包括可选数据，比如发送方 ITS 站点的状态和特定的类型信息。

低频信息段应在 CA 基础服务激活后，包含在第一次产生的 CAM 内。在那以后，如果距离上一个包含该信息段的 CAM 的相隔时间大于或等于 500ms，则下一个 CAM 内应当包含低频信息段。

专用车载信息段应在 CA 基础服务激活后，包含在第一次产生的 CAM 内。该信息段由发送方 ITS 站点提供。如果自上次的包含专用车载的 CAM 经过的时间大于或等于 500 ms，则专用车载信息段应当包括在产生的 CAM 内。

4. CAM 时间要求

除了 CAM 频率，CAM 消息产生时间以及报文结构中的数据时效性决定着数据的适用性。为了确保每个来自不同 ITS 站点的 CAM 能被正确解析，每个收到的 CAM 打上时间戳。

5. CAM 产生时间

CAM 所需的生成时间是指在该 CAM 被传送到网络传输层的时间与 CAM 产生的触发时间的时间差，应小于 50 ms。

6. CAM 时间戳

应满足以下的要求：

1) CAM 的时间戳应写入 CAM 提供的合适位置上。
2) CAM 产生时间和时间戳之间的差值应小于 32767 ms。

注：为了正确而及时地进行解释，收到的来自不同 ITS 站点的 CAM 需要按正确的顺序放置。考虑到 10 Hz 的最大重复率以及和发送方、接收方 ITS 站点都有自己的 ITS 站点时间（ITS-ST）和变化量（ITS-SΔT）。对于每个 ITS 站点，ITS-ST 应符合：ITS-SΔT < 0025 s（或±0012 s）。

4.2.2.3 CAM 格式规范

CAM 由一个共同的 ITS PDU 报头和多个信息段组成。

ITS PDU 报头是通用的,包含协议版本信息,消息类型和发送方 ITS 站点的 ITS-S ID。

对于车辆 ITS 站点,一个 CAM 至少应包括一个基本信息段和高频信息段。此外可能还有低频信息段等特定信息段:

1) 基本信息段包含发送方 ITS 站点的基本信息。
2) 高频信息段包含发送方 ITS 站点的高度动态信息。
3) 低频信息段包含发送方 ITS 站点的静态信息和非高度动态信息。
4) 专用车辆信息段中包含车辆 ITS 站点在道路交通中特定的角色信息。

CAM 的一般结构如图 4-22 所示。

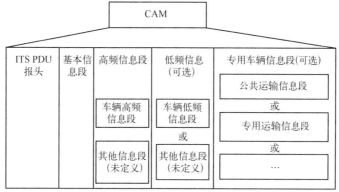

图 4-22 CAM 的一般结构

每个信息段由可选或必选的数据元素(Data Element,DE)和数据帧(Data Frame,DF)序列组成。除非另有规定,DE 和 DF 是必选的。

1. ITS PDU 报头

文中 CAM 的 ITS PDU 报头的具体数据规范见表 4-1。

表 4-1 ITS PDU 报头具体数据规范列表

Description	CAM 的 ITS PDU 头部。该数据帧包含 CAM 的协议版本 protocolVersion,发端 ITS 站点的 CAM 消息类型标识符 messageID 和基站标识符 stationID 数据元素的协议版本用于在接收方 ITS 站点选择合适的协议解码器 该数据元素的 messageID 应与其他 V2X 消息标识符的定义相协调
Data setting and presentation requirements	对于当前文件,数据元素协议版本的值应设置为 1。对于 CAM,数据元素 messageID 值应设置为 cam(2) 该数据帧按 ETSI 102894-2 V1.2.1 标准中 ItsPduHeader 规定显示

2. 基本的信息段

基本信息段包含发送方 ITS 站点的基本信息:

1) 发送方 ITS 站点的类型。
2) 发送方 ITS 站点在该 CAM 产生时通过 CA 基础服务所获得的最新的地理位置。

所有 ITS 站点实施 CA 基础服务产生的 CAM 都应包含基本信息段。

3. 车辆 ITS 站点信息段

所有由车辆 ITS 站点产生的 CAM 应至少包括一个高频（车辆 HF）信息段和可选的低频（车辆 LF）信息段。车辆 HF 信息段包含了所有车辆 ITS 站点快速动态变化（动态）的状态信息，如方向或速度。车辆的 LF 信息段包含如车辆尺寸、外部灯光状态或其他缓慢变化（静态）的车辆数据。

表 4-2 为车辆不同角色和相关专用车辆信息段的规范列表。

表 4-2 车辆角色及其专用车辆信息段

车辆角色描述	CAM 数据要求 {CAM. cam. basicVehicleContainer LowFrequency. vehicleRole} 的设置值	专用车辆信息段 的代表值
发送方 ITS 站点是公共交通车辆	公共交通（1）	公共交通信息段，{CAM. cam. specialVehicleContainer. publicTransportContainer}
发送方 ITS 站点是专用运输车辆（如重负载的货车）	专用运输（2）	专用运输信息段，{CAM. cam. specialVehicleContainer. specialTransportContainer}
发送方 ITS 站点运输危险品	危险品（3）	危险品信息段，{CAM. cam. specialVehicleContainer. dangerousGoodsContainer}
发送方 ITS 站点是执行道路工程任务	道路工程（4）	道路工程信息段，{CAM. cam. specialVehicleContainer. roadWorksContainer}
发送方 ITS 站点是执行救援行动	救援（5）	救援信息段，{CAM. cam. specialVehicleContainer. rescueContainer}
发送方 ITS 站点是应急车辆	应急（6）	应急信息段 {CAM. cam. specialVehicleContainer. emergencyContainer
发送方 ITS 站点是伴随特殊运输车辆的安全车，如：跟随超载货车的车辆	安全车（7）	安全车 {CAM. cam. specialVehicleContainer. safetyCarContainer}

4.2.3 分散环境通知基本服务

分散环境通知信息（DENM）主要用在协作式道路危险警告应用中，来警告道路使用者探测到的事件。道路危险警告（Road Hazard Warning，RHW）应用是一个基于事件的应用程序，由多种使用情况组成。RHW 使用情景的一般处理过程如下：

1）根据探测到的符合道路危险警告使用情景的事件，ITS 站点立即向在此地理位置内的和与此事件有关的其他 ITS 站点发送 DENM（DENM）。DENM 以一个固定的频率重复传输。

2）只要事件存在，DENM 广播就会一直重复。

3）停止 DENM 有两种方式，一种是在事件消失后由一个预定义的终结事件来自动停止，另一种是由 ITS 站点产生一个特定的 DENM 来告知事件已经结束。

4）只要 DENM 的信息是与 ITS 站点相关的，接收 DENM 的ITS 站点就会处理信息并判断是否向用户发送适当的警告信息。

4.2.3.1 主要功能组件

如图 4-23 所示，隶属于分散环境通知（DEN）基本服务的主要功能组件包括分散环境通知（DEN）管理设施、LDM 和 RHW 的应用。其他设施需要和这些分散环境通知基本服务组件交换信息。具体的信息交换根据不同的使用情景而有所不同。

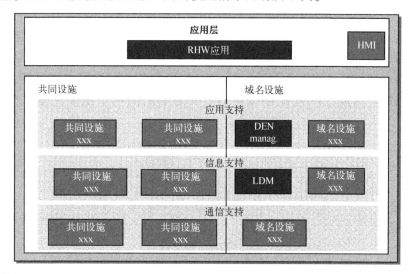

图 4-23　分散环境通知基本服务组件

1. 分散环境通知管理

（1）DENM 格式管理

分散环境通知管理制订 DENM 格式及语义的相关信息，每个版本的 DENM 都有一个协议版本号。因此，分散环境通知管理功能也管理 DENM 协议的更新。

（2）DENM 的产生

DEN 管理提供接口给相应的 RHW 应用和其他的设备层功能组件，从而为 DENM 创建和更新收集有用的信息。

当发送方 ITS 站点侦查到事件变化时，DEN 管理构造包含更新信息的新的 DENM。该 DENM 会被分配一个数据版本号，来说明事件的进展演变。

（3）ITS 站点中的 DENM 管理和信息分发

一旦 ITS 站点收到多个 DENM，DEN 管理就会提供管理功能，至少包括：

- 信息过期的 DENM 的清除。
- 过期信息的失效。
- 将 DENM 中的事件信息传递给 LDM、ITS 应用层和设备层其他功能组件，以做进一步处理。
- 将收到的多个 DENM 进行融合处理，以判断多个 DENM 是否跟同一个事件相关。

注意：这个功能应该得到本地动态地图（LDM）的支持。

2. 本地动态地图（LDM）

本地动态地图是基于收到的 DENM 进行更新的。

本地环境信息在协作 ITS 系统中是必不可少的。ITS 应用程序需要获取运动物体（附近的其他车辆）和固定物体（交通标志）的信息。不同应用程序所需的共用信息可以在 LDM 中维护。

LDM 位于 ITS 站点的概述数据仓库中，包含了与 ITS 安全应用正常运行相关的信息。如图 4-24 所示，数据可以从不同的数据源获取，例如车辆、基础设施单元、交通中心和车载传感器。可以通过接口获取读、写 LDM 中数据的访问权限。LDM 提供了安全可靠的数据访问机制。因此，LDM 能够提供周边交通和路侧单元基础设施信息给所需的应用程序。

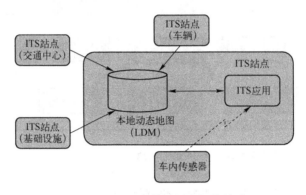

图 4-24　LDM 与信息源之间的关系

该 LDM 包含了现实世界和对交通流有影响的概念性对象的信息。LDM 无须在 ITS 站点维护信息，在特定的实现中，倘若有必要的话，它也可以是 ITS 站点的一部分。

现实世界对象的数据描述可以分成如下 4 种不同的类型：
- 类型 1：静态数据，通常由地图数据提供商提供。
- 类型 2：准静态数据，在运行中获得，例如，速度限制的改变。
- 类型 3：准动态数据，例如，天气状况、交通信息。
- 类型 4：动态数据，例如，CAM 数据。

LDM 不包括类型 1 的数据。并不是所有的 ITS 站点都需要类型 1 的数据。如果 ITS 系统中应用程序（例如导航）需要类型 1 的数据，这些数据将为各个特定应用程序进行优化、存储。目前尚未定义一个通用的地图数据格式，或指定满足所有 ITS 站点要求的，访问这些数据所需的标准接口。

因为 LDM 数据对利用类型 1 数据的应用程序来说具有潜在的相关性，所以需要提供与类型 1 地图数据相关的类型 2、类型 3、类型 4 的位置参考数据。位置参考是一项复杂的操作，需要足够多的位置参考方法。由于并不是所有的潜在 ITS 应用程序都需要使用位置参考信息，因此这些数据的利用不是强制性的。

LDM 中维护的信息可以归类为 4 种不同类型，在表 4-3~表 4-6 中详细说明。

（1）类型 1：静态数据（见表 4-3）

该类型数据通常由地图数据提供商提供，包括有关道路地形的信息，道路属性（例如，车速限制和道路类型）和兴趣点的信息。它描述了现实世界对象的静态信息。

表 4-3 类型 1 数据实例（静态）

本地道路地形	
精确到车道的本地道路地形	
固定的本地兴趣点（POI）以及服务（包括公共停车场）的位置	名称
	类型
	位置信息
	停车场的总数
	停车 & 散步或停车 & 骑车
本地收费站点的位置	名称
	位置信息
	方向
法定限速指示	位置信息
	方向
	速度

(2) 类型 2：准静态数据（见表 4-4）

该类型数据通常在运行中获得，包括有关路侧基础设施，例如，台架和交通标志的位置信息。它描述了现实世界与准静态行为的信息。

表 4-4 类型 2 数据实例（准静态）

交通信号灯和交通标志	信号灯与标志的位置信息
预加载地图数据中未包含的位置与新标志	路标的位置信息
	类型
	标志参数
兴趣点和服务（包括公共汽车停车场）的位置	名称
	类型
	位置信息
	停车位总数目
	停车 & 散步或停车 & 骑车
每个收费站的费用	

(3) 类型 3：准动态数据（见表 4-5）

该类型数据通常包括有关道路施工的信息，例如，位置、车道宽度、限速和事故信息。它描述了与影响交通效率的动态行为有关的现实世界的信息。

表 4-5 类型 3 数据实例（准动态）

道路工程的位置及工程尺寸大小	位置信息
	影响的方向
	速度限制

第 4 章 | 165

(续)

	位置信息
暂时速度限制指示	方向
	速度
交通信号灯的当前状态	车辆当前面临的相位
危险的位置与尺寸大小（包括固定作业车辆和天气条件）	危险的位置信息
	影响的车道标识
	危险类型
	危险报告的传播距离
	危险报告的传播方向
	当前危险的状态（活跃，已清除……）
	车道标识符
	限制类型
车道或道路方向限制的临时变化	交通流方向
	速度限制
	位置信息
	相关信号的位置信息
通过相关交通信号预设的前进方向	交通流的方向
	前进速度
	名称
	类型
临时兴趣点（包括公共停车场）的位置	位置信息
	停车场的总数
	停车 & 散步或停车 & 骑车
所有固定的与临时的本地停车设施的当前状态	开放/关闭状态
	空闲车位数量或百分比
	道路标志的位置信息
预下载地图数据中不存在的位置与临时标志的意义	类型
	标志参数

(4) 类型 4：动态数据（见表 4-6）

该类型数据通常包括附近有关 ITS 站点的信息，例如，车辆和动态交通标志的信息。它描述了与动态行为有关的现实世界信息，该行为具有主要影响交通安全和影响交通效率的特点。

表 4-6 类型 4 数据实例（动态）

	代号
	车辆类型
	目前状态
当前 ITS 站点通信范围内所有 ITS 站点当前的速度、位置和方向	速度
	方向
	位置信息
	车道占用

3. 道路危险警告应用程序

道路危险警告应用是一个启动 DENM 广播和触发 DENM 停止传播的组件。

RHW 应用可帮助设备层构建 DENM 和管理 DEN，提供的信息包括：

1）事件类型　探测到的事件的类型。每个具体事件都分配一个标识符，作为原因代码或者子原因代码。

2）事件位置　探测到的事件的位置。由于事件覆盖一个区域，事件位置可以被描述成一个相关位置或者是事件所在区域的地理描述。

3）事件位置的位置参考信息。

4）探测时刻　事件被探测到的时刻。

5）事件失效时刻　事件期望失效的时刻。如果发送方 ITS 站点不能探测事件失效时刻，那么发送方 ITS 站点的道路危险警告应用将会提供一个估计失效时刻。如果探测到事件演变，那么这个时刻会被更新、终止或者动态延长。

6）相关区域　事件所关联的地理区域或路段。

7）DENM 传送频率　由同一个 ITS 站点发送的连续两个 DENM 之间的时刻间隔。

4.2.3.2　分散环境通知信息（DENM）

1. 消息传播需求

DENM 应该在相关区域内向尽可能多的 ITS 站点传播。这包括失效时刻之前进入目的区域的 ITS 站点和 DENM 发出时刻与发送方 ITS 站点无关联的 ITS 站点。DENM 发送需求列表由道路危险警告应用来定义。

1）DENM 传输频率　由同一个 ITS 站点发出的两个连续 DENM 消息的时间间隔。

2）规定的 DENM 传送延迟　DENM 由发送方 ITS 站点的设备层向网络传输层发送的时间与接收方 ITS 站点网络传输层向设备层发送的时间间隔。

3）DENM 优先级　由道路危险警告应用定义。

4）目的区域　DENM 被要求发送到的地理区域。

DENM 的发送依赖于网络传输层基于地理位置传播的功能。

2. 消息格式规范

DENM 协议数据单元（PDU）由一个通用的 ITS PDU 报头和一个 DENM 构成。PDU 报头包含基本信息，有协议版本、消息类型（CAM 类型或 DENM 类型）和消息的产生时刻。一个 DENM 由三个固定顺序的部分组成：管理信息段、环境信息段和位置信息段。DENM 的一般结构在图 4-25 中说明。每个信息段由一系列的数据元素（DE）和数据帧（DF）组成。数据元素或者数据帧可以是可选的或强制的。在本书中如果没有特别说明，数据元素和数据帧就都是强制性的，一个数据帧至少由两个数据元素组成。

（1）DENM 管理信息段

管理信息段包含 DENM 管理信息，其中包含的数据元素指明可靠性等级、事件演变和事件终止。可靠性等级是由 DE 的可靠性表示的，事件演变由数据版本指明，而事件终止则是由一个特殊的数据版本号或者一个否定标识的 DE 指明的。

管理信息段中包含的信息应该可以使接收方 ITS 站点清楚地分辨不同发送方 ITS 站点和不同的事件。

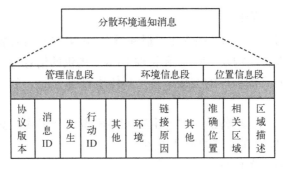

图 4-25 DENM 结构

(2) DENM 环境信息段

环境信息段包含描述探测到的事件的信息，同时也包含事件对道路安全和交通流可能造成的潜在影响。环境信息段由以下数据元素和数据帧构成：

1) 交通流作用 这个数据元素提供了由于事件产生的交通流状况。无论是这个事件引起了交通堵塞、密集交通，还是对交通流根本没有产生影响。

2) 信息可能会需要在发送方 ITS 站点采用特定的拥堵探测手段。此时 DE 是可选择的。

3) 原因代码 为事件直接的原因提供描述的数据元素。

4) 子原因代码 这种数据元素通常为直接原因提供更多直接信息。例如，极端天气情况是直接原因，强风、冰雹或大雪都具体为子原因。

5) 如果发送方 ITS 站点无探测需求，子原因数据元素可被置为未知。在这种情况下，数据元素被置为"0"。

直接原因的 DE 和子原因的 DE 一起构成了环境 DF。

6) 链接原因 此数据帧主要是描述与直接原因有关或导致了直接原因的其他事件。比如，一个事故被探测是由道路附着系数过低造成的。事故被定义为直接原因，而低路面附着系数被定义为链接原因。

链接原因由环境 DF 描述。这个 DF 是可以选择的。发送方 ITS 站点应该根据自身探测能力决定是否在 DENM 里面增加链接原因。

7) 严重程度 这个 DE 提供事件对整个交通影响的严重程度。各种各样的事件都可以被分类为四种严重程度，1 表示相对较低的安全影响，4 表示最高的安全紧急事件。

8) 事件基础特性 这个 DF 帧通常描述事件的基础特性，以帮助进行碰撞风险评估和更好地在接收方 ITS 站点理解事件的本质。这些特性具体有以下几方面。

- 事件机动性。被探测到的事件是固定的还是移动的。
- 原因类型。被探测到的事件是由处于危险中的 ITS 站点产生的，还是在一个地点或是路段发生的危险。
- 相关性。被探测到的事件是与接收方 ITS 站点直接相关的（如事故），还是与恶劣驾驶环境（路上的强风）有关。
- 时间急迫性。检测事件的时间急迫性，是需要驾驶员集中注意力（急刹车辆）还是需要提供一些交通信息（交通堵塞）。

9) 其他 如果与事件有关的补充信息在发送方 ITS 站点是已知的和可获得的，那么这些信息是被包含在环境信息段中的。这些补充信息可能是不同而且独立于探测到的事件。例如，对于低速车辆，更多的信息可以被提供，例如车辆类型、车辆尺寸和车辆时速限制。另外一种交通警告的示例是，如果交通情况是专门为一种特定的车辆类型服务，那么补充信息需要指明约束的车辆类型。

（3）DENM 位置信息段

位置信息段主要由三个数据帧构成：事件准确位置、事件关联位置和事件区域。

1）事件准确位置　事件准确位置描述了事件发生时的地理坐标，比如发生事故的车辆 ITS 站点的当前位置，可以配合速度和移动方向更准确地描述。

2）事件关联位置　当事件覆盖的地理区域不能由发送方 ITS 站点准确检测时，需要使用和定义事件关联位置 DF 作为事件位置。比如，它可能是道路危险区域的边界点位置，它们最靠近关联区域，或者是产生 DENM 消息的 ITS 站点的当前位置。详细的定义需要根据具体的场景来考虑，如果检测到的事件是移动的，那么还需要包含速度、移动方向这些可选的信息。

事件关联位置和事件准确位置都由 RefPosition 数据帧描述。

3）事件区域　这是当事件覆盖一片区域时描述事件位置的另一种方式，事件位置的地理描述通过事件区域 DF 来完成，事件区域 DF 可以通过若干个 RefPosition 的 DF 或其他 DE（如长度、路段标识符）的组合来编码。

4.3　网络及传输层

4.3.1　GeoNetworking 简介

无线通信是未来智能交通系统（ITS）的基石。许多 ITS 应用要求一个快速、直接的通信，而这可以通过自组织网络实现。地理位置路由通信协议（GeoNetworking）是为自组织网络而设计的网络层协议，其基于无线通信技术，如 ITS-G5。它提供了在移动环境中的通信，而无须基础设施协调。GeoNetworking 利用地理位置来传播信息和传输数据包。它提供了基于无线多跳的通信，其中网络中的节点通过彼此之间转发数据包来扩大通信范围。最初为一般移动自组织网络提出，而 GeoNetworking 的变体是为其他类型的网络而提出的，如车载自组织网络（VANET）、多跳网络和无线传感器网络。因此，GeoNetworking 可以看成一种在不同类型的网络中的网络协议簇，其使用基于地理位置进行寻址和数据包的传输。

在 VANET 中，GeoNetworking 提供了车-车之间以及车和路边固定站点之间的无线通信。GeoNetworking 是无连接的、自组织的、全分布式的，有间断性的甚至没有基础设施接入。GeoNetworking 的原则满足车载通信的特殊要求：它能够很好的适用于网络拓扑的快速变化。此外，GeoNetworking 灵活地支持异构应用的要求，包括道路安全、传输效率和信息娱乐等应用。更具体地，它能够实现安全状态信息快速地周期性传输、地理区域中紧急警报的快速多跳传输以及互联网应用的单播数据包传输。

GeoNetworking 基本上提供了两种耦合功能：地理寻址和地理转发。不同于传统网络中的寻址方式，一个节点具有和它身份标识（如一个节点的 IP 地址）相关联的通信名称，GeoNetworking 能够通过其位置或者一个地理区域中的多个节点给另一个节点发送数据包。

对于转发，GeoNetworking 假设每个节点都具有其附近的局部拓扑图从而每个数据包能够携带地理地址，比如地理位置或者地理区域作为目的地。当一个节点接收到数据包时，它对数据包中的地理地址与节点中的网络拓扑图进行比较，进行自主决策并转发。因而数据包转发一直"在空中"，不需要在节点建立和维护路由表。

在信息传输中，通过地理路由实现的最具创新性的方法是使目标消息到达特定的地理区域。在实际中，一个车辆能够选择并指定一个具有确定界限的地理区域发送信息。中间的车辆作为消息中继器，仅当车辆位于目标区域内时才处理该信息并进一步将其发送到相应的应用程序上。通过这种方式，只有遇到危险情况或者行车受到影响的车辆才会收到通知，而不受事件影响的车辆则不会成为目标。

基本上，地理位置路由协议包括下列转发机制：

- GeoUnicast。图 4-26 显示两个节点通过多跳无线网络进行数据包传输的一种可能的方法。当一个节点要发送单播分组时，它首先确定目的位置，然后朝着目的地向邻近的节点转发数据包，此邻近节点又沿着路径转发数据包直至到达目的地。

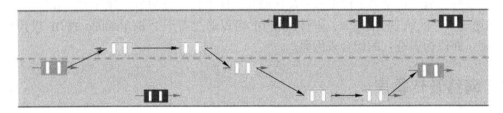

图 4-26 GeoUnicast

- GeoBroadcast。图 4-27 显示可能的地理位置广播的方法。分组逐跳转发直到它到达由数据包决定的目的区域，如果节点位于目的区域内，则节点进行广播。GeoAnycast 和 GeoBroadcast 不同，主要表现为在目标区域内的节点不需要再转播接收到的任何分组。

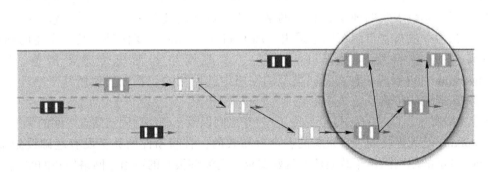

图 4-27 GeoBroadcast

- 拓扑范围内广播。图 4-28 显示了从源节点转播的数据包转发到若干跳邻居中的所有的节点。单跳广播只是拓扑范围广播的一种特殊形式，它只通过单跳邻居来发送数据包。

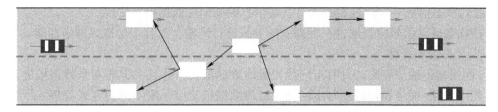

图 4-28　Topologically-scoped broadcast

4.3.2　ITS 网络传输层要求

1. 功能要求

（1）通信模型

ITS 网络和传输层应当支持在没有 ITS 接入网络协助的情况下完成车辆站点之间的自组织通信，同样也能在 ITS 接入网络的协助下实现通信。ITS 网络和传输层也应当支持车辆 ITS 站点和路侧 ITS 站点之间的自组织通信。

对信息传输的保密性具有严格要求的安全应用来说，ITS 网络和传输层无须事先交换任何信号消息便可进行通信。

（2）地理寻址

每个 ITS 站点在 ITS 网络传输层上都必须具有至少一个唯一地址。这个地址可以基于每个站点的节点标识或者地理位置。

ITS 网络和传输层应当至少支持圆形的地理目标区域，同时也能支持应用所需的其他类型的地理目标区域。

ITS 网络和传输层应当支持自动地址分配，这种分配机制不需要人为手动配置。ITS 网络和传输层也应支持人工地址分配。

（3）地理位置路由

路由功能必须能有效地支持以下的通信场景：

1）V2V 场景。包括车辆 ITS 站点在内的通信，但不包括与路侧 ITS 站点之间的通信。

2）I2V 场景。传输开始于一个路侧 ITS 站点，结束于一个车辆 ITS 站点。

3）V2I 场景。传输开始于一个车辆 ITS 站点，结束于一个路侧 ITS 站点。

每种场景都应支持下面 4 种通信方式，而且都应支持直接或间接的通信。

- 点到点。
- 一点到多点。
- 基于地理位置的泛播（GeoAnycast）。
- 基于地理位置的广播（GeoBroadcast）。

（4）状态信息信号

ITS 网络和传输层应包括每个 ITS 站点的状态信息，如节点地址、位置、速度、报文头、时间戳及其精度，同时也可能包括如高度等其他的信息。状态信息应当保存在数据库中并且 ITS 网络和传输层能够访问这些数据。

状态信息的交换应通过下列方式中的一种来实现：

- 明确的状态信息交换协议，如通过本地服务对 ITS 站点进行地址解析。

- 隐式状态信息——通过发送含有状态信息的周期性数据报文实现。

这些状态信息信号应当通过一种高效的方式进行传输，而且不会造成网络拥塞。

（5）优先级和缓存

ITS 网络和传输层应支持具有不同优先级的数据报文，并且关键的安全数据报文具有最高的优先级。ITS 网络和传输层对不同优先级的数据报文应采取不同的方式处理——优先级高的数据报文更容易进入通信信道。

ITS 网络和传输层应能够缓存数据报文并且能够丢弃这些数据报文，或者随后把它们发送到低层。在某些情况下这些缓存功能是必不可少的，比如在目的地址不知道或者没有可以转发数据报文直达目的地的邻居的情况下。

（6）数据拥塞控制

ITS 网络和传输层应支持数据拥塞控制功能以保持网络负载在一个可承受的水平上，比如可以使用传输时间间隔控制（TIC）、传输功率控制（TPC）、减小数据报文大小、有效路由和转发协议等。

注：ITS 网络和传输层的数据拥塞控制在很多方面和传统的 TCP 数据拥塞控制机制都不同，比如通信类型、数据通信特性、端到端方法的使用，以及算法的类型。和 TCP 相比，ITS 网络和传输层的数据拥塞控制可能会采用一种完全不同的方法。

根据数据报文的类型，可将一种或者几种机制结合起来应用到数据拥塞控制中。

（7）安全性和保密性

ITS 网络和传输层应支持单跳和多跳通信中的安全性保障，包括完整性、机密性和不可否认性，并应能保护 ITS 网络和传输层的协议报头。ITS 网络和传输层应保护隐私性，比如为节点 ID 和位置等隐私数据提供机密性。

（8）跨层通信

ITS 网络层和传输层应支持不同层之间的信息交换，并且每层上的实体能选择接收到的请求信息。信息交换应当是双向的、结构化的和高效的。

（9）地理位置路由通信协议和 IPv6

ITS 网络和传输层应允许 IPv6 应用程序在 ITS 网络和传输层上运行并且支持 IPv6 数据报文的透明路由传输。ITS 网络层和传输层应当支持以下功能：

- 支持 IPv6 邻居发现功能的有效方法。
- 支持 IPv6 无状态地址自动配置。
- 支持 IPv6 单播的接口和方法。
- 支持 IPv6 多播的接口和方法。
- IPv6 移动协议。
- 网络移动性（MEMO）基本支持协议。

（10）传输层功能

和地理位置路由通信协议一起使用的传输协议应当支持应用数据的复用和解复用（分用）。

2. 性能要求

一般来说，ITS 网络和传输层应当满足以下要求。

- 提供低延时通信。

- 为安全信息提供最高可靠性的可靠通信。
- 保持信令、路由和数据报文转发的低开销。
- 考虑到不同类型的信息,在不同的节点之间的带宽使用应当公平。
- 有效抵抗 ITS 站点受到的安全攻击和故障。
- 能够工作在地理位置和节点密度变化的环境中。

注:在 VANET 中安全信息的传播通常对传播时延、可靠性和传播领域有要求。应当研究传播时延和可靠性的度量标准,在研究传播延时和可靠性与信息大小、ITS 站点密度和信息传输范围的关系时应考虑到不同的通信场景。效率和可靠性之间的权衡也应当研究。应制定一系列的规则从而根据数据报文的优先级或者其他的标准对数据报文采用不同的处理方式。

4.3.3 GeoNetworking 协议

GeoNetworking 协议是一种网络协议,它可以驻留在 ITS 网络传输层,并且可以在路由器上执行,特别是在 GeoAdhoc 路由器上。它在 ITS 的 ad hoc 网络中提供数据的传输。

4.3.3.1 GeoNetworking 协议提供的服务

GeoNetworking(简称 GN)协议提供了对上层协议实体的服务,例如,ITS 的传输协议,如基础传输协议(BTP)和 GeoNetworking 到 IPv6 适配子层(GeoNetworking-IPv6 Adaptation Sub-Layer, GN6ASL),该服务是通过 GN_SAP 使用不同类型的携带参数的服务原语和上层协议实体交互协议数据单元,如 T/GN6 PDU(见图 4-29),传输协议中的一种协议数据单元被认为是在 GeoNetworking 协议中的服务数据单元,服务数据单元由协议控制信息补充,并且当作 GN 的协议数据单元被传送到对等实体。

为了提供它的报文传输服务,GeoNetworking 协议使用了 ITS 接入层的服务。

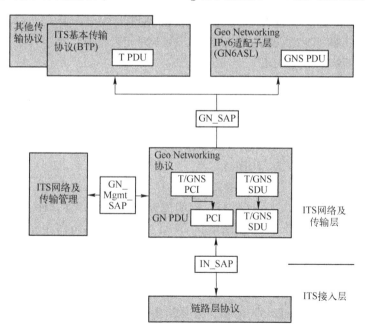

图 4-29 服务原语,GN 协议相关的协议数据单元和服务数据单元

4.3.3.2 GeoNetworking 地址

每个 Geoadhoc 路由器都有一个独一无二的 GeoNetworking 地址，这个地址将被用作 GeoNetworking 分组的报头和识别 GeoNetworking 通信实体。

第一位是被保留用于识别手动配置 GeoNetworking 的地址。MAC 地址对应于接入层地址，在使用 IEEE 802.11p MAC 情况下，MAC 层 48 位应该被使用。

为了符合 IPv6 在 GeoNetworking 中的架构，GeoNetworking 地址空间应保持 48 位宽（在 GeoNetworking 地址中 MAC 标识字段大小），以提供一个以太网类型的虚拟接口给 IPv6 层并通过在透明的方式下 GeoNetworking 执行转发。特别是，GeoNetworking 的 IPV6 适配子层解析一个从单播目的地 IPv6 地址的 MAC 标识，并通过的 GN-DATA.request 原语把它传递给 GeoNetworking。然后，GeoNetworking 协议实体负责从 MAC 标识中得出一个完整的 GeoNetworking 地址。整个 GeoNetworking 地址应来自位置表输入（如果存在的话），或者通过执行位置服务请求只包含 MAC 标识的 GeoNetworking 地址字段并将其他位置 0。

如果地址可以由于隐私原因被更新，即通过分配一个短期身份，那么只有地址的最后一个字段更新并且是来自短期身份。

4.3.3.3 位置表数据结构

1. 位置表

一个 GeoAdhoc 路由器应保持本地数据结构，称为位置表（LocT）。这个数据结构是存储关于其他执行 GeoNetworking 协议的智能交通系统的信息。

一个位置表项（LocTE）应至少包含以下数据元素。

1）ITS 站点的 GeoNetworking 地址 GN_ADDR。

2）ITS 站点的链路层地址 LL_ADDR。

3）ITS 站点的类型（车辆 ITS 站点，路侧 ITS 站点）。

4）位置向量，即 ITS 站点的长位置矢量，由下列元素组成：

- 地理位置 POS（GN_ADDR）。
- 速度 S（GN_ADDR）。
- 报头 H（GN_ADDR）。
- 地理位置的时间戳 TST（POS，GN_ADDR）。
- 地理位置的精确度 Acc（POS，GN_ADDR）。
- 速度的精度 Acc（S，GN_ADDR）。
- 航向角精度 Acc（H，GN_ADDR）。

5）LS_PENDING 标号（GN_ADDR）：表明位置服务（LS）在运作。

6）IS_NEIGHBOUR 标号（GN_ADDR）：表明 GeoAdhoc 路由器在直接通信范围内。

7）Sequence number SN（GN_ADDR）：来自被认为是"不重复的"源节点 GeoNetworking 地址的最后一个数据报文的序列号。

位置表中的条目应当处于软状态，即条目增加了生命期 T，这个生命期 T 设为 MIB（管理信息库）属性 itsGnLifetimeLocTE 的值，并且当生命期超时时要将其移除。

2. 本地位置向量

一个 GeoAdhoc 路由器应保持本地数据结构，这个数据结构为本地 GeoAdhoc 路由器存储位置相关信息，即本地位置向量（Local Position Vector，LPV）。

（1）最小数据元素

本地位置向量应至少包含以下数据元素：

- 地理位置 POS_LPV。
- 速度 S_LPV。
- 航向角 H_LPV。
- 时间戳 TST_LPV 表明地理位置 POS_LPV 的生成时间。
- 地理位置的精确度 Acc（POS，LPV）。
- 速度精度 ACC（S，LPV）。
- 航向角精度 ACC（H，LPV）。

（2）维护

在启动时，本地位置向量中的所有数据元素应初始化为 0 来表示未知值。本地位置矢量需要用 MIB 属性 itsGnMinimumUpdateFrequencyLPV 的最小频率来更新。如果本地向量更新了一个更小的频率，GeoAdhoc 路由器应不予处理 GeoNetworking 的报文。MIB 属性 itsgnminimumupdatefrequencylpv 应该针对车辆 ITS 站点和路侧 ITS 站点区分不同的值。

3. 序列号

每个 GeoAdhoc 路由器应该保留一个本地序列号，这个序列号决定了下一个要被发送的 GeoNetworking 报文的序列号字段。

序列号应初始化为 0，对于每个 GeoNetworking 报文 P，序列号 $SN(P)$ 应按下式增加：

$$SN(P) = (SN(P)+1)_{\mathrm{mod}\ SN\_MAX} \tag{4-1}$$

伴随着 $SN(P)$ 成为 GeoNetworking 报文的序列号和 SN_MAX 成为最大可能的序列号。由此产生的序列号应列入 GeoNetworking 报文，序列号只为多跳 GeoNetworking 报文而增加。单跳 GeoNetworking 报文（BEACON，单挑广播）不会携带一个序列号字段。

4. 位置服务报文缓冲区

在位置服务的调用上，GeoAdhoc 路由器将目的地址吻合的 GeoNetworking 报文缓存在位置服务缓冲区，直到位置服务完成。

位置服务报文缓冲区运作如下：

1）到达位置服务报文缓冲区目的地（ITS 站点的 GeoNetworking 地址）的 GeoNetworking 报文应排在队列的尾部。

2）当一个新的 GeoNetworking 报文到达位置服务包缓冲区并超过缓冲能力时（缓冲溢出），队列的头部的 GeoNetworking 报文被移除，新的 GeoNetworking 报文在尾部排队。

3）当位置服务完成时，位置服务报文缓冲区必须刷新数据，即所有存储在缓冲区中的 GeoNetworking 报文应以先入先出的方式被发送出去。

4）当 GeoNetworking 报文在位置服务缓冲区的排队时间超过了在扩展报头中携带的 GeoNetworking 报文的生命期时，GeoNetworking 报文应被丢弃。

5）当一个存储的 GeoNetworking 报文被发送时，生存期 LT 字段应减少位置服务报文缓冲区的排队时间。

6）当 LS（位置服务）不完整时，所有被存储的 GeoNetworking 数据报文将被丢弃，由

LS（位置服务）触发。

5. 转发数据报文缓冲区

在转发过程中，一个 GeoAdhoc 路由器应利用转发的数据报文缓冲区来暂时将数据报文保留在 GeoAdhoc 路由器中。

一个 GeoAdhoc 路由器应保持以下转发数据报文缓冲区：单播转发数据报文缓冲区用来缓冲每 GN_ADDR（GeoNetworking 地址）的 GeoUnicast 报文；广播转发数据报文缓冲区用来缓冲 TSB（Topologically Scoped Broadcas，拓扑范围广播）、GeoBroadcast 和 GeoAnycast 报文。

如果基于竞争的转发（Contention-Based Forwarding，CBF）启用，即将 MIB 属性中 itsgngeounicastforwardingalgorithm 设置为 2（CBF），GeoAdhoc 路由器应在每个数据报文中保持基于竞争转发的数据报文缓冲区。

（1）缓冲区大小

单播转发数据报文缓冲区必须有 MIB 属性 itsgnucforwardingpacketbuffersize 给定的最小的尺寸。

广播转发数据报文缓冲区必须有 MIB 属性 itsGnBcForwardingPacketBuffer 给定的最小的尺寸。

基于竞争数据报文缓冲区必须有 MIB 属性 itsGnCbfPacketBuffer 给定的最小的尺寸。

（2）维护

单播转发数据报文缓冲区和广播转发数据报文缓冲区运作与位置服务报文缓冲区类似。

基于竞争的转发报文缓冲区运作如下：

- 到竞争转发报文缓冲的数据报文应排在队列的尾部。
- 当一个新的 GeoNetworking 报文到达竞争转发报文缓存区和缓冲容量超过时，队列的头部 GeoNetworking 报文被移除，新的 GeoNetworking 报文排在尾部。

每个在缓冲区中的 GeoNetworking 报文与定时器相关，当定时器过期时，GeoNetworking 报文会从队列中被移除。

4.3.3.4 GeoNetworking 的报文结构和格式

GeoNetworking 协议既可以用在 GeoNetworking 协议栈中，也可以用在由 GeoNetworking 协议和 IPv6 结合的协议栈中。

1. 总体结构

一个 GeoNetworking 报文是总体框架/报文结构的一部分如图 4-30 所示。

1）MAC（介质访问控制）的头部是 ITS 接入技术中的 MAC 协议的头部。MAC 协议可以添加额外的协议元素。

要注意的是，MAC 的头部在本文件中没有规定，但是，GeoNetworking 协议设置了 MAC 地址，或更一般的链路层地址，以便定义和识别 GeoNetworking 报文的下一跳。

2）GeoNetworking 报头是和介质相关 GeoNetworking 功能扩展的报头。

3）可选的 GeoNetworking 安全报头。

要注意的是，该 GeoNetworking 安全报头是在本文件的范围规定之外的。

4）可选的有效载荷是由上层协议实体创建的用户数据，即 T-SDU（传送服务数据单元）或 GN6-SDU。它被传递到用来传输的 GeoNetworking 协议实体。

整个报文结构可以通过 ITS 接入层的 MAC 协议了解。

有些 GeoNetworking 报文没有携带有效载荷，例如 Beacon（信标）。

MAC报头	LLC报头	GeoNetworking报头	GeoNetworking Security报头（可选）	Payload（可选）

图 4-30　GeoNetworking 报文结构

2. 最大传输单元

GeoNetworking 最大传输单元（MTU_GN）是取决于可以传送 GeoNetworking 报文的接入层技术的最大传输单元。特别是，GeoNetworking 的最大传输单元应小于等于 ITS 接入层的最大传输单元尺寸减去 GeoNetworking 报头的最大尺寸再减去可选的 GeoNetworking 安全报头的最大尺寸。

4.3.3.5　GeoNetworking 协议的媒质独立操作

1. 网络管理

（1）地址配置

在启动时，一个 GeoAdhoc 路由器应具有自动分配的初始 GeoNetworking 地址，GeoNetworking 定义了两种方法用于本地 GeoNetworking 地址的配置。

1）自动地址配置

若 MIB 属性 itsGnLocalAddrConfMethod 设置为 AUTO(0)，应使用自动地址配置方式。

在启动时，路由器 GeoAdhoc 应当从 MIB 属性 itsGnLocalGnAddr 来分配其本地 GeoNetworking 地址。

除非 MIB 属性 itsGnLocalAddrConfMethod 设置为 MANAGED(1)，否则本地 GeoNetworking 地址不得更改。

2）管理地址的配置

若 MIB 属性 itsGnLocalAddrConfMethod 被设置为 MANAGED(1)，应使用管理地址的配置方法。

此时，ITS 网络传输层管理实体负责提供给 GeoAdhoc 路由器一个 GeoNetworking 地址。

对于初始地址的配置，在启动时，路由器 GeoAdhoc 应请求一个来自 ITS 网络的 GeoNetworking 地址。ITS 网络传输层管理实体负责使用 GN-MGMT.response 原语来产生合适的 GeoNetworking 地址。

本地 GeoNetworking 地址的更新可以通过 GeoAdhoc 路由器或 ITS 网络传输层管理实体来触发。

如果更新是由 GeoAdhoc 路由器触发的，GeoAdhoc 路由器将使用 GN-MGMT.request 原语。ITS 网络传输层管理实体负责使用 GN-MGMT.response 原语来产生合适的 GeoNetworking 地址。

如果更新是由 ITS 网络传输层管理实体触发的，则 ITS 网络传输层管理实体触发发送未经请求的 GN-MGMT.response 到 GeoAdhoc 路由器。一旦接收到 GN-MGMT.response，GeoAdhoc 路由器将更新其本地 GeoNetworking 地址。

3）重复地址检测

GeoNetworking 地址的配置不保证其唯一性。为了实现唯一性，一个 GeoAdhoc 路由器应当执行以下重复地址检测操作：

在接收到 GeoNetworking 报文时，GeoAdhoc 路由器比较其本地 GeoNetworking 地址和 GeoNetworking 报文首部的 GeoNetworking 地址。

如果检测到冲突，GeoNetworking 协议实体应通过使用表示重复地址作为请求原因的 GN-MGMT.request 原语来请求一个来自 ITS 网络传输层管理实体的新 GeoNetworking 地址。

（2）本地位置矢量和时间更新

本地位置和时间通过 GN_MGT 接口由网络传输层管理实体来进行设置。

1）本地位置矢量更新

对于位置更新，ITS 网络传输层管理实体应当主动发送未经请求的 GN-MGMT.response 和本地位置参数到 GeoAdhoc 路由器。一旦接收到 GN-MGMT.response 与当地位置矢量参数，该 GeoAdhoc 路由器应当更新其本地位置矢量（LPV）。

2）时间更新

对于时间更新，ITS 网络传输层管理实体应当发送未经请求的 GN-MGMT.response 的时间参数到路由器 GeoAdhoc。

一旦接收到 GN-MGMT.response 与时间参数，该 GeoAdhoc 路由器应设置它的本地系统时间。

注：系统时间管理的详细信息和使用是特定实现的。

（3）信标

信标用于定期通告 GeoAdhoc 路由器的位置矢量给它的邻居。

信标报文应当定期发送，除非 GeoAdhoc 路由器发送携带 GeoAdhoc 路由器的 LPV（本地位置矢量）的另一个 GeoNetworking 报文。

在启动时，一个 GeoAdhoc 路由器应执行以下操作：

- 创建一个 GN-PDU（GeoNetworking 协议数据单元）与 BEACON（信标）数据报文报头。
- 执行媒质依赖程序。如果 GN-DATA.request 原语的 itsGnIfType 设置为 UNSPECIFIED，则省略此操作；否则被设置为 ITS-G5A。
- 通过 IN 接口将 GN-PDU 传递给链路层协议实体，并设置目标地址到链路层实体的广播地址。
- 初始化定时器 T_{Beacon} 用于定期发送信标。

（4）位置服务

如果一个 GeoAdhoc 路由器需要确定另一个 GeoAdhoc 路由器的位置，那么位置服务将被使用。这种情况下，一个 GeoAdhoc 路由器会发送一个基于地理位置的单播报文 T/GN6-SDU 到另一个 GeoAdhoc 路由器，即从源节点到目的地，并且在其位置表（LocT）中没有目的地的位置信息。

位置服务的执行对于更高层协议实体是完全透明的，它是基于 GeoAdhoc 路由器之间交互控制报文来实现的（见图 4-31）。如果一个源节点（GeoAdhoc 路由器）需要查询一个目的地（被搜寻的 GeoAdhoc 路由器），那么源节点需要发出一个位置服务（LS）请求报文，这个请求报文携带有被搜寻 GeoAdhoc 路由器（目的地）的 GeoNetworking 地址（GN_ADDR）。该位置服务请求报文被中间路由器 GeoAdhoc（转发节点）转发，直到它到达目的地。目的地回复一个位置服务应答报文。

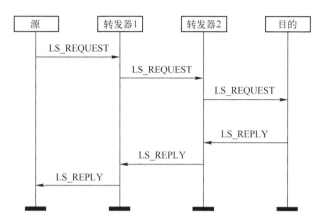

图 4-31 位置服务的控制报文交互流程图

1) 源节点操作

① 第一种情况，对于初始位置服务请求的源操作，当源节点有一个 T/GN6-SDU 报文要发送但是没有目的地的位置矢量信息时，源节点应调用位置服务，并执行以下操作。

- 检查为寻找 GN_ADDR 的位置服务是否正在工作，即标志 LS_pending 设置是否为 TRUE，如果 LS_pending 值为 TRUE，该报文应被缓存在 LS 报文缓冲区中，省略后面的步骤。
- 发出位置服务 LS 请求报文作为一个 TSB（拓扑范围广播）报文。
- 启动一个定时器，计时时间根据 MIB 中的 itsGnLocationServiceRetransmitTimer 属性设置。
- 为 GN_ADDR 的 GeoAdhoc 路由器初始化 LS 重传计数器为 0。
- 在它的位置表 LocT 中为所寻找的 GN_ADDR 添加 LocTE（位置表输入），并设置 LS_pending 标志为 TRUE。

② 第二种情况，针对 LS 请求重传源节点所需采取的操作，如果 GN_ADDR 的定时器超时，应执行以下操作。

- 检查重传计数器。
- 如果重传计数器小于由 MIB 属性设置的 LS（位置服务）重传的最大数量：
  —重新发出 LS 请求报文作为 TSB 包。
  —重启定时器并将超时设置为 MIB 中的 itsGnLocationServiceRetransmitTimer 属性值。
  —增加重传计数器。
- 如果重传计数器大于或等于由 MIB 属性设置的 LS（位置服务）重传的最大数：
  —为所寻找的 GN_ADDR，刷新 LS 报文缓冲区并丢弃所存储的报文。
  —为所寻找的 GN_ADDR，移除 LocTE（位置表输入）。

③ 第三种情况，针对 LS 响应源节点需采取的操作，如果源节点接收一个为所寻找 GN_

ADDR 的 LS 应答报文，源节点应当执行以下操作。
- 公共头部处理。
- 执行重复数据报文检测；如果 LS 回复报文是重复的，则丢弃该数据报文，并省略下面步骤的执行。
- 用接收到的 LS 回复报文的扩展报头源位置矢量来更新源。
- 设置源 IS_NEIGHBOUR 的标志为 FALSE，如果源 GN_ADDR 不等于发送方 GN_ADDR。
- 刷新数据报文缓冲区（源位置服务报文缓冲区，源单播转发报文缓冲区）：
  —如果源 LS_pending 标志为 TRUE，则刷新源位置服务报文缓冲区；转发存储的数据报文；将源的 LS_pending 标志置为 FALSE。
  —如果源的单播转发报文缓冲区不为空，刷新单播转发缓冲区并转发所存储的报文。
- 为所寻找的 GN_ADDR 刷新位置服务报文缓冲区并转发所存储的报文。
- 为所寻找的 GN_ADDR 设置标志 LS_pending 为 FALSE。
- 停止定时器。
- 重置重传计数器。

2）转发节点操作

如果 GeoAdhoc 路由器接收到一个 LS 请求报文并且在 LS 请求头部中 Request GN_ADDR 字段没有匹配它的 GN_ADDR，GeoAdhoc 路由器应当根据 TSB 的数据报文处理程序来处理。

如果 GeoAdhoc 路由器收到一个 LS 回复报文并且在 LS 回复报文中的目的地位置矢量的 GN_ADDR 与它的 GN_ADDR 不匹配，GeoAdhoc 路由器应当根据用于 GeoUnicast 的数据报文的处理操作来处理。

3）目的地操作

在接收到 LS 请求报文，GeoAdhoc 路由器将检查 *Request* GN_ADDR 字段，如果这个 MID（介质访问控制标识）字段与它的 GN_ADDR 中的 MID 字段相匹配，GeoAdhoc 路由器将执行以下操作。
- 公共报头处理。
- 执行重复数据报文检测；如果 LS（位置服务）请求报文是重复的，则丢弃该数据报文，并省略后面步骤的执行。
- 用 LS 请求扩展头的源位置矢量来更新源。
- 如果源 GN_ADDR 不等于发送方的 GN_ADDR，设置源 IS_NEIGHBOUR 标志为 FALSE。
- 发出 LS 回复报文作为一个 GeoUnicast 报文，并根据用于 GeoUnicast 的转发程序转发分组。

2. 报文处理

数据报文处理包括用来确定 T/GN6-SDU 的目的地（GeoAdhoc 路由器，地理区域）的程序。执行数据报文类型所特有的功能，并经由 IN 接口将 GN-PDU 传递给链路层协议实体。

（1）公共头部设置

一旦接收到 GeoNetworking 数据报文时，GeoAdhoc 路由器（转发节点，接收者，目的地）按照以下操作处理公共头部：

1）用公共头部的发送方位置矢量字段来更新源 LocTE 中的位置矢量。

2）将发送方位置表输入的 IS_NEIGHBOUR 标志设置为 TRUE。

3）刷新数据报文缓冲区（发送方位置服务报文缓冲区，发送方单播转发报文缓冲区，广播转发报文缓冲区）：

- 如果发送方 LS_pending 是 TURE，则刷新发送方位置服务报文缓冲区；转发存储的数据报文；将发送方 LS_pending 置为 false。
- 如果用于发送方的单播转发报文缓冲区不是空的，则刷新单播转发缓冲区并转发所存储的分组。
- 如果广播转发数据报文缓冲区不为空，则刷新广播转发缓存区并转发数据报文。

4）检查公共头部的 NH（Next Hearder，下一个报文头部）字段：如果 NH=0 丢弃该数据报文，并省略后面步骤的执行。

注：NH=0 是被网络管理报文使用，即信标和位置服务。

5）检查公共头部的 HT（头部类型）字段：如果 HT=0 丢弃该数据报，并省略后面步骤的执行。

（2）GeoUnicast 报文处理

GeoUnicast 转发应用了 MIB 中 itsGnGeoUnicastForwardingAlgorithm 属性值所指定的算法。

1）源操作

在接收一个 GN-DATA.request 原语，如果其携带的数据报文传输类型参数设置为 GeoUnicast，该源应执行以下操作：

- 检查它在它的位置表 LocT 中是否有一个对于目的地有效的位置矢量：如果没有有效的位置矢量信息可用，源应调用位置服务，则不执行后续的步骤。否则，源应继续执行下面步骤。
- 确定下一跳的链路层地址 LL_ADDR_NH。
- 创建一个 GN-PDU（GeoNetworking 协议数据单元）与 T/GN6-SDU 作为有效载荷和 GeoUnicast 报文报头：
  —设置公共头部的字段。
  —设置 GeoUnicast 扩展报头的字段。
- 如果 LL_ADDR_NH=0，则将 GeoUnicast 报文缓存在单播转发报文缓冲区，不执行后续的步骤。
- 如果在 GN-DATA.request 参数中的可选重复间隔被设置，那么：
  —保存 GeoUnicast 报文。
  —在重复间隔中重发指定的周期性的数据报文，直到报文的最大生命期过期。
- 执行介质相关程序。
- 通过 IN 接口将 GN-PDU 传递给链路层协议实体，并将目的地址设置成下一跳的链路层地址 LL_ADDR_NH。

2）转发节点操作

在接收到 GeoUnicast 数据报文时，GeoAdhoc 路由器应检查在 GeoUnicast 数据报头的目的地位置矢量中的 GN_ADDR 字段。如果该地址不匹配它的 GN_ADDR，该 GeoAdhoc 路由器应当执行以下操作。

- 公共头部处理。
- 执行重复数据报文检测；如果 GeoUnicast 报文是重复的，则丢弃该数据报文，不执行后续的步骤。
- 用 GeoUnicast 扩展报头的源位置矢量字段来更新在 LocT（位置表）中的源位置矢量。
- 如果源 GN_ADDR 不等于发送方 GN_ADDR，则设置源的 IS_NEIGHBOUR 标志为 FALSE。
- 刷新数据报文缓冲区（源位置服务报文缓冲区，源单播转发报文缓冲区）。
  —如果源 LS_pending 标志是 TRUE，则刷新源位置服务数据报文缓冲区；转发存储的数据报文；将源 LS_pending 标志置为 FALSE。
  —如果源中的单播转发报文缓冲区不为空，则刷新单播转发报文缓冲区和转发所存储的报文。
- 用在 GeoUnicast 扩展报头中的目的地位置矢量字段来更新在 LocT 中的目的地位置矢量。
- 更新公共头部的字段。
- 用在 LocT（位置表）中的目的地位置矢量来更新目的地的位置矢量字段。
- HL（跳数限制）字段的值逐一递减，如果 HL 递减到零，丢弃 GN-PDU 和省略后面步骤的执行。
- 确定下一跳的链路层地址 LL_ADDR_NH：
  —如果 LL_ADDR_NH=0，则将 GeoUnicast 缓存在单播转发报文缓冲区中，不执行后续的步骤。
  —执行介质相关程序。
  —由 IN 接口将 GN-PDU 传递给链路层协议实体，并设置目标地址为下一跳的链路层地址 LL_ADDR_NH。

3）目的地操作

在接收到 GeoUnicast 数据报文时，GeoAdhoc 路由器应检查在 GeoUnicast 报头的目的地位置矢量中的 GN_ADDR 字段。如果该地址与它的 GN_ADDR 匹配，GeoAdhoc 路由器应当执行以下操作：

- 公共头部处理。
- 执行重复数据报文检测；如果 GeoUnicast 报文是重复的，丢弃该数据报文，不执行后续的步骤。
- 用 GeoUnicast 扩展报头的源位置矢量字段来更新在 LocT 中的源位置矢量。
- 如果源 GN_ADDR 不等于发送方 GN_ADDR，设置源 IS_NEIGHBOUR 标志为 FALSE。
- 刷新数据报文缓冲区（源位置服务报文缓冲区，源单播转发报文缓冲区）：
  —如果源 LS_pending 标志是 TRUE，则刷新源位置服务报文缓冲区；转发存储的数据报文；将源 LS_pending 标志置为 FALSE。

——如果源的单播转发报文缓冲区不为空，则刷新单播转发报文缓冲区和转发所存储的报文。
- 通过 GN-DATA.indication 原语和相关参数设置将 GN-PDU（GeoNetworking 协议数据单元）的有效载荷传递给上层协议实体。

（3）TSB（拓扑范围广播）报文处理

1）源操作

在接收一个 GN-DATA.request 原语并将报文传输类型参数设置为 TSB，该源应执行以下操作。

- 创建一个 GN-PDU 与 T/GN6-SDU 作为有效载荷和 TSB 数据报头：
  ——设置公共头部字段。
  ——设置 TSB 扩展头字段。
- 如果没有邻居存在，即 LocT（位置表）不包含 IS_NEIGHBOUR 标志置为 TRUE 的 LocTE，那么将 TSB 报文缓存在广播转发报文缓冲区并省略后面步骤的执行。
- 如果在 GN-DATA.request 参数中的可选重复间隔参数被设置，那么：
  ——保存 TSB（拓扑范围广播）数据报文。
  ——在重复间隔中重发指定的周期性数据报文，直到报文的最大生命期过期。
- 执行介质相关程序。
- 由 IN 接口将 GN-PDU 传递给链路层协议实体，设置目的地址为链路层实体的广播地址。

2）转发节点和接收者操作

在接收到 TSB（拓扑范围光播）数据报文时，GeoAdhoc 路由器应当执行以下操作：

- 公共头部处理。
- 执行重复数据报文检测；如果 TSB 报文是重复的，则丢弃该数据报文，不执行后续的步骤。
- 用 TSB 扩展报头的源位置矢量字段来更新 LocT（位置表）中的源位置矢量。
- 如果源 GN_ADDR 不等于发送方 GN_ADDR，设置源 IS_NEIGHBOUR 标志为 FALSE。
- 通过一个 GN-DATA.indication 原语，将 GN-PDU 的有效载荷传递给上层协议实体。
- HL（跳数限制）字段的值逐一递减；递减 HL 字段的值，如果 HL 递减到零，丢弃 GN-PDU 并省略后面操作的执行。
- 更新公共头部的字段：
  ——HL 字段与递减的 HL 值。
  ——带有 LPV 的发送方位置矢量字段。
- 执行介质相关程序。
- 由 IN 接口将 GN-PDU 传递给链路层协议实体，设置目的地址为链路层实体的广播地址。

（4）SHB（单跳广播）报文处理

1）源操作

在接收一个 GN-DATA.request primitive 原语并将报文传输类型参数设置为 SHB，该源应执行以下操作：

- 创建一个 GN-PDU（GeoNetworking 协议数据单元）与 T/GN6-SDU 作为有效载荷和 SHB（单跳广播）报头，设置公共头部的字段。
- 如果没有邻居存在，即 LocT（位置表）不包含 IS_NEIGHBOUR 标志置为 TRUE 的 LocTE（位置表输入），那么将 SHB 包缓存在广播转发报文缓冲区，不执行后续的步骤。
- 如果在 GN-DATA.request 参数中的可选重复间隔参数已设置，那么：
  —保存 SHB 数据报文。
  —重发在重复间隔内指定的周期性数据报文，直到报文的最大生命期过期。
- 执行介质相关程序。
- 由 IN 接口将 GN-PDU 传递给链路层协议实体，将目的地址设置为链路层实体的广播地址。

2）接收者操作

在接收到 SHB（单跳广播）数据报文时，GeoAdhoc 路由器应当执行以下操作。

- 公共头部处理。
- 通过使用 GN-DATA.indication 原语，将 GN-PDU 的有效载荷传递给上层协议实体。

（5）GeoBroadcast 报文处理

1）源操作

在接收一个 GN-DATA.request 原语并将报文传输类型参数设置为 GeoBroadcast 时，该源应执行以下操作：

- 创建一个带有 T/GN6-SDU 的 GN-PDU 作为有效载荷和 GeoBroadcast 报文报头：
  —设置公共头部的字段。
  —设置 GeoBroadcast 扩展报头的字段。
- 如果没有邻居存在，即 LocT 不包含带有 IS_NEIGHBOUR 标志设置为 TRUE 的 LocTE，则将 GeoBroadcas 报文缓存在广播转发报文缓冲区中，并不执行后续的步骤。
- 如果在 GN-DATA.request 参数中的可选重复区间参数已设置，那么：
  —保存 GeoBroadcast 报文。
  —重发在重复间隔指定的周期性数据报文，直到报文的最大生命期过期。
- 确定下一跳的链路层地址 LL_ADDR_NH。
- 如果 LL_ADDR_NH=0，则将 GeoBroadcast 包缓存在广播转发报文缓冲区中，不执行后续的步骤。
- 执行介质相关程序。
- 由 IN 接口将 GN-PDU 传递给链路层协议实体，并将目的地址设置到链路层实体的广播地址中去。

2）转发节点和接收者操作

在接收到 GeoBroadcast 报文时，GeoAdhoc 路由器应当执行以下操作：

- 公共头部处理。
- 执行重复数据报文检测；如果 GeoBroadcast 报文是重复的，则丢弃该数据报文，并省略后面步骤的执行。
- 用 GeoBroadcast 扩展报头的源位置矢量字段来更新 LocT 中的源位置矢量。

- 如果源 GN_ADDR 不等于发送方 GN_ADDR，设置源 IS_NEIGHBOUR 标志为 FALSE。
- 确定下一跳的链路层地址 LL_ADDR_NH。
- 如果 LL_ADDR_NH = 0，则将 GeoBroadcast 报文缓存在广播转发报文缓冲区中，并省略后面步骤的执行。
- 如果 F(x,y) ≥ 0（GeoAdhoc 路由器是内部或在地理区域的边界），通过设置 GN-DATA. indication 原语将 GN-PDU 的有效载荷传递给上层协议实体。

注意：如果 GeoAdhoc 路由器是在地理区域以外，GN-PDU 将不被传递给智能交通系统的设备层。

- HL 字段的值逐一递减；如果 HL 递减到零，丢弃 GN-PDU，并省略后面步骤的执行。
- 更新公共头部的字段，即：
  —HL 字段与递减的 HL 值。
  —带有 LPV 的发送方位置矢量字段。
- 执行介质相关程序。
- 由 IN 接口将 GN-PDU 传递给 LL（链路层）协议实体，并将目的地址设置到链路层实体的广播地址中去。

4.3.4　ITS 基本传输协议

基本传输协议（BTP）在 ITS 自组织网络（Adhoc Network）下提供一个端到端、无连接的传输业务。对于数据报文经由 GeoNetworking 协议传输以及其在目的地的复用来说，其主要目的是复用在 ITS 设备层不同进程中的消息，如 CA 业务和 DEN 业务。BTP 允许位于设备层的协议实体来访问 GeoNetworking 协议提供的业务，并在设备层和 GeoNetworking 协议之间传递协议控制信息。

1. BTP 提供的服务

BTP 为 ITS 自组织网络提供了一个端到端、无连接的传输服务。类似于 UDP，它提供了一个尽力而为的传输服务，即 BTP 实体之间的 BTP-PDU 的非保证交付。它也允许设备层中的协议实体直接访问由 GeoNetworking 协议所提供的服务，如图 4-32 所示。

BTP 为设备层协议实体提供服务。这些服务的提供是通过 BTP-SAP 对不同类型的承载参数的服务原语和上层协议实体的 PDU 的使用来实现的，即 FL-PDU。为了提供分组传输服务，BTP 使用 GeoNetworking 协议提供的服务。

2. BTP 报文结构

BTP 应用在 GeoNetworking 协议栈中。一个 BTP 分组应被包括在协议报头中，其有效载荷如图 4-33 所示。

1）MAC 报头是 ITS 接入技术中 MAC 协议的报头。
2）GeoNetworking 的报头也是 GeoNetworking 数据分组的报头，该报头为了实现依赖介质的 GeoNetworking 功能而扩展。
3）可选的 GeoNetworking 安全报头。
4）BTP 报头是基本传输协议的报头。

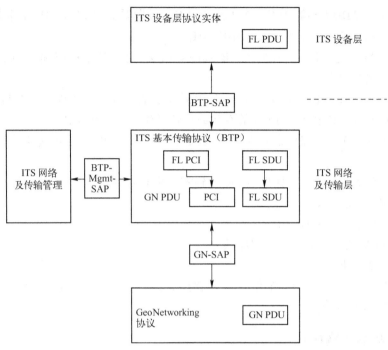

图 4-32 与 BTP 相关的 SAP、SDU 和 PDU

5）有效负载表示由上层协议实体创建（即 FL-SDU），并传递到 BTP 实体中用于传输的用户数据。

注：通用的分组结构即为我们所看到的 ITS 接入技术层的 MAC 协议。

图 4-33 BTP 报头结构

3. BTP 数据报头

（1）BTP-A 数据报头

1）BTP-A 数据报头结构

BTP-A 报头携带源端口和目的端口信息（见图 4-34）。在 BTP-PDU 的目的地端口标识了 ITS 设备层的协议实体。源端口指示源中的 ITS 设备层协议实体端已用来发送 FL-SDU。

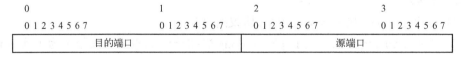

图 4-34 BTP-A 报头格式

2）BTP-A 报头应用范围

BTP-A 报头应该携带表 4-7 中规定的字段。

表 4-7 BTP-A 报头字段

字段	字段名	八进制位置 首位	八进制位置 末尾	类型	单元	描述
1	目的端口	0	1	16 bit integer		标识目的地 ITS 设备层的协议实体
2	源端口	2	3	16 bit integer		标识 BTP PDU 源中的 ITS 设备层协议实体的端口源

（2）BTP-B 数据报头

1）BTP-B 数据报头结构

BTP-B 报头携带有目的端口，但没有源端口（见图 4-35）。目的端口标识了在 BTP-PDU 目的地 ITS 设备层的协议实体。如果目的端口是公认端口，目的地协议可以提供额外的信息。

图 4-35 BTP-B 报头结构

2）BTP-B 报头应用范围

BTP-B 报头应带有表 4-8 中规定的字段。

表 4-8 BTP-B header 报头字段

字段	字段名	八进制位置 首位	八进制位置 末尾	类型	单元	描述
1	目的端口	0	1	16 bit integer		标识目的地 ITS 设备层的协议实体
2	目的端口信息	2	3	16 bit integer		如果目的端口是公认端口，目的地协议可以提供额外的信息

4. BTP 协议运作

（1）源操作

收到一个 BTP-Data 请求原语时，源应执行以下操作。

1）创建一个 FL-SDU 有效载荷的 BTP-PDU 和一个 BTP 分组报头：

- 如果 BTP-DATA 请求原语中的 BTP 类型参数是 BTP-A，就设置表 4-9 规定的 BTP 报头字段。

表 4-9 BTP-A 报头字段设置

字段名称	字段设置	描述
源端口	BTP-Data. request 原语中源端口参数值	标识 BTP PDU 源中的 ITS 设备层协议实体的端口源
目的端口	BTP-Data. request 原语中目的端口参数值	标识目的地 ITS 设备层的协议实体

- 如果 BTP-DATA 请求原语中的 BTP 类型参数是 BTP-B，就设置表 4-10 中指定的 BTP 报头字段。

表 4-10 BTP-B 报头字段设置

字段名称	字段设置	描述
目的端口	BTP-Data.request 原语中目的端口参数值	标识目的地 ITS 设备层的协议实体
目的端口信息	BTP-Data.request 原语中目的端口信息参数值	如果目的端口是公认端口,目的地协议可以提供额外的信息

2)经由 GN_SAP,通过一个按表 4-11 中的参数设置的 GN-DATA 请求原语传递 BTP-PDU 给 GeoNetworking 协议实体。

表 4-11 请求发送 GeoNetworking 数据报文时 GN-DATA 请求原语的设置

参数名	参数设置
Upper protocol entity	BTP
Packet transport type	BTP-Data.request 参数 GN Packet transport type 的值
Destination	BTP-Data.request 参数 GN Destination 的值
Communication profile	BTP-Data.request 参数 Communication profile 的值
Maximum packet lifetime	BTP-Data.request 参数 Maximum packet lifetime 的值 若其在 BTP-Data 请求中未被使用,则将它删除
Repetition interval	BTP-Data.request 参数 Repetition interval 的值 若其在 BTP-Data 请求中未被使用,则将它删除
Traffic class	BTP-Data.request 参数值
Length	[FL-SDU +4] 的长度
Data	BTP-SDU 负载

(2)目的地操作

经由 GN-DATA 的指示原语接收一个 BTP-PDU 时,目的地应经由一个 BTP-SAP(BTP-SAP 通过 BTP-Data 指示的方式按表 4-12 设置参数)来传递 BTP-PDU 的有效载荷。

表 4-12 指示 BTP PDU 的接收时 GN-Data 指示原语的参数设置

参数名	参数设置
Sourceport	如果 BTP 报头类型是 BTP-A,在 BTP-A 头把它设置为源端口;如果 BTP 报头类型是 BTP-B,则忽略此参数
Destinationport	在 BTP-A 报头或 BTP-B 报头中把它设置为目的端口
Destinationportinfo	如果 BTP 的报头类型是 BTP-A,忽略此参数。如果 BTP 的报头类型是 BTP-B,设置为 BTP-B 报头的目的端口信息
GN Packettransporttype	GN-Data.indication 参数 GN Packettransporttype 值
GNDestination	GN-Data.indication 参数 GNDestination 的值
GN Source positionvector	GN-Data.indication 参数 Sourcepositionvector 的值
GNTrafficclass	GN-Data.indication 参数 Trafficclass 的值,若其在 GN-Data 请求中未被使用,则将它删除
GNRemainingpacketlifetime	GN-Data.indication 参数 Remainingpacketlifetime 的值,若其在 GN-Data 请求中未被使用,则将它删除
Length	[GN-PDUpayload -4] 的长度
Data	BTP-PDU 负载

4.3.5 GeoNetworking 上的 IPv6 协议

1. ITS 站点架构中的 GN6ASL

如图 4-36 所示，在网络与传输层内部的 GN6ASL 是一种适配子层，可以通过 GeoNetworking 传输 IPv6 数据报。

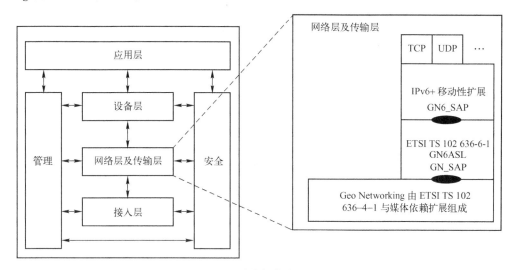

图 4-36 ITS 站点架构中的 GN6ASL

图 4-35 中在 ETSI 的 GeoNetworking 协议和 IPv6 兼容协议层之间建立了一个适配子层 (GN6ASL)，并且增加了移动性扩展。在 ETSI ITS 架构中，默认的 IPv6 移动性扩展是网络移动基本支持 (NEMO BS) 协议。该部分实现了在 ETSI GeoNetworking 协议之上使用 NEMO BS。

2. IPv6 链路模型和接口

(1) 理论基础

邻居发现 (Neighbor Discovery，ND) 协议是 IPv6 协议栈的强制部分，其中包括一些功能，例如路由器、前缀发现、地址解析以及邻居不可达检测。一些 ND 服务使用链路层组播地址。这意味着，为了运行 ND 链路层协议需要支持组播寻址。通常是为不支持组播寻址的链路层技术来引入 ND 适配或替代协议/机制来实现它的服务。

GN6ASL 作为依赖于 GeoNetworking 的链路层协议出现在 IPv6 层之中。GeoNetworking 同时提供点对点和一点对多点的通信以及地理范围内的寻址，如基于地理位置的任播和基于地理位置的广播。

当 IPv6 使用由 ETSI GeoNetworking 协议通过 GN6ASL 提供的子 IP 多跳传输服务时，使用了跨越多个物理链路的虚拟链路。本节对这些虚拟链路进行了建模和描述，使 IPv6 兼容协议层可以使用它们。具体来说，在一个跨越多个物理链路的虚拟链路的链路层组播支持中，虚拟链路要满足对称可达性。移动自组织网络基于跳数定义了虚拟链路边界，由于网络拓扑结构的不断变化，移动自组织网络的虚拟链路在移动环境下不提供对称可达性。GN6ASL 提供对称可达性的虚拟链路，因为虚拟链路边界被定义为地理坐标。

本节介绍了两种类型的虚拟连接,一种具有链路级本地组播功能,它利用了地理范围界限,另一种没有链路级本地组播的支持,但不受地域边界的影响。这两种类型虚拟链路在同一站点的组合,允许运行包括 SLAAC(无状态的地址自动配置)的 ND 协议,并且分发其他的 IPv6 本地链路组播数据;同时,允许传输给超出特定地理界限的节点。为了保持完全符合 ND 所需的链路属性,这两个属性被分成两个不同的虚拟链路类型。

在本节中,虚拟链路不同于虚拟接口。虚拟接口代表了一个虚拟链路的实例,该虚拟链路以特定的实现方式存在于 IPv6 层中。虚拟接口的具体实现需要提供虚拟链路。出于这个原因,在下面内容中将必需的属性和推荐的属性区分开。然而,这里所描述的属性和虚拟接口已与现有的 IPv6 最大限度地实现向后兼容,因此这些实现可以通过 GN6ASL 使用。

应当指出的是,由实现程序所选择的特定虚拟接口不影响封装方法或链接属性。而且,通过虚拟接口运行的仿真应保持链接属性(例如对称可达性)。

(2)支持 IPv6 链路模型所要求的属性

1)虚拟链路的数量和类型

Geoadhoc 路由器(即支持基于地理位置路由的自组网的路由器)的 GN6ASL 应当至少支持一个地理虚拟链路(Geographical Virtual Link,GVL),并且支持一个拓扑虚拟链路(Topological Virtual Link,TVL)。

2)地理虚拟链路

地理虚拟链路(GVL)是一个链路级本地组播功能的虚拟链路,它跨越多个具有地理范围边界的物理链路。

每个 GVL 应该与单个基于地理位置的广播或泛播地理区域相关联,这些区域存储于 per-GVL MIB 属性中。

作为 GVL 区域参考的属性应为:
- 从接收到的 GeoNetworking 报头开始传递,该报头封装了路由器通告(RA)消息。
- 由 ITS 站点管理实体进行分配。

GVL 应当支持 IPv6 邻居发现协议。

当所有的 Geoadhoc 路由器使用相同的 GVL 区域时,该 GVL 在几个 Geoadhoc 路由器之间共享。

3)拓扑虚拟链路

拓扑虚拟链路(TVL)是一个非广播多路访问(Non-Broadcast Multi-Access,NBMA)虚拟链路,跨越多个带拓扑范围边界的物理链路。IPv6 组播数据可能无法通过 TVL 进行交换。

关联到 TVL 的接口应当只分配 IPv6 链路级本地单播地址,不再分配其他的 IPv6 地址。

(3)虚拟接口的推荐属性

1)虚拟接口的数量和类型

IPv6 的 GN6ASL 应能以虚拟网络接口的形式提供 IPv6 虚拟链路类型。

虚拟网络接口可以关联到 GVL 或 TVL。单个虚拟接口只能关联一个 GVL 或者一个 TVL。一个或多个虚拟接口可以关联到单个物理接口(例如,一个 ITS-G5 的物理接口)。给定一个物理接口:

- 只有一个 TVL 可以关联到该物理接口，只有一个虚拟接口可以关联到该 TVL。
- 多个 GVL 可以关联到物理接口，只有一个虚拟接口可以关联到单个 GVL。

为了与现有的 IPv6 协议实现向后兼容性，并且支持通过 IEEE 802 传递 IPv6 数据报文，GN6ASL 应至少支持以太网 V2.0/IEEE 802.3 LAN 的虚拟网络接口。Geoadhoc 路由器还可以支持其他类型的虚拟接口。

2) 特定虚拟接口的使用

① 以太网 V2.0/IEEE 802.3 LAN 虚拟接口

为了通过 GeoNetworking 协议传输 IPv6 报文，GN6ASL 应该支持以太网 V2.0/IEEE 802.3 LAN 的虚拟网络接口类型。以太网 V2.0/IEEE 802.3 LAN 的虚拟网络接口应该只关联到 GVL，这是因为 TVL 不支持链路级本地多播/广播。

GeoNetworking 协议通过以太网 V2.0/IEEE 802.3 LAN 的虚拟接口传输 IPv6 数据报文应符合标准。在任何情况下，无虚拟接口专用协议报头可以加在 GeoNetworking 报头和 IPv6 报头之间。

以太网 V2.0/IEEE 802.3 LAN 的虚拟接口 MAC 地址应该从本地 Geoadhoc 路由器 GN_ADDR 的 48 位 M_ID 字段中导出。因此，虚拟以太网 V2.0/IEEE 802.3 LAN 通过 SLAAC 产生的 IPv6 地址的接口 ID（Interface Identifier，IID）部分也嵌入 M_ID 中。

② NBMA 虚拟接口

为了利用 GeoNetworking 协议传输 IPv6 报文，IPv6 识别的任何类型的虚拟网络接口作为 NBMA 链路都可以被 GN6ASL 采用。NBMA 类型的虚拟网络接口应该只关联到 TVL。

③ 点到点的虚拟接口

为了利用 GeoNetworking 协议传输 IPv6 数据报，GN6ASL 可以采用点到点类型的虚拟网络接口。点到点类型的虚拟网络接口应该只关联到 TVL。对于 VPN 隧道，虚拟点到点接口通常作为各种操作系统的一部分。虚拟点到点接口不同于物理点到点的网络接口（如 GPRS 和 UMTS），它们是点到点连接的抽象，并不需要像 PPP 一样的链路层适配协议。

不支持本地广播/多播的点对点虚拟接口应该作为预先配置的 NBMA 点对点虚拟线路来使用。

一些与特定点对点虚拟接口结合的 IPv6 实现，允许 IPv6 链接本地组播数据通过点对点虚拟接口传输。建议点对点的虚拟接口仅关联 TVL 并在 GVL 上使用其他类型的虚拟接口（如以太网 V2.0/IEEE 802.3 LAN）。

3. 桥接支持

在欧洲电信标准化协会的 ITS 网络架构中，接入路由器为自组织网络提供接入 Internet 的条件。GeoNetworking 协议和 GN6ASL 由 Geoadhoc 路由器实现。

Geoadhoc 路由器和接入路由器是两个独立的逻辑网络组件，可以归为 ITS 站点一个组成部分。如果这些功能失效了，接入路由器直接终止 IPv6 报文的 GeoNetworking 协议传输，无须提供其他传输功能。如果 Geoadhoc 路由器和接入路由器分别在两个独立的组件中，则有必要扩展从 Geoadhoc 路由器到接入路由器的传输终止条件。

例：路侧 ITS 站点提供车辆 ITS 站点与互联网的连接，车辆 ITS 站点选择接入路由器作为 IPv6 的默认网关。GeoNetworking 协议传输的 IPv6 报文终止于路侧 ITS 站点的

Geoadhoc 路由器。Geoadhoc 路由器和接入路由器的分离（见图 4-37）允许多样化的部署方案。事实上，接入路由器不一定安放在路侧 ITS 站点内，同样可以安放在远离道路的地点，例如交通控制中心。采用第 2 层隧道传输技术可以为路侧 ITS 站点通过接入路由器访问 Internet。

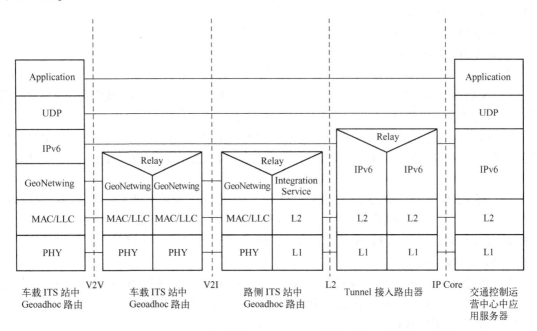

图 4-37　ITS 站中分离的 Geoadhoc 路由器和接入路由器

（1）特性需求

GeoNetworking 运行在 Geoadhoc 路由器物理链路层协议之上，支持用集成功能传递桥接报文。Geoadhoc 路由器应提供至少一个与 GVL 相关联的虚拟接口，以传输桥接 IPv6 数据报文。传递桥接 IPv6 报文的功能不需要与 TVL（拓扑虚拟链路）相关联虚拟接口。

上述不需要 Geoadhoc 路由器来实现桥接的功能，只需支持 IPv6 数据报文即可。此外，上述仅适用于专为 GeoNetworking 所运行的特定链路层协议而存在的，且用于传递桥接报文的标准集成功能。

（2）依赖媒质的实现

IEEE 802.11 规定了一种集成服务，这种集成服务是完整 802.1D 桥接功能的简化版本，并且支持 IEEE 802.11 和以太网 V2.0/IEEE 802.3 LAN 两种帧之间的互相转换。

根据特性需求所描述的，当用了至少一个关联到 GVL 的虚拟接口时，应能通过其他支持以太网 V2.0/IEEE 802.3 LAN 帧的物理或虚拟的接口传递桥接 IPv6 报文。此外，建议该虚拟接口支持 802.1Q VLAN 标记。

4. IPv6/GeoNetworking 接口服务说明

GN6SAL 提供给 IPv6 的服务通过 GN6_SAP 传递，GN6_SAP 采用了用户——提供商的服务模式。GN6_SAP 只能提供无确认的、无连接的服务给 IPv6，其中包含一序列的数据传输服务，这些服务允许 Geoadhoc 路由器上的 IPv6 协议实体在无须建立数据连接的情况下交换

IPv6 报文。GN6_SAP 提供的数据传输服务相关的原语是 GN6-UNITDATA.request 和 GN6-UNITDATA.indication。

GN6-UNITDATA.request 原语由 GN6ASL 请求采用无确认的、无连接的方式发送一个 GN6SDU。而 GN6-UNITDATA.indication 原语用于发送给 IPv6，指示一个 IPv6 报文的到达。

5. 封装特性

（1）最大传输单元（MTU）

关联到 GVL 或 TVL（MTUGN6）的虚拟接口的 MTU 应当被设置为一个值，该值取决于接入层技术传送 GeoNetworking 协议（MTUAL）的 MTU。

特别要注意的是，MTUGN6 应小于或等于 MTUAL 减去用于输送 IPv6 报文的最大 GeoNetworking 协议报头的大小以及最大 GeoNetworking 安全报头的大小。此外，MTUGN6 也应小于或等于由特定类型的虚拟接口 MTUVI 所支持的典型的 MTU。

上一条由下式表示：

$$\mathrm{MTU_{GN6}} = \min\{\mathrm{MTU_{VI}}, \mathrm{MTU_{AL}} - \mathrm{GEO_{MAX}} - \mathrm{GEOSEC_{MAX}}\} \quad (4-2)$$

由于 IPv6 所需要的最小 MTU 是 1280 个八字节，只有当接入层符合下式时，IPv6 通过 GeoNetworking 启用。

$$\mathrm{MTU_{AL}} \geq 1280 + \mathrm{GEO_{MAX}} + \mathrm{GEOSEC_{MAX}} \quad (4-3)$$

（2）数据报传送

1）发送（转发）操作

以下内容描述了 IPv6 报文在 GeoNetworking 传输时 GN6ASL 应该采取的步骤。该步骤同时适用于 ITS 站点本身产生的 IPv6 报文以及 ITS 站点中 IPv6 协议层所转发的 IPv6 报文。

下面所描述的步骤仅为 GN6ASL 应采取的逻辑步骤，没有涉及虚拟接口（特定实现）的步骤。

① 初步 IPv6 操作：IPv6 层应当按照 IPv6 的基本规范执行普通步骤。这些步骤包括 IPv6 报头封装、路由和转发信息库查询、输出接口选择，以及源地址选择。如果所选的输出接口是与 GN6ASL 提供的 GVL 或 TVL 相关的虚拟接口之一，就执行下一步骤。

② 该 GN6ASL 应当对 IPv6 源地址进行检查。若地址是通过 SLAAC 自动配置的，且地址的 IID 部分与当前 Geonetworking 的 GN_Addr 不匹配，报文将被 GN6ASL 静默丢弃。

③ 链路层目的地址的解析，地址解析完成后，IPv6 应调用 GN6-UNITDATA.request。

④ 一旦 GN6-UNITDATA.request 原语被调用，GN6ASL 应确定表 4-13 所示将被传递到 GeoNetworking 的参数，特别地：

- 若 GN6-UNITDATA.request 的目的地址参数是 IPv6 单播地址，GN6ASL 会从其中获得单播的 GN_Addr 的 M_ID 部分。
- 若 GN6-UNITDATA.request 的目的地址参数是 IPv6 组播或任播地址，GN6ASL 应分别应用 IPv6 本地链路组播和 IPv6 任播中介绍的步骤。

⑤ GN6ASL 应调用 GeoNetworking 的 GN-Data.request 服务原语，其中包含上一步骤中所确定的参数。

表 4-13 出站数据服务原语参数设置

GN-Data.request 原语参数	GN6ASL 所设置的值	
	若 GN6-UNITDATA.request 被 IPv6 单播目的地址调用	若 GN6-UNITDATA.request 被 IPv6 组播目的地址调用
数据传输类型	GeoUnicast（地理单播）	GeoBroadcast（地理广播）
目的地址	GN_addr 由 IPv6 目的地址派生的 M_ID 组成，接收 GN6-UNITDATA.request 并设置其余字段为 0	输出虚拟连接的 GVL 区
最大生命周期	0	
重复周期	0	
业务等级①	若优先级<64　0x0F 若 63<优先级<128　0x0E 若 127<优先级<92　0x0D 若优先级>193　0x0C	
长度	GN6SDU 长度	
数据	GN6SDU 传递给 GN6-UNITDATA.request	

① GN_Addr 的地址空间为 48 位，即单独的 M_ID 字段足以唯一地识别一个 Geoadhoc 路由器。GeoNetworking 协议识别出 GN-Data.request 原语目的地址参数只包含 M_ID 字段。GeoNetworking 协议负责从 M_ID 中导出一个完整的 GN_addr。

2）接收操作

以下内容描述了 GN6ASL 在收到一个嵌有 IPv6 报头的 GeoNetworking 报头时应进行的步骤。

下述过程仅描述了 GN6ASL 应进行的逻辑步骤，不是虚拟接口（特定实现）的步骤。

① GeoNetworking 预备操作：GeoNetworking 协议报头应遵照有关报头检查、可选安全检查、数据结构更新、数据报转发等规定。如果 Geoadhoc 路由器属于被寻址的站点，并且 GeoNetworking 报头的 NH 字段显示出了 IPv6 报头的存在，那么 GN6ASL 应通过 GN-Data.indication 原语被调用，并执行下一步骤。

② 虚拟链路选择：在此步骤中，GN6ASL 决定该数据报文属于哪个虚拟链路。

- 若 GeoNetworking 是基于地理位置的广播/基于地理位置的任播类型，则 GN6ASL 应首先检查是否有 GVL 存在于（具有与基于地理位置的广播/基于地理位置的任播的报头指定的目的区域相匹配的 GVL 区）itsGn6aslVLTable 中。若这样的 GVL 存在，则选择它作为输入虚拟链路。若这样的 GVL 不存在，并且基于地理位置的广播/基于地理位置的任播报头携带了 IPv6 路由器广告，那么新建一个 GVL 链路，并将其选定为接收虚拟链路。如果基于地理位置的广播/基于地理位置的任播报头没有携带 IPv6 路由广告，并且包含同样 GVL 区的 GVL 不存在于 itsGn6aslVLTable，数据报将被丢弃。
- 若 GeoNetworking 报头是基于地理位置的单播类型，GN6ASL 应检查由基于地理位置的单播传输的 IPv6 报头的目的地址范围。若 IPv6 目的地址为本地链路单播地址 FE80::<IID>/10，GN6ASL 应选择 TVL 作为接收虚拟链路。若 IPv6 目的地址范围比链路范围更大，并且（GVL 区中包含 GeoNetworking 源节点位置的）itsGn6aslVLTable 中没有 GVL 存在，GN6ASL 将静默丢弃该数据报。若 IPv6 目的地址范围比链路范围更大，并且（GVL 区中包含 GeoNetworking 源节点位置的）itsGn6aslVLTable 中有一个或多个 GVL 存在，GN6ASL 将会从这些 GVL 中选择一个与 IPv6 目的地址前缀对应链路的虚拟接口相关联的 GVL。若 IPv6 目的地址前缀对于多个 GVL 均满足条件，那么就应选择前缀列表中失效计时器最高的前缀相关联的 GVL 作为接收 GVL。若满足上述要求的 itsGn6aslVLTable 不存在 GVL，数据报文将被丢弃。

③ GN6ASL 应调用 GN6-UNITDATA.indication 原语。

（3）帧格式

本小节中没有引入新的帧格式。通过 GeoNetworking 传输 IPv6 报文，是将 IPv6 报头和有效负载直接附加在 GeoNetworking 报头或者附加在可选的 GeoNetworking 安全报头后。图 4-38 对所产生的报文从物理层的角度进行了描述。

MAC 报头	LLC 报头	GeoNetworking 报头	GeoNetworking Security 报头（可选）	IPv6 报头	IPv6 负载（可选）	MAC Trailer（可选）

图 4-38　GeoNetworking 传输 IPv6 报头和有效负载的通用报文格式

6. IPv6 组播通信和任播通信支持

下面介绍如何在 GeoNetworking 上支持传统的 IPv6 组播寻址。在这里传统的组播是相对于基于地址位置的组播而言的，即根据 IPv6 规范创建的、没有嵌入任何基于地理区域的多播寻址。其中规定的机制允许 IPv6 组播数据通过对 IPv6 隐藏地理寻址的方式进行地理广播。由于这些机制不需要改变现有 IPv6 协议来实现，因此可以更容易地部署。

（1）IPv6 本地链路组播

IPv6 本地链路组播数据应仅通过 GVL 上的 GN6ASL 来传输。每个 GVL 关联到一个由它的 GVL 区域指定的地理区域上。一个带有本地链路组播目的地址的向外传输的 IPv6 报文，应包含一个地理广播报头，并通过 GeoNetworking 传输。描述地理广播报头目的地址的字段，应被设置为与向外发送的 GVL 的 GVL 区域字段相同的值。需要注意的是，GeoNetworking 基于地理位置的广播/基于地理位置的任播报头在设计中就不包含目的地址 GN_Addr。这意味着 IPv6 组播地址的组 ID 没有被封装进实际发送的子 IP 层地址中（虚拟接口的链路层报头在发送前被去除）。因此，所有 IPv6 组播/任播数据会被每个安装在 GVL 区域的 Geoadhoc 路由器接收到，并且 IPv6 层会过滤掉那些未加入目标组的 IPv6 组播报文。

（2）IPv6 更大范围组播

使用范围比本地链路更大的 IPv6 组播数据可能只能在 GVL 上的 GeoNetworking 传输。

这里指定的 GN6ASL 受到与此次 GVL 组播相关的更大范围 IPv6 组播数据传输的影响。事实上，GN6ASL 之上的 IPv6 协议层处理 IPv6 组播数据的转发。如果 IPv6 层确定数据是要分发到 GVL 所在链路上的节点，那么 GN6ASL 应使用与 IPv6 本地链路组播数据相同的技术，该技术在前面进行了描述，即数据应包含地理广播报头并在 GeoNetworking 中传输。IPv6 组播数据发送的标准 IPv6 机制应当可以在 GeoNetworking 提供的虚拟链路上正常工作。

（3）传统 IPv6 组播通信

基于 GVLs 的特性，实现无须引入新的 IPv6 组播组的 IPv6 地理广播是可能的。本地链路和更大范围 IPv6 组播数据均可使用。使用本地链路，连接到共享 GVL 的任一 Geoadhoc 路由器都可以通过简单地寻址 IPv6 预定义地址 FF02::1/16，来对 IPv6 数据进行地理广播。使用后者，那么一旦更大范围 IPv6 组播数据到达一个连接在支持组播转发的 GVL 上的路由器后，由远程主机产生的更大范围 IPv6 组播数据可以分发到所有在 GVL 链路上的节点。

（4）传统 IPv6 任播支持

前文对传统 IPv6 组播数据所描述的过程同样适用于 IPv6 任播通信，唯一的区别在于，传输 IPv6 报文所使用的报头应该为基于地理位置的任播报头，而不是基于地理位置的广播报头。

7. IPv6 邻居发现支持

（1）同一链路判定（On-link determination）

通过接收过程描述，无论是 GeoNetworking 源节点位置（包括在基于地理位置的广播/基于地理位置的任播和基于地理位置的单播报文的源地址向量字段中）还是 IPv6 目的地址前缀，都被 GN6ASL 所使用，用以分用 IPv6 数据包，并选择接收 GVL。这意味着对于一个特定虚拟接口来说，某个特定地址是否在链路目的地决定了数据包被传输至 IPv6 层还是被丢弃。

IPv6 判定前缀是否在链路上的依据是，如果它被包括在该链路的前缀列表中即判定为在链路上。一旦收到一条有效的路由器公告（RA），该公告指定了用 L 位设置前缀或手动配置时，前缀将被添加到前缀列表。当发送路由器公告时，ITS 站点应遵照本规定，始终设置 L 位。

若地址被包含在任意一个链路前缀中，或者相邻路由器指定其地址作为重定向消息的目标。IPv6 判定一个地址为在链路上，如果它是包括的链路的前缀之一，或者如果相邻路由器指定地址作为重定向消息的目标。同样的方式也适用于 GVL。由于 TVL 只传输本地链路地址以及在前缀列表中被有效认定为永久入口的本地链路前缀，TVL 不需要任何是否在链路上的判定。

（2）地址配置

1）无状态地址自动配置

IPv6 SLAAC 应受到 ITS 站点的支持。IPv6 的 SLAAC 只能用于 GVL。若 IPv6 路由器发布路由器公告，应始终设置前缀信息选项的 L 位和 A 位。如果源节点的链路层地址选项被添加到路由器公告中，它应包含关联到 GVL 的虚拟接口的链路层地址，该 GVL 是路由器公告正在发送所使用的 GVL。建议不要广播不同 GVL 上的同一个前缀，以避免 ITS 站点误判该前缀在多个 GVL 的链路上，从而影响 GVL 接收选择。

发出路由器公告的 IPv6 路由器应具有与之对应的 GVL 的 GVL 区域的永久配置值。

接收到路由器公告后，GN6ASL 应创建一个新的 GVL，并分配其面积大小等于基于地理位置的广播报头中指定的目标区域。基于地理位置的广播报头中指定的目标区域通过 GN_SAP 的 GN-DATA.indication 原语传输给 GN6ASL，该原语将目的地地址作为参数的一部分。

接收到路由器公告之后，所创建 GVL 的 GVL 区域不应被修改。如果针对 GVL 相关的所有前缀列表条目的失效计数器期满，该 GVL 应被销毁。

请求过和未经请求的路由器公告都应被支持。路由器可能存在的外部信息，如路由器地图、当前地理位置，可能会被 ITS 站点用来对发布路由器请求进行决断。

包含在路由器公告中的 IPv6 路由器参数携带了前缀信息选项，包括路由器的生存时间，可访问时间，重新传输计时器，前缀有效生存期和推荐的生存期。

2）有状态的地址配置

IPv6 有状态的地址配置不推荐使用，因为大量往返信令消息和 IPv6 路由器的管理造成延时过高。

3）手动地址配置

对于在接收到路由器公告时的操作部署，IPv6 地址不应被手动添加至与 GVL 相关联的虚拟接口。IPv6 地址也不应被手动添加到 TVL。手动配置的地址仅用于手动配置的 GVL。在实验部署和测试环境中，可能手动配置 IPv6 地址。

（3）地址解析

1）Non-ND-based（没有基于邻居发现的）地址解析

根据 IPv6 邻居发现协议，当发送方不知道对应的链路层地址时，就为当前链路上的非组播地址执行地址解析工作。如果通过 GN6ASL 传输 IPv6 数据报，每当目的 IPv6 地址包含直接解析到相应 GN-Addr 的 IID，并且 MIB 的属性 itsGn6aslVIResolAddr 为 TRUE，那么为了节约无线资源，目的地址解析应被省略，并采取前面描述的过程。

当 IPv6 非组播目的地址包含直接解析到 GN_addr 的 IID，且 MIB 的 itsGn6aslVIResolAddr 属性为 TRUE，则 IPv6 可以通过 GN6-UNITDATA.request 原语指定任何值作为 GeoNetworking 目的地地址给到 GeoNetworking 协议。

若 MIB 的 itsGn6aslVIResolAddr 属性为 TRUE，当 GN6-UNITDATA.request 原语调用 GN6ASL 时应检查包含在 IPv6 报头中的 IPv6 目的地址。如果 IPv6 目的地址不是一个组播地址，并包含一个 64 位全局标识符（EUI-64）的 IID，那么所述 GN6ASL 应从 IID 导出 GN_Addr。从 IID 导出 GN_Addr 的机制取决于虚拟接口的类型。

若 MIB 的 itsGn6aslVIResolAddr 属性为 FALSE，那么 GN6ASL 不得进行任何地址解析，并且应该采取完全从 GN6-UNITDATA.request 原语的目的地址参数中导出的值作为 GN_Addr 目的地址，这可以作为一个 MAC 地址依赖于虚拟接口类型的示例。若 itsGn6aslVIResolAddr 为 FALSE，IPv6 应该使用后文中的 ND-based 地址解析过程，来确定 GN6-UNITDATA.request 原语的目的地址参数。

2）ND-based（基于邻居发现的）地址解析

ITS 站点应使用包含直接解析至 GN_addr 的 IIDs 的 IPv6 地址，使得前文中所述的非 ND-based 地址解析可以使用。若不可行，还可以采取仅关联 GVL 虚拟接口的 ND-based 地址解析。包含不直接解析至 GN_Addr 的 IID 的 IPv6 地址也可用于关联到 GVL 的虚拟接口。

（4）邻居不可达检测（NUD）

当 IPv6 报文通过 GN6ASL 的 GeoNetworking 传输时，IPv6 的下一跳地址可能是远离源节点好几跳的物理位置。在某些部署下，例如连接是间断性的、短暂可用，频繁执行 NUD 程序是不好的。

当 Geoadhoc 路由器离开与 GVL 关联的 GVL 区域时，对应于 GVL 上节点的邻居缓存条目将被清除。接收到未经请求的路由器公告不一定被认为是一个可达性确认，因为它不保证双向连接存在。因此，在收到未经请求的路由器公告后，IPv6 节点将相应的邻居缓存条目状态设置为 STALE。

4.4 接入层

4.4.1 物理层和 MAC 子层

1. 范围

欧盟指定 5 GHz 的 ITS 物理和 MAC 子层使用 IEEE 802.11[12]（即包含美标 IEEE 802.11p 的标准）为基础标准。它覆盖的频率范围有 3 个：

- ITS-G5A：从 5.875~5.905 GHz 的频率范围，在欧洲此 30 MHz 的频段致力于提供 ITS 安全相关的应用。
- ITS-G5B：从 5.855~5.875 GHz 的频率范围，在欧洲此 20 MHz 的频带致力于提供非安全 ITS 应用。
- ITS-G5C：从 5.470~5.725 GHz 的频率范围，在欧洲此频带提供 ITS 应用。

与美标一样，欧标也允许基本服务集（BSS）的带外通信，即 ITS 站点不需要与 ITS 基站建立连接，ITS 站点之间可以直接通信，即使它们不是 ITS 基站的成员，以避免与 BSS 建立连接引起的相关延迟。

欧标的接入层提供以下 IEEE 802.11 服务：

- ITS-G5C 的频谱管理服务。
- 传输效率控制。
- 业务区分和客户服务支持。
- MAC 接入数据服务：DCF，EDCA，分析/设计分析。
- MAC 接入控制服务：ACK，RTS，CTS。
- MAC 接入管理服务：选择性的行动帧，比如频谱管理行动帧。
- OFDM PHY。

目前，不包括以下 IEEE 802.11 的特点：

- 协助服务。
- 接入控制和数据机密服务。
- 高层计时器同步。
- MAC 接入数据服务，例如：PCF，HCF HCCA（混合式协作功能控制信道接入）。
- MAC 接入控制服务，例如：PS-Poll, CF-End, CF-End + CF-Ack, Block Ack Request/Block Ack。
- MAC 接入管理服务，例如：信标，ATIM，解离，关联请求/响应，重新关联请求/响应，请求/响应，认证，去认证，选择的动作（测量请求/报告）。
- 功率管理服务。

2. 一般要求

（1）ITS 站点参考体系结构

图 4-39 显示了欧标的 ITS 接入层部分，它是基于 OSI 的接入层的详细视图的分层通信模型。在指定的 ITS-G5 模型元素和 ITS 接入层之间的映射如图 4-39 所示。

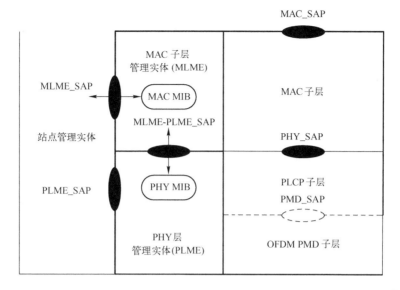

图 4-39 ITS-G5 MAC 和 PHY 接入层

我们规定了 ITS-G5 的下列元素：一个物理层，一个 MAC 子层，一个 MAC 子层管理实体（MLME）和物理层管理实体（PLME）。ITS-G5 还包括 SAP（服务访问点）：PHY_SAP 和 PMD_SAP（图 4-39 中粗体）。内置的 SAP PHY_SAP 和 PMD_SAP 不是 ITS-G5 规范中的一部分，也就是说 ITS-G5 不需要实现这些 SAP。无论如何，一个 ITS 站点如果按照美标实现这些 SAP 也被认为是符合 ITS-G5 的。

图 4-39 中 ITS-G5 物理层由两个子层 PLCP（物理层汇聚子层）和 PMD（物理层媒质关联子层）组成。这两个子层的区别仅仅是美标 IEEE 802.11p 中提到的同质性。事实上，ITS-G5 仅给出了 OFDM PHY 说明。因此，ITS-G5 可能不需要美标那样的两个子层 PLCP 和 PMD，一个物理层就可以了。

和美标 IEEE 802.11p 比较，ITS-G5 不提供站点管理实体与物理层管理实体之间的服务访问点 SME-PLME_SAP。因此，只有 MAC 层管理实体 MLME 可以通过 MAC 层管理实体与物理层管理实体之间的服务访问点 MLME-PLME_SAP 接入物理层的管理信息库 PHY MIB。因此 MLME-PLME_SAP 成为 ITS-G5 的一部分。

ITS-G5 的 MAC 层管理实体的服务访问点 MLME_SAP 在美标的 MLME_SAP 基础上做了一些限制和补充。ITS-G5A，ITS-G5B 和 ITS-G5C MLME_ SAP 原语和美标 IEEE 802.11 中的 802.11 MLME_SAP 原语有相同的 GET/SET 语法。

MLME-RESET 请求原语是用来改变 MAC 和 PHY 层的参数以及更改 MAC 地址或改变 MIB 属性。在 MAC 子层被重置或 MIB 属性被改变后，MAC 和 PHY 子层在不到 2 个时间单位内用合适的 MIB 属性恢复操作。MIB 属性参数的说明如下：

1）IEEE 802dot11-MIB 属性值

表 4-14 给出了 ITS-G5 站点使用的 MAC 和 PHY MIB 属性值具体可参考 802.11-2012 标准[12]。

表 4-14　IEEE 802.11-MIB 属性值

名称	初始值	值是否可改变	备注
dot11ACRType	2	Yes	参见表 4-20。应该采用增强的相邻和非相邻的信道抑制要求 1 = minimum required 2 = enhanced 1 3 = enhanced 2
dot11EDCATable	见表 7		参考 802.11-2012 标准[12]
dot11EDCATableMandatory	False	No	参考 802.11-2012 标准[12]
dot11MultiDomainCapabilityEnabled	False	No	可选的，参考 802.11-2012 标准[12]，在 IEEE p802.11 pTM/D8.0：2009[26] 被设置为 True
dot11OCBEnabled	True	No	具体参见 IEEE p802.11 pTM/D8.0：2009[26] 为 True 时，采用 BSS 带外通信
dot11PowerManagementMode	active（1）	No	强制模式
dot11RadioMeasurementEnabled	False	No	在 IEEE P802.11K（2008）[25]中说明
dot11RegulatoryClassesRequired	True	No	参考 802.11-2012 标准[12]，在 IEEE p802.11 pTM/D8.0：2009[26] 被设置为 True
dot11SpectrumManagementRequired	False	No	参考 802.11-2012 标准[12]，在 IEEE p802.11 pTM/D8.0：2009[26] 被设置为 True
dot11TIThreshold	—	Yes	阈值被用来检测一个信道是否繁忙 根据分布式的 TPC 技术定义值
dot11WAVEEnabled	False	No	可选的，在 IEEE P802.11 pTM/D8.0：2009[26]中指定
dot11RTSThreshold	1000	Yes	单播包大于 1000 个 8 位字节时，使用 RTS/CTS 握手机制发送

2）ITS-G5 具体属性类型

表 4-15 指定了由 ITS-G5 站点所支持的新的 PHY 和 MAC MIB 属性。

表 4-15　ITS-G5 具体属性类型

类型	MIB 属性的默认值	备注
ITSg5ChannelSpacing	10 MHz（1），ITS-G5A 10 MHz（1），ITS-G5B 20 MHz（2），ITS-G5C	信道间距，见表 4-18
ITSg5MCS	2，ITS-G5A 4，ITS-G5B 4，ITS-G5C	调制编码方案，见表 4-19
ITSg5RXSensitivity	见 ETSI TS102 636 V1.1.1 中表 17-13	根据分布式 TPC 技术定义的值
ITSg5TXpower	—	属性表明允许 EIRP 的最大值是以 0.5 dB 为单位超过现在的 EIRP

3）TS-G5 特定的 MIB 属性

表 4-16 指定了由 ITS-G5 站点所支持的新的 PHY 和 MAC MIB 属性，已有的 PHY 和 MAC MIB 属性需要参考文献 [12] 中的定义。

表 4-16 ITS-G5 具体 MIB 属性

MIB 属性	默 认 值	备 注
ITSg5ESversion	ES1.1.1	本标准版本
oidES202663	{(0)(4)(0)(5)(4)(202663)}	ITS-G5 MIB 通用唯一标识符

欧洲 ITS 标准不支持 IEEE p802.11k 中为同步目的定义的 MLME_SAP 原语。

既然 ITS-G5A 站点只可以在 BSS 的带外运行，所以只有当 dot11OCBEnabled 属性取值为真的时候，ITS-G5 才支持美标中定义的服务原语。另外，ITS-G5 不支持以下服务原语，在美标中定义的不被 ITS-G5A 站点支持的 MLME_SAP 原语的完整列表如下：

- MLME-GETTSFTIME。
- MLME-GETTSFTIME。
- MLME-TIMING_ADVERTISEMENT。

欧标规定 ITS-G5 MAC_SAP 数据服务原语，MLME_SAP 和 MLME-PLME_SAP 管理服务原语应该遵守上述修订过的相应 SAP 原语。针对 MAC_SAP 的补充说明如下：

1) MAC 数据服务原语的语法

与美标一样，MAC 数据服务原语总共有 3 个，MA-UNITDATA.request、MA-UNITDATA.indication 和 MA-UNITDATA.confirm。这里扩展了数据服务原语的语法，为了支持基于每个数据包来选择传输功率和数据速率等参数。

2) MA-UNITDATA.request

这个数据服务原语请求发送一个 MSDU，其参数如下：

MA-UNITDATA.request
(
    sourec address, --MAC address of transmitter transmits the frame
    destimation address, --MAC address of destination
    routing information,
    data, --LPDU,
    priority, --802.11 User Priority(UP)0...7,used in TID field
    service class, --"QoSAck" or "QoSNoAck"
    txparameters(optional) --used to set transmit parameters on a per-MSDU basis
)

其中，txparameters 指定 MSDU 传输的参数，如果使用该参数，那么它指定了传输输出功率、是否使用 RTS 用于当前报文的传递以及 MSDU 被要求传递的调制编码方案（Modulation Coding Scheme，简称 MCS）参数。

发射输出功率的参数是一个无符号整型值表示的输出功率是 0.5dBm 的单位的倍数。允许的功率参数值取决于使用的信道，在表 4-18 中指定。如果功率参数没有提供，ITSg5TXpower 指定的传输输出功率适用。如果提供了 MCS 参数，那么它指定了调制编码方案。MCS 中允许的值见表 4-19。如果 MCS 参数没有提供，ITSg5MCS 定义的值适用。

3) MA-UNITDATA.indication

这个数据服务原语指示一个 MSDU 的接收，其参数如下：

MA-UNITDATA.indication

```
(
sourec address,--MAC address of source
destimation address,--MAC address of receiving station or broadcast/multicast MAC address
routing information,
data,--LPDU,
reception status,--(always indicating "success")
priority,--802.11 User Priority(UP)0...7,taken from TID field
service class,--"QoSAck"or"QoSNoAck",taken from QoS Control field
rxparameters(optional)--used to indicate receive parameters on a per-MSDU basis
)
```

其中，rxparameters 参数指定例如功率或者所接收到的 MSDU 采用的 MCS。

接收到的功率参数是带有符号的整数值指示功率是 0.5dBm 单位的倍数。MCS 参数指定的调制编码方案是用于传输被数据参数指定的 MSDU。MCS 允许的值在表 4-19 中规定。

4) MA-UNITDATA.confirm

是针对 MA-UNITDATA.request 原语的响应，其原语参数如下：

```
MA-UNITDATA.confirm
    (
    sourec address,--MAC address of transmitter which transmits the frame
    destimation address,--MAC address of destination
    transmission status,
    provided priority,--802.11 User Priority(UP)0...7,used in TID field
    provided servies class,--QoSAck" or "QoSNoAck"
    txparameters(optional)
    )
```

下列传输状态值加入到了美标 IEEE 802.11 中：

- 不可传递：不可用的功率。
- 不可传递：不可用的 MCS。

所提供的 txparameters 参数指定 MSDU 传输相关的参数，如果使用该参数，那么它指定了传输功率和 MCS。

然而 ITS-G5 MLME_SAP 是美标 MLME SAP 的一个子集。对于物理层和 MAC 层管理实体之间的服务访问点 MLME-PLME_SAP，则没有修订也没有指定子集。

对于图 4-38 描述的 ITS 接入层模型，ITS-G5 MLME_SAP 是 IM-SAP 的一个子集，描述了对 ITS-G5 接口管理的 SAP。在 ITS 接入层模型中，MAC_SAP 没有相匹配的 SAP。

(2) ITS-G5 的运行模式

一个 ITS-G5 站点应该采用 BSS 带外通信，不需要接入 ITS 基站，带外通信的操作可以参考美标 IEEE 802.11。相应地，MAC 层的 SCAN、JOIN、ASSOCIATE、AUTHENTICATE 服务是不适用的。

在 ITS-G5A 和 ITS-G5B 上运行的所有的 ITS-G5 站点被当作同等站点来对待，不论是移动设备还是固定设备。

对于 ITS-G5C 的运行，移动和固定 ITS-G5 站点的区别在于请求基于动态频率选择时谁是主设备，谁是从设备。移动 ITS-G5 站点是动态频率选择的从设备（服务于固定 ITS-G5 站点），固定 ITS-G5 站点是动态频率选择的主设备。

（3）ITS-G5C 操作

欧盟规定了 5 GHz 频段对于无线接入系统和无线局域网的使用。在无线局域网频段的使用如图 4-36 所示，要求传输功率控制（TPC）、动态频率选择（DFS）和均匀分布来自雷达系统的探测信号，并避免这些系统的同信道干扰；提供频谱的均匀分布。

为了顺应这些管理的要求[23]，对于 ITS-G5C 运行，允许只能在路边作为动态频率选择器主设备的固定 ITS-G5 站点和在车上作为动态频率选择从设备的移动 ITS-G5 站点之间的交互。因此，在 ITS-G5C 上的移动 ITS-G5 站点之间的交互是不允许的。

动态频率选择主设备负责服务的宣传，传输控制和 G5 服务信道的选择。在会话过程中，DFS 从设备应该按照 DFS 主设备的指示改变当前活动的 G5 服务信道的频率。

DFS 从设备被限制最大有 200 mW 的全向辐射功率且不需要实施雷达探测[23]。

（4）分布式拥塞控制（DCC）

分布式拥塞控制通过对 ITS-G5 站点有效公平的资源分配来保持网络的稳定性[24]。分布式拥塞控制要求协议栈的所有层之间协作，比如在 MAC 层的 CSMA 机制，在网络层上的传输功率控制（TPC）和传输速率控制如何来规避冲突。典型的，高层的分布式拥塞控制机理需要 MAC 层和 PHY 层的支持。

欧标具体规定了分布式拥塞控制如何延伸到 ITS-G5，可以基于每个 MSDU 报文的基础上设置 ITS-G5 的参数。以下参数在每个 MSDU 报文的基础上可以被设置：

- 传输功率的调整
- 在无线链接中数据速率的调整
- 报文速率的调整

（5）基于客户优先的服务质量

IEEE 802.11 规定 ITS-G5 支持 8 个优先等级的 MSDU（MAC 业务数据单元）传输。通过设置用户优先等级，采用增强分布式协调访问（EDCA）机制来争用信道，这在 IEEE 802.11 中有具体的功能性规定。

3. 物理层面

（1）一般要求

ITS-G5 物理层应遵守美标 IEEE 802.11 中的 5 GHz 频段下的正交频分复用（OFDM）的物理层规范。

（2）频率分配

表 4-17 显示了频率范围和相关监管要求和协调标准。

表 4-17 欧盟中的频率分配

频率范围	使用	规则	一致性标准
5905~5925 MHz	未来 ITS 应用	ECC 决定草案	EN 302 571[22]
5875~5905 MHz	ITS 主动安全应用	ECC 决定草案委员会决定草案	
5855~5875 MHz	ITS 非安全应用	ECC 建议草案	
5470~5725 MHz	RLAN（BRAN，WLAN）	ERC 决定草案委员会决定草案	EN 301 893[23]

图 4-40 说明了表 4-17 中列出的频段在 5 GHz 范围内的功率谱密度的要求。它也描述了欧洲专用短程通信（DSRC）标准使用的频段。

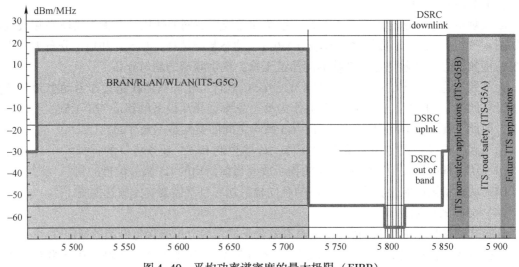

图 4-40　平均功率谱密度的最大极限（EIRP）

图 4-40 也包含了坐落在大约 5.8 GHz 的专用短程通信频段信息，因为专用短程通信广泛应用在欧洲道路通行费收取中。专用短程通信的特殊保护应该在发展协调标准的过程中考虑。长远的调查关于专用短程通信和 ITS-G5 的共存应在 ETSI ITS 的引导下完成。专用短程通信由 ECC 决策和协调标准 EN 300 674 规定。

来自专用短程通信路边单元或者 ITS-G5 车载单元的干扰不是预期的。

（3）信道分配

信道分配在表 4-18 具体规定。一个物理信道被定义为 G5 控制信道（G5CC），四个固定和一个可变的物理信道被定义为 G5 服务信道（G5SC）。

表 4-18　欧洲信道分配

信道类型	中心频率	IEEE 信道编号	信道间隔	默认数据速率	发射功率限制	发射功率密度限制
G5CC	5900 MHz	180	10 MHz	6 Mbit/s	33 dBm EIRP	23 dBm/MHz
G5SC2	5890 MHz	178	10 MHz	12 Mbit/s	23 dBm EIRP	13 dBm/MHz
G5SC1	5880 MHz	176	10 MHz	6 Mbit/s	33 dBm EIRP	23 dBm/MHz
G5SC3	5870 MHz	174	10 MHz	6 Mbit/s	23 dBm EIRP	13 dBm/MHz
G5SC4	5860 MHz	172	10 MHz	6 Mbit/s	0 dBm EIRP	-10 dBm/MHz
G5SC5	用于频带 5470 MHz 至 5725 MHz		若干个	依赖于信道间隔	30 dBm EIRP（主 DFS）	17 dBm/MHz
					23 dBm EIRP（从 DFS）	10 dBm/MHz

控制信道和各种服务信道的使用情况如下：
- G5CC 应该被用于道路安全和交通效率应用，也可以用于广播运行在服务信道 G5SC1 到 G5SC5 的各种 ITS 服务，即服务公告。

- G5SC1 到 G5SC5 应该被用于 ITS 道路安全和交通效率相关的应用。
- 其他 ITS 应用采用服务信道 G5SC3、G5SC4 和 G5SC5。

当不在 ITS-G5A 或者 ITS-G5B 上传输时，所有的 ITS-G5 站点（除了那些不支持安全应用的）都能够在 G5CC 接收消息。所有的 ITS-G5 站点（包括那些不支持安全应用的），都能够在控制信道 G5CC 上传递消息。

表 4-19 显示了不同信道带宽下 MCS 和相关数据速率，可以参考美标 IEEE 802.11。ITS-G5 站点必须支持 10 MHz 信道的 MCS。运行在 ITS-G5C 的 ITS-G5 站点应该支持 10~20 MHz 信道的 MCS。ITS-G5 站点使用的 MCS 和信道间距应该通过 MIB 属性 ITSg5MCS 和 ITSg5ChannelSpacing 进行编码（见条款 A.2）。MCS 的默认值如下：

- 对于 G5CC 和 G5SC1，MCS = 2。
- 对于其他的服务信道 G5SC，MCS = 4。

表 4-19 数据速率和信道间距

调制编码方式（MCS）	0	1	2	3	4	5	6	7
40 MHz 信道中的数据速率/(Mbit/s)	12	18	24	36	48	72	96	108
20 MHz 信道中的数据速率/(Mbit/s)	6	9	12	18	24	36	48	54
10 MHz 信道中的数据速率/(Mbit/s)	3	4.5	6	9	12	18	24	27
OFDM PLCP 速率（$R1 \cdots R4$）	'1101'	'1111'	'0101'	'0111'	'1001'	'1011'	'0001'	'0011'
调制方式	BPSK	BPSK	QPSK	QPSK	16-QAM	16-QAM	64-QAM	64-QAM
编码率 R	1/2	3/4	1/2	3/4	1/2	3/4	2/3	3/4

（4）传输功率控制

传输功率控制的限制在 ETSIEN 302 571 (V1.1.1) 标准[22]中对 ITS-G5A 和 ITS-G5B 有详细规定，在 ETSIEN 301 893 (V1.5.1) 中对 ITS-G5C 有详细规定。附加的传输功率要求由 DCC 提供。这些对 ITS-G5A 和 ITS-G5B 的附加要求包含在 ETSITS 102 687 (V1.1.1)[24]中。

通过参数 ITSg5TXpower 设定传输功率应该每次增加 0.5 dB 的幅度。

如果有变更请求，应该单调地（比如递增）修改发射功率。储存在 ITSg5TXpower 的整数值应该表明相对于所允许的最大传输功率，所要求的有效全向辐射功率（EIRP）的值。

ITSg5TXpower 的修订应该由拥塞控制管理完成，参考 4.4.2 节。

（5）接收机的性能

除了按照［23］和［22］的规定设置，也需要附加要求以保证 ITS-G5 的最低性能。最小接收灵敏度应按美标 IEEE 802.11 具体设置。

为了支持 DCC 技术，ITS-G5 接收机灵敏度应设置在 MIB 属性 ITSg5RXSensitivity 中，该参数对应的整数值应包含 0.5 dBm 步幅的灵敏度水平。例如：ITSg5RXSensitivity = 170 表明接收机的灵敏度是 -85 dBm。为了支持 DCC 技术，MIB 属性 dot11TIThreshold 设置具体见 ETSITS 102 687 (V1.1.1)[24]。

除了 ETSIEN 302 571 (V1.1.1) 标准[22]中的最小值要求，ITS-G5C 的载波监听多路访问 CSMA 的技术（LBT）不应该超过 MCS = 0 且信道间距小于 10 MHz 的接收机灵敏度，见表 4-19。

美标［12］中规定相邻的信道抑制和不相邻信道抑制应该适用除了 10 MHz 的信道间距之外的所有值，最小值见表 4-20。表 4-20 也显示了对相邻信道抑制的可选择增强性。

表 4-20　10 MHz 信道间距的接收机性能要求

MCS	邻信道抑制			非邻信道抑制		
	最低要求（dB）	增强 1（可选）（dB）	增强 2（可选）（dB）	最低要求（dB）	增强 1（可选）（dB）	增强 2（可选）（dB）
0	16	28	34	32	42	44
1	15	27	33	31	41	43
2	13	25	31	29	39	37
3	11	23	29	27	37	35
4	8	20	26	24	34	36
5	4	16	22	20	30	32
6	0	12	18	16	26	28
7	-1	11	17	15	25	27

4. MAC 子层

（1）一般要求

ITS-G5 的 MAC 子层应该遵守美标 IEEE 802.11[12]中的描述。ITS-G5 站点应该采用 BSS 带外通信方式，每个站点的地位是对等的，不需要基站的参与，需要将 MIB 的参数 dot11OCBEnabled 设置成"True"。

所有 ITS-G5 站点应采用服务质量（QoS）机制来传递所有的帧。

（2）MAC 帧格式

MAC 帧应包含以下基本组成：
- MAC 帧头。
- 可变长度的帧主体。
- 帧校验序列（FCS）。

详细的规定可以参考美标［12］。

（3）MAC 帧头

1）帧头结构

图 4-41 显示了文献［12］中具体规定的 MAC 帧头。

Frame Control	Duration/ID	Address1	Address2	Address3	Sequence Control	Address4	QoS Control
2 octets	2 octets	6 octets	6 octets	6 octets	2 octets	2 octets	2 octets

图 4-41　MAC 帧头

MAC 帧头的元素在以下条款中具体说明。

2）帧控制字段

- 结构

图 4-42 显示了美标［12］中规定的 MAC 帧控制字段，即图 4-41 的第一个字段"Frame Control"的展开。

Protocol Version	Type	Subtype	To DS	From DS	More Frag	Retry	Pwr Mgt	More Data	PrF	Order
2 bit	2 bit	4 bit	1 bit	1 bit	1 bit	1 bit	1 bit	1 bit	1 bit	1 bit

图 4-42　MAC 帧控制字段

- 类型和子类型

字段的类型和子类应该与美标［12］相一致。类型和子类型存在如表 4-21 的组合。

表 4-21　MAC 帧类型

类型	子类型	备注
管理帧	Action	用于信道切换公告
控制帧	ACK	在 MA-UNITDATA.request 服务原语中由服务类型参数所要求的
	RTS	RTS/CTS 的使用
	CTS	
数据帧	QoS Data	所有 ITS 站点应该支持所有 QoS 数据帧的各种 MAC 寻址，比如广播、多播、单播

- 到数据集和从数据集

字段"到数据集"和"从数据集"应设置为'0'。分配系统（DS）和 MAC 帧头的"地址 4"元素在自组网中不再使用。因此包含字段"到数据集"和"从数据集"的值均是'0'。

- 分片

针对 MAC 帧的分片不应该在 ITS-G5A 和 ITS-G5B 中使用。如果帧长超过最大允许的长度，该帧应该被抛弃。上层在考虑报文大小时应尽量考虑帧长的限制。

- 功率控制

功率节约模式应该被禁止，因此字段"Pwr Mgt"的值应为'0'。

- 受保护的帧

ITS-G5 采用 BSS 带外通信进行数据传输，在 MAC 层没有采用加密技术而放在更高层，因此字段"PrF"应被设为 0。

3）地址字段

ITS-G5 应该使用美标 IEEE 802.11 MAC 寻址支撑 BSS 的带外通信。该通信有两个要求：首先，ITS-G5 站点传输数据帧不使用 BSSID 编码（不需要基站）。其次，传输数据帧的"地址 3"的值设为无效值，例如所有的位全部设为'1'。

4）QoS 控制字段

表 4-22　QoS 控制字段

比特位置	元素	值	解释
3~0	TID	0~7	使用优先权（UP）
		8~15	选择 EDCA 作为访问政策的结果被禁止的值
4	EOSP	1	选择 8~15 bit 的位置
6~5	Ack 策略	'00'b（正常确认） '10'b（无确认）	可选的。是由在 MA-UNITDATA.request 服务原语中的服务等级参数所选择

(续)

比特位置	元素	值	解释
7	保留	'0'b	文献 [12] 中具体规定
15~8	队列大小	256 字节的整数倍	文献 [12] 中具体规定

（4）MAC 寻址

ITS-G5 应该支持 MAC 单播地址，MAC 广播地址和 MAC 多播地址，但是在 ITS-G5A 中禁止使用 MAC 多播地址。

ITS-G5 必须连续监控是否有其他节点使用相同的 MAC 地址。在检测到冲突的情况下，该 ITS-G5 站点将产生新的 MAC 地址，避免冲突。

（5）服务质量（QoS）

由于 ITS-G5 站点总是采用 BSS 带外通信方式，点协调功能（PCF）和混合协调功能（HCF）控制信道访问（HCCA）是不适用的。

增强的分布式信道接入（EDCA）应被使用。表 4-23 中 EDCA 参数的设置必须不应动态协商，而以静态设置。

表 4-23 EDCA 参数

AC	竞争窗口 CWmin	竞争窗口 CWmax	仲裁帧间间隔数 AIFSN
AC_BK	aCWmin	aCWmax	9
AC_BE	(aCWmin+1)/2−1	aCWmin	6
AC_VI	(aCWmin+1)/4−1	(aCWmin+1)2−1	3
AC_VO	(aCWmin+1)/4−1	(aCWmin+1)/2−1	2

MAC 服务数据单元（MSDU）的生存期，由参数 dot11EDCATableMSDULifetime 来设置，该参数的默认值应通过美标 [12] 的规定来初始化，它有可能通过 MAC 层的服务访问点来动态地调整，例如通过 DCC。

对于不支持的传输类型，参数 dot11EDCATableMandatoryshall 应被设置为"False"。

（6）动态频率选择

动态频率选择（DFS）用于无线局域网的通信，如图 4-36 所示。为此，需要支持动态频率选择的主/从模式。固定 ITS-G5 站点作为服务提供者应提供动态频率选择主模式功能，移动 ITS-G5 站点作为服务的使用者须提供动态频率选择从模式功能。

在 ITS-G5C 里的频段如果实际用作控制信道 G5SC，那么应在 G5CC 中通过服务公告帧来广播。

4.4.2 分布式拥塞机制

在高度动态车辆自组织网络中，ITS 道路安全和运输效率系统包括车辆之间的通信以及相关车辆与路侧的通信。这些系统（ITS 站点）是基于一系列名为 ITS-G5 的、已由欧洲 5 GHz ITS 物理层和 MAC 标准规定的协议和参数来实现。

ITS 中的许多应用和服务都依赖于车辆与路侧单元的合作行为，这样的合作行为形成了一个车辆自组织网络（Vehicular Ad-Hoc Network，VANET）。VANET 实现了需要快速进行信息交换以及时提醒并支持司机的对时间要求严格的道路安全应用。为了保证 VANET 特有功能的实现，有一些需要特别注意的地方，包括分布式拥塞控制（DCC）。

DCC 是一种跨层功能，它的功能实现跨越 ITS 站点参考体系结构中的多个协议层。因此章节定义了 DCC 各部分与 ITS 站点各协议层之间的对应关系。另外，本章节主要说明了接入层的 DCC 机制（DCC_access），包括每个数据包的传输功率控制（Transmit Power Control，TPC），传输速率控制（Transmit Rate Control，TRC）和传输码率控制（Transmit Datarate Control，TDC）。后面两个控制功能通过改变 ITS 站点的工作周期，即 ITS 站点处于"传输"状态的时间长度来改变平均传输功率。此外，适用于空闲信道评估的 DCC 灵敏度控制（DCC sensitivity control，DSC）可以解决本地信道拥塞。更高优先级的数据包应该受到更少限制的处理，这就引入了传输队列以及传输访问控制（Transmit Access Control，TAC）的概念。

DCC 机制依赖于信道状态估计。信道状态信息是通过信道探测获得的。信道探测度量的定义帮助实现 DCC 的 TPC、TRC 和 TDC 方法。这些测量值通过接收信号强度门限或检测包的前导信息来观察。

本节没有定义接入层外的其他层机制，有关 DCC 的管理可以参考 4.5.2 节。这些其他机制和管理方面的内容对于完全实现 DCC 工作也是必不可少的。

1. DCC 体系结构

DCC 体系结构如图 4-43 所示。它包括下列 DCC 组件：

- DCC_access 位于接入层。
- DCC_net 位于网络和传输层。
- DCC_app 位于设备层。
- DCC_mgmt 位于管理层。

这些组件通过图 4-43 所示的 DCC 接口 1~5 连接。这些接口映射到对应的跨层接口。

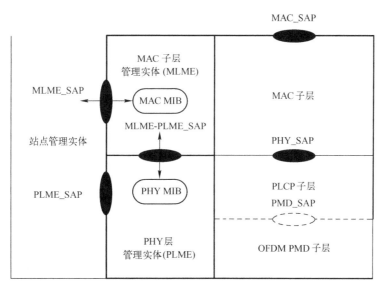

图 4-43　DCC 体系结构

本节详细说明了 DCC_access，包括 DCC 机制中的传输功率控制（TPC）、DCC 灵敏度控制（DSC）、传输速率控制（TRC）、传输码率控制（TDC）和 DCC 传输访问控制（TAC）。

此外还详细说明了通过接口 1 和接口 2 提供给其他 DCC 组件的 DCC_access 服务。这些服务包括一个传输模型，一个接收模型，信道探测和传输数据包统计。

2. DCC 接入机制

（1）传输功率控制

1）TPC 参数

表 4-24 列出了传输功率控制（TPC）的传输功率门限。

表 4-24　传输功率门限

传输功率门限	定　义
NDL_minTxPower	最小传输功率（e.i.r.p.）
NDL_maxTxPower	最大传输功率（e.i.r.p.）
NDL_defTxPower（acPrio）	默认传输功率（e.i.r.p.）
NDL_refTxPower（acPrio）	参考传输功率（e.i.r.p.）

信号功率门限是由从 ITS-G4A 或 ITS-G5B 中选择的信道以及选择的信道队列决定的。这些门限值是 NDL（网络设计限制）的一部分并将由 DCC_mgmt 维护。

NDL_minTxPower 是可由 DCC_access 选择的最小传输信号功率。

NDL_maxTxPower 是可由 DCC_access 选择的最大传输信号功率，要考虑到最大可能功率以及规则允许的最大功率。因此这一值是由所选择的信道决定的。

NDL_defTxPower 是 NDL_refTxPower 的默认值，即没有可用预设值时使用的传输功率。

NDL_refTxPower 是由 DCC_access 的 TPC 机制设定的参考参数。

NDL 传输信号功率门限应满足下列关系：

$$\text{NDL\_minTxPower} \leq \text{NDL\_refTxPower} \leq \text{NDL\_maxTxPower} \qquad (4\text{-}4)$$

$$\text{NDL\_minTxPower} \leq \text{NDL\_defTxPower} \leq \text{NDL\_maxTxPower} \qquad (4\text{-}5)$$

2）TPC 操作

一个数据包的传输功率（effTxPower）可以对每一个 MSDU 设置。这样的网络层预设值由 TPC 根据下列规则修改：

- 通过 DCC 接口 1 接收到数据报后，数据报根据每个 MSDU 的优先级（acPrio）分配给相应的传输队列。
- 每个 MSDU 的预设 effTxPower 值根据下列关系修正：

$$\text{effTxPower} = \text{MIN}(\text{NDL\_refTxPower}(\text{acPrio}), \text{effTxPower}) \qquad (4\text{-}6)$$

（2）传输速率控制

1）TRC 参数

表 4-25 列出了传输速率控制（TRC）的数据报时间门限。

数据报时间门限是由从 ITS-G4A 或 ITS-G5B 中选择的信道以及选择的信道队列决定的。时间门限可分为数据报持续时间门限和数据报时间间隔门限。

数据报持续时间门限属于 ndlType_packetDuration 类别，数据报间隔时间门限属于

ndlType_packetInterval 类别。这些门限是 NDL 的一部分，并由 DCC_mgmt 维护。

表 4-25 数据报时间门限

数据报时间门限	定 义
数据报持续时间门限	
NDL_maxPacketDuration（acPrio）	一个数据报的最大持续时间（通话时间）
数据报间隔时间门限	
NDL_minPacketInterval	数据报之间的最短时间间隔
NDL_maxPacketInterval	数据报之间的最长时间间隔
NDL_defPacketInterval（acPrio）	数据报时间间隔的默认值
NDL_refPacketInterval（acPrio）	数据报时间间隔的参考值

NDL_maxPacketDuration 是数据报持续时间的最大允许值（T_{AIR}）。

T_{AIR} 可由报头持续时间及每个 OFDM 符号的比特数 $N_{DBIT/S}$ 推导出来：

$$N_{PR} = (T_{PREAMBLE} + T_{SIGNAL}) / T_{SYMBOL} \quad (4-7)$$

$$T_{AIR} = (N_{PR} + N_{SYMBOL}) \times T_{SYMBOL} \quad (4-8)$$

其中，$N_{SYMBOL} \approx 8 \times packetLength / N_{DBIT/S}$，packetLength 是数据报在 PPDU 的 SIGNAL 字段编码的字节数，$N_{DBIT/S}$ 是 MCS 决定的一个 OFDM 符号的比特数；$N_{PR} = 5$；对于 10 MHz 信道，$T_{SYMBOL} = 8\ \mu s$。

NDL_maxPacketDuration 应是 ndlType_packetDuration 类型的。

NDL_minPacketInterval 是 DCC_access 能够选择的最短数据报间隔时间。

NDL_maxPacketInterval 是 DCC_access 能够选择的最长数据报间隔时间。

NDL_defPacketInterval 是 NDL_refPacketInterval 的默认值，即 TDC 闲置时的数据报间隔时间。

NDL_refPacketInterval 是 DCC_access 的 TDC 机制设置的参考参数。

数据报时间门限应满足下列关系：

$$NDL\_minPacketInterval \leq NDL\_refPacketInterval \leq NDL\_maxPacketInterval \quad (4-9)$$

$$NDL\_minPacketInterval \leq NDL\_defPacketInterval \leq NDL\_maxPacketInterval \quad (4-10)$$

数据报时间间隔应该测量数据报开始时间的间隔。

NDL_maxPacketDuration 与 NDL_minPacketInterval 相比较小。

数据报间隔是 ndlType_packetInterval 类型。

2）TRC 操作

数据报持续时间（T_{AIR}）可以由数据报长度推导。

- 通过 DCC 接口 1 接收到数据报后，数据报根据每个 MSDU 的优先级（acPrio）分配给相应的传输队列。
- 一旦 T_{AIR} 超过 NDL_maxPacketDuration，数据报将被丢弃。

TDC 可以用来减少 T_{AIR} 从而避免丢包。

- 如果 NDL_refPacketInterval（acPrio）> 0 配置数据报间隔时间应当被确保。

确保数据报间隔意味着当前报文（从优先级队列中）的起始与上一个报文的起始之间的时间间隔不少于 NDL_refPacketInterval（acPrio）。

上一数据报的传输也包括数据报重传, RTS, CTS 或 ACK 包。

仲裁时间可以忽略不计。

(3) 传输码率控制

1) TDC 参数

"传输码率控制"(TDC) 基于表 4-26 中的码率门限。

码率门限是由从 ITS-G4A 或 ITS-G5B 中选择的信道以及选择的优先级决定的。

所有的码率门限属于 ndlType_dataRate 类别,应由 DCC_mgmt 维护。

表 4-26 码率门限

数据报码率门限	定 义
NDL_minDatarate	最小码率
NDL_maxDatarate	最大码率
NDL_defDatarate (acPrio)	默认码率
NDL_refDatarate (acPrio)	参考码率

NDL_minDatarate 是 DCC_access 能够选择的最小码率。

NDL_maxDatarate 是 DCC_access 能够选择的最大码率。

NDL_defDatarate 是 NDL_refDatarate 的默认值,即 TDC 闲置时的使用值。

NDL_refDatarate 是 DCC_access 的 TDC 机制设置的参考参数。

码率参数由 MCS 值指定。

码率参数应该满足下列关系:

$$\text{NDL\_minDatarate} \leqslant \text{NDL\_refDatarate} \leqslant \text{NDL\_maxDatarate} \quad (4-11)$$

$$\text{NDL\_minDatarate} \leqslant \text{NDL\_defDatarate} \leqslant \text{NDL\_maxDatarate} \quad (4-12)$$

2) TDC 操作

一个数据报的传输码率 (effTxDatarate) 可以对每一个 MSDU 设置。这一参考设置可以由 DCC_access 根据下列规则修改:

- 通过 DCC 接口 1 接收到数据报后,数据报根据每个 MSDU 的优先级 (acPrio) 分配给相应的传输队列。
- 预设的每个 MSDU 的 effTxDatarate 值,根据下列关系修正:

$$\text{effTxDatarate} = \text{MAX}(\text{NDL\_refDatarate}(\text{acPrio}), \text{effTxDatarate}) \quad (4-13)$$

另外还要提供下述 TDC 功能

- T_{AIR} 超过 NDL_maxPacketDuration 时要增加码率 effTxDatarate,但不能超过 NDL_maxDatarate。

(4) DCC 灵敏度控制

表 4-27 列出了 DCC 灵敏度控制 (DSC) 的灵敏度门限。所有的灵敏度门限属于 ndlType_rxPower 类别,应由 DCC_mgmt 维护。

灵敏度门限决定了发射机是否允许发送。它们是由从 ITS-G4A 或 ITS-G5B 中选择的信道决定的。

表 4-27 DCC 灵敏度门限

接收信号门限	定义
NDL_minCarrierSense	最小 D-CCA 灵敏度
NDL_maxCarrierSense	DCC 最大 D-CCA 灵敏度
NDL_defCarrierSense	默认 D-CCA 灵敏度
NDL_refCarrierSense	参考 D-CCA 灵敏度

在接收数据报时,如果接收电平高于 NDL_refCarrierSense,"DCC 空闲信道评估"(D-CCA,即 Clear Channel Assessment for DCC)应指示信道繁忙。一旦报头部分丢失,D-CCA 应为任何高于 NDL_refCarrierSense 的信号保持载波监听信号繁忙。

NDL_minCarrierSense 是 DCC_access 能够选择的最小 D-CCA 灵敏度。
NDL_maxCarrierSense 是 DCC_access 能够选择的最大 D-CCA 灵敏度。
NDL_defCarrierSense 是 NDL_refCarrierSense 的默认值,即 DSC 闲置时的使用值。
NDL_refCarrierSense 是 DCC_access 的 DSC 机制设置的参考参数。
D-CCA 灵敏度门限应满足下列关系:

$$NDL\_minCarrierSense \leqslant NDL\_refCarrierSense \leqslant NDL\_maxCarrierSense \quad (4-14)$$

(5) 传输访问控制

1) TAC 参数

"传输访问控制"(TAC)是支持公平信道接入的 DCC_access 机制。在信道高负荷情况下 TAC 对传输大量数据报的 ITS 站点要求更加严格。这是通过使用 DCC_access 传输队列完成的。

DCC_mgmt 应维护表 4-28 所示的队列参数。这些参数应为每个信道分别维护。

表 4-28 队列参数

接收信号门限	定义
NDL_numQueue	DCC_access 中的传输队列总数
NDL_refQueueStatus(acPrio)	传输队列状态

NDL_numQueue 是可用传输队列数目。

NDL_refQueueStatus(acPrio)是 DCC_access 的 TAC 机制设置的参考参数,是长度为 NDL_numQueue 的数组。一个数组元素 NDL_refQueueStatus(acPrio)表示优先级为 acPrio 的传输队列的状态。

2) TAC 操作

传输队列根据优先级排序,最高优先级的队列有优先级序号 $q=0$。实际的传输数据与 DCC 传输模型的数据比较,如果有过多优先级大于等于 q 的数据报被发送,相应的队列被标记为关闭(CLOSED),即:

$$NDL\_refQueueStatus(q) = CLOSED \text{ if } txChannelUse(q) \geqslant NDL\_tmChannelUse(q)$$

$$(4-15)$$

否则队列 OPEN,即:

$$NDL\_refQueueStatus(q) = OPEN \text{ if } txChannelUse(q) < NDL\_tmChannelUse(q) \quad (4-16)$$

到达一个关闭传输队列的优先级为 acPrio 的数据报（NDL_refQueueStatus（acPrio）= CLOSED）应丢弃。

注：网络层可以通过在发送数据报给接入层之前检查队列状态来防止丢包。

上述规则中后续检查的时间间隔应不超过 NDL_minDccSampling。

（6）DCC 传输模型

在 ITS 站点即将使用所期望的信道时，DCC_access 依赖于传输模型，DCC_access 将自己传输的统计数据与传输模型比较。

DCC_mgmt 应维护表 4-29 所示的队列参数。这些参数应为每个信道分别维护。

表 4-29 传输模型参数

传输模型参数	定 义
NDL_tmPacketArrivalRate（acPrio）	预期传输数据报到达速率
NDL_tmPacketAvgDuration（acPrio）	预期平均数据报传输时间
NDL_tmPacketAvgPower（acPrio）	预期平均传输功率
NDL_tmChannelUse（acPrio）	预期累积信道使用
NDL_maxChannelUse	最大信道使用

NDL_tmPacketArrivalRate（acPrio）为 ITS 站点传输的所有优先级为 acPrio 的数据报的预期信道到达速率。

例：NDL_tmPacketArrivalRate（AC_BE）= 3 packet/s 意味着优先级为 AC_BE 时到达速率不高于 3 packet/s。

NDL_tmPacketAvgDuration（acPrio）为所有优先级为 acPrio 的数据报的预期平均时长。

NDL_tmPacketAvgPower（acPrio）为所有来自网络层的优先级为 acPrio 的数据报的预期平均信号功率，要考虑到预设的每个 MSDU 的 effTxPower 和 effTxDatarate 值。

累积传输信道使用 NDL_tmChannelUse（acPrio）是 ITS 站点传输优先级小于等于 acPrio 的数据报的预期总时间。它是由预期传输数据报到达速率以及预期平均时长推导的。

$$NDL\_tmChannelUse(acPrio) = \sum_{n=0\cdots acPrio} NDL\_tmPacketAvgDuration(n) * NDL\_tmPacketArrivalRate(n) \quad (4-17)$$

信道使用参数应属于 ndlType_channelUse 类型。

注：NDL_tmChannelUse（acPrio）可以被其他 DCC 组件用作参考参数，如 DCC_net。

NDL_maxChannelUse 是总的信道使用：

$$NDL\_maxChannelUse = NDL\_tmChannelUse（NDL\_numQueue-1） \quad (4-18)$$

（7）DCC 接收模型

DCC_access 机制依赖于一个用来估计通信范围的接收模型。这一接收模型是基于一个解调模型和一个信道模型。

1）接收模型参数

DCC_mgmt 应维护表 4-30 所示的接收模型参数。

表 4-30 接收模型参数

接收模型参数	定义
NDL_defDccSensitivity	默认 DCC 接收机灵敏度
NDL_maxCsRange	最大载波监听范围
NDL_refPathloss	参考路径损耗参数
NDL_minSNR	3 Mbit/s 译码最小 SNR

这些参数用于解调模型及信道模型。

NDL_defDccSensitivity 是 DCC_access 为其他 ITS 站点假定的默认接收机灵敏度。属于 ndlType_rxPower 类型。

NDL_maxCsRange 是最大载波监听范围,使得数据报可以在接收信号强度等于 NDL_defDccSensitivity,发送信号强度等于 NDL_maxTxPower 时以信噪比 NDL_minSNR 解码并满足 3 Mbit/s 的码率。

NDL_refPathloss 是路径损耗信道的路径损耗参数,应满足下列关系:

$$1,8 \leqslant NDL\_refPathloss \leqslant 4,0 \quad (4-19)$$

NDL_refPathloss 应属于 NDL_refPathloss 类型。

NDL_minSNR 是其他 ITS 站点能够成功解码 3 Mbit/s 码速的预期信噪比,属于 NDL_minSNR 类型。

2) 信道模型

DCC_access 应估计视距通信的通信范围。这一估计对管理层实体可用。

这一估计依赖于式(4-20)和式(4-21)给出的对数距离路径损耗模型。在给定的传输信号功率 txPower 下,这一信道模型通过下列特性将发射机和接收机之间的距离与接收信号功率 rxPower 建立关联:

$$rxPower(distance/2) = rxPower(distance) + 3 \text{ dB} \times NDL\_refPathloss \quad (4-20)$$

$$rxPower(NDL\_maxCsRange) = NDL\_defDccSensitivity + (txPower - NDL\_maxTxPower) \quad (4-21)$$

式(4-20)建立了一个接收信号功率(分贝)的对数坐标系的线性行为。式(4-21)给出了 NDL_maxCsRange 技术参数的固定点。

注:NDL_refPathloss=2 给出了自由空间信道模型。

3) 解调模型

DCC_access 依赖于一个解调模型。SNR 解调模型是基于这样一个假设:当实际 SNR 高于一个给定门限 requiredSnr(datarate)时解调和解码过程是成功的。实际信噪比不小于 NDL_minSNR 时假设检测过程是成功的。

如有要求 DCC_access 应根据下列码率给出需要的 SNR requiredSnr(datarate):

$$requiredSnr(datarate) = NDL\_minSNR + NDL\_snrBackoff(datarate) \quad (4-22)$$

其中,NDL_snrBackoff(datarate)由表 4-31 给出。

所有 SNR 值应编码为 ndlType_snr 类型。

表 4-31 SNR 补偿

MCS	码率/(Mbit/s)	△SNR/dB
0	3	0
1	4.5	1
2	6	3
3	9	5
4	12	8
5	18	12
6	24	16
7	27	17

4）通信范围

如有要求 DCC_access 应向管理实体提供表 4-32 总结的通信范围。

表 4-32 通信范围

通信范围
carrierSenseRange（txPower）
estCommRange（txPower，datarate）
estCommRangeIntf（txPower，datarate）

通信范围取决于输入参数 txPowerand 和 datarate。

所有通信范围应属于 ndlType_distance 类型。

5）接收模型举例

图 4-44 给出了一个接收模型的例子。在这个例子中假设噪声电平（-95 dBm）比 NDL_defDccSensitivity 值（-85 dBm）小 NDL_minSNR = 10 dB。如果数据报以最大传输功率 NDL_maxTxPower = 3 Mbit/s 进行传输，它可以在 NDL_maxCsRange = 1000 m 的距离范围被准确解码。

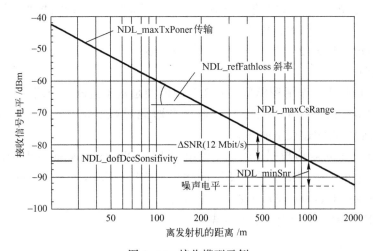

图 4-44 接收模型示例

同一场景中,传输速率为 12 Mbit/s 的数据报的成功解码需要比传输速率为 3 Mbit/s 的数据报高 ΔSNR（12 Mbit/s）= 8 dB 的 SNR。相应的距离减少到小于 500 m。

3. DCC_access 组件

（1）DCC 传输队列

ITS-G5 对每个信道使用 EDCA 机制。

DCC_access 传输队列应满足 DCC_access 收发器对 TPC、TRC 和 TDC 的要求。下列附加参数用来定义每个队列的特征。

表 4-33 DCC 传输队列参数

信道负荷门限	定义
NDL_refTxPower（acPrio）	每个队列的参考传输功率（implements TPC）
NDL_refPacketInterval（acPrio）	每个队列的参考帧速率（implements TRC）
NDL_refDatarate（acPrio）	每个队列的参考码速率（implements TDC）
NDL_refCarrierSense（acPrio）	D-CCA 参考门限（implements DSC）
NDL_queueLen（acPrio）	等待帧最大计数

（2）信道探测

DCC 依赖于信道探测，即从接收信号和检测到的数据报（PLCP 头）中提取出信道负荷测量。

作为一个服务，DCC_access 应提供表 4-34 列出的信道负荷测量。

表 4-34 信道负荷测量

信道负荷测量
channelLoad（ds）
loadArrivalRate（ds）
loadAvgDuration（ds）
packetArrivalRate（ds）
packetAvgDuration（ds）
channelBusyTime（ds, cs）

信道负荷测量取决于 DCC 灵敏度 ds 和载波监听门限 cs。尽管信道负荷测量为 ds 和 cs 所有值都有定义，但只有下列设置是强制性的：

$$ds = cs = NDL\_defCarrierSense \quad (4-23)$$

注：默认值 NDL_defCarrierSense 没有改变。因此信道负荷测量与 DCC 控制回路的调整是相互独立的。

信道探测应使用门限 NDL_defCarrierSense。

D-CCA 应使用 NDL_refCarrierSense。

DCC_access 方法 TPC、TRC 和 TDC 依赖于信道负荷参数 channelLoad（ds）或 channelBusyTime（ds, cs）。其他测量作为服务提供给其他 DCC 组件。

（3）传输数据报统计数据

DCC 依赖于数据报统计数据，例如，ITS 站点针对一个给定的优先级传输数据报的频率。所有的传输数据报，包括系统产生的数据报 RTS、CTS、ACK 和重传数据报都要考虑。

作为一项服务，DCC_access 应提供传输数据报的统计数据。表 4-35 总结了传输数据报统计数据。

表 4-35　传输数据报统计数据

传输数据报统计数据	定　义
txPacketArrivalRate（acPrio）	传输数据报到达率
txPacketAvgDuration（acPrio）	传输数据报平均持续时间
txSignalAvgPower（acPrio）	传输信号平均功率
txChannelUse（acPrio）	累积传输信道使用

表 4-35 中描述的传输模型参数 tmChannelUse（acPrio）是实际信道使用 txChannelUse（acPrio）的门限。

RTS、CTS 和 ACK 应视为最高优先级（AC_VI），重复数据报应与原数据报看作同一优先级。

（4）DCC 接入控制回路

1）状态机

DCC_access 控制回路是 DCC_access 的中心元素。如图 4-45 所示，它建立一个"状态机"（SM）来区分三种状态 RELAXED、RESTRICTIVE 和 ACTIVE。

图 4-45　DCC_access 状态机

SM 依赖于表 4-36 列出的信道负荷门限。DCC_mgmt 应为从 ITS-G5A 或 ITS-G5B 选择的信道维护信道负荷门限。

表 4-36　状态机参数

信道负荷门限	定　义
NDL_minChannelLoad	RELAXED 信道负荷
NDL_maxChannelLoad	RESTRICTIVE 信道负荷

信道负荷 channelLoad（ds）定义为接收信号电平高于 ds 的时间。DCC_access 的目标是将信道负荷保持在 NDL_maxChannelLoad 以下，即：

$$\text{channelLoad}(NDL\_defDccSensitivity) \leqslant NDL\_maxChannelLoad \quad (4-24)$$

NDL 信道负荷门限应满足下列关系：

$$NDL\_minChannelLoad \leqslant NDL\_maxChannelLoad \quad (4-25)$$

NDL_minChannelLoad 是最小信道负荷，低于这一数值的信道将假设为基本空闲，DCC_access 也将进入 RELAXED 状态。

NDL_maxChannelLoad 是最大信道负荷，高于这一数值的信道将假设为超负荷，DCC_access 也将进入 RESTRICTIVE 状态。

如果测量信道负荷在一段时间超过了给定的门限，将会触发状态的改变。DCC_mgmt 应为从 ITS-G5A 或 ITS-G5B 选择的信道维护状态机时间常数。

表 4-37 状态机时间常数

状态时间常数	说　　明
NDL_TimeUp	时间常量缓升（极大限制信号）
NDL_TimeDown	时间常量缓降（极小限制信号）
NDL_minDccSampling	DCC_access SM 的取样时间

两个时间常数 NDL_TimeUp 和 NDL_TimeDown 控制状态机对信道负荷变化起反应的速度。

NDL_TimeUp 控制信道负荷增加时控制回路的反应速度。

NDL_TimeDown 控制信道负荷减小时控制回路的反应速度。

NDL_minDccSampling 是进行两次状态机转换检查之间的最小时间间隔。

状态机的时间常数应满足下列关系：

$$\text{NDL\_minDccSampling} \leqslant \text{NDL\_timeUp} \leqslant \text{NDL\_timeDown} \tag{4-26}$$

2）状态转移

状态机状态转移应基于两个输入信号：

- minCL(NDL_timeUp)。它是之前 NDL_timeUp 时间范围内的最小信道负荷。
- maxCL(NDL_timeDown)。它是之前 NDL_timeDown 时间范围内的最大信道负荷。

信道负荷测量 channelLoad(NDL_defCarrierSense) 应用来决定 minCL(NDL_timeUp) 以及 maxCL(NDL_timeDown)。初始状态应是 RELAXED 状态。

状态机的状态转移应按照下列规则事件驱动：

在状态 RELAXED：

- 如果 clMin(NDL_timeUp) ≥ NDL_minChannelLoad 状态应转到 ACTIVE。

在状态 RESTRICTIVE：

- 如果 clMax(NDL_timeDown) < NDL_maxChannelLoad 状态应转到 ACTIVE。

在状态 ACTIVE：

- 如果 clMax(NDL_timeDowm) < NDL_minChannelLoad 状态应转到 RELAXED。
- 如果 clMin(NDL_timeUp) ≥ NDL_maxChannelLoad 状态应转到 RESTRICTIVE。

进行两次上述规则检查之间的时间间隔应不大于 NDL_minDccSampling。

3）状态配置

DCC_access 状态使用状态参数集配置。DCC_mgmt 应为从 ITS-G5A 或 ITS-G5B 选择的信道维护状态参数集。

表 4-38 状态参数集

状态参数	机 制	RELAXED	RESTRICTIVE
asStateId		0	NDL_numActiveState+1
asChanLoad		NDL_minChannelLoad	NDL_maxChannelLoad
asDcc（acPrio）		ALL	ALL
asTxPower（acPrio）	TPC	NDL_maxTxPower	NDL_minTxPower
asPacketInterval（acPrio）	TRC	NDL_minPacketInterval	NDL_maxPacketInterval
asDatarate（acPrio）	TDC	NDL_minDatarate	NDL_maxDatarate
asCarrierSense（acPrio）	DSC	NDL_minCarrierSense	NDL_maxCarrierSense

状态参数 asDcc（acPrio）、asTxPower（acPrio）、asPacketInterval（acPrio）、asDatarate（acPrio）和 asCarrierSense（acPrio）是长度为 NDL_numTxQueue 的数组。

状态 RELAXED 和 RESTRICTIVE 有一个固定的状态参数集（见表 4-38）。在相应条件满足的情况下这些参数可以应用于所有传输队列。

ACTIVE 状态的参数集数目是 NDL_numActiveState，对应 ACTIVE 子状态 Active（1）…Active（NDL_numActiveState），图 4-46 所示为 NDL_numActiveState=2 的 ACTIVE 子状态。

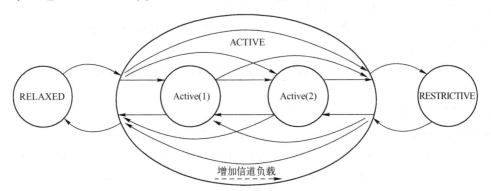

图 4-46 ACTIVE 子状态（NDL_numActiveState=2）

DCC_mgmt 应维护 ACTIVE 子状态数目。当前的状态机状态在表 4-39 中列出。

表 4-39 SM 状态参数

DCC 参数	定 义
NDL_numActiveState	ACTIVE 子状态数目
NDL_curActiveState	当前状态

ACTIVE 子状态的配置描述了 DCC_access 机制 TPC、TRC、TDC 和 DSC。

所有参数集收集在一个状态列表 stateList 中，列表索引为 asStateId。状态 RELAXED 的参数集为 stateList（0）。状态 RESTRICTIVE 的参数集为 stateList（NDL_numActiveState+1）。ACTIVE 子状态的参数集的索引 NDL_asStateId ∈ {1…NDL_numActiveState}。

状态列表 stateList 应按照信道负荷参数 NDL_asChanLoad 进行排序。即：

$$NDL\_asChanLoad（n-1）<NDL\_asChanLoad（n） \qquad (4-27)$$

$$\text{for } n \in \{1; 2; \cdots ; \text{NDL\_numActiveState}+1\}$$

其中，NDL_asChanLoad（n）是参数集 stateList（n）的参数 NDL_asChanLoad，即变量 n 是子状态选择符。

状态参数 asDcc（acPrio）、asTxPower（acPrio）、asPacketInterval（acPrio）、asDatarate（acPrio）和 asCarrierSense（acPrio）是长度为 NDL_numTxQueue 的数组。

类型为 ndlType_dccMechanism 的参数 asDcc 用来选择 DCC_access 机制。

4）状态处理

当输入一个状态时状态输出参数按表 4-40 进行设置。状态输出参数在一个与表 4-38 配置状态参数集同类的数据集里。这使得状态参数集分配给状态输出参数。

表 4-40 状态输出参数

状态输出参数	定义
NDL_refStateId	状态标识符
NDL_refChannelLoad	应用信道负荷门限
NDL_refDcc	应用 DCC_access 机制
NDL_refTxPower	应用 TPC 参数
NDL_refPacketInterval	应用 TRC 参数
NDL_refDatarate	应用 TDC 参数
NDL_refCarrierSense	应用 DSC 参数

当状态参数变化时下列状态输出参数将被设置。

在状态 RELAXED，将状态输出参数设置成表 4-38 的 RELAXED 参数集。

在状态 RESTRICTIVE，将状态输出参数设置成表 4-38 的 RESTRICTIVE 参数集。

在状态 ACTIVE，找到 asStateId = MAX（stateUp, stateDown）且：

$$\text{minCL}(\text{NDL\_timeUp}) \geq \text{NDL\_asChanLoad}(\text{stateUp}-1) \quad (4-28)$$
$$\text{minCL}(\text{NDL\_timeUp}) < \text{NDL\_asChanLoad}(\text{stateUp})$$
$$\text{WTBX} \rfloor \text{maxCL}(\text{NDL\_timeDown}) < \text{NDL\_asChanLoad}(\text{stateDown}+1) \quad (4-29)$$
$$\text{maxCL}(\text{NDL\_timeDown}) \geq \text{NDL\_asChanLoad}(\text{stateDown})$$

设置状态输出参数为 ACTIVE 子状态参数集 stateList（asStateId）。如果 DCC_access 机制没有在 stateList（asStateId）里选择，相应的参考参数就不应该改变，即相应数值应从之前的状态输出参数集中取出。

当离开一个状态时状态机状态应该被更新，即 NDL_curActiveState 应设置为 asStateId。

图 4-47 是一个时间状态转移的例子，有两个 ACTIVE 子状态 ACTIVE(1) 和 ACTIVE(2)。实测信道负荷用来计算输入信号 minCL（NDL_timeUp）和 maxCL（NDL_timeDown）。当信号越过信道负荷门限 NDL_asChanLoad（stateId）时会触发 stateId。在图 4-43 中实测信道负荷先线性增加再减小。

状态机的状态转移以及状态 ACTIVE [式（4-28），式（4-29）] 的子状态转移依赖于信道负荷条件。两次上述规则检查之间的间隔时间不能大于 NDL_minDccSampling。

4. DCC 访问接口

下面介绍下如何指定接口，指定接口需要 DCC_access 与 DCC_net 和 DCC_mgmt 的互动合作。

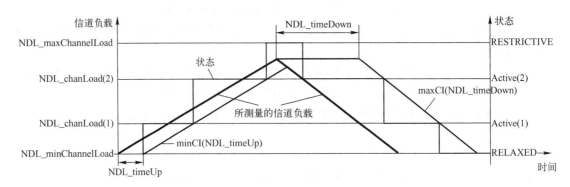

图 4-47 例子：状态转移时间

在这里，下列接口是相关的：
- IN-SAP：Access↔Network & Transport。
- MI-SAP：Access↔Management。

（1）接口 1：IN-UNITDATA 服务

我们规定了基于 IEEE 802.2 的 IN-SAP，定义了 IN-DATA 服务，它们能够使用无连接的、无确认的模式传输数据。可使用下面的服务原语：
- IN-UNITDATA. request。
- IN-UNITDATA-STATUS. indication。

DCC_access 使用 IN-UNITDATA-STATUS. indication 原语作为本地确认消息，其后跟随着先前收到的 IN-UNITDATA. request。

（2）接口 2：MI-SET 和 MI-GET 服务

MI-SET 和 MI-GET 服务对网络设计限制（NDL）数据库给予完全访问的资格，数据库应位于管理实体处。NDL 数据库为 DCC_access 存储配置参数对，部分配置参数对可由较高的通信层的机制设置（如 DCC_net）。

反过来，DCC_access 可存储信息，例如 NDL_channelLoad（ds），这可能使 DCC_access 与其他 DCC 组件相关联，例如 DCC_net。为了从 NDL 数据库中设置和检索参数，下列 MI-SAP 服务和 DCC_access 相关联：
- MI-SET。
- MI-GET。

为了能在 NDL 数据库设置配置参数，DCC_access 使用 MI-SET 服务。为此，使用 MI-SET. request 请求原语，这条原语包含了一个键-值对的参数，参数在数据库中配置。该请求由管理实体确认，管理实体用 MI-SET. confirm 作为确认原语来确认请求。

为了能在 NDL 数据库检索配置参数，DCC_access 使用 MI-GET 服务。为此，使用 MI-GET. request 请求原语，这条原语包含了所需参数的完整列表。管理实体使用 MI-GET. confirm 确认原语回答请求。MI-GET. confirm 确认原语包含一列键值对表，此前的 MI-GET. request 请求原语中的键值对表与之对应。

4.5 管理

4.5.1 ITS 应用程序综合管理

这里特指 ITS 应用程序的综合管理,如在 ITS 通信环境中的信道分配、注册和安全维护。一个 ITS 的应用是两个或多个互补的 ITS 站点协调工作的结果。比如:服务器和客户部分,ITS 站点应用程序属于 ITS 站点参考体系结构的部分应用,如图 4-48 所示。最初的 ITS 应用程序分为"道路交通安全"、"交通效率"和"其他应用程序"。

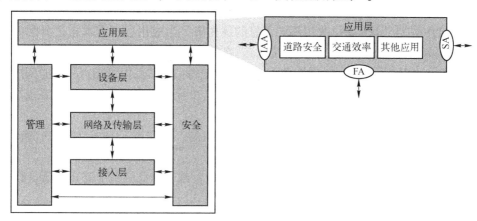

图 4-48 作为 ITS 站点参考体系结构的部分 ITS 应用

1. 应用程序的分类

ITSC 标准应当用来支持多种类型的 ITS 应用程序。一般性能要求包括以下部分:
1)可靠性。
2)安全性。
3)延迟。
4)其他性能参数。

注:当可以优化通信系统的可靠性时,那些系统不可能永远达到 100% 的可靠性。即使在通信系统出现问题的情况下,应用程序开发人员也应该保证其系统操作的安全性。

2. 应用程序优先级及信道分配

所有的 ITS 应用程序根据其功能以及业务需求对应一个优先级,表明信道选择优先权的最大可能性。

所有应用程序应当被关联到一个特定的为数据报类型传输所对应的逻辑信道。

3. 应用程序的安全维护

应用程序的维护,比如安装、卸载、更新,必须保证安全执行,以保证 ITS 应用程序免受恶意应用程序的攻击。图 4-2 和图 4-7 所示的设备层基于 SF 接口与安全实体的交互以及 FM 接口与管理实体的交互提供所需的功能。

4. 应用程序的注册机构

保证安全维护的一个最基本的方法就是注册 ITS 应用程序并在 ITS 注册机关登记相关信息，按照 ITS 登记机关的相关标准来限制访问"设施"、"管理"，以及"安全"。这并不禁止访问诸如互联网应用之类的程序，但是可能禁止通过这一目的来选择通信信道。

4.5.2 分布式拥塞控制的跨层操作

分布式拥塞控制（DCC）的目标是为了适应当前车载信道条件下的 ITS 站点的传输要求，最大化预期接收成功率。

在相邻的 ITS 站点中 DCC 试图提供平等的机会访问信道资源。信道资源根据需求由 DCC 分配至 ITS 站点。ITS 站点决定不同消息的优先级，当应用程序需求超过分配的资源时放弃此信息（需得到 ITS 站点应用程序同意）。在网络利用频繁时，对于紧急情况，每一个 ITS 站点保留一些资源（如 CAM 周期在 1~2 Hz），使得 ITS 站点仍可能在很短时间内传递这些信息，以维持一个安全的道路交通环境。然而，这个异常应当很少发生，只在极端情况下这些信息的传递非常重要。

本节描述了在 ITS-G5 频带内 DCC 的跨层运行机制。它侧重于 DCC_CROSS 实体管理功能，和管理实体中与不同层相对应的内部函数。

我们利用 DCC_CROSS 组件来控制广播频道上的负载，为此频道上需要提供负载限制。

1. DCC 架构

文献［1］中提供了 ITS 站点的参考体系结构。我们在这里提供了驻留在管理平面的 DCC_CROSS 实体细节。

DCC 的功能，包括映射到 ITS 站点体系结构的接口，如图 4-49 所示。它分布在以下实体之间：

- DCC_FAC 位于设备层。
- DCC_NET 位于指定的网络和传输层。
- DCC_ACC 位于指定的接入层。
- DCC_CROSS 位于我们在这里指定的管理平面。

通过 DCC 接口的组件连接 1~4 界面如图 4-49 所示，这些接口符合标准[15]。

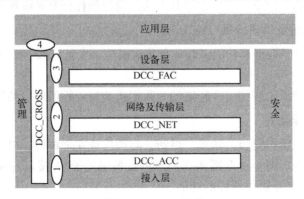

图 4-49　DCC 架构

管理平面内对于每一层 DCC 管理实体（DCC_CROSS）包含连接到接口相对应的 DCC 实体通信协议栈的功能。

（1）DCC_ACC

在 ITS-G5 频道传输过程中，ITS 站点的接入层应包括一个 DCC_ACC 实体。

（2）DCC_NET

如果在 ITS-G5 信道上采用了基于地理位置的通信方式，那么 ITS 站点的网络和传输层，应当包括 DCC_NET 实体，其中包含网络和传输层的特定 DCC 功能，比如存储全局的 DCC 参数。否则，DCC_NET 实体的使用是可选的。

（3）DCC_FAC

ITS 站点设备层根据需要可以包括 DCC_FAC，其中包含设备层特定 DCC 的功能，比如控制 CAM 和 DENM 消息所产生的信道负载。

（4）DCC_CROSS

在 ITS-G5 频段传输过程中，ITS 站点管理层应包括一个 DCC_CROSS 实体，它包括以下管理层特定的 DCC 功能：

1）DCC 参数评估。它计算 DCC 内部参数，这些参数显示了基于 CBR 的可用的频道资源，这些 CBR 值是基于 CBR 评价函数（本地 CBR）收集的，通过 DCC_NET 接收的一个最高的全局 CBR。

2）DCC_CROSS_Access：它基于内部的 DCC 参数决定了每个信道的 DCC 流量控制和功率控制参数，这些参数通过 DCC 参数评价函数计算，并提供给 DCC_ACC 实体。

3）DCC_CROSS_Net：它把每个使用信道的可用资源返回给 DCC_NET。

4）DCC_CROSS_Facilities：它使用来自 DCC 参数评价函数得到的内部 DCC 参数，为注册的应用程序和基本设施服务决定可用的信道资源限制，并把数值提供给 DCC_FAC 实体。

2. DCC 管理实体

DCC_CROSS 实体示意图如图 4-50 所示，左边显示了多信道调配和全局 DCC 信息。右侧部分说明了数据层面与 DCC_CROSS 的交互。

后面将提供 DCC_CROSS 实体的组成部分的功能描述和其接口的描述。DCC_CROSS 实体的组成部分包括 DCC 参数评价、DCC_CROSS_Access、DCC_CROSS_Net、DCC_CROSS_Facilities。

（1）DCC 参数评价

DCC 参数评价函数应该计算可用的信道资源，它应当从 DCC_ACC 实体中取得本地 CBR 值，并对于 ITS 站点使用的信道，选择性地从 DCC_NET 中获取全局 CBR 值。

对于 ITS 站点使用的每个信道，DCC 参数评价函数应该从 DCC_ACC 实体获取本地的 CBR 值，从 DCC_NET 选择性地获取全局 CBR。由 DCC_ACC 实体提供的本地 CBR 取值应当在 0 和 1 之间。它代表信道活动时间和 100 ms 的测量周期之间的比例。本地的 CBR 通过 DCC_ACC 所测量的 CL（Channel Load）值来推导。

因为测量出来的本地 CBR 已经在全局 CBR 中被考虑，所以当全局 CBR 可用时，DCC 参数评价函数应当使用全局 CBR 值作为 DCC 限制评估的输入，否则，使用测量出来的本地 CBR。

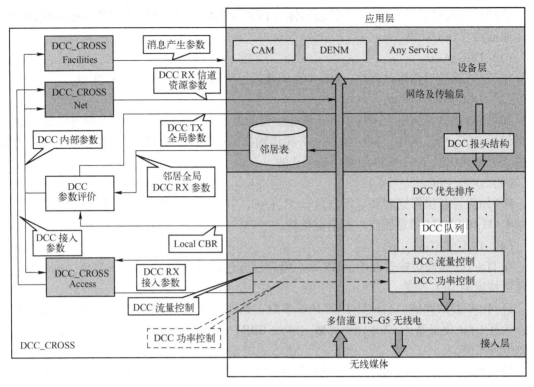

图 4-50　ITS 站点中 DCC 概述

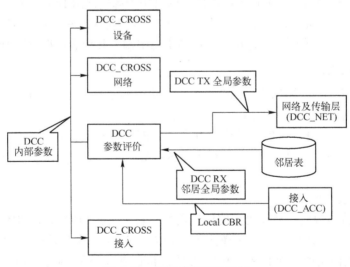

图 4-51　DCC 参数评价功能

DCC 参数评价函数应当提供所使用的每个信道的本地 CBR 值、CBR 目标值,选择性地提供 TX 功率等级上限给 DCC_NET。提供给 DCC_NET 用于全局 CBR 评价的 CBR 目标值应设置为 0.62,即与拥塞控制的门限值 C_{TH} 相同。

DCC 参数评价函数(DCC 算法)应提供部分 DCC 内部参数,每个信道可用的 CBR 百分比。该值代表了 ITS 站点自身在广播信道被允许传输的时间比例上限。DCC 参数评价函数的输出被传递给 DCC_CROSS_Facilities、DCC_CROSS_Net 和 DCC_CROSS_Access 功能模块。

（2）DCC_CROSS_Access

每个在 ITS-G5 信道上发送消息的 ITS 站点，都须实现指定的 DCC_CROSS_Acces 功能。

DCC_CROSS_Access 函数应该将每个广播频道的空闲时间（DCC 流量控制参数如图 4-48 所示）提供给 DCC_ACC。如果在 ITS-G5 信道上采用了 GeoNetworking 机制，也要在管理平面提供给 DCC_CROSS_Net 函数。DCC_ACC 应当向 DCC_CROSS_Access 函数提供每个信道上空口传递的消息的总长度。

DCC_CROSS_Access 函数应该为每个使用的信道，通过 DCC 参数评价函数（DCC 算法）检索每个信道可用的 CBR 百分比。

如图 4-52 所示，当 DCC 功率控制功能实现后，DCC_CROSS_Access 函数应该为每个使用的信道提供 DCC 功率控制参数给 DCC_ACC，其中包括 TX 功率等级的上限。

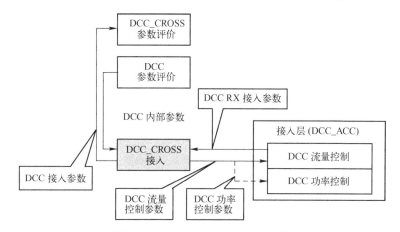

图 4-52 DCC_CROSS_Access 函数

如果 ITS-G5 采用了 GeoNetworking，那么 DCC_CROSS_Access 函数应从 DCC_ACC 收到最后一条转发到 ITS-G5 信道的消息的时间，并将其提供给 DCC_CROSS_Net 函数。

一旦系统运行在高信道负载条件下，在接入层队列可能会发生一些数据报被丢弃的现象。对于这种丢弃现象，欧标并没有提供反馈机制。

（3）DCC_CROSS_Net

如图 4-53 所示，如果 ITS-G5 在网络传输层采用了 GeoNetworking 机制，则必须强制执行 DCC_CROSS_Net，否则，是否执行 DCC_CROSS_Net 功能是可选的。

DCC_CROSS_Net 应当向 DCC_NET 传输每个信道的空闲时间和可选性地提供每个信道的可用资源，以及最后一条传递给 ITS-G5 信道的消息的时间。

（4）DCC_CROSS_Facilities

DCC_CROSS_Facilities 函数的实现是可选的（见图 4-54）。它的目的是减少产生时间的消息速率。DCC_CROSS_Facilities 函数若存在，应在内部 DCC 参数的基础上，向设备层的服务（比如 CA 基本服务、DEN 基本服务）分发每个信道的可用 CBR 百分比。

3. DCC 限制规范

DCC 算法的目标是在不同 ITS 站点的同类业务或同一个站点的多个业务间进行资源的有

效调度。根据它们所要共享的信道资源 ITS 应用别区分成不同的业务类型。不同的业务要求以不同的调制方式和优先级来传递不同的消息，因此每个 ITS 站点在准许接入共享媒介和传递数据之前需要测量 ITS 站点之间所共享的信道资源。这里用 CBR 指标来衡量使用的信道资源。它代表了单独的广播信道被占用的时间比例。对于单个 ITS 站点传播率的限制被定义为 CBR 函数。带有 DCC 参数评价功能的 DCC 算法提供了每个使用信道的传播率，由此所有的 ITS 站点传输导致的信道负载总是可避免的。本地 CBR 值来源于每个信道所测量的 CL 值。为了不超过传播率，每个 ITS 站点必须能限制它的传递。此外，传输功率等级或许可以用于影响总的信道利用率。

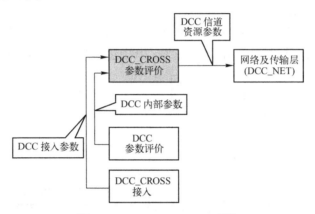

图 4-53 DCC_CROSS_Net 函数

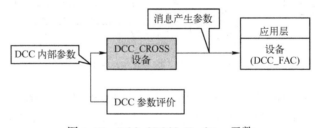

图 4-54 DCC_CROSS_Facilities 函数

4.6 安全

本节总结了 ITS 在 5.9 GHz 频段通信容易受到的威胁、攻击与风险分析（Threat, Vulnerability and Risk Analysis，TVRA）。该分析针对的是车-车/车路通信环境下运行的各种 ITS 基本应用集。

4.6.1 ITS 通信风险评估

1. ITS 安全目标

（1）机密性

以下描述了与 ITS 信息存储与传输的机密性相关的安全目标：

1）发送给或者收到来自于经过授权的 ITS 用户的信息不应该被透漏给任何未被授权为

可接收信息的一方。

2）保存在 ITS 站点的信息应该受到保护不被越权存取。

3）与 ITS 用户身份和服务权限有关的详细资料不应该被透漏给任何未经授权的第三方。

4）发送给或者接收到的 ITS 站点的管理信息应该受到保护不被越权存取。

5）保存在 ITS 站点的管理信息应该受到保护不被越权存取。

6）ITS 用户的位置和身份不应该被未经授权的一方通过分析往返自 ITS 用户车辆的通信数据推断出。

7）ITS 终端用户的路径不应该被未经授权的一方通过分析往返自 ITS 用户车辆的通信数据推断出。

（2）完整性

以下描述了与 ITS 信息存储与传输的完整性相关的安全目标：

1）保存在 ITS 站点的信息应该受到保护不被非法修改和删除。

2）发送或接收到的 ITS 注册用户的信息在传输过程中应该防止非法或恶意的修改和篡改。

3）保存在 ITS 站点的管理信息应该受到保护，不被非法修改和删除。

4）发送给或者接收到的 ITS 站点的管理信息在传输过程中应该防止非法或恶意的修改和篡改。

（3）可用性

以下描述与 ITS 服务的可用性相关的安全目标：授权用户访问和操作 ITS 服务不应该被 ITS 站点中的恶意活动阻止。

（4）可审核性

以下描述了与 ITS 用户的可审核性相关的安全目标：安全参数和应用（更新、添加和删除）的所有更改应该可以被审核。

（5）授权

以下描述了与 ITS 用户和被传输信息的授权相关的安全目标：

1）当与另外的 ITS 站点交流时未经授权的用户不能够伪装成一个 ITS 站点。

2）来自越权用户的管理和配置信息不能够被 ITS 站点收到和处理。

3）受限制的 ITS 服务应该只提供给 ITS 的授权用户。

2. ITS 评估目标

用于 ITS 安全分析目的的两个潜在评估目标为：

1）单一的车辆 ITS 站点，如图 4-55 所示。

2）单一的路侧 ITS 站点，如图 4-56 所示。

评估目标（Target of Evaluation，ToE）被定义为所有可能被攻击的接口都是暴露的；即每一个接口有一个终端在 ToE 里面，有一个终端在 ToE 边界外面。ToE 只能通过暴露的接口被攻击，并且发动攻击需要威胁代理的存在。这意味着功能实体与暴露的接口是潜在威胁代理，并且 ToE 环境应该包括所有暴露的接口和所有与这些在 ToE 外面的接口的终端有关的功能实体。

我们在这里分析的范围是在 5.9 GHz 频段下的通信（ITS G5A）。这意味着只有 A 和 B 上的接口在此范围内。在车辆 ITS 站点实例里（见图 4-55），A 和 B 接口都是暴露的，ToE

环境包括两个接口和其在覆盖范围内其他车辆 ITS 站点和路侧 ITS 站点。只有与车辆 ITS 站点和路侧 ITS 站点有关的功能实体是潜在的威胁代理或者可以被用作攻击代理。

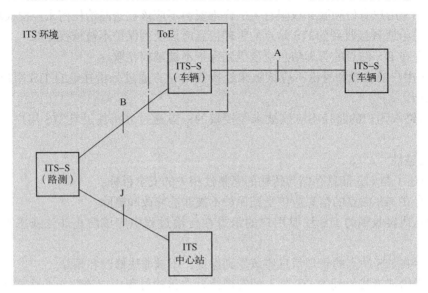

图 4-55　车辆 ITS 站点

在路侧 ITS 站点实例里（图 4-56），只有接口 B 是暴露的并且 ToE 环境包括所有覆盖范围内的车辆 ITS 站点。这意味着只有与车辆 ITS 站点相关的功能实体是潜在的威胁代理或者可以被用作攻击代理。虽然 J 接口也是暴露的，但是它代表一个固定的（而不是 ITS G5A）与 ITS 网络连接的基础设施，并且它被 ITS 运营商假定为是安全的。

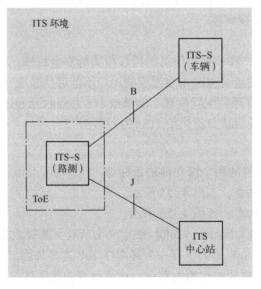

图 4-56　ITS 站点（路侧）

（1）ToE 假设

以下是为 TVRA 制定的假设。

1) 车辆 ITS 站点和路侧 ITS 站点虽然是两个不同的功能单元，但事实上它们可能被制造成包含两个功能的单一的物理设备。

2) ToE 中所有的通信和操作都是在信任域的边界内进行的，所以是安全的。

3) ITS 服务定义在 ITS BSA 中。

4) 所有的 ITS 站点通过 5.9 GHz 频段发送和接收信息。

5) 所有的 ITS 站点有能力判断收到的信息的可信度（即信息的正确性）。

6) 所有的车辆在任意给定的时间点总是知道哪些逻辑信道安全信息应该被发送和接收。

7) 受限数据只发送给授权方。因此，在发送受限数据之前 ITS 站点必须有能力验证接收者的身份和权限。

（2）ToE 环境假设

以下是为 TVRA 制定的 ToE 环境假设。

1) ITS 网络不能完全抵抗伪装攻击，所以对 ITS 站点的攻击可能源自 ITS 网络内。

2) 在参考点 J 和 K 的接口上的通信被认为是安全的。

3) 在两个路侧 ITS 站点或 ITS 网络和一个或多个路侧 ITS 站点之间没有采用 5.9 GHz 通信。

4) 在 ITS 网络和车辆 ITS 站点之间没有采用 5.9 GHz 通信。

5) 虽然在参考点 K 可能存在物理和直接的接口（例如在服务中心维修接入点直接连接到车辆上），也有可能参考点 K 与 B 重合。因此，车辆 ITS 站点应用和安全参数更新可以直接通过固定接口 K 或间接通过 ITS G5A 接口 B（与 K 重合）。

6) 所有直接通过接口 K 或 J 的通信是安全的。

7) 广播信息是不受保护的并且假定总是携带非敏感信息（因此总是不携带个人数据）。

8) ITS 站点和终端用户之间的所有通信被认为属于一个信任域的一部分，因此属于 TVRA 范围。

3. ITS 威胁分析及对策

（1）攻击接口和威胁载体

1) 车辆 ITS 站点 ToE 的攻击接口和威胁载体

车辆 ITS 站点 ToE 通过 A、B 和 K（和 B 一致）三个参考点访问 ITS G5A 接口。这些接口都是暴露的，这意味着这些接口可以被外面其他的 ToE 利用，因此它们可以用来作为攻击接口。

在参考点 A 的接口可以被另一个有效的车辆 ITS 站点利用，作为攻击接口造成不期望的行为和事件，由于：

- 缺乏规范要求造成的设计缺陷。
- 恶意或恶作剧地使用车辆 ITS 站点，通过远程代理，使之成为一个攻击代理。
- 恶意或恶作剧地使用车辆 ITS 站点，使之向其他车辆提供虚假或误导性的信息。

在参考点 B 的接口可以被另一个有效的路侧 ITS 站点利用，作为攻击接口，造成不期望的行为和事件，由于：

- 设计缺陷由于缺乏规范要求。
- 恶意或恶作剧的使用，通过远程代理，使之成为一个攻击代理。

- 恶意或恶作剧的使用，作为路侧 ITS 站点，向过往的车辆提供虚假或者误导性的信息。

当参考点的接口 K 是作为一个有线和控制接口使用时，它是不能直接利用的。但是，当 K 点和 B 点保持一致时，它可以被用来作为一个攻击接口，此时频率为 5.9GHz。在这种情况下，从 ITS 网络上安装一个在车辆 ITS 站点上的攻击是有可能的。任何的安全攻击从原则上可能源自 ToE 环境的任一逻辑实体，而且任意一个车辆 ITS 站点的功能实体都可能作为目标。此外，在协议栈任一层相关的参考点都可以被利用作为一个攻击接口。

2）路侧 ITS 站点 ToE 攻击接口和威胁代理

路侧 ITS 站点通过参考点 B 访问 ITS G5A 接口。此接口是暴露的，因此可能被利用为攻击接口进入 ToE。攻击来自于 ToE 内部环境或者其本身。路侧单元通过 ITS 核心网络进行通信，不使用 5.9GHz 的通信频率。但是，参考点 J 的接口位于路侧 ITS 站点和 ITS 网络之间，能够被用来携带一个攻击，比如说来自 ITS 网络的恶意软件的安装。因此 J 的接口又被定义成路侧 ITS 站点的一个暴露的接口。

参考点 B 上的接口能被一些威胁代理利用，目的是安装一个攻击。这些威胁代理可能包括：

① 一个有效的车辆 ITS 站点造成不期望的行为或者事件，由于：
- 缺乏规范要求造成的设计缺陷。
- 恶意或者恶作剧的使用，通过远程代理，使之成为一个攻击代理。
- 恶意或者恶作剧的使用，作为一个车辆 ITS 站点，向其他车辆提供虚假或者误导性的信息。

② 一个假装成一个有效的车辆 ITS 站点的实体，造成不期望的行为和事件，由于：
- 恶意或者恶作剧的使用，通过远程代理，使之成为一个攻击代理。
- 恶意或者恶作剧的使用，作为一个车辆 ITS 站点，向其他车辆提供虚假或者误导性的信息。

③ 在路侧 ITS 站点本身内部的一个实体，向过往的车辆提供虚假或者误导性的信息。

当一个攻击来自路侧单元的内部，在 B 点的接口可能被用来传送攻击到 ToE 环境。参考点 J 上的接口一般不作为一个 ITS G5A 接口，而且假定它对于预防直接的攻击是安全有效的。但是，它可以被用来携带来自 ITS 网络内部的偶发性的或者恶意的攻击。任何在路侧 ITS 站点 ToE 上的安全攻击都可能源自 ToE 环境的逻辑实体，其目标可能是路侧 ITS 站点的功能实体。甚至，某些协议栈任意一层都可能被用来作为一个攻击接口。

（2）漏洞和威胁

以下几类在 ITS 安全性的识别和分析中被认为是威胁：

1）可用性威胁：拒绝服务（DoS）。
2）诚信威胁：篡改、伪装、重播、信息插入。
3）真实性威胁：篡改、伪装。
4）保密威胁：窃听、交通分析。
5）不可否认/问责威胁：否认。

（3）对策

对于每种在 ITS TVRA 中确认的威胁，如果攻击已经被成功嵌入 ITS 站点上，考虑采取何种措施能够降低这种攻击的风险是必要的，表 4-41 详述了一系列选项来评估潜在的 ITS 对策。

表 4-41 在 ITS 中面对威胁的潜在对策

对　　策	威　　胁	风　　险
降低信标和其他重复消息的出现频率	信息饱和	严重
在 V2V 信息中添加源标识（等价于 IP 地址）	信息饱和	严重
限制 V2I/I2V 的信息流量并实行站点登记	信息饱和	严重
	错误信息注入	重要
	操纵 ITS 中继信息	严重
	伪装成 ITS 站点（车辆或道路侧）或者 ITS 网络	重要
	重播"过期"（旧）消息	严重
	GNSS 欺骗	重要
	虫洞攻击	重要
	对一个或多个 ITS 站点（车辆侧）的恶意隔离（黑洞）	严重
在 5.9 GHz 频段实行频率切换	无线电信号干扰	严重
实行 ITS G5A 作为 CDMA/扩频系统或在 ITS 中整合第三代移动通信	无线电信号干扰	严重
利用类似于 Kerberos/PKI 的令牌系统对每条信息进行数字签名	错误信息注入	重要
	操纵 ITS 中继信息	严重
	伪装成 ITS 站点（车辆或道路侧）或者 ITS 网络	重要
	重播"过期"（旧）消息	严重
	虫洞攻击	重要
	对一个或多个 ITS 站点（车辆侧）的恶意隔离（黑洞）	严重
在每条信息发送时加入非加密校验	操纵 ITS 中继信息	严重
在 ITS BSA 中去除消息中继要求	操纵 ITS 中继信息	严重
对策	威胁	风险
在每条信息中加入一个权威身份并进行身份认证	伪装成 ITS 站点（车辆或道路网）或者 ITS 网络	重要
利用广播时间（世界标准时间、UTC 或 GNSS）对所有消息建立时间戳	重播"过期"（旧）消息	严重
	虫洞攻击	重要
在每条新信息中加入序列号	重播"过期"（旧）消息	严重
利用 INS 或现有的航位推算方法（例如正规却可能罕见的 GNSS 校正）提供位置数据	虫洞攻击	重要
	GNSS 欺骗	重要
实行 GNSS 系统的差分监测，以确定位置的不寻常变化	虫洞攻击	重要
	GNSS 欺骗	重要
加密个人和私有数据的传输	窃听	严重
实行授权管理基础建设（PMI）	恶意软件安装	严重
在安装前确认软件的质量和诚信	恶意软件安装	严重

(续)

对　策	威　胁	风　险
使用不能被链接到用户或者用户的车辆真实身份的化名	交通分析	次要
	定位跟踪	次要
对ITS站点发送和接收的每条信息保持一个类型与内容的审计日志	拒绝传输	严重
	拒绝数据接收	严重
在每条ITS信息中加入源标识	拒绝传输	严重
实现一个不可拒绝性的帧	拒绝传输	严重
	拒绝数据接收	严重
对收到的邮件进行真实性检查	错误信息注入	重要
	操纵ITS中继信息	严重
	伪装成ITS站点（车辆或道路网）或者ITS网络	重要
	虫洞攻击	重要
基于硬件的保护软件和ITS站点硬件配置	恶意软件安装	严重
	拒绝传输	严重
	拒绝数据接收	严重

4.6.2　ITS信任与隐私管理

1. ITS权力等级

信任和隐私管理需要安全分布和维护（包括撤销）信任关系，这可能是通过特定的安全参数，包括第三方证书的身份证明或其他属性，如假名证书。公钥证书和公钥基础设施（Public Keying Infrastructure，PKI）用于建立和维护的ITS站点与站点以及政府之间的信任。

安全管理的任务定义如下：
- 制造商：为每个ITS站点插入一个权威的身份（标准标识符）。
- 注册机构：将ITS站点作为一个整体验证。
- 授权机构：授权一个ITS站点来使用特定应用、服务和权力。

注册（标识和身份验证）和授权是分开的，它们作为隐私管理的基本组成部分，对用户的隐私攻击提供保护。然而，注册机构可能被委托给制造商，或者注册和授权机构被整合在一起。

（1）注册机构

注册机构为ITS站点发布一份合法的身份证明作为这个站点的规范标识符。这个身份证明不会透露规范标识符给第三方并且可以用于ITS站点从授权机构请求服务认证。

注册机构提供的功能如下：

1）ITS站点规范标识符的身份验证。

2）提供ITS站点的验证证明。

（2）授权机构

一个通过身份验证的ITS站点可以向授权机构申请注册机构和授权机构特定的许可。这些特权以IEEE 1609.2授权证书形式的授权凭证所表示出来。每个授权证书包含了一系列特定的权限。例如，授权证书授予一个 ITS 站点的权限广播来自特定消息集的消息。同样，可以收回特权。授权证书要么通过对授予的权限进行显式地编码，要么通过链接到已知的政策来给出。

（3）根认证中心

每一个认证机构等级（如注册机构和授权机构）有它自己的根证书，它在该证书等级中提供最终的信任。为了信任一个收到的信息，ITS 站点需要访问根证书来获得该消息的授权证书。ITS 站点可以在制造或维护过程中获得根证书。原则上，根证书信息通过交叉认证过程被分发出去，但是欧标中没有指定对应的分发消息。

2. ITS 中的隐私

有四个涉及隐私的关键属性：匿名、使用假名、不可链接性和不可观察性。

匿名无法单独保护 ITS 用户的隐私并且也不适合作为它的解决方案，作为智能交通系统的一个主要需求，为了改善它的交通安全，ITS 站点应该是可以被监视的。因此，使用假名和不可链接性给 ITS 基本的安全信息（CAM 和 DENM）的发送者提供适当的隐私保护。使用假名保证 ITS 站点在不透露其身份的情况下使用资源或服务，但仍然需要对它的使用负责。不可链接性确保了在其他节点不能够链接它们在一起的时候，ITS 站点仍可以对资源或服务进行多种用途的使用。

在 ITS 安全消息中使用临时标识符时应当提供假名，并且决不能在 ITS 站点之间的通信中传送站点的规范标识符。不可链接性可以通过限制 ITS 安全信息中所包含的大量不变（或缓慢变化）的信息量来实现，从而预防可能在较长一段时间内来从同一车辆的多次传送（比如两个不同时间的类似广播）相关联。

ITS 隐私包括两个维度：

（1）ITS 注册和授权信令的隐私

1）通过只把 ITS 站点的规范标识符给予少数的机构来确保安全。

2）将 ITS 授权的职责和任务分成两个机构，一个作为注册机构用于验证节点的规范标识符，一个作为授权机构负责授权和管理服务。

（2）ITS 站点之间通信的隐私。

3. 信任与隐私管理

（1）ITS 站点安全生命期

ITS 站点安全生命期包括了以下几个阶段：制造、注册、授权和维护。

（2）制造

作为 ITS 制造过程的一部分，以下与站点身份相关的信息元素应在 ITS 站点内和注册机构内建立。

1）在 ITS 站点内，以下信息元素应该使用物理安全方法建立。

- 全局唯一的规范标识符。
- 用于注册机构和授权机构的联系信息，可以用于 ITS 站点发布证书：网络地址或公共密钥证书。
- 一套 ITS 站点可以在开始注册过程时使用的通用且可被信任的注册机构证书。
- 一套 ITS 站点可以在信任其他 ITS 站点的消息时使用的通用且可被信任的授权机构证书。

- 一对为了加密的公共/私人的密钥。
- 可选的，一个通过关联规范标识符与 ITS 站点公共密钥、到根节点的证书链的规范证书。

2) 在注册机构中，以下四个部分的内容是相互关联的。
- 永久的 ITS 站点规范标识符。
- 注册机构发布的注册标识符。
- ITS 站点概要信息的位置。
- 来自属于 ITS 站点密钥对的公匙。

(3) 注册

ITS 站点从注册机构请求它的注册证书。

(4) 授权

收到注册证书后，ITS 站点从授权机构请求获得授权证书。

(5) 维护

如果注册机构或者授权机构被添加或删除，相关机构应该把这种变化通知给注册过的 ITS 站点，可能的方法包括：
- 通过空口发送 IEEE 1609.2 中指定的一个证书撤销列表。
- 提供信息给一个可信的维护实体，确保它可以在一个可控的环境内更新每个 ITS 站点。

4. ITS 站点间的安全关联和密钥管理

与严格意义上安全业务相关的广播应用程序（CAM 和 DENM）不同，多播和单播业务是由若干供应商提供，并且有可能是商业机密。因此，需求很大程度上取决于特定的应用程序和相应的商业模式。

除了广播应用程序，其他所有多播和单播通信可以使用非对称或对称密钥系统提供安全关联的生命周期和相关的密钥管理（登记、密钥建立、更新和删除）。

单播和多播应用程序将使用链路层加密和 MAC 地址的规则变化来保护 ITS 站点的隐私以及防止所有从信道窃听更高层的信息。

(1) 广播安全关联

广播应用例如 CAM 和 DENM 需要身份验证、授权和完整性检查但没有机密性的要求。CAM 和 DENM 的发送方应当通过使用 IEEE 1609.2 机制签名的授权证书获得这项服务。图 4-57说明了使用授权证书在 ITS 站点之间签名 CAM 或 DENM 的过程。图 4-57 中的"SignerInfo"字段是 1609.2 中的字段，其中包含了它的证书或参考。

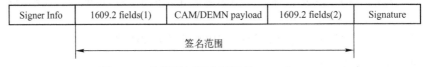

图 4-57 使用授权证书标记的 CAM 和 DENM

(2) 多播安全关联

多播应用例如公共交通信息和兴趣点通知服务需要安全组播通信，依靠组的特定安全策略提供消息身份验证、授权和加密。一个 ITS 站点可以使用一个授权证书和进一步的注册步骤加入一个多播组。

多播应用的密钥管理可以被多播服务提供者或单独的安全管理者控制。这样的密钥管理可能是特定于应用的或者可以使用一个标准的多播密钥管理体系，例如 IETF 标准化组织中定义的多播安全（MSEC）组密钥管理架构。

（3）单播安全关联

单播应用，如自动准入控制、停车管理和媒体下载服务需要安全的单播通信，包括消息身份验证、授权和加密。一个 ITS 站点可以使用一个授权证书和进一步的注册协议加入此类服务。单播密钥管理可能是特定于应用或者使用一个标准的密钥管理系统，比如网络层安全使用 IETF 定义的 IPsec。同样，传输层安全可以由 IETF 传输层安全（TLS）提供。

参考文献

[1] ETSI TS 102 637-4 V1.1.1,（all parts）2010. Intelligent Transport Systems（ITS）；Vehicular Communications；Basic set of applications.

[2] ETSI TS 102 636 V1.1.1,（all parts）2010. Intelligent Transport Systems（ITS）；Vehicular Communications；GeoNetworking.

[3] Association K S. Information technology-ASN.1 encoding rules：Specification of Packed Encoding Rules（PER）[J]. Iso/iec, 2002.

[4] Standards D. Intelligent Transport Systems（Its）-Access Layer Specification For Intelligent Transport Systems Operating In The 5 Ghz Frequency Band[J].

[5] Manifesto C. CAR 2 CAR Communication Consortium Manifesto[J]. 2007.

[6] Etsi T R. Intelligent Transport Systems（ITS）；Vehicular Communications；Basic Set of Applications；Local Dynamic Map（LDM）；Rationale for and guidance on standardization[J]. 2011.

[7] Normalization O I. Information technology-Open System Interconnection-Basic Reference Model：The Basic Model[J]. 1994.

[8] Association K S. Information technology-ASN.1 encoding rules：Specification of Packed Encoding Rules（PER）[J]. Iso/iec, 2002.

[9] Intelligent transport systems：communications access for land mobiles（CALM）：architecture[J]. 2010.

[10] Institution B S. Bs Iso 24102-3：2013/Amd 1-Intelligent Transport Systems-Communications Access For Land Mobiles（Calm）-Its Station Management［J］.

[11] IEEE Standard for Local and Metropolitan Area Networks：Overview and Architecture[C]// IEEE Std. IEEE, 2002：1-48.

[12] Ieee B E. 1609.3-2007-IEEE Trial-Use Standard for Wireless Access in Vehicular Environments（WAVE）-Networking Services[J]. 2007：1-144.

[13] Institution B S. Road transport and traffic telematics. Dedicated Short Range Communication（DSRC）. DSRC application layer[J].

[14] British Standards Institution. ROAD TRAFFIC AND TRANSPORT TELEMATICS（RTTT）：DEDICATED SHORT RANGE COMMUNICATION（DSRC）：DSRC DATA LINK LAYER：MEDIUM ACCESS AND LOGICAL LINK CONTROL[J]. Mobile Communication Systems, 1997.

[15] Institution B S. Road transport and traffic telematics. Dedicated Short Range Communication（DSRC）. DSRC application layer[J].

[16] Kenney J B, Bansal G, Rohrs C E. LIMERIC：a linear message rate control algorithm for vehicular DSRC

systems[C]// Eighth International Workshop on Vehicular Ad Hoc Networks, Vanet 2011, Las Vegas, Nv, Usa, September. Trier:DBLP, 2011:21-30.

[17] Bansal G, Kenney J B, Rohrs C E. LIMERIC: A Linear Adaptive Message Rate Algorithm for DSRC Congestion Control[J]. IEEE Transactions on Vehicular Technology, 2013, 62(9):4182-4197.

[18] Bansal G, Lu H, Kenney J B, et al. EMBARC:error model based adaptive rate control for vehicle-to-vehicle communications[C]// Proceeding of the tenth ACM international workshop on Vehicular inter-networking, systems, and applications. New York:ACM, 2013:41-50.

[19] Bansal G, Cheng B, Rostami A, et al. Comparing LIMERIC and DCC approaches for VANET channel congestion control[C]// Piscataway:IEEE, International Symposium on Wireless Vehicular Communications. IEEE, 2014:1-7.

[20] Boban M, Barros J, Tonguz O K. Geometry-Based Vehicle-to-Vehicle Channel Modeling for Large-Scale Simulation[J]. Vehicular Technology IEEE Transactions on, 2013, 63(9):4146-4164.

[21] Boban M, D'Orey P M. Measurement-based evaluation of cooperative awareness for V2V and V2I communication[C]// Vehicular NETWORKING Conference. Piscataway:IEEE, 2015:1-8.

[22] ETSI EN 302 571(V1.1.1):Intelligent Transport Systems(ITS); Radio communications equipment operating in the 5 855 MHz to 5 925 MHz frequency band; Harmonized EN covering the essential requirements of article 3.2 of the R&TTE Directive.

[23] ETSI EN 301 893(V1.5.1):Broadband Radio Access Networks(BRAN); 5 GHz high performance RLAN; Harmonized EN covering the essential requirements of article 3.2 of the R&TTE Directive.

[24] ETSI TS 102 687(V1.1.1):Intelligent Transport Systems(ITS); Transmitter Power Control Mechanism for Intelligent Transport Systems operating in the 5 GHz range.

[25] IEEE. 8802-11-2012-Information technology-Telecommunications and information exchange between systems Local and metropolitan area networks-Specific requirements Part 11: Wireless LAN Medium Access Control(MAC)and Physical Layer(PHY)Specifications-Redli[M]//IEEE Standard for Information Technology-Telecommunications and Information Exchange Between Systems-Local and Metropolitan Area Networks-Specific Requirements-Part 11: Wireless LAN Medium Access Control(MAC)and Physical Layer(PHY) Specifications. IEEE, 2012:i-445.

[26] IEEE P802.11pTM/D8.0:2009: Draft Standard for Information Technology-Telecommunications and information exchange between systems-Lo cal and metropolitan area networks-Specific requirements-Part 11: Wireless LAN Medium Access Control(MAC) and Physical Layer(PHY) specifications; Amendment 7: Wireless Access in Vehicular Environments.

第 5 章　LTE V2X

5.1　现状与需求

5.1.1　3GPP 在 V2X 上的标准化进程

第三代合作伙伴计划（3rd Generation Partnership Project，3GPP）是一个由五大区域中七个主要成员组成的国际电信标准化发展协会，致力于制定电信产品并满足区域通信标准服务的需求，同时促进国际通信标准服务间的互操作性。

3GPP 制定的第 14 版规范项目（R14）支持 V2X Over LTE/紧急定位。2014 年 9 月 9 日-12 日于苏格兰爱丁堡举行了第三代合作伙伴计划的国际标准会议，韩国乐金（LG）公司提出 RP-141381 之标准提案 Consideration of LTE-based V2X communication，该提案使用长期演进技术来支持车用无线通信系统的构想，如图 5-1 所示。该架构将是面向未来智能交通系统（ITS）的一套整体解决方案，既可以支撑整车厂商（OEM）的应用服务，又可以承载电信运营商（MON）的应用服务，还能支撑 ITS 应用服务和其他第三方应用服务。

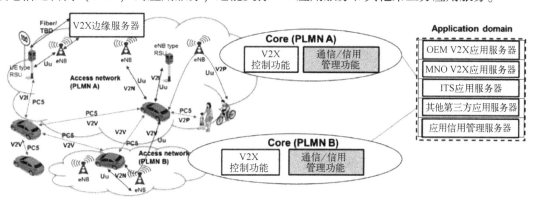

图 5-1　LTE-V2X 系统架构

随后在 2014 年 11 月 17 日至 21 日于美国旧金山举行的一次 3GPP 会议中，乐金与高通（Qualcomm）分别于服务需求工作组（SA1）提出 S1-144422 与 S1-144374 等标准提案，期望能将支持车用无线通信系统之长期演进技术列为版本 14 的标准需求规范工作项目，该项需求于会场获得多数厂商的支持，被列为下次会期的一个重要工作方向，其中乐金更获得车厂通用汽车（General Motor，GM）的支持，联合各厂商预定于下次会议提出名为 Study On Service Aspects For V2X 的工作项目。

紧接着在三周后于美国夏威夷茂宜岛举行的第三代合作伙伴计划之无线网络工作技术规范组的国际标准会议上，由爱立信（Ericsson）提出 RP-142027 之工作项目标准提案 Enhanced LTE Device to Device Proximity Services，试图将支持车用无线通信系统的长期演进技术的研究项目加入增强型邻近服务的工作项目中。

2015 年 3 月，3GPP 通过了有关 LTE V2X 的一份技术报告（Technique Report，TR）：Study on LTE support for Vehicle to Everything (V2X) services (TR 22.885)，报告里对 V2X 应用进行了定义，并描述了 LTE V2X 中的 27 个具体用例与潜在需求规范。

2015 年 6 月，3GPP 通过了有关 LTE V2X 的一份技术报告 Study on LTE-based V2X services (TR 36.885)。该规范表述了不同接口下的 V2X 应用场景，并针对 LTE V2X 的关键问题提出了解决方案及未来发展方向。

2015 年 11 月，3GPP 通过了有关 LTE V2X 的一份技术规范（Technique Specification，TS）：Service requirements for V2X services (TS 22.185)。该规范涵盖了 V2X 的总体需求和特殊服务需求、安全需求。

2015 年 12 月，3GPP 通过了有关 LTE V2X 的一份技术报告：Study on architecture enhancements for LTE support of V2X services (TR 23.785)。该报告详述了 LTE V2X 的架构，并从架构方面指出了 LTE V2X 的关键问题和解决方案。

3GPP 已发布 LTE 支持 V2X 需求的技术报告，以及正式的需求规范；相关的架构、安全、空口方面的技术规范研制于 2016 年年中启动，此后 LTE V2X 成为 3GPP 正式标准 Release 14 下的工作项目。3GPP 已于 2017 年 3 月完成 LTE V2X 的标准制定工作。从 2018 年开始，随着 5G 的进一步发展，未来基于 5G New Radio（新空口）蜂窝网络的 V2X 称为 NR-V2X。这些标准化工作旨在定义网联自动驾驶的网络架构及功能，同时制定统一的网联自动驾驶系统的接口规范。

在未来，LTE V2X 的标准化工作将不断推进，现有的技术报告也将不断有内容的扩充和版本的更新。

1. 3GPP 中定义的 V2X 应用场景

V2X 包括车对车（Vehicle-to-Vehicle，V2V）、车对路（Vehicle-to-Infrastructure，V2I），和车对人（V2P），如图 5-2 所示。V2V 指的是用户设备（User Equipment，UE）在彼此接近时使用进化型的统一陆地无线接入网络（Evolved Universal Terrestrial Radio Access Network，E-UTRAN）来交换 V2V 相关信息，通信方式主要是以广播为主。V2I 指的是车辆和 RSU（路侧单元）之间进行信息交换，当 RSU 为网络服务实体时，这种通信叫作 V2N。V2P 指的是 UE 在彼此接近时使用 R-UTRAN 来交换 V2P 相关信息。

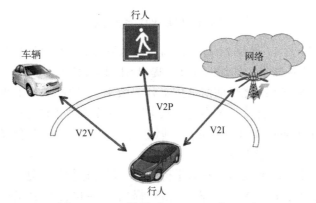

图 5-2 V2X 类型（V2V、V2I 和 V2P）

V2X 有很多应用场景，3GPP R14 SA1 中现在定义的应用场景如表 5-1 所示。

表 5-1 SA1 定义的 27 个 V2X 应用场景

类型	用例	类型	用例
V2V（10）	前碰预警（FCW）	V2I（7）	UE 类型 RSU 参与的 V2X 应用
	控制失效警告		自动泊车
	紧急车辆警告		弯道限速提醒
	V2V 紧急停车预警		基于路侧的道路安全服务
	协作式自适应巡航（CACC）		V2I 紧急停车预警
	由电信运营商控制的 V2X 消息传输		道路安全服务
	预碰撞感知告警		排队提醒
	网络覆盖外 V2X 应用	V2N（4）	V2N 交通流优化
	错误行驶方向提醒		V2N 全景图
	V2V 通信中的隐私		高精度定位
V2P（3）	行人碰撞预警		远程诊断和实时修复通知
	行人穿越马路安全提醒	V2X（3）	漫游时用于 V2X 访问
	弱势群体安全预警（VRU）		交通管理
			V2X 最小 QoS 服务

2. V2X 需求[2]

不同于传统的蜂窝通信技术标准，3GPP 在制定蜂窝架构下的 V2X 通信标准时需要考虑到车联网通信对于可靠性和实时性等需求。

（1）总体需求

总体需求涉及配置、跨运营商服务、优先级设置以及区域控制等。一些关键的 LTE-V2X 需求指标如表 5-2 所示。

在 UE 方面，当发送方 UE 在 E-UTRAN 覆盖范围内时，3GPP 网络能够控制消息的传送。当 UE 不在 E-UTRAN 覆盖范围内时，3GPP 能够对 UE 的发送/接收消息参数进行预配置。无论 UE 是否在 E-UTRAN 覆盖范围内，UE 都能够发送和接收消息。

在 RSU 方面，RSU 不仅能够发送消息到 UE，也能够接收 UE 所发送的消息。RSU 和应用服务器能够控制消息传输区域的地点和大小。

E-UTRAN 能够支持高密度的 UE。当 UE 进行 V2X 消息传输时，本地公用陆地移动网络（Home Public Land Mobile Network，HPLMN）和访问公共陆上移动网（Visited Public Land Mobile Network，VPLMN）能够对网络资源的使用进行收费。

标准中对 3GPP 系统有诸多要求。3GPP 系统能够支持跨运营商的 UE 间的消息传输；3GPP 系统能够优先支持 V2X 应用的 UE 间的消息传输；3GPP 系统能够依据消息类型（如安全与非安全消息）来优先传输优先级高的消息；3GPP 系统能够基于服务状况（UE 速率、UE 密度）来决定 V2X 通信的传输速率和范围；3GPP 系统能够以资源节约的方式给大量 UE 传输消息；3GPP 系统能够以资源节约的方式实现用于位置精度改善的技术；3GPP 系统应最小化消息传输过程中的电池消耗。

表 5-2 LTE-V2X 关键性能指标

需 求	指 标
最大相对速度/(km/h)	500
消息包的大小	周期性消息：50~300 字节 事件触发消息：最大 1200 字节
消息传输频率	最大 10 Hz
最大延迟	某些 V2V 应用场景 20 ms 某些 V2V/I/P 应用场景 100 ms V2N 应用场景 1000 ms
通信范围	用户 4 s 反应时间的通信覆盖范围
可靠性	大于 90%的消息接收可靠性

(2) 特殊服务需求

1) 时延及可靠性需求

E-UTRAN 须能以 100 ms 的最大延迟在支持 V2V/P 的 UE 之间传输消息。对于特定用途（即预碰撞感知），E-UTRAN 应当能够以 20 ms 的最大延迟在支持 V2V 的 UE 之间传输消息。此外，E-UTRAN 应能以 100 ms 的最大延迟在支持 V2I 的 UE 和 RSU 之间传输消息，并以不大于 1000 ms 的端到端延迟在支持 V2N 的 UE 和应用服务器之间通过 3GPP 网络传输消息。最后 E-UTRAN 需在应用层消息不重传的情况下，能够支持高可靠性。

2) 消息大小需求

E-UTRAN 应能以 50~300 字节的可变消息长度（不包括安全相关消息）在支持 V2X 的 UE 间传输周期性广播消息，并且以不大于 1200 字节的可变消息长度（不包括安全相关消息）在支持 V2X 的 UE 间传输事件触发型消息。值得注意的是 3GPP 在制定标准时，只考虑了基于消息特性（例如延迟、消息大小）的 V2X 服务/应用消息的传输，且与消息类型无关。

3) 信息发送频率需求

假定 V2X 应用提供周期性或事件触发型的消息给 3GPP 运输层，E-UTRAN 应能支持最大频率为每 UE 或每 RSU 每秒发送 10 个消息。

4) 范围需求

E-UTRAN 应能支持能给司机充足反应时间（例如 4 s）的通信范围。

5) 速度需求

在 V2V 中，不管 UE 是否在 E-UTRAN 覆盖范围内，支持 V2V 服务的 UE 能够在最大相对速度为 280 km/h 时相互传输消息。

在 V2P 中，不管 UE 是否在 E-UTRAN 覆盖范围内，支持 V2V 服务的 UE 和支持 V2P 服务的 UE 能够在最大绝对速度为 160 km/h 时相互传输消息。

在 V2I 中，不管 UE 和 RSU 是否在 E-UTRAN 覆盖范围内，支持 V2I 服务的 UE 和 RSU 能够在最大绝对速度为 160 km/h 时相互传输消息。

(3) 安全需求

3GPP 网络应当为移动网络供应商（Mobile Network Operator, MNO）提供一种方法来向用户设备进行授权，使得 UE 在 E-UTRAN 服务范围内能够支持 V2X 应用进行 V2X 通信。3GPP 网络应当为 MNO 提供一种方法（例如预授权）来向用户设备（UE）进行授权，使得 UE 不在 E-UTRAN 服务范围内时也能够支持 V2X 应用进行 V2X 通信。3GPP 网络应当为移动网络供应商（MNO）提供一种方法（例如预授权）来向用户设备（UE）进行授权，使得支持 V2X 应用的 UE 分别执行 V2N 通信。3GPP 网络应当支持 UE 匿名技术，以支持 V2X 应用及保护传输完整度。3GPP 网络通过确保在 V2X 应用要求的一段时间外，UE 不会被其他任何 UE 追踪或识别，以支持 V2X 的隐私性。受监管要求或者运营商政策要求，3GPP 系统应支持 UE V2X 通信的隐私性，以使得用户不能被第三方运营商追踪或识别。

5.1.2 按接口分类的应用场景

3GPP 根据接口类型对应用场景进行分类，分别为基于 PC5 的 V2X 应用场景、基于 Uu 的 V2X 应用场景、基于 PC5 与 Uu 的 V2X 应用场景。在 V2X 中，RSU 指的是支持 V2X、能够与其他支持 V2X 的实体交换信息的固定设备实体。V2X 中有两种 RSU，一种是结合了支持 V2X 应用和 eNB 功能的 RSU，即 eNB 类型的 RSU，另一种是结合了支持 V2X 应用和 UE 功能的 RSU，即 UE 类型的 RSU。如图 5-3 和图 5-4 所示，UE 类型 RSU 与 UE 之间的接口为 PC5，eNB 类型 RSU 与 UE 之间的接口为 Uu。

图 5-3　UE 类型 RSU　　　　　　　图 5-4　eNB 类型 RSU

1. 基于 PC5 的 V2X 应用场景

在该场景中，UE 通过副链路（sidelink）向其他本地 UE 传输 V2X 消息，如图 5-5 所示。在 V2I 中，发送方 UE 和接收方 UE 有一方是 UE 类型的 RSU，如图 5-6 所示；在 V2P 中，发送方 UE 和接收方 UE 有一方是普通 UE，如图 5-7 所示。

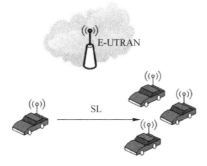

图 5-5　V2V 场景

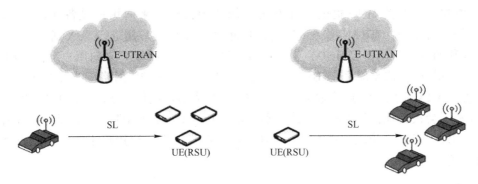

图 5-6 V2I 场景

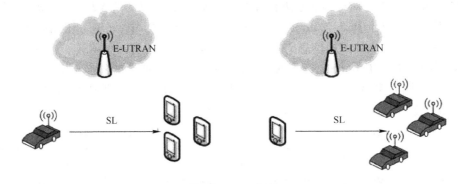

图 5-7 V2P 场景

2. 基于 Uu 的 V2X 应用场景

在 V2V 和 V2P 中，如图 5-8、图 5-9 所示，UE 通过上行链路向 E-UTRAN 传输 V2X 消息，然后 E-UTRAN 通过下行链路将该消息传输给本地 UE。

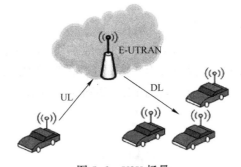

图 5-8 V2V 场景

在 V2I 中，当接收方是 eNB 类型 RSU 时，UE 通过上行链路向 E-UTRAN 传输 V2I 消息；当发送方是 eNB 类型 RSU 时，E-UTRAN（eNB 类型 RSU）通过下行链路将 I2V 消息传输给本地 UE，如图 5-10 所示。

在 V2N 中，UE 与应用服务器进行通信（如交通安全服务器），如图 5-11 所示。为支持 V2N 通信场景，E-UTRAN 能够通过上行链路接收 V2X 消息，通过下行链路发送 V2X 消息。在下行链路上，E-UTRAN 使用广播机制。

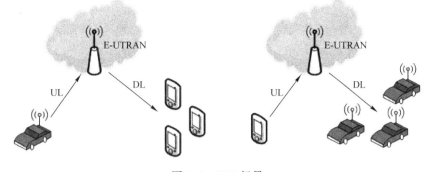

图 5-9　V2P 场景

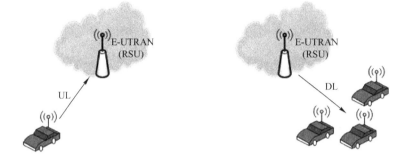

图 5-10　V2I 场景

图 5-11　V2N 场景

3. 基于 PC5 和 Uu 的 V2X 应用场景

在图 5-12 的场景 1 中，首先，UE 通过副链路（SideLink，SL）向其他 UE 传输 V2X 消息，其中一个接收消息的 UE 为 UE 类型的 RSU。接下来该 UE 类型的 RSU 通过上行链路向 E-UTRAN 传输消息。E-UTRAN 接收到发自 UE 类型的 RSU 消息后，通过下行链路在本地区域向其他 UE 传输消息。

在图 5-13 的场景 2 中，首先，UE 通过上行链路向 E-UTRAN 传输 V2X 消息。接下来 E-UTRAN 将该消息传输给一个或多个 UE 类型的 RSU。最后，该 UE 类型的 RSU 通过副链路向其他 UE 传输 V2X 消息。

为支持此场景，E-UTRAN 能够通过上行链路接收 V2X 消息，通过下行链路发送 V2X 消息。在下行链路上，E-UTRAN 使用广播机制。

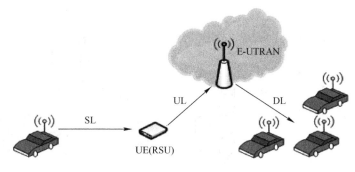

图 5-12 场景 1

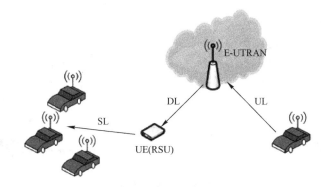

图 5-13 场景 2

5.2 架构设计

支持 V2X 通信的蜂窝网络架构设计有两种，一种是基于 PC5 接口，即重用 ProSe 架构，该架构支持业务授权，支持 non-IP 数据报传输，还定义了 PC5 承载级的 QoS 参数。另一种是基于 LTE-Uu 接口，即重用 eMBMS 架构，不同于 ProSe 中 UE 之间可以直接通信，基于 LTE-Uu 接口的终端间通信必须经过 V2X 服务器。

5.2.1 V2X 架构——基于 PC5

重用 ProSe 的车联网通信架构如图 5-14 所示。该架构中新功能 V2X Control Function 的定义为：用于处理 V2X 所需网络相关行为的逻辑功能。同时，图中相关节点的定义如下：

1) V1：连接 V2X 应用和 V2X 应用服务器。
2) V2：连接 V2X 应用和供应商网络的 V2X 控制功能。该 V2X 应用可能连接属于多个 PLMN 的 V2X 控制功能。
3) V3：连接具有 V2X 功能的 UE 和运营商网络的 V2X 控制功能。
4) V4：连接 HSS 和运营商网络的 V2X 控制功能。
5) V5：连接 V2X 应用。这些应用运行在 UE 上。
6) LTE-Uu：连接具有 V2X 功能的 UE 和 E-UTRAN。
7) PC5：连接各种具有 V2X 功能的 UE。

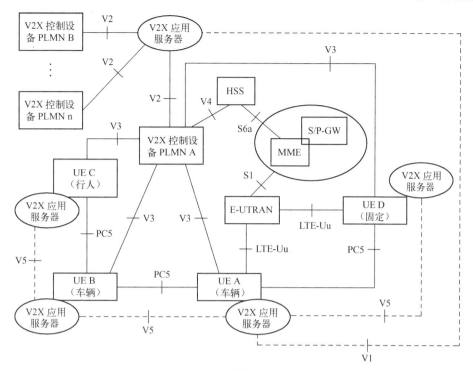

图 5-14 V2X 结构（基于 PC5）

8）归属签约服务器（Home Subscriber Server，HSS）：用于移动性管理和用户业务数据管理；是用户永久的中心数据库；存储用户签订的业务信息和本地信息；存放用户认证信息；存放签约用户的特定信息、动态信息；存放网络策略规则和设备标识寄存器信息。

9）移动管理实体（Mobility Management Entity，MME）：负责空闲时的 UE 的定位、传呼过程；负责信令处理部分；涉及承载 bearer 激活/关闭过程；初始化时为 UE 选择一个 SGW；法律许可范围内，进行拦截、监听。

10）服务网关（Service Gateway，S-GW）：合法侦听；基于每 UE、PDN 和 QCI 的上行/下行链路计费。

11）PDN 网关（PDN Gateway，P-GW）：合法侦听；UE 的 IP 地址分配功能；上/下行链路中进行数据包传输层标记；上/下行业务等级计费以及业务类型控制；基于业务的上/下行速率的控制。

5.2.2 V2X 架构——基于 LTE-Uu

重用 eMBMS 的车联网通信架构如图 5-15 所示。该架构中新功能 V2X AS 定义为：用于处理 V2X 所需网络相关行为的逻辑功能，类似于 GCS AS。同时图中相关节点定义如下：

1）VC1：连接 V2X AS 和 UE 上的应用客户端。

2）VMB2：连接 V2X AS 和 BM-SC。

3）LTE-Uu：连接具有 V2X 功能的 UE 和 E-UTRAN。

4）策略与计费规则功能单元（Policy and Charging Rules Function，PCRF）：业务数据流和 IP 承载资源的策略与计费控制策略决策点，为策略与计费执行功能单元（PCEF）选择及

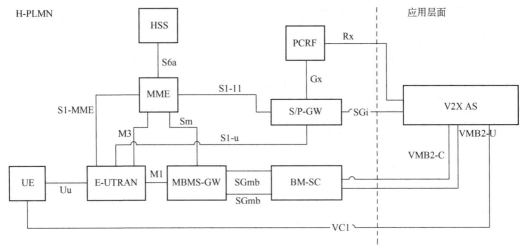

图 5-15　V2X 相关架构（基于 eMBMS）

提供可用的策略和计费控制决策。

5）广播组播业务中心（Broadcast Multicast Service Center，BM-SC）：对第三方内容提供商鉴权、授权和计费；提供 MBMS（多媒体广播多播业务）传输相关参数，如 QoS、组播广播区域、发起和终止 MBMS 传输资源；从外部数据源接收并传送 MBMS 内容，安排 MBMS 会话传送并告知用户，会话重传等；业务声明，包括媒体描述、会话描述（如组播业务标识、地址、传送时间等）。

6）MBMS-GW：逻辑实体。用于发送/广播 MBMS 数据报给每一个承担 MBMS 服务的 eNB（基站）。

5.2.3　关键问题

LTE V2X 架构设计涉及诸多方面，包括如何对 UE 授权，如何改善时延，及提高服务质量等。

1. V2X 服务认证

为了 UE 更好地使用 V2X 服务，有必要对 V2X 进行认证。对该问题需要从以下几个方面进行研究：

1）当 UE 在 E-UTRAN 服务范围内和不在 E-UTRAN 范围内时，MNO 采用何种方式认证 UE 来使用 V2X 服务。

2）MNO 采用何种方式撤销 UE 的相关 V2X 服务。

2. V2V/P 业务传输/接收 V2X 消息

向 V2V/P 业务发送的 V2X 消息可被周期性发送或特定事件触发。当 UE 在 E-UTRAN 服务范围内和不在 E-UTRAN 范围内时，V2X 消息可互相转换。当 UE 处于非漫游或漫游状态时，V2X 消息也可相互转换。

为了支持 V2V/P 业务发送/接收 V2X 消息，需要从以下几方面进行研究：

1）UE 使用 V2V/P 业务时，如何转换 V2X 消息。

2）用寻址机制/标识符广播 V2X 消息。

从上述方面进行研究的同时需要考虑以下情况：

1) UE 处于非漫游或漫游状态。

2) UE 在或不在 E-UTRAN 服务范围内。

3) 两个 UE 之间直接或通过 RSU 传输 V2X 消息。

3. V2V、V2P、V2I 业务机制/参数配置

为了支持 V2V、V2I 服务和 V2P 服务发送/接收 V2X 消息，需要从以下几方面进行研究：

1) UE 处于非漫游或漫游状态，在或不在 E-UTRAN 服务范围内时的情况。

2) V2V、V2P、V2I 服务采用何种方法配置认证机制和参数来发送/接收 V2X 消息。

4. V2V、V2P 业务按优先级传输 V2X 消息

要求支持 V2X 业务的 UE 能够根据其服务领域（例如救护车或巡逻警车）确定 V2X 消息的优先级，同时能够根据消息类型（例如是否为道路安全相关消息）确定 V2X 消息的优先级。

为实现上述目标，需要从以下几方面进行研究：

1) 3GPP 系统如何根据 UE 的服务领域（例如救护车或巡逻车）对 V2X 消息进行优先级处理。

2) 3GPP 系统如何根据 V2X 消息类型（例如是否为道路安全相关消息）对其进行优先级处理。

5. 车辆和 RSU 之间发送/接收 V2X 消息

V2I 服务的 V2X 消息可从车辆发送至 RSU。RSU 可以向一辆车发送 V2X 消息，也可以向多辆车分发 V2X 消息。某些情况下，V2X 消息也可由一个 RSU 转发至别的 RSU。

为了实现车辆和 RSU 之间发送/接收 V2X 消息，需要从以下几方面进行研究：

1) 如何交换 UE 和 RSU 之间的 V2X 消息。

2) 如何用寻址机制/标识符广播 V2X 消息。

3) 寻址机制/标识符发送和接收单播 V2X 消息。

4) 3GPP 系统采用何种方法使 RSU 能根据 V2X 消息内容动态控制消息的分发范围。

从上述方面进行研究的同时需要考虑以下几种情况：

1) UE 处于非漫游或漫游状态。

2) UE 在或不在 E-UTRAN 服务范围内。

3) RSU 作为 UE 时在或不在 E-UTRAN 服务范围内。

6. eMBMS 架构下 V2X 消息的发送/接收

（1）MBMS 服务区的映射

车—车通信系统中，不同体系中的地理位置信息属于不同的协议层，比如，地理位置信息在 ETSI ITS 架构中属于设备层，在 WAVE 中属于 DSRC 应用层消息等。

在 GCSE 模型中，GCS AS 负责映射由多个 MBMS SAI（Service Area Identities）或 ECGI（E-UTRAN Cell Global Identifier）表示的 MBMS 服务区域中的广播区域。

该问题的重点在于确定哪个节点来完成映射功能，这关系到地理位置能否转换为 MBMS 服务区域或 EGCI 列表。如果由 V2X 应用实现转换，那么 V2X 应用服务器就能管理 MBMS

会话。如果由 BM-SC 实现转换，那么 BM-SC 就要负责根据 V2X 应用服务器给出的相关 V2X 数据来管理和选择 MBMS 会话。

（2）基于 eMBMS 的延迟优化

研究表明，V2X 业务中，即使是在车辆众多或车辆高速行驶的场景下，eMBMS 结构仍具有较高的工作效率。V2X 业务中大部分 V2X 消息是本地相关的，并且核心网的传输时延增加了 V2X 消息的端到端时延，通过优化参数设置等能使得 eMBMS 架构更好地适用于 V2X 业务。为了满足 V2X 业务的实验要求，需要从以下几个方面研究如何改善核心网时延：

- eMBMS 架构中的本地特定功能实体是否能降低时延。
- 如何在局部区域 eMBMS 架构中建立 eMBMS 会话。
- 如何向使用 eMBMS 业务的 UE 发送通知。

（3）识别本地 V2X 服务器

在 V2X 环境中，由于 V2X 服务器行为与地理信息相关，所以仅使用预配置方式是不足够的，因此当车辆进入每个地理区域时需要一种识别机制来确定自己所属的服务范围。

图 5-16 中，不同的 V2X 服务器分布在道路一侧，服务不同的区域，当车辆经过该路段时，UE 需要识别正确的 V2X 服务器来享用 V2X 业务。

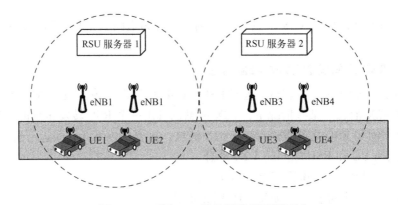

图 5-16 不同 V2X 服务器管理不同区域

7. V2X 服务质量

为了满足 V2X 服务在最大传输频率、最大时延和高可靠性方面的要求，不管是基于 PC5 架构还是 LTE-Uu 架构，都要对以下几方面进行研究：

1）V2X 服务需要定义哪些 QoS 参数。
2）3GPP 系统采用何种方法使得不同 UE 传输 V2X 消息的时延低于 100 ms。

8. Inter-PLMN 操作

为了实现不同 PLMN 服务区域内的 UE 进行 V2V/V2P 通信，需要从以下几方面进行研究：

1）确定系统等级和改进方法，如需要可采用 ProSe 直接通信来支持不同 PLMN 内的 UE 通信。

2）确定系统等级和改进方法，如需要可采用 eMBMS 来支持不同 PLMN 内的 UE 通信。

5.3 无线空口关键技术

LTE V2X 中有 PC5 和 Uu 两种接口,PC5 接口指的是 UE 和 UE 之间的直连接口,Uu 接口指的是 UE 和基站之间的接口。图 5-17 为 V2X 的接口示意图,PC5 的工作频段为专用频段,为 6 GHz,而 Uu 的工作频段为授权频段,为 2 GHz。

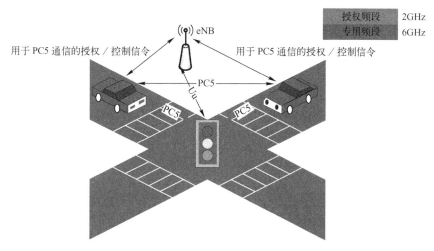

图 5-17　LTE V2X 接口示意图

基于这两种接口的 V2X 应用各有优缺点。基于 PC5 的 V2X 有利于满足端到端时延要求。一些安全服务(比如前碰预警)需要非常小的时延,而在没有其他重要蜂窝技术增强的情况下,基于 Uu 的 V2X 难以满足这一要求。基于 PC5 的 V2X 还能够支持网络覆盖外的操作,在任何地点都能够提供安全服务。而基于 Uu 的 V2X 易于使用多种蜂窝网络特性,覆盖范围比基于 PC5 的大,适用于需要长距离通信的 V2I/N 服务。在不支持 D2D 的 UE 上也能够提供 V2X 通信,能够最小化 UE 实施成本。LTE-V2X 的 PC5 接口是在 Release 12 LTE-D2D(Device to Device)基础上进行了多方面的增强设计,从而支持车辆之间的车辆动态信息(例如位置、速度、行驶方向等)的快速交换和高效的无线资源分配机制,此外,还对物理层结构进行了增强以便支持更高的移动速度(500 km/h)。而 LTE-V2X 的 Uu 接口是在 LTE 的 Uu 接口基础上进行了针对性的增强,例如,优化了 LTE 广播多播技术来有效支持车联网这种广播范围小且区域灵活可变的业务,对控制信道进行裁剪以便进一步降低延迟。下面会介绍具体的增强技术,特别是围绕 PC5 接口展开。

5.3.1 资源分配

(1)资源分配方式

LTE-V2X 支持两种资源分配机制,分别为基站调度的资源分配(mode 3)和终端自主的资源分配(mode 4)。其中,mode 3 方式基于 LTE-Uu 接口对 UE 进行集中调度,mode 4 方式则基于 PC5 接口进行分布式调度。对于 mode 3 模式,eNB 根据 UE 的特定信息调度,如地理位置、行驶方向、速度等。例如基于位置的资源划分,地理位置和资源存在映射关系，车辆只能在指定的资源上传输；或者行驶方向不同的车辆使用不同的资源块，能更好地适应不同方向车辆密度不同的情况。对于 mode 4 模式，车辆通过解其他 UE 的 SA 信息或者检测 Data 功率来避免碰撞。未来 C-V2X 还支持集中式与分布式相结合的资源分配机制，这就是 mode 5 混合模式。

在资源分配方式上，未来的可能增强方向有半静态调度（Semi-Persistent Scheduling, SPS）。考虑到 V2X 业务的周期性，为了减少空口信令开销，LTE-V2X 支持半静态调度，即调度周期（500 ms~1 s）长于广播周期，此时在 SPS 周期内，UE 一直占用同一个资源，因此干扰水平在一定程度上是可预测的。在半静态调度中，系统的资源（包括上行和下行）只需通过 PDCCH 分配或指定一次，而后就可以周期性地重复使用相同的时频资源。这种方法能够提高资源利用率，尤其是对于周期性消息来说，无须重复申请资源，应用起来更方便。

例如基于位置的资源划分，地理位置和资源存在映射关系，车辆只能在指定的资源（地理位置）上传输；或者行驶方向不同的车辆使用不同的资源块，从而能更好地适应不同方向车辆密度不同的情况。

（2）资源池

为了提高资源的利用率，LTE-V2X 引入了资源池的概念。资源池即 PC5 传输可使用的时频资源的集合。由资源池管理器提供一定数目的目标资源，当有资源请求时，资源池给其分配通信时频资源，然后将该资源标识为忙，标识为忙的资源不能再被分配使用。在 LTE-V2X 的资源池分为调度分配（Schedule Assignment, SA）和 DATA（数据）两类信息资源池。在调度分配的过程中，SA 有着重要作用，即负责指明资源的位置，每个数据传输都由 SA 来规划。车辆在 SA 资源池预约 Data 资源池的资源。每个数据的传输都是由 SA 来调度的，相关的用户在解出 SA 后，至少应该知道相应的数据占用了哪些资源。SA 包含时频资源的位置、重传数、调制编码方案（MCS）、CRC 等信息。因此，DATA 资源池总是和 SA 资源池相关联，并且从系统资源分布角度来看，它们是频分的（即 SA 与 DATA 信息分别占用不同的频域资源）。如图 5-18 所示，SA 和其相关的数据信息的发送方式又可以分为两种：一种是同一个发射节点发出的 SA 和其相关的数据信息必须使用同一个子帧发出，并且它们在频域上是相邻的；另一种是使用不同的子帧发送或使用同一子帧发送但两者不相邻。

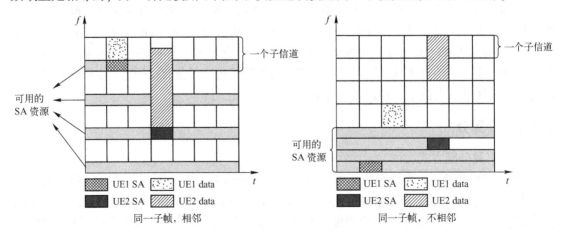

图 5-18 SA 和其相关的数据信息分布图

（3）资源分配方法

1）基站调度

基站调度下的资源分配通常会基于 UE 特定的传输信息，比如位置、速度、行驶方向等。例如基于位置的资源划分，地理位置和资源存在映射关系，车辆只能在指定的资源（地理位置）上传输；或者行驶方向不同的车辆使用不同的资源块，从而能更好地适应不同方向车辆密度不同的情况。

在 3GPP 的提案中提到了一种基于位置的资源分配方法[1]。当车辆通过拐角的时候，路径损耗会从视距转变为非视距。如图 5-19 所示，组 A 中的大部分的 UE 均是通过非视距信道与组 B 中的 UE 进行通信，而同组中的 UE 之间则是通过视距信道通信。因此，当组 A 和组 B 同时使用同一资源池发送消息时，较弱的信号（不同组 UE 之间的通信信号）则会受到较强信号（同组 UE 之间的通信信号）的带内干扰。为此提出时分方式来管理资源池，对十

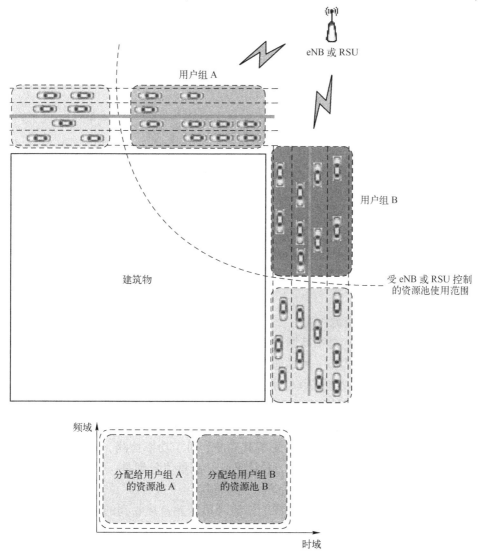

图 5-19　一种基于位置的资源分配方法

字路口的 UE 进行资源分配，避免干扰。根据不同车辆的地理位置，车辆被分为不同的组，每个组内的车辆使用 DATA 资源池中的一部分时隙（组和时隙之间存在某种映射关系）资源。不同组的资源是 TDMA 而不是 FDMA 方式的原因是为了避免远近效应和带内泄露。

另一种基站调度下的资源分配方法是基于车辆移动方向进行资源分配[1]。如图 5-20 所示，由于不同的车流量密度对资源的需求不同，对服务质量的要求也不同，对于不同行驶方向车流量密度差距较大的场景若采用均分的方式，向不同车道提供相同的服务质量，便会造成资源浪费，车流量密度小的车道资源剩余，车流量密度大的车道资源紧缺，极大地增加了碰撞概率，导致信息不能及时发送。为此可采用动态分配的方式，根据车流量密度调整资源池的分配方法。

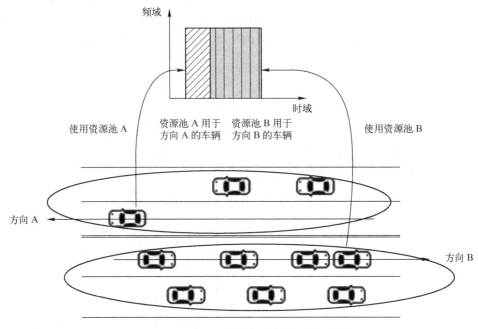

图 5-20 一种基于移动方向的资源分配方法

2）基于侦听的半静态资源占用

半静态资源占用（SPS）是指其调度周期（500 ms～1 s）长于广播周期，如图 5-21 所示。目前有两种 UE 感知方式，一种是通过功率检测，另一种是通过感知进而解析其他 UE 的 SA。UE 通过是否能够成功解码其他用户的 SA 来判断信道是否被占用。解析 SA 的方法虽然能预知每个资源块的占用情况，但容易受到 SA 解码失败的限制（SA 由于半双工限制发生碰撞或遇到深衰落），且 UE 不知道每个资源上的干扰水平。此外，鉴于解码范围在一跳至两跳之间，隐藏节点仍然存在，会影响其判断。对于功率检测，UE 通过检测资源池中 DATA 相关功率来判断信道是否被占用。检测的三个测量值分别是：接收到的 DATA 的总功率、DATA 的干扰功率、接收到的 SA 信号功率。接收到的 DATA 总功率越小，资源空闲的概率越高；DATA 的干扰功率越大，资源的信道环境越差；接收到的 SA 信号功率越大，距离发送信号的 UE 越近。虽然 UE 可以建立干扰地图（即每个资源块上的信号干扰水平），但无法预知下一时刻资源的占用情况。两种方法结合则能克服各自的问题。

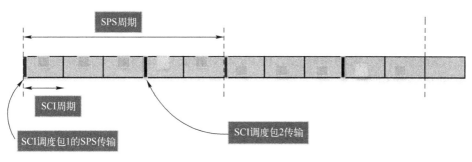

图 5-21 基于侦听的半静态资源占用（SPS）

在 mode 4 的情况下，UE 通过解 SA 和资源块的功率测量来确定可用资源。一旦选择了资源，就一直占用；一段时间后，如果存在有事件触发的消息传输、数据报变大、广播周期变化、碰撞（通过其他车辆的 SA 得知资源冲突）等情况，就重新选择资源；在 mode 3 模式下，可由基站进行调控，每个 UE 可在 SR 中增加位置信息，以及 UE 检测到的信道占用信息等，从而辅助 eNB 进行 SPS 调度；如果基站有新的控制指令，UE 会重新选择资源。

3）基于侦听的碰撞避免

UE 不停侦听控制信道（除去自己传输的子帧）。如果 UE 有数据报文传输，就在 [0, CW-1] 区间选择一个随机数当作计数器的值。随后，计算每个子帧中未被占用的子信道的个数，并将计数器的值减去这个数作为新的计数器的值；如果计数器的值小于等于零，那么就在子帧中未被占用的子信道里随机选择进行传输；由于半双工的限制，不同 UE 的 SA 容易产生碰撞，导致不同 UE 不知道对方占据了哪些资源，DATA 也可能产生碰撞。因此，需要第三方车辆或基站辅助。如果第三方车辆检测到了多个 UE 的 SA 发生碰撞（如图 5-22 中的 UE4/UE5 所示），则可在自己的 SA 中指明，这时这些 UE 随后会分别在 SA 资源池中重传自己的 SA。

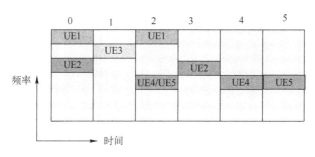

图 5-22 基于侦听的冲突避免

4）在时频域随机选择资源

在 R12-D2D 的基础上做一些增强，比如增加 T-RPT（Time Resource Pattern，包含数据报在 data pool 中所占的时隙的信息）的个数，从而减小碰撞的概率。但重新设计 T-RPT 会增加开销，因此一个有效的办法就是现有的 T-RPT 重复，并且每个 T-RPT 的偏移都是随机的（根据 SA 中的 ID 等特有信息进行随机化，可减小开销）。

5）将 SA 和 DATA 采用不同的关联方式

SA 资源池和 DATA 资源池是 TDM 的关系，PSCCH 的周期为 40 ms，其中 PSCCH 占用

8 ms，PSSCH 占用 32 ms，如图 5-23 所示；或 SA 资源池与 DATA 资源池是 FDMA 的形式，但不在同一子帧中传输，如图 5-24 所示；或 SA 和 DATA 在同一子帧中传输，SA 和 DATA 是相邻的（这种情况下发射功率峰均比 PAPR 相对较低），SA 包含现在和随后的时隙所使用的资源，如图 5-25 所示。

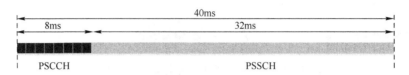

图 5-23　SA 资源池和 DATA 资源池是 TDM 关系

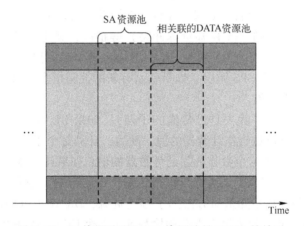

图 5-24　SA 资源池和 DATA 资源池是 FDMA 的关系

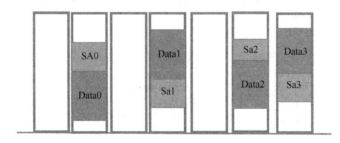

图 5-25　SA 和 DATA 在同一个子帧中传输，SA 和 DATA 是相邻的

6）资源池共享

图 5-23 和图 5-24 中 PSCCH 与 PSSCH 是一一对应关系，不同 SA 资源池对应的 DATA 资源池无重叠。对于资源池共享的情况，多个 PSCCH 信道可对应同一块资源，如图 5-26 所示（红色虚线框为 PSCCH 对应的 PSSCH 信道）。对于单个资源池来说，所有用户的资源池边界都是相同的，此时随机化能力有限。对于多个资源池，PSSCH 资源池有重叠，边界并不一致。如图 5-26 中间两幅图所示，多个资源池有基于 FDM 的重叠方式，也有基于 TDM 的重叠方式。采用多个资源池共享方式则可增加额外的随机化，且适用于优先级不同的应用。

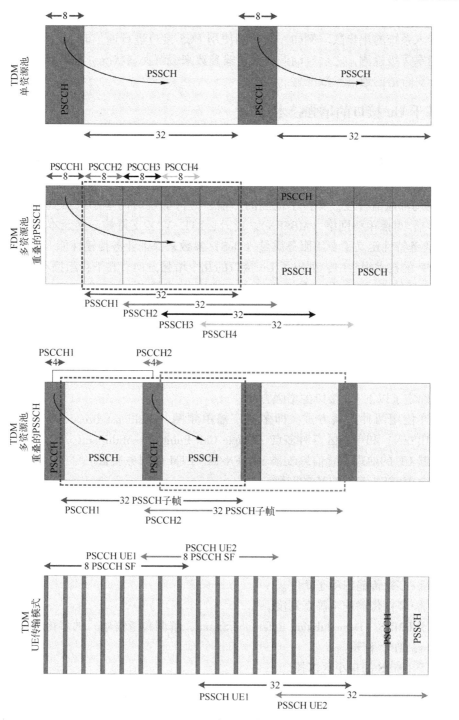

图 5-26 资源池共享

（4）拥塞控制

在 V2X 的通信中，拥塞问题一直是一个影响通信性能的关键问题。尤其是在城市路网场景下，当在有限的通信带宽中，随着车辆密度的提高，拥塞问题会变得更为严重。在

3GPP 的 LTE-V2X 标准制定中，基于中心控制和分布式的拥塞控制机制可以显著提升高密度场景下接入系统的用户数。例如，当车辆使用 PC5 接口进行通信时，车辆通过对 PC5 载波频段的拥塞等级检测，之后自动调节其传输参数来缓解拥塞状况，或者将报告发送至 eNB 来获得一个更合适的通信参数配置。

5.3.2 基于 Uu 接口的增强技术

上述所介绍的资源分配和拥塞控制机制主要是从 PC5 接口进行了改进。此外，LTE-V2X 为了基于 Uu 接口满足 V2X 业务传输的需求，上行传输支持基于业务特性的多路半静态调度，在保证业务传输高可靠性需求的前提下可大幅缩减上行调度时延。下行传输针对 V2X 业务的局部通信特性，支持小范围的广播，支持低延时的单小区点到多点传输（SC-PTM）和多播/组播单频网络（MBSFN）。此外，LTE-V2X 支持核心网元本地化部署，并且针对 V2X 业务特性定义了专用服务质量（QoS）参数来保证业务传输性能。

在 3GPP 的技术报告中，列出了 Uu 接口的几个增强方向。在下行组播/单播方面，考虑增强多播/广播的基站组优化、基于 PDSCH/PMCH 的多播/广播传输。在上行单播方面，考虑 SPS 增强、上行调度请求（Scheduling Request，SR）增强。

具体到 V2V 服务中，Uu 传输有几个可能增强方向，如基于 UE 位置的 MBMS/SC-PTM 服务的增强、减少 MBSFN 延迟的需求和解决方案、支持跨运营商的部署等。

1. 下行增强

3GPP 确定了以下 Uu 接口的增强方向：

1）允许使用两种广播方式，即多播广播单频网（Multicast Broadcast Single Frequency Network，MBSFN）和单小区点对多点（Single Cell Point-To-Multipoint，SC-PTM）。

2）根据 UE 的地理位置信息改善 MBSFN/SC-PTM 的服务质量。

3）减少 MBSFN/SC-PTM 的时延。

4）支持跨运营商部署，UE 可以接收到不同运营商的下行广播信号。

5）多小区/MBSFN 区域使用同一个 TMGI（Temporary Mobile Group Identity），或者每个位置都有不同的 TMGI。

对于下行广播/多播，RAN1 已经确定了以下可以提供性能改善的增强方向：

1）广播/多播传输的动态调度。

2）广播/多播传输的半静态调度。

3）基于 DMRS（Demodulation Reference Signal，解调参考信号）的多传输节点，（Transmission Point，TP）传输。

4）基于 DMRS 的单小区多播。

5）PDSCH 的多 TP 传输。

6）基于 CRS（Cell-specific Reference Signal，小区特定参考信号）的 PDSCH/PDCCH 多 TP 传输。

7）基于 DMRS 的 PDSCH/EPDCCH 多 TP 传输。

8）使用正常的 CP。

9）HARQ（Hybrid Automatic Repeat reQuest，混合自动重传请求）反馈。

10）CSI（Channel Status Information，信道状态信息）反馈。

2. 上行增强

3GPP 的仿真结果表明,当采用较大的 SR(Scheduling Request,调度请求)周期(大于 10 ms)时,E-UTRAN 就不能够满足 V2V 的时延要求。因此,需要减小 SR 周期来满足 V2V 的时延要求。然而,减小 SR 周期会带来较大的上行开销,尤其是在车辆密度较高或者 Uu 接口与其他服务共享的情况下。

为减小上行开销,可采用上行 SPS(Semi-Persistent Scheduling,半静态调度)。上行 SPS 在如下方面做增强:

1)至少应该支持 100 ms 和 1 s 的 SPS 周期。
2)考虑到不同种类消息(BSM、CAM、DENM、VoIP 等)的特征,eNB 可配置多种 SPS 参数。
3)UE 可辅助 eNB 决定 SPS 周期。
4)当 UE 不再需要使用 SPS 资源时,UE 可以通过控制信令通知 eNB。

5.3.3 子帧结构增强

由于车辆的移动速度较高,且可能工作在高频段(6 GHz),因此不能直接沿用 LTE-D2D(主要针对静态或低速 UE)的帧结构。当车辆移动速度大时,会产生多普勒频移的现象,导致接收端频率发生变化,影响双方的通信。为了应对高多普勒效应,3GPP 考虑使用数据解调参考信号(Demodultion Reference Signal,DMRS)来解决。DMRS 指的是基站用于信道估计和信道均衡的参考信号,上行 DMRS 与上行数据或信令在同一个无线资源块(Radio Block,RB)中传输,因此 eNB 能够获取数据传输带宽内的信道信息。DMRS 的增强方向目前有以下三种:

1)增加 DMRS 密度以减少 DMRS 序列之间的时间间隔。LTE-V2X 将 1 个子帧(1 ms)中的 2 列 DMRS 增加到 4 列,使得导频密度在时域上增加,从而对抗快衰落信道,获得较好的信道估计性能。
2)减少载波以减低 DMRS 序列之间的时间间隔。LTE-V2V 将子载波间隔增加到 30 kHz(LTE-A 中子载波间隔为 15 kHz),从而对抗多普勒频率弥散。
3)增强 DMRS 结构以提高频率偏移补偿范围。

5.3.4 同步技术

在 LTE-V2X 中,有 GNSS(Global Navigation Satellite System,全球导航卫星系统)、UE 自同步、eNB 三种同步源。在蜂窝系统中,基站是唯一的同步源;而在 C-V2X 系统中,由于 UE 或者 RSU 可以支持 GNSS 模块,它们能够直接获得 GNSS 信号,其定时和频率精度都比较高,可以作为同步参考源为附近其他节点提供必要的同步信息。基站覆盖范围内,由基站来配置 UE 是以基站还是以 GNSS 为同步源。当车辆 UE 能够直接接收来自 GNSS 的可靠信息,且 UE 没有检测出基站时,GNSS 同步源的优先级最高。如果基站覆盖范围内的所有 UE 都没有使用 GNSS,没有 GNSS 同步的 eNB 也可以作为 D2D 中的同步源。如果在 LTE-V2X 与 LTE-A 等蜂窝系统共享载波时,LTE-V2X 直通通信的发送信号可能对蜂窝网络的上行造成干扰,在该场景下仍考虑以基站作为同步源,基站还可通过广播的方式将基站与 GNSS 的时间偏差通知给 UE 进行调整补偿。同步优先级依次为：eNB 同步 GNSS、UE 同步 GNSS、UE 同步与 GNSS 同步的 eNB，以及其他所有 UE。基站覆盖范围外，则以 GNSS 的同步优先级为最高。同步优先级用 0，1，2，3 等表示，如图 5-27 所示。

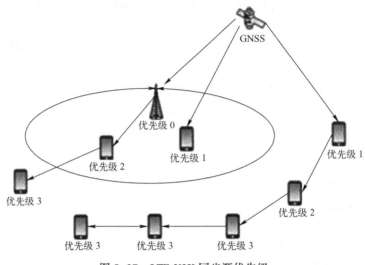

图 5-27　LTE V2X 同步源优先级

5.4　安全设计

当前，3GPP 对 LTE V2X 网络的安全方面处于起步阶段，尚未形成确定的标准和规范。在 TS 22.185 中 3GPP 网络在系统安全方面列举出如下要求：

1）3GPP 网络应当为移动网络供应商（MNO）提供一种方法来向用户设备（UE）进行授权，使得 UE 在 E-UTRAN 服务范围内能够支持 V2X 应用进行 V2X 通信。

2）3GPP 网络应当为移动网络供应商（MNO）提供一种方法（例如预授权）来向用户设备（UE）进行授权，使得 UE 不在 E-UTRAN 服务范围内时也能够支持 V2X 应用进行 V2X 通信。

3）3GPP 网络应当为移动网络供应商（MNO）提供一种方法（例如预授权）来向用户设备（UE）进行授权，使得 UE 支持 V2X 应用分别执行 V2N 通信。

4）3GPP 网络应当支持 UE 匿名技术，以支持 V2X 应用及保护传输完整度。

5）3GPP 网络通过确保在 V2X 应用要求的一段时间外，UE 不会被其他任何 UE 追踪或识别，以支持 V2X 的隐私性。

6）受监管要求或者运营商政策要求，3GPP 系统应支持 UE 在执行 V2X 通信时的隐私性，以使得用户不能被第三方运营商追踪或识别。

具体到细节，安全设计的关键问题分为通信安全、资源访问和设备安全。

5.4.1　通信安全

1. 问题描述

为了提供更多的智能服务，V2X 通信要求交通实体（比如车辆、路侧单元和行人）共享并接收自身位置环境信息。V2X 消息被攻击后可能会误导交通实体做出错误决定和行为，因此需要应用特别注重 V2X 消息的安全保护。另外，V2X 系统中，V2X 通信环境的隐私性和匿名性也尤为重要。

2. 安全威胁

LTE-V2X 系统实体间的通信可能被伪造、重放或窃听。支持 V2X 应用的 UE 传输应用层信息，包括它的身份、位置、状态和属性。实体身份信息和特殊数据的直接对应关系，使得对手很容易暴露 UE 的个人信息。V2X 消息中的位置信息可能会被对手利用，进而达到对车辆的长期跟踪。

由于服务器在一小段时间内需要利用位置信息向用户提供路径预测服务，所以此时的位置跟踪不能被认定为恶意攻击。

为了应对这些安全威胁，在 LTE-V2X 的系统设计中，需要满足如下的安全要求：

1）LTE-V2X 系统的实体（蜂窝网络实体或 V2X 通信实体）应具备验证所接收数据来源的能力。

2）LTE-V2X 系统应保证不同实体（蜂窝网络实体或 V2X 通信实体）间通信数据的完整性。

3）LTE-V2X 系统应保证不同实体（蜂窝网络实体或 V2X 通信实体）间通信数据的不可重放性。

4）UE 的匿名性保证个人数据不被攻击者获知。

5）V2X 消息中的标识符应被保护。

注：数据传输方式包括但不仅限于多播、广播、单播或基于地理位置的广播。

5.4.2 LTE-V2X 无线资源访问授权

1. 问题描述

LTE-V2X 通信要求 UE 在广播其 V2X 消息前向 E-UTRAN 申请无线资源。若不对 UE 进行认证，则恶意的 UE 可以持续请求无线资源，直至网络无线资源耗尽。

2. 安全威胁

若大量恶意 UE 在同一时间向 MNO 请求无线资源，导致无线资源被非法占用，合法车辆的 UE 无法获得相应的无线资源进行 LTE-V2X 通信。为了解决车联网中资源访问的安全需求，可以考虑如下两点：

1）MNO 在车辆 UE 加入 LTE-V2X 网络时应对其进行认证。

2）MNO 在向车辆 UE 分配无线资源前应检查其授权信息。

5.4.3 V2X 实体设备环境安全

1. 问题描述

为了提供较好的 LTE-V2X 服务，V2X 实体（车辆 UE、UE 类型 RSU、eNB 类型 RSU、行人 UE）会存储相应的安全凭证和其他重要信息，用户要确保这些信息不会被恶意修改。车辆 UE 和行人 UE 根据测量仪器（例如速度传感器和 GPS）提供的状态信息（速度、位置、驶向、加速度及其他动态特征值）产生 V2X 消息。V2X 消息应在安全环境中处理，以

保证 V2X 消息的完整性和真实性。

2. 安全威胁

V2X 实体间（车辆 UE、RSU 和行人 UE）可能存在如下安全威胁：

1）攻击者可能会操控测量仪器测出的状态信息，使其产生错误的 V2X 消息或者错误的警告，而这一行为会误导周围的V2X 实体做出错误决策，进而导致事故发生。

2）攻击者可能操控V2X 实体中的处理数据，使其产生错误的 V2X 消息或者错误的警告，而这一行为会误导周围的 V2X 实体做出错误决策，进而导致事故发生。

3）攻击者可能修改安全资料或者 eNB 类型 RSU 中的重要参数，使安全保护和其他功能失效。

5.5 LTE-V2X 的演进

5.5.1 LTE-eV2X 增强

目前 LTE-V2X 的 TTI（Transmit Time Interval，传输时间间隔）为 1 ms，无法满足 1 ms 的空口时延指标，因此需要重新设计帧结构，减小 TTI，以满足苛刻的时延需求。考虑到车联网业务的多样性（包括 TR 22.885 中定义的基本安全业务、TR 22.886 中定义的高级安全业务、娱乐业务，以及未来的新业务等），需要更多频谱资源的支持。考虑到目前频谱资源的不连续性，在 3GPP R15 中，LTE-eV2X 考虑载波聚合，来支持 PC5（Band47）和 Uu 接口的通信。另外，LTE-V2X R14 中只支持 QPSK、16QAM 两种调制方式。LTE-eV2X 目前正在研究支持 64QAM 的可能性，以更灵活地支持 PC5 通信业务。

5.5.2 多接入边缘计算

云化是移动网络的趋势，可以提供更高的效率和灵活性。多接入边缘计算（Multi-access Edge Computing，MEC）利用运营商的网络，使分布式的网络边缘云与中心云互补，通过 Uu 接口为车辆、行人提供低时延、高可靠性的本地服务（例如本地化高清地图下载、PC5 链路拥塞控制优化、本地大数据分析等），从而改善交通安全与自动驾驶的性能，提高交通效率。

靠近 RSU/eNB 侧部署 MEC 服务器并加载车联网管理平台应用，使得 V2X 数据就近分析和处理，节省数据传输往返的时间。在这里，MEC 起到的关键作用有二：其一，在主动安全类服务应用上，MEC 能够直接从 V2X 终端获取本地消息，并通过车联网管理平台应用的算法分析，将需要近乎实时传输的安全风险或道路拥堵预警信息下发至其服务范围附近的 V2X 终端，便于车载系统提前决策；其二，在交通监管场景应用上，MEC 能够对数据进行预处理，并对有价值的片段（例如监控画面有变化的、出现预配置事件的）进行回传，从而节省传输资源，也避免可能的核心网络的拥堵。

5.5.3 5G-V2X 标准工作推进

5G-V2X 阶段是指基于 5G NR 的技术研究阶段，从 3GPP R16 版本开始，用于支持 V2X 的高级业务场景，于 2018 年 6 月启动研究，将与 LTE-V2X/LTE-eV2X 形成互补关系。5G-

V2X 与 LTE-V2X 在业务能力上体现差异化，在 5G-V2X 支持更先进业务能力同时，也结合 LTE 能力，考虑对 LTE-V2X 增强。目前 5G V2X 正处于业务场景和需求确定阶段。3GPP 的需求组（SA1）已经基本完成 5G V2X 的业务场景及需求的讨论，并在技术报告 TR 22.886 中将 25 个 5G V2X 业务场景分成了 4 组，具体包括：

- 车辆编队（Vehicles Platoonning）：车辆编队使车辆动态形成编队一起行驶。编队中的所有车辆从编队头车获取信息来管理这个编队，这些管理信息使车辆能够以比正常行驶更接近（编队车辆之间间隔仅 2~5m）、更协调的方式同向行驶。
- 传感器扩展（Extended Sensors）：扩展传感器使车辆之间、车和路边单元之间、车和行人之间以及车和 V2X 服务器之间可以交互本地传感器信息和实时视频图像信息等，车辆可以获得额外的环境感知能力，更全面地了解周边环境。
- 先进驾驶（Advanced Driving）：先进驾驶用于支持半自动或全自动驾驶。每个车辆把通过自身传感器获得的感知数据以及自身的驾驶意图分享给周围车辆，从而支持多个车辆之间同步和协调其行驶轨迹。
- 远程驾驶（Remote Driving）：远程驾驶使远程司机或车联网应用服务器遥控车辆的行驶，适用于乘客不能自己驾车或远程车辆处于危险环境中等特殊场景。高可靠性和低延迟通信是远程驾驶的主要要求。

3GPP 需求组从无线通信角度为 5G V2X 业务场景定义了相应的需求，具体如表 5-3 所示。

表 5-3 5G V2X 业务场景对通信的需求

业务场景	通信时延/ms	数据速率/(Mbit/s)	通信距离/m	通信可靠性（%）
车辆编队	10~25	0.012~65	80~350	99.99
先进驾驶	3~100	10~53	360~700	99.999
传感器扩展	3~100	10~1000	50~1000	99.999
远程驾驶	5	上行：25；下行：1	无限制	99.999

* 注：这里以全自动驾驶为例给出了通信可靠性要求。

如何在高密度车辆场景下满足 5G V2X 通信的低时延、高可靠性、高传输速率、高容量等需求，是 5G 车联网通信网络面临的挑战，也是 5G 车联网的重点研究工作。3GPP RAN 在 2017 年 3 月的第 75 次全会确定，从 2017 年第三季度开始研究 5G V2X 的可用频谱、信道模型以及评估假设，并于 2018 年年中启动基于 5G 新空口的 V2X 通信技术的研究，预计在 2020 年左右完成标准工作。

5.6 发展前景

基于蜂窝移动通信系统的 V2X 技术（简称 C-V2X，即前文所说的 LTE-V2X）标准化分为 3 个阶段，即由 3GPP R14 定义的 LTE-V2X（Phase 1）、3GPP R15 定义的 LTE-eV2X（Phase 2），以及从 3GPP R16 开始定义的 5G NR-V2X（Phase 3）。整个 LTE-V2X 预期发展的关键时间节点如图 5-28 所示。

图 5-28 LTE-V2X 发展预测

中国在发展 LTE-V2X 技术方面已经勾画出行业发展新蓝图，国家发改委在 2018 年 8 月 16 日新闻发布会上明确指出，到 2020 年，智能道路交通系统（ITS）建设取得积极进展，大城市、高速公路的车用无线通信网络（LTE-V2X）覆盖率达到 90%，北斗高精度时空服务实现全覆盖。到 2025 年，"人-车-路-云"实现高度协同，新一代车用无线通信网络（5G-V2X）基本满足智能汽车发展需要。到 2035 年，中国标准智能汽车享誉全球，率先建成智能汽车强国，全民共享"安全、高效、绿色、文明"的智能汽车社会。

从全球 ITS 产业发展现状来看，不少国家政府在技术中立的前提下，希望促进 ITS 产业发展，对 C-V2X 持支持态度，并积极研究出台相应法规。鉴于我国庞大的汽车市场，更重要的是我国的高端制造业能力正在快速被国际同行认同，我国政府在 C-V2X 发展关键节点发放 C-V2X 直连试验频谱对全球 ITS 政策起到了积极影响。C-V2X 还不是真正的 5G，它需要对现有 LTE 基站进行大幅技术更新和替换。但是它已经实现了直通和蜂窝模式的融合，未来可以平滑演进到 5G，应用前景更加光明。

目前 3GPP 已提出 5G 在车联网方面的应用，旨在提供更高的可靠性、数据传输速率和更低的延时来实现自动驾驶。

TS 22.891 中提到，要实现完全自主驾驶，除了具有更高质量的通信系统，也必须具备全覆盖的道路网络系统。此外，由于车辆的高速移动，尤其是相向而行的车辆之间，会产生较大的多普勒频移及快速变换的拓扑结构，这些都会是未来车联网发展过程中的巨大挑战。

为了实现自主驾驶，3GPP 系统要能够满足如下条件：

1) 特别低的时延（比如 1 ms 的端到端时延）。
2) 特别高的可靠性（比如接近 100%）。
3) 较高的上行数据速率（比如车流量较大场景下每辆车达到 10 Mbit/s）。
4) 较高的下行数据速率（比如车流量较大场景下每辆车达到 10 Mbit/s）。
5) 较高的移动性（比如绝对速度超过 200 km/h，相对速度超过 400 km/h）。
6) 支持一点到多点的数据传输（比如多播和广播）。
7) 支持较高的定位精度（比如 0.1 m）。
8) 支持大数量车辆连接（比如应用场景中车辆可以超过 10000 辆）。

未来车联网发展能够满足上述条件时，便有机会实现完全自主驾驶。据英特尔公司 CEO Brian Krzanich 表示，自主驾驶汽车将在每秒消耗 0.75 GB 的数据量，每天使用大概 4000 GB 的数据量。这些海量、实时的数据交互需要更高的网络带宽和更低的网络延时，而这仅靠 4G、早期的 C-V2X 和 DSRC 等通信技术还无法实现。5G 技术却可以利用自身优势解决车辆 V2X 通信目前存在的一系列问题。相对于目前的车联网通信技术，5G 网络在各项指标上都有极大提升。特别是在时间延迟方面，5G 网络可以将端到端的通信时延控制在

10 ms 内，这对于保证车辆在高速行驶中的安全来说至关重要。此外，在流量峰值和连接数密度方面，5G 技术能够以超过 10 GB/s 的传输速度和 $10^6/km^2$ 的连接数密度满足未来车联网环境的车辆与人、交通基础设施之间的通信需求。

5.6.1 V2X 的优势

车连接到一切（V2X）的本质是通过提供实时、高可靠的和可操作的信息流来重新定义交通，以提高安全、效率和环保。V2X 通常被称为协作式 ITS（C-ITS），V2X 在未来的安全、高效和环境保护的交通中占有重要地位，并将推进智慧交通和自动驾驶的发展。

基于蜂窝移动通信系统的 V2X 技术（C-V2X）在 3GPP R14 中被定义为 LTE V2X，可以在多种模式下工作。

1）设备对设备（D2D）：车对车（V2V）、车对路（V2I）和车对行人（V2P）可以直接通信，而无须通过网络调配。该模式类似于 802.11p 标准应用在车载自组织网络中。

2）设备对基站：另一种 V2I 通信连接方式，能够保证网络资源和调度，可以利用现有的运营商基础设施。设备到基站通信是 V2I 通信的一部分，是端到端解决方案的重要组成部分。

3）设备对网络：采用传统蜂窝连接的方式以保证云服务，是端到端的解决方案的一部分。

考虑到未来的 C-V2X 系统会使用这些模式，可以是同时进行的，或者是这些模式的组合，这将会带来交通应用真正的革命，在欧洲以多家汽车制造商和 IT 企业形成的一个新的联合体 5GAA 认为从频谱资源的角度考虑 C-V2X 非常重要。

在 D2D 通信（V2V、V2I、V2P）中，C-V2X 不一定需要网络基础设施。简而言之，C-V2X 可以并且应该用于公共事务（交通安全属于公共事务）。由于 D2D 模式可以运行在 5.9 GHz 的频段而无须订阅或支付费用，5GAA 认为必须启用 D2D 模式，而不是被监管机构禁止。

要明确 C-V2X 还将支持传统商业授权蜂窝频谱下的 V2N 应用，并将利用现有的蜂窝网络，其中还有其他语音和数据通信发生。V2N 将提供网络协助和商业服务，并需要移动网络运营商（MNO）的参与，通过垂直行业的网络框架提供对云端数据或经蜂窝转发的信息的访问。使用 MNO 基础设施将从根本上增强 C-V2X 的数据安全和网路隐私，并且可以通过边缘计算（Edge Computing）的方法提供时间敏感的关键网络服务。总体而言，中短距离直接通信（V2V、V2I 和 V2P）和更长距离的基于网络的通信（V2N）构成了 Cellular-V2X 的基本服务模式。

当前 V2X 系统主要是共享车辆运动状态信息和道路环境信息来实现协作式的主动安全应用，而 ADAS 系统主要依赖自身感知的信息实现智能驾驶。利用 V2X 可以在车辆之间协作、共享感知到的信息，比如将前方车辆的视频信息共享给后面的车辆，延伸它们的视野，从而增强 ADAS 系统的智能驾驶能力，这种能力在 5G 环境下一定能够提供更高可靠性、更低时延的通信服务。

值得注意的是，C-V2X 可以参考 ETSI、ISO、SAE 和 IEEE 所制定的上层规范并对其进行有益的补充。这样可以利用最新的 3GPP 制定的 PHY 和 MAC 标准，而 DSRC 协议中的车辆间直接通信和操作已被广泛研究，所以将 DSRC 的上层规范借鉴过来有利于加快 C-V2X 的更新和部署进程。2017 年，3GPP 完成了 C-V2X Rel-14 规范。通过汇聚来自不同行业的不同参与方，5GAA 已协助定义并测试 C-V2X 技术协议和规范。许多汽车制造商正在全世界开展 C-V2X 的工程和外场操作测试。C-V2X 正获得生态系统的广泛支持。

当前预想的 V2X 应用场景非常丰富，但是它们共同的特点是使用主动交互的方式提供超越视距的通信服务。为了满足自动驾驶的需要，V2X 系统必须在空间上不受地理环境约束，能够"穿越"障碍物，在时间上必须实时地交互，能够以最低的时延及时获取周围的状态信息。因此，C-V2X 将会涉及众多的通信技术，而不仅仅是短距离的通信技术。

5.6.2　C-V2X 的技术优势

C-V2X 以蜂窝技术作为基础，通过增强的接入层，应对当前和未来的 V2X 应用。C-V2X 包括了几种传输模式，其中 V2N 可以利用现有的蜂窝网络基础设施提供大容量的数据传输和低时延的广域通信，这样就提供了借助强大的云端处理能力和边缘计算来保驾护航的途径。此外，C-V2X 的直接通信技术可在 ITS 频谱（5.9 GHz）下操作，以确保直接安全通信的匿名性和无蜂窝架构下的直通需求，在技术上可以与基于 IEEE 802.11p 的无线接入技术在相邻信道共存。

采用蜂窝的主要优点之一是它可以用相同的技术，以端到端的方式，支撑所有的 V2X 应用，因此蜂窝技术是一种可扩展的和有潜力的技术。此外，作为 3GPP 标准的一部分，C-V2X 提供从 LTE 到 5G 的演进路径。这就是为什么 C-V2X 相对于其他基于 IEEE 802.11p 技术而言是一种更好的选择。

C-V2X 中的直接通信可以在 ITS 频谱和商业频谱下工作，也可以结合基于蜂窝的 C-V2X 网络通信，在现有或未来的蜂窝架构下运行。基于 3GPP 技术规范的 C-V2X 直接通信支持 V2V、V2I 和 V2P 通信，而不需要额外的网络基础设施，这样避免了基础设施的重复建设。5GAA 认为，与 802.11p 相比，C-V2X 不仅具有良好的直接通信性能，并且它为所有操作模式提供更高程度的安全服务：V2N 通信的嵌入式安全和等同于 802.11p 标准中定义的公钥基础设施（PKI）安全服务。总之，C-V2X 是 V2V、V2I、V2P 和 V2N 的首选技术。

这些技术优势总结在表 5-4 中，与 802.11p 相比，C-V2X 具有更高的链路预算和系统性能、覆盖范围、移动性支持和可靠性。这带来了更高的频谱效率，可以在给定频谱下为更多的道路用户提供服务。

表 5-4　C-V2X 与 802.11p 对比

对比内容	C-V2X	802.11p	C-V2X：PC5 优点
同步	同步	异步	频谱效率。同步实现时分复用（TDM）和降低信道访问开销
车辆间的资源复用	频分复用（FDM）和时分复用（TDM）都有可能	仅 TDM	频分复用可以得到额外灵敏度增益，允许更大的链路预算，因此有更大的范围或在同一范围内有更可靠的性能
高速移动下的信道估计	每帧 4 个参考符号	每帧 1 个参考符号	利用更多的参考符号，LTE-V2X 在高速移动下可以更准确地估计信道，从而更可靠地工作
信道编码	Turbo	卷积码	Turbo 码的纠错能力更强，编码增益带来更大的范围或在同一范围内更可靠的性能
重传	混合自动重复请求（HARQ）	无 HARQ	带来更大的范围或在同一范围内更可靠的性能

(续)

对比内容	C-V2X	802.11p	C-V2X：PC5 优点
调制技术	SC-FDM	OFDM	允许相同的功率放大器下更高的发射功率。带来更大的范围或在同一范围内更可靠的性能
资源选择	分布式和集中式分配相结合，同时采用半静态传输	带冲突避免的载波侦听多址接入（CSMA-CA）	用选择接近"最好"的资源来优化资源选择，没有争用开销。802.11p 选择第一个"足够好"的资源，带来空口资源的浪费，同时产生争用开销

在物理层上，DSRC 与 C-V2X 主要有两点差异。第一，C-V2X 可使用部分带宽发送，DSRC 则是使用全部带宽发送，C-V2X 功率谱密度较高；第二，C-V2X 使用 Turbo 码，DSRC 使用卷积码，C-V2X 编码增益高；C-V2X CP 长度为 4.7 μs，更适合室外环境。

在 MAC 上，DSRC 与 C-V2X 资源分配有三点差异。第一，DSRC 资源调配方式为 CSMA/CA，在节点数较多时竞争增大了冲突概率，C-V2X 资源调配可以将分布式与集中式相结合来提高效率，而且资源分配具有周期性，一旦选择成功，可以持续使用一段时间，连续性好、调度效率高。第二，DSRC 存在隐藏节点、时延上限不确定，C-V2X 可以根据地理位置选择资源池，相邻区域的 LTE 使用正交的资源池——降低了冲突概率，解决了隐藏节点的问题。第三，DSRC 在重负荷情况下不能保证节点接入信道的公平性，C-V2X 采用网络控制的资源管理加 QoS 管理保证重负荷下的系统性能。

在基础技术指标上存在三点最根本差异。DSRC 采用短距直连传输，C-V2X 采用短距离传输（PC5 接口）加长距离传输（Uu 接口），形成双链路互支撑和双冗余，保证业务的连续性和可靠性；在演进性上，DSRC 演进性较弱，C-V2X 在理论上可平滑推进至 5G，C-V2X 演进将纳入 5G 新空口特性，为自动驾驶和先进用例（如大容量感知信息共享和本地动态地图下载）提供高吞吐量、超低延迟和高可靠性（URLLC）传输服务；在成熟度上，DSRC 已成熟，C-V2X 还处于尚未成熟的发展中阶段，但是，华为、爱立信、英特尔、高通和诺基亚等也在积极推动 C-V2X 芯片和设备产业化，车企也纷纷联合通信企业开展 C-V2X 技术测试，C-V2X 在产业化进程方面与 DSRC 的差距逐渐减少。

所以，经过综合分析，C-V2X 还是更占据优势，支持迭代升级有长期发展潜力，特别是 C-V2X 属于中国主导的车联网技术，有利于国内企业规避专利风险，有利于发挥中国影响力并扩展到其他国家，适合国内在 V2X 领域的长远布局规划。

5.6.3 ITS 频谱需要考虑的问题

未来的 C-V2X 系统将能够提供设备到设备、设备到网络和设备到云服务，并且可以是同时进行的，或者是这些模式的组合，考虑可能使用的频谱非常重要。由于 5.9 GHz 正在成为世界基本安全应用主要的公共频谱，很明显，在 5.9 GHz 中使用 C-V2X 直接通信将带来很多优点，并且具有互通性。

而 5.9 GHz 的 ITS 频段对于基础设施部署来说不是理想的，因为频率相对较高使覆盖区域非常具有挑战性。因此，蜂窝通信还是采用现有的商业频段，以提高覆盖和容量。在 5.9 GHz ITS 频带中存在不同的技术，使用这些方案作为不同信道分配策略正在 3GPP R14 版本和其他标准组织的讨论过程中。这些研究非常有价值，因为不管结果如何，它能够为最佳低延迟和高可靠的通信技术提供有保障的频谱资源。

因此，5GAA 认为，在未来几年，5.9 GHz 的 ITS 频谱将表明提供创新 ITS 解决方案和商业模式的重要性。ITS 频带共享需要被重点关注。5GAA 强烈支持 ITU-R5A 工作组正在开展的工作，以进一步在国家、区域和全球层面开展频谱需求和分配研究，更好地支持用于道路安全和交通效率的各种应用。这些应用所需要的频谱超过了目前已协调的 5.875~5.905 GHz，至少包括 5.905~5.925 GHz 频带。此外，5GAA 主张，如果 ITS 频谱得到充分保护，则可以考虑在 5.855~5.875 GHz 与未许可的无线局域网（RLAN）共享。

为了完成端到端的应用，5GAA 认为设备到网络的链路可以使用其他频谱作为端到端集成解决方案的一部分。

5.6.4 C-V2X 的部署

1. 汽车制造商视角

为道路使用者提供安全、高效和便利的综合服务是非常重要的出发点，因为它能够为客户提供价值，最终为社会提供价值。向后兼容、不断增长的性能和支撑未来的应用都是 C-V2X 的优势，而这些是 802.11p 做不到的。

2. 网络运营商视角

从长远来看，电信运营商可以利用现有的蜂窝基础设施（比如现有 LTE 或未来 5G 的 V2N 连接服务）来推广 V2X 应用的高效部署，比如危险路段的提醒、施工区域的提醒，从而产生价值，吸引更多用户的兴趣，有利于推动路侧单位（RSU）的智能化管理，逐步过渡到长期的策略来推广 V2X 技术。此外，运营商可以在 PKI 证书管理中发挥重要作用。

3. 道路管理者视角

道路管理者承担安全、高效的交通运营的责任，C-V2X 提供的 V2V、V2P、V2I 和 V2N 连接有助于高效地执行他们的首要任务。比如利用 V2I 连接服务可以实现不停车收费，不仅可以提高通行效率，还可以减少工作人员。此外，还可以结合 V2N 技术应用于拥堵收费等新兴应用，为道路管理者提供新的管理手段，当然也需要设计新的管理方式。

4. 技术提供商视角

V2X 是一个重要的传感器，如图 5-29 所示，将提供实时、高度可靠和可操作的信息流，连同雷达、LIDAR、计算机视觉和精确定位信息一起输入 ADAS 计算平台。但是，只依赖于单个传感器不足以实现自动驾驶的愿景。更准确地说，V2X 将是不断发展和改进的传感器和计算机智能的融合，最终它将模仿然后超越人类驾驶员的感知和认知能力。

图 5-29　V2X 传感器示意图

5. 社会视角

最终的受益者将是能够享用智能驾驶带来的安全、高效和便利服务的公众。"无处不在的信息"将能够为用户提供便利，实现基于策略的道路收费，实现更高效的动态交通规划，减少出行时间，以及减少交通拥挤、碳排放对环境的影响，社会也会受益。

5.6.5 C-V2X 的实现

整个网络部署分成 3 个部分，即终端（比如 LTE 终端，以后就是 5G 终端）、网络前端（比如路侧单元、提供边缘计算的代理服务器）和网络后端（比如数据中心）。在网络后端的 V2N 服务可以由商业利益相关者提供第三方服务接入，比如道路交通管理者提供的公交优先调度。如图 5-30 所示，后端 V2N 负责提供延迟容忍的相关服务，并支持特定网络位置的额外安全和隐私服务。最初，V2V 可以在 ITS 频带下运行，不依赖基础设施进行调度，不需要现有的网络运营商维护设备。随着市场渗透率的增加和额外的增值服务，V2V 也可以支持商用频段，以后也可以利用蜂窝方式来实现更高的频谱效率，由 eNB 向发射设备分配资源。此外，网络前端负责提供低时延的通信服务，比如在路边基础设施中提供智能驾驶辅助服务。

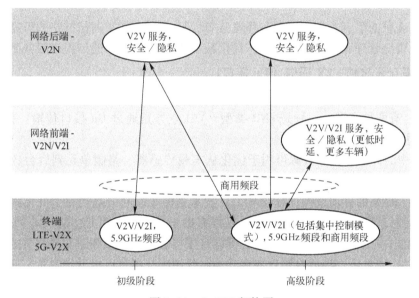

图 5-30 C-V2X 架构图

要重点强调的是，在 ITS 频谱下提供 V2V 和 V2I 安全服务无须 V2X 服务费用，因此 802.11p 和 C-V2X 之间的主要区别将是 C-V2X 的性能改进。这种功能和部署架构允许多个业务模型，这是 802.11p 和 C-V2X 之间的另一个区别。

总之，C-V2X 将通过加强及时可靠的信息流动来提高安全性、改善交通、减少对环境的影响。

5.6.6 5G 中 V2X 的发展方向

C-V2X 有利于向 5G 方向平滑演进。因为 V2X 将数据从一个源 UE 传输到目标 UE 有两种方式：

1) 通过 ProSe（邻近服务）直接通信，即通过 UE 间的副链路，采用 PC5 接口。
2) 通过 eNB 的上行和下行传输，即采用传统的 Uu 接口。

所以未来向 5G 演进的工作主要围绕这两个方面展开。

1. 直接 V2X 通信（PC5 接口）

为了通过 PC5 空口传输 V2V 业务，3GPP RAN 正在优化资源分配机制来解决鲁棒性、时延、开销和容量问题，比如减轻半双工约束的影响、改善资源池结构和资源分配方式。在 3GPP 中通过 PC5 接口支持 V2V 服务将具有最高的优先级，主要的研究方向包括：

1) 在网络辅助的环境下，制定低时延、高可靠的通信协议。
2) 提供多跳的网络连接机制，提高在时延和可靠性敏感的场景中的鲁棒性和网络覆盖。无线资源管理和介质访问控制应该足够灵活，从而在网络覆盖和开销之间能够很好地平衡。
3) 设计由网络辅助的无线资源调度和分配算法，为 V2V 信道提供鲁棒的干扰管理和协调机制。
4) 将网络辅助和没有网络辅助的信道接入机制有效结合起来，同时满足严苛时延的要求。
5) 设计新颖的节点发现、同步和环境感知机制，增加 V2X 通信链路的可靠性。
6) 优化资源管理和干扰管理机制，优化系统性能，为 V2V 通信提供服务质量保证。

2. 基于基础设施的 V2X 通信（Uu 接口）

3GPP 一直在评价通过 Uu 接口用于传输 V2V 和 V2P 业务。同时也在评价用于 V2I 的改进需求。RSU 有两种类型，一种是 eNB 类型，V2I 业务是通过 Uu 接口传输；另一种是 UE 类型，V2I 通过 PC5 接口传输。

5G 架构中的计算和存储资源可用于优化从车载传感器、路侧单元到后台数据中心的数据链。基于 LIPA/SIPTO（本地 IP 接入/IP 数据分流）的分布式网关可以用于本地化处理，或者使用基于 RAN 的移动边缘计算（MEC）技术延伸车联网云端到完全分布式的环境，使得数据和应用对车辆来说就像本地一样。这样有助于减少往返时延，从核心网或者 Internet 上的应用抽象出一个本地的层，从该层上可以直接接收来自车载和路侧传感器的数据，进行本地化分析和处理之后，将危险警告或者其他时延敏感的消息以极低的时延传播给该区域中的其他车辆。这种传播时延大概在毫秒级，可用于很多主动安全应用。路侧单元可以将危险事件通知给相邻的应用服务器，这些服务器传播这些危险警告给那些靠近该区域的车辆。路侧单元还可以发送本地信息给车联网云端，用于进一步的集中处理与分析。

主要的研究方向包括：

1) 为 V2X 采用流量控制和管理措施来改进通信可靠性和延迟。
2) 在蜂窝通信架构下设计先进的无线资源管理方案提供低时延和高可靠的通信。
3) 设计先进的 QoS 和流量管理方案，满足大规模组网环境下的低时延和高可靠通信的要求。

3. 多链路多 RAT 的流量优化与协调使用

为了优化 Uu 传输，支持 V2V 业务，非常有必要评估多小区组播/广播技术、中继技术，以及与 802.11p 的集成技术来降低时延，改善效率。

主要的研究方向包括：

1) 用在 Multi-RAT 网络中采用基于流的协作方案优化 V2X 通信。
2) 设计专门的多链路多 RAT 的解决方案，用于改善 QoS 和流量控制。
3) 设计与 802.11p 等接入方式相集成的方案。
4) 为多 RAT、多接口通信提供路由优化协议、流量卸载和均衡机制。

4. 环境意识

考虑到汽车的移动受道路限制，很多环境信息（比如电子地图）可用于改善通信效率。基于云的方式对车辆服务来说也非常关键，比如云端的大数据分析。

主要的研究方向包括：

1) 通过传感器采集到的信息，如位置、周围情况或移动模式，为资源管理、数据传输等方案提供背景信息。针对 V2X 的大数据分析也可以用于优化网络的传输。
2) 基于应用的要求和系统的可用性来协商服务方式也是一种好的探索。
3) 解决蜂窝网络中集中式处理方式所造成的信令开销、计算开销和较大的时延。

5. 多天线解决方案

为了满足在 2020 年后对连接的需求（比如在数据传输率、延迟、可靠性和可用性方面），5G 将部署小蜂窝（Small Cell）以及大规模 MIMO 技术。不同于城市环境下的静止通信，在高速环境下车辆的通信将面临一系列的挑战。一方面，高速公路上部署的基础设施的数量显著低于市区，另一方面，高速行驶的车辆由于过时的信道信息，阻碍了大规模 MIMO 技术的操作。除此之外，超过 6GHz 的毫米波由于较高的传播损耗和有限的覆盖不适合在高速场景中使用。

有效处理不完整的信道信息和频繁切换，以及针对车辆的特性来设计接收天线是多天线技术需要考虑的问题。与手机相比，汽车有可能集成大量低于 6GHz 的天线，而且需要很好的信道估计和均衡技术。另外，还可以利用分集增益。

6. 安全

目前，802.11p 系统提供了基本身份验证机制来保护隐私。然而，在车辆和基础设施之间的连接数很少的情况下，如果采用集中的证书管理会导致较长的时延来吊销证书，以及较大的通信开销。5G 中的 V2X 方案需要减少这种延迟以便对行为不端的车辆做出及时响应。主要的研究方向包括：

1) 身份管理：网络应该唯一标识和验证车辆，并及时更新证书控制对远程服务的访问。
2) 异常行为检测：V2X 通信系统必须能够防止被篡改，设计新的机制用于分析检测非法节点。
3) 隐私保护：个人可识别的信息（PII），指那些可以用来识别或跟踪一个人的身份，如姓名和电话号码，应该得到保护。
4) 安全机制的更新。
5) 安全功能所需的开销应减少，以支持连接更多的车辆。物理层安全机制可能是减少开销的一个选项，同时保持所需的安全级别。

6）数据的加密和保护。

7. 总结

表 5-5 总结了针对未来汽车的要求给出的研究方向。

表 5-5　5G 中面向 V2X 的创新研究

	研　究　点
V2X 频谱	设计授权和未经授权的频谱，可扩展为新的部署和商业模式，支持大量的新服务；新的标准化和监管方法，为提高安全、可靠和高度可控的频谱使用扫清障碍
ProSe 直接发现	高度移动环境下，优化 ProSe 的直接发现；协同感知消息（CAM）与 ProSe 直接发现的交互
ProSe 设备到网络中继	ProSe 中继提供没有网络覆盖的远程车辆接入；ProSe 中继发现、选择和负载均衡；多跳中继；中继功能的软切换
物理层	能够实现复杂度和频谱效率之间均衡的新的方法；更短 TTI 长度的帧结构；非正交的波形；副链路中的 MIMO 技术；新的导频设计
调度和速率适配	基于 ProSe 直接通信的新方案，以满足延迟、可靠性和未来 V2X 用例的能力要求；支持用于 SL-SCH 的 eNB 调度操作的测量；改进的自主无线资源选择；快速资源访问；周期性 CAM 消息的半静态调度（SPS）SL 授权；在高密度的情况下，扩展 TRP（时间资源模式）长度用于 PSSCH 子帧分配
重传协议	减少由于资源冲突或分组错误产生的重传延迟；ProSe 直接通信的 HARQ 反馈（ACK/NACK）；用于 ProSe 直接通信的 RLC AM（确认模式）ARQ
连接管理	Uu 和 PC5 模式选择以及在 PC5 模式下的副链路传输模式选择（eNB 调度或 UE 自主的资源分配）；在高密度的情况下通过 RACH 建立连接过程的可扩展性
移动管理	副链路连接移动控制（CMC）；用于副链路切换管理的 X2/S1 信令（例如相邻基站间副链路资源分配的信息交换）
QoS 管理	提供 ProSe 直接通信的 QoS；提供无线接纳控制（RAC）和无线承载控制（RBC）的 QoS 保证；车辆和车辆之间的优先级处理；新的访问策略，以确保所有可用的技术能够有效地满足 V2X 应用的 QoS 要求；设计先进的 QoS 解决方案，以支持接入大量的车辆，满足低时延和高可靠的通信要求
环境感知	利用传感器产生的信息进行环境管理，以优化 RRM 和广播协议；利用 V2X 大数据分析，为可用网络及相应的交通工程做优化；应用和服务感知的流量管理也是一个具有挑战性的课题；利用环境信息改善集中式特性所导致的相对较大的延迟、可靠性和数据传输的效率
安全	确保基于既定的安全机制来发展所需的安全功能；授权、隐私保护、一致性检查、异常节点检测；以及不良行为检测；应减少因安全特性引入的开销，确保认证管理的实时性
组管理	新的动态 ProSe 组设置和更新（加入/离开）机制，以支持多播通信
负载均衡	在高移动性、需要 QoS 保证、单播以及广播通信条件下，能够减少对基础设施的依赖并显著降低延迟的 SL 方案；以避免车辆拥塞情况下的过载的新方案；在高负载的小区和未充分利用的小区间实现副链路业务的负载均衡
多跳路由	在需要通过多跳路由扩展覆盖的情况下，用于低协议复杂度的高效路径选择方案
定位	依靠 5G 通信系统，为提高车辆和行人定位精度的新技术
功率控制	副链路（PSSCH，PSDCH）传输功率控制新机制，包括网络控制和 UE 的自主功率控制
VRU/V2P	在危险情况下使用邻近服务（例如通过 ProSe 直接发现）快速发现车辆和行人的机制，如果检测到危险情况则迅速通知司机和行人；利用 3GPP RAN 正在研究的 ProSe 增强的新方法，通过 PC5/Uu 传输以支持 V2P 服务
多链路连接	用于多链路的协调和使用的新方案（例如同时通过 PC5 和 Uu 接口甚至卫星来传输 V2X 数据）和多种无线接入技术；用于多 RAT 和多接口通信的路由优化协议

参考文献

[1] 3GPP TR 22.885 V14.0.0. Study on LTE support for Vehicle to Everything (V2X) services, 2015.

[2] 3GPP TS 22.185 V14.1.0, Service requirements for V2X services, 2016.

[3] 3GPP TR 36.885 V14.0.0, Study on LTE-based V2X Services, 2016.

[4] Deping Liu, Yi Shi, Zhenshan Zhao, et al. LTE-based V2X Services: A 3GPP Standardization Perspective [C]. 23rd ITS World Congress, 2016.

[5] 3GPP TR 23.785 V1.0.0, Study on architecture enhancements for LTE support of V2X services, 2016.

[6] 5G Automotive Association. The Case for Cellular V2X for Safety and Cooperative Driving, 2016.

第6章 移动场景下的信道特征

6.1 研究现状

作为车联网的重要组成部分,在高铁、地铁、无人机、车车等场景中的大带宽、低时延、可靠的通信是车联网满足工作、娱乐需求以及实现智能化交通的基本保证。对于这些场景下的无线传播信道的认知和准确的建模对通信系统的设计和验证起着至关重要的作用。与传统的蜂窝通信场景如宏小区、微小区、和微微小区等不同,对于这些新兴移动场景下的信道建模工作依然处于较为初始的阶段。

6.1.1 高铁信道特征研究

近年来,高铁运输在国际上越来越普及[1]。人们对于高铁上宽带无线通信所提供的商务和娱乐服务提出了更高的要求[2]。为了提升高铁通信服务的速率和稳定性,各种先进技术,如多输入多输出(Multiple Input and Multiple Output,MIMO)传输、协作中继(Cooperative Relay)、智能天线(Smart Antenna)应运而生。在这些技术的应用过程中,精确的高铁信道模型历来对无线通信技术设计以及性能评估非常重要。然而,现有的一些随机信道模型如理论几何模型、3GPP 空间信道模型(Spatial Channel Model,SCM)、增强型的 WINNER II SCM 模型,和欧洲科学技术合作研究所(Cooperative for Scientific and Technical research,COST)[8]提出的一系列模型更多地关注微站(Micro Cellular)和宏站(Macro Cellular)场景,对于高铁场景没有太多考虑。另一方面,一些针对高速移动状态下通信的时变信道模型[9-13]也相继诞生。但是作为移动状态下的信道之一的高铁信道,其模型因轨道类型多而变得复杂,比如常见的高铁环境有下沉式隧道场景(Cutting)、高架桥场景(Viaduct)、隧道场景(Tunnel)。另外,用户设备的高速移动特性又使得其与之前的蜂窝信道模型有着不同的信道特征,如多普勒频移和场景的快速变换[14],又为高铁信道探测与建模带来挑战。因此,高铁信道建模研究在近年来引起学术界与工业界的共同关注。

近几十年里,人们基于理论和测量对传统的高铁信道进行了研究。文献[15,16]提出了一种基于射线追踪对高铁隧道和室外环境进行建模的方式。由此得到的基于射线追踪的模型仅仅适用于具有特定几何特征的场景,并不能适用于高铁信道中随机变化的多种场景。基于正弦求和(Sum-Of-Sinusoid)方法的随机几何信道模型也被应用于高铁传播场景中的MIMO 信道建模[17-19]。这些随机几何信道模型基于一些特定假设,即高铁周围的散射体随机分布在合理的位置,其散射体的分布范围遵循着一定的形状,如一个或者两个椭圆环形。上述的理论模型给人们提供了一些启发,如信道特性和几何参数(包括但不限于列车速度和列车相对于基站间的位置)之间的关系,然而,针对这些模型的实测验证一直没有得到有效的执行。

基于实测的高铁信道研究主要集中于窄带衰落现象和复合信道参数特性等方面，例如在视距路径（LoS）情况下高铁信道衰落服从莱斯分布[20-21]；在高铁隧道场景中阴影衰落和K因子等能够使用"双指数"衰减模型来拟合[22-24]，并且它们的时变特性可以用马尔可夫链（Markov-chains）来描述[25]；同时文献［26］也对高架桥和下沉式场景中的路径损耗和多径衰落进行了研究。总体来说，这些结果对描述高铁信道在不同场景下的多个域，如时延域和多普勒域中的宽带特征比较有限。

6.1.2 地铁信道特征研究

现如今，地铁、轻轨等城市公共轨道交通工具在人们的日常生活中扮演着十分重要的角色。列车控制与个人服务都亟须高质量的宽带通信，如高质量的实时视频功能。与地上环境相比，由于空间的限制和隧道中的波导效应，地铁环境中的无线信道十分特殊。地下无线通信面临的挑战很多，如站与站之间的无缝覆盖，稳定的服务质量，低时延的无线控制，快速信号交接，频谱部署等[27]。分布式天线和远程无线单元的引入替代了谐波电缆等传统的覆盖解决方案[28]，但是也带来了传播信道的特殊性。真实地铁、轻轨环境以及系统配置下的无线电波传播信道模型，是优化传输设计以及对无线通信系统和技术进行准确性能评估的根据。

对于地铁环境下的信道特征的描述，一般来讲通过基于理论或者实测两种方式实现。例如，在文献［29-32］中，通过解麦克斯韦方程组，解决了在地下环境，尤其是隧道中波长尺度下的传播预测问题。在文献［33-36］中，基于波导的方法被应用于信道特征的预测，例如接收信号强度和在不同隧道、不同频率下的路径损耗。然而，波导模型只在形状规则的中空隧道里适用。文献［37］则使用射线追踪研究隧道弯曲程度对路径损耗的影响。在文献［38］中，作者观察到隧道中使用射线追踪得到的功率时延谱与实测得到的功率时延谱一致。在文献［39-41］中，射线追踪技术被应用于研究信道的宽带特征，包括信道在时延域的扩散，以及这些特征对隧道中多发多收系统的影响。虽然以上的数值研究的确得出一些具有启发意义的结果，但是由于计算复杂度限制而采用的过于简单的环境描述使得最终得到的模型可行性较低。对地铁环境基于测量的信道特征研究也有很多。这些研究使用了精密的信道探测器或示波器，对功率衰减、阴影效应、K因子、信道离散参数等进行了分析。明确来讲，隧道中的路径损耗指数 920 MHz，2.4 GHz 和 5.7 GHz 频段时为 0.9～5.5[42]，在 2.4 GHz 频段时为 5～7[28]和 1～2[43]，在 900 MHz 和 1.8 GHz 频带时为 1.5～4.5[44]，并且在 5.7 GHz 时为 1～2[45]。两段式路径损耗模型[45-47]和四斜路径损耗模型[48]从 400 MHz 到 6 GHz 频段也被提出。K因子在文献［43］中为 15～19 dB，并且阴影衰落大致为 5～7 dB[28]。文献［28，43］中的结果表明均方根时延扩展大约为 100 ns。总体来说，这些测量环境或是没有列车的隧道，或是隧道中没有乘客的列车，如此得到的信道特征与存在正常用户情况下的信道特征很不一致。并且，隧道通常是较短的（实验）隧道，因此，观察到的信道特征遍历性较低而不能够代表各种情况下的信道场景，例如列车通过车站大厅时和列车停靠在有很多行人的站台时的各种错综复杂的场景。此外，这些测量研究也没有考虑确切的通信系统配置对信道的影响。

6.1.3 无人机信道特征研究

近来，无人机在例如视频监视、搜索以及营救、精准耕种、野生动物看护等很多的实际应用中变得越来越重要,并且由于无人机的低成本和很高的灵活性,它们也将在第五代移动通信中,为建立全方位的信号覆盖扮演重要的角色。此外,多发多收和毫米波技术也能够进一步地提高无人机通信系统的性能[50,51]。

虽然对无人机信道的理解对无人机通信系统和技术的设计以及性能评估有着至关重要的作用,但并没有很多文章对其进行测量和建模,而且这其中大多数的研究是有关空地信道的。Matolak 等人[52]研究了 968 MHz 和 5.06 GHz 频带下的不同场景,例如郊区、丘陵、近城区、沙漠、高山地区和海面上空中的空地信道特性。在他们的研究中,飞行器飞行高度在 500~2000 m 之间,模型主要基于地铁曲面双射线(Curved Earth Two Ray)假设建立,详细分析了传播路径损耗、时延扩展、多普勒、小尺度衰落、多径和机身阴影衰落等信道特性。另一个高空空地信道建模使用的信号频率为 970 MHz[53]。它在包含小山和大片森林地区的场景下研究了接收信号强度,功率和地面多径的持续时间。文献[54,58]研究了低空空地信道建模的情形。文献[54]的作者分析了城市空地链路衰落统计特性,提出了一个时间序列生成器对接收信号强度进行动态建模。文献[55]在开放区域和大学校园里研究了无人机高度和天线方向性对接收信号强度和 802.11a 系统吞吐率的影响。除此之外,时域有限差分法(Finite Difference Time Domain,FDTD)在文献[56]中被应用于无人机与海上船只之间信道的建模;物理光学(Physics Optics,PO)理论在文献[57]中被应用于分析树冠对于接收信号强度变化的影响;并且在文献[58]中射线追踪技术被应用于研究在城市区域中不同高度下 0.8~6 GHz 频带范围内的空地路径损耗和信号覆盖范围。文献[59]研究了空-空信道,讨论了路径损耗和地面反射对信号接收强度的影响。值得注意的是,在其他通信场景中应用广泛的理论建模技术如射线跟踪[60]、图论[61]和基于几何的随机建模[62]还没有在无人机信道建模中被有效使用。

6.1.4 车-车信道特征研究

对不同场景下的车-车传播信道的理解对于车-车系统的设计和分析具有重要的意义。然而,由于车-车传播信道与传统蜂窝网络传播信道具有巨大的差异,对于传统蜂窝网络传播信道的认知不能直接应用于车-车传播信道。为了研究不同应用场景下的车-车传播信道,一些测量活动已经进行或者正在进行。表 6-1 给出了重要的车-车信道测量,我们根据载波频率、频率选择性、天线、环境、收发端运动方向和信道统计特性对这些工作进行了简要的综述和分类。

表 6-1 重要的车-车信道测量

测量	载频/GHz	天线	频率选择性	收发端运动方向	环境	信道特征
Ref.[63]	2.4	SISO	宽带	相同	SS/EW(Pico)LVTD	PDP DD 功率谱
Ref.[64]	2.4	MIMO	宽带	相同	UC/EW(Pico)LVTD	STF, CF, LCR SDF PSD
Ref.[65]	5	SISO	宽带	相同	UC/SS/EW (Micro/Pico) H(L) VTD	幅度 PDF 频率 CF PDP

(续)

测量	载频/GHz	天线	频率选择性	收发端运动方向	环境	信道特征
Ref.[66]	5.2	MIMO	宽带	相反	EW（Pico）LVTD	PL，PDP DD 功率谱
Ref.[67]	5.9	SISO	窄带	相同	SS，（Micro/Pico）LVTD	PL，CT 幅度 PDF 多普勒 PSD
Ref.[68]	5.9	SISO	宽带	相同+相反	UC/SS/EW（Micro/Pico）LVTD	幅度 PDF DD 功率谱

其中，SS：郊区街道；EW：高速公路；UC：城市峡谷；Micro：宏小区；Pico：微微小区；H（L）VTD：高（低）测流量；PDP：功率时延谱；DD：多普勒-时延；PSD：功率谱密度；STF：空间-时间-频率；CF：相关函数；LCR：水平交叉率；PDF：概率密度函数；PL：路径衰落；CT：相关时间。

载波频率：在 IEEE 802.11p 标准提出以前，测量活动在短程专用通信（Dedicated Short-Range Communications，DSRC）的 5.9 GHz 频带以外展开。文献［63］和［64］的作者在 2.4 GHz 即 IEEE 802.11 b/g 频带展开了车-车信道测量。也有一些测量活动在 IEEE 802.11a 频带附近展开，例如 5 GHz[65]和 5.2 GHz[66]。文献［67］和［68］分别做了载波频率为 5.9 GHz 的窄带和宽带车-车信道测量。通过这些测量我们可以发现，在相似环境下的不同频率下的信道传播特性差别显著。因此，进行更多的 IEEE 802.11p 频带即 5.9 GHz 频带下的车-车信道测量对于更好地设计车-车系统的安全方面的应用（如紧急刹车）是不可或缺的。

频率选择性以及天线：1999 年，美国联邦通信委员会分配了 75 MHz 的授权频谱用于专用短程通信，包括 7 个具有 10 MHz 瞬时带宽的信道。这样的车-车信道通常是频率选择性信道（宽带信道）。基于测量结果的窄带衰落特征化信道模型例如 Cheng 等人发表的工作[74]对于这样的宽带信道应用是不够充分的。因此，宽带信道测量[63,66,68]对于理解车-车信道的频率选择特性和设计高性能的车-车系统是至关重要的。

迄今为止，大部分的车-车测量活动关注于单入单出（SISO）系统的应用即单天线情形[63,65,67,68]。在未来的通信网络中，收发端都具有多个天线的多入多出（MIMO）系统是具有潜力的待选技术，在 IEEE 802.11 标准中获取了重要的关注。由于多天线很容易放置在大车体表面，多入多出技术对于车-车系统来说同样具有吸引力。然而，只有很少的测量活动针对车-车多入多出信道[64,66]，因此，为了促进车-车系统的发展，我们需要更多的多入多出信道测量活动。

环境和收发端运动方向：类似于传统蜂窝网络，根据收发端的间隔距离，车-车场景可以分为大空间尺度（LSS）、中等空间尺度（MSS）和小空间尺度（SSS）场景。在 LSS 或者 MSS 场景中，收发端的距离一般在 1 km 以上或者在 300 m 到 1 km 之间，车-车系统主要用于广播或者"地域群播"即地理广播[69]。在 SSS 场景中，收发端距离一般小于 300 m，车-车系统可以应用于广播、地域群播和单播。由于大部分的应用都发生在 MSS 和 SSS 场景中，它们获得了越来越多的关注，一些测量活动[63,68]也是针对它们而展开的。然而，还是有少数的应用需要发生在距离相隔超过 1 km 的车体之间，例如在分散式环境通知应用中，一定区域范围内的车辆或者司机之间共享交通事件和路况信息。由于这些应用还没有获得广泛的关注，因此业界还没有可用的 LSS 场景下的车-车信道测量结果。

车-车场景也可以根据道路所处环境和路侧建筑物、树木和停留的车辆等来划分：城市峡谷、郊区树林、和高速场景。为了研究多种不同类型的道路环境下的车-车信道特征，很多测量活动为此展开[63,65,68]。由于车-车环境的特殊性，车流量（VTD）对于信道的影响也是非常显著的，特别是在 MSS 和 SSS 场景中。一般来讲，收发端之间的距离越小，车流量密度对信道特性的影响越显著。除了在高车流密度情形下，车-车信道一般具有非各向同性散射的特征。据作者所知，只有文献[65]在高速公路场景下做了车流量对车-车信道的影响的研究测量活动。

收发端车辆的运动方向通过例如多普勒效应同样影响车-车信道的统计特性。很多的测量活动例如文献[63,65,67]关注收发端车辆同向而行情况下的信道特征。一些测量活动例如文献[66,68]关注收发端车辆异向而行情况下的信道特征。

综上所述，在 MSS 和 SSS 场景中，针对不同的车流量，展开更多的车辆同向和异向而行情形下的车-车信道测量具有重要的意义。此外，针对大范围车-车通信应用的 LSS 场景下的信道测量也是不可或缺的。

信道特征：如表 6-1 所示，最近的测量活动研究了许多不同的信道特征[63,68]。这里，我们着重关注两个重要的特征：幅度分布和多普勒功率密度。

业界报告了有关幅度分布的特征[65,67,68]。文献[68]的作者使用瑞利或者莱斯分布来建模接收信号幅值概率密度分布。文献[67]的作者发现在 5.9 GHz 专用短程通信系统中，随着车辆间距的增大，信号幅度分布从接近莱斯分布逐渐转变为瑞利分布。当视距路径由于距离过大被中断时，信道衰落变得比瑞利分布更为严重。同样的结论也在工作[65]中被发现，其中作者采用韦伯分布来建模信号幅值的概率密度分布。高速运动状态下的多径的快速演变、收发天线的低高度，以及快速运动的散射体[70]导致了这种比瑞利分布更为严重的衰落分布。

多个研究小组[63,64,67,68]研究了车-车信道的多普勒功率谱密度。文献[63,66,68]分别报告了在 2.4 GHz、5.2 GHz 和 5.9 GHz 下的测量活动，研究了宽带车-车信道的联合时延-多普勒。在宽带车-车信道中，不同时间和时延下的多普勒功率谱变化显著。文献[67]分析了窄带车-车信道的多普勒扩展、相关时间以及它们和车体速度和车体距离的相关性。近来，文献[64,66]研究了空间多普勒功率谱密度，即空间-时间相关函数的时间傅里叶变换。值得关注的是，车-车信道的多普勒功率谱密度和传统固定-移动信道的 U 形谱有很大的不同。

总体来说，填补高铁、地铁、无人机、车-车等移动场景下，有效的和具有针对性的信道模型研究的空白和不足对于设计和开发相应通信系统和技术以及性能评估是至关重要的。本章的剩余部分将主要介绍针对这些移动场景的基于测量的信道建模技术和工作，如应用在高铁、地铁、和无人机（地对空）信道研究中的被动信道测量技术和相关实测建模工作，以及应用在车-车场景中的基于哈夫变换的路径跟踪技术等。

6.2 基于扩展卡尔曼滤波器（EKF）的信道参数跟踪估计算法

6.2.1 概览

传播路径的时域特征对时变信道的特征化建模非常重要[71,72]。路径参数的时变特征，被认为是多径簇静态特性之外的新维度，业内已经用实际测量验证了路径簇在动态场景中的演变[72]。在这些工作中，路径及路径簇的演变特征，是从独立观察中路径参数估计值的非连续变化间接获取的。在这些研究中利用的估计算法，如在文献［72］中使用的空间迭代广义期望最大化（SAGE）算法和在文献［71］使用的 Unitary ESPRIT 算法，都是基于如下假设：不同观测中的路径参数都是独立的，即在时刻上没有相关性。这个并不现实的假设会导致在估计路径参数在时间域里的演变特征时获得信息量减少。此外，由于这些算法中模型参数在不同快拍间的不一致，如路径数量的大小，以及过于固定的动态范围设定，导致在一些连续的观测中，时变的路径可能被强路径遮蔽，很难被提取到。所以，一条时变的路径可能会被错误捕捉为若干条路径。这些因素都会影响到后期分簇算法的性能和建立的信道模型的有效性。因此，有必要推导和使用更为合适的算法来直接估计传播路径连续变化的时域特征。

对于传播多径时变特征的估计，一个普遍采用的方法是扩展卡尔曼滤波器（Extended Kalman Filter，EKF）算法[73]。EKF算法原来用于解决非线性特征估计和跟踪的问题。经典的 EKF 算法依赖于非线性信号模型的线性化。当对于时间域而言，观察中的参数变化接近线性近似时，线性化带来的误差可以忽略不计。如在文献［73，74］中，扩展卡尔曼滤波器算法用于时变路径的时延、到达角度（DoA）、出发角度（DoA）和复幅值的跟踪。此外，还有一些方法用来跟踪多入多出（MIMO）信道测量中的时变路径，如文献［73，75，76］。有的文献如［75］使用了递归的期望最大算（EM）法和空间迭代广义期望最大化（SAGE）算法，对路径的水平到达角度（AoA）进行时域跟踪。

6.2.2 EKF 的结构

本节中，我们利用状态-空间模型来表征传播路径的时变行为，利用观察模型来形容接收天线阵列的输出信号，结合这两个模型来对 EKF 算法进行推导。此外，我们还将在存在模型失配、未知初始相位，以及不同观测次数、不同路径参数变化率等场景中，来评估EKF 算法的跟踪性能。

1. 状态（系统）模型

为简单起见，我们认为一条时变传播路径由水平到达角度 ϕ，垂直到达角度 θ，时延 τ，以及上述参数的变化率 $\Delta(\cdot)$（其中"·"可由 ϕ、θ 和 τ 替代），和复幅值 α 来刻画。所推导的 EKF 算法很容易推广，可以包含更多的参数。在这里考虑的情况下，第 k 个观察的状态矢量 $\boldsymbol{\theta}_k$ 可定义为：

$$\boldsymbol{\theta}_k = [\phi_k, \Delta\phi_k, \theta_k, \Delta\theta_k, \tau_k, \Delta\tau_k, |\alpha_k|, \angle\alpha_k]^T \in \mathbb{R}^9 \quad (6-1)$$

状态的改变描述为

$$\boldsymbol{\theta}_{k+1} = \boldsymbol{F}_k \boldsymbol{\theta}_k + \boldsymbol{n}_k \tag{6-2}$$

$\boldsymbol{F}_k$ 是转换矩阵，即

$$\boldsymbol{F}_k = \begin{pmatrix} 1 & 1 & 0 & 0 & 0 & 0 & 0 & 0 \\ 0 & 1 & 0 & 0 & 0 & 0 & 0 & 0 \\ 0 & 0 & 1 & 1 & 0 & 0 & 0 & 0 \\ 0 & 0 & 0 & 1 & 0 & 0 & 0 & 0 \\ 0 & 0 & 0 & 0 & 1 & 1 & 0 & 0 \\ 0 & 0 & 0 & 0 & 0 & 1 & 0 & 0 \\ 0 & 0 & 0 & 0 & 0 & 0 & 1 & 0 \\ 0 & 0 & 0 & 0 & 0 & 0 & 0 & 1 \end{pmatrix} \tag{6-3}$$

噪声矢量 $\boldsymbol{n}_k$ 表示为

$$\boldsymbol{n}_k = [n_{\phi,k}, n_{\Delta\phi,k}, n_{\theta,k}, n_{\Delta\theta,k}, n_{\tau,k}, n_{\Delta\tau,k}, 0, 0]^T$$

其中，$n_{x,k}, x \in \{\phi, \Delta\phi, \theta, \Delta\theta, \tau, \Delta\tau\}$ 表示参数 x 的噪声。

位置参数的动态变化，通常被认为是由于环境中散射体的移动、发射器和/或接收器的移动、旋转、姿态改变，以及其中内在的随机扰动共同形成的。对于信道多径而言，参数的动态变化还可能是由于不同观测中发射和接收的观察方位发生微小变化，导致漫散射表面被照亮的部分不同而造成的，或散射体的无线电横截面（RCS）在幅度和相位上发生了显著的改变。当从一个观察快拍到下一个快拍时，位置参数近似的路径也可以变得完全不相干。基于上述的考虑，我们假设这些噪声分量是高斯分布和互不相关的。此外，为了进一步简化推导，我们假设在式（6-2）中的 $\boldsymbol{n}_k$ 中的协方差矩阵 $\boldsymbol{\Sigma}_{n,k}$ 已知，即可从经验或者测量过程中得到初始设定。

2. 观察模型

在接收天线阵列输出的接收信号可以写为

$$\boldsymbol{y}_{k+1}(t) = \boldsymbol{y}_{tg}(t;\boldsymbol{\theta}_{k+1}) + \boldsymbol{w}_{k+1}(t) \tag{6-4}$$

其中，单路径环境中的 $\boldsymbol{y}_{tg}(t;\boldsymbol{\theta}_k)$ 可以写为

$$\boldsymbol{y}_{tg}(t;\boldsymbol{\theta}_k) = \alpha_k u(t-\tau_k) \exp\{-j2\pi \Delta\tau_k T_s^{-1} f_c t\} \boldsymbol{c}(\boldsymbol{\Omega}_k) \tag{6-5}$$

这里，假设天线阵列 $\boldsymbol{c}(\boldsymbol{\Omega}_k)$ 的各个阵列元素具有全向的天线方向图，即

$$\boldsymbol{c}(\boldsymbol{\Omega}) = \exp\{j2\pi \lambda^{-1} \boldsymbol{R}^T \boldsymbol{\Omega}\} \tag{6-6}$$

在上式中，$\boldsymbol{R} = [\boldsymbol{r}_1, \boldsymbol{r}_2, \cdots, \boldsymbol{r}_M]$，$\boldsymbol{r}_m \in \mathbb{C}^{3\times 1}$ 决定了在笛卡尔坐标系中第 m 个天线的位置。

在式（6-4）中，$\boldsymbol{w}_{k+1}(t)$ 为标准复白高斯噪声，其中，$\boldsymbol{\Sigma}_{w,k+1} = \boldsymbol{I}\sigma_w^2$ 的协方差矩阵是 $\boldsymbol{\Sigma}_{w,k+1} = \boldsymbol{I}\sigma_w^2$，$\boldsymbol{I}$ 是对角标准矩阵。

6.2.3 扩展卡尔曼滤波器

为了简化推导过程，我们先考虑单路径场景。利用式（6-2）的状态模型和式（6-4）的观察模型，当第 $(k+1)$ 个观察有效时，EKF 包括以下步骤：

- 状态预测

$$\hat{\boldsymbol{\theta}}_{k+1|k} = \boldsymbol{F}_k \hat{\boldsymbol{\theta}}_k \tag{6-7}$$

其中，$(\cdot)_{k+1|k}$ 表示给定参数的预测值。

- 状态协方差矩阵预测

$$P_{k+1|k} = F_k P_k F_k^H + \Sigma_{n,k} \tag{6-8}$$

- 卡尔曼增益矩阵计算

$$K_{k+1} = P_{k+1|k} H(\theta_{k+1|k})^H (H_{k+1} P_{k+1|k} H(\theta_{k+1|k})^H + \Sigma_{w,k+1})^{-1} \tag{6-9}$$

- 状态估计更新

$$\hat{\theta}_{k+1} = \hat{\theta}_{k+1|k} + K_{k+1}(y_{k+1} - y_{tg}(\hat{\theta}_{k+1|k})) \tag{6-10}$$

- 状态协方差矩阵更新

$$P_{k+1} = (I - K_{k+1} H \hat{\theta}_{k+1}) P_{k+1|k} \tag{6-11}$$

式（6-10）中的接收信号 y_{k+1} 可以写为

$$y = [y_1(t_1), y_2(t_1), \cdots, y_M(t_1), y_1(t_2), y_2(t_2), \cdots, y_M(t_2), y_1(t_3), \cdots, y_M(t_N)]^T$$

此外，式（6-10）中的 $y_{tg}(\hat{\theta}_{k+1|k})$ 具有 y 相似的结构。

在式（6-8）之后，EKF 也可以通过如下的替代形式进行操作：

- 针对参数 θ 的对数似然的偏导数方程的计算

$$J(\hat{\theta}_{k+1|k}) = 2\Re\{H(\hat{\theta}_{k+1|k})^H \Sigma_{w,k+1}^{-1} H(\hat{\theta}_{k+1|k})\} \tag{6-12}$$

- 误差协方差矩阵的更新

$$P_{k+1|k+1} = (P_{k+1|k}^{-1} + J(\hat{\theta}_{k+1|k}))^{-1} \tag{6-13}$$

- 参数估计中校正的计算

$$\Delta\hat{\theta} = P_{k+1|k}(I - J(\hat{\theta}_{k+1|k}) P_{k+1|k+1}) 2\Re\{H(\hat{\theta}_{k+1|k})^H \Sigma_{w,k+1}^{-1}(y_{k+1} - y_{tg}(\hat{\theta}_{k+1|k}))\} \tag{6-14}$$

- 参数估计值的更新

$$\hat{\theta}_{k+1|k+1} = \hat{\theta}_{k+1|k} + \Delta\hat{\theta} \tag{6-15}$$

其中，$H(\theta)$ 为雅克比矩阵，包含了 $y_{tg}(t;\theta)$，$t=t_1,\cdots,t_N$ 对 θ 的偏微分导数：

$$H(\theta) = \begin{pmatrix} \dfrac{\partial y_{tg}(t_1;\theta)}{\partial \phi} & \dfrac{\partial y_{tg}(t_1;\theta)}{\partial \Delta\phi} & \cdots & \dfrac{\partial y_{tg}(t_1;\theta)}{\partial \angle\alpha} \\ \dfrac{\partial y_{tg}(t_2;\theta)}{\partial \phi} & \dfrac{\partial y_{tg}(t_2;\theta)}{\partial \Delta\phi} & \cdots & \dfrac{\partial y_{tg}(t_2;\theta)}{\partial \angle\alpha} \\ \vdots & \vdots & \ddots & \vdots \\ \dfrac{\partial y_{tg}(t_N;\theta)}{\partial \phi} & \dfrac{\partial y_{tg}(t_N;\theta)}{\partial \Delta\phi} & \cdots & \dfrac{\partial y_{tg}(t_N;\theta)}{\partial \angle\alpha} \end{pmatrix}$$

矩阵中的各项表达式如下：

$$\frac{\partial y_{tg}(t;\theta)}{\partial \phi} = \alpha \cdot u(t-\tau) \exp\{-j2\pi\Delta\tau_k T_s^{-1} f_c t\} \frac{\partial c(\Omega)}{\partial \phi} \tag{6-16}$$

$$\frac{\partial y_{tg}(t;\theta)}{\partial \theta} = \alpha \cdot u(t-\tau) \exp\{-j2\pi\Delta\tau_k T_s^{-1} f_c t\} \frac{\partial c(\Omega)}{\partial \theta} \tag{6-17}$$

$$\frac{\partial y_{tg}(t;\theta)}{\partial \tau} = -j2\pi\alpha \cdot \exp\{-j2\pi\Delta\tau T_s^{-1} f_c t\} c(\Omega) \int U(f) \exp\{-j2\pi f\tau\} f \exp\{j2\pi ft\} df \tag{6-18}$$

$$\frac{\partial y_{tg}(t;\boldsymbol{\theta})}{\partial \Delta\tau} = -j2\pi\alpha f_c T_s^{-1} t \cdot u(t-\tau)\exp\{-j2\pi\Delta\tau T_s^{-1} f_c t\}\boldsymbol{c}(\boldsymbol{\Omega}) \tag{6-19}$$

$$\frac{\partial y_{tg}(t;\boldsymbol{\theta})}{\partial |\alpha|} = \exp\{j\angle\alpha\}\exp\{-j2\pi\Delta\tau_k T_s^{-1} f_c t\}\boldsymbol{c}(\boldsymbol{\Omega})\cdot u(t-\tau) \tag{6-20}$$

$$\frac{\partial y_{tg}(t;\boldsymbol{\theta})}{\partial \angle\alpha} = j\cdot\alpha\cdot u(t-\tau)\exp\{-j2\pi\Delta\tau_k T_s^{-1} f_c t\}\boldsymbol{c}(\boldsymbol{\Omega}) \tag{6-21}$$

在式（6-16）中，如果阵列元素具有全向辐射方向图，则偏微分 $\partial\boldsymbol{c}(\boldsymbol{\Omega})/\partial\phi$ 可以计算为

$$\frac{\partial \boldsymbol{c}(\boldsymbol{\Omega})}{\partial \phi} = j2\pi\lambda^{-1}\exp\{j2\pi\lambda^{-1}\boldsymbol{R}^T\boldsymbol{\Omega}\}\boldsymbol{R}^T\frac{\partial \boldsymbol{\Omega}}{\partial \phi} \tag{6-22}$$

其中，$\partial\boldsymbol{\Omega}/\partial\phi = [-\sin(\theta)\sin(\phi), \sin(\theta)\cos(\phi), 0]^T$。同样，式（6-17）中的 $\partial\boldsymbol{c}(\boldsymbol{\Omega})/\partial\theta$ 可以计算为

$$\frac{\partial \boldsymbol{c}(\boldsymbol{\Omega})}{\partial \theta} = j2\pi\lambda^{-1}\exp\{j2\pi\lambda^{-1}\boldsymbol{R}^T\boldsymbol{\Omega}\}\boldsymbol{R}^T\frac{\partial \boldsymbol{\Omega}}{\partial \theta} \tag{6-23}$$

其中，$\partial\boldsymbol{\Omega}/\partial\theta = [\cos(\theta)\cos(\phi), \cos(\theta)\sin(\phi), -\sin(\theta)]^T$。此外，式（6-18）中的 $U(f)$ 表示 $u(t)$ 的傅里叶变换。另外需要明确的是，$y_{tg}(t;\boldsymbol{\theta})$ 对 $\Delta\phi$ 和 $\Delta\theta$ 的偏微分均为零向量。

6.2.4 线性近似带来的模型失配

推导 EKF 时使用的模型可能与真正的有效模型不同。模型失配可以归因于使用了泰勒级数展开对非线性模型进行的线性近似，或者推导 EKF 时的模型简化甚至忽略了真实环境中的某些扰动效应。后者可能在以下情况下发生，如 EKF 中使用的模型中未考虑，或错误估计了由于时变环境导致的接收信号相位变化。本节中，我们将推导 EKF 中真实信号和由模型计算的信号之间的误差的解析式。误差由如下因素导致：

1) 真实模型与泰勒级数展开后在数值上的偏差。
2) 有限的观测样本空间，例如采集信号的时刻数量以及空间采样的数量。
3) 由于环境的时变性导致的信号初始相位的估计误差。

为了简单起见，我们考虑传播路径仅由其多普勒频率表征，并假设观察在无噪声情况下进行。

本节考虑的有效接收信号可以表述为

$$y(t) = \alpha\exp\{j(2\pi\nu t + \phi)\} \tag{6-24}$$

其中，ν 表示多普勒频率；ϕ 是初始相位；α 表示复幅值（假设 α 在观测期间不发生改变）；$t\in[0,T]$ 是在观察间隔 T 内观察的时间。不失一般性，在以下的推导中我们假设 $\alpha=1$。

利用在 $\nu=\nu'$ 处 $\exp\{j2\pi\nu t\}$ 的一阶泰勒展开来近似 $y(t)$，可以得到近似的线性模型

$$\tilde{y}(t) = \exp\{j\hat{\phi}\}\cdot[\exp\{j2\pi\nu' t\} + j2\pi(\nu-\nu')t\exp\{j2\pi\nu' t\}] \tag{6-25}$$

其中，$\hat{\phi}$ 为 ϕ 的估计值，该数值可能由于上一个观察中未对非零多普勒频移进行准确估计而导致存在相位累计误差。值得注意的是，在文献 [73，74] 中，EKF 所使用的观察模型中忽略了路径非零多普勒频移而引起的相位累计，这样会导致 EKF 的预测误差增加。

通过计算 $y(t)$ 和 $\tilde{y}(t)$ 的归一化误差

$$\Delta \doteq \frac{\int_0^T |y(t) - \widetilde{y}(t)|^2 dt}{\int_0^T |y(t)|^2 dt}$$

$$= T^{-1} \int_0^T |y(t) - \widetilde{y}(t)|^2 dt \tag{6-26}$$

可以看出

$$\Delta = 2 + \frac{4}{3}\pi^2 T^2 \Delta\nu^2 + 2\cos(\Delta\phi + \Delta\nu 2\pi T) + 4T\pi\Delta\nu \cdot \sin(\Delta\phi)\mathrm{sinc}^2(\Delta\nu T) -$$
$$4\cos(\Delta\phi)\mathrm{sinc}(\Delta\nu 2T) \tag{6-27}$$

其中,$\Delta\nu = \nu - \nu'$ 和 $\Delta\phi = \phi - \hat{\phi}$。很明显 Δ 是 T、$\Delta\nu$ 和 $\Delta\phi$ 的方程。假设 $\Delta\phi = 0$,式(6-27)变为

$$\Delta = 2 + \frac{4}{3}\pi^2 T^2 \Delta\nu^2 + 2\cos(\Delta\nu 2\pi T) - 4\mathrm{sinc}(\Delta\nu 2T) \tag{6-28}$$

如果 $\Delta\nu = 0$,则式(6-27)简化为

$$\Delta = 2 - 2\cos(\Delta\phi) \tag{6-29}$$

图 6-1 表示分别针对 $\Delta\nu$,$\Delta\phi$ 和 T 的 Δ 曲线,其中的两个参数保持不变。在图 6-1c 中,$\Delta\nu = 1\mathrm{Hz}$,$\nu' = 10\mathrm{Hz}$,$\Delta\phi = 5°$,采样率是 300Hz。可以观察到当 $\Delta\nu/\nu' > 0.1$ 或者 $\Delta\phi > 12°$ 时,近似值和真实值之间误差显著。此外,当 $\Delta\nu/\nu'$ 和 $\Delta\phi$ 都很小时,平方误差也会相对于观察样本的数量呈指数增加。

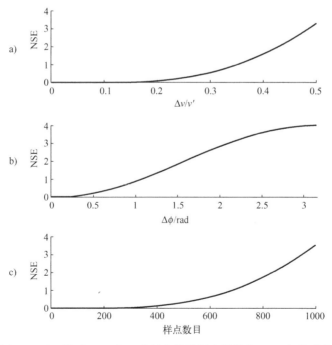

图 6-1 利用 $T=1$ 时,针对(a)归一化的多普勒频率误差和(b)相位误差的有效信号模型的近似归一化平方误差(NSE)的一阶泰勒展开

下面利用仿真来研究在 EKF 使用的观测模型中未考虑非零多普勒导致的相位累加的情况下，使用 EKF 对多普勒频移和波达水平角 AoA 进行估计和跟踪的性能。

情况 1：单路径多普勒频移跟踪

该场景下的空间状态模型可以写为

$$v_{k+1} = v_k + w_k \tag{6-30}$$

其中，w_k 表示方差为 σ_w^2 的实数高斯噪声分量。观察模型所描述的为接收到的窄带信号：

$$y_{k+1}(t) = \alpha \exp\{j2\pi v_{k+1} t + \psi_{k+1}\} + n_{k+1}(t) \tag{6-31}$$

为不失一般性，假设复幅度 α 为 1。采用 ψ_{k+1} 来表示非零多普勒频移所带来的相位变化：

$$\psi_{k+1} = \psi_k + 2\pi v_{k+1} T$$

其中，T 表示两个连续的观察之间的时间间隔。

用于估计并跟踪多普勒频移的 EKF 算法具有以下的计算环节：

- 状态预测

$$\hat{v}_{k+1|k} = \hat{v}_k \tag{6-32}$$

- 状态方差的预测

$$P_{k+1|k} = P_k + \sigma_v^2 \tag{6-33}$$

- 对数似然函数针对 v 的微分计算

$$J(\hat{v}_{k+1|k}) = 2\Re\{\boldsymbol{h}(\hat{v}_{k+1|k})^{\mathrm{H}} \sigma_w^{-2} \boldsymbol{h}(\hat{v}_{k+1|k})\} \tag{6-34}$$

- 误差方差的更新

$$P_{k+1|k+1} = [P_{k+1|k}^{-1} + J(\hat{v}_{k+1|k})]^{-1} \tag{6-35}$$

- 得到新观测之后的更新

$$\Delta \hat{v} = P_{k+1|k}(1 - J(\hat{v}_{k+1|k}) P_{k+1|k+1}) 2\Re\{\boldsymbol{h}(\hat{v}_{k+1|k})^{\mathrm{H}} \sigma_w^{-2}(y_{k+1} - \hat{y}(\hat{v}_{k+1|k}))\} \tag{6-36}$$

- 参数估计更新

$$\hat{v}_{k+1|k+1} = \hat{v}_{k+1|k} + \Delta \hat{v} \tag{6-37}$$

比较了两个 EKF 算法在跟踪传播路径的多普勒频移时的性能。多普勒频移变化的轨迹可以表示为

$$v_n = v_1 + 0.01 \cdot n^2 + v_n \tag{6-38}$$

其中，v_n 是指在第 n 个观察中以 Hz 为单位的多普勒频率，v_n 符合均值为 0，方差为 1×10^{-3} 的高斯随机过程。对比操作中，其中一个 EKF 考虑了由于多普勒频率引起的相位变化，另一个 EKF 则没有考虑该相位的变化。每个观察共由 20 个连续快拍构成。两个连续观察的间隔是 0.05 s，即对应着 25 个样本的总长度。

图 6-2a 表示多普勒频移的原始轨迹和使用这两个 EKF 后获得的估计结果。可以明显看到，考虑相位变化的 EKF 执行时比不考虑相位变化的 EKF 具有更好的跟踪效果。图 6-2b 显示了两个 EKF 的绝对估计误差。

情况 2：单个路径水平到达角 AoA 的跟踪

此时的空间状态模型（6-30）可以修正为

$$\phi_{k+1} = \phi_k + w_k \tag{6-39}$$

我们考虑 M 个阵列元的均匀线性阵列，阵列元间间隔等于半波长。用于描述接收信号的观察模型可以写为

$$\boldsymbol{y}_{k+1} = \alpha \boldsymbol{c}(\phi_{k+1}) \exp\{j\psi_{k+1}\} + \boldsymbol{n}_{k+1} \tag{6-40}$$

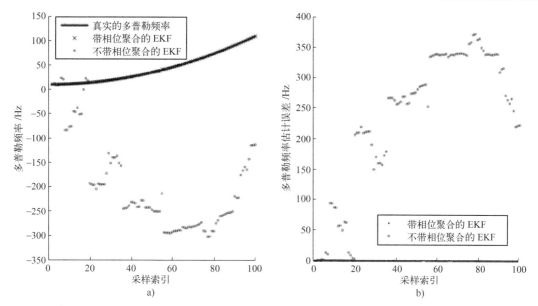

图 6-2 EKF 的性能的比较

a) 跟踪每个观察中的多普勒频率轨迹 b) 通过分别使用 EKF 并且考虑由于非零多普勒频率引起的相位聚合而获得的估计误差

其中，$\psi_{k+1}=\psi_k+2\pi\nu_{k+1}T$ 表示 $(k+1)$ 个观察中多普勒频率带来的相位；$c(\phi)=[c_1(\phi),\cdots,c_m(\phi),\cdots,c_M(\phi)]^T$ 代表天线阵列对 AoA ϕ 的响应。在假设天线阵元均为全向天线的情况下，导向矢量 $c(\phi)$ 里的 $c_m(\phi)$ 可以表示为 $c_m(\phi)=\exp\{j\pi(m-1)\cos(\phi)\}$。

用于跟踪 AoA 的 EKF 算法具有以下的方程。

- 状态预测

$$\hat{\phi}_{k+1|k}=\hat{\phi}_k \tag{6-41}$$

- 状态方差的预测

$$P_{k+1|k}=P_k+\sigma_\nu^2 \tag{6-42}$$

- 针对 ϕ 的对数正态函数的微分计算

$$J(\hat{\phi}_{k+1|k})=2\Re\{\boldsymbol{h}(\hat{\phi}_{k+1|k})^H\sigma_w^{-2}\boldsymbol{h}(\hat{\phi}_{k+1|k})\} \tag{6-43}$$

- 误差方差的更新

$$P_{k+1|k+1}=[P_{k+1|k}^{-1}+J(\hat{\phi}_{k+1|k})]^{-1} \tag{6-44}$$

- 更新增量的计算

$$\Delta\hat{\phi}=P_{k+1|k}(1-J(\hat{\phi}_{k+1|k})P_{k+1|k+1})2\Re\{\boldsymbol{h}(\hat{\phi}_{k+1|k})^H\sigma_w^{-2}(y_{k+1}-\hat{y}(\hat{\phi}_{k+1|k}))\} \tag{6-45}$$

- 参数估计的更新

$$\hat{\phi}_{k+1|k+1}=\hat{\phi}_{k+1|k}+\Delta\hat{\phi} \tag{6-46}$$

在仿真研究，假设接收器为 8 个阵元均为全向天线的线性阵列，其元件间的间隔是半波长，输入信噪比为 30 dB，由于目标移动引起的相位变化被限制在 0°和 6°之间，AoA 和多普勒频率的轨迹分别由

$$\phi_n=\phi_1+0.01\cdot n^2+w_n \tag{6-47}$$

和式（6-38）获得。其中，ϕ_n 表示在第 n 个观察中的 AoA；w_n 代表均值为 0，方差是

$1×10^{-3}$ 的高斯随机过程。图 6-3 展示了仿真结果,可以明显看到具有校正初始相位的 EKF 表现出比没有校正初始相位的 EKF 较少的估计误差。后者几乎不能跟踪 AoA 的变化。

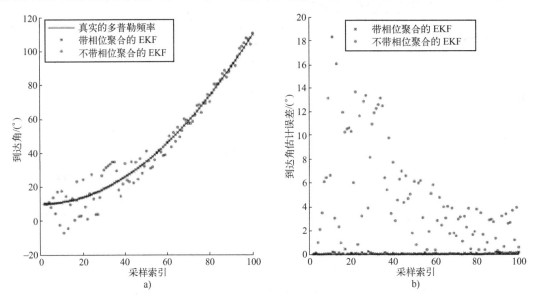

图 6-3　EKF 的性能比较

a)跟踪每个观察快照中的到达轨迹的方位角　b)通过分别使用 EKF 而获得的估计误差,没有和考虑由于非零多普勒频率的相位聚集

6.3　基于粒子滤波的跟踪算法

在前面的部分已经描述了,在路径参数剧烈波动的情况下,基于泰勒级数展开的线性近似明显不准确,可能发生"轨迹丢失"错误。因此,基于 EKF 的跟踪算法可能无法正常工作。此外,基于 EKF 的算法中的参数更新步骤需要相对于路径参数计算接收信号的二阶导数。在信道测量中,使用从校准测量收集的系统响应来数值地计算这些导数。在校准误差的存在下,这些导数可能是错误的并且导致显著的性能损失。

在本节,我们描述了最初在文献[77]中提出的用于跟踪多入多出(MIMO)无线电信道中的时变传播路径的参数的低复杂度粒子滤波(Particle Filter,PF)算法。与 EKF、递归 EM 和 SAGE 算法不同,当观测模型是非线性时,PF 仍然可以应用。此外,它不需要微分求导运算,避免了由于无法微分,或者微分近似不准确所带来的问题。在本节中,我们依然采用状态空间模型用于描述延迟中的路径演化,波达方位角,波离方位角,多普勒频移和复振幅。所提出的粒子滤波器(PF)具有专门为宽带 MIMO 信道测量设计的附加重采样步骤,其中路径状态的后验概率密度函数通常高度集中在多维状态空间中。使用测量数据的初步调查表明,所提出的 PF 可以用少量粒子(例如每路径 5 个)稳定地跟踪路径,即使在路径未被常规 SAGE 算法检测到的情况下。

我们首先简要介绍描述时间演化路径参数的状态空间模型,再讨论在探测设备的 Rx 中接收信号的观测模型。为了简单表述,在讨论这些模型时考虑单路径场景。本章节推导的算法可以直接扩展到多路径的场景。

1. 状态空间模型

我们考虑包含时变镜面反射传播的单路径场景。该传播路径的参数包括时延 τ、水平到达角度（AoD）ϕ_1、AoA ϕ_2、多普勒频移 ν，以及这些参数的变化率，即 $\Delta\tau$、$\Delta\phi_1$、$\Delta\phi_2$、$\Delta\nu$，以及复幅度 α。状态矢量的第 k 个观察定义为

$$\boldsymbol{\Omega}_k = [\boldsymbol{P}_k^{\mathrm{T}}, \boldsymbol{\alpha}_k^{\mathrm{T}}, \boldsymbol{\Delta}_k^{\mathrm{T}}]^{\mathrm{T}} \tag{6-48}$$

其中，$[\cdot]^{\mathrm{T}}$ 是指转置运算；$\boldsymbol{P}_k \doteq [\tau_k, \phi_{1,k}, \phi_{2,k}, \nu_k]^{\mathrm{T}}$ 表示参数矢量的位置；$\boldsymbol{\Delta}_k \doteq [\Delta\tau_k, \Delta\phi_{1,k}, \Delta\phi_{2,k}, \Delta\nu_k]^{\mathrm{T}}$ 表示变化率的参数；$\boldsymbol{\alpha}_k \doteq [|\alpha_k|, \arg(\alpha_k)]^{\mathrm{T}}$ 表示复幅值，其中 $|\alpha_k|$ 和 $\arg(\alpha_k)$ 分别是指 α_k 的幅值和相位。用马尔可夫过程来为状态矢量建模，即

$$p(\boldsymbol{\Omega}_k | \boldsymbol{\Omega}_{1:k-1}) = p(\boldsymbol{\Omega}_k | \boldsymbol{\Omega}_{k-1}), \quad k \in [1, \cdots, K] \tag{6-49}$$

其中，$\boldsymbol{\Omega}_{1:k-1} \doteq \{\boldsymbol{\Omega}_1, \cdots, \boldsymbol{\Omega}_{k-1}\}$ 是从第 1 个到第 $k-1$ 个观察的状态序列，K 是指总的观察的数目。$\boldsymbol{\Omega}_k$ 的变化过程按照以下方式建模：

$$\underbrace{\begin{pmatrix} \boldsymbol{P}_k \\ \boldsymbol{\alpha}_k \\ \boldsymbol{\Delta}_k \end{pmatrix}}_{\boldsymbol{\Omega}_k} = \underbrace{\begin{pmatrix} \boldsymbol{I}_4 & \boldsymbol{0}_{4\times 2} & T_k \boldsymbol{I}_4 \\ \boldsymbol{J}_k & \boldsymbol{I}_2 & \boldsymbol{0}_{2\times 4} \\ \boldsymbol{0}_{4\times 4} & \boldsymbol{0}_{4\times 2} & \boldsymbol{I}_4 \end{pmatrix}}_{\boldsymbol{F}_k \doteq} \underbrace{\begin{pmatrix} \boldsymbol{P}_{k-1} \\ \boldsymbol{\alpha}_{k-1} \\ \boldsymbol{\Delta}_{k-1} \end{pmatrix}}_{\boldsymbol{\Omega}_{k-1}} + \underbrace{\begin{pmatrix} \boldsymbol{0}_{4\times 1} \\ \boldsymbol{v}_{\alpha,k} \\ \boldsymbol{v}_{\Delta,k} \end{pmatrix}}_{\boldsymbol{v}_k \doteq} \tag{6-50}$$

其中，$\boldsymbol{I}_n$ 表示 $n \times n$ 的单位矩阵；$\boldsymbol{0}_{b\times c}$ 是 $b \times c$ 的零矩阵，

$$\boldsymbol{J}_k = \begin{pmatrix} 0 & 0 & 0 & 0 \\ 0 & 0 & 0 & 2\pi T_k \end{pmatrix}$$

和 T_k 表示第 $k-1$ 个和第 k 个观察之间的间隔。在式（6-50）中的向量 $\boldsymbol{v}_k$ 包含了幅值矢量的驱动过程：

$$\boldsymbol{v}_{\alpha,k} \doteq [v_{|\alpha|,k}, v_{\arg(\alpha),k}]^{\mathrm{T}} \tag{6-51}$$

和参数矢量的变化率：

$$\boldsymbol{v}_{\Delta,k} \doteq [v_{\Delta\tau,k}, v_{\Delta\phi_1,k}, v_{\Delta\phi_2,k}, v_{\Delta\nu,k}]^{\mathrm{T}} \tag{6-52}$$

在式（6-51）和式（6-52）中的元素 $v_{(\cdot),k}$ 是独立的高斯随机变量 $v_{(\cdot),k} \sim \mathcal{N}(0, \sigma_{(\cdot)}^2)$。

在这里的研究中，我们认为 $T_k = T$，$k \in [1, \cdots, K]$。为了符号简洁，以下我们省去 $\boldsymbol{F}_k$ 的下标 k。

2. 观察模型

在第 k 个观察周期中，当 m_1 个 Tx 天线发射，m_2 个 Rx 天线接收的离散时间信号可以写为：

$$y_{k,m_1,m_2}(t) = x_{k,m_1,m_2}(t; \boldsymbol{\Omega}_k) + n_{k,m_1,m_2}(t), \quad t \in [t_{k,m_1,m_2}, t_{k,m_1,m_2} + T)$$
$$m_1 = 1, \cdots, M_1, m_2 = 1, \cdots, M_2 \tag{6-53}$$

其中，t_{k,m_1,m_2} 表示 m_1 个 Tx 天线发射，m_2 个 Rx 天线接收的时间点，T 是指每个 Rx 天线的探测时间段，M_1 和 M_2 分别表示 Tx 和 Rx 天线的总的个数。信号贡献 $x_{k,m_1,m_2}(t; \boldsymbol{\Omega}_k)$ 可以写为

$$x_{k,m_1,m_2}(t; \boldsymbol{\Omega}_k) = \alpha_k \exp(j2\pi\nu_k t) c_{1,m_1}(\phi_{k,1}) c_{2,m_2}(\phi_{k,2}) \cdot u(t - \tau_k) \tag{6-54}$$

这里，$c_{1,m_1}(\phi)$ 和 $c_{2,m_2}(\phi)$ 分别表示第 m_1 个 Tx 天线的水平角度的响应和第 m_2 个 Rx 天线的水平角度的响应，$u(t - \tau_k)$ 表示时延是 τ_k 的发射信号。式（6-53）中的噪声 $n_{k,m_1,m_2}(t)$ 是均

值为 0，谱高度为 σ_n^2 的高斯过程。为了表述方便，我们利用矢量 y_k 来表示第 k 个观察周期中接收的所有的样本，$y_{1:k} \doteq \{y_1, y_2, \cdots, y_k\}$ 表示观察的序列。

6.3.1 低复杂度的粒子滤波 PF 算法

从式（6-49）和式（6-53）中，我们可以看出接收信号 y_k 仅仅与当前状态 Ω_k 相关，并且对于别的状态 Ω_k 是条件相关的。利用这一性质，粒子滤波方法可以用于顺序估计后验概率密度函数（PDF）。

在这里考虑的参数化信道表述中，多径所在的参数空间是多维的⊖。通常在宽带 MIMO 信道特征研究中，测量时间和空间上的观察长度和样本数量通常为了实现高分辨率和高 SNR，均远远大于多径数量，这为使用粒子滤波带来了挑战。直接导致的问题是后验证 pdf $p(\Omega_{1:k} | y_{1:k})$ 在参数空间里极为稀疏，即本地最高通常积聚在非常狭小的参数空间里，很难将粒子集合转移或分配到概率较高的区域。本节中提到 PF 算法则克服了此问题，也是为解决稀疏性问题专门设计的。在本节中，我们首先介绍考虑单路径场景的算法，然后再将其扩展到用于跟踪多个路径的场景中。

1. 粒子状态的初始化

我们通过使用常规 SAGE 算法所获取的参数估计来初始化粒子状态。如前所述，该 SAGE 算法基于不同观察的路径参数之间是统计独立的假设，来对每个观察独立进行参数提取。利用 SAGE 的估计结果，我们从第 3 个观察周期开始利用 PF 来跟踪 Ω_k。具体的粒子状态初始化如下：第 i 个粒子的矢量 Ω_k^i 的初始状态为 Ω_2^i。其中的位置参数矢量 P_2^i 和第 2 个观察中 SAGE 算法中得到的参数估计的结果相同。此外，利用 SAGE 结果中第 1 个和第 2 个观察的估计值的差异来计算参数的变化率。

2. 粒子滤波算法的框架

当一个新的观察即 y_k 可用时，PF 包含以下步骤。

步骤 1：粒子状态的预测和重要权重的计算

前一次观察的输出为集合 $\{\Omega_{k-1}^i, w_{k-1}^i\}$，其中 w_{k-1}^i 表示第 i 个粒子的重要权重。我们首先为第 k 个观察周期预测所有粒子的状态。参数矢量的变化率 Δ_k^i 可以更新为：

$$\Delta_k^i = \Delta_{k-1}^i + \Delta w_k^i, \quad i = 1, \cdots, I \tag{6-55}$$

其中，I 表示粒子的总的数目，矢量 Δw_k^i 从 $\mathcal{N}(0, \Sigma_w)$ 分布中得到。对角线的协方差矩阵 Σ_w 可以写为

$$\Sigma_w = \mathrm{diag}(\sigma_{\Delta\tau}^2, \sigma_{\Delta\phi_1}^2, \sigma_{\Delta\phi_2}^2, \sigma_{\Delta\nu}^2) \tag{6-56}$$

提前确定好对角线元素的值 $\sigma_{\Delta(\cdot)}^2$，其中 τ、ϕ_1、ϕ_2 和 ν 代替为 $(\cdot)$。

位置向量 P_k^i 计算为：

$$P_k^i = P_{k-1}^i + \Delta_k^i \tag{6-57}$$

复幅值 α_k^i 解析的计算为

$$\alpha_k^i = \frac{(s_k^i)^{\mathrm{H}} y_k}{\| s_k^i \|^2} \tag{6-58}$$

⊖ 在镜面反射的路径场景中，参数空间具有 14 个维度，而在分散的路径场景中，具有多达 28 个维度。

其中，$(\cdot)^H$ 表示厄米转置，$\|\cdot\|$ 表示给定的向量的欧几里得范数，矢量 s_k^i 包含元素

$$s_{k,m_1,m_2}^i(t;\boldsymbol{P}_k^i) = \exp(j2\pi\nu_k^i t) c_{1,m_1}(\boldsymbol{\phi}_{1,k}^i) c_{2,m_2}(\boldsymbol{\phi}_{2,k}^i) u(t-\tau_k^i), t \in [t_{k,m_1,m_2}, t_{k,m_1,m_2}+T]$$

粒子的重要权重计算为

$$w_k^i = \frac{w_{k-1}^i p(\boldsymbol{y}_k|\boldsymbol{\Omega}_k^i)}{\sum_{i=1}^{I} w_{k-1}^i p(\boldsymbol{y}_k|\boldsymbol{\Omega}_k^i)}, \quad i=1,\cdots,I \tag{6-59}$$

其中

$$p(\boldsymbol{y}_k|\boldsymbol{\Omega}_k^i) \propto \exp\left(-\frac{1}{2\sigma_n^2}\|\boldsymbol{y}_k - \alpha_k^i \boldsymbol{s}_k^i\|^2\right) \tag{6-60}$$

步骤 2：附加重采样

在宽带 MIMO 中通道测量时，时空空间样本量在一个观察期通常较大。然后，后验 pdf $p(\boldsymbol{\Omega}_{1:k}|\boldsymbol{y}_{1:k})$ 中数值较高的部分总是聚集在 pdf 本地极值点附近。由于路径参数随着时间演化，具有预测状态的粒子被分配到 pdf 的低谷中的概率很高。一个直接的解决方案是使用大量的颗粒。但是由于其操作复杂度过高，很难在这里使用。类似的问题也出现在基于视觉的机器人定位和跟踪中，解决方法是采用了必要的先验假设，如设定比真实值高的噪声方差，或者粒子仅仅分布在参数空间特定的子集内[78]，或基于多假设方法[79]。尽管这些方法能够降低复杂度，但是它们的缺点是具有加权的颗粒不具有接近真实的后验密度 $p(\boldsymbol{\Omega}_{1:k}|\boldsymbol{y}_{1:k})$，因而，估计结果可能由于过多的人为设定而发生错误。在本研究中，我们设计了一个附加的重采样步骤，能够保证粒子分布仍能按照后验 pdf 的真实情况来操作。

当从式（6-59）获得的粒子重要权重可以忽略时，重采样步骤被激活。该步骤可以使用两种技术。第一种是利用观察的一部分样本 $\tilde{\boldsymbol{y}}_k$ 来计算重要权重。

由于 $\tilde{\boldsymbol{y}}_k$ 中的观察样本数目少于 $\boldsymbol{y}_k$，原始的 pdf $p(\boldsymbol{\Omega}_k|\boldsymbol{y}_{1:k})$ 比后验 pdf $p(\boldsymbol{\Omega}_k|\tilde{\boldsymbol{y}}_k,\boldsymbol{y}_{1:k-1})$ 更集中。因此，粒子具有更高的概率，来获得更为显著的重要权重。

第二种是改变计算重要权重的方法，即

$$\widetilde{w}_k^i \propto \log p(\boldsymbol{y}_k|\boldsymbol{\Omega}_k^i) + \log w_{k-1}^i \tag{6-61}$$

所获得的集合 $\{\boldsymbol{\Omega}_k^i, \widetilde{w}_k^i\}$ 是函数 $\log p(\boldsymbol{\Omega}_{1:k}|\boldsymbol{y}_{1:k})$ 的一个估计。这个函数和 $p(\boldsymbol{\Omega}_{1:k}|\boldsymbol{y}_{1:k})$ 具有相同的模式，并且在模式附近具有更宽的曲率。因此，获得较高重要权重的概率会增强。

基于这两种方法，我们提出了一个额外的重采样步骤，其可以根据以下伪代码执行：

for $n=1$ to N

 步骤 2.1   选择 $\tilde{y}_k^n \in \boldsymbol{y}_k$。

 步骤 2.2   计算重要权重 $\widetilde{w}_k^i, i=1,\cdots,I$。

 if $\{\widetilde{w}_k^i\}$ 包含非重要的值，如，小于 $\max\{\widetilde{w}_k^i\}-3$，**then**

 步骤 2.3   找到具有较大重要权重的粒子的索引 $\boldsymbol{A}=\{i^s\}$。令 D 是具有非显著权重的粒子数目。

 步骤 2.4   产生 D 个新粒子，其状态从 $p(\boldsymbol{\Omega}_k|\boldsymbol{\Omega}_{k-1}^{j(A_d)}), d=1,\cdots,D$ 中得出。这里，A_d 表示 $\boldsymbol{A}$ 中第 d 个元素，$j(A_d)$ 是第 $(k-1)$ 个观察的粒子索引值，从而第 k 个观察的第 A_d 个粒子可以产生。使用新的粒子更换具有非显著权重的粒子。

步骤 2.5　更新重要权重 w_{k-1}^i 如

$$w_{k-1}^i = J(i)^{-1} w_{k-1}^{j(i)}, \quad i = 1, \cdots, I \tag{6-62}$$

其中，$J(i)$ 表示利用 $k-1$ 个观察中的第 j 个粒子所产生的新粒子的总的数目。回到步骤 2.2。

　　end if
　end for

步骤 3：正常的重采样　本步骤中，重要权重 $\widetilde{w}_k^i$ 被 W_k^i 替代，观察 $\widetilde{y}_k^n$ 被 y_k 代替，除此之外，本步骤中的操作和步骤 2 中的循环相似。

步骤 4：估计后验 pdf　后验 pdf 的估计值可以用粒子状态和重要权重来近似

$$\hat{p}(\boldsymbol{\Omega}_k \mid \boldsymbol{y}_{1:k}) = \sum_{i=1}^{I} w_k^i \delta(\boldsymbol{\Omega}_k - \boldsymbol{\Omega}_k^i) \tag{6-63}$$

所估计的 pdf 可以用来估计 $\boldsymbol{\Omega}_k$ 的函数的期望。比如，在单路径环境中，路径的状态矢量 $\boldsymbol{\Omega}_k$ 可以估计为

$$\hat{\boldsymbol{\Omega}}_k = \sum_{i=1}^{I} \boldsymbol{\Omega}_k^i w_k^i \tag{6-64}$$

3. 扩展到多路径环境

由于多个路径分布在多维空间中，不同路径的状态不会同时具有高概率。因此，需要通过单独利用 PF 来分别跟踪路径。每个 PF 中粒子的状态由特定的路径的参数估计值来初始化。在 0 节的实际测量验证中，这种方法被用于在实际测量中来跟踪多条路径。

6.3.2　实测算法性能验证

我们利用 Propsound 信道测量仪来收集测量数据。采集方式是使用"burst"的模式，每个"burst"具有 16 个测量周期"cycle"。Tx 和 Rx 都装有相同的 9 个阵子的圆形阵列。文献［88］中的图 2 展示了该天线阵列的图片。

测量是在狭长的走廊场景中进行的。图 6-4 描绘了测量环境，以及 Tx 和 Rx 周围的情况。接收端 Rx 在测量中保持静止，在地图中标记为红色。发射端 Tx 向 Rx 方向以恒定速度沿着直线移动。接收端 Rx 则位于加固的玻璃门后。该场景下存在具有一定阻挡下的直视路径。测试期间没有人或物体移动。

我们考虑了 100 个连续"burst"收集的测量数据，总时间跨度为 26.93 s。在此期间，Tx 速度约为 0.5 m/s，共移动了 7.5 m。路径参数的时间演化行为可以从不同 burst 的接收信号的延迟功率分布（PDP）的变化明显观察到。图 6-5 展示了总共有 50 个连续的"burst"中接收信号的平均 PDP，可以看到 PDP 的一些尖峰具有不断增加的时延，而另一些则具有不断减少的时延。

利用所设计的粒子滤波 PF 算法来跟踪三条路径。首先用 SAGE 算法获得的三个路径的参数估计以初始化粒子的状态。而后利用 PF 每条路径分配 5 个粒子来进行跟踪，其中 $\sigma_{\Delta\tau}$ = 1.5 ns，$\sigma_{\Delta\phi_1} = \sigma_{\Delta\phi_2} = 4°$ 和 $\sigma_{\Delta\nu} = 5$ Hz。注意到在实际操作过程中，$\sigma_{\Delta\tau}$、$\sigma_{\Delta\phi_1}$、$\sigma_{\Delta\phi_2}$ 和 $\sigma_{\Delta\nu}$ 均是未知的，这些参数虽然可以使用基于射线追踪技术来估计，但是为简单起见，我们直接设定这些参数来对 PF 进行性能的初步验证。注意到这些设定的数值很可能大于其真实参数值。

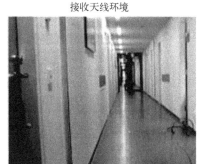
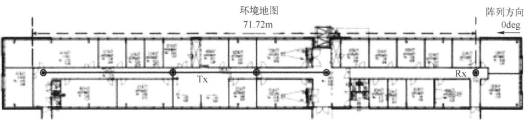

图 6-4 研究环境的照片和地图

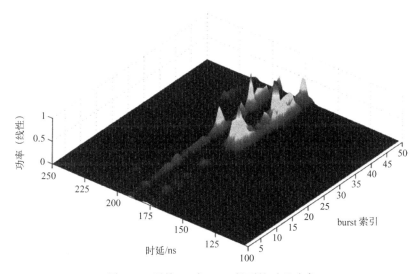

图 6-5 平均 50 个 burst 得到的时延功率

图 6-6 描绘了使用 PF 估计的三个路径的参数的轨迹。在图 6-6a 中，路径时延的轨迹与为 100 个"burst"计算的 PDP 重叠。可以看到估计的时延轨迹与峰值随着时间变化的规律一致。图 6-6b~f 展示了使用常规 SAGE 获得的 3 个路径的参数估计值。可以观察到 PF 估计的轨迹基本匹配大多数"burst"的 SAGE 估计。但是，在 SAGE 算法不能检测到路径的情况下，粒子滤波仍然可以跟踪到路径，比如在"burst"82~100 期间，SAGE 算法无法捕捉到路径 3，但是 PF 仍然可以成功地检测到该路径。

从图 6-6b 中可以观察到，在"burst"间隔 80~90 期间，路径 3 的时延轨迹发生显著波动。此外，与 SAGE 估计相比，多普勒频率轨迹也表现出大幅波动。这些效果可能是由于以下原因导致。首先，我们采用 PF 跟踪单个路径。在这种情况下，如果一个路径接近参数空

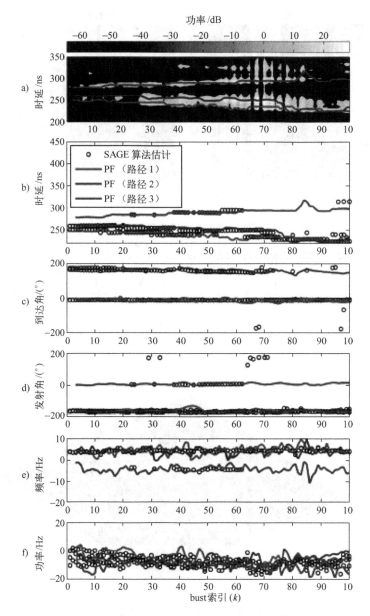

图 6-6 跟踪三条时变路径的 PF 性能：b) 中给出的图例适用于 a) ~f)。
在 a) 中，100 个 burst 中信号的 PDP 显示在背景中

间中的其他路径，粒子可能由于干扰而被导向到错误的位置。观察到轨迹中的显著波动也可能是由于方差参数 $\sigma^2_{\Delta(\cdot)}$ 不适当的设置导致。比如，多普勒频率的标准差 σ_{Δ_ν} 被设定为 5 Hz。然而，对所有跟踪路径，这个数字实际上会远大于真实值。此外，轨迹的波动可能是由于 PF 只使用了 5 个粒子来跟踪每个路径。粒子数量少，导致不能准确捕捉估计后验 pdf 的峰值。

为了检查由 PF 估计的路径演变，我们在图 6-7 中绘制一个粗略表示几何的草图环境，并重建三个可能传播路径的近似。图 6-7 中附加的表格列出了从这些路径绘制的一些集合

特征。我们观察到 PF 跟踪的路径表现出类似于图 6-7 的路径时间演化特性。这表明提出的 PF 适用于描述传播路径的时变特性。

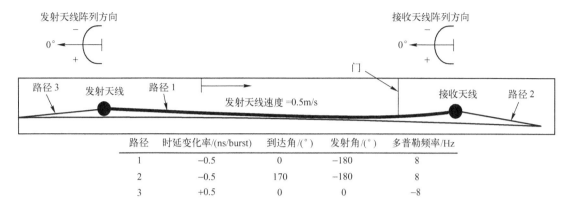

图 6-7　在测量环境中的重建的传播路径的几何特征，从几何图片中计算出的 AoA、AoD 和多普勒频率近似值在表中报告

6.4　被动信道测量系统

6.4.1　信道测量方法综述

无线传播环境的优劣限制了移动通信系统的性能。典型传播环境中存在大量的物体，如建筑物、植物、人体、车体等人工制造或自然存在的物体。多种传播机制，如反射、衍射或散射对于无线电波的传播会产生具有不同衰减、传播时延、波离和波达方向、极化，以及多普勒频移的多径传播分量，更增加了信道构成的复杂性。此外，如果在发射和接收端之间存在较大尺寸的障碍物，也会对收发之间的直线传播路径形成阻挡，对整体信道特征都会有较大的影响。以上这些现象在时变场景中不断演变和生灭，将会产生复杂度更高的时变、多径传输信道。例如，窄带信道中在时延上不可分辨多径的叠加，会导致幅值符合瑞利分布的快衰落。同时，在宽带情况下，信道的相干带宽、相干时间、相关距离分别与多径时延扩展、多普勒扩展、方向域扩展成反比。在无线电通信系统的设计与规范过程中，这些都是必须考虑的问题。具体而言，传播特性，即无线电信号的传播在所关注的环境中究竟是如何表现的，是构建系统的关键。统计信道模型的建立需要根基于海量测试数据的采集，对无线电信道的空间、时间和频率域中的冲激响应，在各种特征遍历的场景中进行测量，有助于全面理解信道特征。通过广泛的测量活动，我们可以得到大量的数据。从这些数据中提取出来信道参数，其统计特征组成综合的实测信道建模。此外，基于视线追踪、传播图、波导仿真、正弦叠加等方式构建解释性的信道模型，也需要大量测试数据进行模型参数和产生机制的校准，以及对模型适用度进行实测验证。

无线电信道冲激响应（CIR）的测量也被称为信道探测。现阶段已经存在许多不同的信道探测仪。在脉冲探测方法中，发射端发射出周期性的短脉冲，在接收端检测所接收到的包络。这种方法与雷达系统相似。脉冲的持续时间应该尽可能短，以实现良好的延迟分辨率，同时脉冲的能量应该尽可能高，以得到一个不错的信噪比，同时这也会使得信号的峰值振幅与均方根振幅的高比率，导致功率放大器的低效率。为了克服这个缺陷，低峰值的长脉冲信号被用来周期性地探测传播信道，并且在接收机处用相关性的方式或匹配滤波的方式进行压缩。从硬件层面上看，匹配滤波和相关处理有很大区别，然而从数学上讲，二者最终的效果是一致的，因此这些技术都可被称为相关性探测技术。最常用的长脉冲信号包括伪噪声（PN）序列、格雷序列（Golay Sequence）以及线性调频脉冲信号（Chirp Signal）等。时延分辨率由发射序列的自相关函数（ACF）确定，同时信噪比（SNR）与发射序列长度相关。因此通过修改序列参数，我们可以很容易地实现高分辨率、高信噪比的信道探测，同时有效地使用功率放大器。此外，基于奈奎斯特准则，用于记录信道冲激响应的采样率不应小于两倍带宽。事实上，当需要大的信号带宽以实现高延迟或空间分辨率时，信道探测仪的模拟-数字转换器所能达到的最大采样速率通常是系统的瓶颈。扫描时间时延相关器（Swept Time Delay Cross Correlator，STDCC），也被称为滑动相关器，在保持了一般相关探测器优点的同时，克服了该瓶颈。在 STDCC 中，接收机处产生一个频率与发送序列的频率相比略低的序列副本，同时在每个序列周期中仅采样一个输出，该输出是接收信号与所生成的慢漂移序列的相关值。由于频移的影响，不同序列周期的输出对应了同一个 CIR 的不同时延。经过一定时间之后，发送序列和接收端序列重新对齐之后，STDCC 会输出新的 CIR。值得注意的是，当延迟窗足以观察所有回声（路径）时，所生成的序列可以提前重新对准发送序列。STDCC 牺牲了 CIR 的测量时间以满足较低的采样率，具有"带宽压缩"的效果。CIR 带宽的压缩因子等于发送信号的频率除以频率偏移量，也就是说 CIR 的采样率依据这个压缩因子同比例减小。值得注意的是，该因子需要足够大，即频偏需要足够小，否则自相关函数的失真将会影响到信道探测的性能。随着对同一个 CIR 观测时间的延长，最大可观察多普勒频率变得越来越小。另外，由于一个 CIR 的不同延迟的样本是在不同时刻获得的，并且 ACF 具有一定的时延扩展，我们在使用 SAGE 等高精度算法提取多径变量的过程中，需要在信号模型中把多普勒导致的相位旋转考虑在内。

除了上述的工作于时间域的信道探测器之外，也有许多在频域工作的信道探测器，其中最为常用的设备是矢量网络分析仪（Vector Network Analyzer，VNA）。它通过一步步扫频的方式来测量不同频点上的 S 参数（明确讲是 S_{21}），得到信道转移函数，随后通过傅里叶逆变换的方式来获得信道的冲激响应。VNA 设备有着超高的校准精度，通过该测量方式获得的信道冲激响应往往具有很高的质量。但是，这种扫频方式可能需要花费比正常时变信道的相干时间更长的时间，这也导致了 VNA 在时变场景中的局限性。另外由于线缆长度有限，连接在同一个 VNA 上的发射机与接收机的距离通常不大，这又限制了 VNA 在长距离区域内的应用，因此 VNA 主要用于静态短距离环境（如室内环境）的信道测量。在不同频率上同时进行信道探测是一个很不错的方法，例如发射端同时发送不同频率的正弦波进行信道探测，在长期演进系统（LTE）中使用的正交频分复用信号（OFDM）就是这种信道探测信号的一个例子。

6.4.2 被动信道测量系统

一般情况下，信道探测要求操作者自主搭建信道探测设备，即发射机和接收机。然后由于如今各种具有相当带宽的通信基础设施（如 3.84 MHz 的 UMTS 系统和 18 MHz 的 LTE 系统）的存在，测量者可以直接利用它们作为发射机，只需要自主搭建接收机即可完成移动-

固定（Vehicle-to-Fix，V2F）信道测量。本小节将介绍基于 Universal Software-defined Radio Peripheral（USRP）设备、利用第三代和第四代移动通信系统的被动信道测量系统，它们已经被应用于蜂窝网络[80]、高铁、地铁[81]和无人机地对空信道[82]的研究之中。

1. 设备介绍

被动信道探测系统包含下列测量设备：
- 通用软件定义无线电外设（USRP），由 GNU radio 或者 MATLAB 等软件驱动以调整射频设置。
- 控制主机，如便携式计算机或者台式计算机，同时也充当着存储设备，用来存储接收到的实时时域 I/Q 数据。
- 其他附件，例如天线（工作在 UMTS 或者 LTE 频段）、电源、GPS 驯服时钟（提供精确的参考频率）等。

被动信道测量系统记录实时的通信系统下行信号的时域基带数据，利用特殊的下行信号从接收数据中提取（估计）信道的冲激响应。

图 6-8 展示了一款 USRP。它具有 25 MHz 的最大复数采样率（可以满足 UMTS 和 LTE 系统下测量带宽要求）和两个端口，可以实现最多两个通道数据的同时接收。我们也可以选择具有更大带宽和端口的 USRP 设备。

图 6-8　USRP N210

图 6-9 展示了用来驱动 USRP 的 GNU radio 软件界面。我们可以设置中心频点、采样率、USRP 增益、I/Q 数据存储格式、是否使用外部时钟晶振等射频参数以达到最佳测量效果。

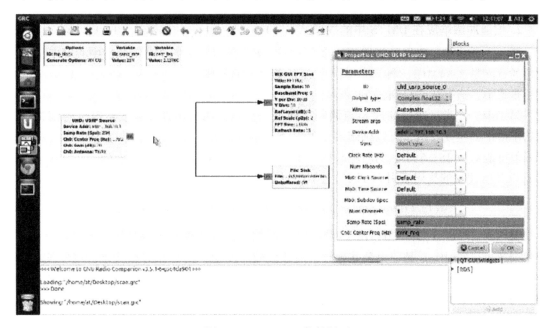

图 6-9　GNU radio 软件界面

USRP 内部本地晶振的精确度较差，会出现频率大幅度偏差现象，导致性能下降，这是不可忽视的一个问题。一般情况下，USRP 通电之后一定时间内由于环境（如温度）变化不大，这个偏差量可以认为是比较稳定的。USRP 采样率以及中心频点的产生依赖晶振产生的参考频率，它的不精确性一方面导致不准确的采样，致使测量到的时延和真实时延之间有偏差，另一方面不准确的中心频点会使得接收数据中包含多余的相位旋转，带来"虚假"的多普勒频率。假设期望达到的采样率是 f_s，而由于频偏导致的不准确的采样率是 f_s'，那么采样率偏移 Δf_s 为 $f_s'-f_s$。那么，如果仍然认为 USRP 的采样率为 f_s，据此计算出来的 USRP 采样点的时刻和这一采样点的真实时刻的差距 $\Delta\tau$ 可以用下式计算：

$$\Delta\tau(t) = \left(\frac{f_s}{f_s} - \frac{f_s}{f_s'}\right)\frac{t}{\frac{f_s}{f_s'}} = \frac{\Delta f_s}{f_s}t \tag{6-65}$$

其中，t 表示测量持续的时间。与此同时，假设期望达到的中心频点是 f_c，而由于频偏导致的不准确的中心频点是 f_c'，即中心频点偏移 $\Delta f_c = f_c' - f_c$，那么在接收信号中引入的相位旋转为

$$\phi(t) = e^{-j2\pi\Delta f_c t} \tag{6-66}$$

此外由于采样率和中心频点参考同一个参考频率产生，因此有

$$\frac{\Delta f_c}{f_c} = \frac{\Delta f_s}{f_s} \tag{6-67}$$

为了解决这一问题，我们可以使用如下的两个方案：

1）外接精确的参考频率，如 GPS 驯服时钟产生的 10 MHz 参考频率。

2）通过观察静止状态下的信道的时延偏移量或者多普勒频率，通过式（6-65）~式（6-67）对系统进行校准。

2. 信道冲激响应在 UMTS 中的提取

第一步，滤波。我们可能接收到多个 UMTS 频带信号，它们具有不同的中心频率，每个频带的宽度是 3.84 MHz。将具有不同中心频率的 UMTS 基带信号记为 $r_c(t), c=1,\cdots,n$，在这一步骤中，通过滤波得到 $r_c(t), c=1,\cdots,n$。

第二步，同步。通过将 $r_c(t)$ 与调制后的主同步码做相关运算并且搜索输出的相关序列的功率谱中的主要峰值，可以确定多个基站下行同步信道中的每一个时隙的起始位置（每个峰值可能对应于一个小区的时隙起始位置）。此外，公共导频信道中每个时间帧的起始时间 t_0 以及所使用的扰码索引 i 可以通过解决以下最优问题获取：

$$(\hat{t}_0, \hat{i}) = \arg\max_{t_0, i} \left|\int_0^T r_c(t)\left[c_s^i(t-t_0)\right]^* dt\right|^2, \quad c=1\cdots n \tag{6-68}$$

其中，$c_s^i(t)$，$i \in [1,2,\cdots,64]$ 由 15 个辅同步码构成，这些辅同步码是根据预先定义的第 i 个序列产生；$T=10$ ms 是一个公共导频信道数据帧的长度；$(\cdot)^*$ 表示给定成分的复数共轭。

第三步，扰码检测。由于分配给每个小区的扰码信息是未知的，因此有必要进行扰码检测。用于调制公共导频信道的扰码索引 j 可以通过如下方式得到：

$$\hat{j} = \arg\max_{j \in J_i} \left|\int_{\hat{t}_0}^{\hat{t}_0+T} r_c(t) s_j^*(t-\hat{t}_0) dt\right|^2, \quad c=1,2,3 \tag{6-69}$$

其中，向量 $J_i = (\hat{i}-1)\cdot 8 + [1,2,\cdots,8]$ 包含 8 个在第 $\hat{i}$ 组中的扰码索引；$s_j(t)$ 表示第 j 个

扰码。

第四步，信道冲激响应提取。对于识别出的使用第$\hat{j}$个扰码、载波序号为c的小区信道，在第k个公共导频信道的数据帧中的信道$h_{c,k}(\tau)$的估计$\hat{h}_{c,k}(\tau)$可以通过下式获取：

$$\hat{h}_{c,k}(\tau) = \int_{\hat{t}_0}^{\hat{t}_0+T} r_c(t+kT) s_{\hat{j}}^*(t-\tau) \mathrm{d}t \tag{6-70}$$

3. 信道冲激响应在 LTE 系统中的提取

LTE 系统具有两种数据帧，即时分复用（Time-Division-Duplexing，TDD）和频分复用（Frequency-Division-Duplexing，FDD）系统，同时也具有 6 种有效带宽，即 18、13.5、9、4.5、2.7、1.08 MHz，分别对应 1200、900、600、300、180、72 个子载波（除直流子载波之外的子载波）。主同步信号（Primary Synchronization Signal）、辅同步信号（Secondary Synchronization Signal）和小区参考信号（Cell-specific Reference Signal）以一定的规律在时频资源网格上分布。

频域上，主同步信号和辅同步信号占据了直流子载波两侧各 36 个子载波，而小区参考信号以每 6 个频点占据一个频点的方式贯穿整个有效带宽。

时域上，一个数据帧包含 20 个时隙（slot），每个时隙持续 0.5 ms，在普通循环前缀（Normal Cyclic Prefix，NCP）的情况下，每个时隙含有 7 个正交频分复用（Orthogonal Frequency Division Multiplexing，OFDM）符号，在延长循环前缀（Extended Cyclic Prefix，ECP）的情况下，每个时隙含有 6 个 OFDM 符号，并且每两个时隙构成一个子帧（subframe）。主同步信号的位置是由数据帧格式（时分或者频分）决定的，即主同步信号在 FDD 数据帧中位于第 1 个和第 11 个时隙的最后 OFDM 符号，在 TDD 数据帧中位于第 1 和 7 个子帧的第三个 OFDM 符号；辅同步信号在数据帧中的位置也是由多种因素例如循环前缀类型、数据帧类型（时分或者频分）等决定的；物理小区识别号（Physical Cell Identity，PCI）由主同步信号和辅同步信号决定，它和其他例如循环前缀类型、数据帧类型等决定了小区参考信号的信息。

综上所述，我们可以借助主同步信号和辅同步信号来检测小区参考信号和循环前缀类型，并确定发送的小区参考信号的信息，从而在接收到的下行信号中的小区参考信号中估计或者提取信道的冲激响应。接下来我们以 TDD 数据帧为例，介绍信道冲激响应的提取步骤。图 6-10 和图 6-11 分别示意了具有普通循环前缀的 TDD 数据帧的同步信号和小区参考信号的位置。

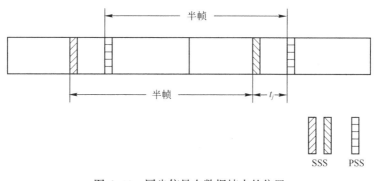

图 6-10 同步信号在数据帧中的位置

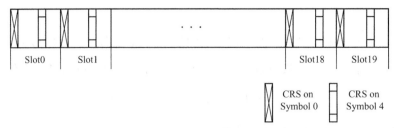

图 6-11 小区参考信号在数据帧中的位置

步骤 1，滤波。滤波得到 LTE 信号有效带宽内的基带信号 $r(t)$。

步骤 2，主同步信号检测。如图 6-10 所示，在一个数据帧中包含两个主同步信号。它们在原始数据中的位置 t_0 和索引 i 可以通过解决如下最大化问题检测：

$$(\hat{t}_0,\hat{i}) = \arg\max_{t_0,i} \left| \int_0^T r(t) p_i^*(t-t_0)\,dt \right|^2, \quad i=0,1,2 \quad (6\text{-}71)$$

其中，$p_i(t)$，$i \in [0,1,2]$ 表示三种不包含循环前缀的主同步信号，它们由频域的 Zadoff-Chu 序列通过傅里叶逆变换产生；$T=5$ ms 表示半帧的长度；$(\cdot)^*$ 表示给定成分的复数共轭。另外，在实际有噪声和阴影衰落的信道中，可以使用式（6-72）使得 $(\hat{t}_0,\hat{i})$ 的检测更加稳定：

$$(\hat{t}_0,\hat{i}) = \arg\max_{t_0,i} \frac{1}{N} \sum_{n=0}^{N-1} \left| \int_0^T r(t+nT) p_i^*(t-t_0)\,dt \right|^2 \quad (6\text{-}72)$$

步骤 3，辅同步信号检测。如图 6-10 所示，每个数据帧包含两个辅同步信号。在同一个半帧中，辅同步和主同步信号的时间间隔 t_j 和循环前缀的类型 j 有关。而且一个数据帧内的两个辅同步信号不同，两者的索引相差 168，这意味着同一种辅同步信号在数据流中相隔一个数据帧的长度。循环前缀类型 j 和辅同步信号索引 k 可以通过解决如下最大化问题得到：

$$(\hat{j},\hat{k}) = \arg\max_{j,k} \frac{1}{N} \sum_{n=0}^{N-1} \left| \int_{\hat{t}_0+t_j}^{\hat{t}_0+t_j+T_s} r(t+2nT) s_k^*(t-\hat{t}_0-t_j)\,dt \right|^2 \quad (6\text{-}73)$$

其中，$T_s = 1/15$ ms 是一个不包含循环前缀的辅同步信号符号的时间长度；$t_j, j \in [0,1]$ 分别表示在同一半帧中，普通循环前缀和延长循环前缀情况下的相邻辅同步和主同步信号起始位置的时间差距；$s_k, k \in [0,1,\cdots,335]$ 表示 336 种去除循环前缀的辅同步信号。需要注意的是，如果检测到的 $\hat{k} \in [0,1,\cdots,167]$，那么检测到的辅同步信号在第一个半帧内，反之就在第二个半帧内，由此可以决定一个数据帧在数据流中的起始位置。物理小区识别号 N_{id}^{cell} 可以通过下式得到：

$$N_{id}^{cell} = \hat{i} + 3 \times (\hat{k} \bmod 168) \quad (6\text{-}74)$$

其中，$(\cdot) \bmod (\cdot)$ 表示前者除以后者得到的余数。

步骤 4，信道冲激响应提取。根据物理小区识别号以及循环前缀类型，我们可以明确获得每个数据帧中发送的小区参考信号的信息，由此根据下式估计信道的冲激响应 h_τ：

$$\hat{h} = \mathcal{F}^{-1} \frac{C_r(f_s)}{C_t(f_s)} \quad (6\text{-}75)$$

其中，C_r 表示频域上接收到的小区参考信号；C_t 表示频域上的本地小区参考信号；f_s 表示小区参考信号所占据的 OFDM 子载波位置；$\mathcal{F}^{-1}(\cdot)$ 表示给定成分的傅里叶逆变换。除了某

些参数如 $t_j, j \in [0,1]$ 的候选值与 TDD 情况下有差别之外，FDD 数据帧的信道冲激响应估计方法与 TDD 情况下的步骤一样。

6.5 信道建模：高铁、地铁、无人机场景

6.5.1 基于几何的随机高铁信道模型

本节将介绍一个上海到北京之间的高铁（High-Speed-Train，HST）信道测试活动，其中的高铁沿线布置了通用移动陆地系统（Universal Mobile Terrestrial System，UMTS）。我们从接收到的公共导频信道（Common PIlot CHannel，CPICH）信号数据中提取出了信道冲激响应（Channel Impulse Response，CIR）。在 1318 km 的路程内，我们总共检测到了 144 个基站（Base Station，BS），同时对从 CIR 中估计出的多径分量（Multipath Component，MPC）进行了联合和聚类。结果表明，由于受到 3.84 MHz 带宽的限制，在大部分情况下，信道都包含一个视距（Line-of-Sight，LoS）路径簇，在其他的情况下，信道则是由两个或者多个由分布式天线、泄漏电缆或者是享用相同 CPICH 的基站所产生的两个或者多个 LoS 路径簇构成。根据路径簇在时域和多普勒域的行为，我们建立了一种新的几何随机路径簇模型。与传统模型不同的是，路径簇的时变特性由随机的几何参数例如基站到高铁的相对位置和列车速度等来表征。这些几何参数的分布和每个路径簇的路径损耗、阴影衰落、时延扩展和多普勒扩展都从测量数据中被提取出来。

本节余下的内容包括四个部分：测量设备、环境、数据采集规范和后处理；几何随机簇模型的结构和传播场景的分类；表征路径簇确定性参数轨迹的几何参数估计方法；几何参数的统计特性和每个路径簇的随机信道特性。

1. 测量设备、环境、数据采集规范和后处理

在主动测量系统中，由于一些实际的问题特别是当接收端或者发射端具有很高的运行速度时，信道测量和宽带模型的建立都会遇到一定困难。当高铁以 300 km/h 或者更高的速度行驶时，由于只有一些特定位置范围（发射机固定的位置范围）的少量测试数据能够被记录下来，这些有限的数据样本并不足以构建有效的随机信道模型，因此我们建议使用被动测量的方式来代替之前的主动测量的方式，即将部署在高铁铁路周围公共无线通信系统中的通信信号用于本实验中的信道测量。这种被动测量方法有以下几个优点，一是高铁沿线地区的商用无线通信网络覆盖比较广泛，我们可以获取大量的测量数据；二是采用这种测量方式所得到的信道特征和用户在车厢内所经历的信道特征一致。事实上，在过去的几十年里，研究者已经使用第二代无线通信系统的数百 kHz 带宽的信号进行被动信道测量，用来分析信道窄带衰落特性和与通信性能有关的参数，例如信道外干扰[83,84]。如今，利用部署在高铁附近的带宽为 3.84 MHz 的通用移动陆地系统信号或带宽为 20 MHz 的长期演进（Long-Term-Evolution，LTE）系统的信号，我们可以详细分析信道的宽带特性[85]。

为此，在本节中，基于详细设计的被动信道测量，我们提出了一种新颖的高铁信道模型。主要创新和贡献可以概括如下：

1）这是被动测量技术第一次应用于真实的高铁信道场景中。该被动测量技术利用放置在高铁内部的软件无线电外部设备来接收中国上海和北京之间的 UMTS 高铁公共导频信道的

下行信号。整个测试距离超过1000 km，从144个部署在高铁周围的基站中获取了信道的冲激响应（CIR）。

2) 基于从CIR中提取的多径分量参数即时延、多普勒频率和复衰减系数，提出了一种新的基于几何的随机路径簇模型（Geometry-based Random-Cluster Model, GRCM）用来描述不同的高铁传播信道。不同于传统的信道模型，该信道模型不仅包括用于重现路径簇确定性时延和多普勒轨迹的几何参数的经验分布，而且还包括各个路径簇的随机特性，包括路径损耗、阴影衰落、时延和多普勒扩展。

3) 首次发现了一些新的信道性质，并建立相应的模型，例如由于铁路沿线部署分布式天线产生的多个下行链路共存的现象和在基站中使用定向天线导致的特定衰落现象。

图6-12展示了利用UMTS网络信号进行数据采集、处理和信道建模的流程图。测试过程中用于接收信号的设备由以下部分组成：一个由计算机通过自由无线电软件（GNU⊖ radio software）控制的型号为N210通用软件无线电外设USRP，一个存储磁盘和一个工作在2~3 GHz频带的全向天线。这样就可以实现在移动高铁场景中实时接收信号。数据的复数采样率为25 MHz（即25 MHz的有效带宽），采样中心频率为2.1426 GHz，被保存为多个每次持续1 min的片段。

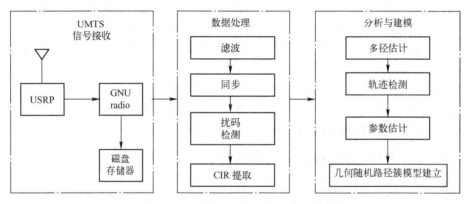

图6-12 描述HST信道的数据采集处理和建模流程图

测试是在2014年1月从北京到上海的高铁车厢内进行的。高铁从北京到上海历时5 h，总距离1318 km。除了从车站出发和离开，高铁运行期间共有5站。高铁平均速度为300 km/h。图6-13显示了从北京到上海的铁路卫星视图。图6-13中标记了途经路程中的停车站。传播环境可以分为以下几类：城市、郊区、农村和丘陵地形，如图6-14所示。此外，铁路的构造也产生了多种值得研究的传播场景。在我们的例子中，传播场景被分成隧道、开放区域、和V形通道场景。在隧道场景下，分布式天线系统或泄漏电缆会产生具有多个链路的复合信道。在V形通道场景的情况下，接收天线低于地面，铁路两侧的沉降式钢筋混凝土墙会产生明显的散射成分[26]。

在使用6.4.2节中的步骤从原始接收数据中获取信道的冲激响应以后，我们使用空间交替广义期望最大（Space-Alternating Generalized Expectation-maximization, SAGE）算法从中估计信道的多径参数。SAGE算法中所使用的信道扩展函数的通用模型[86]如下：

⊖ GNU是GNU项目开发的类UNIX的操作系统，由自由软件构成，期望成为一个"完全兼容UNIX的软件系统"。

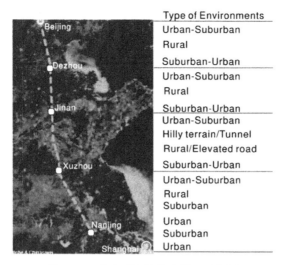

图 6-13 北京到上海的高铁卫星视图

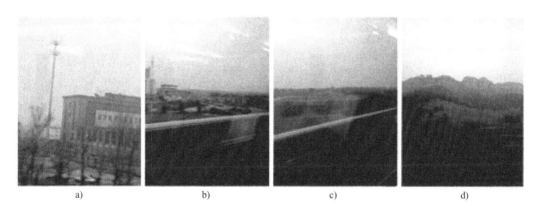

图 6-14 高铁运行中在车厢内拍摄的不同场景照片
a) 城市场景　b) 效区场景　c) 农村场景　d) 山区场景

$$h(t;\tau,\nu) = \sum_{m=1}^{M} \alpha_m(t)\delta(\tau - \tau_m(t))\delta(\nu - \nu_m(t)) \quad (6-76)$$

其中，M 是路径的总数；$\alpha_m(t)$ 表示在 t 时刻信道快照时第 m 条路径的复数衰减；$\delta(\cdot)$ 表示狄拉克函数；$\tau_m(t)$ 和 $\nu_m(t)$ 分别表示在 t 时刻信道快照时第 m 条路径的时延和多普勒频率。式 (6-76) 中要估计的参数是 $\mathbf{\Omega} = [\alpha_m(t), \tau_m(t), \nu_m(t); m=1,\cdots M, t=t_1,\cdots t_N]$，其中 N 是在一次测量中快照的个数。在我们的实际操作中，我们将 15 个快照作为一个观察，认为在此期间信道的参数保持不变。一个观察的总时间跨度为 10 ms。此外，由于快照的间隔为 2/3 ms，多普勒频率估计范围可以计算出为 $[-750, 750]$ Hz。在高铁场景中，列车运行的平均速度为 300 km/h，UMTS 信号调制在 2.1476 GHz 载波频率上，绝对多普勒频率最高可达约 600 Hz，仍然可以通过上述设置的 SAGE 算法进行估计。此外，值得一提的是，在 10 ms 的观察期间内，列车可以行驶最多 0.83 m 的距离（在速度为 300 km/h 的情况下）。考虑到基站天线，散射体和车厢内部的接收装置之间的距离都远大于 0.83 m，我们有理由假设信道是保持平稳的，并没有重要的多径分量在这一过程发生相当程度的改变。这样我们就可以使用 SAGE 算法估计主径的参数。在本次高铁场景中，我们使用路径数 $M=10$ 和 15 次迭代对每次观察进行估计，在大多数情况下，原始信号减去由估计的多径参数所重构的信号后所得到的剩余分量的功率接近噪声功率，也就是说 SAGE 有效提取了信道中的多径分量。每次观察所得到的估计结果认为是此次观察中 15 个信道快照的中心快照的多径参数估计。

2. 几何随机簇模型的结构和传播场景的分类

图 6-15a 和图 6-15b 展示了两个示例功率时延谱（Power Delay Profiles，PDP）。从 PDP 中可以观察到主要路径时延轨迹规律的变化。对于每一个确定的轨迹，时延先减小，当它达到最低值时再增加。这与火车先接近基站，然后经过它到最后离开的过程是一致的。此外，我们还观察到轨迹上明显的幅度变化，这可能是由于路径损耗、阴影衰落和多径衰落的联合效应引起的。此外，通过仔细观察图片，也可以看出信道在时延上的扩展。我们猜测这是由于有限的 UMTS 信号带宽所不能分辨的大量多径所导致的。此外，由于空间限制而没有展示的图片也表明这些路径的多普勒频率随着时间表现出平滑的带有扩展的轨迹。每个主要路径的时延和多普勒域的扩展行为可以通过使用已被广泛应用在 3GPP SCME 中的路径簇的概念来描述。

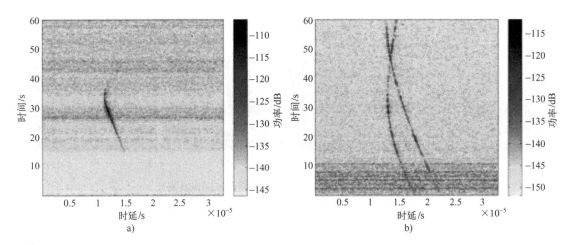

图 6-15 从一个基站中接收到 CPICH 数据所得 PDP 实例
a）单路径场景 b）多径场景

图 6-15 中所观察到的高铁信道和传统的基于路径簇描述的宏小区和微小区通信信道有以下几个方面的不同。首先，在一个单一的快照，UMTS 信号所经历的高铁信道较蜂窝场景包含更少的路径簇。其次，时延-多普勒随时间变化的轨迹更加平滑，因此较蜂窝网场景下的信道也更容易预测。此外，在图 6-15b 所示的包含多个路径簇的信道中，路径簇的功率关于时延的衰减并不服从由同一个天线所激发的路径簇的功率衰减趋势。我们认为在这些场景下，沿着高铁铁轨的多个发射端的公共导频信道共享同一个扰码。根据 UMTS 协议，这会发生在三种情况下：使用泄漏电缆来提高隧道覆盖，一定数量的分布式天线应用于丘陵地区（山区），或者多个相邻的基站组成一个虚拟基站以减少切换操作。

高铁环境下的信道和典型蜂窝网络的信道显著不同表明，我们需要使用传统的空间信道模型（SCM 和 SCME）不同的建模方法来描述高铁信道。我们提出了一种新颖的基于几何的随机路径簇模型来描述高铁信道的时间演变和离散行为。所建立的基于几何的随机路径簇模型（GRCM）包括用于生成路径簇的时延和多普勒轨迹的几何参数的分布以及路径簇本身的随机信道特性。图 6-15a 展示了包含视距路径信道的功率时延谱，这个信道只包含了一个主要的时变路径簇。我们可以认为这是一个视距路径簇。图 6-15b 展示了一个包含多个路径簇的信道的功率时延谱，每个来自于不同基站（共享同一个扰码组成同一个小区）的路径簇都可以认为是一个视距路径簇。因此，决定路径簇时延和多普勒轨迹的参数包含列车速度、接收端和基站之间的中心频率偏移以及列车和基站之间的最短距离。实际上，在多个基站共享相同扰码，或者是采用分布式天线系统或者泄露电缆的情况下，多基站、分布式天线或者泄漏电缆端口的相对位置也要在建模中被考虑到。在我们的 GRCM 模型中，路径簇的随机特征是指每个路径簇的统计特征，包括单一簇的路径损耗和阴影效应，延时和多普勒扩展。

3. 表征路径簇确定性参数轨迹的几何参数估计方法

数据处理结果显示，路径簇有着光滑的时延和多普勒轨迹。在铁道是近似直线，列车的速度为常数的假设下，我们使用最小二乘法来估计路径簇的几何参数，这些参数可以用来重构路径簇的时延-多普勒轨迹。

图 6-16 是视距情况下基站和列车的一个几何位置关系示意图。图中 v 表示列车速度，d_m 表示基站和列车之间的最短距离，$\theta(t)$ 表示行车方向和视距径之间的角度（关于时间 t 的函数）。列车穿过基站的时刻，也就是当列车和基站之间的距离为 d_m 的时刻，我们用 t_0 表示。图 6-16 同样可以用来描述有多个共享扰码基站、分布式天线系统或者泄露电缆的情况。这样的情况下，可以用 $d_{m,\ell}$，$t_{0,\ell}$ 和 $\theta_\ell(t)$ 来表示第 ℓ 个基站、分布式天线系统中的第 ℓ 个天线或者泄露电缆的第 ℓ 个泄露端口的几何参数。

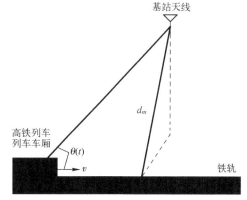

图 6-16 运行列车与基站天线几何位置示意图

对于第 ℓ 个独立的传输天线或者泄露端口，其视距路径簇的多普勒轨迹 $\nu_{\text{LoS},\ell}(t)$ 由如下公式计算：

$$\nu_{\text{LoS},\ell}(t) = \frac{v}{c} \cdot \cos\theta_\ell(t) \cdot f_c + \nu_{e,\ell} \qquad (6\text{-}77)$$

式中，f_c 是载频频率；c 代表光速；$\nu_{e,\ell}$ 是接收设备与第 ℓ 个传输单元之间的频率偏移，其中 $\cos\theta_\ell(t)$ 由下面的公式计算：

$$\cos\theta_\ell(t) = \frac{v \cdot (t_{0,\ell} - t)}{\sqrt{(v \cdot (t - t_{0,\ell}))^2 + d_{m,\ell}^2}} \qquad (6\text{-}78)$$

我们用 $\boldsymbol{\Omega}_\ell = [v, d_{m,\ell}, t_{0,\ell}, \nu_{e,\ell}]$ 来表示模型（6-77）中的未知参数，$\boldsymbol{\Omega}_\ell$ 的估计量 $\hat{\boldsymbol{\Omega}}_\ell$ 可以

用如下公式得到[注]:

$$\hat{\boldsymbol{\Omega}}_{\ell} = \arg\min_{\boldsymbol{\Omega}_{\ell}} \sum_{t=t_1}^{t_N} |\hat{\nu}_{\text{LoS},\ell}(t) - \nu_{\text{LoS},\ell}(t;\boldsymbol{\Omega}_{\ell})|^2 \quad (6-79)$$

其中,$\hat{\nu}_{\text{LoS},\ell}(t)$ 表示第 ℓ 个视距路径簇的基于测量结果的多普勒轨迹。在我们的情况下,需要以下三个步骤来计算 $\hat{\nu}_{\text{LoS},\ell}(t)$。

首先,基于 SAGE 算法得到的多径时延、多普勒、复数衰减估计量,使用分簇方法对多径进行分簇;并且通过使用标准的卡尔曼滤波方法[87]在连续的信道快拍(观察)中关联这些路径簇。由于路径簇可能在 1 min 内的某个时间段并不存在,我们使用类似于文献[88]中提到的方法检测簇的产生和消失。基于这样的操作方法,在每个 1 min 的测量数据中,我们都可以得到一定数量的时变路径簇。最后,第 ℓ 个簇的 $\hat{\nu}_{\text{LoS},\ell}(t)$ 等于路径簇的多普勒功率谱的一阶统计。

以图 6-17 为例,我们展示了对图 6-15a 中的信道利用 SAGE 算法估计的多径的多普勒频率的变化。我们只识别出了一个时变路径簇。通过解决式(6-79)中最小二乘问题的估计结果为 $\hat{v}_1 = 71.1 \text{ m/s}$,$\hat{d}_{m,1} = 446 \text{ m}$,$\hat{\nu}_{e,1} = -240 \text{ Hz}$。图 6-17 中也展示了根据这些几何参数重构出来的多普勒频率随时间变化的曲线。图中 $\hat{\nu}_{\text{LoS},1}(t)$ 和实测多普勒轨迹 $\nu_{\text{LoS},1}(t)$ 的吻合表明,最小二乘估计方法可以很好地应用于几何参数的估计。

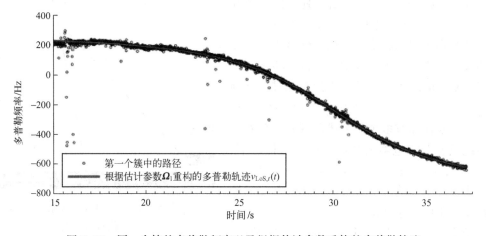

图 6-17 同一个簇的多普勒频率以及根据估计参数重构的多普勒轨迹

图 6-18 展示了双簇情况的多普勒轨迹。通过应用式(6-79)中的最优化问题,得到两条多普勒轨迹对应的几何参数 $\boldsymbol{\Omega}_1$ 和 $\boldsymbol{\Omega}_2$ 的估计值为 $\hat{\boldsymbol{\Omega}}_1 = [69.1 \text{ m/s}, 1664 \text{ m}, 2346, 182.9 \text{ Hz}]$,$\hat{\boldsymbol{\Omega}}_1 = [69.1 \text{ m/s}, 1664 \text{ m}, 2346, 182.9 \text{ Hz}]$。在图 6-18 中可以看到,用这些估计参数重构出来的曲线很好地拟合了实测的数据。同时从这个例子还可以得知,两个发射端沿着轨道路径相隔了 1648 m,并且接收端和两个发射端的频率偏移是相同的。后者表明,两个天线是连接着同一个基站的分布式天线系统。

[注] 在计算 LS 问题时,我们使用到了 MATLAB 函数"lsqcurvefit"。

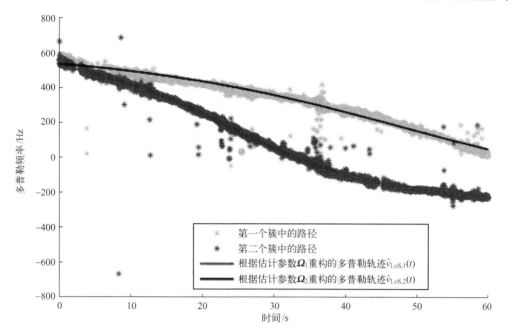

图 6-18 两个簇的多普勒频率以及根据估计参数重构的多普勒轨迹

图 6-19 展示了具有多个路径簇簇信道的累积功率时延谱。这些路径簇的存活时间短并且在列车行驶的过程中相继出现。这一数据是在列车通过隧道的时候采集的。我们猜测此时隧道使用了连接至同一个基站的分布式天线系统或者泄露电缆，当列车经过规律排列的分布式天线或者泄露端口时，会相继出现对应的主要路径簇。根据图 6-20 中得到的簇多普勒轨迹，我们用最小二乘方法估计出来的这些簇的参数 $\hat{\Omega}$ 分别为 $[28.6\,\text{m/s}, 0.7\,\text{m}, 407{,}214\,\text{Hz}]$，$[28.7\,\text{m/s}, 1.0\,\text{m}, 1062{,}238\,\text{Hz}]$，$[29.1\,\text{m/s}, 0.9\,\text{m}, 1701{,}263\,\text{Hz}]$ 和 $[29.2\,\text{m/s}, 0.87\,\text{m}, 2335,$

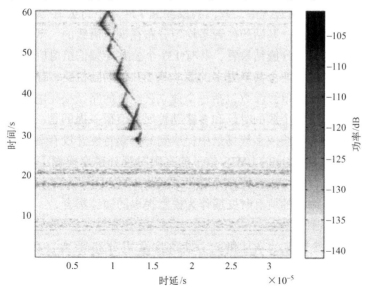

图 6-19 当列车穿过隧道时，根据接收信号计算出来的累积信道

286 Hz],从结果可以得到天线/端口与接收端的距离大致为 1 m。这个结果十分合理,因为当列车在隧道中的时候,接收端位于列车窗户附近。此外,列车此时的运行速度大概为 100 km/h,比 300 km/h 的速度要低得多,这与列车进入隧道以后为了保证安全而降低速度的实际情况是相符合的。另外,根据我们估计出来的 t_0,可以知道相邻天线或者端口之间的平均间隔距离为 186 m。

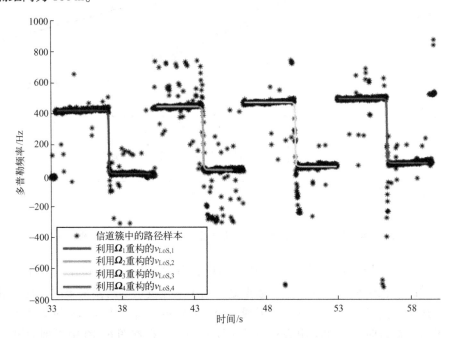

图 6-20　根据图 6-19 估计出来 4 个簇的路径和其用估计参数 Ω 重构的多普勒轨迹

4. 几何参数的统计特性和每个路径簇的随机信道特性

在 1318 km 的 5 h 的测量过程中,我们共检测到 144 个下行公共导频信道,它们对应于不同载波、基站位置和扰码。基站的位置是均匀分布在铁轨沿线的。基于从公共导频信道中获取的传播信道估计和路径分簇结果看,共有 137 个公共导频信道对应的传播信道包含一个时变路径簇,其余的则包含两个甚至更多的簇。基于几何的随机路径簇模型由这些路径簇的几何参数和单簇参数构成。单簇参数包括每个独立簇经历的路径损耗随接收端和基站之间距离的变化、阴影衰落以及每个簇的时延和多普勒扩展。值得一提的是,从农村、郊区、城市甚至隧道环境下观测到的单簇或多簇场景中提取到的单簇特性并没有显著差异。这一现象是合理的,因为带宽为 3.84 MHz 的 UMTS 信号的有限时延分辨率模糊了不同环境下观测到的信道的细微区别,因此,在 UMTS 网络下接收端无法区分不同环境下的信道。基于上述原因,本文将 144 个信道测量的所有时变簇作为模型提取的完整集合。

(1) Ω 中参数的统计特性

图 6-21 展示了参数 v_ℓ、$d_{m,\ell}$ 和 $\nu_{e,\ell}$ 的经验累积分布函数(Cumulative Distribution Function,CDF)。由图 6-21 可知,高铁速度为 60～85 m/s,其 CDF 与高斯分布 $\mathcal{N}(74.9, 7.2)$ 相拟合,其中 74.9 和 7.2 分别代表该分布的期望和标准差。我们采用 Kolmogorov-Smirnov 检验来评估经验分布和拟合分布之间的一致性。$d_{m,\ell}$ 的分布范围为 [100,700] m,其

CDF 与高斯分布 $\mathcal{N}(345,171)$ 相拟合。另外,接收端和基站间的频偏 $\nu_{e,\ell}$ 的变化范围为 $[-250,250]$ Hz,符合高斯分布 $\mathcal{N}(-2.5,148)$。

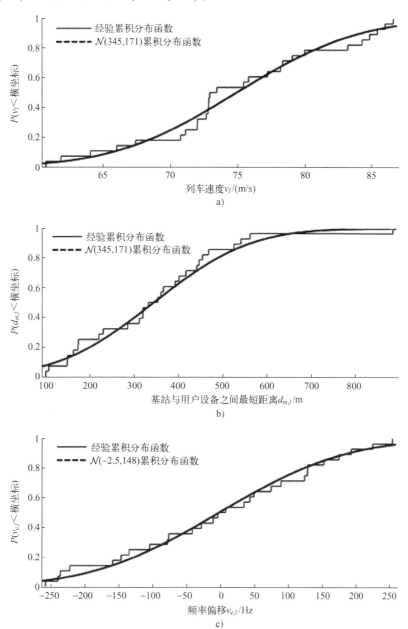

图 6-21 几何参数 v_ℓ、$d_{m,\ell}$、$\nu_{e,\ell}$ 的实测累积分布函数和解析表达式的拟合曲线
a) 列车速度的累积分布函数 b) 基站与用户设备之间最短距离的累积分布函数
c) 接收端和基站间频率偏移的累积分布函数

(2) 路径簇单斜线路径损耗

如几何随机簇模型的结构和传播场景的分类中所述,由测量信道识别到的路径簇可以被认为是视距路径簇。因此,簇功率的大尺度变化可以通过路径损耗描述,该路径损耗是用户

设备（UE）和基站（BS）间距离的函数。基于估计簇的时变特性，下面将提出两种类型的路径损耗模型。

需要注意的是，由于测量中基站天线高度和基站发射功率未知，因此很难建立 Hata 路径损耗模型或者 COST 231 路径损耗模型[107]。为实现路径损耗模型的构建，我们采用简化的路径损耗模型架构，其中路径损耗可以表示为[107]

$$P_L = -10\gamma \cdot \log_{10}(d) + b \qquad (6-80)$$

其中，γ 表示路径损耗指数（Path-Loss Exponent，PLE）；d 表示基站和用户设备间的距离，其单位为 m，可以通过时间 t，估计值 $\hat{d}_{m,\ell}$、$\hat{t}_{0,\ell}$ 和 $\hat{v}$ 计算得到，其表达式如下所示：

$$d(t) = \sqrt{\hat{d}_m^2 + (t-\hat{t}_0)^2 \hat{v}^2} \qquad (6-81)$$

此外，式（6-80）中的截距参数 b 表示当 $d=1\,m$ 时的路径损耗。

图 6-22 举例展示了一个时变簇的信道增益的变化。横坐标为时间，单位为 s，正负分别表示高铁经过基站之前和经过基站之后。由图 6-22 可知，当高铁到基站的距离减小时，信道增益增加。图 6-23 则描述了图 6-22 所示场景下时变簇的路径损耗随基站-用户设备距离 d 的变化，该路径损耗是通过求几十个时隙的簇增益平均值得到的。从图 6-23 可以观察到，路径损耗随这由对数表示的 d 变化的散点图可以使用一条直线很好地拟合。该场景中路径损耗系数 γ 和截距 b 分别为 6 和 -111dB。

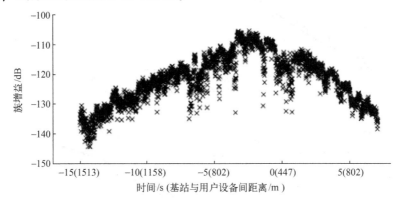

图 6-22 簇增益随相对时间（基站与用户设备间距离）的变化

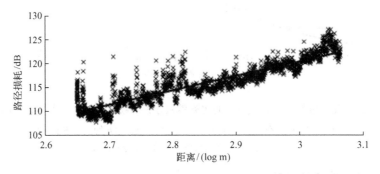

图 6-23 簇路径损耗随基站用户设备间距离的变化

通过拟合式（6-80）和路径损耗的经验散点图，我们可以得到单斜线路径损耗的所有 γ。图 6-24 展示了 γ 的 CDF，γ 的均值为 4.6。如图 6-24 所示，γ 符合对数正态分布 $\mathcal{LN}$

(1.53,0.11)。图 6-25 则展示了截距参数 b 的 CDF，其分布与正态分布 $\mathcal{N}(-92.7,91.2)$ 相拟合。

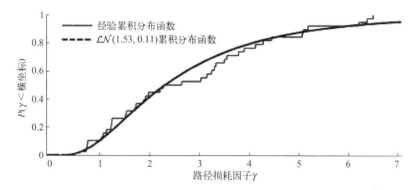

图 6-24　路径损耗因子 γ 的累积分布函数和对数正态分布拟合曲线

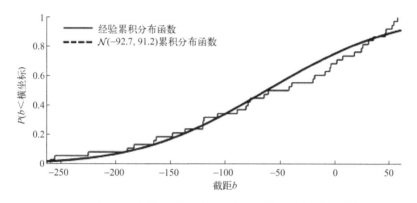

图 6-25　截距 b 的累积分布函数和对数正态分布拟合曲线

（3）路径簇双斜线路径损耗

在一些测量中，当基站和接收端距离减小时，簇增益并不是单调递增的。图 6-26 展示了一个这样的例子。由图可知，当高铁持续接近基站至图 6-26 所示区域"Region 1"时，LoS 簇的信道增益降低。我们猜测，在这种情况下，基站天线具有定向辐射方向图，具有较大增益的波束朝向区域"Region 2"，而具有较小增益的波束则覆盖区域"Region 1"。当接收端在"Region 1"移动时，由于发射天线提供的增益较低，接收信号的衰减较高。因此，簇增益随距离的变化会呈现出如图 6-26 所示的"M"形变化。该变化相对于高铁以最小距离经过基站时的位置对称。

值得一提的是，在本次测量活动中，仅有不到 5% 的时变簇具有"M"形变化的簇增益，因此该变化不是高铁场景中的典型特性。然而，这种"M"形增益变化严重恶化了通信的可靠性[108]，因此有必要找到一种解析模型来描述这一现象。我们可以采用双斜率线性函数来拟合图 6-26 观察到的对称"M"形路径损耗，即

$$P_L(d) = \begin{cases} 10\gamma_1 \log_{10}d + b_1, & d > e \cdot d_m \\ -10\gamma_2 \log_{10}d + b_2, & d \leq e \cdot d_m \end{cases} \quad (6\text{-}82)$$

式中，γ_1 和 γ_2 分别表示当 d 小于和大于阈值 $e \cdot d_m$ 时路径损耗的路径损耗系数，其中 e 为

常数，由测量结果得到。b_1 和 b_2 分别表示两条直线的截距参数。图 6-27 显示了双斜率线性函数和图 6-26 所示的信道的路径损耗经验散点图的拟合。由拟合结果可知，模型参数分别为 $\gamma_1 = 6$，$\gamma_2 = 4$，$b_1 = -100\,\text{dB}$，$b_2 = 148\,\text{dB}$ 和 $e \approx 2$。

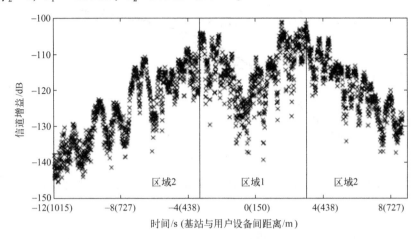

图 6-26　簇增益随时间和基站用户设备间距离呈 "M" 型变化

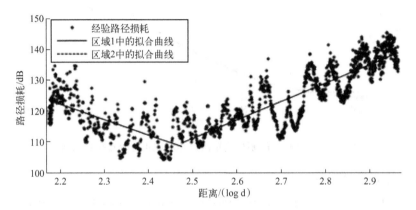

图 6-27　经验路径损耗随基站用户设备间距离的变化，通过双斜率线性函数拟合

（4）单簇阴影衰落

通过从一个路径簇的测量增益中减去由解析路径损耗模型预测的路径损耗，并在相邻的快照间对残差做平均，我们就可以得到第 ℓ 个 LoS 簇的阴影衰落 $P_{s,\ell}$。在这里我们采用 15 个连续时隙做取平均操作。计算结果显示，单簇阴影衰落 $P_{s,\ell}$（单位为 dB）的分布符合正态分布，其均值为 0 dB。图 6-28 描述了簇级阴影衰落 P_s（单位为 dB）标准差 $\sigma_{P_{s,\ell}}$ 的 CDF。该 CDF 与正态分布 $\mathcal{N}(4.97, 1.68)$ 相拟合。

（5）路径簇的时延扩展和多普勒扩展

在基于几何的随机路径簇模型中，对每个路径簇在时延域和多普域的统计特性进行研究是非常有必要的。从测试结果中，我们发现估计得到的路径簇可以被分成两类，一类路径簇具有高度集中的功率谱密度，另一类路径簇的功率谱密度则有较宽的扩展。前一类路径簇通常在用户设备和基站之间的视距路径环境中被发现。这种环境包括了典型的乡村和郊区区域，这些区域通常配置了较高的基站天线。第二个分类中，路径簇通常展现出更加分散的时

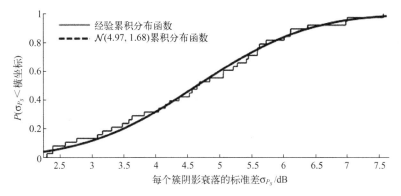

图 6-28 σ_{P_s} 的累积分布函数和正态分布拟合曲线

延和多普勒的功率谱密度。这种现象则经常在丘陵地形区或者铁路隧道中出现。在这些环境中，视距路径被铁路周边密布的植被或者自然阻挡物所阻挡。图 6-29 展示了一个时变路径簇示例，可以观察到该路径簇在时延域有明显的扩展。为了表示方便，属于上述两类的路径簇分别称为 CLoS (Clear-Line-of-Sight) 和 OLoS (Obstructed-Line-of-Sight) 路径簇。从测量结果中可以看出，在乡村和郊区场景中，CLoS 路径簇的概率高于其他场景，OLoS 则在丘陵和高架桥场景中出现的概率更高。CLoS 或者 OLoS 路径簇在不同的地形环境中没有显著的特性差异。

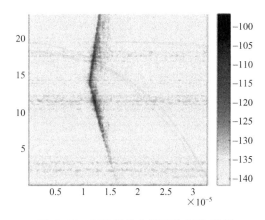

图 6-29 丘陵场景中得到的 PDP 示例

这里我们采用了路径簇的时延和多普勒扩展来描述每个路径簇的扩展特性。一个随机参数的扩展是通过计算该参数的功率谱密度的均方根得到。因此，第 n 个路径簇的功率谱密度是由该路径簇的 L_n 个多径分量来表示的，路径簇的时延扩展可以由下式计算：

$$\delta_\tau = \sqrt{\overline{\tau^2} - \overline{\tau}^2} \tag{6-83}$$

其中，$\overline{\tau^2}$ 和 $\overline{\tau}^2$ 分别可以表示为

$$\overline{\tau^2} = p^{-1} \sum_{l=1}^{L_n} |\alpha_{n,l}|^2 \tau_{n,l}^2, \quad \overline{\tau} = p^{-1} \sum_{l=1}^{L_n} |\alpha_{n,l}|^2 \tau_{n,l} \tag{6-84}$$

其中，$p = \sum_{l=1}^{L_n} |\alpha_{n,l}|^2$ 是路径簇多径分量的总功率；$\alpha_{n,l}$ 和 $\tau_{n,l}$ 分别代表第 n 个路径簇中第 ℓ 条路径的复衰减和时延。路径簇的多普勒扩展 δ_ν 的计算只需要将式（6-83）中的变量 τ 替

换成 v 计算即可。

图 6-30a 描述了 δ_τ 在 CLoS 和 OLoS 路径簇中的经验累积分布函数。对数正态分布，$\mathcal{LN}(-18.2,0.83)$ 和 $\mathcal{LN}(-16.5,0.92)$ 被发现分别和 CLoS 和 OLoS 路径簇的 δ_τ 的经验概率拟合得很好。这些对数正态分布的累积分布函数也在图 6-30a 中展示了。图 6-30b 描述了多普勒扩展的累积分布函数以及 CLoS 和 OLoS 的拟合对数正态分布函数 $\mathcal{LN}(2.34,1.23)$ 和 $\mathcal{LN}(5.24,0.66)$。通过计算可以发现，对于 CLoS 的路径簇，平均的路径簇的时延扩展和多普勒扩展是 12 ns 和 22 Hz，它们大概是 OLoS 路径簇场景中对应值的 1/10。OLoS 路径簇场景的时延扩展和多普勒扩展分别是 102 ns 和 226 Hz。

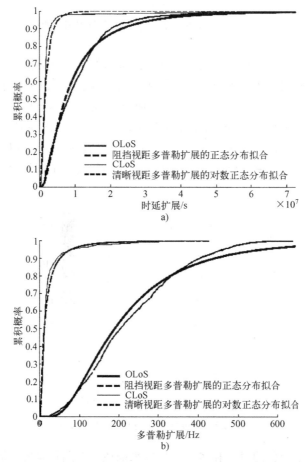

图 6-30 CLoS 和 OLoS 路径簇中的累积分布函数
a) CLoS 和 OLoS 路径簇时延扩展的累积分布函数　b) CLoS 和 OLoS 路径簇多普勒扩展的累积分布函数

5. 结论

在本节中，介绍了基于被动测量的信道测量活动在高铁环境中的实现过程。我们将北京至上海 1318 km 的高铁沿线公共 UMTS 系统下的 144 个基站发射的下行信号进行测量和收集，并且经过处理后得到信道的冲激响应。多径分量则通过使用 SAGE 算法在每个信道冲激响应中提取得到，并且分组成在时延和多普勒域具有一定扩展的时变路径簇。基于这一结果，一个新颖的基于几何的随机路径簇模型被构建出来。在该模型中，我们使用基站、移动高铁车厢和铁路的几何参数的统计特性对路径簇的时延和多普勒轨迹进行建模。除此之外，分析了不同的信道传播场景中的多种路径簇特性，包括路径损耗、阴影衰落、时延和多普勒扩展。具有特定解析式的线性函数以及概率密度函数构成了本节所提出的基于几何的随机路径簇模型，和测量结果拟合效果良好。

6.5.2 高铁环境中使用单天线构建虚拟阵列进行波达角估计

本小节将介绍一个高铁环境下的信道测试活动。我们利用单天线采集了北京到上海高铁沿线的 UMTS 下行信号，从公共导频信道（CPICH）中提取了信道的冲激响应 CIR。通过分析视距路径的多普勒频率轨迹特性，估计列车的行驶速度。在获取列车速度信息的前提下，通过构建虚拟阵列，基于 SAGE 算法准则推导了波达角估计的算法。

随着高铁行业的蓬勃发展，人们的交流和出行越来越方便快捷，为了满足乘客在工作或娱乐上能够获得高速的使用体验，我们亟须一种先进的高铁无线通信系统。大型多发多收天线阵列或超大型天线阵列技术通过利用空间资源的方式提升通信容量和频谱效率，因此它们也被认为是未来 5G 通信系统中十分重要的技术。因此，在更多真实场景下关注空域特性的信道建模研究对评估已设计好的系统有着十分重要的作用。文献 [89-91] 从理论上研究了高铁场景下大型多发多收天线阵列的信道建模。同时，文献 [92, 93] 中对高铁场景下的大型多发多收天线阵列的信道建模进行了实际的测试，研究了信道的大尺度和小尺度参数。基于实测的信道模型与理论模型相比更加真实可信。然而，由于两个原因的存在，大型多发多收天线阵列的信道测量活动并不像想象中那么简单。首先，大型多发多收天线阵列的搭建和校准的经济和时间成本很高，其次，当接收端快速经过发射端时，我们只能采集到很少一部分测量数据。在有限的数据样本下，我们很难建立一个足够有效的统计模型。因此，我们提出了被动测量的方法，例如使用通用无线电外设装置（USRP）测量布置在高铁沿线的公共服务无线信号。这种被动测量方法的优点是，测量可以开展得更加广泛以及我们观察到的信道特征将与高铁上实际的用户经历的信道特征完全一致。并且，这样的测量方式对于测试者来说更加经济，更易于搭建。另外，在高铁运行速度稳定可知或者稳定可估计的情况下，通过构建虚拟天线阵列，即使只使用单天线也能在高铁环境下实现空域信道特征的研究，我们将在之后证明这一点。接下来，我们将介绍测量仪器、环境和数据处理、列车运行速度估计和基于 SAGE 的虚拟天线阵列波达角估计。

1. 测量仪器、环境和数据处理

本次测量活动中，采集高铁沿线 UMTS 下行信号的仪器有：通过 GNU Radio 软件控制的型号为 N210 的 USRP，一个储存盘，一个工作频率为 2~3 GHz（包括 UMTS 频段范围）的全向天线。这个装置能实现在高速运行的高铁环境下实时采集时域信号。复数采样率为 25 MHz，中心频率为 2.1426 GHz，采集到的数据结果保存为多个时长为 1 min 的文件。整个测试是 2014 年 1 月在自北京开往上海的一节高铁车厢内完成的。全程花费 5 h，历经 1318 km。全程除了出发和终点站之外，有 5 个经停站。高铁在行驶过程中平均时速达到 300 km/h。原始数据的处理分为四步：过滤、同步、乱码检测和 CIR 提取。CIR 是以 t_s = 2/3 ms 的时隙进行提取的。读者可以参考 6.5.1 节或者文献 [94] 了解详细的测量仪器、环境和数据处理过程。

2. 几何参数估计

图 6-31 展示了基于一个基站的公共导频信号计算出的累积信道功率时延谱。在图中，我们可以观察到主径的时延随着时间变化的轨迹十分规律。时延先逐渐减少，随着减小到最小值后不断上升。这与列车先靠近基站，随后远离的过程相一致。通过仔细观察，我们还可以看到信道在时延域上的扩展，这是由于 3.84 MHz 的带宽无法分辨的多径导致的。

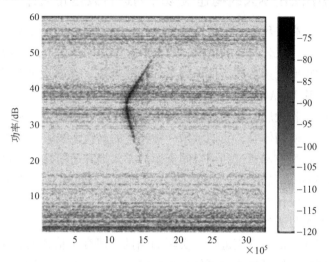

图 6-31 基于一个基站的公共导频信道信号计算出的累积信道功率时延谱

我们假设，当列车经过基站时的路线近似是一条直线，并且这段过程中列车的行驶速度恒定。这与真实高铁场景相符，因为铁路在绝大多数情况下会尽可能避免急转弯以保证安全，4~5 km 的铁轨可以被近似成一条直线。此外列车稳定运行时的速度也是基本保持不变的。也正是基于这样的假设，依据从测量数据中计算出来的主径多普勒轨迹，我们使用最小二乘（Least Square, LS）的方法去估计几何参数。

图 6-32 描绘了在 LoS 场景下基站和高铁列车车厢的几何位置。在图中，v 代表列车的速度，d_m 代表基站和列车车厢之间的最小距离，$\theta(t)$ 表示了在 t 时刻 LoS 径与列车行驶方向的夹角。我们用 t_0 来表示高铁车厢刚好经过基站的时刻，即当列车车厢与基站的距离为 d_m 时。LoS 径的多普勒轨迹 $\nu_{\text{LoS}}(t)$ 可以由如下公式计算得到：

$$\nu_{\text{LoS}}(t) = \frac{v}{c} \cdot \cos\theta(t) \cdot f_c + \nu_e \quad (6\text{-}85)$$

式中，f_c 表示载频频率；c 表示光速；ν_e 表示用户接收设备的中心频率和基站载波频率之间的偏移。并且 $\cos\theta(t)$ 由下式计算：

$$\cos\theta(t) = \frac{v \cdot (t_0 - t)}{\sqrt{(v \cdot (t - t_0))^2 + d_m^2}} \quad (6\text{-}86)$$

我们用 $\boldsymbol{\Omega} = [v, d_m, t_0, \nu_e]$ 代表模型（6-85）中不确定的参数，$\hat{\boldsymbol{\Omega}}$ 作为 $\boldsymbol{\Omega}$ 的估计，通过解如下的最小二乘方程计算得出⊖：

⊖ 在解决最小二乘问题时，用了 MATLAB 函数 "lsqcurvefit"。

$$\hat{\boldsymbol{\Omega}} = \arg\min_{\boldsymbol{\Omega}} \sum_{t=t_1}^{t_N} |\hat{v}_{\text{LoS}}(t) - v_{\text{LoS}}(t;\boldsymbol{\Omega})|^2 \qquad (6-87)$$

式中,$\hat{v}_{\text{LoS}}(t)$表示从测量结果中提取出的 LoS 径的实测多普勒轨迹。

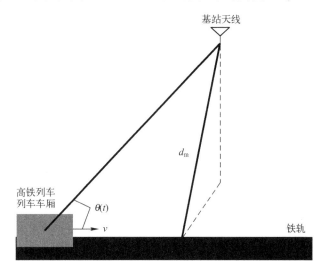

图 6-32 基站天线与列车沿铁路运行时的几何关系图

在这个例子中,基于 CIR,我们使用 SAGE 算法对$\hat{v}_{\text{LoS}}(t)$进行估计。SAGE 算法中所使用的信道冲激响应的信号模型为:

$$h(\tau,t) = \sum_{\ell=1}^{L_D} \alpha_\ell(t)\delta(\tau - \tau_\ell(t))\exp\left\{j2\pi\int_t v_\ell(t)\text{d}t\right\} \qquad (6-88)$$

式中,L_D表示在 t 时刻的信道快照中观察到的路径总数量;$\alpha_\ell(t)$、$\tau_\ell(t)$和$v_\ell(t)$分别代表第 ℓ 条路径得复数衰减、时延和多普勒频率;$\delta(\cdot)$表示单位脉冲函数。被估计的参数表示为 $\boldsymbol{\Theta} = [\alpha_\ell(t), \tau_\ell(t), v_\ell(t); \ell=1,\cdots,L_D, t=t_1,\cdots,t_N]$,$N$ 为一次测量过程中信道快照的数量。读者可以查阅文献 [95] 了解更多与 SAGE 算法相关的内容。在我们实际研究过程中,将 15 个连续的时隙作为信道的一次快照㊀,在这一时间段内我们假设多径参数是稳定不变的。我们使用 15 条路径(即 $L_D = 15$)最大程度上提取每个信道快照的主要多径分量,并认为具有最小 τ_ℓ 的路径所对应的 v_ℓ 为这一时刻的$\hat{v}_{\text{LoS}}$。由此$\hat{\boldsymbol{\Omega}}$可以通过解式 (6-87) 得出。

举个例子,图 6-33 描绘了通过 SAGE 算法从图 6-31 所展示的实测数据中提取出的视距路径多普勒频率轨迹。通过解决式 (6-87) 中的最优问题,我们得到$\hat{v} = 72.42$ m/s,$\hat{d}_m = 148.13$ m,$\hat{v}_e = -218.75$ Hz。图 6-33 展示了基于这些估计出的参数重构出的$v_{\text{LoS}}(t)$。$v_{\text{LoS}}(t)$与实测的$\hat{v}_{\text{LoS}}(t)$相符说明我们提出的最小二乘估计方法,在高铁场景下能够被用于提取这些几何参数,其中包括列车的运行速度。

3. 虚拟天线阵列和波达角度估计

图 6-34 展示了均匀线性天线阵列 (ULA)。基于平面波假设,发射信号 $s(t)$ 在第 m(m

㊀ 一次快照的(15 个连续时隙)的持续时间为 0.01 ms。可观察到的多普勒范围处于 $-750 \sim 750$ Hz 之间,保证了高铁环境下的最大多普勒频率可以被有效的包含在内。

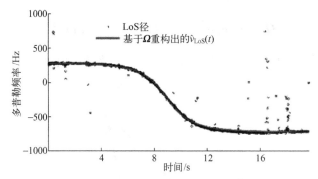

图 6-33　LoS 径的多普勒频率轨迹和基于预测参数 $\hat{\Omega}$ 重构出的多普勒轨迹

$=1,\cdots,M$）个接收天线，且波达角为 ψ_ℓ 时的贡献为

$$s_{m,\ell}(t)=\alpha_{\ell'}s(t-\tau_\ell-\tau_{m,l})\exp\{j2\pi f_c(t-\tau_\ell-\tau_{m,l})\} \tag{6-89}$$

式中，$\alpha_{\ell'}$，τ_ℓ 和 $\tau_{m,l}$ 分别表示具有 ψ_ℓ 的路径的复数衰减、到达第一根天线时的绝对时延以及到达第 m 根接收天线时的相对于第一根天线的相对时延差即 $c^{-1}d_\ell(m-1)$。

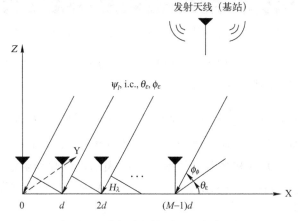

图 6-34　均匀线性排列的天线阵列图

在窄带假设下[96]，即当使用波长个数表示的天线阵列的物理尺寸远小于 f_c/B 时，$s_{m,\ell}(t)$ 变为：

$$s_{m,\ell}(t)=\alpha_\ell s(t-\tau_\ell)\exp\{-j2\pi f_c\tau_{m,l}\} \tag{6-90}$$

其中

$$\alpha_\ell=\alpha_{\ell'}\exp\{j2\pi f_c(t-\tau_\ell)\} \tag{6-91}$$

因此，考虑所有 L_A 条路径，阵列的输出具有如下的矢量形式：

$$S(t)=\sum_{\ell=1}^{L_A}\alpha_\ell s(t-\tau_\ell)\boldsymbol{a}(\psi_\ell) \tag{6-92}$$

其中，所谓的第 ℓ 条路径的导向矢量 $\boldsymbol{a}(\psi_\ell)$ 为：

$$\boldsymbol{a}(\psi_\ell)=\exp\{-j2\pi f_c c^{-1}d_\ell[0,\cdots,(M-1)]^T\} \tag{6-93}$$

然而，我们在高铁测试时使用的是单天线而不是天线阵列。尽管如此，由于列车具有非常稳定的速度，我们可以将处于不同时刻的单天线组成一个虚拟阵列，并重新推导式

（6-92）中的信号模型来进行角度估计。参考图 6-16 和图 6-34，两个虚拟天线之间的距离可以表示为 $d=\hat{v}t_s$。对于从 $\psi_\ell=[\theta_\ell,\phi_\ell]$ 方向，即水平角为 θ_ℓ 和俯仰角为 ϕ_ℓ 方向到达的第 ℓ 条路径，相邻天线的传播路径差 d_ℓ 为：

$$d_\ell = -\hat{v}t_s cos(\phi_\ell)cos(\theta_\ell) \tag{6-94}$$

考虑到用户与基站之间的频率偏移会导致相位偏移，我们将式（6-93）的方向矢量修正为：

$$\boldsymbol{a}(\boldsymbol{\psi}_\ell) = \exp\{j2\pi(\hat{\nu}_e t_s - f_c^{-1}d_\ell)[0,\cdots,(M-1)]^T\} \tag{6-95}$$

类似地，波达角度可以通过 SAGE 算法以及式（6-92），式（6-94）和式（6-95）估计。在实际应用过程中，我们使用连续的 15 个时隙的天线（即 $t_s=2/3\,\mathrm{ms}$）⊖构成一个虚拟天线阵列，将路径数目 L_A 被设为 15 以充分地提取信道在角度域的多径。

作为一个例子，图 6-35 描绘了图 6-31 所展示的实测信道的角度估计结果。观察图 6-35

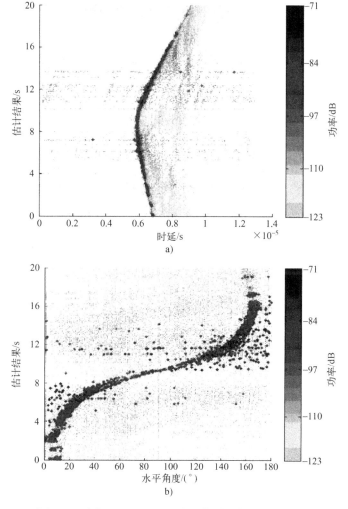

图 6-35 图 6-31 所展示的实测信道的角度估计结果
a）在时延域上的估计结果 b）在水平角度域上的估计结果

⊖ 计算表明，高铁在正常速度下形成的虚拟阵列孔径远远小于 f_c/B，符合窄带假设。此外相邻虚拟天线的间隔 d 大致为 0.7 倍的半波长，能较好地避免方向角估计的模糊性。

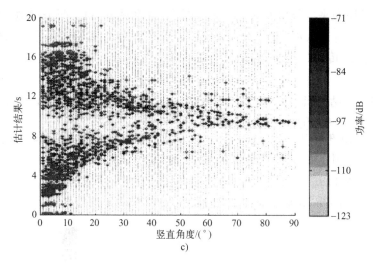

图 6-35 图 6-31 所展示的实测信道的角度估计结果（续）
c）在竖直角度域上的估计结果

可以发现，主要路径的水平角度随着列车接近基站而不断增加，并在经过基站时达到 90°，之后随着列车向前继续增加。与此同时，主要路径的俯仰角先是增加至接近 90°，当列车经过基站后，逐渐减小到接近 0°。这与图 6-32 中的几何模型的实际情况一致，即基站天线具有一定的高度并且相对于铁轨的水平距离较小。除此之外，我们还可以观察到由于散射体是均匀分布的，所有路径也均匀分布在整个角度域中。

4. 结论

本节提出了一种在高铁环境下利用商用通信网络进行被动信道测量的方法。我们可以从接收信号中提取出信道冲激响应（CIR）。通过拟合实测的视距路径的多普勒频率轨迹，我们可以估计出高铁通信信道的几何参数，其中包括高铁的运行速度以及基站和接收天线之间的频率偏移。研究结果也表明，我们提出的通过将处于不同时刻的天线组成虚拟阵列，对高铁信道进行波达角估计的方法是合理且实际可行的。

6.5.3 LTE 系统下的高铁信道路径损耗模型

在本小节中，我们将会介绍 LTE 系统下的基于两个信道大尺度参数——路径损耗和阴影衰落的高铁信道模型。我们在一辆从北京出发驶往上海的高铁列车车厢中进行信道测量，由天线接收铁路轨道两边部署的 LTE 系统发射的 18 MHz 的下行信号。列车总里程为 1318 km，耗时约 5 h。

我们使用 0 章节介绍的被动信道探测方法，搭建一套 LTE 系统下的被动信道测量设备。利用这套被动测量设备，接收来自 LTE 系统的下行小区参考信号（Cell-specific Reference Signal，CRS），并将其下变频至基带后保存于本地，以供后续分析。这套备包含了一个通用软件无线电外设、一根工作在 LTE 频段的全向天线、控制外设的电脑和存储基带数据的大容量硬盘、和一台为软件无线电外设提供精确参考频率的由全球定位系统（Global Positioning System，GPS）驯服的晶振时钟。本次测量的参数如表 6-2 所示。

表 6-2　高铁环境下的 LTE 被动信道探测的技术参数

参　　数	值
中心频点/MHz	1890
信号带宽/MHz	18
复数采样带宽/MHz	25
接收天线类型	全向
接收天线增益 /dBi	20
列车平均速度/(km/h)	238

对基带数据进行 6.4.2 节中的信道冲激响应提取，进而得到功率时延谱（Power Delay Profile，PDP），即对信道冲激响应的幅值进行平方操作。功率时延谱反映了信号功率在时延域上的变化。图 6-36 由 LTE 系统基站的一个物理小区得到的连续功率时延谱展示了一个在高铁信道环境中测量得到的持续 40 秒的连续功率时延谱（Concatenated PDP，CPDP）。从图中可以看到，实测的连续功率时延谱中包含一条具有"＜"形状的时延轨迹（Delay Trajectory）。实际上，这能够与列车在基站覆盖区域的行驶过程相对应：时延减小对应列车上的接收天线渐渐靠近基站；然后，时延减小至某个转折点，这个转折点对应了接收天线与基站距离最近的情况；随后，经过转折点后，时延开始增大，对应列车渐渐离开基站。基站与接收天线之间的视距路径（Line-of-Sight，LoS）随着列车从靠近基站到远离基站的运行过程而变化造成了时延轨迹呈"＜"形状的现象，也可以说，这条视距路径的时延是时间的函数。

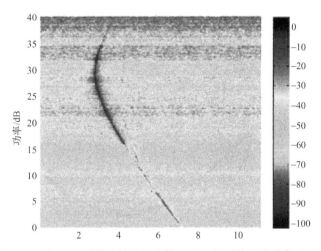

图 6-36　由 LTE 系统基站的一个物理小区得到的连续功率时延谱

我们假设，当图 6-36 由 LTE 系统基站的一个物理小区得到的连续功率时延谱中的时延轨迹出现时，在这段时间内，高铁轨道被近似为直线，并且列车以恒定的速度运行。这是个合理的假设，因为高铁轨道被尽可能地设计成直线，并且列车除了起步和减速，其他时间均稳定运行。因此，在列车运行 t 时刻的视距路径的时延 τ_t，可以表示为：

$$\tau_t = \frac{d_t}{c} + \tau_e \tag{6-96}$$

并有

$$d_t = \sqrt{d_m^2 + (v \cdot (t-t_m))^2} \tag{6-97}$$

其中，v, d_m, t_m, τ_e 分别表示列车运行速度、基站与接收天线的最小距离、达到这一最小距离的时刻、和被动测量系统中由于收发端无法获取时间同步而引入的相对时延，将这些参数表示为一个参数集 $\Theta = [v, d_m, t_m, \tau_e]$。常数 c 表示光在真空中传播速度，为 3×10^8 m/s。那么可以得到，t 时刻视距路径的时延 τ_t 是包含参数集 Θ 的表达式，如下所示：

$$\tau_t(\Theta) = \frac{\sqrt{d_m^2 + (v \cdot (t-t_m))^2}}{c} + \tau_e \tag{6-98}$$

Θ 的估计值 $\hat{\Theta}$ 可以通过解决如下的最优问题获取：

$$\hat{\Theta} = \arg\min_{\Theta} \sum_{t=t_1}^{t_N} |\tau(t) - \hat{\tau}(t;\Theta)|^2 \tag{6-99}$$

其中，$\tau(t)$ 表示从功率时延谱中获取的视距路径的时延轨迹（我们假设视距路径具有最高的功率，这在绝大多数情况下是成立的），$\hat{\tau}(t;\Theta)$ 表示基于估计的参数集 $\hat{\Theta}$ 所重构的时延轨迹。$t = [t_1, \cdots, t_N]$ 表示观测时间。

图 6-37 基于测量得到的视距路径时延轨迹和基于 $\hat{\Theta}$ 估计值计算得到的视距路径时延轨迹展示了实测时延轨迹与基于估计的 $\hat{\Theta}$ 所重构的时延轨迹。其中，黑色实线代表从图 6-36 由 LTE 系统基站的一个物理小区得到的连续功率时延谱所示的连续功率时延谱中计算得到的时延轨迹。通过求解式（6-99），可以得到 $\hat{\Theta} = [\hat{v}, \hat{d}_m, \hat{t}_m, \hat{\tau}_e]$，在此例中，$\hat{v} = 51.76$ m/s、$\hat{d}_m = 351.69$ m、$\hat{t}_m = 26.38$ s、$\hat{\tau}_e = -0.54$ μs。基于这些参数，可以重构一条时延轨迹，如图 6-37 基于测量得到的视距路径时延轨迹和基于 $\hat{\Theta}$ 估计值计算得到的视距路径时延轨迹所示的红色实线。

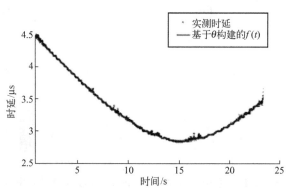

图 6-37 基于测量得到的视距路径时延轨迹和基于 $\hat{\Theta}$ 估计值计算得到的视距路径时延轨迹

在全部的测量数据中，可以找到大量的呈 "<" 形状的时延轨迹。通过估计每条轨迹的参数 v 和 d_m，我们可以基于整个测量数据得到它们的累积分布函数（Cumulative Distribution Function, CDF）。图 6-38a 展示了实测列车速度 v 的累积分布函数，并且发现 $\mathcal{N}(1.8, 0.073^2)$ 分布能最好地拟合该累积分布函数。类似地，图 6-38b 展示了实测基站与接

收天线最小距离 d_m 的累积分布函数,并且发现 $\mathcal{N}(2.17, 0.41^2)$ 能最好地去拟合改累积分布函数。这里,我们使用 Kolmogorov-Smirnov 测试去检验分布拟合。

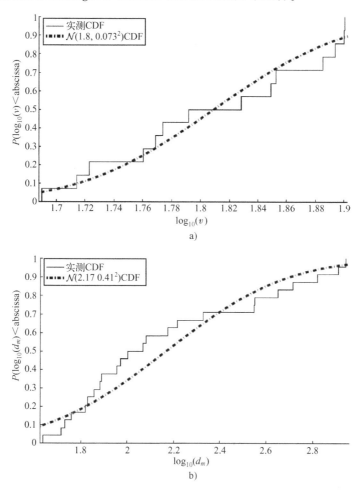

图 6-38 基于实测数据的列车速度 v 和基站与接收天线最小距离 d_m 的累积分布函数
a) 列车速度 v 的累积分布函数 b) 基站与接收天线最小 d_m 的累积分布函数

路径损耗表征的是接收功率与接收点发射点间距的关系,可以使用线性模型来拟合平均的路径损耗:

$$P_L = -10\gamma \cdot \log_{10}(d) + b \tag{6-100}$$

式中,d 表示基站与接收装置的距离;γ 是所谓的路径损耗因子;截距 b 表示 $d=1\,m$ 时的路径损耗。在这个例子中,列车上接收天线在 $t=[t_1,\cdots,t_N]$ 这些时刻与基站的距离可以由下式得到:

$$d(t) = \sqrt{\hat{d}_m^2 + (\hat{v} \cdot (t - \hat{t}_m))^2}, \quad t = [t_1, \cdots, t_N] \tag{6-101}$$

此时,接收功率可以从功率时延谱上直接得到。需要注意的是该功率是相对路径损耗,因为发射功率未知。图 6-39 展示了相对路径损耗和基站接收天线间距离 d 的关系。从图 6-39 可以看到,平均路径损耗(红线)随着 d 的增加而上升,表明此时列车上的接收天线渐渐离开基站。使用式(6-100),基于大量的测量数据,得到拟合后的路径损耗因子 γ 和截距 b

分别是 1.897 和 -156.47。

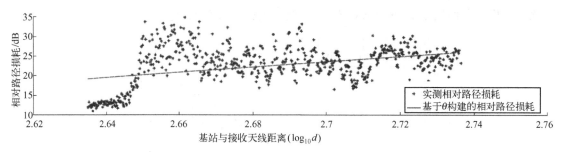

图 6-39　一个拟合相对路径损耗的实例

与得到参数 v 和 d_m 的累积分布函数方式类似，图 6-40 和图 6-41 分别展示了实测的路径损耗因子 γ 和截距 b 的累积分布函数，能最好地使用 $\mathcal{LN}(1.45, 0.25)$ 和 $\mathcal{N}(-81, 57.56)$ 分布拟合。

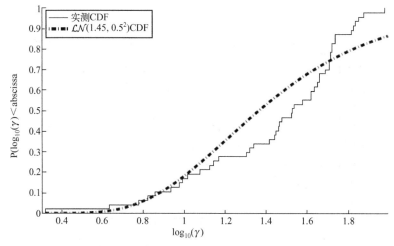

图 6-40　路径损耗因子 γ 的累积分布函数

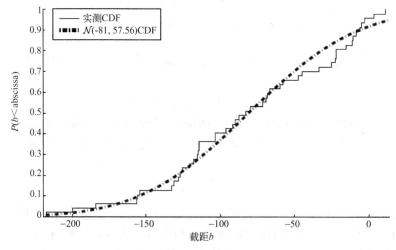

图 6-41　截距 b 的累积分布函数

阴影衰落是另一个重要的大尺度信道参数,它主要来自于发射端和接收端之间的路径受到物体的阻挡而产生的信号衰落。从接收的信号增益中减去路径损耗模型所预测的路径损耗,并在相邻的时间范围内做平均,我们即可获得信道的阴影衰落。研究发现,同一个信道的阴影衰落符合零均值的高斯分布。图 6-42 展示了所有信道的阴影衰落标准差 σ_S 的累积分布函数,可以最好地使用 $\mathcal{N}(4.3,1.69)$ 分布来拟合。

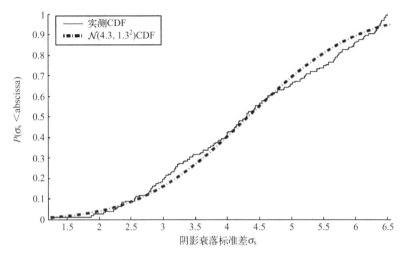

图 6-42 阴影衰落标准差 σ_S 的累积分布函数

我们利用 UMTS 在相同高铁环境下得到时延轨迹的路径损耗和阴影衰落标准差的累积分布函数。表 6-3 比较了本节中 LTE 系统和 UTMS 得到的结果。

表 6-3 比较 UMTS 和 LTE 系统的高铁信道模型

项目\网络	UMTS	LTE
单载波带宽/MHz	3.84	18
路径损耗因子	$\mathcal{LN}(1.53,0.11)$	$\mathcal{LN}(1.45,0.25)$
阴影衰落/dB	$\mathcal{N}(4.97,2.82)$	$\mathcal{N}(4.3,1.69)$

从表中可以看到,LTE 系统和 UMTS 下得到的路径损耗和阴影衰落标准差的统计分布相近,LTE 系统下的统计分布的平均值均略微小于 UMTS。

6.5.4　LTE 系统下高铁隧道和非隧道环境信道模型

在本小节中,我们基于 6.5.3 节中的高铁信道测量数据,继续介绍两个小尺度信道参数——均方根时延扩展和莱斯因子,并且分析和比较了高铁隧道和非隧道场景的信道模型。高铁非隧道场景包括平原、高架桥、山区等。图 6-43 展示了一个高铁非隧道场景的卫星图的例子。从图中可以看到,高铁轨道旁有少数建筑楼宇和大量田野区域,处于城市郊区环境。图 6-44 所示的泄漏电缆(Leaky Cable)通常被部署在隧道内充当基站,用来保证 LTE 系统在隧道内的网络覆盖。

正因为隧道和非隧道场景的基站位置的分布和环境特征不同,造成信号与物体作用的方式不同,致使隧道和非隧道信道模型存在很大区别。下文建立了高铁隧道和非隧道环境下,

图 6-43　高铁非隧道场景的卫星图

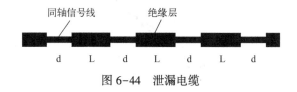

图 6-44　泄漏电缆

均方根时延扩展和莱斯因子的信道模型,并进行比较。

图 6-45a 和 b 分别展示了在隧道和非隧道场景中测量得到的连续功率时延谱的示例。

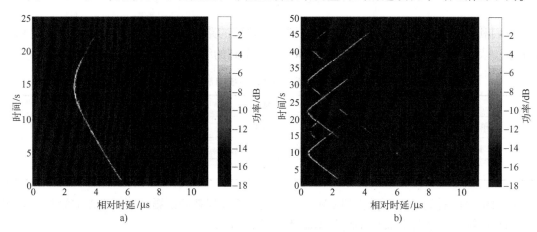

图 6-45　非隧道和隧道场景的连续功率时延谱

a)隧道场景的连续功率时延谱,持续 25 s　b)隧道场景的连续功率时延谱,持续 50 s

从图 6-45a 中观察到,非隧道场景下的信道特征包含了一条"<"形的时延轨迹。出现这种特征的原因已在前文第一个信道模型例子中提及,是由列车上的接收天线和基站之间的视距路径随时间的变化而导致的。图 6-45b 展示了隧道场景的连续功率时延谱,其中包含了多条"<"形的时延轨迹。我们推测出现这种现象的原因是和隧道内泄漏电缆的配置有关,相比隧道外相邻基站间距,泄漏电缆上相邻两个信号漏出点(一个漏出点可以被作为一个基站发射端)的间距较小,在相同时间内,接收天线在隧道内经过了更多的信号发射端,这样就导致了在连续功率时延谱中出现了更多的"<"形时延轨迹。除此之外,由于隧道环境密闭狭小,每条时延轨迹的时延转折点显得更锋利和突出,一条完整的"<"

形时延轨迹相比非隧道场景下的时延轨迹,持续时间更短。

均方根时延描述了多径在时延域的扩展特性,决定了信道的相干带宽大小。

根据文献[97]的定义,在此例中,第 m 个信道快拍的均方根时延扩展 $\sigma_{\tau,m}$ 由第 m 个信道快拍的有效归一化功率时延谱 $p_m(\tau)$ 的二阶中心距计算得到:

$$\sigma_{\tau,m} = \sqrt{\int (\tau - \bar{\tau}_m)^2 p_m(\tau) \mathrm{d}\tau}, \quad m = 1, \cdots, M \tag{6-102}$$

并有

$$\bar{\tau}_m = \int \tau p_m(\tau) \mathrm{d}\tau \tag{6-103}$$

第 m 个快拍的归一化功率时延谱 $p_m(\tau)$ 可以用下式计算:

$$p_m(\tau) = \frac{|h_m(\tau)|^2}{\int |h_m(\tau')|^2 \mathrm{d}\tau'} \tag{6-104}$$

式中,$h_m(\tau)$ 是第 m 个快拍的复数形式信道冲激响应。

基于整个测量数据,可以得到隧道和非隧道场景下的均方根时延扩展的累积分布函数,如图 6-46 所示。正态分布的累积分布函数能够最好地拟合实测的隧道和非隧道场景下的均方根时延扩展的累积分布函数。隧道和非隧道场景的平均时延扩展分别是 0.166 μs 和 0.346 μs。这个结果是合理的。因为在宽阔的存在丰富散射体的复杂非隧道环境中,信道中包含了不同时延的多径。然而,在隧道环境中,由于空间的狭窄性,多径的传播距离差较小,即多径在时延上靠得很近,相比于非隧道环境导致更小的时延扩展。

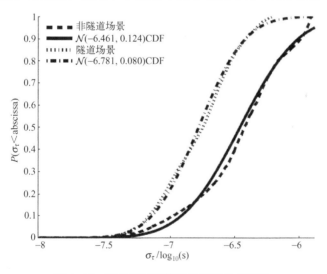

图 6-46 均方根时延扩展的累积分布函数

莱斯因子作为一个重要的信道参数,被定义为信道中确定性成分和散射成分的比值。莱斯因子一般通过观察多个连续的信道快拍获取,在关注 M 个连续快拍的信道冲激响应的情况下,确定性成分响应 h_{det} 通过对这些快拍中的信道冲激响应 h_m 进行平均操作得到,散射成分响应 $h_{\mathrm{sca},m}$ 通过从这些快拍中的信道冲激响应里面减去确定性成分响应得到,莱斯因子由下式计算获得

$$K = 10 \cdot \log_{10}\left\{ |h_{det}|^2 \left(\frac{1}{M}\sum_{m=1}^{M}|h_{sca,m}|^2\right)^{-1} \right\} \qquad (6-105)$$

式中，h_{det} 和 $h_{sca,m}$，$m=1,\cdots,M$ 分别代表确定性成分和不确定性成分的窄带响应。

图 6-47 展示了隧道场景和非隧道场景的莱斯因子的累积分布函数。

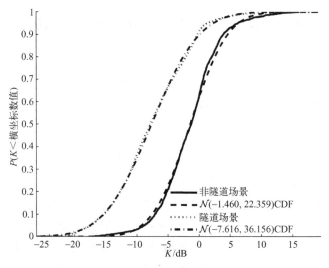

图 6-47 莱斯因子 K 的累积分布函数

同样，可以使用正态分布最好地拟合这两个累积分布函数。可以观察到，隧道和非隧道场景的平均莱斯因子分别是 -7.6 dB 和 -1.5 dB。我们推测出现这种情况的原因如下。在非隧道场景中，虽然信道具有更多的散射体，产生更多的多径，同时也导致信道就非视距路径而言的随机性较高，然而确定性的视距路径存在的概率很高；而在隧道环境中，由于发射天线距离列车很近，视距路径很容易被车体阻挡，信道在大多数情况下由随机性较高的非视距路径构成；因此导致隧道中更小的莱斯因子。

综上所述，我们可以认为由于基站模式和环境不同，高铁隧道和非隧道场景下的信道特征具有显著区别。

6.5.5 地铁环境中的多链路信道模型

本小节中，我们将介绍一个为特征化地铁传播信道而在中国上海的地铁场景中开展的信道测量。此次测量活动采集了 34 km 长的地铁沿线部署的 46 个通用移动通信系统（UMTS）小区的下行链路信号。公共导频信道（CPICH）被用来提取信道的冲激响应（CIR）。基于空间交替的广义期望-最大化（SAGE）原理的高精度参数提取算法被用来从这些信道冲激响应中提取多径（MPC）的参数。在地铁信道中，我们观察到了随时间演变的路径簇，每个簇都代表一个从基站的远程无线电单元（RRU）到接收器的信道。由于在站台场景和隧道场景中观察到的信道在许多方面有着独特的特性，尤其是簇的轨迹变化方面，我们基于总共 98 个时间演变簇对二者进行了分别建模。我们研究了簇内特征参数如簇时延、多普勒频率扩展、K 因子以及这些参数之间的依赖性。对于站台场景我们研究了包括共存簇数目和相邻路径簇的时延偏移、功率偏移和互相关等簇间参数。此外还建立了隧道场景的路径损耗模型。

本节余下的部分将介绍在商用 UMTS 网络进行被动测量的测量设备、环境、数据采集规范和后处理、信道的描述和传播机制的解释、识别时变路径簇的方法、站台场景的随机路径簇模型、隧道场景的随机路径簇模型以及类 3GPP 模型实现方法。

6.5.5.1 测量设备、环境、数据采集规范和后处理

为了在地铁中对复杂的传播场景进行测量并且获取实际的信道模型，一种有效的方法是进行被动测量，也就是，利用部署在地铁场景中的公共无线通信系统所传送的通信信号作为探测信号。这种被动探测方法的优点有如下两点。一是由于如今在地铁环境中广泛存在的通信网络使得被动测量可以方便、大规模进行；二是由于被动测量直接在正常运作的列车上进行，所以观察到的信道特性非常符合用户所经历的真实信道。过去，已经有人使用 GSM 蜂窝网络进行被动测量，但由于信道带宽有限，这些研究只关注窄带信道特性。现在，随着 UMTS 和 LTE 系统被广泛部署，在这些系统中使用宽带信号的被动探测的增强的时延分辨率允许研究者分析信道的精细特性。前人对蜂窝情景中的 GSM 信号进行了被动探测活动。但由于信号带宽有限，这些研究只关注窄带信道特性。此外，在系统配置包括基站（BS）的位置是已知的情况下，可以更精确地理解观察到的传播机制。有了这些优点，基于被动探测的信道建模开始吸引大家更多的注意。6.5.1 节[94]正是利用高速列车环境的 UMTS 系统，基于无源信道测量来构造统计信道模型。

下面将介绍基于被动探测的地铁情景测量活动，分析在地铁的特定配置下的 UMTS 网络中观察到的复杂信道特性，介绍新的宽带随机时变信道模型。本章节的主要贡献和创新性如下：

1) 在中国上海的 11 号线地铁上开展了新的被动信道测量。在列车正常工作时，使用软件定义无线电（SDR）设备收集公共 UMTS 网络的公共导频信道（CPICH）中的下行链路信号。提取信道脉冲响应（CIR），并用于估计多径分量（MPC）的时延，多普勒频移和衰减系数。当列车经过由相同 UMTS 基站覆盖的区域时，对多径分量进行了联合，获得了多个时间演变路径簇。簇内和簇间特征的统计特性构成了地铁环境的随机簇模型。

2) 考虑实际系统配置，使用新的信道分类策略来建立模型，也就是，信道事实上是由应用在基站中的每个远程无线电单元激发的多个信道的组合。这样的多链路信道特性与在应用于构建标准模型（如文献［98］中的空间信道模型）的传统传播场景中观察到的信道特性有很大不同。例如，我们观察到站台中的簇功率不一定像在 3GPP 空间信道模型（SC-Ms）[98]中描述的那样，随着时延的增大而下降[98]。

3) 基于对 46 个地铁小区的信道观测，建立的模型分别提供了地铁站台和隧道的信道的综合描述。模型详细分析了例如路径簇时延扩展的簇内行为和例如簇互相关特性的簇间行为。引入了类似 3GPP 的模型方法来生成站台和隧道场景中的随机信道。

在 11 号线从桃浦新村站到上海游泳馆站的区域中，我们在地铁车厢内部进行了被动测量。该测试区域包含两条相向平行的地铁隧道，总长度达到 34 km（单向距离 17 km），并包含了 24 个地铁停靠站。列车共有十节车厢，在地下隧道中以 60 km/h 的均速前进，并且在每个停靠站停留 40~60 s。实验人员坐在列车的第五节车厢，使用携带的接收端采集通用移动陆地系统（UMTS）网络中的实时信号。在公共导频信道（CPICH）中的传送的信号被用

来获得信道冲激响应。该发射信号的频率为 2.1376 GHz，带宽为 3.84 MHz，并且一般情况下具有 4.3 dBm 的恒定传播功率。此外，应用于 CPICH 的码片序列根据标准生成。下面列出了这次测试所用到的设备：一台由软件 GNU radio 控制的型号为 N210 的通用软件无线电设备（USRP），一个由恒温晶体振荡器产生的高精确度的 10 MHz 的参考时钟，一块存储硬盘，以及一个工作在 2~3 GHz 频段的具有 15 dBi 增益的全向天线。被动测量设备以 25 MHz 复数采样率和 2.1376 GHz 的中心频率采集公共导频信道 CPICH 数据。

图 6-48 展示了部署在站台和站台连接的左右隧道中的一个典型的远程射频单元（RRU）配置，该信息由中国联通提供。从图 6-48 中可以观察到共用 135 号扰码的 4 个远程射频单元用于覆盖站台区域和隧道内部区域。此外，在那些又长又弯曲的隧道中间，采用了两个无显著重叠范围的远程射频单元来分别覆盖两端的隧道。在以上描述的环境及配置因素下，用户设备常遇到的有趣的信道特征，而迄今为止的文献中都未提及或展开该方面的研究。

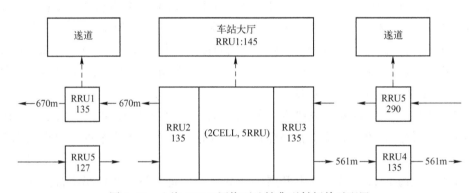

图 6-48　上海 UMTS 网络下地铁典型射频单元配置

为了全面地理解地铁隧道的信道特征，我们把测试期间采集到的原始数据进行了以下五个步骤的后处理，即滤波，同步，扰码检测，信道冲激响应提取（参见 6.4.2 节或者文献[94]）以及使用 SAGE 算法进行多径（MPC）提取。在本节的 SAGE 算法中，信道冲激响应的通用模型可表示为：

$$h(\tau,t) = \sum_{\ell=1}^{L} \alpha_\ell(t)\delta(\tau - \tau_\ell(t))\exp\{j2\pi\int_0^t \nu_\ell(t)\mathrm{d}t\}, \qquad (6\text{-}106)$$

式中，L 表示了一个信道快照中观察到的总路径数；$\alpha_\ell(t)$、$\tau_\ell(t)$、$\nu_\ell(t)$ 分别代表了第 ℓ 条路径的复衰减、时延及多普勒频率；$\delta(\cdot)$ 表示狄拉克函数。我们所要估计的参数包括 $\boldsymbol{\Theta} = [\alpha_\ell(t),\tau_\ell(t),\nu_\ell(t);\ell=1,\cdots,L,t=t_1,\cdots,t_N]$，其中 N 代表了一次信道探测过程中包含的快照数量。在 15 个连续时隙的时间内，我们观察到信道的主要多径状态是稳定的，因此在应用 SAGE 算法的过程中，我们把 15 个连续时隙作为信道的一个快照。此外，对于每个信道快照，我们使用了 15 次迭代提取 $L=10$ 条路径来估计 $\boldsymbol{\Theta}$。对于包含 N 个快照的测量数据时，针对每个快照估计出来的 L 条多径的时延、多普勒频率和复衰减系数以行的形式分别存储在矩阵 $\hat{\boldsymbol{\Theta}}_\tau \in \mathbb{R}^{N\times L}$，$\hat{\boldsymbol{\Theta}}_\nu \in \mathbb{R}^{N\times L}$ 以及 $\hat{\boldsymbol{\Theta}}_\alpha \in \mathbb{C}^{N\times L}$ 中。

6.5.5.2　信道的描述和传播机制的解释

图 6-49a 给出了一个小区的 160 s 的信道的累积功率时延谱（PDP），这个小区覆盖了一

个站台和连接站台两端的隧道,也就是说,在这 160 s 内,地铁由一端隧道穿过站台并重新进入另一端隧道。图 6-49b 表示的是 90 s 内地铁穿过单个隧道的信道的累积功率时延谱。需要注意的是,由于被动测量系统的缺陷,接收端和发射端无法进行时间同步,因此图 6-49a 和图 6-49b 的横轴所描述的是相对时延而不是绝对时延。从图 6-49a 和图 6-49b 可以观察到,信道的多径分量(MPC)具有十分光滑和清晰的时间-时延轨迹。此外,观察图 6-49a 上的单独的 PDP 的局部放大图,可以清晰地看到主要路径分量在时延上都具有一定宽度的扩展,这表明它可能包含了多径而不仅仅只是一条路径。由于 3.84 MHz 的带宽有限,且在地铁场景中散射体较多,在大带宽主动测量中能观察到的分散开的路径在被动测量中难以分辨。此外,我们无法获知的基站的系统响应也会导致单径具有一定的扩展,模糊了信道。但可以肯定的是,用户设备在实际通信网络中经历的信道与在主动测量中观测到的信道有着显著的区别。

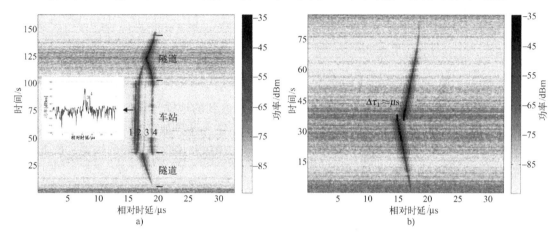

图 6-49 在两种场景下基于接收信号得出的累计功率时延谱
a) 车站内观察到的累积功率时延谱 b) 隧道内观察到的累积功率时延谱

如图 6-49a 所示的轨迹变化可以分成三个阶段。0~37 s 是阶段 a,描述了地铁从隧道进入站台的过程;37~100 s 是阶段 b,在该阶段地铁在站台稍作停留;然后进入隧道朝着下个站台前行,即 100 s 之后的阶段 c。图 6-50 展示了这三个阶段,同时图中也标注出了编号为 1、2、3、4 的四个射频拉远单元(RRU),依次从隧道左端排到隧道右端。图 6-49a 中标注为 1 的轨迹表示从 RRU 1 到位于地铁车厢的接收天线的链路,轨迹 2 和轨迹 3 分别对应源自 RRU 2 和 RRU 3 的链路,同理,轨迹 4 表示由 RRU 4 发出的通信链路。从图 6-49a 可以看到所有的轨迹都经历从生成到消亡的过程,它们在各自的阶段占据主导地位,功率因物体的阻挡、阴影效应和多径衰落效应等而产生波动。此外,图 6-49a 中观察到的呈"<"形的时延轨迹 4 与地铁先开向 RRU 4,经过它然后继续前行的运动轨迹十分一致。从图 6-49b 也可以看到"<"形的时延轨迹。但是在该图中,"<"的两撇没有连接在一起,两撇的两端时延偏差约为 1 μs。我们认为是因为当一个隧道存在两个靠得很近的 RRU 分别覆盖隧道的前后段,并且它们的同步没有做到非常严格,具有约 1 μs 的偏差。在其他的测量样本中也观察到了类似的现象。

值得一提的是,基于本次测量结果,我们观察到一个通道中的 MPC 的功率不一定相对于延迟指数衰减。图 6-49a 中的小图是该现象的典型例子,给出了 75 s 时信道的 PDP。其中,时延较长的 MPC 4 要比时延较短的 MPC 3 强得多。可能是由于 RRU 之间的时延偏移和路径损耗不同导致。

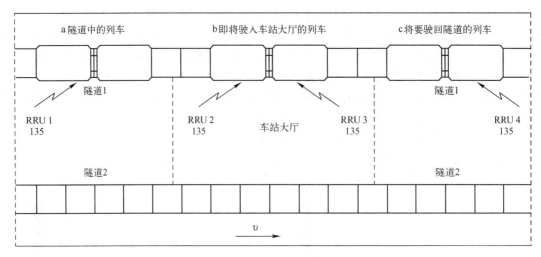

图 6-50　累积功率时延谱变化的三个阶段

测量结果有力证明了在每个区间配置多个 RRU 观察到的地铁传播场景信道与常规宏蜂窝和微蜂窝通信场景中观察到的信道有着显著的区别。主要差异如下：

1）信道包含几个清晰的轨迹，每个轨迹对应每个 RRU 和接收器之间的链路，因此观察到的信道是多个单 RRU 信道的合成。

2）具有较长延迟的 MPC 的功率不一定小于具有较短延迟的 MPC 的功率。

3）在同一区间中部署的多个 RRU 之间存在延迟偏移。

这些差异使得原本就十分具有挑战性的信道特征化过程更加复杂。在本章中，将利用类 3GPP 建模方法[98]对站台场景和隧道场景下的时变多径分量簇的特性进行彻底分析。所提取的簇内和簇间统计参数将构成随机簇模型，应用于再现真实地铁环境中用户设备（UE）经历的多链路信道。

6.5.5.3　时变簇识别方法

文献中对于时延路径簇的经典定义是具有相近延迟的路径集合[98]，其他定义可参考文献 [99-101]。考虑到地铁信道通常能观察到几条清晰的轨迹，且每个轨迹通常由一组时延相近的 MPC 表示，我们将这样的 MPC 集合称为时间簇。

为构建基于路径簇的信道模型，我们需要将 SAGE 算法提取出的 MPC 分组成簇。图 6-51 给出了基于图 6-49a 所示信道的 PDP 中所提取的多个快照估计的 MPC 在时延上分布的散点图，点的颜色深浅表示所估路径的功率大小。对比图 6-49a 和图 6-51，可以看出 SAGE 算法能够提取出信道的主要分量。为了进一步了解路径的时变行为，我们使用改良的关联性聚类方法[102]来联合 MPC 为时变路径簇。该方法分两步实现：

1）联合 MPC，找到各条轨迹的多个片段。

2）连接这些片段以形成更长的（完整的）时间演变簇的轨迹。这两个步骤的具体操作如下。

首先，从具有最高功率的多径分量入手。通过定位 $\hat{\Theta}_\alpha$ 的最大绝对值找出该分量的下标。相应的时延可从对应的 $\hat{\Theta}_\tau$ 中获取。然后，以具有最高功率的多径分量为参考，将临近时间

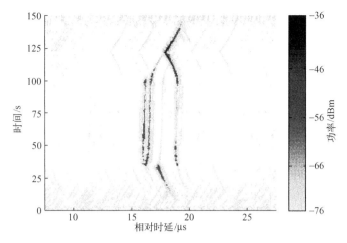

图 6-51 通过 SAGE 算法估计出的时延

内估计所得的满足以下两个条件的多径分量与之关联成一个片段：

1）该 MPC 的时延与参考 MPC 差别不超过 $1/B$，B 指代一个带宽，如本文中的测量频率 3.84 MHz。

2）该 MPC 与参考 MPC 的观察时间之差小于阈值 d_{t1}（表示簇由于例如多径衰落等因素可能暂时消失的最大时间段），此处设为连续 6 个快照的持续时间。

执行这种简单的关联方法，直到找不到符合条件的 MPC 为止。之后，在剩余的未与其他片段关联的 MPC 中使用相同方法继续搜索下一片段。当所有的 MPC 均关联成簇，组成轨迹的各个片段后，停止操作。图 6-52 给出了从图 6-51 所示 MPC 中提取出的轨迹片段。

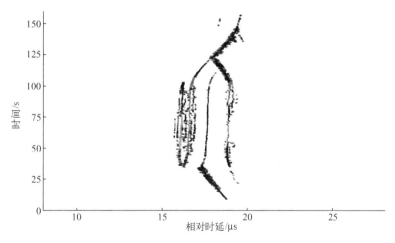

图 6-52 提取的轨迹片段

时变路径簇的轨迹会因为阻挡而分解成多个片段，因此在步骤 2）中，我们将时间差小于 d_{t2}，且预测的轨迹的时延足够接近的两个片段联合成新的轨迹。此处，设 $d_{t2}=1\text{ s}$，对应的是 100 帧持续时间。图 6-53 给出了最终的时变路径簇提取结果。我们将这些路径簇叫作"RRU 簇"，一个 RRU 簇指代从特定 RRU 发出的所有路径的集合，从图中可看出它们在时延上被很好地分开了。由于地铁场景中信号带宽小且地铁空间封闭，因此很难进一步了解每个 RRU 簇的行为。这也是为什么其他的聚类算法，如仅依赖于多径分量的 K-means 算法[103]，在本次测量分析中不适用的原因。因为这些方法将导致大量的时间周期很短的时变路径簇，这显著增加了信道建模的复杂性。在本次测量中，使用提出的基于 RRU 分类的聚类算法，从地铁途经的 46 个区间的测量中共识别出 98 个时变路径簇。

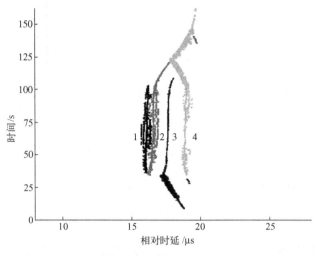

图 6-53 时变路径簇

6.5.5.4 站台场景下的随机簇模型

基于 SAGE 参数估计和分簇结果，簇中几个参数可以表示为 $\Omega = [\bar{\tau}, \bar{\nu}, \sigma_\tau, \sigma_\nu, p, K]$，其中 $\bar{\tau}$、$\bar{\nu}$、σ_τ、σ_ν、p 和 K 分别代表簇的平均时延、平均多普勒频率、均方根时延扩展、均方根多普勒扩展、功率和莱斯因子。在此处主要描述站台场景下信道特性。可以通过观察簇的轨迹的波动来区分站台和隧道场景。主要研究的特性包括单簇参数，例如，簇时延和多普勒扩展、莱斯因子和相关系数等。此外还有簇与簇之间的参数，包括簇的数量、簇时延偏移、簇功率偏移、和簇之间的相关系数。

1. 单簇特性

（1）簇的时延和多普勒扩展

基于 SAGE 参数估计和簇分析结果，簇的时延和多普勒扩展通过簇的功率时延谱和簇的多普勒功率谱的平方根表示。当簇由多径成分构成时⊖，簇的时延扩展具体可以由下面公式计算[99]：

$$\sigma_\tau = \sqrt{\overline{\tau^2} - \bar{\tau}^2} \tag{6-107}$$

其中

$$\overline{\tau^2} = \frac{\sum_{m=0}^{M-1} |\alpha_m|^2 \tau_m^2}{\sum_{m=0}^{M-1} |\alpha_m|^2}, \quad \bar{\tau} = \frac{\sum_{m=0}^{M-1} |\alpha_m|^2 \tau_m}{\sum_{m=0}^{M-1} |\alpha_m|^2} \tag{6-108}$$

⊖ 这里，在信道包含多个路径簇的情况下，$m \leq L$ 成立。

同样地,簇的多普勒扩展可以通过式(6-107)和式(6-108)计算,将其中的 τ 替换成 ν。

图 6-54 描述了基于 98 个簇的站台片段计算得到的以 $\log_{10}([s])$ 表示的簇时延扩展的概率累积分布,可以最好地用正态分布 $\mathcal{N}(-7.90, 0.49)$ 的概率累积分布来[○]拟合图 6-54。观测到的均方根时延扩展的中值大约 20 ns。然而,比文献[43]中提到的 100 ns 小很多。我们推测在本节场景下的时延扩展偏小的原因是接收端位于车厢里,时延大、强度弱的路径由于车厢的阻挡不能被观测到。另外一个原因是,我们计算时延扩展是基于提取的多径参数,而不是利用功率时延谱[43]。

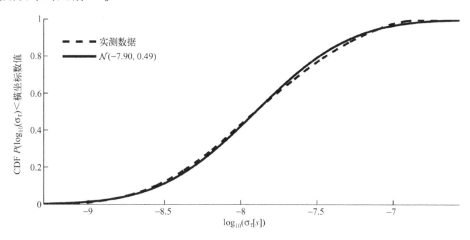

图 6-54 车站场景下簇的时延扩展和拟合的正态分布

图 6-55 描述了簇的多普勒概率累积分布,以 $\log_{10}([Hz])$ 表示。用正态分布的概率累积分布 $\mathcal{N}(-0.24, 0.38)$ 可以很好地拟合。这是合理的,由于地铁在站台场景下的速度接近于 0,导致观测到的所有多径的多普勒数值都很小,因此整体的扩展也很小。

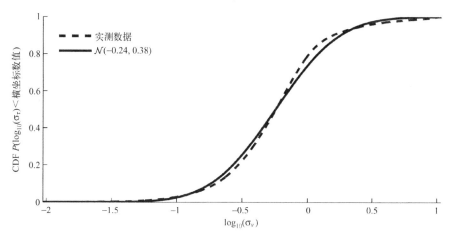

图 6-55 车站场景下簇的多普勒扩展和拟合的正态分布

(2) 簇的莱斯因子

莱斯因子定义为直达路径或主径的功率与非直达路径或者其他路径的比值[104]。莱斯分

○ 在本节正态分布 $\mathcal{N}(\mu, \sigma)$ 中, μ 和 σ 分别代表期望和标准差。

布描述了接收信号强度的统计分布。结果表明，莱斯分布可以很好地刻画地铁信道的快衰落特性。经典地，莱斯因子通过基于窄带信道参数的矩量计算[105]。在本小节中，对于由 $M(M \leqslant L)$ 路径构成的簇的莱斯因子，我们使用 SAGE 算法提取的多径簇成分计算得到：

$$K = 10 \cdot \log_{10}\left(\frac{|\alpha_0|^2}{\sum_{m=1}^{M-1}|\alpha_m|^2}\right) \quad (6\text{-}109)$$

式中，α_0 表示簇的主径成分。图 6-56 描述了站台场景下，簇莱斯因子的概率累积分布和用来拟合的正态分布 $\mathcal{N}(15.9, 5.3)$。可以从图 6-56 中观察到簇的莱斯因子均值大于 15 dB，因此我们可以推断由于站台中的弱阻挡，这些簇可以认为是视距路径簇。这对于来自于不同远程射频单元的路径簇是普遍的。相同的结果可以在文献 [43] 中观察到。

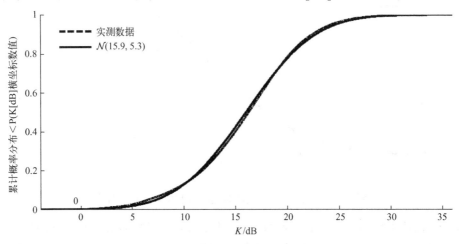

图 6-56 车站场景下簇的莱斯因子和拟合的正态分布

（3）簇内部参数的相关性

为了产生一个随机簇，需考虑同一个簇的不同参数之间的相关特性。图 6-57 描述了一些相关系数的概率累积分布，其中 $\rho(a,b)$ 表示相关系数，a,b 代表 Ω 中的参数向量。可以观察到，绝大多数的 $\rho(K_i, \sigma_{\tau,i})$ 是负数，关于中值-0.8 对称，这表明莱斯因子和时延扩展变化相反。这是合理的，因为当路径簇的功率时延谱变得集中时，它的时延扩展减小，莱斯因子相应增大。类似的分布可以从 $\rho(K_i, \sigma_{\nu,i})$ 中观察到。然而，K_i 和 $\sigma_{\nu,i}$ 相关系数相比于 $\rho(K_i, \sigma_{\tau,i})$ 要小。这是由于在站台时，车速近似为 0，簇的多普勒频率减小甚至消失，因此和簇的莱斯因子相关性减小。此外，$\rho(\sigma_{\tau,i}, \sigma_{\nu,i})$ 的分布关于 $\rho(\sigma_{\tau,i}, \sigma_{\nu,i}) = -0.1$ 对称，90% 的 $\rho(\sigma_{\tau,i}, \sigma_{\nu,i})$ 集中在 [-0.3, 0.3] 的范围内，这表明在站台场景下，$\sigma_{\tau,i}$ 和 $\sigma_{\nu,i}$ 并不相关。

2. 相邻路径簇间的特征

同一个信道中路径簇间的参数关系可以用于产生例如 Saleh-Valenzuela（SV）[124] 信道模型。这里我们主要研究了相邻簇的数量、簇的时延偏移、簇的功率偏移，以及簇间参数的相关系数。

（1）簇的数量

图 6-58 描述了同一站台簇的数量 N 的概率累积分布，正态分布 $\mathcal{N}(1.93, 0.83)$ 可以拟合得很好。可以观测到，在车站场景下，观察到的信号是从 2~3 个远程射频单元中接收到的。4 个簇同时存在于一个信道中的概率很低，这是由于远程射频单元通常分布的间隔较

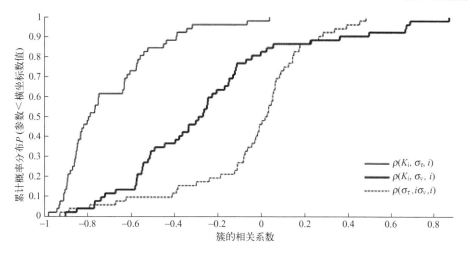

图 6-57 车站场景下簇的相关特性

大,正如图 6-48 所示,车站大厅里有两个远程射频单元,而另外两个远程射频单元在相邻的隧道里。很难观察到 4 个远程射频单元同时出现在同一个信道里。此外,由于站台的弱阻挡,绝大多数情况下都能观察到不止一个簇。需要说明的是,在产生随机的路径簇的数目时,对于正态分布输出的数值,我们需要使用距离其最近的在 [1,4] 区间内的整数。

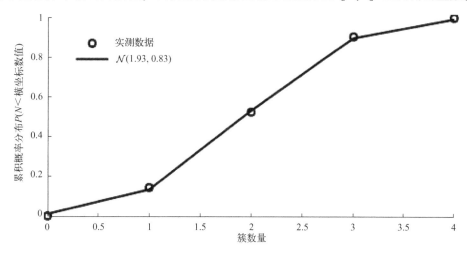

图 6-58 车站场景下簇的数量和拟合的正态分布

(2) 簇的时延偏移

对信道中观察到的 N 个簇的时延升序排列,即 $\overline{\tau_n}$, $n=0\cdots N-1$,则时延偏移 $\Delta\overline{\tau}$ 定义为 $\overline{\tau_n}-\overline{\tau_{n-1}}$, $n\in[1,\cdots,N-1]$。图 6-59 描述了簇的时延偏移的概率累积分布,其中时延偏移 $\Delta\overline{\tau}$ 以 $\log_{10}([s])$ 计算。可以发现 $\Delta\overline{\tau}$ 服从多模分布。为了简化起见,基于最小二乘法,我们估计出利用两个叠加的正态分布 $0.89\cdot\mathcal{N}(-6.17,0.32)+0.11\cdot\mathcal{N}(-4.94,0.16)$ 可以很好地去拟合。这种 $\Delta\overline{\tau}$ 可能服从两模分布的现象,我们推测是因为造成时延偏移的因素有两个。第一,远程射频单元分布在几百米外,导致了簇的时延偏移在 1μs 左右。第二,如图 6-49b 所示,远程射频单元并没有严格同步,可能导致最大的时延偏移能够达到大于 10μs。

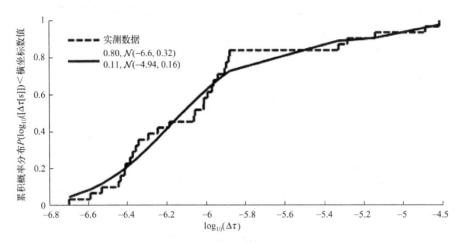

图 6-59　车站场景下相邻簇之间的时延偏移和拟合的混合正态分布

（3）簇的功率偏移

图 6-60 描述了以 dB 为单位的簇的功率偏移的概率累积分布，利用正态分布 $\mathcal{N}(-3.0, 15.8)$ 来拟合。和 $\Delta \bar{\tau}$ 类似，ΔP 定义为 $10 \log_{10}(P_n/P_{n-1})$。从图 6-60 中可以观察到，$\Delta P$ 负值的概率更高，这是由于绝大多数簇时延较大，而时延较大的簇功率较低。然而，我们从图 6-60 中还可以发现，也存在时延较大的簇功率较大的情况，功率偏移大约 10 dB。一个可能的原因是来自不同的射频单元的信道链路具有不同的路径损耗，另一个可能的原因是远程射频单元之间的非同步问题使得真实的时延产生了偏移。观察到的信道特性实际上是传播环境和系统配置共同作用的结果，这与传统的模型例如 3GPP SCM[98] 中描述的时延较大的簇功率较低是不同的。

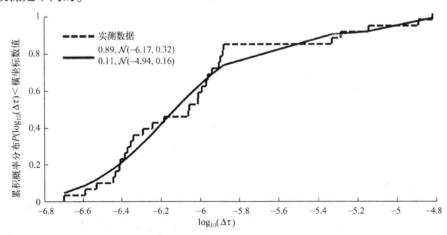

图 6-60　车站场景下相邻簇之间的功率偏移和拟合的混合正态分布

（4）簇间参数相关性

时延域上相邻簇之间的相关性分析主要通过计算 Ω_i 中的参数 a 和 Ω_j 中的参数 b（$i \neq j$）的相关系数 $\rho(a,b)$ 来体现。图 6-61 描述 $\rho(a,b)$ 的概率累积分布。观察发现，这些累积分布相对集中，而且关于 $\rho(a,b)=0$ 对称，依赖于不同的 (a,b) 具有不同的扩展。多普勒频率

的相关系数 $\rho(\sigma_{v,i},\sigma_{v,j})$ 绝大多数是正数,然而簇的时延扩展可以认为并不相关。我们推断这是由于物体例如站台里离接收端天线很近的行人的移动会导致各个链路的多普勒(或者多普勒扩展)同时发生变化,而时延(或者时延扩展)却可以认为不变(相对于系统带宽所能达到的分辨率)。对于簇在时延、多普勒、功率和莱斯因子之间的不相关特性,我们推断这是由于产生每个路径簇的远程射频单元链路具有不同的散射体分布。它们所经历的阴影衰落、车体阻挡和其他环境的影响都不相同,而导致不同远程射频单元链路信道的小尺度特性相关性很低。

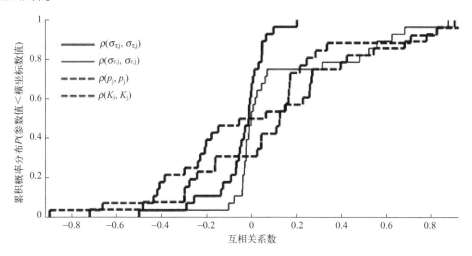

图 6-61 车站情景下共存簇的互相关性

6.5.5.5 隧道场景下的随机簇模型

通过观察隧道中的测量结果,我们发现绝大多数情况下,只能观察到一个簇。尽管有时能同时观察到来自不同远程射频单元的两个簇,但是由于这两个远程射频单元之间的距离很大,其中一个路径簇的功率相对于另外一个路径簇很弱。因此,这里我们将讨论隧道中单个路径簇的路径损耗、时延扩展、多普勒扩展和单簇参数的相关性。

1. 簇的路径损耗和阴影衰落

隧道中簇的时延关于时间的轨迹呈现出两种形态,一种是连续的"<"形状,另一种是由两个距离很近的两个远程射频单元产生的断开的"<"形状。簇功率的大尺度变化可以描述为发射端到接收端路径损耗和阴影衰落的叠加。值得注意的是,我们的被动测量活动获得是信道的相对时延,因此为了建立一个合理的模型,根据隧道的尺寸大小,我们假设"<"的最低时延处所对应的传播路径距离为 3 m,其他时刻的绝对传播距离都参考这一最小时延点进行计算。尽管 3 m 的假设和真实情况存在一个确定的偏差,但是根据隧道真实环境,它的可靠性可以保持在 3 m 偏移范围内,因此对路径损耗模型的估计的影响是可以忽略不计的。此外,在实际测量中,天线高度并不知道,所以很难建立像 Hata 模型或者 COST 231 模型那样的路径损耗模型[104]。因此,我们使用文献[106]中的闭合自由空间衰落模型(Close-in Free Path Loss Model):

$$P_L = P_L(d_0) + 10\gamma \cdot \log_{10}\left(\frac{d}{d_0}\right) \qquad (6\text{-}110)$$

式中，γ 表示路径损耗指数；d_0 表示参考距离（这是设定为 1 m）；d 是发射端到接收端的距离。文献［106］中的结果表明这个模型相比于 3GPP 中采用的经典的 4 个参数构成的路径损耗模型更加稳定。读者可以从文献［106］中深入了解。如此，功率随着距离下降的变化可以表述为[104]：

$$P_F = P_L + \psi \tag{6-111}$$

式中，$\psi(\mathrm{dB})$ 代表服从高斯随机变量分布的阴影衰落，均值为 0，方差为 σ_ψ^2。

图 6-62 描述了测量得到的功率随着发射端到接收端距离的变化。我们发现隧道中所有的簇都呈现双斜坡功率波动。绝大多数情况下，截断距离位置大约为 100 m。为了有效地描述这种现象，我们利用一个简化的双斜坡函数去拟合功率随着距离的波动：

$$P_L = \begin{cases} b + 10\gamma_1 \cdot \log_{10} d, & d < 100 \text{ m} \\ b + 20\gamma_1 + 10\gamma_2 \log_{10} d, & d \geq 100 \text{ m} \end{cases} \tag{6-112}$$

式中，b 代表 1 m 处的路径损耗，也就是 $P_L(d_0), d_0 = 1$ m；γ_1 和 γ_2 分别代表坡 A 和坡 B 的路径损耗系数。图 6-64 描述了 γ_1、γ_2 和 b 的概率累积分布。此外，可以分别用正态分布 $\mathcal{N}(0.32, 0.49)$、$\mathcal{N}(3.98, 0.97)$ 和 $\mathcal{N}(21.43, 8.83)$ 来最好地拟合。从统计意义上来讲，我们发现在近距离区域（$d < 100$ m），簇的功率几乎不衰减，甚至随着距离变化增加，然而在远距离区域（$d \geq 100$ m），簇的功率衰减的很快，测量得到的平均的路径损耗指数大约为 3.98。我们推断这种现象是由于当地铁靠近一个远程射频单元的时候，多径成分变得稀疏以及波导效应使功率衰减变弱，然而，当地铁远离远程射频单元时，多径叠加导致功率波动，就像两射线模型或者十射线模型[104]描述的那样。此外，当地铁在隧道中远离发射端时，车厢的墙和窗户衰减使信号衰减严重。图 6-63 描述了近距离范围和远距离范围下的阴影衰落。通过拟合这些概率累积分布，这两个区域的方差分别计算为 3.5 dB 和 5.1 dB。这与我们的假设一致，地铁远离射频单元的时候阻挡更强，导致更严重的阴影衰落。

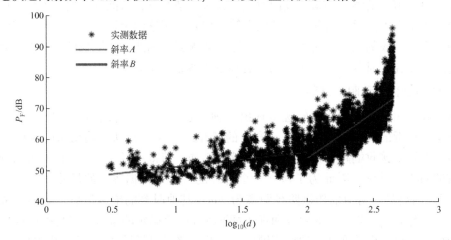

图 6-62 发射天线到接收天线间距和路径损耗的例子

2. 簇时延和多普勒频率扩展

图 6-65 描述了簇时延扩展 σ_τ 的经验累积概率分布，其中簇时延扩展以 $\log_{10}([\mathrm{s}])$ 为单位，并使用参数为 $\mathcal{N}(-7.89, 0.33)$ 的正态分布拟合。簇时延扩展的均值约为 20 ns，这与 2.4 GHz 隧道环境下的观察相似[134]。此外，由于观察到在近区域和远区域的簇时延扩展

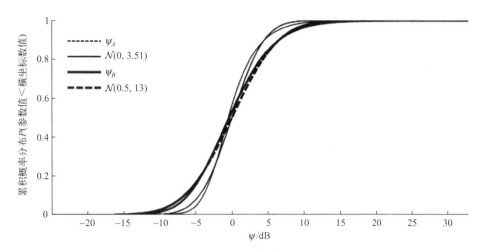

图 6-63 A 和 B 处阴影衰落的实测累积概率分布

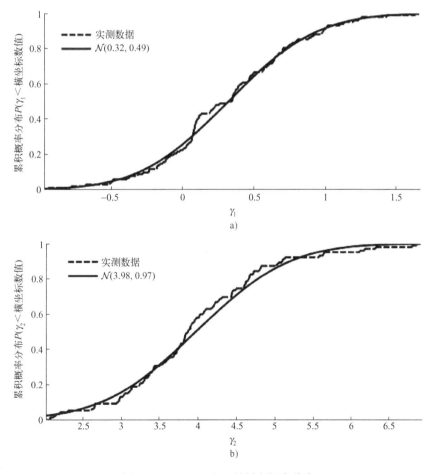

图 6-64 γ_1、γ_2 和 b 的累积概率分布

a) 斜率 A 路径损耗指数的实测累积概率分布 b) 斜率 B 路径损耗指数的实测累计概率分布

相似，我们对其应用相同的分布。这种观察的一个原因是，即使在远区域中，由于隧道宽度是有限的，多个路径传播距离的差距也很小，另一个原因是视距路径的主导，非视距路径分量对簇时延扩展贡献很小。此外，隧道场景中的簇时延扩展的方差差小于在站台场景中观察到的时延扩展的方差。这是合理的，因为站的尺寸大于隧道的尺寸。然而，与近区域相比，多普勒频率扩展比在远区域中观察到的多普勒频率扩展稍小。这种现象是直观的，因为列车沿着 Tx-Rx 传播链路方向的速度随着距离而增加。然而，由于速度较快和很小的 Tx 到 Rx 最短垂直距离，速度投影可以在非常短的时间内达到最大值。因此，我们仍然将两个区域的 σ_ν 表征为一个随机变量。

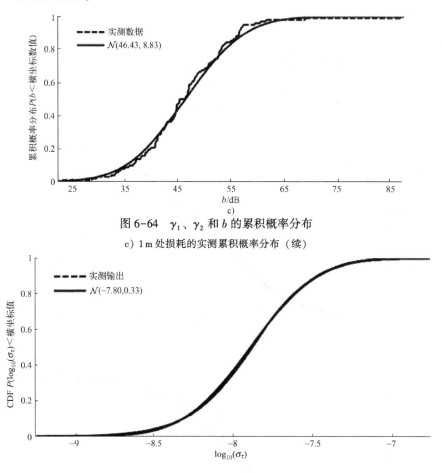

图 6-64　γ_1、γ_2 和 b 的累积概率分布

c）1m 处损耗的实测累积概率分布（续）

图 6-65　隧道场景中，簇时延扩展的经验 CDF 和正态分布拟合的 CDF

3. 簇莱斯 K 因子

图 6-67 描述了基于隧道中簇结果的簇莱斯 K 因子的累积概率分布，可以最好地使用正态分布 $\mathcal{N}(11.5, 5.4)$ 拟合。我们还观察到隧道场景中的 K 因子小于在站台情景中观察到的 K 因子。这是合理的，因为车厢壁和窗的阻挡在隧道中更显著。

4. 簇参数的相关性

图 6-68 展示了在隧道场景中单簇相关系数的经验累积概率分布的一些例子。可以发现，σ_{τ_i} 和 σ_{ν_i} 均与 K_i 呈现负相关。这是容易理解的，因为大的 K 因子发生在集中的簇功率

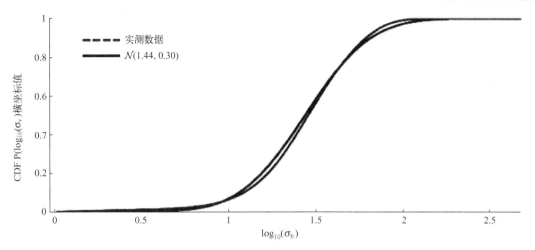

图 6-66 隧道场景中，簇多普勒扩展的经验 CDF 和正态分布拟合的 CDF

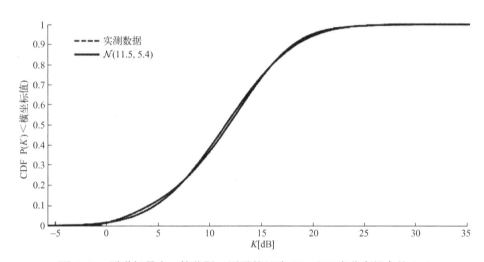

图 6-67 隧道场景中，簇莱斯 K 因子的经验 CDF 和正态分布拟合的 CDF

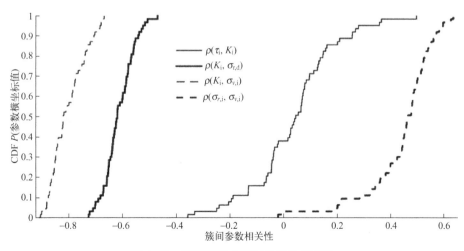

图 6-68 隧道场景中簇间参数的相关性

时延谱和功率多普勒频率谱。然而，K 因子与距离（τ）不相关。我们推测这是因为当火车在狭窄的隧道中移动时，具有不同相位的多径分量快速且随机地改变。

此外，可以观察到，$\rho(\sigma_{\tau,i}, \sigma_{\nu,i})$ 是正的，平均值为 0.5，表明簇时延扩展和多普勒频率扩展变化，在大多数情况下都是同样的趋势。这与普遍的看法一致：即较大的时延扩展是由 Tx 端或 Rx 端或两端的散射体广泛分布引起的，这在链路端的任一侧移动时，自然导致较大的多普勒频率扩展。

6.5.5.6 信道模型的验证

表 6-4 和表 6-5 分别报告了站台和隧道场景中的信道参数的平均值和标准差（std）。与高速列车（HST）环境[92]获得的结果，即清晰和明显阻挡视距路径簇的时延扩展分别为 12 ns 和 68 ns，地铁环境中的路径簇时延扩展等于 20 ns。此外，在 HST 环境中，平均簇多普勒扩展分别为 10 Hz 和 188 Hz，而在地铁场景中的路径簇多普勒频率扩展约 28 Hz。很明显，在地铁环境中观察到的簇更接近在高铁清晰视距路径情景中观察到的路径簇，而具有稍大的时延和多普勒扩展。

表 6-4　站台场景提取的经验簇特征

簇内特征		簇间特征	
参　数	（均值，方差）	参　数	（均值，方差）
$\sigma_\tau / \log_{10}([s])$	(−7.90, 0.49)	N	(2.5, 1.0)
$\sigma_\nu / \log_{10}([Hz])$	(−0.24, 0.38)	$\Delta \bar{\tau}[\mu s]$	(2.1, 3.6)
K/dB	(15.9, 5.3)	$\Delta p[dB]$	(−3.0, 15.8)
$\rho(K_i, \sigma_{\tau,i})$	(−0.70, 0.22)	$\rho(\sigma_{\tau,i}, \sigma_{\tau,j})$	(−0.04, 0.13)
$\rho(K_i, \sigma_{\nu,i})$	(−0.24, 0.40)	$\rho(\sigma_{\nu,i}, \sigma_{\nu,j})$	(0.12, 0.30)
$\rho(\sigma_{\tau,i}, \sigma_{\nu,i})$	(−0.04, 0.30)	$\rho(K_i, K_j)$	(0.08, 0.37)

表 6-4 和表 6-5 中站台和隧道场景的参数可以直接使用类 3GPP 的方法来重现一个具有特定的簇时延和多普勒扩展[98]、莱斯 K 因子[98]，以及参数的相关系数[98]的远程射频单元路径簇。此外，对于具有多个簇的站场景，也应考虑簇间特征以再现现实信道。为了验证所建立的模型，对于隧道信道进行模拟，步骤如下表述。

表 6-5　隧道场景提取的经验簇特征

参　数	（均值，方差）	参　数	（均值，方差）
γ_1	(0.32, 0.49)	$\sigma_\tau / \log_{10}([s])$	(−7.89, 0.33)
γ_2	(3.98, 0.97)	$\sigma_\nu / \log_{10}([Hz])$	(1.44, 0.30)
b/dB	(46.43, 8.83)	$\rho(\bar{\tau_i}, K_i)$	(0.03, 0.16)
ψ_A/dB	(0, 3.5)	$\rho(K_i, \sigma_{\nu,i})$	(−0.80, 0.06)
ψ_B/dB	(0, 5.1)	$\rho(K_i, \sigma_{\tau,i})$	(−0.61, 0.05)
K/dB	(11.5, 5.4)	$\rho(\sigma_{\tau,i}, \sigma_{\nu,i})$	(0.44, 0.13)

1）基于表 6-5 中给出的分布，确定时延扩展，多普勒频率扩展和 K 因子。它们之间的相关行为可以通过文献［98］中的方法保证。

2）根据文献［98］中的步骤4）确定 M 个多径分量的随机时延。这里，M 和 r_{DS} 分别设置为 6 和 1.5。

3）根据文献［98］确定各个多径分量的随机平均功率。根据文献［98］考虑视距路径模型，即 K 因子。

4）根据文献［98］中步骤4）的方法，产生多径分量的随机变量 $f'_{D,m}$，其中分别使用 σ_ν 和 r_{DoS} 代替 σ_τ 和 r_{DS}。r_{DoS} 设置为 2.0。第 m 条路径的多普勒频率 $f_{D,m}$ 设置为 $f'_{D,m} - f'_{D,1} + f_{D,LoS}$，其中 $f_{D,LoS}$ 是视距路径的多普勒频率，由中心频率和车速共同决定。这里，在中心频率是 2.1376 GHz，车速是 60 km/h 的情况下，$f_{D,LoS}$ 为 120 Hz。

5）生成 M 个路径的在 $[0°,360°]$ 中具有均匀分布的随机相位。应用路径损耗模型和阴影衰落模型。各个路径的复衰减系数由此可以生成。

实施这些步骤以针对隧道场景生成单个随机簇。表 6-6 展示了在模型验证中的用于产生随机路径簇的参数输入和获取结果的对比。使用总共 2000 次信道快拍，我们发现输入和输出的参数统计特征一致，这表明了建立的模型和提出的随机路径簇生成步骤的有效性。

表 6-6 隧道场景仿真中的输入和输出

参数	输入	输出
$\sigma_\tau / \log_{10}([s]) (Mean, Std.)$	$(-7.89, 0.33)$	$(-8.10, 0.36)$
$\sigma_\nu / \log_{10}([Hz]) (Mean, Std.)$	$(1.44, 0.30)$	$(1.42, 0.39)$
K / dB	$(11.5, 5.4)$	$(11.5, 5.4)$
$\rho(K_i, \sigma_{\tau,i})$	-0.61	-0.55
$\rho(K_i, \sigma_{\nu,i})$	-0.80	-0.63
$\rho(\sigma_{\tau,i}, \sigma_{\nu,i})$	0.44	0.31

6.5.5.7 结论

在本研究中，介绍了火车正常运行时在地铁车厢中进行的被动信道测量活动。沿着 34 km 地铁路线部署的服务中通用移动地面系统（UMTS）网络中的下行链路信号被收集和处理以提取无线电信道的脉冲响应。对于站场景中共存的 1~4 不相关的簇，进行参数模型的提取。所识别的时间簇可以被视为由各个远程射频单元（RRU）激发的视距簇。簇时延偏移有 1 μs，甚至在很少的情况下，由于不同的远程射频单元位置和非同步，可以达到 10 μs 的差距。同样的原因，簇功率不服从有关时延指数衰减规则。簇时延扩展和 K 因子在簇内水平上是相关的，分别约为 20 ns 和 15 dB。此外，簇多普勒频率扩展接近于零。我们还提取了在隧道情景中观察到的路径簇参数的统计。具有 100 m 的断点的双斜率路径损耗模型很好地适合于簇功率变化。簇具有与站台簇相似的时延扩展，更小的 K 因子和更大的多普勒频率扩展。此外，这三个参数彼此高度相关。

6.5.6 地铁环境中的隧道站台转变信道模型

本节介绍了近期所做的地铁场景下信道测量的一些结果。我们使用软件无线电外设（Universal Software-defined Radio Peripheral，USRP）测量了地铁线路上的 UMTS 现网下行链路的信号，并且以此提取出 UMTS 基站与用户设备（User Equipment，UE）之间的信道响应，然后使用了一种高精度信道参数估计算法——空间交替广义期望最大化算法（SAGE）

估计了信道多径的时延、多普勒频率以及复振幅,根据参数估计结果,计算得到了复合时延扩展与多普勒扩展。从分析结果中我们可以观察到,在地铁机车从站台驶入地下轨道的过程中信道有着明显的转变过程。最后,得到了前述的两个参数的时变统计特征模型。

本节的行文安排如下,将介绍信道测量,信道特征参数(例如,时延扩展、多普勒频率扩展、复合信道增益与路径数)和建立的信道模型。

1. 信道测量设备、过程及参数设定

本文所用的信道测量设备为一个 N210 型通用软件无线电外设(Universal Software-defined Radio Peripheral,USRP),通过在 PC 上用 GNU Radio 进行具体定义与操控,USRP 连接了一根工作频带为 2~3GHz 的 UMTS 全向天线,整个测量系统的电源由自备的车用铅酸电池提供。测量时接收天线高度保持在离轨道 1.2 m,而发射端则由运营商部署于轨道交通系统之外、站台以及隧道中,通过测量记录了实时的接收数据。

本次信道测量地点在上海市轨道交通 11 号线自浦三路至李子园站之间,全程在地下。车辆的平均运行速度约为 100 km/h。11 号线沿线部署的 UMTS 网络下行链路的信号载频为 2.1326 GHz,在接收端 USRP 以 25 MHz 有效带宽进行接收。数据的采集过程在车辆启动和停止的瞬间手动开始和停止,那么就测量得到了各个车站之间不同路段上的接收信号,此次测量总共得到了 14 段连续的接收信号,由于站间距的不同,每段数据的时长在 60~240 s 之间。每一段数据的开头与结尾部分的信道特征用来建立转变模型。

如前文所述,我们获得了 14 段连续的接收信号,然后经过如下两个步骤的处理:1) 基本处理,包括时钟同步、扰码检测与信道响应提取,其中信道响应的提取需要接收数据与调制后的扰码进行互相关。读者可以参考 6.5.1 节了解细节。

2) 多径传播参数提取,这里我们使用了 SAGE 算法,该算法本质上是最大似然算法的一种迭代式近似估计。

2. 信道特征参数

我们使用下行链路的导频中每个帧的 15 个连续的时隙进行了多径传播参数的提取,通过 SAGE 估计得到了第 l 条传播路径的时延 τ_l,多普勒频率 ν_l 与复振幅 α_l,其中 $l=1,2,3,\cdots L$。根据 SAGE 算法估计得到的这些结果,通过计算时延功率谱与多普勒频率功率谱的二阶中心距,可以分别计算得到时延扩展与多普勒扩展。如果我们假设功率谱是由 L 条传播路径构成的,那么根据文献 [99] 的定义,时延扩展可以计算为

$$\sigma_\tau = \sqrt{\overline{\tau^2} - \overline{\tau}^2} \qquad (6-113)$$

其中,

$$\overline{\tau^2} = \frac{\sum_{\ell=1}^{L} |\alpha_\ell|^2 \tau_\ell^2}{\sum_{\ell=1}^{L} |\alpha_\ell|^2}, \quad \overline{\tau} = \frac{\sum_{\ell=1}^{L} |\alpha_\ell|^2 \tau_\ell}{\sum_{\ell=1}^{L} |\alpha_\ell|^2} \qquad (6-114)$$

同样,多普勒扩展的计算过程只需把式 (6-113) 与式 (6-114) 中的 τ 替换为 ν。在 SAGE 算法得到的 L 条传播路径中,功率大于 15 dB 动态范围的传播路径数 N 定义为有效传播路径数。信道增益 G 可计算为

$$G = \sum_{\ell=1}^{L} \alpha_\ell \qquad (6\text{-}115)$$

3. 站台-隧道信道转换模型

图 6-69a~e 分别展示了时变时延功率谱 PDP、SAGE 算法估计结果、复合时延扩展、复合多普勒扩展与传播路径数 N。通过对比图 6-69a 与图 6-69b，我们可以发现信道中的主要传播分量都能够被 SAGE 算法有效地提取出来。

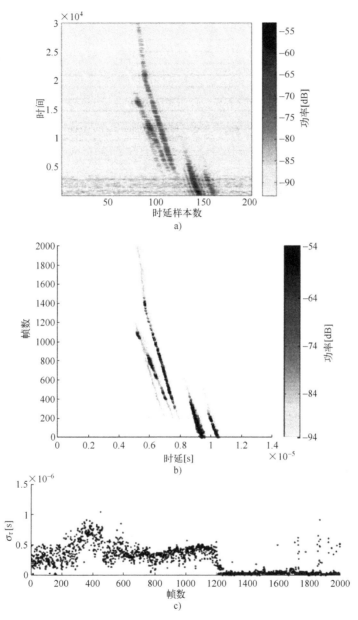

图 6-69 时变时延功率谱 PDP、SAGE 算法估计结果、复合时延扩展、复合多普勒扩展与传播路径数 N

a) 累积功率时延谱 b) SAGE 估计结果 c) 时延扩展

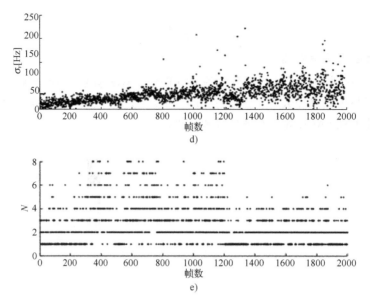

图 6-69 时变时延功率谱 PDP、SAGE 算法估计结果、复合时延扩展、
复合多普勒扩展与传播路径数 N（续）
d) 多普勒扩展 e) 传播路径数

从图 6-69a 中可以发现，车辆在从站台驶入隧道的过程中，PDP 有着三个不同阶段的特性。在站台阶段，车辆开始启动，我们可以看到明显分离的各个传播路径，而且由于站台场景通常比较杂乱，这个阶段的信道的时延扩展比较大，而多普勒扩展比较小。在站台-隧道阶段（P2T），随着车辆进入隧道，多径分量的时延有一个非常激烈的变化，来自隧道的分量开始逐步占据主导。在隧道阶段，车辆完全进入了隧道，隧道的结构为一个非常狭长的空腔，于是传播路径变得难以分辨，相比于站台场景时延扩展也变得很小，而多普勒扩展则略微增加。

篇幅所限，更多数据段的结果不再赘述，在大多数情况下，我们可以发现信道特征的转变有以下几种特点：

1）当车辆在站台内运行时，我们可以看到多径分量在时延域明显地分离。
2）当车辆行驶经过隧道连接处时，多径分量的时延发生漂移。
3）车辆完全进入隧道后，信道转变为一个密集多径分量。
4）在转变过程中，时延扩展明显增大而多普勒扩展只有小幅度增加，即使车辆在进入隧道时提速很快。

传播场景的切换点可以通过查验时延扩展激烈变化的时间而得到。例如从图 6-69c 可以发现，两部分（站台场景与隧道场景）的时延扩展在第 1250 帧时发生了剧烈变化，那么对应地，信道特征就可以划分为两组，分别为站台场景与隧道场景。测量得到的 14 段信道响应中 12 段中都可以观察到清晰的切换过程，上文中提到的信道参数都经过分组计算、进而经过统计性分析建立切换模型。

(1) 切换过程中时延扩展的变化

图 6-70 中曲线分别为站台场景与隧道场景中时延扩展的实测累积发生频率（ECOF），我们用正态分布的累积分布函数来拟合这些实测 ECOF，结果表明，正态分布 $N(-6.29, 0.14)$ 与

$\mathcal{N}(-7.51,0.18)$ 分别与上述两个场景的 ECOF 吻合。计算得到各场景的实验扩展均值为 51 ns，这与 WINNER II信道模型给出的 LOS 场景的值是吻合的，差不多为文献[108,109]中数值（约 90 ns）的一半。此外，站台场景的时延扩展数值远大于其在隧道场景的数值。站台-隧道场景中切换前后的平均时延扩展比的实测累积发生频率（ECOF）如图 6-70 所示，可以看到，在大多数情况下站台上的时延扩展甚至要比隧道中的数值要大 4 倍。

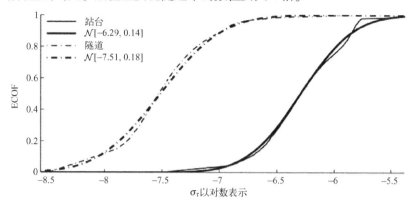

图 6-70　站台场景与隧道场景中时延扩展的实测累积发生频率

（2）切换过程中的多普勒频率扩展变化

图 6-71 图中的曲线分别为站台场景与隧道场景中多普勒频率扩展的实测累积发生频率，可以发现，隧道场景中多普勒扩展比站台场景中的数值要略微大一些。从图 6-72 所示的站台-隧道场景中切换前后的平均多普勒扩展比的实测累积发生频率中，可以观察到，当场景切换时，多普勒扩展几乎以相同的概率增大或者减小。按常理推断，一般在多径丰富的情况下，当列车加速时多普勒扩展会迅速增加，然而事实并非如此。造成进入隧道以后多普勒频率反而有可能减小的情况，我们认为，其主要原因在于在站台场景中列车速度不高，但是存在由站台上杂乱的环境造成的丰富的传播路径，具有速度的物体如行人会贡献多普勒扩展。而在隧道场景，列车速度虽然很高，但是由于隧道的空腔结构使得多径数量减少，某些情况下抑制了总体的多普勒扩展。

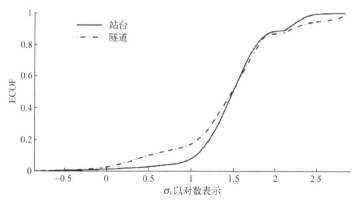

图 6-71　站台场景与隧道场景中多普勒频率扩展的实测累积发生频率

（3）切换过程中复合信道增益（幅度值）的变化

图 6-72 中同样展示了站台-隧道场景中切换前后的平均复合信道增益比的实测累积发

生频率,根据图6-72可以发现,G在列车自站台驶入隧道的过程中会略微增大。图6-73为站台场景与隧道场景中复合信道增益的实测累积概率分布图,正态分布 $\mathcal{N}(-3.70, 0.44)$ 很好地拟合了该实测CDF,结果也与文献[110]中的数据相一致。

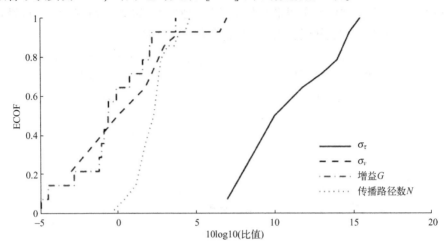

图6-72　站台-隧道场景中切换前后的参数比的ECOF

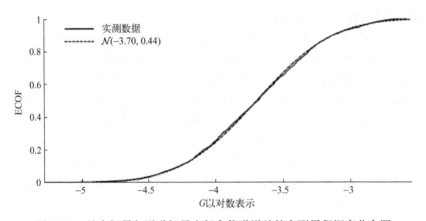

图6-73　站台场景与隧道场景中复合信道增益的实测累积概率分布图

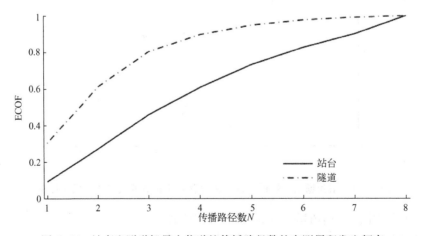

图6-74　站台和隧道场景中信道的传播路径数的实测累积发生频率

（4）切换过程中路径数的变化

正如图 6-69e 中所示那样，站台场景中相比于隧道场景存在更多的传播路径，具体来说，站台场景中信道往往同时有多于 3 个分散的密集多径分量，而隧道中一般只有一个。图 6-74 分别展示了站台和隧道场景中信道的传播路径数的实测累积发生频率，图中隧道场景的曲线中点小于 2，而在站台场景大于 3。站台-隧道场景中切换前后的平均路径数比的实测累积发生频率图 6-72 中，可以观察到，站台场景信道中路径数大致为隧道场景中的 1.7 倍。

表 6-7 总结了切换模型中各信道参数的统计特性，其中 $\mathcal{LN}$ 表示对数正态分布。

表 6-7 站台和隧道场景的参数对比

	σ_τ/s	σ_ν/Hz	G	N
拟合的分布（P）	$\mathcal{LN}(-6.29, 0.14)$	-	$\mathcal{LN}$	-
拟合的分布（T）	$\mathcal{LN}(-7.51, 0.18)$	-	$\mathcal{LN}$	-
中位数（P）	5.8×10^{-7}	30	-	>3
中位数（T）	3.1×10^{-8}	30	-	<2
中位数比值（P2T）	10.0	1.0	1.0	1.8

4. 结论

在本节中，详细探索了一些信道特征参数的转变过程，并得到了如下的一些实验结果。在站台上信道往往有至少 3 个密集多径分量，而在隧道中一般只有 1 个。站台场景中时延扩展数值较大，其中值为 580 ns，是隧道场景时延扩展中值的 10 倍。两个场景的时延扩展实测累积发生频率都用了对数正态分布函数进行了拟合，并得到了良好的结果。但是，由于站台场景中列车行驶速度较低，同时隧道场景中多径分量较少，多普勒扩展变化不甚明显。此外，复合信道增益的大幅度变化并没有在测量中发现，列车进入隧道的过程中传播路径的时延有大幅度漂移的现象。

6.5.7 无人机地对空信道模型

本小节中，我们将介绍有关无人机地对空信道在 5.76 GHz 的窄带信道测量和在 1.817 GHz 的宽带信道测量，并分析路径损耗、K 因子、功率时延谱、多径分量以及时延扩展等信道特征。

1. 窄带测量

图 6-75 所示的卫星视图是我们测量场景，环境中包含金属集装箱、建筑物和树木。我们使用具有 16 MHz 带宽、中心频率为 5760 MHz 的调频连续波（CW）来进行测量。发射天线 Tx 是三叶式天线，类似于偶极天线，圆极化且具有 2.1dBi 增益，固定在无人机下方垂直朝向地面。接收端基于 USRP 搭建，接收天线 Rx 与发射天线 Tx 相同，位于地面，垂直向上。测量活动考虑三种不同的飞行路线，即一个在 P0 位置从 0~50 m 垂直起飞，在 20 m 高度从 P1 到 P2 的水平飞行，以及在高度 30 m 从 P1 到 P2 的水平飞行。此外，从 P1 到 P2 的水平距离为 210 m。主要设置如表 6-8 所示。基于接收的信号幅度，我们得到了路径损耗和 K 因子。

图 6-75 窄带测量配置：场景、接收与发射端

表 6-8 UAV 无线信道窄带测量的主要参数

探测信号	CW
载频	5.760 GHz
发射天线	三叶天线，无人机机载 圆极化，2.15 dBi 增益
发射功率	28.5 dBm
接收天线	三叶天线，位于地面 圆极化，2.15 dBi 增益
飞行轨迹	垂直和水平

2. 路径损耗和快衰落

（1）垂直飞行

图 6-76 给出了垂直飞行时上升和下降时的功率衰减。应用重叠窗口，对窄带衰减进行平均来消除快衰落。可以观察到，随着距离的增加，衰减在 9 m 的高度之前减小，超过 9 m 高度之后增加。因此，我们使用简化的双斜率模型[81]来表征它，

$$P_F = P_L + \psi \tag{6-116}$$

其中，P_F 是窄带衰减（dB）；ψ 是零均值高斯分布阴影衰落（dB）；P_L 表示路径损耗模型（dB），即

$$P_L = \begin{cases} P_L(d_0) + 10\gamma_1 \cdot \log\dfrac{d}{d_0}, & d < d_b \\ P_L(d_0) + 10\gamma_1 \log\dfrac{d_b}{d_0} + 10\gamma_2 \log\dfrac{d}{d_b}, & d \geqslant d_b \end{cases} \tag{6-117}$$

其中，d 是 Tx 到 Rx 距离；d_0 是参考距离（为 1 m）；d_b 是转变点距离；γ_1 和 γ_2 表示分别在 d_b 前后的路径损耗指数（PLE）。如果 $\gamma_1 = \gamma_2$，我们有一般的路径损耗模型，即

$$P_L = P_L(d_0) + 10\gamma \cdot \log \frac{d}{d_0} \tag{6-118}$$

通过拟合平均衰落，获得 γ_1 和 γ_2 分别为 -0.74 和 2.29，并且它们对应的阴影衰落分别为 $1.23\,\text{dB}$ 和 $2.15\,\text{dB}$。我们的猜测是，当 UAV 高度低于 9 m 时，第一菲涅尔区的散射体逐渐消失，增加了接收功率，导致负 γ_1。而当 UAV 高度超过 9 m 时，第一菲涅尔区基本足够"干净"（没有散射体），导致路径损耗与自由空间中的路径损耗相似，高度的增大主导了功率的衰减。

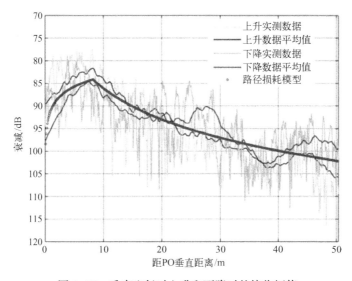

图 6-76　垂直飞行时上升和下降时的接收幅值

此外，我们使用莱斯 K 因子来模拟快速衰落。它是 LoS 功率与其他多径分量功率的比值[104]，表征接收信号幅度的统计分布。结果表明，该测量中的 K 因子为 5.29 dB。我们也可以从图 6-76 观察到快衰落能达到 20~25 dB，这是非常大的。一个可能的原因是由于多径分量过多，另一个可能是 LoS 路径接近 Tx 和 Rx 天线辐射的无效区（Null Zone），这可能导致大的幅度波动。

（2）水平飞行

图 6-77 给出了 20 m 和 30 m 高度时水平飞行的功率衰减。通过使用式（6-118）中的模型拟合平均衰落，获得的路径损耗参数如表 6-9 所示。两次飞行的 PLE 参数大约为 1，小于自由空间的 PLE 参数。我们认为来自建筑物、集装箱和树木的 MPC 减小了 PLE。当然也有可能是因为当 UAV 上的 Tx 远离 Rx 时，LoS 路径方向上逐渐偏移到 Tx 和 Rx 天线的峰值辐射区，从而补偿了衰减。这也与观察到的区域 1 中的快衰落非常大，而区域 2 中的快衰落非常小的现象一致。此外，区域 1 中 UAV 在 0~152 m 之间的飞行轨迹平行于金属容器，而区域 2 在 152~210 m 之间飞行距离没有重要的障碍物。在不同高度的两个区的 K 因子如表 6-10 所示。可以观察到，快衰落某种程度上与金属集装箱的存在有关系，并且当 UAV 处于较高高度时，障碍物的影响减小。然而，确切的内在机制，例如天线方向图和 MPC 对窄

带特性的影响仍然需要进行更多的测量才能准确分析出来。

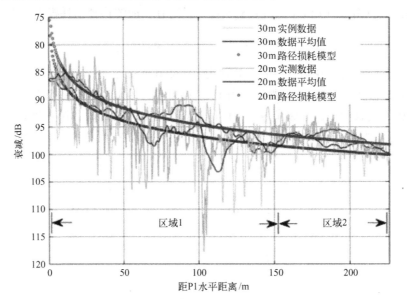

图 6-77　20 m 和 30 m 高度时水平飞行的接收幅值

表 6-9　水平飞行的路径损耗参数

	20 m	30 m
PLE	0.93	1.01
$PL(d_0)$/dB	77.9	74.6
ψ/dB	5.5	3.9

表 6-10　水平飞行的 K 因子（dB）

区域 1（20 m）	区域 1（30 m）	区域 2（20 m）	区域 2（30 m）
6.57	9.74	13.57	19.14

3. 宽带测量

宽带测量在相同的场景下进行。利用从频分双工 LTE 基站到无人机 UAV 的下行链路信号作为探测信号。载波频率为 1.8171 GHz，带宽为 13.5 MHz。接收机系统跟窄带测量所使用的是相同的，但是其装载在无人机上。天线位于无人机螺旋桨的下方，以大约 -45°的俯仰角指向地面。如图 6-75 所示，无人机在 35 s 内在位置 P1 处从地面垂直起飞至 50 m，如图 6-78 所示，其几乎一直在接收机的视野（LoS）中。我们还可以观察到，在 Tx 和 Rx 之间的区域周围一些金属集装箱和具更高的建筑物。另外，接收的数据存储在每个持续 15 s 的片段中。

4. 原始数据处理

LTE 信号结构可以从原始数据中提取信道脉冲响应（CIR）。简而言之，通过获得发送和接收的小区参考信号（CRS）的信息，可以计算无人机无线信道的频率响应，然后通过逆傅里叶变换可以容易地获取 CIR。读者可参考本书 6.4.2 节了解详细的处理步骤。CIR 输出

图 6-78 宽带测量场景

速率为 2000 个/s。应用基于空间交替广义期望最大化(SAGE)原理推导出的高精度参数估计算法来估计多径的时延和多普勒频率。在所使用的 SAGE 算法中,接收信号的一般模型表示为:

$$r(t,\tau) = \sum_{\ell=1}^{L(t)} \alpha_\ell(t) s(t - \tau_\ell(t)) \exp\left\{ j2\pi \int_t^{t+\tau_\ell(t)} \nu_\ell(\lambda) d\lambda \right\} \quad (6\text{-}119)$$

其中,r 和 s 分别表示接收和发送的信号;L 是总路径数;α_ℓ、τ_ℓ 和 ν_ℓ 分别代表第 ℓ 条路径的复衰减、时延和多普勒频率;t 表示信道快照所在的时刻。在我们的操作中,我们将 4 个连续 CIR 视为一个 SAGE 快照,在该快照期间观察到的多径参数是恒定的。SAGE 算法配置每个快照 $L=18$,使用 6 次迭代⊖。表 6-11 总结了宽带测量的主要参数。

表 6-11 无人机无线信道宽带测量的主要参数

探测信号	下行 LTE-FDD 信号
载频/GHz	1.8171
带宽/MHz	13.5
接收天线	苜蓿叶形天线,在无人机上 圆形极化,2.15 dBi 增益
复采样率/MHz	30.72
飞行路线	垂直
SAGE 路径数目	18
SAGE 实现时间/ms	2
SAGE 时延搜索间隔/ns	7.41

⊖ 一个 SAGE 快照(4 个连续的 CIR)的持续时间是 2 ms。基于 CIR 的计算显示,无人机无线信道的相干时间远大于 2 ms。路径数目和迭代次数的选取保证了充分提取多径分量以及迭代收敛。

(1) 信道特征

图 6-79 给出了一个无人机从地面起飞到空中的 15 s 的累积 PDP。注意，在被动探测中，时延是相对的[81]。我们使用低空（LH）信道和高空（HH）信道来区分观察到的 7.5 s 前后不同的信道。图 6-80 给出了在两个信道时延域中的 SAGE 估计结果。我们可以从图 6-79 和图 6-80 观察到 LH 信道具有几个轨迹，更接近"反射"型信道。我们的猜测是，当飞行高度低于集装箱高度时，无人机只能接收到 LoS 信号和从更高建筑反射的信号，以及集装箱侧壁的反射信号。然而，当 UAV 在集装箱和房屋上方高处飞行时，从屋顶反射/散射的信号能到达 UAV，这导致 HH 信道处于"散射"状态。此外，我们还可以观察到 HH 信道的接收信号功率更强。这可能是由于在空中 HH 信道相比于 LH 通道所受到的阻挡更弱。

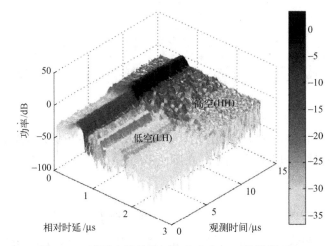

图 6-79　当无人机从地面飞向空中 15 s 的累积 PDP

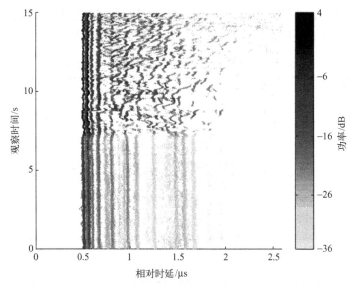

图 6-80　图 6-79 展示的信道的时延域 SAGE 估计结果

(2) RMS 时延扩展

信道的 RMS 时延扩展可以通过计算信道 PDP 的二阶中心矩的平方根得到[104]。在信道

由估计到的 L 个多径分量表示的情况下，时延扩展计算如下：

$$\sigma_\tau = \sqrt{\overline{\tau^2} - \overline{\tau}^2} \tag{6-120}$$

其中

$$\overline{\tau^2} = \frac{\sum_{\ell=1}^{L}|\alpha_\ell|^2 \tau_\ell^2}{\sum_{\ell=1}^{L}|\alpha_\ell|^2}, \quad \overline{\tau} = \frac{\sum_{\ell=1}^{L}|\alpha_\ell|^2 \tau_\ell}{\sum_{\ell=1}^{L}|\alpha_\ell|^2} \tag{6-121}$$

图 6-81 分别给出了 LH 和 HH 情形下时延扩展的累积分布函数（CDF）。直观地，由于在 HH 信道观察到了更多的多径分量，HH 信道的时延扩展的方差和最大值都大于 LH 信道。然而，也可以观察到 HH 信道时延扩展最小值较小。可能的原因是由于"散射"型的 HH 信道比较随机和扩散，但是在某些情况下，散射路径又可能都比较接近 LoS 路径，而 LH 信道比较稳定，一些路径（其中也包含大时延路径）一直存在。此外，两种情况下的时延扩展基本上都遵循对数正态分布。

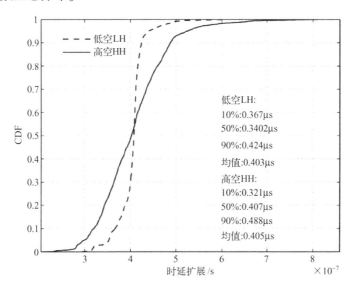

图 6-81　低空（LH）与高空（HH）场景下时延拓展的 CDF

5. 结论

本节考察了马德里郊区的低空空地无人机无线通信信道，并给出了初步的路径损耗、小尺度衰落和功率时延谱（PDP）结果。我们观测到障碍物对衰落和多径分量（MPC）行为的影响。路径损耗指数（PLE）可小于 2，快速衰落可到达 20~25 dB。另外，在宽带测量中观察到 MPC 的行为在不同高度有显著区别。但是，为了准确理解潜在的物理传播机制并给出导致该现象的原因，未来将会在不同的场景下开展进一步的测量，同时考虑测量配置的影响，如天线方向图、位置、朝向等。此外，理论工具，如射线追踪和图论等也会被应用起来。

参考文献

[1] Ai B, Cheng X, Kürner T, et al. Challenges Toward Wireless Communications for High-Speed Railway[J]. IEEE Transactions on Intelligent Transportation Systems, 2014, 15(5):2143-2158.

[2] Cheng X, Hu X, Yang L, et al. Electrified Vehicles and the Smart Grid: The ITS Perspective[J]. IEEE Transactions on Intelligent Transportation Systems, 2014, 15(4):1388-1404.

[3] Hou H A, Wang H H. Analysis of distributed antenna system over high-speed railway communication[C]// IEEE, International Symposium on Personal Indoor and Mobile Radio Communications. IEEE, 2012: 1300-1305.

[4] Cheng X, Li Y, Ai B, et al. Device-to-device channel measurements and models: a survey[J]. Communications Iet, 2015, 9(3):312-325.

[5] Cheng X, Wang C X, Wang H, et al. Cooperative MIMO Channel Modeling and Multi-Link Spatial Correlation Properties[J]. IEEE Journal on Selected Areas in Communications, 2012, 30(2):388-396.

[6] Cheng X, Yu B, Yang L, et al. Communicating in the real world: 3D MIMO[J]. IEEE Wireless Communications, 2014, 21(4):136-144.

[7] Cheng X, Li Y, Ai B, et al. Device-to-device channel measurements and models: a survey[J]. Communications Iet, 2015, 9(3):312-325.

[8] Liu L, Oestges C, Poutanen J, et al. The COST 2100 MIMO channel model[J]. Wireless Communications IEEE, 2012, 19(6):92-99.

[9] Cheng X, Wang C X, Laurenson D I, et al. An adaptive geometry-based stochastic model for non-isotropic MIMO mobile-to-mobile channels[J]. IEEE Transactions on Wireless Communications, 2009, 8(9):4824-4835.

[10] Cheng X, Yao Q, Wang C X, et al. An Improved Parameter Computation Method for a MIMO V2V Rayleigh Fading Channel Simulator Under Non-Isotropic Scattering Environments[J]. IEEE Communications Letters, 2013, 17(2):265-268.

[11] Cheng X, Yao Q, Wen M, et al. Wideband Channel Modeling and Intercarrier Interference Cancellation for Vehicle-to-Vehicle Communication Systems[J]. IEEE Journal on Selected Areas in Communications, 2013, 31(9):434-448.

[12] Cheng X, Yao Q, Wang C X, et al. An Improved Parameter Computation Method for a MIMO V2V Rayleigh Fading Channel Simulator Under Non-Isotropic Scattering Environments[J]. IEEE Communications Letters, 2013, 17(2):265-268.

[13] Cheng X, Wang C X, Aggoune H, et al. Envelope Level Crossing Rate and Average Fade Duration of Non-isotropic Vehicle-to-Vehicle Ricean Fading Channels[J]. IEEE Transactions on Intelligent Transportation Systems, 2014, 15(1):62-72.

[14] Tavakoli H, Ahmadian M, Zarei Z, et al. Doppler Effect in High Speed[M]. 2008.

[15] Cichon D J, Zwick T, Wiesbeck W. Radio link simulations in high-speed railway tunnels[C]// Antennas and Propagation, 1995. Ninth International Conference on. IET, 1995:216-219 vol.2.

[16] Guan K, Zhong Z, Ai B, et al. Deterministic Propagation Modeling for the Realistic High-Speed Railway Environment[J]. Journal of Molecular Biology, 2013, 14(2382):1-5.

[17] Zhou T, Tao C, Liu L, et al. A semi-empirical MIMO channel model for high-speed railway viaduct scenarios[C]// ICC 2014 - 2014 IEEE International Conference on Communications. IEEE, 2014:5854-5858.

[18] Ghazal A, Wang C X, Haas H, et al. A Non-Stationary MIMO Channel Model for High-Speed Train Com-

munication Systems[C]// Vehicular Technology Conference. IEEE, 2012:1-5.

[19] Chen B, Zhong Z. Geometry-Based Stochastic Modeling for MIMO Channel in High-Speed Mobile Scenario [J]. International Journal of Antennas & Propagation, 2014, 2012(2012):1174-1177.

[20] Goller M. Application of GSM in high speed trains: measurements and simulations[C]// Radiocommunications in Transportation, IEE Colloquium on. IET, 1995:5/1-5/7.

[21] Abrishamkar F, Irvine J. Comparison of current solutions for the provision of voice services to passengers on high speed trains[C]// Vehicular Technology Conference, 2000. Ieee-Vts Fall Vtc 2000. IEEE, 2002: 1498-1505 vol.4.

[22] Aikio P, Gruber R, Vainikainen P. Wideband radio channel measurements for train tunnels[C]// Vehicular Technology Conference, 1998. Vtc 98. IEEE. IEEE, 2002:460-464 vol.1.

[23] Feng Y, Xu R, Zhong Z. Channel estimation and ICI cancellation for LTE downlink in high-speed railway environment[C]// IEEE, International Conference on Signal Processing. IEEE, 2013:1419-1423.

[24] Liu L, Tao C, Qiu J, et al. Position-Based Modeling for Wireless Channel on High-Speed Railway under a Viaduct at 2.35 GHz[J]. IEEE Journal on Selected Areas in Communications, 2012, 30(4):834-845.

[25] Li M, Yang M, Lv G, et al. Three-state semi-Markov channel model for HAP-high speed train communication link[C]// International ICST Conference on Communications and NETWORKING in China. IEEE, 2012:279-283.

[26] He R, Zhong Z, Ai B, et al. Short-Term Fading Behavior in High-Speed Railway Cutting Scenario: Measurements, Analysis, and Statistical Models[J]. IEEE Transactions on Antennas & Propagation, 2013, 61 (4):2209-2222.

[27] He R, Zhong Z, Ai B, et al. Propagation channel measurements and analysis at 2.4 GHz in subway tunnels [J]. Iet Microwaves Antennas & Propagation, 2013, 7(11):934-941.

[28] Calle-Sánchez J, Molina-García M, Alonso J I, et al. Long Term Evolution in High Speed Railway Environments: Feasibility and Challenges[J]. Bell Labs Technical Journal, 2013, 18(2):237-253.

[29] Rana M M, Mohan A S. Segmented-Locally-One-Dimensional-FDTD Method for EM Propagation Inside Large Complex Tunnel Environments[J]. IEEE Transactions on Magnetics, 2012, 48(2):223-226.

[30] Martelly R, Janaswamy R. An ADI-PE Approach for Modeling Radio Transmission Loss in Tunnels[J]. IEEE Transactions on Antennas & Propagation, 2009, 57(6):1759-1770.

[31] Bernardi P, Caratelli D, Cicchetti R, et al. A Numerical Scheme for the Solution of the Vector Parabolic Equation Governing the Radio Wave Propagation in Straight and Curved Rectangular Tunnels[J]. IEEE Transactions on Antennas & Propagation, 2009, 57(10):3249-3257.

[32] Popov A V, Vinogradov V A, Zhu N Y, et al. 3D parabolic equation model of EM wave propagation in tunnels[J]. Electronics Letters, 1999, 35(11):880-882.

[33] Guan K, Zhong Z, Ai B, et al. Complete Propagation Model in Tunnels[J]. IEEE Antennas & Wireless Propagation Letters, 2013, 12(8):741-744.

[34] Briso-Rodriguez C, Cruz J M, Alonso J I. Measurements and Modeling of Distributed Antenna Systems in Railway Tunnels[J]. IEEE Transactions on Vehicular Technology, 2007, 56(5):2870-2879.

[35] Huo Y, Xu Z, Zheng H D. Characteristics of multimode propagation in rectangular tunnels[J]. Chinese Journal of Radio Science, 2010, 25(6):1225-1230.

[36] Mahmoud S F. On modal propagation of high frequency electromagnetic waves in straight and curved tunnels [C]// Antennas and Propagation Society International Symposium. IEEE, 2004:2963-2966 Vol.3.

[37] Ai B, Guan K, Zhong Z, et al. Measurement and Analysis of Extra Propagation Loss of Tunnel Curve[J]. IEEE Transactions on Vehicular Technology, 2016, 65(4):1847-1858.

[38] Lanzo R, Petra M, Stola L. Ray tracing model for propagation channel estimation in tunnels and parameters tuning with measurements[C]// European Conference on Antennas and Propagation. IEEE, 2014: 1785-1788.

[39] Martine Lienard, Paul Stefanut, Pierre Degauque. Modeling and Understanding MIMO Propagation in Tunnels[J]. Journal of Communications, 2009, 4(4).

[40] Pallarés F M, Juan F J P, Juan-Llácer L. Analysis of path loss and delay spread at 900 MHz and 2.1 GHz while entering tunnels[J]. Vehicular Technology IEEE Transactions on, 2001, 50(3):767-776.

[41] Kermani M H, Kamarei M. A ray-tracing method for predicting delay spread in tunnel environments[C]// IEEE International Conference on Personal Wireless Communications. IEEE, 2000:538-542.

[42] Guan K, Ai B, Zhong Z, et al. Measurements and Analysis of Large-Scale Fading Characteristics in Curved Subway Tunnels at 920 MHz, 2400 MHz, and 5705 MHz[J]. IEEE Transactions on Intelligent Transportation Systems, 2015, 16(5):2393-2405.

[43] Li J, Zhao Y, Zhang J, et al. Radio channel measurement and characterization for wireless communications in tunnels[C]// Ieee/cic International Conference on Communications in China. IEEE, 2015:554-559.

[44] Zhang Y P, Hwang Y. Characterization of UHF radio propagation channels in tunnel environments for microcellular and personal communications[J]. IEEE Transactions on Vehicular Technology, 1998, 47(1): 283-296.

[45] Zhang Y P. Novel model for propagation loss prediction in tunnels[J]. Acta Electronica Sinica, 2001, 52(5):1308-1314.

[46] Masson E, Cocheril Y, Combeau P, et al. Radio wave propagation in curved rectangular tunnels at 5.8 GHz for metro applications[C]// International Conference on ITS Telecommunications. IEEE, 2011:1-8.

[47] Klemenschits T, Bonek E. Radio coverage of road tunnels at 900 and 1800 MHz by discrete antennas[C]// IEEE International Symposium on Personal, Indoor and Mobile Radio Communications, 1994. Wireless Networks - Catching the Mobile Future. IEEE, 1994:411-415 vol. 2.

[48] Hrovat A, Kandus G, Javornik T. Four-slope channel model for path loss prediction in tunnels at 400 MHz [J]. Iet Microwaves Antennas & Propagation, 2010, 4(5):571-582

[49] Xiao Z, Xia P, Xia X G. Enabling UAV cellular with millimeter-wave communication: potentials and approaches[J]. IEEE Communications Magazine, 2016, 54(5):66-73.

[50] Zeng Y, Zhang R, Teng J L. Wireless communications with unmanned aerial vehicles: opportunities and challenges[J]. IEEE Communications Magazine, 2016, 54(5):36-42.

[51] Matolak D W, Sun R. Unmanned Aircraft Systems: Air-Ground Channel Characterization for Future Applications[J]. IEEE Vehicular Technology Magazine, 2015, 10(2):79-85.

[52] Schneckenburger N, Jost T, Shutin D, et al. Line of sight power variation in the air to ground channel[C]// Eucap. 20.

[53] Simunek M, Fontán F P, Pechac P. The UAV Low Elevation Propagation Channel in Urban Areas: Statistical Analysis and Time-Series Generator[J]. IEEE Transactions on Antennas & Propagation, 2013, 61(7):3850-3858.

[54] Evşen Yanmaz, Kuschnig R, Bettstetter C. Channel measurements over 802.11a-based UAV-to-ground links[C]// GLOBECOM Workshops. IEEE, 2011:5.

[55] Shi Z, Xia P, Gao Z, et al. Modeling of wireless channel between UAV and vessel using the FDTD method [C]// International Conference on Wireless Communications, NETWORKING and Mobile Computing. IET, 2015:100-104.

[56] Kvicera M, Perez-Fontan F, Israel J, et al. Modeling scattering from tree canopies for UAV scenarios[C]//

European Conference on Antennas and Propagation. 2016:1-3.

[57] Kai D, Putzke M, Dusza B, et al. Three dimensional channel characterization for low altitude aerial vehicles [C]// International Symposium on Wireless Communication Systems. IEEE, 2010:756-760.

[58] Goddemeier N, Wietfeld C. Investigation of Air-to-Air Channel Characteristics and a UAV Specific Extension to the Rice Model[C]// IEEE GLOBECOM Workshops. IEEE, 2015:1-5.

[59] Degli-Esposti V, Fuschini F, Vitucci E M, et al. Ray-Tracing-Based mm-Wave Beamforming Assessment [J]. IEEE Access, 2014, 2:1314-1325.

[60] Tian L, Degli-Esposti V, Vitucci E M, et al. Semi-Deterministic Radio Channel Modeling Based on Graph Theory and Ray-Tracing[J]. IEEE Transactions on Antennas & Propagation, 2016, 64(6):2475-2486.

[61] Cheng X, Yao Q, Wang C X, et al. An Improved Parameter Computation Method for a MIMO V2V Rayleigh Fading Channel Simulator Under Non-Isotropic Scattering Environments[J]. IEEE Communications Letters, 2013, 17(2):265-268.

[62] Acosta G, Tokuda K, Ingram M A. Measured joint Doppler-delay power profiles for vehicle-to-vehicle communications at 2.4 GHz[C]// Global Telecommunications Conference, 2004. GLOBECOM '04. IEEE. IEEE, 2004:3813-3817 Vol. 6.

[63] Zajic A G, Stuber G L, Pratt T G, et al. Wideband MIMO Mobile-to-Mobile Channels: Geometry-Based Statistical Modeling With Experimental Verification[J]. IEEE Transactions on Vehicular Technology, 2009, 58(2):517-534.

[64] Sen I, Matolak D W. Vehicle-Vehicle Channel Models for the 5-GHz Band[J]. IEEE Transactions on Intelligent Transportation Systems, 2008, 9(2):235-245.

[65] Paier A, Karedal J, Czink N, et al. Characterization of Vehicle-to-Vehicle Radio Channels from Measurements at 5.2 GHz[J]. Wireless Personal Communications An International Journal, 2009, 50(1):19-32.

[66] Cheng L, Henty B E, Stancil D D, et al. Mobile Vehicle-to-Vehicle Narrow-Band Channel Measurement and Characterization of the 5.9 GHz Dedicated Short Range Communication (DSRC) Frequency Band[J]. Selected Areas in Communications IEEE Journal on, 2007, 25(8):1501-1516.

[67] Acosta-Marum G, Ingram M A. Six time- and frequency- selective empirical channel models for vehicular wireless LANs[J]. Vehicular Technology Magazine IEEE, 2007, 2(4):4-11.

[68] Matolak D W. Channel Modeling for Vehicle-To-Vehicle Communications[J]. IEEE Communications Magazine, 2008, 46(5):76-83.

[69] Kwakkernaat M R J A E, Herben M H A J. Analysis of Clustered Multipath Estimates in Physically Nonstationary Radio Channels[C]// IEEE, International Symposium on Personal, Indoor and Mobile Radio Communications. IEEE, 2007:1-5.

[70] Czink N, Tian R, Wyne S, et al. Tracking Time-Variant Cluster Parameters in MIMO Channel Measurements[C]// International Conference on Communications and NETWORKING in China, 2007. Chinacom. IEEE, 2007:1147-1151.

[71] Salmi J, Richter A, Koivunen V. Enhanced tracking of radio propagation path parameters using state-space modeling[C]// Signal Processing Conference, 2006, European. IEEE, 2015:1-5.

[72] Richter A, Enescu M, Koivunen V. State-space approach to propagation path parameter estimation and tracking[C]// IEEE, Workshop on Signal Processing Advances in Wireless Communications. IEEE, 2005:510-514.

[73] Chung P J, Bohme J F. Recursive EM and SAGE-inspired algorithms with application to DOA estimation[J]. IEEE Transactions on Signal Processing, 2005, 53(8):2664-2677.

[74] Richter A, Salmi J, Koivunen V. An Algorithm for Estimation and Tracking of Distributed Diffuse Scattering

[74] in Mobile Radio Channels[C]// IEEE, Workshop on Signal Processing Advances in Wireless Communications. IEEE, 2006:1-5.

[75] Yin X, Steinbock G, Kirkelund G E, et al. Tracking of Time-Variant Radio Propagation Paths Using Particle Filtering[C]// IEEE International Conference on Communications. IEEE, 2008:920-924.

[76] Herman S M. A Particle Filtering Approach to Joint Passive Radar Tracking and Target Classification[J]. Dissertation Abstracts International, Volume: 63 - 11, Section: B, page: 5405. ; Adviser: Pierre Moulin. 2002.

[77] Fleury B H, Yin X, Jourdan P, et al. High-resolution channel parameter estimation for communication systems equipped with antenna arrays[J]. Ifac Symposium on System Identification, 2003.

[78] Fox, Dieter, Burgard, Wolfram, Dellaert, Frank, et al. Monte Carlo localization: efficient position estimation for mobile robots[J]. Proc of Aaai, 1999:343-349.

[79] Lenser S, Veloso M. Sensor resetting localization for poorly modelled mobile robots[C]// IEEE International Conference on Robotics and Automation, 2000. Proceedings. ICRA. IEEE, 2000:1225-1232 vol. 2.

[80] Yin X, Tian M, Ouyang L, et al. Modeling City-Canyon Pedestrian Radio Channels Based on Passive Sounding in In-Service Networks[J]. IEEE Transactions on Vehicular Technology, 2016, 65(10): 7931-7943.

[81] Cai X, Yin X, Cheng X, et al. An Empirical Random-Cluster Model for Subway Channels Based on Passive Measurements in UMTS[J]. IEEE Transactions on Communications, 2016, 64(8):3563-3575.

[82] Cai X, Gonzalez-Plaza A, Alonso D, et al. Low altitude UAV propagation channel modelling[C]// European Conference on Antennas and Propagation. IEEE, 2017:1443-1447.

[83] Pentikousis K, Palola M, Jurvansuu M, et al. Active goodput measurements from a public 3G/UMTS network[J]. IEEE Communications Letters, 2005, 9(9):802-804.

[84] Potman J, Hoeksema F W, Slump C H. Adjacent Channel Interference in UMTS Networks[J]. Technology Foundation Stw, 2006.

[85] Chen J, Yin X, Tian L, et al. Measurement-based LoS/NLoS channel modeling for hot-spot urban scenarios in UMTS networks[J]. International Journal of Antennas & Propagation, 2014, 2014(3):1-12.

[86] Fleury B H. First- and second-order characterization of direction dispersion and space selectivity in the radio channel[J]. IEEE Trans. inform. theory, 2000, 46(6):2027-2044.

[87] Czink N, Tian R, Wyne S, et al. Tracking Time-Variant Cluster Parameters in MIMO Channel Measurements[C]// International Conference on Communications and NETWORKING in China, 2007. Chinacom. IEEE, 2007:1147-1151.

[88] Czink N, Tian R, Wyne S, et al. Cluster Parameters for Time-Variant MIMO Channel Models[C]// European Conference on Antennas and Propagation. IET, 2008:1-8.

[89] Ammar Ghazal, Cheng-Xiang Wang, Bo Ai, et al. A Nonstationary Wideband MIMO Channel Model for High-Mobility Intelligent Transportation Systems[J]. IEEE Transactions on Intelligent Transportation Systems, 2015, 16(2):885-897.

[90] Tian L, Yin X, Zuo Q, et al. Channel modeling based on random propagation graphs for high speed railway scenarios[C]// IEEE, International Symposium on Personal, Indoor and Mobile Radio Communications. IEEE, 2012:1746-1750.

[91] Xiang X, Wu M, Zhao R, et al. Research on High-Speed Railway model for train-ground MIMO channel [C]// International Symposium on Wireless Personal Multimedia Communications. IEEE, 2014:724-728.

[92] Zhao R, Wu M, Xiang X, et al. Measurement and Modeling of the LTE Train-Ground Channel for High-Speed Railway in Viaduct Scenario[C]// Vehicular Technology Conference. IEEE, 2014:1-5.

[93] Kaltenberger F, Byiringiro A, Arvanitakis G, et al. Broadband wireless channel measurements for high speed trains[C]// IEEE International Conference on Communications. IEEE, 2015:2620-2625.

[94] Yin X, Cai X, Cheng X, et al. Empirical Geometry-Based Random-Cluster Model for High-Speed-Train Channels in UMTS Networks[J]. IEEE Transactions on Intelligent Transportation Systems, 2015, 16(5): 2850-2861.

[95] Fleury B H, Tschudin M, Heddergott R, et al. Channel parameter estimation in mobile radio environments using the SAGE algorithm[J]. Selected Areas in Communications IEEE Journal on, 1999, 17(3):434-450.

[96] Krim H, Viberg M. Two decades of array signal processing research: the parametric approach[J]. IEEE Signal Processing Magazine, 1996, 13(4):67-94.

[97] Hashemi H, Tholl D. Statistical modeling and simulation of the rms delay spread of indoor radio propagation channels[J]. IEEE Transactions on Vehicular Technology Vt, 1994, 43(1):110-120.

[98] Tr-T A. Spatial channel model for Multiple Input Multiple Output (MIMO) simulation[J].

[99] Meinilä J, Kyösti P, Jämsä T, et al. WINNER II Channel Models[M]// Radio Technologies and Concepts for IMT-Advanced. John Wiley & Sons, Ltd, 2008:39-92.

[100] Samimi M, Wang K, Azar Y, et al. 28 GHz Angle of Arrival and Angle of Departure Analysis for Outdoor Cellular Communications Using Steerable Beam Antennas in New York City[C]// Vehicular Technology Conference. IEEE, 2015:1-6.

[101] Samimi M K, Rappaport T S. Statistical Channel Model with Multi-Frequency and Arbitrary Antenna Beamwidth for Millimeter-Wave Outdoor Communications[J]. 2015, 12(1):30-44.

[102] Fionn Murtagh, Pedro Contreras. Methods of Hierarchical Clustering[J]. Computer Science, 2011.

[103] Tian L, Yin X, Lu S X. Automatic Data Segmentation Based On Statistical Hypothesis Testing For Stochastic Channel Modeling[J]. Personal Indoor & Mobile Radio Communications IEEE International Symposium on, 2010:741-745.

[104] org. cambridge. ebooks. online. book. Author@eefdb. Wireless Communications[J]. 2008, 4(5):25-55.

[105] Greenstein L J, Michelson D G, Erceg V. Moment-method estimation of the Ricean K-factor[J]. IEEE Communications Letters, 1999, 3(6):175-176.

[106] Sun S, Rappaport T S, Thomas T A, et al. Investigation of Prediction Accuracy, Sensitivity, and Parameter Stability of Large-Scale Propagation Path Loss Models for 5G Wireless Communications[J]. IEEE Transactions on Vehicular Technology, 2016, 65(5):2843-2860.

[107] Zhang L, Briso C, Fernandez J R O, et al. Delay Spread and Electromagnetic Reverberation in Subway Tunnels and Stations[J]. IEEE Antennas & Wireless Propagation Letters, 2016, 15(4):585-588.

[108] Li J, Zhao Y, Zhang J, et al. Radio channel measurement and characterization for wireless communications in tunnels[C]// Ieee/cic International Conference on Communications in China. IEEE, 2015:554-559.

[109] He R, Zhong Z, Ai B, et al. Propagation channel measurements and analysis at 2.4 GHz in subway tunnels [J]. Iet Microwaves Antennas & Propagation, 2013, 7(11):934-941.

[110] Zhang Y P, Hwang Y. Characterization of UHF radio propagation channels in tunnel environments for microcellular and personal communications[J]. IEEE Transactions on Vehicular Technology, 1998, 47(1): 283-296.

第 7 章 接入技术

7.1 引言

移动自组织网络（VANET）中特殊的通信环境、网络拓扑和车辆密度的高速变化、不同车载应用的通信需求使得传统的 WLAN 以及 MANET 中的媒体接入控制（Media Access Control, MAC）协议不能很好地应用于 VANET。因此，需要针对 VANET 的特殊需求设计专门的 MAC 协议，以满足车载应用的不同时延和吞吐量的需求，提高信道的利用率。

MAC 层向网络中的节点提供了物理寻址和信道接入控制，为上层提供快速、可靠的报文传输支持。在无线网络中，MAC 协议能否有效利用无线信道的有线带宽，将对无线网络的性能起着决定性的作用。也就是说，VANET 中 MAC 协议的主要功能就是控制节点如何接入信道，以及如何利用有限的无线信道资源。MAC 协议对车载自组织网的性能有重要影响。

VANET 中的 MAC 层协议也面临着以下几个关键问题：

(1) 隐藏终端（Hidden Terminal）和暴露终端（Exposed Terminal）

当一个节点发送无线电信号时，临近的节点都将接收到这一信号。而当一个空间范围内有两个或多个节点发送无线信号时，就会在它们的接收节点处引起信号的相互叠加，造成相互干扰，甚至会导致接收节点无法接收到所需要的重要的信息。因此 MAC 协议必须解决隐藏终端问题。

(2) 系统动态性

由于网络节点处于不断移动的状态，会随机地加入或离开网络。这将导致节点间相互干扰关系的改变。同时，网络中的业务负载也在不断发生变化。MAC 协议必须能够适应车辆高速的移动性。

(3) 分布式组网

由于网络中没有类似基站或接入点之类的中心控制设备，因此无法使用集中控制分配的方式来进行信道资源的分配和管理。因此 MAC 协议必须采用分布式组网的方式。

(4) 通信类型

不同的通信需求需要不同的通信类型。比如对于主动安全应用，需要每辆车定期传送状态消息给周围车辆，这里的通信类型是单跳广播消息。对于紧急安全消息，需要快速和高效地分发消息，这里的通信类型是多跳广播。因此 MAC 协议必须具有健壮性，能够区分各种消息类型，并提供高质量的服务。

(5) 可扩展性

当交通密度很大时，信道容易发生拥塞。因此，当车辆交通密度很大时，MAC 协议需要标准化调制接收模块。

因此，VANET 的 MAC 协议要满足以下特征：
- 能够适应车辆高速的移动性。
- 采用分布式组网方式。
- 能够保证实时性和可靠性。
- 要有很好的公平性。
- 提高信道利用率。
- 可扩展性和鲁棒性要好。

早期关于 VANET 的 MAC 协议研究主要是基于对传统 Ad Hoc 网络 MAC 协议的改进，以适用于高速移动的环境，例如，IEEE 802.11 DCF 协议，基于 CSMA/CA，以较小的 RTS/CTS 分组交互，分配较大的无线资源，以达到提高无线资源利用率的目的。

在多信道方面，根据协议 IEEE 1609.4 中的定义，将 MAC 层中的多信道操作部分划分为 MAC 扩展子层。协议给出了多信道操作的主要内容，分为多信道同步和多信道接入两个部分。由于单信道系统的吞吐量受到信道带宽和调制方式的影响，所以在 VANET 这类不易对带宽进行调整的网络系统中，多信道通信因其在不同信道中的节点不会互相干扰，所以可以提高系统的吞吐量，并能降低数据包的传输时延。而且 1609 协议簇将 VANET 中的信道划分为控制信道（Control Channel，CCH）和服务信道（Service Channel，SCH），多信道技术成为 VANET 中 MAC 层尤为关键的技术。

那么，如何在车辆网络中合理而有效地利用多信道技术，也是目前 VANET 发展的关键问题和热门话题之一。虽说 VANET 中有关多信道 MAC 机制的研究已经取得一定的进展，而且 WAVE 标准和 1609 协议簇中的 MAC 协议也对多信道进行了相应的规定，但是还有很多问题尚待解决，例如目前已有的多信道 MAC 协议缺乏有效的机制为安全应用提供无冲突和低时延的传递，而且 MAC 协议的适应性还不够好，即无法适应不同密度下的车辆网络的需要。所以考虑到 VANET 的特殊环境，多信道 MAC 协议的研究中还有很多问题值得探讨。

在多信道环境下，MAC 协议设计的两个关键问题是：
1）信道协调机制：是指节点以何种机制协调网络终端在不同的信道进行通信。
2）信道分配策略：是指为了提高信道利用率，对信道进行合理而有效的分配。

本章首先研究了 MAC 层的三种信道接入协议，目前的信道接入协议主要有 IEEE 802.11p 中采用的 CSMA/CA 协议、基于调度的 MAC 协议以及混合协议，有不少 MAC 协议都是在 IEEE 802.11p 基础上进行的改进。本章还关注了拥塞控制的问题，拥塞控制主要是从功率控制、速率控制和功率-速率联合控制三个方向来解决，这几种方法各有优劣。拥塞控制的目标就是要控制信道负载，保证在高负载的条件下依然能够实现健壮性通信。本章节还将从多信道协调机制和多信道分配机制两个方面，对 MAC 扩展子层的相关技术进一步详细地阐述，并对优先级机制进行介绍。最后对本章内容进行了总结，对未来发展方向提出展望。

7.2 信道接入协议

研究人员针对 VANET 领域的 MAC 协议提出了许多介质访问控制方法。总体来说，VANET 的 MAC 协议主要有基于 CSMA 的 MAC 协议、基于 TDMA 的 MAC 协议以及基于混合的

MAC 协议几大类。目前，VANET 的 MAC 协议大多是在基于 CSMA 的 IEEE 802.11 的基础上进行了一些修订和扩展。本节将分类具体阐述这几种 MAC 协议的思想，并举出一些研究者提出的 MAC 协议方法。

7.2.1 基于竞争的 MAC 协议

基于竞争的 MAC 协议主要是基于 CSMA 的介质共享方式，它比较适用于分布式的网络。载波侦听多路访问/冲突检测（Carrier Sense Multiple Access/Collision Avoidance，CSMA/CA）是 IEEE 802.11 采用的一种 MAC 协议[1]。这种协议的成本低，且易于实现。此类协议的基本思想是，如果节点需要发送数据，则需要竞争来获取无线信道；如果发生碰撞，则按照某种特定方法再次发送数据；当数据完成或重发失败时，则该阶段完成。以 CSMA 为基础的 MAC 协议采用随机接入机制，在车辆密度小时，节点发生竞争并不会导致太大的时延，信道利用率也比较好；当车辆密度逐步增大时，节点很容易发生碰撞，进而引起更多次的退避，这样容易使得接入时延变长，延迟安全信息的传输，甚至导致网络拥塞瘫痪，而在车载环境中，对安全信息的传输时间要求是非常严格的。此类协议的缺点是不能保证节点公平共享带宽，由于信号强的地方和信号弱的地方相比有很大优势，会造成捕获效应，具体而言，当两个信号同时到达一个接收者，一个信号较强，一个信号较弱，从而在解调的过程中，强的信号能够被解调，从而强信号被捕获[2]。捕获效应使得信号强的地方能够分配更多的带宽，不利于保证节点的公平性。

VANET 中基于竞争的 MAC 协议研究主要是对传统多跳 Ad Hoc 网络 MAC 协议进行改进，以适用于高速移动的 VANET。例如，在 802.11DCF 协议中，基于 CSMA/CA 机制，提出以较小的 RTS/CTS 分组进行交互，分配较大的无线资源，从而提高无线资源的利用率，但是它不能很好地用于实时业务。

基于竞争的 MAC 协议网络吞吐量随网络负载变化曲线如图 7-1 所示。

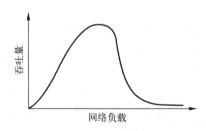

图 7-1 基于竞争的 MAC 协议网络吞吐量随网络负载变化曲线

从图中可以发现，这种协议在负载较轻时性能表现良好。当网络负载小于协议所能达到的最大吞吐量时，基于调度的 MAC 协议的吞吐量会随着网络负载线性增长；当网络负载超过了协议所能达到的最大吞吐量时，基于竞争的 MAC 协议的吞吐量会由于网络负载的增加而导致性能的急剧恶化。

有学者设计了一种动态信道预留机制，对 802.11p 做了一点改进，具体为根据车载网络中特殊的结构为信道接入提供了更大的可见性，并简化了 QoS 中的条款，把 802.11p 中的信道竞争机制替换为动态信道预留机制。经过仿真，丢包率和吞吐量都优于 802.11p，并且能够发展一套完整的专为 VANET 设计的协议。

由于网络内每个节点都可以决定是否竞争加入信道，基于竞争的 MAC 协议为没有固定基础设施支撑的 Ad Hoc 体系结构接入问题提供了很好的解决方法，然而由于网络内每个节点不能全面掌握整个网络的拓扑结构，这种协议不能有效适应网络拓扑结构的动态变化，比较适用于较轻网络负载下的突发性数据业务和非时延敏感性业务。

7.2.2 基于调度的 MAC 协议

基于调度的 MAC 协议需要有中心控制节点参与信道的划分，如时分多址（Time-Division Multiple Access，TDMA）、频分多址（Frequency Division Multiple Access，FDMA）、码分多址（Code Division Multiple Access，CDMA）、空分多址（Space Division Multiple Access，SDMA）等方式。其中，FDMA 因其所需采用的设备成本比较高，频率管理烦琐及信道利用率低，使用很少。CDMA 具有较大的网络容量，能够满足骨干网大数据量通信的需求，但其实现难度较大、成本较高以及抗干扰能力差致其系统性能恶化，也不适合大量使用。SDMA 过于依赖用户位置信息可用性。而 TDMA 作为一种有效成熟的通信方式，具有良好的抗截获和抗干扰能力。它所采用的时分结构适合于节能机制，使接入公平性、流量控制及预留带宽等 QoS 目标得到很好的实现[3]。基于以上优点，TDMA 是目前世界上应用最广泛的无线通信技术之一。现在广泛研究的也是基于 TDMA 的 MAC 协议。

基于 TDMA 的 MAC 协议可以保证安全数据包及时送达，由于需要有中心控制节点参与，比较适合于 V2I 通信，而对于 V2V 中碰撞告警等安全消息也不适用，且当处于车辆密度较小的环境时又造成网络资源的浪费。分布式调度机制最初是由可靠预约 ALOHA（Reliable Reserved-ALOHA，RR-ALOHA）提出来的，它能够解决隐藏终端、暴露终端的问题。RR-ALOHA 信道访问机制是一种动态的 TDMA 信道分配机制，每个节点在需要信道的时候都需要动态申请时隙。不同于向特定管理节点提出申请的集中控制方式，RR-ALOHA 支持分布式申请方式，具体方法是每个节点都周期性地在自己占用的时隙中广播自身所观察到的时隙占用信息（Frame Information，FI），以供周围节点参考。这种机制的优点有：

1）由于每个节点都可以通过所接收的 FI 数据包来了解所有邻居节点所处的状况，因此能够很方便地避免隐藏终端和暴露终端问题。

2）所有节点周期性的广播数据包十分适合于车载网络的行车安全应用，只需要在周期性广播的数据包中添加自身的行驶参数内容即可。

但是，这种协议也存在一些问题，主要是信道竞争时延问题和可扩展性问题。

在可靠性 ALOHA 的基础上，ADHOC 被提出，ADHOC 协议是在欧洲一个有关车载网络研究项目中提出的车载无线自组网 MAC 协议，它的原理是节点首先对邻节点进行观察，判断当前时隙是否被占用，然后在自身节点所拥有的时隙中进行周期性的广播帧信息。它是一种能够临时快速自动组网的移动网络。由于其不能适应车载环境，A-ADHOC 应运而生。这个协议的设计目标是改变固定帧长度为动态自适应帧长度，并提供每个节点一种简单可靠的动态帧长度自适应方法。基本思想是在一个网络中的每个节点都随时监测网络中的节点数量，一旦有节点发现其观察到的节点数超过一个阈值（如时隙总数 N 的 3/4），就在自己占用的时隙中广播一个加倍帧长度的建议（包含在 FI 数据包中）。如果在之后一个周期中接收的所有节点广播数据包都表示接受了这个建议（即所有周围节点都加倍自己的帧长度），那么此节点建议成功，在以后的无线通信就采用加倍的帧长度。同样，当某个节点发现其观察到的节点数低于一个阈值(如时隙总数 N 的 1/5),并且观察到全部的邻居节点都有这个情况,则广播一个减半帧长度的建议,如果在之后一个周期中没有接收到周围节点的反对意见,那么此节点即可减半自身所采用的帧长度,但其他节点并不随之一起减半。

然而,这些协议都是单信道操作,不能与 DSRC 多信道标准兼容。VeMAC 解决了这个问题,并通过仿真分析证明 VeMAC 能提供更好的接入时延,为 VANET 带来很好的拓展性。VeMAC 是基于 TDMA 的多信道 MAC 协议,主要是在主控信道上采用分布式 ADHOC 机制,并将主控信道的时隙分为左、右和 RSU 三个部分,对应的节点在对应的帧竞争。而服务信道则是采用集中式的 TDMA 分配方式。该协议结合了分布式和集中式进行分配无线信道资源,减少了节点的接入冲突,缩短了接入时延。

TDMA 网络吞吐量随网络负载变化曲线如图 7-2 所示。当网络负载小于协议所能达到的最大吞吐量时,基于调度的 MAC 协议的吞吐量会随着网络负载线性增长;当网络负载超过了协议所能达到的最大吞吐量时,基于调度的 MAC 协议的吞吐量会随着网络负载的增加趋于一个固定值,而不会像其他协议那样由于网络负载的增加而导致性能的急剧恶化。

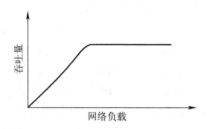

图 7-2 TDMA 网络吞吐量随网络负载变化曲线

在基于 SDMA 的 MAC 机制中,车辆的接入决策依赖于它的地理位置。首先将道路分为小单元,每个单元会根据映射函数分配一个特定时隙集,然后根据车辆的地理位置从所对应时隙集中选择一个时隙。可以发现这种机制依赖于用户位置的可靠性,比如 GPS 设备或磁定位系统提供的位置信息,它们提供的位置信息可能不满足空分多址介质访问方案的高效性要求。而且该机制在为所有路段划分单元的时间调度上花费不少工夫,网络密度的变化和网络拓扑的动态变化也会影响资源利用率。

在基于 CDMA 的 MAC 机制中,发送端通过发送不同的扩频码,并发地访问无线介质。每个发送端在发送信号之前,都需要通过扩频码对数据信号进行扩频,从而提高传输信号的带宽。而在接收端,需要通过扩频码"除以"接收信号,对信号进行解扩。这种机制的问题主要是如何分配扩频码以保证两个发送端不同时使用相同的扩频码和如何均衡接收信号强度以减轻远近效应。

此类协议的设计的优点是分配时隙的方法各不相同,能够为 VANET 提供较好的 QoS 保障,但它是一种基于调度的独享介质方式,需要由控制节点调度,对于 VANET 来说,不是所有的路边都有这样的 RSU 来集中调控,所以不太适合 V2V 中的碰撞告警等与安全相关的实时信息,且通信范围内的节点数目会因这种工作方式而受到限制,当处于密度小的车辆环境时又会造成网络资源的浪费。

7.2.3 基于混合的 MAC 协议

基于混合的 MAC 协议主要以 CSMA 和 TDMA 结合为代表。也就是说,它包含竞争协议和非竞争协议的设计要素。在这种协议中,如何满足车载网络传输需要,既能够保持所组合协议的优点,又能够规避所组合协议的缺点,设计出更高效的 MAC 协议成为一个难点和热点。

ADAPT 是竞争与分配协议的结合,也是一种单播的协议,此协议可以解决诸多问题,尤其是隐藏终端所带来的冲突。此协议是以 TDMA 作为基础,结合 CSMA/CA 竞争机制,协议为网络中每个节点分配一个固定时隙,因此,无论在什么情况下,节点都可以使用它们自己的时隙,否则可以为其他节点所用。ADAPT 可以根据网络状态的动态变化调整节点的运行方式,结合了固定分配与随机竞争两者的优势,这种优势是独一无二的。

ABROAD 是 Ad hoc 网络环境下的广播协议,它是 ADPAT 的广播版本,与 ADPAT 不同的是:在侦听阶段,若拥有当前时隙节点发送了发送请求(Request To Send,RTS),则其邻居节点都回送一个允许发送(Clear To Send,CTS);在非常繁忙的竞争阶段,如果有节点发送了 RTS,则邻居节点在发现了冲突的情况下会回复一个 CTS,否则沉默。

Rhee I 和 Warrier A 等人提出了一种混合解决方案 ZMAC[5],在密度低时,选择采用 CSMA 来实现高信道利用率和低时延;在密度高时,选择采用 TDMA 来减少两跳范围内的节点间碰撞。它引入了时间帧,能够为节点分配时隙,并且节点可以选择任意时隙发送数据,但是在分配的时隙发送优先级更高。这种方法的优点是在同步误差、时隙分配、信道条件多变等方面有很好的鲁棒性。

VRCP 把 CSMA 和 TDMA 结合起来,提出基于 CSMA 和 TDMA 的 MAC 协议车间通信(Inter-Vehicle Communications,IVC)和路车通信(Road to Vehicle Communications,RVC)协作的通信协议,在有 RSU 存在的地方采用 TDMA 方式接入信道,在没有 RSU 存在的地方使用 CSMA 以竞争的方式随机接入信道。该协议减少了丢包的发生,但是没有考虑到多普勒效应的影响和 QoS 的要求。

总体来说,混合式 MAC 协议不仅仅是机械地将各种方法结合在一起,并且需要考虑跨层的影响,这对移动性很高的车载网络来说具有很大的挑战。

7.2.4 小结

综上,我们可以总结,根据信道的访问策略的不同,可以对 MAC 协议进行分类,分别是基于竞争的 MAC 协议、基于调度的 MAC 协议和基于混合的 MAC 协议。基于竞争的 MAC 协议为没有固定基础设施支撑的 Ad Hoc 体系结构接入问题提供了很好的解决方法,但是这种协议不能有效适应网络拓扑结构的动态变化,比较适用于较轻网络负载下的突发性数据业务和非时延敏感性业务。基于调度的 MAC 协议的优点在于能够为 VANET 提供较好的 QoS 保障,但是不太适合 V2V 中的碰撞告警等与安全相关的实时信息。基于混合的 MAC 协议不能仅仅机械地将各种方法结合在一起,而需要考虑跨层的影响,这对移动性很高的车载网络来说具有很大的挑战。这三类 MAC 协议可以用图 7-3 来表示。

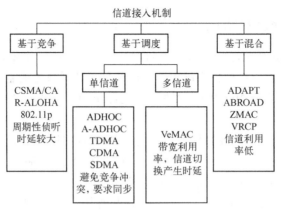

图 7-3　VANET 中信道接入机制分类

7.3　拥塞控制

节点在道路上的运动具备一定的规律性，主要体现在行车速度上。当道路上节点数量增多，导致交通拥堵时，车速会降低，而节点数量减少，交通畅通时，车辆以较高的速度行驶。车辆在道路上行驶需周期性地获取邻居车辆的状态，据此了解周围环境的情况并调整自己的行驶参数。车辆状态的交互是通过发送周期性信标消息实现的，当网络中车辆增多时，大量节点在周期性地发送信标消息，告知邻居节点自己在某一时刻的位置、速度和加速度等信息。当网络中充斥大量的信标消息时，信道资源被大幅使用，会造成信道拥塞，当紧急消息需要发送的时候，会因为和信标消息竞争有限的信道资源不成功导致发包失败，造成安全隐患。在设计 VANET 通信协议时，需要将 VANET 网络特征考虑在内，准确衡量网络拥塞情况并采取正确的拥塞控制机制。

拥塞控制问题最早是在有线网络中提出的。术语"拥塞控制"经常和网际协议中的传输控制协议（Transmission Control Protocol，TCP）相关联。协作控制用来保证每一个 TCP 连接都可以公平地享用信道资源。该协议的关键思想是不断对网络的状态进行检测。具体做法是逐渐增加注入网络中的数据包的速率，直到探测到有数据包丢失，从而判断网络出现了拥塞状况。在高速运动的场景下，由于无线信道的广播特性，拥塞问题在无线网络中所造成的影响比在有线网络中更加严重，因此在 VANET 中更要注意拥塞控制问题。

拥塞控制问题产生的根本原因是用户提供给网络的负载超过了网络的存储和处理能力。因此，拥塞控制的主要目的就是合理地控制网络负载，保证用户提供给网络的负载不大于网络资源的容量和处理能力，最大化地利用网络资源。

拥塞状态检测是拥塞控制的前提。在 Ad Hoc 网络中，研究者从 MAC 层的拥塞检测入手，利用 MAC 层的不同信息作为无线网络拥塞的度量指标，从不同角度反映网络状态。主要可归纳为以下三类。

1. 信道忙碌比

在 Ad Hoc 网络中，信道忙碌比（Channel Busy Ratio，CBR）指的是一定时间内，通信链路的信道繁忙时间（包括发生冲突和消息成功传输的时间）与总时间的比率。在一定范围内，系统的吞吐量和信道利用率会随着信道忙碌比的增加而增加。而当 CBR 超过一定阈值后，发生碰撞的概率会增加，网络性能急剧下降。因此 CBR 可以有效地反映网络的状态。

2. 退避率

在 Ad Hoc 网络中，节点需要与邻居节点共享信道资源，并通过竞争的方式发送机会，因此会频繁发生碰撞与丢包。在 IEEE 802.11 中，发送节点如果发送失败，需要按二进制指数退避的方式执行退避。网络拥塞越严重，节点发送数据失败的次数就越多，执行退避的次数也会越多。因此节点执行退避过程的次数可以用来反映网络的拥塞程度。然而，在 Ad Hoc 网络中，节点发生碰撞并不一定意味着网络发生了拥塞，因此该方法并不能对网络的拥塞状况进行准确的判断。

3. 队列长度

YC Hu[4]提出了一种在 MAC 层探测网络是否发生拥塞的方法。该方法实时监视节点的信道情况，利用所得的 MAC 层的瞬时传输队列长度和平均利用率来判断网络堵塞情况。然而，这种方法不适合直接作为衡量拥塞程度的指标。一方面，当节点上的队列长度变长时，网络已发生严重拥塞；另一方面，无线信道干扰因素较多，不能仅仅依据队列长度来准确描述网络的实时状态。

目前，在 Ad Hoc 网络中，拥塞检测的研究已经取得了较多的成果，然而由于 VANET 的特殊性质，传统网络中的拥塞检测算法不适用于 VANET，研究者们需要研究专用于 VANET 的解决方案。通过协议层间的信息交换，获取不同层间反映各层状态的参数，得到能反映整体网络拥塞状况的指标，已成为当前 VANET 中拥塞检测方法的主要设计思路[6]。只有对网络整体状况进行准确探测，精确判断网络的拥塞程度，才能有针对性地调整策略，有效进行拥塞控制，改善网络性能。

7.3.1 基于功率控制的拥塞控制机制

基于功率控制的拥塞控制机制主要是通过增加发送功率来改善发送节点和附近节点的通信质量。然而，随着传输距离的增加，通信覆盖范围扩大，进行通信的车辆数目增多，将会导致信道负载增加，造成网络拥塞[9]。因此，在设计基于功率控制的拥塞控制机制时，要充分考虑到信道利用率和消息的可达性，在保证网络资源充分利用的同时能够有效避免发生网络拥塞。

Torrent-Moreno[11]等提出的车载环境公平功率调整（Fair Power Adjustment for Vehicular environments，FPAV）和车载环境分布式公平功率调整（Distributed-Fair Power Adjustment for Vehicular environments，D-FPAV）算法被广泛研究。FPAV 算法的原理是所有车辆都从最小功率零起步，以相同的步长逐步增加功率值，直到由于功率过大导致网络发生拥塞为止，即得到在不造成拥塞的情况下的最大功率。D-FPAV 是基于 FPAV 算法的分布式算法，其原理是车辆均在其最大载波监听范围内运行 FPAV 算法，计算出发送功率值，再将该值与其他车辆交互，利用最大最小化原则选择最小功率值作为车辆节点的发送功率。该方法可以充分利用信道资源，确保网络不至于发生严重的拥塞。然而，这两种算法只有在步长的取值足够小时才有较高的精度，这会导致计算量非常大，造成时延过大。

J. Mittag[12]则提出了一种新的基于分段的功率控制 SPAV 算法。运用分布式车辆密度估计得出车辆的密度图，计算车辆通信距离内每个分段的包含范围，取与最小的包含范围相对应的功率值为发送功率。

Ghassan Samara[13]提出了一种根据发送节点不同距离处数据包的成功接收率动态调整功率的方法。当消息需要发送到一定距离时，可根据单位距离功率损耗计算出所需的发送功率值。此种方法由于计算过程简单，具有较好的实时性，但该方法的缺陷也很明显，每单位距离的功率损耗往往与信道的特征密切相关，信道衰落情况不同时，损耗情况也不尽相同，得到的发送功率也不同，因此该方法只能在特定情况下运用，不具有普遍性。

Guofeng Lei[14]介绍了一种基于功率调整的跨层的拥塞控制方法，该方法根据物理层的信道负载和消息时延动态调整 Beacon（信标）消息的发送功率，使得实时信道负载尽量接近最佳信道负载量，消息时延过大时适当减小发送功率。此方法中紧急安全消息的成功接收率大大高于固定算法，具有较好的调整效果。

7.3.2 基于速率控制的拥塞控制机制

控制数据包的发送速率最直接的方法就是控制数据包从源节点处的产生速率，消息的发送速率越高，车辆节点对周围环境的感知就越精确[7]。然而，随着发送速率不断增加，容易造成网络拥塞，使得紧急安全消息无法发送，潜在威胁道路安全。因此，消息的发送速率应考虑到网络情况，比如，在网络负载较低时，可以适当增大消息发送速率，增强车辆节点对周围环境的感知能力；在网络负载较大、车辆密度较高时，可以适当减小消息发送速率，避免发生网络堵塞[8]。

802.11p 规定了 VANET 中使用的 8 种传输速率，D. Jiang[15]考虑了在车辆安全通信中是否存在一个最优速率的问题。作者通过大量仿真得出结论：在大部分情况下，6 Mbit/s 的单跳广播误包率性能都为最优或次优，这个结果使得许多拥塞控制研究方案绕过了传输速率这个不确定因素，直接采取了 6 Mbit/s 为传输速率进行拥塞控制研究。许多拥塞控制的研究成果即使不是基于这个结果，也默认了一个最优速率。

Soundararajan S[16]根据 MAC 层信道占用率和队列长度估计拥塞状态，当两者都超过一定阈值时，认为发生拥塞，根据上个节点的速率和节点当前速率估算节点的最佳传送速率。该方法只是从 MAC 获取拥塞判断的指标，因此对拥塞的判断可能会出现偏差，同时该机制中对速率的调整是通过 ACK 实现的，不适用于 VANET 这种业务多为广播的网络。

Ning Wang[17]提出了一种基于模糊逻辑调整 Beacon 发送速率的拥塞控制机制，利用信道忙碌比、车辆密度以及车辆的移动性作为 Beacon 消息发送速率控制系统的输入量，从而控制 Beacon 消息的发送速率。该机制同时考虑了网络的状态与交通状态，对网络的拥塞判断较为准确，但是该机制中对 Beacon 消息的调整采取的是加性增加倍数递减的方式，调整不够灵活。

Kenney[18]提出了一种采用局部速率调整的方式进行速率控制的方法。该方法通过建立相应的数学模型求解发送速率，既考虑速率值的收敛速度，也考虑系统的稳定性，并且将邻居节点的发送速率调整到相同值，保证网络局部的公平性。但该机制仅仅从局部考虑系统的性能，忽略了对网络的整体考虑，无法达到网络性能的全局优化。

Drigo M[19]提出了一种基于 Beacon 消息速率自适应调整的拥塞控制算法。每个节点根据其通信覆盖范围内邻居节点的数量来调整 Beacon 消息的发送速率，这个过程是通过计算节点接收到的 Beacon 消息的数量来确定邻居节点的数量。但是在 VANET 节点高速移动、邻居节点不断更新的环境下，该方法的误差较大，并且对于 Beacon 消息发送速率的调整过程比较简单。

7.3.3 基于功率和速率控制的拥塞控制机制

从传输层面考虑，就发送功率来说，增大发送功率可以改善临近车辆的通信质量，但随着传输距离的增加和通信的车辆数目增大，信道负载将会上升，影响车辆通信性能。就传输速率来说，不同传输速率之间误包率性能差异很大，采用高传输速率能够缩短数据包传输时间，但是误包率较高；采用低传输速率误包率较低，但是数据包传输时间长，容易造成信道拥塞。因此，功率控制和速率控制各有其优缺点，应该联合考虑。

目前联合功率–速率控制的拥塞控制机制得到了长足的研究。有学者[5]提出了一种联合功率–速率自适应算法，它通过监测车载网络的信道繁忙时间（信道繁忙时间=信道忙时/总仿真时间），将其与信道繁忙时间的预设阈值 L 进行比较。在这种算法中，物理层采用基于 EESM 的建模，信道模型采用专为车载网络设计的信道模型，广播方式为单跳。其中，EESM 指的是一种链路级仿真和系统级仿真的映射方法，可以根据各个子信道的瞬时状态得到相应的误块率。这种算法的目标是车载网络能够在信道忙时阈值 L 的约束下，利用反馈机制以及 EESM 链路预测，寻找最优的发送功率和发送速率的组合，使得车载网络的误包率–距离性能为最优。寻找最优的功率–速率组合的思路为：

1）对于所有发送速率，计算使信道忙时不超过阈值 L 的最大发送功率，得到 8 个 (p_i, i) 组合。

2）对所有的（功率，速率）组合，通过 EESM 链路预测的方法，计算其在一个目标距离 d 处的估计误包率值，误包率性能最优的（功率，速率）组合就是算法所寻找的最优结果。

在本方案的仿真中，公路长度为 2000 m、车道数为 6、数据包大小为 400、数据包发送频率为 10 Hz、仿真时长为 60 s，通信方法为单跳广播。仿真共分为三个场景，它们的路损模型、信道忙时、节点数等参数各不相同。

观察图 7-4 可以发现，在该仿真场景中，当采用固定功率–速率进行数据包传输时，3 Mbit/s、4.5 Mbit/s 两个速率性能较差，剩余 6 个速率性能差距不大。而当采用联合功率–速率自适应算法时，若距离小于 300 m，自适应算法的误包率为最优或次优，当距离大于或等于 300 m 时，自适应算法的 PRR（收包率）性能明显优越于非自适应算法的 PRR 曲线，并且将有效传输距离扩大到 500 m。

从图 7-5 中可以看出自适应算法误包率性能的优化结果与场景 1 的结果相似，自适应算法有效地降低了误包率并且提高了传输距离。与场景 1 不同，此时采用的速率主要集中于在场景 2 中误包率性能相对较优的 6 Mbit/s、9 Mbit/s、12 Mbit/s 三个速率。

在图 7-6 中，可以发现自适应算法的误包率性能和有效传输距离依然表现良好，此时采用的发送速率主要为 6 Mbit/s、12 Mbit/s、18 Mbit/s。

对比三个仿真场景下自适应算法的误包率性能曲线和使用的发送速率次数统计数据可以发现，即使信道忙时门限、路损模型、车辆密度发生变化，联合功率–速率自适应算法总能够自主选择适合当前场景的最优传输速率进行数据传输，有效地降低了误包率并且提高了有

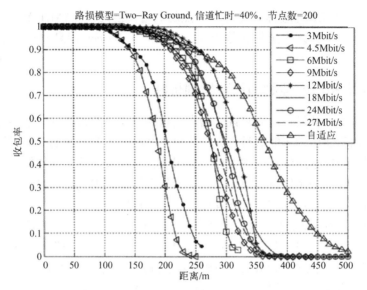

图 7-4 场景 1 中的自适应算法 PRR-距离性能

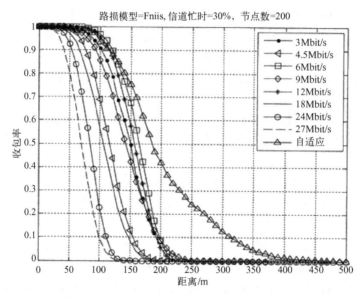

图 7-5 场景 2 中的自适应算法 PRR-距离性能

效传输距离。

Djahel S[20]等人提出了一种基于功率和速率联合调整的拥塞控制机制,该机制通过接收到的 Beacon 消息来维护一个附近车辆的信息表,计算递增因子来选择发送功率;对于发送速率的调整,首先对通信范围内的车辆进行分析,计算出宽带公平共享值来确定 Beacon 消息的发送速率。

Roberto Baldessari[21]等人通过功率和速率的联合调整,避免 Beacon 消息造成网络负载过大,从而为紧急安全消息预留部分信道资源。速率控制方面,根据信道忙碌比自适应调整节点速率,若信道忙碌比增大则降低速率;功率控制方面,根据特定速率计算邻居节点数,

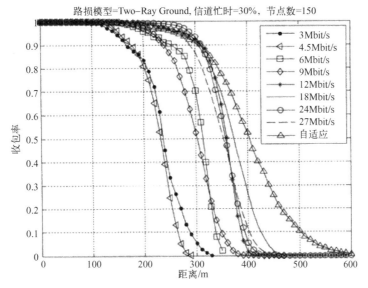

图 7-6 场景 3 中的自适应算法 PRR-距离性能

再根据节点密度估计监听范围得到通信范围，节点调整发送功率，使通信范围限定在阈值以内。

Puthal D[22]等人设计了一种启发式的方法计算网络的拥塞程度，并针对不同的拥塞程度分别对 Beacon 消息的发送速率、发送功率及竞争窗口进行调整。该方法首先通过提取信道使用率、队列长度、竞争信道的邻居节点以及特定的应用信息所对应的传输速率这 4 个参数来决定网络的拥塞程度，并将拥塞程度分为不同的等级。对于竞争窗口的调整，保证高优先级消息队列优先接入信道，而 Beacon 消息的发送速率和发送功率则分别采取不同的算法。

7.3.4 基于竞争窗口的拥塞控制机制

正如在本章第二节中所提到的，目前很多的 MAC 协议都是在 CSMA/CA 协议的基础上进行一些修订和扩展。在 CSMA/CA 中，竞争窗口是一个很重要的参数。竞争窗口是在节点侦听到信道处于忙时的退避参数。每个节点在发送信息之前，首先侦听信道信号强度，当检测到的信号强度小于载波监听阈值 CS_{th}，就认为信道处于闲状态，则直接发送信息。当检测到信号强度大于载波监听阈值 CS_{th}，就认为信道处于忙状态，则节点就会随机退避一段时间。具体的退避过程为：设当前的竞争窗口大小为 CW，节点首先在 [0,CW-1] 内等概率选择一个退避间隔并设置为其退避计数器的值，退避计数器选取如下：

$$T = CW \times Random(\,) \times SlotTime \quad (7-1)$$

其中，Random( ) 是随机数；SlotTime 是时隙值；CW 是竞争窗口。节点通过监听无线信道的忙闲状况，调整其计数器的值。如果某一时隙内信道空闲，那么退避计数器的值就减 1。当信道处于忙时，退避计数器处在挂起状态。退避计数器的值减少到零时，节点发送存放在其缓存区中的数据帧。二进制指数退避机制降低了节点之间发生碰撞的概率，同时保证了个节点之间公平共享媒介。

图 7-7 描述了三个节点 a、b、c 互相竞争信道时 IEEE 802.11 所执行的退避过程。图中 CW 表示当前退避阶段的竞争窗口大小，BO 表示进入退避过程中退避计数器随机选取的初始值。

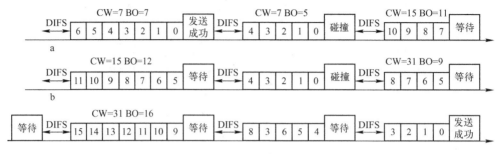

图 7-7 二进制指数退避过程

IEEE 802.11p 协议根据消息的优先级确定了不同的最小竞争窗口值，但值都较小且是固定值，并没有正确反映网络的真实状况，在网络拓扑和车辆密度快速变化的车载环境下安全消息的广播性能下降尤为明显。因此有学者提出根据竞争节点数来动态的调整最小竞争窗口的大小。方案有两部分比较重要，一是竞争节点数 n 的估计，二是根据竞争节点数调整[2]。

由于车联网中每个车辆都要周期性广播 Beacon 消息，所以每辆车都相当于竞争节点，都在竞争信道资源。因此，竞争节点数即发送节点的邻居节点数。在车联网中，每辆车都拥有一个唯一的 MAC_ID，车辆节点会周期性地在控制信道上向传输范围内的其他节点周期性地广播 Beacon 消息。Beacon 消息中包含车辆的 MAC_ID、地理位置、行驶速度、行驶方向等车辆自身的状态消息。每个节点都要维护一个本地的一跳邻居节点列表。由于车辆移动比较快，使得邻居节点变化很快，这就要求节点频繁地侦听信道，当节点正确接收到 Beacon 消息后，节点从该消息中取出发送地址，并和本地接收时间一起加入到邻节点列表中。通过这种方式添加邻居节点信息有可能导致邻居节点重复加入的情况，为此，我们检测表中是否已存在该邻居节点，如果存在，则删除旧的信息。在每个观测间隔结束之后，节点都要更新邻居节点列表，这样做可以防止邻居节点列表过大，浪费存储空间，同时还避免了保留的邻居节点信息过期的情况，提高邻居节点数目检测的准确性。观测间隔可以根据具体的应用场景进行选择。在每一个观测期内，节点都会更新邻居节点列表，并计算邻居节点个数。

关于竞争节点数 n 与最小竞争窗 W_0 之间的关系，可以通过计算在当前竞争节点数 n 的情况下，最小竞争窗 W_0 取何值时碰撞概率 P 最低而得到[10]。在分析碰撞概率 P 与 n、W_0 之间的关系时，可以根据广播退避马尔可夫链模型得到，常用的一维马尔可夫链模型如图 7-8 所示。图中椭圆内的数据表示退避计数器的值，箭头上的数据表示退避计数器的状态转移概率。根据此马尔可夫链模型，可以得到退避计数器值为 0 的概率，即节点在任一时隙传输数据包的概率，是关于状态转移概率的函数。根据最小竞争窗口 W_0 以及车辆节点密度 n 可以得到碰撞概率 P 的表达式。由于 P 是 W_0 和 n 的函数，因此可以得到当 P 最小时 W_0 和 n 之间的关系。

整个方案的流程如下：开始时，每个节点将根据要传输的 Beacon 消息的优先级设置初

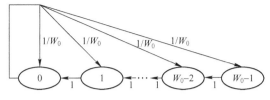

图 7-8 广播退避的一维马尔可夫模型

始最小竞争窗口值,然后开始传输数据。在数据传输和接收过程中,节点根据收到的 Beacon 消息维护好邻居节点列表。在每一个观测期结束后,节点根据前面介绍的方法估计竞争节点数。如果不在观测期的结尾,就继续根据收到的 Beacon 消息维护邻居节点列表。在估算好 n 的值之后,节点开始根据和 n 之间的关系调整最小竞争窗口值。

7.3.5 小结

拥塞控制在 MAC 层的研究中占据着非常重要的地位,研究主要包括对拥塞程度进行检测,并根据拥塞程度调整自身的传输参数,以减低网络拥塞并避免拥塞的加剧。拥塞控制的调整参数包括传输速率、传输功率以及竞争窗口等,或者可以通过联合调整几个参数来解决拥塞控制问题。本节主要介绍了基于功率控制的拥塞控制机制、基于速率控制的拥塞控制机制以及基于功率和速率控制的控制的拥塞控制机制、基于竞争窗口的拥塞控制机制。这些方法都是解决拥塞问题的手段。

7.4 多信道协调机制

多信道协调机制通过协调节点在多个信道上同时进行通信来获得优于单信道的网络时延特性和吞吐量。基于目前的研究,多信道协调机制主要分为 5 种:使用专用控制信道、基于跳频、时隙分割、多收发机和基于簇结构[28]。其中,前三种协调机制受到普遍认同与重视,而拥有多收发机的多信道 MAC 协议受到通信设备性能的限制,基于簇结构的多信道 MAC 协议的相关研究也比较有限,这两者的发展均稍逊于前三种协调机制。本节将对这几种协议一一进行分析。

7.4.1 使用专用控制信道的多信道 MAC 协议

使用专用控制信道的多信道 MAC 协议顾名思义,指的是指定一条信道作为控制信道进行控制消息(RTS/CR)的交互,其他信道作为专用的数据信道完成数据的传输。通常这类多信道 MAC 协议中的节点都配备两个射频收发机,一个用于在协议中指定的控制信道上收发控制信息,另一个用于其他信道的数据传输。因此在这类多信道 MAC 协议中,即使是节点正在收发数据,也能够监听到控制信道上所有的数据传输协商信息,从而得知附近节点的工作状态和信道使用情况[28]。

使用专用控制信道的多信道 MAC 协议的一个操作示例如图 7-9 所示。当节点 A 需要发送数据给节点 B 时,节点 A 在专用控制信道上先发送 RTS 给节点 B。这个 RTS 明确了可用的空闲数据信道,如数据信道 2。在节点 B 接收到了这个 RTS 后,随即在专用控制信道上发送 CTS 给节点 A,确认了节点 A 所提出的数据信道。这样节点 A 和节点 B 就可以通过之前所明确的数据信道进行数据传输，在本示例中，所使用的数据信道为数据信道 2。需要注意的是，节点所发出的 RTS 和 CTS 包含了 NAV（Network Allocation Vector），用于标明其占用数据信道的时间。这样其他能够接收到节点 A 和 B 交互的控制信息的节点，便可以通过 NAV 来判断数据信道的忙碌状态。

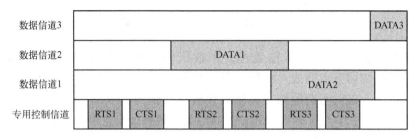

图 7-9　使用专用控制信道的多信道 MAC 协议信道模型

这类多信道 MAC 协议的主要优势是不需要进行时钟同步，因为所有节点在同一条信道，即专用控制信道，通过竞争收发控制信息来实现信息的交互与传输。但这类协议也有不足之处，主要集中在协议需要专用的控制信道，降低了频谱利用率；系统需要两套收发机，增加了系统开销。尤其在系统可用数据信道数量较小或者网络中短包较多等情况下，这类协议控制信息花费的网络开销所占比例较大，频谱利用率较低，适用度不高。

这种使用专用控制信道的多信道 MAC 协议较为成熟的应用有 DAC[31]（动态信道分配）、DAC-PC（基于功率控制的动态信道分配）、DPC（动态私有信道分配）[32]。

7.4.2　基于跳频的多信道 MAC 协议

在基于跳频的多信道 MAC 协议中，每个节点只需配备单个射频收发机，空闲时根据某种跳频序列在不同的信道间切换，当一对通信节点达成通信协定后就切换到同一条信道进行握手并完成通信。这类 MAC 协议较为成熟的有 CHMA 协议（Channel Hopping Multiple Access）、SSCH[34] 协议（Slotted Seeded Channel Hopping）以及 McMAC[36] 协议（Multi-Channel MAC Proposal）等。

根据系统中节点跳频方式的不同，基于调频的多信道 MAC 协议可以分为同步跳频和异步跳频两种情况，下面将分别对两种方式进行阐述。

1. 节点同步跳频

如图 7-10 所示，所有空闲的节点按照相同的跳频序列在不同的信道间同步切换，并将当前工作的信道作为控制信道。因此，所有的空闲节点都工作在同一条信道上，即控制信道上。这时，每个空闲节点都可以接收到其他节点发送的数据。在一次数据传输过程中，发送节点在控制信道上发送 RTS 请求，如果接收节点回应 CTS，则发送节点和接收节点就停止跳频，并在当前信道上完成数据传输，然后发送节点和接收节点再重新按照跳频序列切换到当时的控制信道。由于收发节点附近的其他空闲节点都可以从控制信道上监听到 RTS 和 CTS，得知当前信道的使用状况和这两个节点的工作状态，因此它们可以在切换信道的过程中跳过已经被占用的信道，并且避免接收节点丢失的问题。

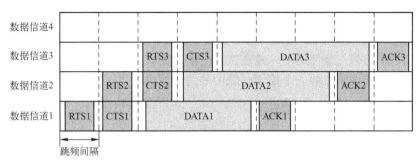

图 7-10 节点同步跳频的基于跳频的多信道 MAC 协议信道模型

2. 节点异步跳频

如图 7-11 所示,节点 1 和节点 2 分别按照相同或者不同的跳频序列在不同信道间异步地切换,因此同一时隙两个节点可能工作在不同的信道。当节点 1 需要向节点 2 发送数据时,它根据已知的节点 2 的跳频序列找出节点 2 当前工作的信道频段,并切换到那条信道向节点 2 发送数据。图 7-11 是 McMAC 协议的节点工作状态示意图。如图 7-11 所示,由于节点 1 和节点 2 之间需要进行数据传输,因此在数据传输时它们保持在同一个信道上,然后再各自按照约定的跳频序列继续跳频,所以它们实际的跳频序列和预先约定的跳频序列有所不同。这种节点异步跳频的多信道 MAC 协议也被称为基于并行预约的多信道 MAC 协议。

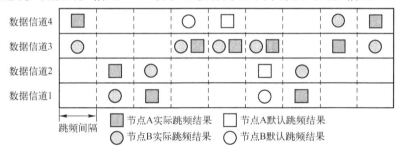

图 7-11 节点异步跳频的基于跳频的多信道 MAC 协议信道模型

这类基于跳频的多信道 MAC 协议的优势是只需要使用一套射频收发机,可以使用所有的信道来进行数据交换,因而信道利用率很高。该类 MAC 协议的缺点一是跳频间隔的引入需要全局的时间同步以保证所有节点可以同步地切换到当前的控制信道上;二是在信道切换时延不可忽略的情况下(这是可能的,IEEE 802.11b 的收发机要求大约 150~200 μs 来切换信道,而一个 RTS 在 IEEE 802.11b 协议下只需 200~300 μs 的发送时间,这时信道切换时延就不可忽略),该模式可能会降低系统性能;三是由该类型多信道 MAC 协议中相邻的节点在同一时刻可能工作在不同的信道,所以存在多信道的隐藏终端问题、接受节点丢失问题和广播支持问题[28]。

7.4.3 基于时隙分割的多信道 MAC 协议

在基于时隙分割的多信道 MAC 协议中节点只配备一套射频收发器,信道在时域上分为两种交替的时隙,控制时隙和数据传输时隙,如 MAP。如图 7-12 所示,在控制时隙中,所有节点切换到同一个预先指定的信道,完成数据传输前的协商握手,然后在接下来的数据传输时隙中，节点根据协商结果切换到相应的信道进行数据传输。

如图 7-12 所示，信道被分为控制时隙和数据传输时隙。在控制时隙中，所有的节点必须切换到预先指定的某一条信道上，并在这段时间内完成数据传输前的协商，然后在接下来的时间内，各个节点按照在前一个控制时隙中的约定使用信道，在协商好的信道上完成数据传输。

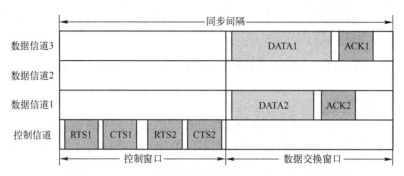

图 7-12 基于时隙分割的多信道 MAC 协议信道模型

由于节点在控制时隙中协商如何使用信道，那么节点一旦完成数据传输的协商，就不能再接收其他节点的数据发送请求，这就产生了冲突。同时，发送节点通常没有足够多的数据来使用整个数据传输时隙，也造成了信道资源的浪费。因此需要引入额外的握手机制来充分利用信道资源，如多对收发节点在协商信道时选择使用数据传输时隙中同一个信道的不同时间段，然后根据预约的时间表使用信道。

这类基于时隙分割的多信道 MAC 协议的优势在于它只要求节点配备单个射频收发机即可，降低了实施成本；另外，这类多信道 MAC 协议可以比较容易地解决多信道环境下隐藏终端、失聪、信道死锁等问题。而缺点在于，网络中的射频收发机仍然需要保持时间同步，当然时间同步性上的要求比普通跳频模式要低；另外，很明显地，由于控制窗口中只有控制信道被使用，因而该协调机制的信道利用率比较低。

值得注意的是，这类多信道 MAC 协议同样也是 WAVE 协议中 MAC 层采用的信道协调机制。其主要由以下 4 点原因决定：一是车辆通信环境比较复杂，DSRC 频段的 7 个信道之间并没有频率间隔，因而为了避免信道间干扰，采用单射频配置比较合适，而时隙分割模式即适用于单射频配置；二是 DSRC 频段有 10 MHz 的控制信道可用；三是在单射频配置下，为了使得车辆节点不错失控制信道上的任何安全消息，比较直接的解决方法便是为安全消息的交互分配专用的时间间隔，在该间隔内，所有车辆节点待在控制信道上交互安全消息，而时隙分割模式正好契合了这个要求，因而可以看到 WAVE 协议中 MAC 层的控制间隔，不但进行数据间隔信道资源的协商，还需要完成安全消息的交互；四是时隙分割模式中的时间同步问题可以通过车载 GPS 解决。

7.4.4 拥有多收发机的多信道 MAC 协议

这类多信道 MAC 协议中的节点有三套甚至更多的无线通信设备，因此可以在更多的信道上完成数据的收发，如 MTMA 协议和 PCAM 协议。如图 7-13 所示，每个节点都拥有多个无线通信设备，并且不同无线通信设备相互独立，因此节点可以同时在多条信道上不受干扰地工作。而如何在这些无线通信设备合理地分配数据负载并保持不同节点的公平性,也成为这类多信道 MAC 协议需要解决的首要问题。它通过增加硬件复杂度提高信道利用率,可以更加有效地利用有限的无线信道资源,但同时提高了能量消耗,也对处理器和不同收发机间的负载调度算法提出了更高的要求,增加了节点的复杂度。

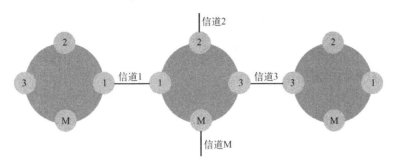

图 7-13 拥有多收发机的多信道 MAC 协议信道模型

拥有多收发机的多信道 MAC 协议在解决多信道 MAC 协议所面临的挑战上有着更大的灵活性,但是增加了设备复杂度和算法复杂度。或许随着无线通信设备的发展,这类协议会是多信道 MAC 协议中更好的选择[28]。

7.4.5 基于簇结构的多信道 MAC 协议

在基于簇结构的多信道 MAC 协议中,簇头节点在一个簇中可以担任中心节点的控制角色,因此一些研究学者提出了利用簇头节点来为其他节点分配信道的多信道 MAC 协议,如 CMMP。后文也将对 VANET 的簇结构做进一步的阐述。

簇节点在需要发送数据时,在控制信道上向簇头节点发送信道分配请求(Request Channel Assignment, RCA)。簇头节点在控制信道上根据节点的申请,向簇中的节点公布信道使用状况列表(Channel Usage List, CUL),并在列表中为簇节点分配信道资源,然后簇节点在分配的信道上完成数据传输。

这类多信道 MAC 协议由于引入了簇结构,因此可以由簇头节点来实现信道资源的调度,可以避免不同节点竞争信道的开销,解决多信道 MAC 协议所面临的各种问题[28]。但是网络中的节点需要形成和维护簇结构而花费额外的网络开销,并且需要可靠的簇结构形成和维护算法来保证节点间数据传输的安全性和可靠性,以及要求簇头节点在进行信道分配时可以保证节点使用信道的公平性。而且在这类多信道 MAC 协议中,随着节点密度的增加,会出现由干扰引起的冲突重传现象加剧的情况,从而使得传输延迟增加,要注意相邻簇要使用不同的信道进行传输,来避免簇间干扰。目前有关这类多信道 MAC 协议的研究重点一般在环境较为简单的高速公路上,对城市道路这种车辆行驶情况变化大的场景研究有限,还需要进一步的研究与发展。

7.4.6 小结

本节对目前车载自组织网络中 MAC 扩展子层中多信道协同机制的特点进行了简要的分析,并分别介绍了现有的几种多信道 MAC 协议的实现机制与其优缺点。

7.5 多信道分配策略

信道分配（Channel Assignment），又可称为信道选择（Channel Selection）或信道调度（Channel Scheduling），是将数据信道的信道资源以一定方法分配给网络中的节点。信道分配策略大致可以分为两种：一种是集中式，这种方式下的信道分配基于当前数据流的分布，可以使得各个信道上的负载保持均衡，但是需要中心节点协调；另一种是分布式，信道分配的依据是节点所获得的当前信道的状态。

集中式的多信道 MAC 协议往往采用集中式的信道分配策略，中心节点对信道资源请求（如带宽请求）的集中处理，可以比较容易地实现信道资源利用率的最大化。但集中式解决方案需要综合考虑全局信息来获得最优解，对于动态变化的网络来说，其最优解的获得较为困难且结果易变。所以像车载自组织网络这种拓扑变化频繁、通信窗口狭窄的网络，并不适宜采用集中式信道分配方案。

分布式的信道分配策略则被分布式的多信道 MAC 协议所采用，分配过程一般是一对节点主动发起的协商预约过程。信道预约的结果通过控制消息的交互被邻居节点侦听到，从而作为邻居节点信道选择的依据。所以分布式信道分配策略的思路是节点通过侦听局部范围的信道占用状态，在一定的约束条件下选择对自身来说最优的信道资源。分布式的信道分配的优势是节点间通过自组织的方式来预约信道资源，不需要中心节点的协调。不足之处是网络中的节点通过局部范围的信息做出决策，在理想情况下，只能实现在局部范围内的最优分配，无法获得全局最优；而且分配算法也较集中式情况下的复杂；控制消息的交互也带来额外的网络开销。其较为成熟的算法有 DCA 算法，该算法的核心是使用协议所提供的信道使用效率最大化，每个节点贪婪地选取使干扰代价最小的信道。但是这种算法没有考虑当前网络状态参数，容易造成不同信道流量严重不均的后果。

根据协议规定，多信道分配的目标是在业务信道上获得更高的吞吐量。但是针对 VANET 中多信道资源分配问题的研究比较有限，尤其是 VANET 中的如何高效地实现非安全业务的信道分配问题，仍然一个开放的问题。可喜的是，针对 VANET 中多信道分配问题的研究一直都在进行，并且有一些较为成熟的算法，下面将挑选三种较为典型的算法做简单的介绍。

（1）VMESH（Vehicular MESH Network）MAC 协议

该协议并不采用基于竞争的信道访问机制，相反它通过分布式的信标帧对业务信道资源进行预留访问来提高业务信道的利用率。当某个业务使用者收到业务提供者发出的信标帧时，此节点根据传输负载和侦听到的邻居节点对业务信道的占用情况来初始化其预留业务信道请求。RSU 由于被分配了特定的信标时隙，从而可以高效的分配其覆盖范围下的信道资源。在 CCH 时隙，信标周期和安全周期相互分开，从而可以消除控制信息和较高优先级的安全信息之间的干扰。VMESH MAC 协议与典型的 WAVE MAC 协议相比，在系统可以获得的最高吞吐量上略胜一筹。然而，VMESH MAC 协议并不适合高度动态变化和分布式的 VANET 网络环境[29]。

（2）结合分簇策略和 MAC 协议的多信道分配策略

在这种分配策略中，被选出的扮演协同者角色的簇头（Cluster Head，CH）节点收集和传输在自己簇范围内的实时安全信息，并向相邻的 CH 节点转发整理后的安全信息。CH 节点还肩负着为自己的簇成员节点分配用于传输非安全业务的信道资源。在一个簇中采用无竞争的 TDMA MAC 协议；而在不同簇的 CH 节点间则采用 IEEE MAC 协议。每个簇成员节点使用一个收发器与自己的 CH 交互安全信息，使用另一个收发器与位于同一簇内的其他簇成员在 CH 分配的信道上传输业务信息。仿真结果表明，这种策略可以在保证安全信息实时传输的情况下，非常明显的改善车辆节点间的业务信息传输。但是这种策略具有一个很明显的缺点，即增加了簇管理实体的复杂性和采用多个收发器带来的硬件成本的提升[29]。

（3）针对 VANET 的认知 MAC 协议（Cognitive MAC Protocol for VANET, CMV）

该协议的着重点放在长时间尺度和短时间尺度方面的频谱接入。为了获得长时间的频谱接入，每个 WAVE 设备在每个 CCH 时隙和 SCH 时隙均会探测信道的状态，获得记录被感知频谱的频谱使用状态表。然后 WAVE 设备通过一个简单选择算法来选取可以提供优秀的性能表现，同时给邻居节点带来较少干扰的频谱。对于短期的频谱接入，设备通过结合宽带频谱池技术和 RTS/CTS 技术来反映接收者附近的频谱使用状况，进而选择一个较高质量的业务信道。然而，无论是 CMV 协议的计算复杂度和收敛速度均需要作进一步的详细分析和验证[29]。

为了在复杂的 VANET 环境中取得优异的性能表现，理想的多信道分配策略应该根据活动节点的情况按需来分配信道资源。更为重要的是，一个高效的信道分配策略应该结合车辆的移动性、链路质量、频谱资源、传输功率和干扰等级等特点。其中链路的可用时间可以在定位技术和电子地图的帮助下提前预测。当车辆间的距离变大时，通过提高传输功率可以有效地维持网络的连通性，但同时造成了其被分配的传输信道上干扰。解决此问题的一个可能的策略是估计当前的节点密度和业务负载来动态地调整传输功率。

总体来说，本小节从集中式与分布式两种信道分配策略对车辆自组织网络中多信道的分配策略进行了较为全面的介绍。其中分布式信道分配策略部分，本节着重对三种典型算法进行了实现机制的简单介绍和优缺点分析。

7.6 优先级机制

为了提供服务区分从而支持不同服务质量要求，IEEE 802 工作组制定了 IEEE 802.11e 协议。IEEE 802.11e 和 IEEE 802.11 两种 MAC 协议都采用基于 CSMA/CA 的二进制指数退避过程并具有相似的组网方式。IEEE 802.11e 与 IEEE 802.11 的主要区别在于 IEEE 802.11e 通过引入服务区分机制实现了对多种优先级业务流的服务质量支持。EDCA 是 IEEE 802.11e 的基本媒体接入控制机制，它是在 DCF 机制的基础上增加了服务区分机制。主要的服务区分机制有：设置不同的最小竞争窗、设置不同的时隙间隔、引入内部碰撞处理机制、引入传输机会（Transmission Opportunity, TXOP）机制。下面对服务区分机制进行介绍。

根据不同的服务质量要求，EDCA 将不同业务划分为 4 种，称作接入种类（Access Category, AC）。表 7-1 列出了 IEEE 802.1D 中定义的不同用户优先级与 IEEE 802.11e 中定义的 AC 之间的对应关系。

表 7-1 优先级与 AC 之间的对应关系

优先级	用户优先级（802.1D）	AC	说明
最低	1	AC_BK	背景数据
	2	AC_BK	背景数据
	0	AC_BE	尽力而为数据
	3	AC_BE	尽力而为数据
	4	AC_VI	视频
	5	AC_VI	视频
	6	AC_VO	音频
最高	7	AC_VO	音频

EDCA 节点中分别有 4 个接入队列存储来自 4 个 AC 的数据帧。每个队列都与一定的接入参数相关联，并具有信道访问功能（Channel Access Function, CAF）。通过区分不同 AC 的接入参数，EDCA 向不同 AC 提供了不同的优先级。事实上，在同一节点内引入不同的接入种类，相当于在一个节点内通过 AC 方式建立了多个虚拟节点。通过节点内的多个退避例程（Multiple Backoff Instances）完成对 MAC 层服务数据单元（MAC Service Data Unit, MSDU）的分配，其中每个例程对应一个虚拟节点，各例程间配置的参数不同。与 DCF 相比，EDCA 对优先级的区分主要表现在时隙间隔 AIFS 区分、竞争窗口 CWmin 与 CWmax 区分、内部碰撞处理机制和 TXOP 机制四个方面。其中，竞争窗口、AIFS 和 TXOP 构成了 IEEE 802.11e 的主要协议参数。为了支持不同的优先级，指定的信道持续空闲时间不再是固定值 DIFS，而是一个可变的仲裁帧间间隔（Arbitration Inter Frame Space, AIFS），它由仲裁帧间间隔时隙数（ArbitrationInter Frame Space Number, AIFSN）及一个 SIFS 组成，该值对于某一个 AC 是固定不变的，而对于不同 AC 而言，它的值是不同的。

IEEE 802.11e 规定的 EDCA 默认参数集如表 7-2 所示。

表 7-2 EDCA 默认参数集

AC	CWmin	CWmax	AIFSN	TXOP Limit		
				802.11b	802.11a/g	其他物理层
AC_BK	aCWmin	aCWmax	7	0	0	0
AC_BE	aCWmin	aCWmax	3	0	0	0
AC_VI	(aCWmin+1)/2-1	aCWmin	2	6.016 ms	3.008 ms	0
AC_VO	(aCWmin+1)/4-1	(aCWmin+1)/2-1	2	3.264 ms	1.504 ms	0

从上表中可以看出用户优先级较高的接入类别的 AIFSN、CWmin、CWmax 较小，这样就会拥有较小的等待时间和退避时间，能够更快地接入信道。EDCA 正是通过这种机制来保证不同类别的数据流按优先级接入信道。

由于在 VANET 中，安全通信尤为重要，这就要求重要的安全信息和对时间有严格要求的信息比那些不直接涉及安全的信息优先级高。因此，IEEE 802.11p 特别采用了 EDCA 机制。但由于 VANET 环境的特殊性，在 IEEE 802.11p 中对 EDCA 的默认参数做出了一定的修改。协议中加入了标志位 dot11OCBEnabled，因此 EDCA 的默认参数分为 dot11OCBEnabled

为 true 和 false 时两种情况。当 dot11OCBEnabled 为 false 时，其默认参数表如表 7-2 所示。当 dot11OCBEnabled 为 true 时，EDCA 默认参数如表 7-3 所示。

表 7-3 当 dot11OCBEnabled 为 true 时 EDCA 的默认参数表

AC	CWmin	CWmax	AIFSN	TXOP Limit OFDM/CCK-OFDM PHY
AC_BK	aCWmin	aCWmax	9	0
AC_BE	aCWmin	aCWmax	6	0
AC_VI	(aCWmin+1)/2-1	aCWmin	3	0
AC_VO	(aCWmin+1)/4-1	(aCWmin+1)/2-1	2	0

EDCA 在 VANET 中的研究除了一些理论研究之外，一般集中在多信道地相关操作中。理论研究多针对退避算法的研究和 EDCA 协议的改进，而多信道方面，因为 VANET 目前的关注重点依旧在主动安全方面，所以 EDCA 的相关应用也大多集中在这个方面，例如：基于 EDCA 的中继选择和资源预留握手方案、交通信息物理融合系统（Cyber Physical System，CPS）环境下车辆主动式安全通信方案等。

本节中对 IEEE 802.11 协议簇中的优先级机制 EDCA 做出了详细的介绍，并针对其在 VANET 中的应用给出了简单较为典型的例子。

7.7 结论

本节对 MAC 层及其扩展层的关键技术进行了介绍。MAC 层的关键技术主要包括信道接入协议、拥塞控制和多信道协调机制、多信道分配策略以及优先级机制。在信道接入机制中，将它们分为三种，分别是基于竞争 MAC 协议、基于调度 MAC 协议和基于混合的 MAC 协议，这些协议互有优缺点，适合不同的信道条件。而在拥塞控制中，调整参数有传输速率、传输功率以及竞争窗口等，或者可以通过联合调整几个参数来解决拥塞控制问题。根据这些拥塞控制的参数可以对拥塞控制方法进行分类，这些方法通过不同的手段来解决拥塞问题。而对于 MAC 层扩展层的关键技术，自从 IEEE 1609.4 提出了 MAC 扩展子层概念，并对 MAC 扩展子层做出了基本规范，针对多信道 MAC 协议的研究一直都是无线通信系统关注的重点，自然在 VANET 领域多信道 MAC 协议也是较为热门的研究方向。本章针对 VANET 中的多信道 MAC 协议分为多信道协同和多信道分配两个部分，介绍了一些目前在多信道方面较为成熟的 MAC 协议，并通过介绍这些协议的实现机制和优缺点分析，侧面表明了多信道 MAC 协议的发展现状和重点发展方向。

由于车载自组织网络的特殊性质，研究学者对 MAC 协议的设计目标提出了更多更高的要求，而现有的 MAC 协议还不能满足这些要求，因此针对车载自组织网络的 MAC 协议仍需要进行大量的研究工作。

在未来的发展中，VANET 将会更加注重跨层设计研究。传统的无线自组网往往借鉴计算机网络中的分层协议模型，各层间相对独立，MAC 层往往采用独立的标准协议，缺乏和网络层、应用层等上层协议的交互和灵活调整，这会造成一定程度的资源浪费和非最优性，如何针对无线自组网的不同应用场景，设计跨层的协议机制以实现全局的最优化是需要进一步研究的课题。尤其是在拥塞控制方面，未来可以将研究拓展至网络层，在不提升仿真复杂度的情况下进行跨层优化,分析安全性周期广播以及突发事件紧急广播和节点间单播,路由转发之间的关系,并设计相应的路由协议,使仿真平台更加完善。

基于认知的 MAC 协议也是未来的一个重要发展方向。随着认知无线电技术的发展,节点对无线信道环境具备一定的认知能力,利用其在不同信道上的干扰认知功能,可以自适应地调节信道接入时机和 MAC 层参数,减少碰撞,提高频谱利用效率和网络吞吐量。

通过仿真实验证明,IEEE 802.11p 作为基于 CSMA 的典型无线局域网,在处理复杂的信道条件上有很多困难和问题。另外,可以发现,IEEE 802.11p 在带宽比较宽的信道条件下性能表现比较好。因此,进一步的工作应该是使 MAC 协议在恶劣的条件下也能够解决稳定性和鲁棒性的问题。

参考文献

[1] 袁涛. 基于 IEEE 802.11p 的车载自组网 MAC 层关键技术研究[D]. 南京:南京邮电大学, 2013.
[2] 金艳华. 车载无线自组织网 MAC 协议研究[D]. 重庆:重庆交通大学, 2010.
[3] 温景容. 无线自组网 MAC 层及相关技术研究[D]. 北京:北京邮电大学, 2013.
[4] Hu Y C, Johnson D B. Exploiting congestion information in network and higher layer protocols in multihop wireless ad hoc networks[C]// International Conference on Distributed Computing Systems. Pisataway:IEEE Computer Society, 2004:301-310.
[5] Rhee I. Z-MAC:Hybrid MAC for wireless sensor networks[J]. IEEE/ACM Trans Netw, 2008, 16(3):90-101.
[6] Papadimitratos P, Buttyan L, Hubaux J P, et al. Architecture for Secure and Private Vehicular Communications[C]// Telecommunications, 2007. Itst '07. International Conference on ITS. Pisataway:IEEE, 2007:1-6.
[7] Fujimura K, Hasegawa T. A collaborative MAC protocol for inter-vehicle and road to vehicle communications[C]// The, International IEEE Conference on Intelligent Transportation Systems, 2004. Proceedings. Pisataway:IEEE, 2004:816-821.
[8] Raya M, Papadimitratos P, Aad I, et al. Eviction of Misbehaving and Faulty Nodes in Vehicular Networks[J]. IEEE Journal on Selected Areas in Communications, 2007, 25(8):1557-1568.
[9] 陈德富. 无线传感器网络自适应 MAC 协议研究[D]. 上海:上海交通大学, 2012.
[10] Lam R K, Kumar P R. Dynamic Channel Reservation to Enhance Channel Access by Exploiting Structure of Vehicular Networks[C]// Vehicular Technology Conference. Pisataway:IEEE, 2010:1-5.
[11] Torrent-Moreno M, Mittag J, Santi P, et al. Vehicle-to-Vehicle Communication:Fair Transmit Power Control for Safety-Critical Information [J]. IEEE Transactions on Vehicular Technology, 2009, 58(7):3684-3703.
[12] Mittag J, Schmidt-Eisenlohr F, Killat M, et al. Analysis and design of effective and low-overhead transmission power control for VANETs[C]// New York:ACM International Workshop on Vehicular Inter-Networking. ACM, 2008:39-48
[13] Samara G, Alhmiedat T, Salem A O A. Dynamic Safety Message Power Control in VANET Using PSO[J]. Computer Science, 2014, 3.
[14] Lei G, Liu F, Wang P, et al. Power Adjustment Based Congestion Control in Vehicular Ad-hoc Networks [C]// International Conference on Artificial Intelligence with Applications in Engineering and Technology. Pisataway:IEEE, 2015:280-285.

[15] Jiang D, Chen Q, Delgrossi L. Optimal data rate selection for vehicle safety communications[C]// International Workshop on Vehicular Ad Hoc Networks, Vanet 2008, San Francisco, California, Usa, September. Trier:DBLP, 2008:30-38.

[16] Soundararajan S, Bhuvaneswaran R S. Multipath load balancing & rate based congestion control for mobile ad hoc networks (MANET)[C]// Second International Conference on Digital Information and Communication Technology and It's Applications. Piscataway:IEEE, 2012:30-35.

[17] Wang N, Lei G, Wang X, et al. A Beacon Rate Control Scheme Based on Fuzzy Logic for Vehicular Ad-Hoc Networks[C]// International Conference on Artificial Intelligence with Applications in Engineering and Technology. Piscataway:IEEE, 2014:286-291.

[18] Kenney J B, Bansal G, Rohrs C E. LIMERIC:a linear message rate control algorithm for vehicular DSRC systems[C]// Eighth International Workshop on Vehicular Ad Hoc Networks, Vanet 2011, Las Vegas, Nv, Usa, September. Trier:DBLP, 2011:21-30.

[19] Drigo M, Zhang W, Baldessari R, et al. Distributed rate control algorithm for VANETs (DRCV)[C]// International Workshop on Vehicular Ad Hoc Networks, Vanet 2009, Beijing, China, September. Trier:DBLP, 2009:119-120.

[20] Djahel S, Ghamri-Doudane Y. A robust congestion control scheme for fast and reliable dissemination of safety messages in VANETs[C]// Wireless Communications and NETWORKING Conference. Tisataway:IEEE, 2012:2264-2269.

[21] Baldessari R, Scanferla D, Le L, et al. Joining Forces for VANETs:A Combined Transmit Power and Rate Control Algorithm[J]. 2010.

[22] Puthal D, Mir Z H, Filali F, et al. Cross-layer architecture for congestion control in Vehicular Ad-hoc Networks[C]// International Conference on Connected Vehicles and Expo. Tisataway:IEEE, 2013:887-892.

[23] Zang Y, Stibor L, Walke B, et al. Towards Broadband Vehicular Ad-Hoc Networks - The Vehicular Mesh Network (VMESH) MAC Protocol[C]// Wireless Communications and NETWORKING Conference, 2007. wcnc. Tisataway:IEEE, 2007:417-422.

[24] Zhang X, Su H, Chen H H. Cluster-based multi-channel communications protocols in vehicle ad hoc networks[J]. Wireless Communications IEEE, 2006, 13(5):44-51.

[25] Chung S E, Yoo J, Kim C K. A cognitive MAC for VANET based on the WAVE systems[C]// International Conference on Advanced Communication Technology. Tisataway:IEEE Press, 2009:41-46.

[26] Mohimani G H, Ashtiani F, Javanmard A, et al. Mobility Modeling, Spatial Traffic Distribution, and Probability of Connectivity for Sparse and Dense Vehicular Ad Hoc Networks[J]. IEEE Transactions on Vehicular Technology, 2009, 58(4):1998-2007.

[27] Artimy M M, Robertson W, Phillips W J. Assignment of dynamic transmission range based on estimation of vehicle density[C]// International Workshop on Vehicular Ad Hoc Networks, Vanet 2005, Cologne, Germany, September. Trier:DBLP, 2005:40-48.

[28] 张枫. 车载无线自组织网络中MAC层协议的研究[D]. 北京:北京邮电大学, 2011.

[29] 汪庆. 基于车用无线自组织网络的多信道MAC协议研究[D]. 成都:电子科技大学, 2011.

[30] 张民. 多接口车载自组网信道分配算法与接入技术的研究[D]. 上海:东华大学, 2014.

[31] Wu S L, Lin C Y, Tseng Y C, et al. A New Multi-Channel MAC Protocol with On-Demand Channel Assignment for Multi-Hop Mobile Ad Hoc Networks[C]// International Symposium on Parallel Architectures, Algorithms and Networks. 2000:232

[32] Hung W C, Law K L E, Leon-Garcia A. A Dynamic MultiChannel MAC for Ad Hoc LAN[J]. Garcia, 2002.

[33] Bahl P, Chandra R, Dunagan J. SSCH:slotted seeded channel hopping for capacity improvement in IEEE 802.11 ad-hoc wireless networks[C]// International Conference on Mobile Computing and NETWORKING. New York:ACM, 2004:216-230.

[34] Chlamtac I, Farago A, Myers A D, et al. ADAPT: a dynamically self-adjusting media access control protocol for ad hoc-networks[C]// Global Telecommunications Conference, 1999. GLOBECOM. Tisataway: IEEE, 1999:11-15 vol. 1a.

[35] Chlamtac I, Myers A D, Syrotiuk V R, et al. An adaptive medium access control (MAC) protocol for reliable broadcast in wireless networks[C]// IEEE International Conference on Communications. Tisataway: IEEE, 2000:1692-1696 vol. 3.

第 8 章 网络传输技术

8.1 引言

网络层相当于 VANET 的神经中枢,主要负责整合、处理、传输数据。具体而言,网络层的功能是建立相应的网络路由协议,该协议模型用于满足异构网络数据通信的需求。网络层具有路由选择、中继和服务选择等功能,而在 VANET 中,车辆节点具有较高的移动性,整个网络的拓扑变化比较频繁,给路由选择、中继和服务选择带来了极大的挑战。首先,当发生紧急事件时,需要尽快地将消息分发出去(即推送),当然为了改善系统的性能,需要考虑"广播风暴"的问题。其次,VANET 中消息的订阅服务是如何运作的。而且 VANET 中数据的传递通常需要较多的跳数(从源节点到目的节点),这就需要我们使用预先建立的路径(即路由),这部分路由大多沿用自 MANET,但是 VANET 中的路由协议需要满足两个要求:低时延和高可靠。既需要路由协议能将消息传递到目的节点,还需要保证其时延较低,因为在 VANET 中消息是具有一定时效性的,过了这个时间段,该消息就没有用了,所以 MANET 中的路由协议并不适合 VANET 中的特性,需要对其加以改进。此外,由于 VANET 中的节点移动性比较大,在选择下一跳中继节点时需要有合适的转发策略,而且目前大部分车辆都配备有 GPS/北斗等导航系统,各个节点都可以知道自己的地理位置,在路由协议中可以结合这一特点,建立出更合适的路由机制。

接下来几节将按照上述提到的问题展开讨论。网络层关键技术如图 8-1 所示,在 8.2 节将讨论 VANET 中的信息分发技术,主要分成消息分发和内容分发两类做相关介绍,在 8.3 节中将介绍 VANET 中的路由技术,分成拓扑路由和位置路由进行相关介绍,一些常用的路由策略放在位置路由中讨论,8.4 节对本章进行总结。

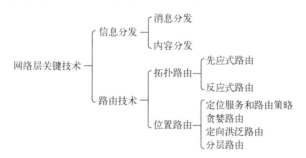

图 8-1 网络层关键技术

8.2 信息分发

信息分发是 VANET 中十分重要的研究内容,主要指数据或者信息在分布式的移动自组网中的传播过程。VANET 中的信息分发可以分为两类，一类是简单的、轻量级的信息分发，通常称为消息分发（Message Dissemination），主要用于事故报警、交通管理、车辆查询等交通安全类应用；另一类包括了图像、音频、视频等多媒体数据的分发，通常称为内容分发，也可称为订阅服务，主要针对可以图像化、多媒体化的交通安全信息和提高驾驶舒适度的娱乐信息和商业信息。

8.2.1 消息分发

消息分发要考虑到数据的区域性和时效性。比如事故预警信息具有比较明显的时间与地点特性，超出事故发生时间或地点的范围后，该信息就失去了意义。因此当待分发信息是与安全相关的紧急数据（如事故预警、紧急刹车等）时，必须保证该类信息能可靠地实时传输给 VANET 中的车辆。如何将此类信息在 VANET 中快速可靠的分发具有重要的研究意义。通常，这类与交通安全相关信息影响的是某些特定区域，因此采用广播方式是使信息得到快速分发的有效传输策略。接下来会介绍一些 MANET 中常用的广播分发机制，以及为了符合 VANET 特性和防止"广播风暴"的几种应对方案。

1. 简单洪泛（Simple Flooding）

简单洪泛算法是从一个源节点开始将数据包广播到所有邻居，每个邻居轮流转播该数据包一次，并且这个过程会继续下去，直到网络中所有的节点都收到这个数据包。

2. 基于概率的方法（Probability Based Methods）

（1）概率方案

概率方案与洪泛很类似，除了节点以预定概率转播。在密集网络中，多个节点共享相似的传输覆盖范围（即几个节点的一跳覆盖范围很大部分都是重合的），因此，一些节点随机停止转播数据包可以节省网络资源，而且还不影响数据包传递率。在稀疏网络中，每个节点覆盖范围几乎不重合，所以，节点将不会以概率方案来转播数据包，除非参数的概率很高。当概率达到 100% 时，这个方案就是洪泛。

（2）基于计数的方案

当一个节点接收到一个新的广播分组后，将保存该分组并启动一个初值为 1 的计数器，同时在 $[0, T_{max}]$ 中随机选取时延 RAD，在 RAD 结束之前，该节点每收到一个相同的广播分组就将计数器加 1。RAD 到期之后，如果计数器的值小于预先设定的门限值 $C(C \in Z^+, C \geq 2)$，则节点丢弃广播分组，不进行继续转发。否则该节点必须将此分组继续向外广播出去。

3. 基于覆盖面积的方法（Area Based Methods）

假设一个节点从一个发送方接收到一个数据包，而这个发送方距离本节点只有 1 m 远。如果该节点转播数据包，那么额外的传输覆盖区域会很小，另一方面，如果节点位于发送节点传输距离的边界处，然后接收节点转播数据包所达到的额外区域将近 61%。一个使用覆盖面积方法的节点可以通过所接收到的冗余传输来评估额外覆盖区域。我们注意到基于面积覆盖的方法只考虑一次传输的覆盖区域，但是并没有考虑该节点是否还在这一区域。

（1）基于距离的方案

当一个节点接收到新的广播分组时，将保存此分组，启动计时器并在 $[0, T_{max}]$ 中随机选取时延 RAD。在 RAD 到期之前，节点每收到一个相同的广播分组，都需要记录自己与源节点之间的距离。当 RAD 到期后，节点将记录下的所有距离值与一个预先设定的阈值 $D(D \in R^+, R>D \geqslant 0)$ 进行比较，若与任一源节点的距离小于 D，则该节点丢弃广播分组，放弃重传。否则需继续发送此广播分组。

（2）基于位置的方案

这种方法需要 GPS 支持，一个节点在转播之前作如下判断：根据自己收到的重复广播的发送者的位置，计算自己转播能够达到的额外覆盖面积，如果该面积小于门限 A，则取消转播。

4. 基于邻居节点信息的方法（Neighbor Knowledge Methods）

（1）自我剪枝洪泛[54]（Flooding with Self Pruning）

最简单的邻居信息方法就是 Lim 和 Kim 提出的自我剪枝洪泛方法，这个协议要求每个节点都要有一跳内邻居的信息，这类信息可以通过周期性的 HELLO 分组获得。一个节点将自己知道的邻居放在广播分组的头部，节点将接收到的广播分组与自己邻居表相比较，如果接收节点不能达到其他额外节点，它将停止转播，否则就转播该分组。

（2）可扩展广播算法[55]（ScalableBroadcast Algorithm，SBA）

可扩展广播算法需要所有节点知道它们两跳范围内的邻居节点，这个邻居信息与接收节点标识相结合就可以让接收节点判断它是否可以通过转播到达其他额外的节点。两跳邻居信息是可以通过周期性 HELLO 分组获得；每个 HELLO 分组会包含节点标识（IP 地址）和已知邻居表。在节点从它所有的邻居那里接收到 HELLO 分组后，它就可以建立以它为中心的两跳拓扑信息。

（3）主导性修剪（Dominant Pruning）[54]

主导性修剪也使用了两跳邻居信息，但与 SBA 不同的是主导性修剪方法会要求转播节点主动选择一些或者所有的一跳邻居节点当作转播节点，只可以向这些选中的邻居节点转播分组，节点会通知要转播的邻居，通过将他们的地址放在广播分组的首部。当节点接收到一个广播分组，它会先检查其头部，查看自己的地址是否在列表中，如果在，通过已知的由发送方广播覆盖的邻居的信息，该节点将使用贪婪集覆盖算法（Greedy Set Cover algorithm）来决定哪个邻居集应该转播分组，贪婪集覆盖算法循环的选择一跳邻居，这个一跳邻居覆盖了大多数两跳邻居，然后会重新计算覆盖集，直到所有的两跳邻居都被覆盖了。

（4）多点中继

多点中继和主导性修剪方法类似，转播节点都是通过上游发送被选出了的节点。例如，节点 A 正在制作一个广播分组，它已经选择出了一些它的一跳邻居来转播那些数据包。被选出来的节点称为多点中继节点（MPR），并且只允许这些节点接收节点 A 发出来的数据包。每个 MPR 需要选出它们自己的一跳邻居作为 MPR。

5. 基于延迟的广播

在这个方法中，转播分组之前会有不同的等待延迟分配给每个车辆节点，拥有最短等待延迟的车辆会拥有最高的优先级去转发广播分组。此外，为避免冗余，一旦其他节点知道分组已经被转播，它们就会终止等待过程。通常情况下，分配给每个车辆节点的延迟是关于车辆和发送方之间的距离的函数，最远的车辆拥有最短的延迟并且被选中作为下一个转播节点。城市多跳广播（Urban Multi-hop Broadcast，UMB）是用来解决广播风暴、隐藏节点和可靠性问题的一种用于市区的广播协议，属于基于位置的广播协议，车辆间通过 RTB/CTB

握手协议来选择最远的节点作为转发节点,而 RTB/CTB 过程同时解决了隐终端的问题。转发节点在成功接收消息后回复确认消息。在交叉路口处,为了把消息更有效地发送到其他相邻路段,所以,该论文提出在交叉路口安装转发器,来广播收到的消息。借助 GPS 设备与电子地图,节点与转发器间通过 IEEE 802.11 点对点的方式进行通信。虽然这种广播协议很好地解决了"广播风暴"问题以及隐终端问题,但是 UMB 增加了广播延迟,特别当局部车辆密集时,尤为突出。

6. 基于网络编码的广播

网络编码是信息传播的新方式,可以产生比传统传输方式更高的吞吐量。网络编码的概念和它与传统传输方法的区别可以用下面这个典型的例子来描述。如图 8-2 所示,节点 C 是节点 A 和节点 B 的中间节点,在这个场景中,节点 A 和节点 B 是没有直接连接的,假设节点 A 有一个数据包发到节点 B,同时,节点 B 也有一个数据包要发到 A。在传统的传输方法中,节点 A 需要先将数据包传到节点 C,然后由节点 C 将数据包进一步转发到节点 B。同样的,B 需要将它的数据包通过节点 C 传到节点 A,注意整个传输过程交换数据包需要四次传输。现在来看网络编码的情况,首先节点 A 将它的数据包传送到节点 C,节点 B 将它的数据包传到节点 C,然后,节点 C 通过 xoring 来将从节点 A 和节点 B 接收到数据包进行编码成一个数据包,然后将编码后的数据包广播到节点 A 和节点 B,最后节点 A 和节点 B 对接收到的编码数据包(a 或 b)进行解码,取出自己需要的数据包。注意在网络编码中,总共只需要三次传输,主要结合了广播技术和编码技术。

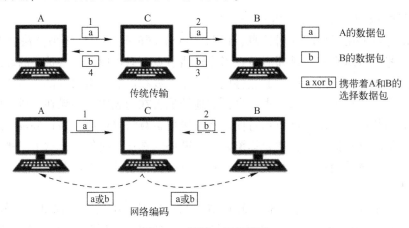

图 8-2 例子:网络编码

从上述过程中,可以看出基于网络编码的广播需要的传输次数比传统传输少,这样可以减少系统带宽,虽然目前将网络编码运用在 VANET 中的路由协议不多,但这个概念是很适合 VANET 的,可以节省网络资源,提高系统吞吐量。

以上 6 类方法是 MANET 中常用的基于广播技术的信息分发方法,同样,它们也适用于 VANET,只是在性能上有所降低,比如简单洪泛的方法是最常用的数据分发方法,但是在 VANET 中,由于节点密度和网络容量问题,盲目的洪泛广播会带来"广播风暴"问题,从而引发大量的冲突甚至网络拥塞问题。对于简单洪泛的改善,有上述的基于概率的方法和基于覆盖面积的方法可以改善网络拥塞问题,还有接下来要介绍的基于延迟的广播和基于网络编码的广播也可以提高网络性能。

8.2.2 内容分发

当前 VANET 系统主要基于已经广泛应用的 2G/3G 网络和应用于车辆间的车辆专用短距离通信（DSRC）为车辆数据信息服务。而这两种通信都有各自的局限性：对于 3G 网络而言，其数据传输速率不高且价格昂贵（下载大型数据文件）；而 DSRC 受限于路边接入点的覆盖范围和接入点数量有限导致网络连接总是时断时续。车辆与车辆之间的通信是 VANET 的基础，车载网络中车辆作为单个节点，需要与周边节点建立通信链路。在多跳自组织网中，节点会保存自身到相关周边节点的路由信息并对路由信息进行动态更新，这就是车辆之间点对点的消息订阅的基础。因此，稳定的订阅服务需要依靠车辆和基础设施协同服务，VANET 中订阅服务主要分为三类：车辆与车辆之间的点对点（P2P）消息订阅与发布、车辆与基础设施间的消息订阅与发布和车辆与路边车辆的订阅与发布。接下来主要从这三个方面对内容分发做相关介绍。

1. 车辆与车辆之间的点对点（P2P）消息订阅与发布

VANET 是一个分布式的、自组织的高效的移动自组织网络。车辆之间的通信在某种程度上能够提高行车的安全性，因此，一种 Peer-to-Peer（P2P）的分布式消息管理机制是实现车辆之间点对点的消息订阅与发布的保证，该机制中为适应高速移动的环境，车载网络将被分成几个独立的部分，P2P 的功能将基于这些独立的部分。这种方法能使车辆到车辆在一定区域和有限期内发布消息。发布的消息可以被修改、删除，感兴趣的车辆同时也能够接收到这些事件的通知，即是一种点对点的订阅。

Alok Nandan 等（2005）提出了一种称为 SPAWN 车辆间合作下载协议，成功地将有线网络的 BitTorrent 机制应用于 VANET 中，发展出按需请求的（Pull-based）车载 P2P 文件共享服务。

2. 车辆与基础设施间的消息订阅与发布

在 VANET 中新提出的一种应用 Drive-Thru 中描述的是行驶的车辆利用节点之间的通信信道和车辆与路边基础设施之间交换信息的能力来互相交换信息或者接入万维网。车辆与路边设施消息订阅与发布在高速公路上有着极大的应用。

高速公路上的车辆的主要特性是高速移动，车辆之间的距离变化很大，同时由于高速公路的车距限制，车辆的通信半径大打折扣，P2P 的订阅与发布效率将会降低。与车辆之间的通信方式不同，车辆与基础设施的通信需要基础设施的支持，这里的基础设施主要是指无线 AP 接入点。那么，单个车辆能够通过基础设施进行彼此的通信，从而完成订阅与发布的一系列工作。为了实现车辆与基础设施的通信，我们需要基础设施具有以下要求：

1）能够接收车辆的订阅请求，并及时分发结果。车辆与基础设施之间的交互主要是向周边节点发送订阅请求，这些请求包括查询某区域的路况或者加油站等。设施在收到请求后需要立即做出响应，将结果发送至请求车辆。

2）能够将订阅请求向邻居发送，基础设施在处理请求的过程中，有些信息可能位于周边邻居节点，这就需要节点之间相互合作。

3）及时更新自身信息至邻居节点。节点之间需要维护一份自己到周围其他邻居的路由信息，并在自己信息更新时，及时通知周边节点做相应的更新，尽量保持数据的一致性。

通过车辆与基础设施的交互，车辆可以请求远离自身的路况信息。基础设施的固定性，可以在移动程度上减弱由于车辆高速移动带来的问题。在车辆与基础设施通信时缺点是随着车辆的移动，车辆会很快离开该基础设施信号的覆盖范围，此时，如果信息为传输结束，即会造成中断，如何利用基础设施其他邻居完成信息的传输显得尤为重要，这需要我们在消息传递开始就了解节点的运动方向及如何将信息副本传至下一个邻居节点。在离开本节点时，由下一跳节点代理完成剩余内容的发送。

3. 车辆与路边车辆的订阅与发布[56]

和传统的车辆与路边设施（AP）的通信方式不同的是，首先，行驶车辆与路边停放车辆的通信方式不需要基础通信设施的支持；其次，当足够的车辆沿道路停放形成车辆簇的时候，行驶车辆可以按照次序依次经过各个停放的车辆，这样通过一定的选择方案和合作车辆就可以进行有效的信息传递。在大多数的城市中，为了便于车辆的使用者，车辆是可以允许停放在道路的一边或者是停放在道路的两边，这样车辆就有可能沿着道路广泛地分布。从另一个角度来说，车辆的移动性就严格受到交通规则以及车辆道路的约束，车辆的移动就可以抽象地认为是交叉路口道路的选择问题或是沿一条道路行进的问题。这样，当一辆行驶车辆进入一条允许在路边停放车辆的道路时，这辆行驶车辆就有可能按照次序经过所有的停放车辆。与传统的车辆与车辆之间的通信或是车辆与路边基础设施相比，这种行驶车辆在一条道路上按照次序经过停放车辆的场景使得信息的分发变得更加可控并且可预测性更强。如图 8-3 所示，描述了行驶车辆进入道路后与路边停放车辆通信的典型方式。

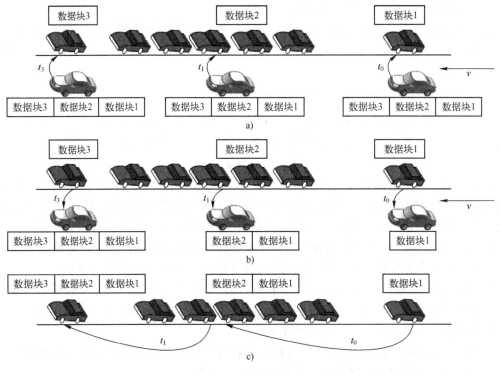

图 8-3 车辆通信图

a）一对多通信 b）多对一通信 c）内部通信

（1）One-to-line communication（一对多通信）：如图 8-3a 所示，一辆行驶车辆以速度 v 进入道路，道路两旁有停放的车辆。行驶车辆在 t_0、t_1、t_2 将自己的文件块传递给停放车辆。

（2）Line-to-one communication（多对一通信）：如图 8-3b 所示，一辆行驶车辆以速度 v 进入道路，行驶车辆本身没有携带任何数据包，当行驶车辆分别按时间 t_0、t_1、t_2 按次序经过停放车辆时，停放车辆上的数据包会依次传递给行驶车辆。

（3）Internal communication（内部通信）：如图 8-3c 所示，道路上的停放车辆保存着不同的数据，在请求之后，数据包能够传递到一辆停放的车辆上。如在 t_0 时间和 t_1 时间，停放车辆之间内部分别完成了两次，数据包得到传递。

8.3 路由技术

VANET 是一种多跳分布式无线网络，由一组具有无线收发功能和路由功能的节点组成，它不需要任何现有信息基础网络设施的支持。由于 VANET 中节点的通信范围是一定的，数据分组由源节点发送至目的节点的过程中，通常需要中间节点的协助发送，因此路由策略是 VANET 中不可或缺的一部分。设计 VANET 路由协议时，要充分考虑车载网络的特点与运行环境、用户的业务需求、网络的能力以及路由协议的基本功能等多方面要素。由于车载网络中节点运行速度快，拓扑形态变化频繁，路由协议称为 VANET 研究的一大热点。根据路径的形成方式，VANET 路由协议总体可划分为以下两类：基于拓扑的路由协议和基于位置的路由协议。按照路由建立方式的不同基于拓扑的路由协议可分为先应式路由协议（Proactive Routing Protocol）、反应式路由协议（Reactive Routing Protocol），针对不同的位置信息利用方式，基于位置的路由协议总体可归纳为三种类型：贪婪路由（Greedy Routing）、定向洪泛路由（Directed Flooding Routing）和分层路由（Hierarchical Routing）。贪婪路由与定向洪泛路由中，源节点与中间节点都会将数据分组传递给较自己距离目的节点更近的一个或者多个节点，这边就涉及一些转发策略以及定位服务的知识点。分层路由允许不同层次的网络采用不同种类的路由协议，但有些层次的路由策略是需要提供地理位置信息的。

8.3.1 拓扑路由协议

网络拓扑是指网络中节点位置构成的物理布局。拓扑结构作为网络的特征，可以用来设计路由协议。基于拓扑的路由协议的特点有：节点的地位平等，即整个网络的逻辑结构是平等的；网络中每个节点需要根据网络拓扑结构维护自己的路由表。按照路由建立方式的不同，基于拓扑的路由协议可以分为先应式路由协议（Proactive Routing Protocol）和反应式路由协议（Reactive Routing Protocol）。先应式路由协议又称表驱动路由协议，以路由分组周期性广播的形式实现路由信息的交换，网络中的所有节点都会存储一个路由表。比较经典的先应式路由协议有：DSDV、OLSR 等。反应式路由协议又称按需路由协议，这种协议中节点在有消息需要发送的情况下，才会进行路由建立，因此这是一种被动的路由协议，比较经典的反应式路由协议有：AODV、DSR 等。

8.3.1.1 先应式路由协议

1. OLSR 协议

（1）OLSR 协议简介

OLSR（Optimized Link State Routing）协议是由 IETF MANET（Mobile Ad hoc NETwork）工作组为无线移动 Ad Hoc 网提出的一种标准化的表驱动优化链路状态路由协议。它原先是为移动自组织网络设计的一类路由，主要是对链路状态算法进行优化。在该路由中，主要有两类控制消息分组：HELLE 分组和 TC（Topology control）分组。这类控制消息都有各自的序列号，序列号的大小标志着分组的新旧程度，这种机制就不会造成网络中分组重传的现象。OLSR 协议采用了两种方法用于减少由于链路状态信息洪泛所造成的路有开销，一是采用多点中继站（MultiPoint Relay，MPR），通过 MPR 而不是所有的邻居节点转发链路状态消息，实现路由控制信息的选择性洪泛；二是链路状态信息的压缩，链路状态信息只是与 MPR 之间的链路，并不是所有邻居节点的链路。

（2）OLSR 协议分组格式及表结构

1）HELLO 分组格式如图 8-4 所示。

Reserved(16bits)		Htime(8bits)	Willingness(8bits)
Link Code(8bits)	Reserved(8bits)	Link Message Size(16bits)	
Neighbor Interface Address(32bits)			

图 8-4　HELLO 分组格式

主要字段介绍：
- Htime：该节点发送 HELLO 分组的周期。
- Willingness：表示节点为其他节点转发分组的愿意程度，如果一个节点的 Willingness 是 WILL_NEVER，任何节点都不会选择他作为 MPR，相反，如果一个节点的 Willingness 是 WILL_ALWAYS，那它必然会被选为 MPR。在缺省状态，节点的 Willingness 为 WILL_DEFAULT。
- Link Code：标识了节点与其邻居节点之间的链路类型和邻居类型，链路类型有：一般链路、对称链路、非对称链路和失效链路，邻居类型有：对称邻居、MPR 邻居和非邻居。
- Link Message Size：表示链路信息的大小，以字节（B）为单位。
- Neighbor interface Address：表示邻居节点的接口地址。

2）TC 分组格式

TC 分组（见图 8-5）提供网络拓扑信息，节点使用该信息计算路由。TC 分组在整个网络内广播，执行 MPR 声明功能。网络中每个节点都会周期性的发送 TC 分组，以声明自己的 MPR Selector 集。但若即节点的 MPR Selector 集为空，则该节点不能发送 TC 分组。TC 分组格式如下：

MSSN	Reserved
MPRSelectorAddress	
MPRSelectorAddress	
...	

图 8-5　TC 分组格式

主要字段介绍：
- MSSN：MPR Selector 序列号。与多点中继 MPR Selector 集相对应的序列号，每当节点检测到 MPR Selector 集发生变化时，就增加该序列号的值。节点在接收到 TC 分组时，会拿已有的 TC 分组中 MSSN 值和刚接收到 TC 分组 MSSN 值比较，以此来决定发送者的 MPR Select 的信息的新旧。
- MPR Selector Address：多点中继选择节点的地址。包含的是产生该 TC 分组的节点的 MPR Selector 地址。

3）本地链路信息表：

节点广播的 HELLO 分组的内容是本地链路信息表。本地链路信息表存储了该节点和其邻居节点的链路信息，具体格式如图 8-6 所示。

| L_local_iface_addr | L_neighbor_iface_addr | L_SYM_time | L_ASYM_time | L_SYM_time |

图 8-6　本地链路信息表格式

主要字段介绍：
- L_local_iface_addr：本地节点的接口地址。
- L_neighbor_iface_addr：邻居节点的接口地址。
- L_SYM_time：直到此时刻前，链路被认为是对称的。
- L_ASYM_time：直到此时刻前，链路被认为是单向的。
- L_time：链路维护时刻，链路在该时刻会失效，链路必须被删除，当 L_SYM_time 和 L_ASYM_time 都过期时，链路会被声明为丢失。

4）拓扑表

网络中的每一个节点都需要维护一张拓扑表，表中记录了从 TC 分组获得的网络拓扑结构信息。借点根据这一信息计算路由表，节点将网络中其他节点的多点中继的信息作为拓扑表项记录在拓扑表中，格式如图 8-7 所示。

| T_dest_addr | T_last_addr | T_seq | T_time |

图 8-7　拓扑表格式

主要字段介绍：
- T_dest_addr：MPR 选择节点的地址，表示该节点已经选择节点 T_last 作为其 MPR。
- T_last_addr：被 T_dest 选为 MPR 的节点的地址。
- T_seq：表示 T_last 已经发布了它保存的序列号为 T_seq 的 MPR Selector 集合的控制信息。
- T_time：表项的保持时间，过期后就失效，且被删除。

5）路由表

每个节点都会维护一个路由表，表中会保存节点到网络中所有可达目的节点的路由。路由表是基于邻居表和拓扑表建立起来的，所以，当这两个表发生变化时，必须重新计算路由表。路由表项格式如图 8-8 所示。

| R_dest_addr | R_next_addr | R_dist | R_iface_addr |

图 8-8 路由表项格式

- R_dest_addr：路由目的节点地址。
- R_next_addr：路由的下一条节点地址。
- R_dist：本节点到目的节点的距离。
- R_iface_addr：表示下一条借点通过本地接口 R_iface_addr 达到。

2. OLSR 协议运行方式

概括来说，整个 OLSR 协议就是通过 HELLO 分组的周期性交互，执行链路检测和邻居发现的功能；通过 TC 分组的周期性交互执行 MPR 信息声明功能。最后通过这些分组建立起来的拓扑结构进行基于 MPR 的路由计算。下面，就对协议中的几个关键过程做下介绍。

（1）链路感知

OLSR 协议中的链路是双向的，每个节点都需要与其邻居周期性地交互来建立链路，由于无线传播的不确定性，某些链路可能会被认为是单向的，所以，节点间的链路必须进行双向验证才被认为是可用的。链路感知是通过 HELLO 分组的周期性交互实现的，本地链路信息表存储了该节点到邻居节点的链路信息。

节点在收到 HELLO 分组后，更新本地链路信息表。具体操作过程如下：
接收到一个 HELLO 分组，如果不存在如下的链路表项：

　　L_neighbor_iface_addr = HELLO 分组的 originatoraddress

则建立一个如下的表项：

　　L_local_iface_addr = HELLO 分组的 originatoraddress
　　L_neighbor_iface_addr = 接收 HELLO 分组的接口地址
　　L_SYM_time = 当前时间 − 1
　　L_time = 当前时间 + 有效时间

- 如果存在上述的链路表项，则修改如下：

　　L_SYM_time = 当前时间 + 有效时间

如果接收信息的接口地址在 HELLO 分组的链路信息中，则按如下修改：
如果链路类型为 LOST_LINK：

　　L_SYM_time = 当前时间 + 有效时间
　　L_time = L_SYM_time + NEIGHB_HOLD_TIME
　　L_time = MAX(L_time, L_ASYM_time)

其中，有效时间必须通过消息头的 Vtime 来计算。

（2）邻居侦听

在 OLSR 协议中，节点与节点之间的链路必须是双向的，所以每个节点都需要确定它与哪些邻居节点是具有双向链路的。节点会周期性地广播 HELLO 分组，分组中会携带其邻居节点的信息和链路状态。HELLO 分组被限制在一跳的范围内传输，通过 HELLO 分组的周期性广播交互，各节点会生成自己的邻居信息库。邻居侦听的过程如图 8-9 所示，在初始化阶段，当节点 M 收到一个来自节点 N 的 HELLO 分组时，M 会将 N 加入到自己的邻居集中，并把 N 的链路标记为非对称状态，然后，节点 M 会向节点 N 广播一个 HELLO 分组，在分组中会包含 N 是 M 的非对称状态的邻居节点的信息，当 N 接收到来自 M 的 HELLO 分组时，节点 N 将在邻居集中把 M 的状态更新为对称状态。同理，N 会向 M 广播一个 HELLO 分组，分组中会包括 M 是 B 的对称状态的邻居集的信息，当 M 收到该分组时，节点 M 会在邻居集中将 N 标记为对称状态。

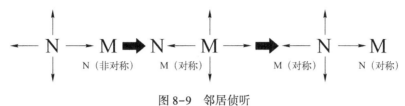

图 8-9 邻居侦听

（3）MPR 选择

OLSR 协议的特点就是它有自己的 MPR 集，MPR 集就是节点自己选择特定的邻居节点组成的节点集，从而实现选择性洪泛，减小网络中控制消息数量。选择 MPR 集的目的就是使得通过该 MPR 的转发，节点发送的控制分组可以被传送到其他所有的两跳邻居。计算 MPR 集需要知道节点自身一跳和两跳邻居的信息。一跳信息和两跳信息都可以通过 HELLO 分组获得，首先节点 A 向自己的邻居节点 B 广播 HELLO 分组，那邻居节点就知道其一跳节点是 A，只要在 HELLO 分组中附加上 A 节点的一跳节点列表，那 B 节点就可以知道 A 节点的一跳节点信息，而 A 节点的一跳节点信息就是 B 节点的两跳信息。

MPR 集是有要求的，首先，节点与 MPR 节点之间必须是双向对称链路，其次，节点所发送的分组是通过 MPR 节点进行中继的，能够到达所有的两跳邻居节点。如果可以满足这两个要求，那么 MPR 节点就能有效地进行 TC 分组的转发。

（4）TC 分组处理

拓扑表中的表项是根据 TC 分组中的拓扑信息建立的。在 TC 分组重复记录表中登记了 TC 分组后，就在拓扑表中记录相关信息，步骤如下：

- 如果拓扑表中存在某个表项，其 T_last 对应于 TC 分组发送源节点地址且其 T_seq 大于收到消息中的 MSSN 的值，那么，就不再对 TC 分组做进一步处理，丢弃该 TC 分组。
- 删除拓扑表中所有 T_last 对应于 TC 分组发送源节点地址，且其 T_seq 小于收到分组中 MSSN 的值的表项。
- 对从 TC 分组中接收到的每一个 MPRSelector 的地址：如果拓扑表中存在某一个条目，其 T_dest 对应于 TC 分组中的 MPRSelector 地址，且其 T_last 对应于 TC 分组中出事发送节点地址，则更新该条目的保持时间 T_time。
- 否则，就在拓扑表中记录新的拓扑条目。

（5）路由表的计算

网络中的每个节点都会维护一张本节点到每个目的节点的路由表。路由表的形成是基于节点存储的拓扑结构的。节点在接收到 TC 分组后，分析并存储 [last_hop, node] 连接对。简单来说，为了找到从给定的源节点到目的节点 D 的路径，就必须找到连接对（X,D），然后继续找到连接对（Y,X），路径为：D-X-Y，直到 Y 是源节点的邻居节点才会结束连接对的查找。为了使最后的路径最优,转发节点只会选择最小路径上的连接对。路径选择算法是在拓扑图的基础上采用了多重 Dijkstra 算法。当邻居表和拓扑表发生变化或路由失效时都需要更新路由表。

注:Dijkstra 算法:是从一个顶点到其余各顶点的最短路径算法,解决的是有向图中最短路径问题。

在 OLSR 协议中,协议是根据最小跳数建立每个节点的路由表。任意一个节点路由表的添加过程可分为三个部分:首先,添加自己的邻节点到路由表中,即跳数 $h=1$;其次,添加自己的两跳邻节点到路由表中,即 $h=2$;最后,循环添加跳数等于 $h+1$($h=2$ 开始)的节点进入路由表。

(6)路由表的维护

路由表是在拓扑图的基础上通过路由计算获得的,节点所存储的路由表与其邻居节点的状态密切相关。因此,当检测到本节点的邻居节点或两跳邻居发生变化时,拓扑表发生变化时,原有的路由表会失效,需要按照上述原则重新计算路由表。

3. 改进措施

先应式路由主要依靠了最短路径算法,所有相关节点的信息都是以表的形式存储起来,这些表中记录有它们的邻居节点,当网络拓扑发生变化时,节点需要更新它们的路由表。先应式路由是表驱动的,所以不具有初始路由发现延迟,降低消息的传输时延,由于需要定时更新路由表,需要较多的控制开销,造成网络的吞吐量下降。

OLSR 协议作为先应式路由中的经典协议,对链路状态算法进行优化,在大且密集的网络中有较好的性能,但是在 VANET 网络结构快速变化的情况下,OLSR 协议不能对网络进行及时的更新,使得网络性能大幅下降,此外,在网络结构相对静止的情况下,会有大量冗余消息充斥着整个网络,浪费了网络资源。接下来,我们会针对先应式路由存在的问题以及 VANET 本身的特性,做出如下的改进措施:

1)杨彬等[10](2015 年)提出了 AFE-OLSR 协议,是针对 VANET 拓扑频繁变化做出的一种改进,该算法主要分为三个部分,首先利用自适应发送 HELLO 分组和 TC 分组,这样可以缓解节点移动带来的网络性能下降,还能降低在静止状态下路由维护带来的消耗问题。然后,在 TC 分组发送过程中就加入了 FSR 思想,以此来缓解因为 TC 分组的自适应发送造成的大量 TC 消息转发的问题。最后记录接收 HELLO 分组信号强度和发射间隔,来帮助借点选择更稳定的路由。FSR(Fisheye State Route)是鱼眼状态路由,原理是,节点状态的变化对距离近的节点影响较大,对距离远的节点影响较小。所以这边就借鉴鱼眼状态路由的方法,对跳数不同的节点采用不同的 TC 分组更新频率,这样可以缓解 TC 分组的大量转发问题。路由的能量计算机制:一般情况节点接收到信号的能量越大,证明距离发送点越近,链路相较于信号能量小的节点也应该更稳定。在 AFE-OLSR 协议中,会计算 HELLO 分组的发送间隔,发送间隔短的节点比长的节点更稳定,计算路由表时优先选择信号强度更大,HELLO 分组发送间隔更短的路径。

2)Thompson Stephan 等[12](2013 年)提出了一种提高 OLSR 路由效率的协议——Cog-OLSR,该论文重点是优化 OLSR 协议以使其适应 VANET 的高移动性。首先会使用认知无线电克服 OLSR 协议中信道不足的问题;其次是通过选择最优的下一跳邻居来增加链路连接时间。此优化协议在两方面进行改进:最优信道分配和最优路由决定。该路由模型涉及两种算法；最佳信道分配算法和链路生存时间算法，最佳信道分配算法是通过使用节点的认知无线电功能选择出最佳信道，链路生存时间算法主要是利用了节点的速度和距离来估计链路生存时间，用到的邻居信息来自 HELLO 分组和 TC 分组，该算法用于选出节点邻居表中链路生存时间最大的邻居，这个邻居是连接比较稳定的节点。

3）Komathy Karuppanan[11]（2013）提出了使用模糊粗糙集理论（FR）的增强型 OLSR 协议——FR-OLSR 协议，OLSR 协议的路由信息可能会包含那些断裂的链路信息，这会造成数据模糊。由于这个问题，所以有必要优化 OLSR 协议来实现高效的数据传输。该协议主要是通过使用 FR 最小化路由信息的不确定性并估计数据传输的最佳路径。

4）张洪[13]（2007年）提出了一种改进的 OLSR 协议，主要基于 OLSR 协议时间戳选择出最合适的 MPR 集。经典的 OLSR 协议选择出来的 MPR 集，很有可能在还没来得及传输数据包时，网络拓扑结构就已经发生了变化。所以，在选择 MPR 集时，放弃经典的 OLSR 路由协议中以连接度为参考标准的算法，改以最近连接时间为标准的选择算法，在该文章中提出了在节点间交互 HELLO 分组时，设置时间戳。这样节点就可以按 HELLO 分组的时间进行从晚到早的排序，从而提高链路的稳定性。

8.3.1.2 反应式路由协议

1. AODV 协议[14]

按需驱动距离矢量路由协议（AODV）一协议最初由 Charles E. Perkins 提出，并于 2003 年被 IETF 的 MANET 工作组公布为 RFC 标准。AODV 路由协议是一种按需路由协议，实质上是 DSR 和 DSDV 的综合，它借用了 DSR 中路由发现和路由维护的方法，及 DSDV 的逐跳路由、顺序编号和路由维护阶段的周期更新机制，以 DSDV 为基础，结合 DSR 中的按需路由思想并加以改进。

2. AODV 协议运行方式

（1）路由发现阶段

AODV 路由协议是一种典型的按需驱动路由协议，该算法可被称为纯需求路由获取系统，那些不在活跃路径上的节点不会维护任何相关路由信息，也不会参与任何周期路由表的交换。此外，一个节点不必去发现和维护到另一个节点的路由，知道两个节点之间需要通信，或者前者节点提供的服务是作为中间转发站来维护其他两个节点之间的连接。网络中移动节点间的局部连接性可以通过几种方法得到，其中一种是使用局部广播 HELLO 消息。邻居中的节点路由表是用来优化局部运动的响应时间，并为建立新路由的请求提供快速的响应时间。这种算法的主要目的是：在需要时广播路由发现分组；区别局部连接管理（邻居检测）和一般的拓扑维护；向需要连接信息的邻居移动节点散播拓扑变化信息。

AODV 使用广播路由发现机制，它依赖中间节点动态建立路由表来进行分组的传送。但为了维持节点间的最新路由信息，AODV 借鉴了 DSDV 中的序列号的思想。但与 DSDV 不同的是，每一个节点都维持了独立序列号计数器，利用这种机制就能有效地防止路由环的形成。当源节点想与另外一个节点通信，而它的路由表中又没有相应的路由信息时，它就会发起路由发现过程。每一个节点维持两个独立的计数器：节点序列号计数器和广播标识。源节点通过向自己的邻居广播 RREQ（RouteRequests）分组来发起一次路由发现过程。RREQ 消息的格式如图 8-10 所示。

0 1 2 3 4 5 6 7	8 9 0 1 2	3 4 5 6 7 8 9 0 1 2 3	4 5 6 7 8 9 0 1
类型	J R G D U	保留	跳数
RREQ 标识			
目的节点 IP 地址			
目的节点序列号			
源节点 IP 地址			
源节点序列号			

图 8-10 RREQ 消息的格式

<源地址，广播标识>标识了一个唯一的确定的 RREQ 分组，当源节点发起一个新的 RREQ 时，广播标识计数器就增加 1。收到 RREQ 的邻居节点要么发送路由应答 RREP 分组要么在增加了这个 RREQ 分组跳数后，重新向自己的邻居广播这个 RREQ 分组。

一个节点可能会从不同的邻居收到同一个广播的多个副本，如果当中间节点收到一个 RREQ 分组，它会对收到的分组进行判断：如果节点已经收到了相同广播标识和源节点地址的 RREQ 时，它就会丢掉这个冗余 RREQ 分组；如果节点以前并没有收到这样的 RREQ 分组，它就会保存一些信息用于建立反向路由，然后再把这个 RREQ 分组广播出去。

（2）反向路由建立

在 RREQ 分组中包含了两个序列号：源节点序列号和源节点所知道的最新的目的序列号。源节点序列号用于维持到源节点的反向路由，目的序列号表明了到目的地的最新路由。反向路由形成如图 8-11 所示。

当 RREQ 分组从一个源节点转发到不同的目的地时，沿途所经过的节点都要自动建立回到源节点的反向路由。节点通过记录收到的第一个 RREQ 分组的邻居地址来建立反向路由，这些反向路由将会维持一定时间，该段时间足够 RREQ 分组在网内转发以及产生的 RREP 分组返回源节点。当 RREQ 分组到达指定的目的节点处时，目的节点会产生用于回复的 RREP 分组作为应答，RREP 会从沿着建立好的反向路由回到源节点处。

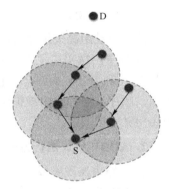

图 8-11 反向路由形成

（3）正向路由

由源节点转发过来的 RREQ 分组最终会到达目的节点或者是一个中间节点，这个中间节点有到目的节点的路由。如果这个中间节点有到目的节点的路径，就需要比较其路由项中的目的序列号和 RREQ 分组中的目的序列号的大小做出判断，主要判断中间节点中已有路由是否比较新。判断过程如下：

1）如果中间节点路由项中的目的序列号比 RREQ 分组中的序列号小，说明中间节点的已有路由比较旧，所以该中间节点只能继续转发 RREQ 分组。

2）如果中间节点路由项中的目的序列号比 RREQ 分组中的序列号大，说明中间节点的已有路由比较新，可以直接对收到的 RREQ 分组进行响应。

在 RREP 分组转发回源节点的过程中，这条路径上的每个节点都会建立一条通向目的节点的正向路径，即路径上的每个节点都记录下 RREP 分组从哪个邻居过来的地址，然后更新有关源和目的路由的定时器信息以及记录下 RREP 中的目的节点的最新序列号。对于那些建立过反向路由的节点，且 RREP 分组没有经过这些节点，它们建立的反向路由将在一定时间（Active_Route_Timeout，3000 ms）内自动删除。RREP 分组格式如图 8-12 所示。

0 1 2 3 4 5 6 7	8	9	0 1 2 3 4 5 6 7 8 9	0 1 2 3	4 5 6 7 8 9 0 1
类型	R	A	保留	前缀长度	跳数
目的节点 IP 地址					
目的节点序列号					
源节点 IP 地址					
寿命					

图 8-12　RREP 分组格式

收到 RREP 分组的节点将会对到某一个源节点的第一个 RREP 分组进行转发，对于其后收到的到同一个源的 RREP 分组，只有当后到的 RREP 分组中包含了更高的目的序列号或虽然有相同的目的序列号，但所经过的跳数较少时，节点才会重新更新路由信息，以及把这个 RREP 分组转发出去。这种方法有效地抑制了向源节点转发的 RREP 分组数，而且确保了最新及最快的路由信息。源节点将在收到第一个 RREP 分组后，就开始向目的节点发送数据分组。如果以后源节点了解到更新的路由，它就会更新自己的路由信息，正向路由建立过程如图 8-13 所示。

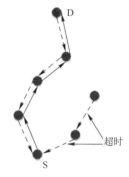

图 8-13　正向路由建立过程

(4) 路由表管理

节点的路由中除了存储源和目的节点的序列号外，其他有用的信息存储在路由表项中，这些信息被叫作与项相关的软状态。与反向路由相关的是路由请求定时器，被叫作路由请求超时定时器，这些定时器的目的是清除一定时间内没有使用的反向路由项。超时时间的设置取决于网络的规模大小，与路由项相联系的另外一个重要的参数是路由缓存时间，即在超过这个时间之后，对应的路由表就变为无效。

此外，在每一个路由表中，还要记录下本节点用于转发分组的活跃邻居，即记录本节点周围活跃的邻居节点。如果节点在最近一次活跃期间（Active_Timeout）发起或转发了到某个目的节点的分组，那么就可以称这个节点为活跃节点。这样，当到达某一个目的节点的链路有问题时，所有与这条链路有关的活跃节点都可以被通知到。一个路由项还有活跃邻居在使用，就可以认为是有效的。通过各个活跃路由项所建立的源节点到目的节点的路径，就是一条活跃路径。路由表中的目的节点序列号，正如在 DSDV 路由协议中所使用的那样，可以在无序分组的传送和节点高度移动的极端条件下避免路由环路的产生。

移动节点为每一个相关的目的节点维护了一个路由表项。每一个路由表项包含以下一些信息：目的地址、下一跳地址、跳数、目的序列号及路由表项的生存时间。

路由项在每次被用来传送一个分组时（从源节点到目的节点），它的生存时间都要重置，也就是用当前时间加上 Active_Route_Timeout。

如果一个移动节点接收到一个新路由，那么它就会把这个新路由的目的序列号与自己路由表中已有的目的序列号做比较，并将目的序列号大的作为到达目的节点的路由。如果目的序列号相同，则选用到达目的节点所经过的节点数目（即跳数）最少的那个路由。

(5) 路由维护阶段

1) 路由维护

由于节点的移动移出了通信范围而导致路由断裂时，它就要向目的节点重新发起一次路由发现过程。周期性发送的 HELLO 分组可以用来检测不能用的链路。如果不用 HELLO 分组，也可以采用链路层通告机制来报告链路的无效性，这样可以减少延迟。此外，节点在尝试向下一跳节点转发分组失败后，也能检测出链路的不可用性。

一旦一个节点的下一跳节点变得不可达，这时它就要向利用该损坏链路的活跃上游节点发送未被请求的 RERR 分组，这个 RERR 分组带有一个新的序列号（即在旧的序列号上加1）。收到这个 RERR 分组的节点再依次将 RERR 分组转发到它们各自的活跃邻居，这个过程持续到所有与损坏链路有关的活跃节点都被通知到为止。路由维护表如图 8-14 所示。

0 1 2 3 4 5 6 7	8	9 0 1 2 3 4 5 6 7 8 9 0 1 2 3	4 5 6 7 8 9 0 1
类型	N	保留	不可达目的节点计数器
不可达目的节点IP地址（1）			
不可达目的节点序列号（1）			
其他不可达目的节点IP地址（如果需要的话）			
其他不可达目的节点序列号（如果需要的话）			

图 8-14 路由维护表

源节点在收到断链的通知后，如果它还要与目的节点联系，就需要再次发起新的路由发现过程。这时，它将会广播一个 RREQ 分组，这个 RREQ 分组中的目的序列号要在源节点已知的最新目的序列号之上加 1，以确保那些还不知道目的节点最新位置的中间节点对这个 RREQ 分组做出响应，从而能保证建立一新的、有效的路由。

2) 局部连接管理

自组网路由协议用于监控网络拓扑结构变化，交换路由信息，定位目的节点位置，产生维护和选择路由，并根据选择的路由转发数据。在 AODV 路由协议中对于网络拓扑结构变化的监控主要是让节点感知自己的邻居节点，主要有以下两种方式：

- 节点可以通过收到邻居节点的广播消息来知道邻居的存在，然后更新自己的局部连接性信息表，使得它包含该邻居节点。
- 采用发送 HELLO 分组的形式。如果节点在预置的 HELLO 分组发送时间间隔（HELLOINTERVAL）内，都没有向自己的邻居节点发送任何分组，则它就需要广播一个含有节点 ID 和当前序列号信息的 HELLO 分组到邻居节点以表明它的存在。

HELLO 分组实际是一种特殊的未被请求的 RREP 分组，在 HELLO 分组的传送过程中，节点的序列号是不会改变的。HELLO 分组的生存时间域（TTL）将被设置成 1，这样就可以保证 HELLO 分组不会被重新发出去，只有和它直接相邻的邻居才能接受到该信息包，收到 HELLO 分组的邻居会创建或更新自己的局部连接信息表中关于该邻居的路由表项。如果节点收到一个新的邻居的广播和 HELLO 分组，或者在超过允许的 HELLO 分组丢失数（ALLOWEDHELLOLOSS）之外，还没有收到已知活跃邻居的 HELLO 分组，则表明局部连接信息发生了改变。如果节点在规定的时间内还没有收到活跃路径上的下一跳节点所发送的 HELLO 分组，则使用这个下一跳节点的活跃邻居将会被告知链路的失效。用 HELLO 分组来进行局部连接性的管理，可以确保邻居间是双向连接的，即邻居间互为邻居。

3. 改进措施

AODV 协议是一种比较成熟和被广泛接受的路由协议，具有较低的内存和处理开销，实现起来比较简单，它具有以下特点：

- 通过使用序列号来避免出现路由环路。
- 支持中间节点应答，能使源节点快速获得路由，有效减少了广播分组数。
- 按需驱动，节点只存储需要的路由，减少了内存需求。
- 分组头不需携带路径，减少了路由分组对信道的占用，提高了带宽利用率。
- 能快速响应活跃路径上的断链。

但是，反应式路由大都沿用自 MANET（移动自组织网路），而 VANET 是 MANET 的一个子集，它具有 MANET 中的一些基本特点，但是也有属于它自己的特性，所以当 AODV 协议应用于 VANET 中，可能还存在着一些 MANET 中不存在的问题。下面，我们对 AODV 协议在城市环境下和在高速公路环境下的适用情况进行分析，主要是针对数据包传送率和端到端时延这两项指标。

（1）城市环境

数据包传送率（PDR）：在城市环境下，一个较低的节点密度下，AODV 协议的数据包传送率比较低，由于缺乏稳定的中继节点，大多数数据包被丢弃，不能到达目的节点，但是随着节点密度的增加，AODV 协议的数据包传送率也在提高。在较高的节点密度下，由于节点太多引起的路由开销问题，AODV 协议的性能开始降低。

端到端时延：结果表明当网络中节点数目比较少时，AODV 端到端时延比较高，这是因为在较低密度和较高速度的条件下，链路会经常断裂，大部分时间被用来再建立新的路由。随着节点数目的增加，AODV 协议性能有了改善，即延迟小了。但是，随着节点密度的进一步增加，由于路由开销，端到端时延还是会开始增加。

（2）高速公路环境

数据包传送率（PDR）：在高速公路环境下，由于车辆节点密度比较低以及车辆速度不同，导致 AODV 的 PDR 值比较低，高速公路上车辆节点间的连接比较弱，因此会缺乏比较可靠的中继节点，最终导致 PDR 值较低，但是在车辆节点密度适中的情况下，PDR 值会有很大改善，但是这时会出现路由开销变大的问题。

端到端时延（E2ED）：在高速公路环境下，AODV 协议的 E2ED 是比较高的，主要是因为在高速公路上车辆速度较大，而且节点密度比较低，车辆间的连接比较弱，导致大部分时间都用在路由重建过程中。随着车辆节点密度的增加，E2ED 会有很大改善，但是当节点密度比较大时，AODV 协议的 E2ED 又会开始增加，主要是因为节点数目增加导致的路由开销问题和在高速环境下车辆间的连接不稳定。

前面，我们对 AODV 协议在城市环境和高速公路环境下做了相应的分析，其中我们看到了在 VANET 中 AODV 协议存在的问题，主要是环境中节点的密度和车辆的速度对 AODV 协议中路径稳定性和路由开销的影响等。下面，我们会针对这些问题做出相应的改进措施。

1）可靠路径

Xi Yu[18]等 2011 年提出了一种改进的 AODV-VANET 协议，该协议将 VANET 的特点引入到 AODV 路由发现过程中，其他过程基本沿用了原来 AODV 协议中的机制，主要通过以下两点进行改进：①对于每条路径都引入了权重计算，权重最小的路径就是最优路径；②引入了对于被选路径的到期时间估计，主要是用于最小化链路断裂造成的损失。路径权重计算是利用了车辆的移动信息（位置、速度、加速度和方向），最小的总权值路径代表最好的路径，最小的总权值路径表示该条路径中的所经过的节点都是具有几乎相同的速度、加速度和方向的。这样的一条路径比较可靠，可以加强 AODV 协议中的节点间的连接稳定性。为了避免链路断裂并建立可靠路径，我们在确定最小权值路径后估算这条路径的超期时间，并在超期时间到达之前一段时间启动路由发现机制。通过以上两种办法可以尽量改善 AODV 协议的端到端时延以及数据包传送率。

Xiaowei Shen[16]等 2014 年提出了一种类似的基于权值选择机制的路由协议 AODV-PNT，该协议也是通过计算路径权值来改善 AODV 性能，所用的方法和上述方法有点类似。通过权值计算出两个相邻节点之间的权值，原理：两个具有相同速度、方向和加速度的节点之间的连接会更稳定，最佳下一跳节点是权值最小的那个节点。由于 VANET 中拓扑结构变化较快，文章采用预测计算下一时刻的两节点之间的权值大小的方法，通过当前时刻的权值和预测后的路径权值之差与预设的门限值进行比较，小于门限值即可认为这个节点是最佳下一跳节点。预测主要是通过假设下一刻时间较短，默认加速度不变，即可预测出速度、方向和位置等，以此来得出路径权值。这边的路径权值是本节点与邻居节点建立的路径。AODV-PNT 协议在数据包传送率、端到端时延和路由开销方面要比 AODV 协议有很大改善。

2）减小路由开销

Ben Ding 等人（2011）提出了一种改善的 AODV 协议，改进过程主要分为两步：①选择与本节点的速度和方向相似的邻居节点进行广播 RREQ 分组，而不是盲目的广播。两个车辆节点的速度和方向基本上决定了该条链路连接的寿命长短。只对相似特性的邻居节点进行广播可减少 AODV 协议的控制消息，减小一定的路由开销，两个节点间的相似性大小是通过链路权值来计算的。②对于最后到达目的节点的几条路径提出了两种选择策略。第一种是利用预测出来的路径生存期来做出判断，选择生存期长的路径作为最佳路径。第二种方法是计算出整条路径的权值，选择最小的权值作为最佳路径。

8.3.2 地理位置路由

目前，随着定位技术的发展（例如 GPS 定位系统和北斗定位系统），可以为自组织网中的节点提供地理位置信息，尤其是在车载通信系统中，大部分车辆已经安装了 GPS 定位系统，可以方便的获取自身的位置信息。利用这些信息，可以使节点在寻找路由时避免简单的洪泛，提高路由寻找效率。因此，基于位置的路由已经成为研究热点。与传统的 Ad Hoc 网络相比，基于位置的路由协议并不需要维护一条端到端的路径，每个节点只要知道目的节点的位置、自己的位置和邻居节点的位置就能实现端到端的通信，此类路由协议不需要路由表。此外，地理位置路由在转发数据分组时需要一些转发策略，将在 8.3.2.1 节中做相关介绍。根据对位置信息的表示方式和利用程度的不同，地理位置路由主要分为：贪婪路由、定向洪泛路由和分层路由。

8.3.2.1 定位服务和路由策略

基于地理位置的路由相关服务及策略有：路径选择、转发、恢复、下一跳选择和位置服务。它们中的每一个都使用了不同策略，下一小节会对它们进行描述。

1. 路径选择

在基于地理位置的路由中是不会强制使用路径选择的，但是如果它对路由协议有一定帮助，是可以使用路径选择算法的。接下来介绍两种常用的路径选择策略。

一种常用的路径选择策略是基于有名的迪杰斯特拉（Dijkstra）算法，在这个算法中，源节点会在一系列节点中计算出一条路径（源到目的地），道路节点和十字路口当作图像边缘，我们将它命名为使用 Dijkstra 的全路径。当使用这个策略时，每个数据包都会携带要遍历的所有连结点的位置。路径的代价会由不同的标准来计算。一些路由解决方法主要考虑距离来计算每条路径的代价；其他路由方案会使用更多的属性来衡量路径代价。例如使用公交线路的数量等信息来衡量路径。

如图 8-15 所示，当源节点 S 想要与目的节点通信时，会有两条路径：一条是图中实线线路，这条线路穿过十字路口 J1、J2 和 J4；另一条是虚线线路，这条线路穿过十字路口 J1 和 J3。如果路径选择策略所使用的标准是距离，那么路径将是 {J1,J3,D}，即虚线路径，因为它是最短的路径。但是，如果考虑到交通问题，那路径就是 {J1,J2,J4,D}，即实线路径，因为它有较多的车辆用来转发数据。在这两种情况中，源节点发送的每个数据包都会携带路径信息。使用 Dijkstra 策略的完整路径存在两个主要问题：开销和较低的可用性。因为在路径选择策略中每个分组需要携带几乎整条路径的信息（所遍历的所有十字路口），所以该策略存在开销较大的问题。同时，由于存在许多可能的连接失效问题，会导致该策略的可用性存在问题，连接失效是因为路径选择策略没有考虑到重传车辆节点的数量和车辆移动性问题。因此，该策略可能会选出一条没有足够车辆来保证连接或者转发分组的路径。即使将车辆的数量考虑在内，当车辆到达目的路段时，可能所有的车辆都已经走远了，因为车辆是在移动的。

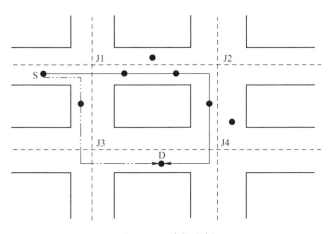

图 8-15 路径选择

其他使用的方法是选择每个十字路口，路段紧随其后。我们将它命名为下一个十字路口选择法，是由 Lochertetal.（2005）[50] 和 Jerbietal.（2007）[49] 提出的。每一个到达路口的节点会将它所携带的数据包转发到最适合转发的下一个路口方向。这个算法会使用到不同的标准，最常用的是将到达目的节点的过程和道路中节点密度进行组合，每个标准都有一个对应的权重。每个标准的权重会根据其重要程度而定。

依然以图 8-16 为例，首先源节点会选择 J1 作为下一个路口。当分组到达路口 J1 时，它会选择下一个路口。考虑到图中对应 J2 和 J3 的路段中节点密度，会选择 J2 作为下一个路口，同样的过程，当分组到达 J2 路口时会选择 J4 作为下一个路口。算法中分组会一直携带两个位置信息：目的节点位置和下一个路口位置。

这种解决方法不会增加额外的开销，和使用 Dijkstra 算法完整路径算法差不多，因为只需要增加一个字段：下一个路口。此外，随着逐跳做路径选择，在每个路口会有小概率的链路失效情况发生，因为所做出的路由决定是有延迟的，当做出决定时节点会有一个邻居情况的更新视图，因此有很大的概率是可以预测的。当所用的标准是密度时，概率会更高，因为一条路上只有少数车辆不会被选择。

2. 转发策略

尽管有路径选择可供选择，但是每个基于地理位置的路由协议仍需要转发策略去将分组转发到目的地或者在已选路径中的路口间转发分组，一些经常使用的方法会在本节中介绍。

最简单并且有效的转发方案是贪婪转发，是由 Karp 和 Kung[23]（2000）提出的。在这个方法中，发送节点会将分组发送到离目的地更近的邻居那边，这个是可以完成的，因为 HELLO 分组会携带节点地址，在基于位置路由中目的地的位置是在分组头部的。尽管这个策略比较简单，贪婪转发会导致可能选择不合适的节点，因为作为离目的地最近的节点并不意味着它会到达目的地或者是最好的路径。

当某条路径被选择时，节点可以沿着路径使用常用的贪婪转发，顾名思义，这是一种贪婪算法但是仅考虑了那些在已选路径或者去往下一个路口的道路上的节点。该方法是 Jerbi 等人[49]在 2007 年使用的。虽然这个方法改善了基本的贪婪转发，但是它仍然会导致选择出一些不适合的转发节点，因为本身没有考虑到实际情况（路口传播和节点移动性）。

为了解决上述问题，2005 年 Lochert 提出了在已有贪婪算法基础上做出一些限制。由于障碍物和建筑的存在，通信不能涉及每个角落，Jerbi 等人 2007 年想要缓解在路口传播的问题。他们是基于在路口中心的一个优先节点方法：如果这个节点是发送节点的邻居，后者会将分组发送给优先节点。如果这个优先车辆节点移动得比较慢或者不移动了，在路口中心处的车辆会保持不变并且接收所有的到来的分组。因此，这可能会成为一个通信瓶颈。这个方法被称为限制性贪婪（Restricted greedy）。

其他限制是在转发分组时只转发到那些向目的地移动的邻居，或者转发到已选路径上的下一个路口。这个方法仍会出现错误，例如选择了下一个路口，这个路口通向的相邻道路上可能会没有车，分组在这样的道路上无法传输。但是这样的错误出现的频率会比其他方法小。这类方法被称为改善性贪婪（Improved greedy）。

在贪婪转发中，当车辆正在等红灯时，它们可能会把分组传送给相反方向行驶的车辆，但是改善性贪婪的方法是只将分组传送给那些往目的地行驶的车辆，所以这样的问题不会发生。

3. 恢复模式策略

贪婪转发策略会遇到一种情况叫作局部最大值或局部最优，在这个情况下发送车辆会比它的邻居更接近目的地并且目的地不能在一跳内可达。但是，这并不意味着没有能到达目的地的连接了，当局部最优情况出现时就需要使用恢复策略。一些常用的恢复策略会在本小节做相关介绍。

一种广泛使用的恢复策略是右手策略来遍历全图。规则是：如果节点 n 接收到来自边缘 E1 的分组，它就会向下一个边缘逆时针方向上的第一条链路传输分组。当存在比触发恢复策略的节点更接近目的地的节点之后，该路由协议会自动切换到原来的转发模式。因为在 VANET 中网络节点是在较高的速度下高速移动的，这将在使用右手法则时导致路由环路问题。

局部最优情况如图 8-16 所示，图中虚线圆圈表示一跳范围，实线圆圈表示以 D 为圆心，D 与 S 的距离为半径的一个圆，两个圆重叠的部分是贪婪转发方法失效的区域，在节点 S 处，协议会进入恢复模式，因为它没有任何邻居比它自己还接近于目的地，经过右手法则，将分组传向 X 节点，然后传到 Y 节点，在 Y 节点处协议自动切换到转发模式，因为 Y 节点比 D 节点更接近于 D 节点了。

其他方法也有使用存储转发（Carry-and-Forward）的。这是 Li 等人[53]（2000）提出的。顾名思义，当局部最优情况出现时，节点会携带分组直到合适的邻居出现，但是这个方法会造成较大的延迟。

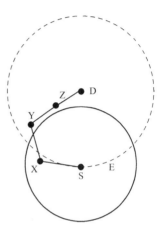

图 8-16　局部最优

除了使用恢复策略，当局部最优出现时一些算法会重新计算路径（Seet 等人[52] 2004），但是这也会造成较高的延迟和较多的跳数。

4. 下一跳选择策略

基于位置的路由协议使用最多的转发策略有贪婪转发和周边转发两种。节点在使用贪婪转发策略时，根据一定的算法选择一个合适的邻节点作为下一跳。目前，主要有三种算法选择下一跳：传输范围内最远距离转发（Most Forward within Radius，MFR）、最近距离转发（Nearest with Forward Progress，NFP）和夹角最小转发（Compass Routing，CR）。MFR 算法会选择转发半径范围内距离自身最远、距离目的节点最近的中间节点作为下一跳。这种算法简单直观，能够降低数据包的转发次数，但是当节点的转发半径增大时，节点间相互干扰的可能性也会增大。NFP 算法则选择距离节点自身最近的邻节点作为下一跳，可以降低节点间相互干扰的机率，但是会增加到达目的节点的跳数，在 VANET 中节点一般均处于高速移动的状态，节点间相对位置变化频繁，转发次数过多会增加转发失败的可能性。CR 算法则计算目的节点 D、当前节点 S、下一跳节点 N 构成的夹角∠DSN，选择 S 的邻节点中使∠DSN 最小的节点，这样算法希望让数据包始终在朝着目的节点的方向转发，但是 VANET 车辆节点的运动方向具备一定的任意性，导致 CP 算法无法完全实现。每种下一跳选择算法都有各自的优缺点，需要根据不同的网络环境确定最合适的算法。

5. 位置服务

当前节点不论采用何种策略选择下一跳，都必须至少掌握以下信息：目的节点位置坐标、自身位置坐标、邻节点位置坐标。节点自身的坐标可以通过车载 GPS 设备直接获取，每个节点周期性地向一跳范围内的节点广播位置信息,可以让网络中节点均保有邻节点的坐标,而目的节点的位置坐标则需要通过位置服务获取。位置服务主要实现两个功能:节点通过位置服务发布自身位置信息;节点通过位置服务查询其他节点的位置信息。典型的位置服务有反应式位置服务(Reactive Location Service,RLS)、网格位置服务(Grid Location Service,GLS)和层次位置服务(Hierarchical Location Service,HLS)。RLS采用洪泛的机制实现位置服务,每个节点都维护一个记录着其他节点最新位置信息的表,节点首先向其邻节点请求获取目的节点的位置信息,若邻节点在一个时间段内没有对该请求进行回应,则节点向全网范围内洪泛目的节点位置请求包。GLS使用位置服务的概念,节点将位置信息存放在多个位置服务器中,通过任意位置服务器,就可以获取其他节点的位置信息。它将网格划分成多个网格结构,每个节点在每个网格中选择几个节点作为自己的位置服务器。HLS将整个网络划分成多个层次,在每个层次利用GLS中的思想进行网格化分,通过这种方式构建一个树形结构,最底层的位置服务器完成节点位置存储信息。

8.3.2.2 贪婪路由

传统的Ad Hoc网络路由协议,在路由发现和建立方面所花费的时间太多,无法适应VANET低时延的要求。贪婪路由思路可应用于VANET中且性能良好。该类协议的特点是节点在发送数据之前不用寻找路由,更不用保存路由表等复杂操作。移动节点直接根据自己的位置信息制定数据转发策略。中间节点在收到数据之后根据数据分组中所包含的目的节点位置信息进行相应转发。由于不需要路由寻找的过程,从而可满足VANET消息低时延和实时性要求。因此,基于贪婪算法的位置路由是目前VANET研究的一个热点。

1. GPSR协议

贪婪周边无状态路由协议(Greedy Perimeter Stateless Routing,GPSR)是Brad Karp和H. T. Kung研究的适用于无线网络的协议。这是一种利用路由节点和数据包的目的节点的位置来制定数据包转发策略的方法。GPSR协议仅利用了网络拓扑中路由节点的直接邻节点来制定贪婪转发策略。当贪婪转发算法局部最优情况出现时,该协议会采用周边转发的恢复模式来转发分组。当局部最优情况消失时协议会自动切换到贪婪转发模式。对于拓扑变化较快的网络,GPSR协议依然可以利用本地拓扑信息,很快发现新的路由,所以GPSR协议在VANET中也是一个研究热点,提出了一些改进措施,使它更适用于VANET。

GPSR转发分组的两类方法是贪婪转发和周边转发(上一节已有相关介绍),其中贪婪转发是算法的核心部分。贪婪转发方法是在任何可能的情况下,利用路由节点的一跳邻节点来转发数据包;周边转发是在贪婪转发失效的区域采用的在该区域内进行分组转发的方法。本节将对GPSR协议做一个简要介绍,该协议主要是由以下几个部分组成:贪婪转发、右手法则(即周边转发)和构造平面图。

(1)贪婪转发概念

在GPSR协议中,数据分组已经由源节点标识了目的节点的位置。转发节点可以在选择数据分组的下一跳节点的过程中做出最佳的贪婪选择。具体如下:如果节点知道其一跳范围内邻节点的位置,那么距离目的节点最近的邻节点将作为本地最佳选择,从而成为转发数据分组的下一跳节点。按照这个过程直到分组到达目的节点。如图8-17所示,源节点为S,目的节点为D,实线圈是源节点的一跳范围,虚线圈是以MD距离作为半径的圆,主要用于

标志在 S 的覆盖范围内，M 节点离目的节点最近的邻节点，现在 S 节点有分组需要传送，就要用贪婪转发方法选出最佳的邻节点 M 来转发分组，然后 M 节点根据贪婪转发方法继续选下一跳节点直到分组到达目的节点 D。

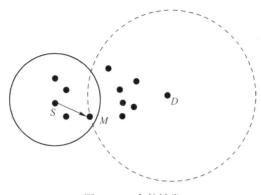

图 8-17　贪婪转发

(2) 邻节点位置信息的获取

GPSR 协议周期性地向所有邻居节点发送信标（Beacon）信号，来得到需要用到的邻节点的信息。信标信号中包含了节点的标识和节点的地理位置信息，信标采用广播的方式发送，广播域中所有的邻居节点都会收到该信标信号。GPSR 采用了一种随机选取信标发送间隔的策略，一个节点前后两次发送信标的时间间隔在 $[0.5B, 1.5B]$ 上服从均匀分布，其中 B 为发送信标的平均时间间隔。采用该方法，可以降低多个邻居节点发送信标信号时的冲突率。采用周期性地发送信标信号的方式，可以检测到是否有邻居节点远离或者新节点的加入。

(3) 右手规则

当贪婪转发遇到局部最优情况（也叫空洞现象）时，需要采用恢复策略中的右手规则来进行分组的转发，直到局部最优不存在，就可以切换回贪婪转发模式。对于局部最优情况，上一节已有介绍，这一节主要介绍右手法则（即在空洞外寻求转发路径）。右手法则示例如图 8-18 所示，当一个分组从节点 y 到达节点 x 后，它经过的下一边是以 x 为顶点，沿着 (x, y) 逆时针方向上的第一条链路，图中为 (x, z)，后续各边同样依据此法则，按照右手规则可以构成周边（Perimeter）。

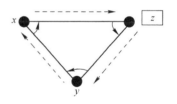

图 8-18　右手规则

(4) 构造平面图

没有两条边交叉的图称为平面图，若节点的信号范围为 r，将节点作为顶点，节点 n 和 m 之间的距离 $d(n, m) \leqslant r$，则在节点 n 和 m 之间存在边 (n, m)。假定网络中所有节点在高度上的差距忽略不计。下面主要介绍 RNG 图和 GG 平面图。

相对邻域图（Relative Neighborhood Graph，RNG）和加百利图（Gabriel Graph，GG）是应用于不同学科的两种平面图。需要一个算法将不属于 RNG 和 GG 平面图中的边去掉，从而产生出一个没有交叉连接的网络拓扑平面图。算法需要本地拓扑的信息作为输入，另外算法还需要具备一个属性：在图中要去掉多余的边，构成 RNG 或 GG 平面图的过程中不能断开图，否则会导致网络分割。

RNG 的定义：如果顶点 u 和 v 之间的距离 d(u,v) 小于或等于顶点 u,v 和其他任何节点 w 之间的距离，则在节点 u 和 v 见间存在边 (u,v)。用公式表示如下：

$$\forall w \neq u,v: d(u,v) \leq \max([d(u,w),d(v,w)]) \tag{8-1}$$

图 8-19 描述了构建 RNG 平面图的过程。节点 u 和 v 之间的半月形阴影区域，不能包含任何目的节点 w，(u,v) 是 RNG 中的边。半月形边界是半径为 d(u,v)，中心分别为 u 和 v 的两个圆的重叠部分。

基于信标机制，所有的节点都可以获得它们一跳节点的位置信息，如果节点 u 和 v 可以互相到达对方，它们必须获得半月形内所有节点的位置信息。若节点 u 的邻居表用 N 表示，每个节点 u 可以按照如下算法去除非 RNG 连接。算法如下：

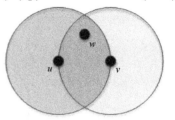

图 8-19 RNG

```
for all v ∈ N do
    for all w ∈ N do
        if w = = v then
            continue
        else if d(u,v)>max([d(u,w),d(v,w)])
            eliminate edge(u,v)
            break
        end if
    end for
end for
```

GG 定义：如果在直径为 uv 的圆内，顶点 u 和 v 之间没有其他顶点 w，则在圆内存在边 (u,v)。公式如下所示：

$$\forall w \neq u,v: d(u,v) < \max([d(u,w),d(v,w)]) \tag{8-2}$$

如图 8-20 所示，直径 uv 的圆内，节点 u 可以在其邻居节点列表 N 中去点非 GG 连接。算法如下：

```
m = midpoint of uv
for all v ∈ N do
    for all w ∈ N do
        if w = = v then
            continue
        else if d(m,w)M<d(u,m) then
            eliminate edge(u,v)
            break
        end if
    end for
end for
```

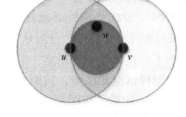

图 8-20 GG 图

通过上述定义以及算法描述，可知 RNG 是 GG 的子集，和 RNG 相比，GG 仅仅是在较小的阴影区域内寻找目的节点。利用上述两种算法分别创建了 RNG 图和 GG 图，在去掉拓扑图中多余边的同时,要保证不能中断网络拓扑图的连接。

(5) 贪婪转发和平面周边转发模式相结合

GPSR 协议将贪婪转发和平面周边转发模式进行结合。在贪婪转发失败的情况下,协议转入周边转发模式。上面提到的所有节点都维护着一个邻节点表,改变存储着节点单跳范围内邻节点的标识和位置信息,提供了 GPSR 协议转发数据分组策略需要的所有状态信息以及节点本身的状态。

在周边转发模式中,GPSR 协议使用的包头部字段如表 8-1 所示,其中标志字段 M 用于表示分组是处于贪婪转发模式还是周边转发模式。

表 8-1 GPSR 协议包头部字段

字 段	功 能
D	目的节点位置
L_p	数据包进入周边转发模式的位置
L_f	数据包进入当前平面图上的点
e_0	在当前平面图转发的第一条边
M	数据包模式:贪婪转发或周边转发

当节点接收到一个贪婪转发模式的数据包时,会在其邻节点表中寻找地理位置上最接近目的节点的邻节点,如果该邻节点距离目的地址比本节点更近,本节点将数据包转发至该邻节点。当在邻节点表中找不到比自己距离目的节点更近的节点时,数据包会被标识为周边转发模式。

GPSR 协议转发周边模式的数据包是采用平面图遍历方法。本质上,如果当数据包在节点 X 进入周边转发模式,目的节点 D,GPSR 协议将在周边转发模式中持续地接近平面图的多个平面,这些平面都与线 XD 相交。存在两类平面:内部平面,是封闭式的,以图的边作为边界的多边形区域;外部平面是在图的外边界是无边界的平面。在每个平面上,使用右手法则遍历与线 XD 交叉的边,在该边上,继续转发至 XD 交叉的边,在该边上,继续转发至与 XD 交叉的相邻面。如图 8-21 所示,分组在 X 节点出进入周边转发模式,箭头的方向是分组转发的路径,每个遍历的面都被 XD 穿过,前两个和最后一个面是内部平面;第三个平面是外部平面。

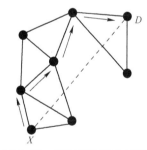

图 8-21 周边转发模式与平面

当数据包进入周边转发模式时,GPSR 协议会在数据包的字段中记录进入周边模式的位置,即贪婪转发失败的节点。字段有助于在随后的路由节点处决定数据包是否返回至贪婪转发模式。每次 GPSR 协议在一个新的平面转发数据包时,将在字段记录和线 XD 相交的 XD 上的点,不一定置于节点处;最后,GPSR 协议记录数据包的字段,即数据包通过一个新平面的第一条边(发送和接收数据包的节点标识)。

当 GPSR 协议接收到一个周边转发模式的数据包时,首先将周边转发模式的数据包中的和转发节点的位置标识做比较。如果转发节点和 D 间的距离小于和 D 之间的距离,GPSR 协议将数据包转回贪婪转发模式。周边转发模式仅仅是为了使算法在遭遇空洞现象时及时恢复,一旦数据包进入到一个比先前贪婪转发失败节点距离目的节点较近的节点,数据包将恢复至贪婪转发过程。

如图 8-13 所示，当数据包在 X 节点处进入周边转发模式时，GPSR 协议将沿着和线 XD 相交的面转发数据包。X 节点选择以 X 为顶点，XD 为边的逆时针方向的第一条边来转发数据包。同时决定了转发数据包的第一个平面。其后，GPSR 协议将按照右手法则围绕平面进入数据包的转发。

2. 改进措施

GPSR 协议是典型的基于地理位置的路由协议，相对于拓扑路由来说这是一种全新的路由方式。这类路由的出现依赖于其他技术，比如在 GPSR 路由协议中节点的位置信息是通过自身携带的卫星定位系统确定的，而且在源节点发出通信请求的同时需要目的节点的位置信息。GPSR 协议中规定所有节点均不保存路由表，只需要保存能与自身节点通信的邻居节点列表，这也正是基于车载网络节点移动速度比较快的特点提出来的。GPSR 协议在 VANET 中的高路公路环境下性能还是比较好的，只是在城市环境下，会受到一些特殊环境的影响，比如交叉路口多、障碍物影响无线信号传输等，导致 GPSR 协议性能下降。此外 GPSR 算法也存在一些缺陷，列举如下。

- 链路稳定：GPSR 协议的贪婪转发策略总是倾向于选择距离当前节点最远的节点作为下一跳。而在 VANET 环境下，车辆节点移动速度很快，网络拓扑变化迅速，因此邻居节点之间的关系非常不稳定，可能刚选好节点 A 的下一跳节点 B，在 t 时间后，就不再是节点 A 的邻居了。在此情况下，GPSR 的性能直线下降，通信链路很不稳定，丢包率也随之增加。
- 位置错误问题：位置错误可能是由于 GPS 或者北斗系统定位不准引起的，也可能是由于路由表更新不及时而造成的。
- 方向性问题：传统的 GPSR 协议的贪婪转发只根据位置的远近来选择下一跳节点，而忽略方向这一重要的因素，这样可能导致分组转发的方向出错，且无法恢复。如图 8-22 所示，分组从源节点 S 通过贪婪转发到 M 节点，但是在 M 节点处会继续沿着实线箭头方向转发到达 N 节点（此时 N 节点行驶方向不是往 D 节点的），此时在 N 节点处需要进入周边转发，但可能无法恢复。因此，在贪婪转发的同时需要考虑方向的问题。
- 冗余问题：在城市环境下，网络节点分布不均匀、网络负载过大时，会经常发生网络拥塞导致丢包，而在拓扑受限的情况下也经常发生错误的贪婪转发导致路径冗余。如图 8-23 所示，源节点 S 要发送数据分组给目的节点 D，由图观察可知节点 C 比节点 A 离目的节点 D 更近，但由于道路拓扑的限制，源节点 S 会错误的选择节点 A 作为下一跳节点。节点 A 基于贪婪转发策略继续将数据分组转发给节点 B，这时在节点 B 处进入周边转发模式。节点 B 进入周边转发模式会有两种结果：理想结果是分组最终经过多跳路由而到达目的节点；常见结果是分组沿着节点 B 的左侧一直转发下去直至 TTL（Time To Live）= 0，最终分组被丢弃。
- 计算量大：GPSR 路由协议需要进行平坦化来消除网络拓扑中的交叉链路，于是每一个节点在添加或删除它的邻居节点时都需要进行网络拓扑的平坦化。而且 RNG、GG 算法的时间复杂度是 $O(n^2)$，其中 n 是邻居节点的密度。在拓扑变化频繁的 VANET 中，计算量会更大。

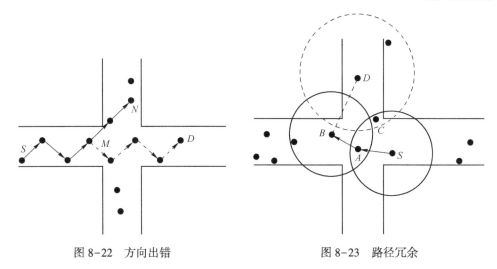

图 8-22 方向出错　　　　　图 8-23 路径冗余

- 在使用周边转发模式时,会增加数据包的跳数,延迟比较大,导致数据到达率较低,而且比较容易形成路由环路。

针对以上 GPSR 协议存在的一些缺陷,为使其更好地适用于 VANET,需要对其加以改进,以下是协议的改进措施。

- 张宗正[24](2015)提出了一种关于 GPSR 的改进方法,主要是针对 GPSR 协议中的下一跳邻居节点的选择机制,提出在运用贪婪转发算法比较邻居节点和目的节点直线距离的过程中,引入邻居节点的速度方向与发送消息的源节点相同,并且考虑邻居节点的与目的节点连线和源节点与目的节点连线所形成的夹角,取夹角最小的邻居节点作为下一跳邻居节点,这样的方法可以提高整体链路的稳定性,降低分组的丢包率。
- Lili Hu[25]等(2012)提出将车辆密度、移动方向和速度引入 GPSR 协议中,与以往提出的协议有三点不同:一是特殊设计的 HELLO 分组具有精确的一跳范围;二是转发分组会将距离和速度考虑在内;三是设置一个"仲裁集"作为缓冲,用于当出现局部最优问题时再次转发分组。改进措施主要从邻居表更新机制和下一跳选择机制两个方面着手,邻居表更新机制是基于周期性 HELLO 分组的信息交互,使得转发节点能较准确地选择下一跳邻居节点;下一跳选择机制是根据邻居节点的速度、方向和位置等信息设置优先级,要求邻居节点与当前节点同向,且速度差值不超过 10m/s,以此来筛选出合适的邻居节点,并通过贪婪转发方法选取下一跳邻居节点。
- 彭好佑[26](2013)提出对 GPSR 协议的一些改进措施,主要从两方面入手:邻居预测和方向转发。邻居预测:在贪婪转发之前,首先对邻居表进行维护,预测在生存时间内,邻居关系的变化,选择邻居关系比较稳定的节点作为下一跳贪婪转发的邻居节点,提高路由选择的准确性。方向转发:在贪婪转发失败时,考虑车辆的方向,选择向目的节点移动的邻居节点,而避免周边转发,使数据包传输跳数更少,路径更短,减小网络延迟。

8.3.2.3 定向洪泛路由

为了限制简单洪泛给网络中带来的大量分组,就不得不对节点转发分组的方向加以控制,不允许分组自由地向四面八方扩散,由此便产生了定向洪泛(Directional Flooding)算法思想。在这种算法中,源节点将不再把分组向所有邻居节点发送,而需要经过一系列的决策和选择算法,只有与目的节点的方向(从源节点的角度看)大致相同的节点才会向其转发分组,邻居节点收到分组后,也按照这样的方法转发分组,直到分组到达目的节点。这样就大大减小了网络中重复分组的数量,从而减轻网络负载。

通常来说,定向洪泛算法需要节点位置信息的支持,而节点的位置信息可以通过 GPS 系统或者北斗系统获得。定向洪泛策略是节点在转发分组时,首先根据其他节点的位置信息选取一个角度作为洪泛区域,只对所有在洪泛区域内的邻居节点进行转发,邻居节点同样各自选取洪泛区域转发分组,直到分组到达目的节点为止。如图 8-24 所示,源节点 S 的洪泛区域中仅有节点 A,S 就仅将分组发给 A,同样,节点 A 又仅将分组转发给了节点 B,这样到达目的节点的路由就只剩一跳了,即 S—A—B—C—D。从图中可以看出,分组的转发范围就从一个完整的圆形变成一个同半径的扇形,有效地缩小了洪泛范围。下面我们会介绍比较经典的 DREAM 协议和 Geocast 协议。

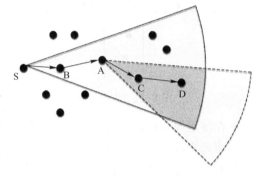

图 8-24　定向洪泛

1. DREAM 协议

(1) 协议介绍

移动距离效应路由协议(Distance Routing Effect Algorithm for Mobility,DREAM)是一种典型的移动自组定向洪泛路由协议,它利用获得的地理位置信息,在源节点和中间节点分别计算到目的节点的角度,得出一个扇形区域,节点只将分组转发给该区域内的所有一跳邻节点,直到该分组到达目的节点。下面将对它进行详细的介绍。

1) 位置更新分组的结构

在 DREAM 协议中,各节点要周期性广播位置更新分组,使网络中其他节点能够及时得到自己最新的位置信息。该分组的格式如图 8-25 所示。

其中,ID 是发送该位置更新分组的节点 ID;(x,y)是该节点的当前坐标;v 是节点当时的速度;time 是节点上发送该分组的时刻;age 是该分组的生命期,也就是它在网络中传播的最大跳数。

2) 位置表条目的结构

节点通过自身的位置表计算转发域发送数据分组,位置表有若干条目组成,每个条目对应网络中的一个节点,对于每个条目都有相应的生存期,生存期超时的条目会被视为失效条目删除,一般设置成一个经验值;如果网络拓扑结构变化非常频繁,它还会被定义成一个关于距离的函数,位置表条目的格式如图 8-26 所示。

ID	(x, y)	v	time	age

图 8-25　位置更新分组

ID	(x, y)	v	time

图 8-26　位置表条目的格式

位置表条目的格式和位置更新分组非常相似,其中,ID 是该条目对应的节点 ID;(x,y)是该条目最近一次更新时对应节点的坐标;v 是对应节点的当前速度;time 是对应节点发送最近一次更新分组的时刻。上述几项都可以从接收到的对应节点的位置更新分组中提取。在实现中，条目生存期是一个固定常数，time 字段被当作是该条目建立的时间，如果从 time 表示时刻起，在条目生存期时段内该条目没有再被更新的话，就将被当作失效条目被删除。

(2) 协议中的关键技术

1) 位置信息分组的发布

首先 DREAM 协议是没有路由表的，所以位置信息在 DREAM 协议中就显得格外重要，车辆节点可以互相交换自己的坐标及其他位置相关信息以使得每个节点都可以不断获得其他节点的最新位置信息。确切地说，在每个节点的位置表中都维护着其他可知节点的位置信息条目，通过这些条目节点可以计算出目的节点相对于本节点的距离和方向。DREAM 协议规定节点要周期性地广播位置更新信息，当然为减小网络负载不能直接使用简单洪泛，所以，该协议引入了以下两个办法来控制分组发送频率。

- 距离效应（Distance Effect）

距离效应的核心思想就是：两个节点的距离越远，它们对对方位置变化的关注就越小。可以这样理解：一个节点移动时，离它越近的节点对它位置信息关注程度越大，越希望得到该节点的最新位置信息。在实现上，为了体现距离效应，每个位置更新分组都会加入一个"age"字段，它相当于位置更新分组的生命期，通过设置 age 值的大小来控制分组发送的远近。当分组被发送时，每被转发一次，age 的值就减小，当 age 的值为 0 时，该分组就将被丢弃。大部分的分组都只有较小的 age 值，这些分组会以很高的频率发送，它们在发送出来很短距离以后就会被丢弃，而 age 值较大的分组的发送不像 age 值小的分组那么频繁，但它们能在网络中传播得更远，能到达更多的节点，甚至整个网络。

- 移动速率（Mobility Rate）

节点广播位置更新分组的频率是一个以节点移动频率为参数的函数，节点移动得越快，它就越需要频繁地发送位置更新分组。这是因为节点的移动速率越高，位置就相应地变化得越频繁，其他节点就不得不需要尽快知道最新的位置坐标。

基于上述两种关键技术就能在不降低路由精确度的前提下将网络中控制分组的总数最小化，从而使协议更有效率。可见，在 DREAM 协议中，距离和移动速率是核心参数。因此，位置信息的发布具有以下性质：

- 当网络中没有节点移动时再发送位置更新分组只是浪费带宽，所以只有网络中有节点移动时才发送位置更新分组。
- 更新频率的确定可以最优化，因为更新分组的发布频率取决于移动节点自身。
- 位置更新分组的总数（和发送所消耗的能量）可以最小化，因为更新分组的生存期同移动节点之间的距离和节点需要更新的位置表有关。

2) 转发域的确定

转发域是指发送节点根据目的节点的方向而确定的转发数据分组的方向，位置信息的发布过程为在给定方向寻找到目的节点提供了成功的可能，而转发域的确定则为数据分组到达目的节点提供了保证。当源节点 S 准备发送消息分组 m 到目的节点 D 时，它会查找自己的位置表以获得关于节点 D 的位置信息，基于这条信息，节点 S 从它的邻节点中选择在节点 D 方向上的节点并把分组 m 发送给它们，然后这些邻节点中的每一个都依次做同样的事情，沿着 D 的方向转发消息分组直到分组到达节点 D。所以，对于源节点 S 和中间转发节点来说，选择一个特定的角度（即转发域）转发消息分组是至关重要的。如图 8-27 所示，扇形区域是转发域，阴影区域是期望域，节点 S 知道节点 D 的地理距离■和角度 v，这些数据可以通过存储在 S 上位置表中的位置信息计算出来。图中所显示的是 t_0 时刻 S 和 D 的位置，在稍后的时刻 t_1，$t_1 > t_0$，由于知道节点 D 的移动速度 v，所以就可以推测出节点 D 在 t_1 时间可能出现的区域（即期望域）是以 t_0 时刻位置（X_D, Y_D）为圆心，以 $r = v(t_1 - t_0)$ 为半径的圆 C，从节点 S 向圆 C 做两条切线，两条切线之间的扇形区域就是转发域。节点 S 在 t_1 时刻对于节点 D 的转发域就是夹角为 [$v+\alpha$, $v-\alpha$] 的扇形区域。源节点 S 要向目的节点 D 发送数据分组 m，它就要从它的邻节点中挑选出所有在其转发区域中的节点。DREAM 协议中，转发域的选择原则就是必须保证在圆 C 中能以不低于给定的 p（$0 < p \leq 1$）的概率找到目的节点 D。

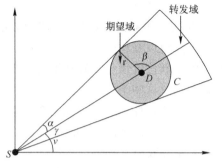

图 8-27 转发域的确定

（3）协议原理

当源节点 S 向目的节点 D 发送数据分组 m 时，它首先在自己的位置表中查找对应节点 D 的条目，计算出转发域并向转发域中的所有邻节点发送数据分组 m，在发送之前还要设置相应的分组超市定时器。中间节点收到分组 m 后分别根据本节点的位置表条目计算出自己的转发域并继续转发数据分组 m。当数据分组 m 到达目的节点 D 后，D 向源节点 S 回复一个 ACK 分组，ACK 分组的发送方式和数据分组 m 一样，同样采用定向洪泛的方式。当 ACK 分组到达源节点 S，S 将相应的定时器清零，数据分组发送成功。但是，无线网络的特性决定了数据分组的发送不可能每一次都成功，为了解决这个问题，DREAM 协议引入了 recovery 机制。

ACK 分组可能由于找不到通往源节点 S 的路由或者发送中出现错误而无法到达目的地，如果源节点 S 在分组 m 相应的超时定时器到时之前还没有收到对应的 ACK 分组，它将启动 recovery 机制。一般的 recovery 方法是将数据分组向目的节点 D 洪泛或部分洪泛，当然，根据网络状况的不同还有其他的方法。如果目的节点 D 收到经过 recovery 机制处理的数据分组，它就不再需要回复 ACK 分组。另外还有，如果当源节点 S 发送数据分组 m 时，目的节点 D 对应的位置表条目过期或不存在，源节点 S 也会立即启动 recovery 机制。

2. Geocast 协议[29]

地理多播（Geocast）是传统多播（Multicast）技术的一种变化，不同于传统多播将一组节点（多播组）作为传输目的，地理多播是将一块或若干块指定的地理区域内所有的节点作为传输目标，其实，该区域内的所有节点都可以看作是传统多播中的多播组。Geocast 路由的目标是将报文从源节点传递到位于某个特定地理多播区域（Zone of Relevance，ZoR）内的所有节点。许多 VANET 应用将从 Geocast 路由协议中获益，比如，一辆汽车通过车载传感器标识自己碰撞了，然后它能立即报告事故给附近的车辆。在 ZoR 外的车辆没有被警告以避免不必要的匆忙反应。Geocast 可以通过组播服务来实现，只需要定义组播组为一个特定的地理区域。在地理位置组播中通常会定义一个转发区域（Zone of Forward，ZoF），这个区域会引导洪泛的数据包来减小消息开销和网络拥塞。如图 8-28 所示，阴影部分区域是地理多播区域即 ZoR，其他不包含源节点的区域就是转发区域即 ZoF。

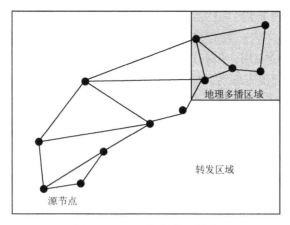

图 8-28　地理组播分组转发

比较经典的基于 Geocast 的数据分发机制有以下几种：IVG、CGR、AGR、ROVER 和 Mobicast，下面就主要针对这几种路由机制来做简要介绍。

(1) 车辆间基于位置的组播（Inter-vehicle geocast，IVG）

这是 Bachir 和 Benslimane[30]（2003）提出的一种针对某块地域的紧急消息分发机制，主要用于传播安全消息，例如有事故发生，洪水或者发生其他自然灾害等。当前方发生交通事故或者其他紧急事件时，常理上只要通知后方车辆即可，这就需要将消息发送到一片地域内，在 IVG 协议中，这片地域叫风险区域，风险区域是根据车辆行驶方向和车辆位置建立的，这些数据可以从 GPS 获得。但是，车辆接收到的消息不能立即转发，需要存储一段时间（被称为延迟时间）用来决定是否这个消息需要广播。等到延迟时间结束，如果车辆没有从其他后方车辆接收到相似的警告消息，该协议就没有检测到中继节点。因此，该车辆就指派自己作为中继节点，开始向后方车辆广播警告消息。当从其他节点 S 接收到消息时，节点 X 的延迟时间是与它们之间的距离成反比关系，距离越远，等待时间越少，再次广播越快。

(2) 缓存的基于位置路由（Cached geocast routing，CGR）

Maihofer 和 Eberhardt[31]（2004）提出 CGR 协议，与通常的 Geocast 不同，它关心缓存方案和距离意识的邻居选择方案来处理 VANET 中高速的问题。在 ZOR 内缓存的贪婪 Geocast 主要思想是在路由层增加一个小的缓存，保存这些由于 local minimum 而不能立即转发的报文。当一个新的邻居可达或已知的邻居改变位置，缓存的消息就可能转发给新发现的节点。它们的距离意识邻居策略考虑了邻居关系的频繁改变，它选择在范围 r 内（小于传递范围）最靠近目的的节点，而不是通常贪婪路由模式中节点的传递范围。注意到在贪婪路由中，中继节点通常选择位于中继节点传递范围边界的节点作为下一跳，因此由于节点的高速移动性被选择的下一跳节点有更大的概率离开传递范围。仿真结果表明，由于网络分割和不可达的邻居引起消息的暂时不可传递，利用缓存方案能够显著提高 Geocast 传递的成功率。改进的邻居选择方案考虑到了邻居关系的频繁改变，极大降低了网络负载和端到端的传递延迟。

(3) 持续的基于位置路由（Abiding geocast routing，AGR）

Maihöfer 等[32]（2005）研究了一种特殊的 Geocast，称为 Abiding Geocast，在 Geocast 生

存期（某个特定的时间段）内，报文需要传递给 Geocast 目的区域内所有节点。一些服务或应用，比如基于位置的广告、发行和订阅等将从 Abiding Geocast 中受益。对于 VANET，AGR 可以实现信息和安全应用，例如虚拟警告标志，类似于真实的交通警告标志，它们会被制定在一个特定的地理位置或者区域，只要车辆进入该区域，虚拟警告标志就会显示并通知驾驶员。该文中提供了三种方案：①采用服务器存储 Geocast 消息；②在 Geocast 区域内被选择的节点存储消息；③作为目的地的每一个节点存储所有的 Geocast 报文，保存邻居信息。

（4）鲁棒的车辆路由（Robust vehicular routing，ROVER）

Kihl 等[33]（2007）提出一种可靠的地理多播协议，在这个协议中，周游控制分组可以在网络中广播，而且数据分组是单播的。这个协议旨在将消息发送到特定的 ZoR 中的全部车辆，一个消息由一个三元组 A、M、Z 定义，分别代表着特殊应用、消息和区域识别码。当一辆车接收到一个消息，如果它在范围内，它就会接收这个消息。这里也会定义 ZoF，这个是由源节点和 ZoR 组成的，在路由过程中，所有在 ZoF 中的车辆都被使用到，在 ZoR 中，协议会使用被动路由发现过程，这个协议在网络中会产生很多的冗余消息，会导致网络拥塞和较长的传递时延。为了解决这个问题，作者在分组的跳数项中设置一个总跳数，随着分组的传播，跳数项会减小。如果跳数项减小到 0，分组就要被移除，它就会触发那个接近发送者的节点来发送这个分组。为了防止消息冗余，使用每个分组的序列号来表示分组是否已经被接收。

（5）时空多播路由协议（Mobicast）

Chen 等[34]（2010）提出了一种时空多播路由协议——Mobicast，该协议不仅考虑了空间，还考虑了时间因素。如图 8-29 所示，协议的目的是将 Mobicast 分组从源节点 V1 传送到 ZoR$_t$ 内的所有节点。ZoR$_t$ 是指在时刻 t 时的 ZoR（相关区域），就是使用特定时间的相关区域。为了实现这一目标，作者提出了一种可估计精确 ZoF（转发区）的方法，以此解决时间网络分割的问题。这个方法需要使用自适应逼近区域（Zone of Approaching，ZoA）来动态的产生灵活的 ZoF，从而在合适的时间将 Mobicast 消息传递到 ZoR。

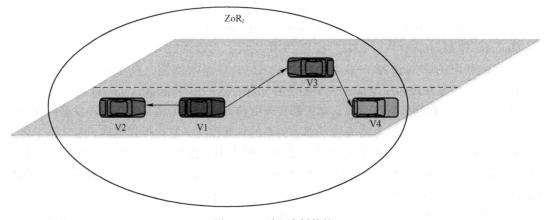

图 8-29 时空多播协议

3. 改进措施

定向洪泛存在一个大的缺陷：如果限定了洪泛区域，算法就没有简单洪泛那样可靠了，如果在节点的转发区域中没有中间节点可以为其转发分组，分组发送将归于失败。为了弥补这一缺陷，基于定向洪泛的协议都使用恢复措施以保证分组的正常传送。恢复措施一般是扩大定向洪泛范围或者直接采用简单洪泛，虽然这样做会一定程度上增加网络分组的数量，但是以此换取发送的成功还是值得的。

定向洪泛协议与其他种类协议最大的区别在于它为自己的分组转发设定了转发域，在发送分组时，节点仅向在自己转发域中的邻居节点发送，这样就大大减轻了洪泛给网络带来的负担，因此，转发域的选取一定程度上决定了定向洪泛协议的效率，所以对定向洪泛路由的改进也可从这个角度出发的。此外，有些改进协议会针对 VANET 中的应用做相应改善，例如特定区域内消息推送都会用到地理多播的技术。

对于 DREAM 协议，转发域的确定方法是 DREAM 协议的核心，它关系着该协议性能的优劣，而节点转发域的确定往往与目的节点位置的期望域有关，通过对 DREAM 协议的描述，我们知道期望域大小的确定是和目的节点运动速度大小有关的，除此之外还和速度的方向有关，速度大小是期望域半径，这点没有办法改善，但是如果我们可以知道目的节点运动方向的话，那么期望域就从原来的一个圆变成了一个半圆（即期望域就减小了一半），从而减小了定向洪泛的范围，使得网络状况得到改善（闫淼 2006 年提出[37]）。

Hamidreza Rahbar 等（2010）提出了动态稳定时间 Geocast 协议（Dynamic Time-Stable Geocast，DTSG），为了使用车联网相关应用，有时候需要一个消息在一个区域内维持一段时间，例如一些商业应用。该协议的特点是：①它比较适用于节点密度较低的网络。②它能够保证在车辆进入一个特定区域后就能将消息传送个车辆。③它可以基于网络密度和车辆速度动态调整协议的参数，以使协议性能达到最优。④地理组播的时间是可变的（可以延长也可以取消）。⑤该协议定义了两个阶段：一个是预定义稳定阶段，就是将消息传播到目的区域，一个是稳定阶段，就是能让消息在该区域内活跃一段时间。⑥该协议的性能能够在数据包传递率和网络开销方面保持平衡。

Ryosuke Akamatsu 等（2014）提出了一种适用于城市环境下的基于自适应延迟的 Geocast 协议（UGAD），如图 8-30 所示，左图：源节点 S 在路口前洪泛一个数据包，但是由于路边建筑物的阻挡，节点 A 和节点 C 都没能接收到数据包，造成协议数据包传递率较低，但是当源节点 S 在路口中心出洪泛数据包时，节点 A、节点 B 和节点 C 都能收到数据包，所以，在路口中心处洪泛数据包可以提高数据包传递率。此外 Geocast 路由协议在相关区域以外是以洪泛的形式转发数据包的，这会造成数据包的冗余。UGAD 对于上述两点问题进行了改善，协议包括两种转发模式，一种是路口转发模式，一种是贪婪转发模式，这样的转发模式可以减少网络中的冗余数据包和提高数据包传递率。

8.3.2.4 分层路由

在 Ad Hoc 网络中，网络结构可以分为平面式和分层式两种。平面式网络中使用平面路由协议，而分层结构中使用分层路由协议。平面路由协议是指网络中的各个节点的地位是平等的，本节之前的协议都是平面路由协议。而在分层路由协议中，采用了簇的概念对节点进行划分（特殊的用网格进行划分）。节点中有簇头、网关节点和普通节点之分，节点与节点之间的地位是不平等的。若干个在空间上相邻的节点构成一个簇，每个簇有一个簇头。簇与簇之间可以通过网关节点进行通信，簇头和网关节点构成了网络的上层。与平面路由相比较，分层路由协议具有方便管理节点、对拓扑变化不敏感、参与路由计算的节点较少、路由表的长度较短、用于通信的能量消耗较少等优点。

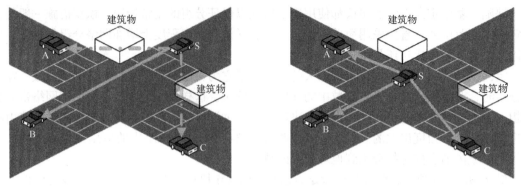

图 8-30 UGAD 协议

1. 基于簇的路由

在分层路由协议中，通常将网络划分为多个簇（Cluster），通过分簇来构造分层次的网络拓扑，相邻近的节点构造成一个簇，节点有簇头（Cluster head）、普通成员（Ordinary node）和网关（Gateway）三种角色，簇内靠簇头相互通信，簇间通过靠簇头和网关来实现相互通信，相邻节点也可以用于指定单向链路。图 8-31 是常见的网络分簇结构图。（对于簇中通信机制需要做一些简要介绍，这部分资料一定要查到）在基于簇的路由协议中，离得较近的车辆形成一个簇，但是在此类协议中，簇的配置和簇头的选择是一个重要问题，像 VANET 这样具有高移动性的网络，动态簇的配置是一个巨大的开销，但是基于分簇的路由机制可以降低控制开销和网络拥塞，消息机制比较高效，有一定的研究意义。

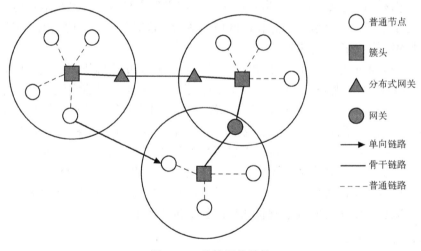

图 8-31 分簇网络结构

目前，VANET 中的分簇机制是有一部分沿用 MANET 中的簇路由协议，下面对于传统的分簇机制会有相应的介绍。但是，由于 VANET 中车辆节点的特点，导致传统路由的性能不能达到预期效果，尤其是对车辆节点方向、移动性和 QoS（服务质量）方面并没有考虑太多，因此，在接下来的内容中还会针对 VANET 的特性列举一些适用于 VANET 的分簇路由。

分簇机制主要是靠分簇算法来将网络中的节点进行相关配置以及簇头选择，这里会介绍几种典型的分簇算法，目前学者提出来的较新的分簇机制会在改进措施那一部分内容中做详细描述。

常见的分簇算法有以下几种:

1) 最小标识符优先算法

Gerla 和 Tsaiz 在 1995 年提出了最小 ID 分簇算法(Lowest ID Cluster Algorithm, LIDCA),每一个节点都拥有一个预先指定好的网内唯一 ID,通过周期性地广播自身 ID,通过与邻居节点进行比较,ID 最小的节点当选为簇头,随后非簇头邻居节点作为成员加入该簇,直到所有节点都有簇加入为止。此算法计算简易、收敛较快、方便实现,节点 ID 在整个算法过程中始终唯一固定,因而簇头的变换频率较低,簇头及簇结构所需的维护开销较小。该算法的缺点在于倾向于选择具有更小 ID 的节点作为簇头,而 ID 是为每个节点固定分配的,因此分配到较小 ID 的节点将消耗更多的能量,从而在能量有限的网络中可能导致某些节点能量耗尽,但是在 VANET 中,车辆节点一般具有充足的能量。

2) 最大连接度算法

最大连接度算法(Highest Connectivity,HC)中,连接度是簇头的选择标准,即一个节点的一跳邻居个数,其目标是尽量减少簇的数目。同 LIDCA 成簇相似,节点周期性广播连接度,与邻居节点进行比较,具有最大连接度的节点为簇头,当连接度相同时,依据最小 ID 决定簇头。该算法优点在于簇数量少、路由简单,网络的控制能力强,簇间通信时延短。但缺点是随着簇数目的减少,信道资源的使用率也逐渐地降低;算法中不限制簇内节点数目,通过节点轮询的方式分配资源,若节点数目过大,节点吞吐量将急剧下降,系统性能也跟着降低。连接度会因为节点的移动而改变,移动性强的网络中簇头变换将会变得频繁,因此,HC 分簇算法比较适合节点移动性和节点密度小的场合;此外,对于环状或窄带状网络拓扑,节点连接度基本相同,此算法将会失效。

3) 基于权值的分簇算法

基于权值的分簇方法是依据节点适合作为簇头的程度来为每个节点分配相应的权值,通过给每个参数设置一定权重加以限制,具有最高权值的节点成为簇头。基于权值的分簇算法可以根据网络环境的差异性和应用需求的多样性来确定簇头选择的依据,是一种多因素综合式的分簇算法。在 LIDCA 的基础上,Basagni 提出了分布式分簇算法(Distributed Clustering Algorithm,DCA),该算法中运用权值思想假设每个节点具有唯一的权值,并将依据权值进行簇头选择。在算法初始化时,每个节点通过算法与其一跳的邻居节点进行权值比较(权值越大,做簇头的优先级越高),以确定簇头和簇成员角色。该算法在节点移动性较强时,可以明显减少簇头变换,但是算法执行周期较长、权值单一,在应用环境和规模上受很大限制,节点权重的更新较快,导致簇头用于算计的开销增多;该算法虽然综合考虑了节点的连接度和标识等参数并进行加权,但对权值的计算并没有做详细深入的讨论。

4) 基于位置预测的分簇算法

基于位置预测的分簇算法是把对节点的移动性预测机制应用在分簇算法上的一种算法。为了在多跳移动自组织网中支持 QoS,Sivavakeesar 和 Pavlou[39]提出了一种分簇算法,该算法最显著的区别在于基于预测节点移动的位置来选择簇头,并引入了虚簇的概念,每个虚簇中心具有唯一的标识符,假定每个移动节点都知道虚簇中心的位置信息位,位置信息是通过 GPS 或者自定位算法所得。通过对节点的历史位置进行记录和保存,继续通过计算进行移动性预测。算法中的 P_{ik} 表示了第 k 个虚簇中节点 i 在距离虚簇中心距离 d_{ik} 停留时间 t_{ik} 的概率。该算法的优点是采用了移出当前虚簇概率最小的、与虚簇中心距离最短的节点选为簇头原则，这样不仅排除了移动性强的节点作为簇头的可能，使簇头覆盖范围中节点最多，并且可以避免因簇头变换而导致的簇覆盖范围出现较大波动。但此算法需要所有节点快速地确定自身位置信息并发布出去，并进一步保存和计算，这样会带来一定的计算和通信开销。

5) 基于节点移动性的分簇算法

在 Ad Hoc 网络中，节点移动是引起簇头和簇成员关系以及簇结构变化的主要原因。Basu 等人在 2011 年提出了基于节点移动性的分簇算法（Mobility Metric Based Clustering Algorithm，MOBIC）。算法中将节点移动性作为分簇以及选举簇头的决定因素，作者假定接收端检测到的信号强度能表征发送节点和接收节点间距离，通过连续接收到的同一节点数据包强度能够计算节点相对自己的移动性，然后利用其与每个邻居节点的相对移动性求出平均移动性，及移动性度量值 N。N 越小，节点移动性越小，越适合做簇头。初始化时，与 LIDCA 相同，进行移动性度量值 N 比较，确定簇头和普通成员角色。同时为两个簇头的邻居节点作为网关，若两个未定状态的邻居节点有相同的移动性，通过最小 ID 进行取舍。当一节点进入到簇中，其 N 比簇头小，则触发该簇重组。当处于彼此覆盖范围的两个簇头，经过固定时间（算法中设定的簇竞争间隔）后，若还处在相互范围内，则通过 N 竞争进行簇头选举重新够簇；若在所设固定时间内簇头已经相互离开，那么彼此保持簇头角色簇结构不变。这种思想有效减少了簇头变换的频率，避免了交叉簇反复重组。MOBIC 算法虽然簇结构比较稳定，但是该算法比较理想化，没有考虑簇的大小、节点处理能力和能耗。接收信号强度能正确地反应节点之间的空间距离在理想的自由空间中成立，但在真实的通信环境中，信号强度各种衰落效应的影响，以此来判断发送节点与接收节点间距离不准确。

6) 基于链路稳定性的分簇算法

S. Hwang 等人[40]在 2002 年提出了一种基于链路稳定性的分簇算法，该算法用 $CS_{m,n-avg}$ (SS) 表示从节点 m 和 n 之间的平均信号强度，通过信号强度来表征链路的稳定性，选取链路较稳定的节点作为簇头，凭借自由空间传播模型（Free Space Propagation Model）来预测接收端接收到的信号强度：

$$P_r(d) = (P_t G_t G_r^2)/[(4\pi)^2 d^2 L] \tag{8-3}$$

其中，P_r 和 P_t 为接收端接收功率和发送端发送功率；G_t 和 G_r 为接收端和发送端的天线增益；L 为系统损耗率，d 表示发送端与接收端距离。此算法所考虑的因素比较单一，并且所应用的模型是在自由空间传播模型，根据此模型计算出的信号强度与实际通信环境中是不相符的，并且在簇的维护上将会因为节点的大量移动而耗费大量的开销。

7) 开放的车载分簇算法

Blumeta. l[41]等（2003）提出了开放的车载分簇算法 COIN（Clustering for Open IVC Networks），该算法根据车辆的移动性以及司机的行驶意图来选择簇头。将车辆节点分为普通节点和簇头节点，引入了节点邻域概念，假定每个节点通过定位设备能够获知其邻域内节点位置信息，并且周期性地广播自身当前行驶的道路退出点以及当前所属簇头。算法允许并适应节点之间距离的时常变动，通过制定簇头间的最小距离来减弱因距离的频繁变动对网络产生的影响。COIN 相比较 LIDCA 而言，使簇的平均寿命大大增加，并且减少了簇内成员的变动。

8) 基于位置优先的分簇算法

Zhigang Wang 等人[42]（2008）提出了基于位置优先的适用于大规模多跳 VANET 分簇算

法（Position-based Prioritized Cluster，PPC）。该算法定义每个节点有唯一的 ID 值，并周期性地广播簇信息与周围邻居节点进行交换。基于两跳的优先值信息选择簇头，优先值的判断是依据车辆节点速度、平均速度偏差、车辆行驶时间三个衡量指标，算法规定只有当簇分裂或者消亡的时候才需要重新进行优先值计算。

2. GRID 路由协议

GRID 路由协议是一种完全基于位置信息的分层路由协议，利用位置信息解决查找路由、转发数据分组、路由维护三个问题，该分层路由协议将整个网络覆盖区域划分为许多称为网格的小型方块区域，每个网格内都要选出一个具有代表性的节点负责数据分组的转发，不妨称该代表性节点为 Leader 节点。与传统的采用逐跳查找路由方式的路由协议不同，GRID 协议以网格为单位查询路由。

(1) GRID 路由协议算法原理

该协议将网络的覆盖区域划分为若干个从面积为 dd 小的方形区域，每个区域被称为网格，每个网格有唯一的 ID。为了知道位置信息，每个节点都配备定位系统。通过位置信息接收器给出节点的位置，通过该位置来确定节点所处的网格。在 GRID 协议中网格大小是一个很重要的参数，如果网格边长 d 偏大，网关节点将很难把信号传送到网格边缘，这样通信就不可能成功。而当网格边长设计偏小时，可能在很多网格中无网关节点，同时移动节点成为网关节点的比率增加，这样会造成路由中断的概率增加。为了讨论问题的方便，在本节中，将网格大小默认为一个合适的范围，既能使网关节点的信号传送到相邻的各个网格，又不至于使网格过小。分组采用网格到网格的传输方式，每个网格中选择一个节点作为该网格所有节点的网关节点。网关节点的功能包括：①转发路由发现分组到相邻网格；②传送数据分组到相邻网格；③维持通过该网格的路由。其他非网关节点如果不是源节点或目的节点不参与以上的任何行为。为了保持路由的质量，选择尽可能靠近网格位置中心的节点作为网关节点。

(2) 路由发现和路由应答

在路由建立过程中，GRID 路由协议与其他路由协议相比有三个主要的不同点：首先，通过已知的源节点和目的节点来定义寻找范围；其次，不是每个节点都参与到路由的发现过程，只允许网关节点负责路由发现；最后，节点路由表中所保存的是网格的 ID 而不是网关节点的 ID。GRID 路由协议的路由发现和路由应答过程采用 AODV 协议的路由发现和应答过程来实现。

当一个位于位置 l_s 的源节点 S，需要向估计位于 l_D 的目的节点 D 传送分组。S 首先将广播一个路由请求分组 RREQ(S,s_seq,D,d_seq,id,range,previoushop)。

- (S,id)用来区别同一源节点 S 发送的 RREQ 分组，这样可以避免相同请求的无限次洪泛。
- s_seq 是用来表示目的节点到源节点的序列号。
- D 表示目的节点的标号。
- d_seq 表示源节点到目的节点的序列号，通过序列号信息来确定路由是否能被接受使用。
- range 是用来强调从 S 到 D 路由寻找区域。
- previoushop 表示传输转发该分组的网格。

当网关节点收到 RREQ，首先检查自己是否处于指定的区域范围内，如果该网关节点处在规定的传输范围内，它将建立一个上跳网关所在网格的坐标的反向指针，同时再次广播分组；否则，忽略该分组。

当目的节点 D 收到请求分组 RREQ，目的节点将生成一个应答分组 RREP(S,D,d_seq, nexthop,previoushop) 从 D 发送到 S。

- (S,D) 表示源节点和目的节点。
- d_seq 表示源节点到目的节点的序列号。
- nexthop 表示下一跳网格，即分组传输的下一跳目的网格。
- previoushop 表示传输转发该分组的网格。

分组是一个单播分组，它将根据反向指针所指的方向传送。当网关收到 RREP，它将增加一个路由条目，从该处到目的节点 D，当 RREP 到达 S 时，从 S 到 D 的路由也就建立了，数据就可以开始传输了。

如图 8-32 所示，是 GRID 协议正向路由和反向路由建立的过程。首先通过网关节点选择在每个网格中选择一个网关节点。图中 A、B、C、E、F 是网格(0,1)、(1,1)、(1,0)、(2,1)、(3,1) 的网关节点。具体的正向路由和反向路由建立过程和 AODV 协议相似，读者可参照前面的 AODV 协议，只是路由表中记录的是网格 ID 而不是节点 ID。具体的反向路由条目和正向路由条目如表 8-2 和表 8-3 所示。

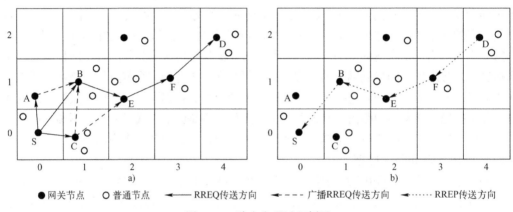

图 8-32 路由发现过程例子

表 8-2 反向路由条目

节点	S	B	E	F	D
源节点	S	S	S	S	S
序列号	1	1	1	1	1
上跳网格	NULL	(0,0)	(2,2)	(3,2)	(4,2)

表 8-3 正向路由条目

节点	S	B	E	F	D
目的节点	D	D	D	D	D
上跳网格	(1, 1)	(2, 1)	(3, 1)	(4, 2)	NULL

（3）数据分组传输

从上面路由建立过程可以看到，在 GRID 路由协议中，只有网关节点参与了路由的建立，非网关节点中不存在与源节点 S 和目的节点 D 相关的任何路由信息。因此，在协议中，路由表中不使用节点 ID 标识,而是采用网格 ID。路由表条目中给出了到某个目的节点的下一跳网格。源节点所要传递的分组沿着路由网格传递到目的节点。在分组传递过程中并不考虑具体到下一跳分组到哪个节点,而是到下一个网格。当一个网关节点移动出该原网格,将把该节点已知的路由表发送到原网格中选择出新的网关节点,之后分组的传输将通过新的网关节点来进行,所以数据分组的传输是以网格为单位的。

(4)路由维护

GRID 路由协议中,除了源节点和目的节点,每个中间节点必须是网关。下面就从以下两个问题展开:①如何在每个网格中选择网关和维持网关;②当源节点和目的节点随机移动时,如何维护路由。

网关节点的选择原则:

1)当需要选出一个新的网关时,最靠近网格物理中心位置的移动节点就是所选择的网关。这样的节点将更稳定,因为它保持在该网格中的时间较长。因此,选择过程将不会太频繁,协议将提高带宽利用的效率。

2)为了避免乒乓效应(即根据最优的位置来选择网关节点造成网关节点高频率的更换),一旦移动主机被选择作为网关,它将一直作为该网格的网关节点,无论该节点移动网格中的何种位置,直到移动出网格。因此,即使其他节点随机移动到网格中心时(即上一原则所说的物理中心位置),只要此时已确定网关节点没有移出该网格,其他节点不能被选为网关。

网关节点选择协议:

- 一个网关节点应该周期性的广播 GATE(g,loc)分组,来告诉该网格中的其他节点,本网格中的网关节点存在。这里 g 是所处的网格坐标,loc 是它目前的位置。
- 每个移动节点应该能够侦察它所处网格的网关。如果在一个预先定义的时间周期内没有接收到 GATE 分组,它将广播一个 BID(g,loc)分组,网关节点(如果网关节点还是有效的且处于网格 g 中)听到 BID 分组后,它将应答一个 GATE 分组拒绝前者的投标。在网格中最靠近网格中心位置的非网关节点收到 BID 后,它将应答一个 BID(g, loc′)分组拒绝前者的投标,这里 loc′是发送节点当前的位置。如果投标节点在预先定义的时间周期内没有收到这样的分组,则投标节点将默认选择它自己作为当前网格的网关,不发送任何分组了,之后通过规则 1)来宣布自己的存在。
- 当一个网关节点离开目前的网格,它应该广播一个 RETIRE(g,T)分组,这里 g 是该节点作为网关服务的网格坐标,T 是它手中的路由表。网格中每个其他的节点听到分组后,将继承路由表 T,并且向规则 2)一样发送 BID 来选择出新的网关。
- 每个移动节点(包括网关和非网关)应该侦察在它的临近网格中网关的存在。当移动节点随机移动进入一个新的网格 g,它知道没有网关存在,将广播一个 BID(g,loc)分组竞争作为网关,这里 loc 是它目前的位置。然而,可能多个节点随机进入网格 g,初始化 BID 分组。如果这样,将采用规则 2)。
- 为了消除一个网格中多个网关的出现,当节点假设它本身为网关,它从其他主机从网格中物理中心靠近的位置听到 GATE 分组,它就自己默认为非网关不在发送任何分组。

第二个问题是当源节点或目的节点移动离开了它所在的网格,如何解决位置问题。在这种情况下,路由不会中断。下面让源节点从节点 g 移动到 g′,根据源节点运动方向,分为四个情况讨论。

- 网格 g' 是在源节点移动到路由线路上的下一个网格（见图 8-33a）。在这种情况下，第一种方法是不改变任何路由条目，源节点 S 到目的节点 D 的路由能够一直运行正常，例如图中源节点 S 可以先把数据传递给路由表中原始的网关节点 B，之后再转发，这样源节点的第一跳首先是发送到所处网格的网关节点，然后再通过网关节点转发。第二种方法源节点能够参考 g' 的网关节点的信息得到路由上下一个网格的坐标，接着转发它的数据分组到该网格。如在图中源节点可以通过网关节点 B 得到源节点 S 到目的节点 D 路由的下一跳网格为 E 节点所处的网格，源节点 S 直接发送数据分组到下一跳网格的网关节点 E。在这种情况下，路由将减少一跳。
- 网格 g' 为路由下一跳网格的相邻网格（见图 8-33b）。在这种情况下，不改变需求，源节点 S 能一直使用它的原始路由表，转发它的分组到下一跳网格。
- 网格 g' 是与下一跳网格不相邻的网格，且在网格 g 中存在网关（见图 8-33c）。源节点 S 将改变目的节点 D 到网格 g 的路由条目，接着所有数据分组将转发到网格 g。在这种情况下，路由增加一跳。
- 网格 g' 是与下一跳网格不相邻的网格，且在网格 g 中不存在网关（见图 8-33d），这意味着这里没有节点转发源节点的分组，因此路由将认为中断了。

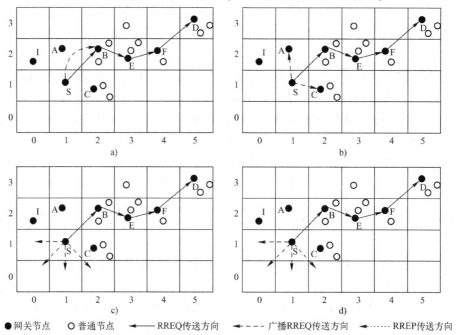

图 8-33 路由维护

3. 改进措施

（1）基于分簇的路由改进措施

在 VANET 中，有一个特点对如何选择分簇算法起了决定性作用。就是 VANET 对网络的时延要求非常高。因为 VANET 的重要应用方面是辅助驾驶和智能交通，试想当前方车辆紧急刹车需要通知后面其他车辆时，网络的延时却很大，会造成怎样的影响！因此，在 VANET 中，时延应该作为重点考虑的因素。而在常见的分簇算法中，成簇的速度和算法的收敛速度决定了分簇算法的时延。因此从这个方面看，最小ID算法实现简单，收敛速度快，具有非常明显的优势。但是，分层结构也有它自身的缺点，首先分层结构需要相应的分簇算法和簇维护机制，分簇就需要分簇算法。效率高的分簇算法会大大提高路由的效率，相反，效率低的分簇算法，可能还不如直接使用不分簇的平面路由。其次节点之间的路由不一定是最优的，因为簇成员节点必须通过簇头来进行路由发现，这就有一种可能，两个节点很近，但因为不在一个簇中，本来可以直接通信，而在分簇结构中必须通过簇头来进行路由。另外，分簇算法需要花费一定的资源来建立和维护簇，尤其是簇的维护需要更多的开销，寻找快速稳定的分簇算法会很大程度上减少维护分簇的开销。

上面提到的分簇机制主要是从位置和方向，但是由于VANET中节点的高移动特性使得这样的分簇机制划分出来的簇具有较小的生存时间，因为它们并没有考虑到节点的速度。车辆节点移动速度过快，会导致刚分好的簇就会出现大量节点移出簇，甚至连簇头都会在较短时间内离开该簇，从而造成巨大的分簇开销。因此在VANET中的分簇机制必须将车辆节点的速度、位置和方向考虑在内。ZaydounY 等[44]（2009）提出了一种基于多种指标的分簇方法，是将速度、方向和位置三个指标考虑在内，将具有相似移动模式的车辆节点分到一个簇中。该协议将车辆节点分为稳定邻居和不稳定邻居两类。分类标准是判断两个节点之间的距离是否小于服务信道的传输范围。两个稳定节点的相对速度要小于一个门限值，稳定邻居就是候选簇成员。簇头的选择：为了提高簇结构的稳定性以及最大化簇的生存时间，必须选择节点中最长生存时间的节点作为簇头，为了获得较高的连接度，必须与其邻居距离较近和节点速度与邻居节点的平均速度相近。

考虑车辆节点方向的VANET分簇机制：AmenehDaeinabi 等[45]（2010）提出了一种基于权重的车辆分簇算法，对于簇的规模不宜过大或过小，过大会造成簇头与簇成员之间的通信频繁，簇头不能按时发送消息给簇成员；过小会引起簇的不稳定，导致频繁分簇。首先会为车辆设一个不信任值（Distrust Value），这个不信任值代表车辆节点在转发消息时的不信任度，该算法主要分成五步：①为车辆确定邻居列表；②基于车辆的不信任值来确定车辆优先级；③确定车辆方向，可以通过两个节点在两个时刻的位置求距离可得其车辆方向；④计算节点邻居所形成的局部网络的熵值；⑤计算总权值，通过车辆方向、节点不确定值、节点熵值和动态传输范围内车辆节点邻居的数量来综合求权值，权值越小的节点可以被选为簇头。

考虑车辆节点移动性的分簇机制：B. Hassanabadi 等人[43]（2014）提出了一种基于VANET 移动性的分簇机制（Affinity PROpagation for VEhiclar networks，APROVE），该方法借用了亲和力传播（Affinity Propagation，AP）算法的思想，每个节点会将自己的可依赖性和可用性消息传递给它的邻居（可依赖性和可用性沿用自亲和力传播算法），然后做出分簇选择。首先根据两个节点的位置信息，计算出当前时刻和下一时刻两个节点之间负的欧几里得距离之和，也就是相似性函数，引入相似性是用来判断两个节点之间连接是否稳定。邻居列表中包含位置、速度、相似性、可依赖性、簇头状态和簇头收敛性等信息，簇头状态的值是由节点 i 自身的可依赖性和可用性获得，该值为正就代表 i 节点可以作为簇头。

陈培菊等[46]（2013）提出了基于运动状态的簇路由协议，适用于VANET中大规模网络场景，该协议计算节点与其一跳邻居节点的链路维持时间和连接度，通过这两个参数判断节点的优先级并确定簇头节点。在簇的维护过程中，根据成员节点与簇头节点的距离和相对速度，动态确定邻居节点的范围。

陈振等[47]（2013）提出了基于 VANET 分簇的车辆碰撞警告信息传输。该协议是针对 VANET 传输车辆碰撞警告信息所产生的网络洪泛和盲目传输问题，提出并实现了一种基于相邻车辆间距的 VANET 分簇算法，利用该算法对车辆分簇，确定了安全相关车辆和碰撞警告信息的传输范围，并在此基础上构造骨干网络以避免网络洪泛。相对于传统方法 20 s 的传输时延，该方法在 0.1 s 内就将碰撞警告信息传递到所有车辆，显著降低了该类消息的时延，减少了车辆碰撞次数。

卫鹏伟等[48]（2014）提出基于城市道路的稳定车载网分簇路由（Stable Clustering Routing，SCR）策略，SCR 协议通过节点的运动特征进行分簇，并通过提出的辅簇头设计理念，避免簇头在有效期内离开簇后簇重组带来的数据传输问题。根据节点的地理位置服务和运动可预测性，提出了一种适用于车载网中岔口数据转发的路由策略。SCR 协议可使得簇结构的稳定性得到增强，局部优化现象带来的路由冗余问题得到有效减少，并有效地控制了路由跳数，能较好地适应 VANET，尤其适用于城市场景中岔路口较多的道路环境。

（2）基于网格的路由改进措施

由于网络的移动特性，使得网络中的节点可以随处移动，如果该节点在数据传输的路由中，一旦这个节点离开到上一跳节点的通信范围之外，路由就会失效，这也是随着网络中节点移动速度的增加，路由协议性能急剧下降的主要原因。GRID 路由协议通过设置网关节点提高了传输路由的稳定性，但是当节点数目不太多、节点移动速度较快的情况下，同样可能造成传输路由中的网格形成空洞，使传输路由中断。针对 GRID 路由协议中链路失效问题，提出了一种路由自动修复的算法。这种算法可以在链路出现失效时，不再需要源节点重新进行路由建立过程，减少控制分组发送的数量和广播的范围，从而减小发生广播风暴的概率。

8.4 结论

本章主要介绍了 VANET 中网络层的关键技术，主要分为信息分发和路由技术两部分，信息分发是 VANET 中的基础应用，主要针对 VANET 中数据服务的推送和订阅功能，推送服务也就是消息分发，用于 VANET 中车辆紧急消息的警告或者快速扩散；订阅服务就是内容分发，其功能是针对 VANET 中车辆用户的舒适性应用，例如视频、音频或者停车场信息等。信息分发和路由技术有点类似，信息分发主要是处理对于 VANET 中两类基础服务（推送和订阅）提出的，所使用的技术是广播，消息传递的跳数比较少；而 VANET 是一种多跳分布式无线网络，节点的通信范围是一定的，数据分组由源节点发送至目的节点的过程中，通常需要多个中间节点的协助，路由技术主要是针对 VANET 的这一特点，主要介绍了拓扑路由和位置路由两大类，在拓扑路由中分成先应式路由和反应式路由进行了介绍，在位置路由中，先介绍了位置服务和路由策略，然后对位置路由分为三部分：贪婪路由、定向洪泛路由和分层路由进行了介绍。

参考文献

[1] Panichpapiboon S, Pattara-Atikom W. A Review of Information Dissemination Protocols for Vehicular Ad Hoc Networks[J]. IEEE Communications Surveys & Tutorials, 2012, 14(3):784-798.

[2] Park J, Lee S, Moon E, et al. Weighted Average Based Link Quality Calculation Method for Directional Flooding Based Routing[C]//International Conference on Underwater Networks & Systems. Pisataway:ACM, 2015: 1-2.

[3] Muhlethaler P, Laouiti A, Toor Y. Comparison of Flooding Techniques for Safety Applications in VANETs [C]. Telecommunications,2007. Itst'07. International Conference on ITS. Pisataway:IEEE, 2007: 1-6.

[4] Fiore M, Barcelo-Ordinas J M. Cooperative download in urban vehicular networks[C]//IEEE, International Conference on Mobile Adhoc and Sensor Systems. Pisataway:IEEE, 2009:20-29.

[5] Sardari M, Hendessi F, Fekri F. Infocast: a new paradigm for collaborative content distribution from roadside units to vehicular networks[C]//IEEE Communications Society Conference on Sensor, Mesh and Ad Hoc Communications and Networks. Pisataway:IEEE, 2009:1-9.

[6] Lee, Uichin, Park, et al. Code torrent: content distribution using network coding in VANET[M]//CodeTorrent: Content distribution using network coding in VANET. 2006:1-5.

[7] Zhang F, Jin B, Zhuo W, et al. A Content-Based Publish/Subscribe System for Efficient Event Notification over Vehicular Ad Hoc Networks[C]//International Conference on Ubiquitous Intelligence & Computing and, International Conference on Autonomic & Trusted Computing. Pisataway:IEEE, 2012:64-71.

[8] Gökhan Korkmaz, Ekici E. Urban multi-hop broadcast protocol for inter-vehicle communication systems [C]//Proc. ACM Workshop on Vehicular Ad Hoc Networks. New York:ACM,2004:76-85.

[9] Clausen T, Jacquet P. Optimized Link State Routing protocol (OLSR)[J]. Rfc, 2003, 527(2):1-4.

[10] 杨彬, 刘健, 冯家刚. 基于拓扑快速变化的 OLSR 改进路由协议研究[J]. 计算机工程与应用, 2015, 51(4):105-109.

[11] Karuppanan K, Mahalaksmi S. Enhanced Optimized Link State Routing protocol for VANET using Fuzzy Rough Set[C]//International Conference on Advances in Computing, Communications and Informatics. New York:IEEE, 2013:1942-1947

[12] Stephan T, Karuppanan K. Cognitive inspired optimal routing of OLSR in VANET[C]//International Conference on Recent Trends in Information Technology. Pisataway:IEEE, 2013:283-289.

[13] 张洪. 高速移动自组网 OLSR 路由协议研究与改进[D]. 成都:西南交通大学, 2007.

[14] Perkins C E, Royer E M. Ad-hoc On-Demand Distance Vector Routing.[C]//The Workshop on Mobile Computing Systems & Applications. Pisataway:IEEE, 2002:94-95.

[15] Bala R, Krishna C R. Scenario Based Performance Analysis of AODV and GPSR Routing Protocols in a VANET [C]//IEEE International Conference on Computational Intelligence & Communication Technology. Pisataway:IEEE, 2015:432-437.

[16] Shen X, Wu Y, Xu Z, et al. AODV-PNT: An improved version of AODV routing protocol with predicting node trend in VANET[C]//IEEE, International Conference on Advanced Infocomm Technology. Pisataway: IEEE, 2015:91-97.

[17] Sutariya D, Pradhan S. An improved AODV routing protocol for VANETs in city scenarios[C]//International Conference on Advances in Engineering, Science and Management. Pisataway:IEEE, 2012:575-581.

[18] Yu X, Guo H, Wong W C. A reliable routing protocol for VANET communications[C]//Wireless Communications and Mobile Computing Conference. Pisataway:IEEE, 2011:1748-1753.

[19] Bilal S M, Bernardos C J, Guerrero C. Position-based routing in vehicular networks: A survey[J]. Journal of Network & Computer Applications, 2013, 36(2):685-697.

[20] Ayaida M, Fouchal H, Afilal L, et al. A Comparison of Reactive, Grid and Hierarchical Location-Based Services for VANETs[C]//Vehicular Technology Conference. Pisataway:IEEE, 2012:1-5.

[21] Fonseca A, Vazão T. Applicability of position-based routing for VANET in highways and urban environment

[J]. Journal of Network & Computer Applications, 2013, 36(3):961-973.

[22] Ayaida M, Barhoumi M, Fouchal H, et al. PHRHLS: A movement-prediction-based joint routing and Hierarchical Location Service for VANETs[C]//IEEE International Conference on Communications. Pisataway: IEEE, 2013:1424-1428.

[23] Karp B, Kung H T. GPSR: greedy perimeter stateless routing for wireless networks[C]//International Conference on Mobile Computing and Networking. New York: ACM, 2000:243-254.

[24] 张宗正. 车载自组织网络 GPSR 路由算法的研究及改进[D]. 广州:广东工业大学, 2015.

[25] Hu L, Ding Z, Shi H. An Improved GPSR Routing Strategy in VANET[C]//International Conference on Wireless Communications, NETWORKING and Mobile Computing. Pisataway:IEEE, 2012:1-4.

[26] 彭好佑. 车载自组织网络 GPSR 路由协议研究及算法改进[D]. 海口:海南大学, 2013.

[27] Camp T, Boleng J, Williams B, et al. Performance comparison of two location based routing protocols for ad hoc networks [C]//Joint Conference of the IEEE Computer and Communications Societies. Proceedings. Pisataway:IEEE, 2002:1678-1687 vol. 3.

[28] Ramakrishnan K. An improved model for the dynamic routing effect algorithm for mobility protocol [J]. University of Waterloo, 2005.

[29] Allal S, Boudjit S. Geocast Routing Protocols for VANETs: Survey and Guidelines[C]//Sixth International Conference on Innovative Mobile and Internet Services in Ubiquitous Computing. Pisataway: IEEE, 2012: 323-328.

[30] Bachir A, Benslimane A. A multicast protocol in ad hoc networks inter-vehicle geocast[C]//Vehicular Technology Conference, 2003. Vtc 2003-Spring. the, IEEE Semi. Pisataway:IEEE, 2003,4:2456-2460.

[31] Maihofer C, Eberhardt R. Geocast in vehicular environments: caching and transmission range control for improved efficiency[C]//Intelligent Vehicles Symposium. Pisataway:IEEE, 2004:951-956.

[32] Christian Maihöfer, Schoch E. Abiding geocast: time-stable geocast for ad hoc networks[C]//Vanet '05: Proc. ACM International Workshop on Vehicular Ad Hoc Networks, New York:2005:20-29.

[33] Kihl M, Sichitiu M, Ekeroth T, et al. Reliable Geographical Multicast Routing in Vehicular Ad-Hoc Networks[C]//Wired/wireless Internet Communications, International Conference. Trier: DBLP, 2007: 315-325.

[34] Chen Y S, Lin Y W, Lee S L. A Mobicast Routing Protocol in Vehicular Ad-Hoc Networks[C]//Global Telecommunications Conference, 2009. GLOBECOM. New York:IEEE, 2010:1-6.

[35] Rahbar H, Naik K, Nayak A. DTSG: Dynamic time-stable geocast routing in vehicular ad hoc networks [C]//Ad Hoc NETWORKING Workshop. New York:IEEE, 2011:1-7.

[36] Akamatsu R, Suzuki M, Okamoto T, et al. Adaptive delay—based geocast protocol for data dissemination in urban VANET[M]. New York:IEEE Xplore,2014.

[37] 闫淼. 基于泛洪策略的移动自组网路由选择算法的研究与实现[D]. 南京:南京理工大学, 2006.

[38] Parekh A K. Selecting routers in ad-hoc wireless networks[J]. Proc Sbt/ieee Intl Telecommunications, 1994.

[39] S Basagni. Distributed clustering for ad hoc networks[C]. Proceedings of International Symposium on Parallel Architectures,1993:310-315.

[40] Sivavakeesar S, Pavlou G. A Prediction-based Clustering Algorithm to Achieve Quality of Service in Multihop Ad Hoc Networks[J]. In Proceedings of the London Communications Symposium (LCS). London: University College London,2002:17-20.

[41] Hwang I S, Liu C C, Wang C Y. Link Stability-Based Clustering and Routing in Ad-Hoc Wireless Networks Using Fuzzy Set Theory[J]. International Journal of Wireless Information Networks, 2002, 9(3):201-212.

[42] Blum J, Eskandarian A, Hoffman L. Mobility management in IVC networks[C]//Intelligent Vehicles Symposium, 2003. Proceedings. Pisataway:IEEE, 2003:150-155.

[43] Wang Z,.Liu L, Zhou M C, et al. A Position-Based Clustering Technique for Ad Hoc Intervehicle Communication[J]. IEEE Transactions on Systems Man & Cybernetics Part C, 2008, 38(2):201-208.

[44] Hassanabadi B, Shea C, Zhang L, et al. Clustering in Vehicular Ad Hoc Networks using Affinity Propagation [J]. Ad Hoc Networks, 2014, 13(1):535-548.

[45] Rawshdeh Z Y, Mahmud S M. Toward Strongley Connected Clustering Structure in Vehicular Ad Hoc Networks[C]//Vehicular Technology Conference Fall. Pisataway:IEEE, 2009:1-5.

[46] A Daeinabi. VWCA:An efficient clustering algorithm in vehicular ad hoc networks[J]. Journal of Network and Computer Applications, 2011, 34(1):207-222.

[47] 陈培菊, 唐伦, 陈前斌. 车载自组织网络中基于运动状态的簇路由协议[J]. 计算机工程, 2013, 39(3):87-92.

[48] 陈振, 韩江洪, 刘征宇. 基于VANET分簇的车辆碰撞警告信息传输[J]. 电子测量与仪器学报, 2013, 27(5):396-402.

[49] 卫鹏伟, 何加铭, 曾兴斌. 基于城市道路的稳定车载网分簇路由策略[J]. 移动通信, 2014(24):36-41.

[50] Jerbi M, Senouci S M, Meraihi R, et al. An Improved Vehicular Ad Hoc Routing Protocol for City Environments[C]//IEEE International Conference on Communications. Pisataway:IEEE, 2007:3972-3979.

[51] Lochert C, Mauve M, Hartenstein H. Geographic routing in city scenarios[J]. Acm Sigmobile Mobile Computing & Communications Review, 2005, 9(1):69-72.

[52] Lochert C, Hartenstein H, Tian J, et al. A routing strategy for vehicular ad hoc networks in city environments [C]//Intelligent Vehicles Symposium, 2003. Proceedings. Pisataway:IEEE, 2003:156-161.

[53] Seet B C, Liu G, Lee B S, et al. A-STAR:A Mobile Ad Hoc Routing Strategy for Metropolis Vehicular Communications[C]//NETWORKING 2004, Networking Technologies, Services, and Protocols; Performance of Computer and Communication Networks; Mobile and Wireless Communication, Third International IFIP-TC6 Networking Conference, Athens, Greece, May 9-14, 2004, Proceedings. DBLP, 2004:989-999.

[54] Li F, Wang Y. Routing in vehicular ad hoc networks:A survey[J]. Vehicular Technology Magazine IEEE, 2007, 2(2):12-22.

[55] Zhigang Wang, Lichuan Liu, MengChu Zhou et al. A Position-Based Clustering Technique for Ad Hoc Intervehicle communication[J]. IEEE Transactions on Systems,Man,and Cybernetics-Part C:Applications and Reviews,2008,38(2):201-208.

[56] Ni S Y,Tseng Y C,Chen Y S,et al. The Broadcast Storm Problem in a Mobile ad hoc Network[J]. Wireless Network,2002,8(2):153-167.

[57] Lim H, Kim C. Multicast tree construction and flooding in wireless ad hoc networks[C]//International Symposium on Modeling Analysis and Simulation of Wireless and Mobile Systems, MSWIM 2000. Boston:Trier:DBLP, 2000:61-68.

[58] Peng W, Lu X C. On the reduction of broadcast redundancy in mobile ad hoc networks[C]//The Workshop on Mobile & Ad Hoc NETWORKING & Computing. Pisataway:IEEE, 2000:129-130.

[59] Qayyum A, Viennot L, Laouiti A, et al. Multipoint Relaying:An Efficient Technique for Flooding in Mobile Wireless Networks[J]. HAL-INRIA,2000.

[60] 阮小康. 基于GIS的信息订阅/发布系统的设计与实现[D]. 成都:电子科技大学, 2012.

第 9 章　网络安全技术

随着 VANET 网络中各类应用的不断更新，伴随而来的通信安全以及隐私保护相关的问题日益突出。不同于 PC 的安全方案，由于 VANET 的一些特性，比如因车辆中嵌入的处理器计算能力有限使得使用的密码学原语操作和协议受到了限制，因攻击者能够直接接触到车辆及其内安装的电子控制单元而大大降低用户的隐私安全性等，导致 VANET 中的安全方案大大不同于 PC 的安全方案。确保网络安全是部署 VANET 不可或缺的基础和前提，对安全威胁的处理将直接影响 VANET 的运行效率，甚至会威胁到人身安全。

由于 VANET 网络的特殊性及参与实体的特殊性，现有的隐私保护和安全机制很难解决其问题，因此，VANET 中的隐私保护和网络安全问题具有重要的研究价值，引起国内外学者的高度重视，针对不同的应用场景和应用需求给出了不同的方案。

本章将深入分析 VANET 中如何实现车辆身份以及车辆发送信息的安全认证及如何保护用户的隐私安全等问题。

9.1　VANET 网络的信息安全需求

VANET 作为一个新兴的研究领域，有许多已经完成和正在进行的项目，早期的研究重点为 VANET 的可用性，近期研究重点则放在安全问题上。车辆、通信模块和身份认证模块被窃取、开放的无线通信及快速变化的拓扑结构等问题使得 VANET 网络的安全性进一步受到威胁。VANET 网络的安全系统架构图如图 9-1 所示。

目前公认的车载网络最基本的信息安全需求有如下[2-4]：

（1）真实性和完整性（Authentication and Integrity）　VANET 网络中，必须保证网络节点 A 向网络节点 B 传输的信息是完整无误的，节点 B 接收到的信息必须与节点 A 发出的信息完全一致，传输过程中不允许被修改。

（2）机密性（Confidentiality）　对于需要对发送数据保密的应用或不希望被共享的信息，加密后再通过车载网络传输，保证信息不被无关节点获知或共享。

（3）隐私性（Privacy）　由于 VANET 网络传输节点之间包含大量个人隐私信息，包括：驾驶习惯、驾驶路线、车辆发动机标识、汽车型号等一系列敏感信息，同时车辆节点和用户之间存在着直接的对应关系。因此应当使用合适的隐私保护机制对隐私进行保护，避免攻击者根据收集到的信息来跟踪车辆，进而侵犯用户的隐私。

（4）可用性（Availability）　VANET 网络中存在大量对时间敏感的应用，尤其是道路安全方面的应用，要求低时延。因此在保证系统安全的同时也要保证能够在应用要求的时间内完成响应。比如当车辆发生紧急事故时，必须在要求的时间内完成验证、信息传播、驾驶员提醒等一系列操作，系统的延时必须保证驾驶员拥有足够的反应时间。

（5）不可否认性（Non-Repudiation）　某一节点发送完数据后，必须能够确定数据的发

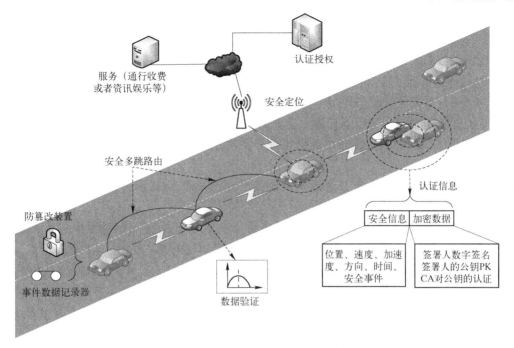

图 9-1 VANET 网络安全系统架构

送方,不允许节点在发送消息后抵赖,避免节点发送恶意信息,影响道路安全。

(6) 可认证性(Authentication) 为了确保车辆用户节点是可信节点,其行为是可以信任的,VANET 网络必须对通信节点进行身份认证,避免恶意节点通过伪造身份而发起攻击。

(7) 访问控制(Access Control) VANET 应当对不同等级的节点设置访问相应资源的权限,从而避免非法节点进入系统并占用系统资源,以及限制合法车辆对系统资源的使用。

9.2 VANET 网络中的攻击

随着 VANET 研究与应用的深入推广,VANET 的系统安全问题逐渐引起重视。首先,攻击者散布虚假信息影响交通秩序,甚至会引发交通事故;其次,攻击者可能会跟踪用户行踪,窥探并侵犯用户的隐私;再次,攻击者可能会篡改自身车辆信息进而逃避交通事故责任等。攻击者的行为将直接影响 VANET 的工作效率以及用户的安全。下面列举 VANET 网络中可能出现的几种攻击类型,以及根据攻击者所拥有的资源、恶意程度、能力等属性对攻击者进行划分[11]。

(1) 内部/外部攻击者 内部攻击者是已经获得安全密钥认证的用户,能获得内部信息包括设计与配置 VANET 的详细信息、密钥信息等,这类攻击者更容易对系统产生威胁。外部攻击者由于没有认证密钥等,攻击方式会受到限制。

(2) 恶意/理性攻击者 恶意攻击者只是为了攻击其他用户或者网络功能,并不打算从中获取利益,因此恶意攻击者会不择手段、不计一切代价地发起攻击。与之相反,理性攻击者希望从攻击中获取相应的个人利益，因此他们的攻击手段和目标往往可以预测。

（3）主动/被动攻击者　主动攻击者会发送虚假的信号来破坏系统安全，而被动攻击者则仅是监听无线信号。

（4）局部或扩展的攻击者　局部攻击者只在某一地区内发起攻击，扩展的攻击者则在大范围的网络区域内控制或串谋多个节点发起攻击。

根据上述攻击者类型对以下三种常见攻击者进行描述：

（1）窥探者　该类攻击者通过数据挖掘等手段获取用户的隐私，属于内部理性被动攻击者。

（2）恶意攻击者　该类攻击者通常使用更专业的技能来对系统运行造成极大的破坏，属于外部恶意主动攻击者。

（3）贪婪的驾驶者　该类攻击者为了自身能获取更多的资源而对系统进行破坏，是VANET网络中最常见的一种攻击者，属于内部理性主动攻击者。

该划分并没有将可能存在的攻击者类型完全列举，同样以下列举的攻击方式也并不完整。就一般情况而言，攻击包括窃听消息、操纵消息及以提取密钥为目的的物理攻击：

（1）恶意篡改信息　攻击者可以恶意篡改车辆本身的位置、速度、运行轨迹等信息，进而在交通肇事或交通违法中推卸责任。示意图如图9-2所示。

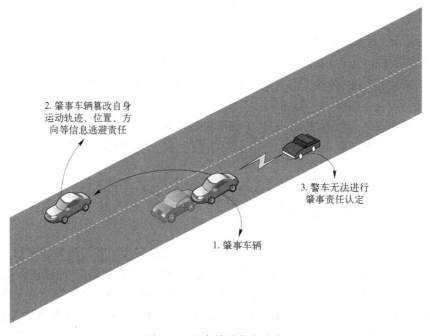

图9-2　恶意篡改信息攻击

（2）伪造虚假信息　为了获得更多的道路资源，攻击者使用虚假的标识将自己伪装成一辆车，然后向网络中节点发送与事实不符的道路信息，例如前方道路拥堵、前方发生交通事故，迫使后方网络中其他车辆重新修改路径。示意图如图9-3所示。

（3）女巫攻击　不同于伪造虚假信息，女巫攻击中，攻击者伪装成多辆车，向网络中发送消息，破坏整个网络的冗余机制。如果使用投票的方式来决定是否撤销故障和恶意车

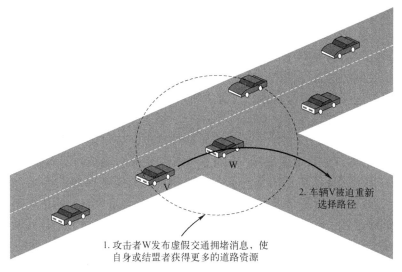

图 9-3 伪造虚假信息攻击

辆,那么攻击者可以使用女巫攻击来获得巨大的票数,尤其在受限地区内实行局部撤销的情况下,或者因为信息不完整造成难以投票的情况下,这种攻击的确是存在的。

(4)拒绝服务攻击(DoS) 攻击者会通过干扰通信信道或者过度占用车辆的计算资源,从而去攻击特定车辆或者传输范围内的所有车辆。DoS 可能是通过安全干扰来阻止信道内的全部通信,也可能是通过广播消息来大量占用车辆的计算资源,这就导致本来不怎么富裕的无线带宽资源被占用,紧急情况下安全报文无法广播。比如通过洪泛垃圾数据来阻塞通信信道。示意图如图 9-4 所示。

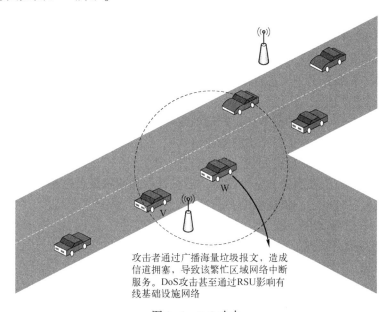

图 9-4 DoS 攻击

(5)重放攻击 攻击者将同一个消息在较晚的时间或不同的地点重新发送,造成信道拥堵。

（6）隧道攻击　类似于重放攻击，攻击者将消息转移到通信信道之外的另一个位置并重新发送。

（7）虫洞攻击　通常是两个以上的攻击者共同合作发起的攻击，两个处于不同位置的攻击者会互相把收到的信息，经私有的通信信道传送给另一个攻击者，这样，即使两个攻击者之间可能相隔较远，经过虫洞攻击，二者之间将有很大的机会比正常路径的跳数还要少，借此来增加取得路权的机会。

（8）恶意软件传播　恶意软件传播，如病毒或蠕虫，有可能对车辆网络带来严重的破坏。OBU 和 RSU 的固件需要定期更新，因此这个威胁更有可能被内部人员实现。

（9）黑洞　黑洞是无法传播消息的设备。这个攻击只能被内部人员执行。网络中有黑洞的结果就是交通消息、服务请求和响应丢失。因为大量恶意节点共同形成不传播消息的黑洞，攻击者能够通过合法设备不能接收消息这一点来区分车辆网络。一旦该场景成功了，设备可能会拒绝接受对根证书和 CRL 的关键更新，这就允许攻击者使用过期的证书进行冒充攻击。

（10）GPS 欺骗　通过使用 GPS 卫星模拟器产生超过真实 GPS 卫星的射频信号，攻击者可以让设备相信它们在不同于它们真实存在的地方，进而导致碰撞。如果 GPS 时间被用在时间戳，这可能导致设备接收过期的消息并使重放攻击成为可能。

（11）位置跟踪　随着车辆位置被连续跟踪的可能性的出现，攻击者通过收集信任个体的位置信息，跟踪或伤害用户。每当 OBU 传播一个广播消息提醒别的车辆交通安全，它都会使用独有的证书对此消息进行签名。同时接收者就可以识别 OBU 和它当前的位置。

9.3　安全威胁评估

在 2003 年，ETSI 提出一个分析安全威胁的防范。这个方法根据威胁出现的可能性和对系统的影响力将威胁划分为若干类别。

威胁出现的可能性表明对攻击者来说是否有理论知识和实践经验以便能展开攻击。依据可能性划分为三个类别：

- 很可能（3）——所有元素都在正确的地方。
- 可能（2）——部分元素在正确的地方。
- 不可能（1）——缺少重要元素。

尽管威胁的影响力不表明威胁是否发生，但它表示此威胁是否足够严重以至于未来需要专门的研究以提出应对措施。依据影响力的等级划分如下：

- 高（3）——严重影响系统。
- 中（2）——短期故障。
- 低（1）只有一点影响。

威胁的风险由可能性和影响力的数值计算出来。风险被划分为如下几个层面：

- 关键（9,8,7,6）——应对措施必须马上被设计。
- 主要（5,4）——威胁最终需要引起重视。
- 次要（3,2,1）——威胁在短期内可被忽略。

在参考文献［11］中，我们使用文献［7］中的定义将可能性分为两个部分：实施攻击的技术复杂度和攻击收益。我们沿用这个思路以便能调整风险评估过程。技术复杂度可依照先前是否在理论上被考虑或实际上被执行来定义：
- 无——先前存在此种攻击。
- 可解决的——攻击在理论上是可能的。
- 强——缺少理论依据。

攻击收益分为：
- 高——有重要收获。
- 中——仅仅破坏服务。
- 低——无重要收获。

某个威胁的技术复杂度和攻击收益通常和它的影响力一起被用于风险评估。

因此根据上节对可能存在的风险的描述，我们发现了 VANET 网络中四个关键的安全威胁及一个主要威胁：

（1）恶意软件传播　攻击收益为高等级，技术复杂度为可解决等级，影响力为高等级。因此该威胁被评估为关键威胁。

（2）黑洞　攻击收益为高等级，技术复杂度为可解决等级，影响力为高等级。因此该威胁被评估为关键威胁。

（3）GPS 欺骗　攻击收益为高等级，技术复杂度为可解决等级，影响力为高等级。因此该威胁被评估为关键威胁。

（4）位置跟踪　攻击收益为高等级，技术复杂度为可解决等级，影响力为高等级。因此该威胁被评估为关键威胁。

（5）DoS 攻击　攻击收益仅为破坏，故等级为中，技术复杂度为可解决等级，影响力为中等级。因此该威胁被评估为主要威胁。

9.4　安全服务

尽管 VANET 网络的安全性不仅仅取决于加密算法，但在大多数情况下加密是保障信息安全的根本手段，能够满足车载自组网的认证、消息私密性、数据完整性以及不可否认性等安全需求。同时，有效的加密也需要良好的密钥管理手段。

9.4.1　加密算法

数据加密就是对原来为明文的文件或数据按照某种算法进行处理，使其成为不可读的一段代码，这样便可保护数据不被非法窃取，使用相应的密钥之后才会显示出本来的内容，这一逆过程称为解密。

1. 对称加密算法

对称加密算法通常是对保密性要求最低的安全系统的基本组件，用于批量加密消息并提供数据的安全存储。通信双方加密和解密的密钥是相同的，因此称为对称加密。该加密算法的优点在于算法公开、计算量小、加解密效率高，但是由于接收双方使用的是相同的密钥，安全性得不到保证。此外，每对用户每次使用对称加密算法时，都需要使用其他人不知道的密钥，会使得收发双方所拥有的密钥数量呈几何级数增长，增加密钥管理负担。再者，对称加密算法缺乏签名功能，不能满足 VANET 网络中的不可抵赖性。

对称加密算法又分为分组加密和流加密。分组加密又称块加密，按照固定的数据块长度加密消息。一种广泛使用的块加密方案是高级加密标准（Advanced Encryption Standard，AES），AES 加密数据块分组长度必须为 128 位，但密钥长度可根据不同应用要求的安全级别选择不同的密钥长度，可以是 128 位、192 位、256 位中的任意一个（数据块及密钥长度不足时，会补齐），原理图如图 9-5 所示。不同于分组加密，流加密是按位来加密纯文本的，目前的流加密使用一个主密钥和一个初始化向量产生的伪随机密钥流，与纯文本的单个位（或者几个位）进行异或。相对分组加密而言，大多数流加密都可以使系统拥有更高的吞吐量，因为加密算法仅仅是一系列异或运算。原理图如图 9-6 所示。

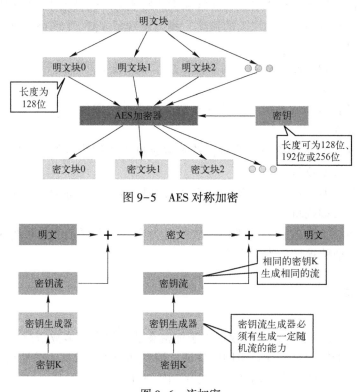

图 9-5　AES 对称加密

图 9-6　流加密

2. 非对称加密算法

非对称加密算法又称公开密钥加密算法。每个节点都拥有一对密钥：用于加密的公开密钥（Public Key，PK），即公钥；私有的、不为其他人所知的解密密钥，称其为私有密钥（SK，Secret Key），即私钥。还有一个十分重要的角色就是密钥管理机构（Key Distribution Center，KDC），它是一个权威的、可信赖的机构，负责对注册用户的密钥进行管理。每个希望通信的节点可以使用自己的姓名、车辆信息等在 KDC 注册成为一个用户，它的公钥会被放在公开密钥库，每个公钥唯一对应一个用户，用户可以通过该密钥库找到某个用户所对应的公钥，利用公钥进行保密通信就无须像对称加密一样事先协商，只要在公开密钥库中根据用户名就可查到其公开的加密密钥，不需传输对方的密钥，便于管理，大大提高了算法的安全性。此外，将消息内容和私钥通过一个函数生成数字签名能够满足 VANET 网络安全要求中的不可抵赖性。

常用的公钥密码算法有 RSA、DES、ELGamal 和 ECC 等，这些算法都是基于以下三类数学难题建立的：

1) 大整数因数分解问题：已知两个大素数的乘积为一个整数，求解两个素数。
2) 离散对数问题：$g^x = a \bmod p$，已知整数 g 和 a，素数 p，待解 x 的值。
3) 椭圆曲线离散对数问题：该类问题基于椭圆曲线密码算法，对于椭圆曲线 E 上离散点 S 和任意点 Q，难于找到整数 K，使得 $KS = Q$。

表 9-1 为使用 RSA、DSA、ECC 算法进行加密时的性能对比，能够直观地发现当安全强度、加密数据长度相同时，ECC 的密钥长度对比其他几种公钥密码算法的密钥长度短得多。此外，ECC 较其他密码算法具有计算量小、速度快、安全性高、占用存储空间少等优势。故 VANET 网络中通常采用 ECC 算法。

表 9-1　RSA、DSA、ECC 算法比较分析

破译需要时间/MIPS 一年	RSA/DSA 密钥长度位	ECC 密钥长度位	RSA/ECC 密钥长度之比
10^4	512	106	5∶1
10^8	768	132	6∶1
10^{12}	1024	160	7∶1
10^{20}	2048	210	10∶1

9.4.2　PKI 介绍

X.509 标准中，将公钥基础设施（Public Key Infrastructure，PKI）定义为支持公开密钥管理并能支持认证、加密、完整性和可追究性服务的基础设施。PKI 技术采用证书管理公钥，通过第三方的可信机构把用户的公钥和用户的身份标识信息绑定，供验证证书用户身份使用。PKI 的公开密钥技术、撤销机制、极强的互联能力等优势使其得到广泛的应用[5]。

1. PKI 组成

一个完整的 PKI 系统必须具有权威的证书认证中心（Certificate Authority，CA）、注册中心（Registration Authority，RA）、数字证书库、密钥备份及恢复系统、证书撤销处理系统、PKI 应用接口系统。

（1）证书认证中心（CA）

CA 作为 PKI 的核心部分，CA 实现了 PKI 中一些很重要的功能。核心功能就是发放和管理数字证书，其中数字证书管理包括证书更新、证书撤销和证书验证。具体描述如下：

1) 证书申请：接收验证用户数字证书的申请。
2) 证书审批：确定是否接受用户数字证书的申请。
3) 证书发放：向申请者颁发或拒绝颁发数字证书。
4) 证书更新：接收、处理用户的数字证书更新请求。
5) 证书撤销：接收用户数字证书的查询、撤销。
6) 产生和发布证书撤销列表（Certificate Revocation List，CRL）。

7）数字证书的管理。

8）密钥管理。

9）历史数据管理。

为了实现上述功能，保证系统安全，CA 必须满足以下要求：

1）验证并标识证书申请者的身份。

2）确保 CA 用于证书签名的非对称密钥的质量。

3）确保整个签证过程及签名私钥的安全性。

4）证书资料信息的安全管理。

5）确定并检查证书的有效期限。

6）确保证书主体标识的唯一性，防止重名。

7）发布并维护作废证书列表。

8）对整个证书签发过程做日志记录。

9）向申请人发出通知。

因为 CA 的数字签名保证了证书的合法性和权威性，故必须保证 CA 自身密钥的高度机密性以防止他方伪造证书。

（1）注册中心 RA

PKI 系统中的注册和审核处理机构，主要负责用户的注册管理和各种业务申请信息的审核管理，是 CA 的业务前端。负责证书申请者的信息录入、审核以及证书发布等工作，是整个 CA 中心正常运行不可或缺的一部分。

（2）数字证书库

用于存储 CA 已经签发和撤销的数字证书，用户可以在此获得其他用户的数字证书及公钥。

（3）密钥备份及恢复系统

为了避免用户因丢失用于解密数据的密钥而无法解密数据导致加密的数据丢失，PKI 系统提供密钥备份与恢复密钥的机制。显然该工作必须由可信的第三方机构完成。

（4）证书撤销处理系统

用于撤销恶意节点的证书或者已经到期的证书。若没有选择合适的证书撤销机制，将会严重影响 PKI 的正常应用。证书撤销后应通过合适的方式告知用户，尽可能减轻各方负担，降低用户承担风险。

（5）PKI 应用接口系统

因为 PKI 能够提供非常安全且简便实用的服务，正在被越来越多的应用采用作为安全保障。因此一个必须具有良好的应用接口系统，使得各种各样的应用能够以安全、一致、可信的方式与 PKI 交互，确保安全网络环境的完整性和易用性。

2. PKI 管理模型

实施 PKI 服务的实体分为管理实体、验证实体和证书存储库。管理实体是 PKI 的核心，是PKI 服务的提供者；验证实体是 PKI 的用户，是 PKI 服务的使用者；证书存储库是分布式数据库，用于证书或证书撤销列表的存放和验证。PKI 的基本管理模型如图 9-7 所示。

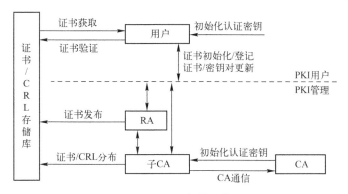

图 9-7 PKI 基本管理模型

管理实体、验证实体、证书存储库通过 PKI 操作完成证书的申请、审核、发布、撤销和验证等过程。PKI 操作分为存取操作和管理操作两类，存取操作涉及管理实体、验证实体与证书存储库之间的交互，目的是向证书存储库存放证书和 CRL，或从证书存储库中读取证书和 CRL；管理操作涉及管理实体与验证实体之间或管理实体内部的交互，目的是完成证书的各项管理任务和建立证书信任链。

9.4.3 密钥管理

在 VANET 未来的发展过程中，避免不了各方面的威胁，这些威胁不仅会影响用户的驾车体验、降低交通效率，甚至会威胁到用户的生命安全，因此在 VANET 网络安全管理中做好认证和密钥管理显得尤为重要，这其中车辆认证、隐私保护还有不可否认性等因素都要充分考虑。

由于 VANET 网络的特性，要求其密钥管理方案应具有以下特点：

（1）加快密钥管理的构建速度：VANET 网络中节点移动速度快，拓扑结构变化快，密钥管理方案必须要适应网络快速变化的特点。

（2）降低网络为密钥管理而消耗的开销：密钥管理对网络安全影响较大，要尽量最少地占用网络的通信量，不能成为网络的负担。

（3）由密钥的安全来主导整个过程的安全。

密钥管理包括从密钥的产生到密钥的销毁的各个方面，主要表现于车辆注册和证书颁发、密钥分配、密钥更新和车辆撤销。

1. 车辆注册和证书颁发

数字证书是一个经证书授权中心数字签名的包含公开密钥拥有者信息以及公开密钥的文件，可以由权威公正的第三方机构，即 CA（Certificate Authority，证书认证）中心（比如中国各地方的 CA 公司）签发的证书，也可以由企业级 CA 系统进行签发。它的一个重要特征就是只在特定的时间段内有效，有效期过后需要对证书进行更新、撤销等。根据普遍采用的由国际电信联盟（ITU-T）制定的数字证书标准 X.509V3，数字证书需包含证书的版本信息、序列号、使用的签名算法、发行机构名称、有效期、所有人的名称、所有人的公开密钥，以及发行者对证书的签名。

假设 PK_A 表示车辆 A 的公钥，ID_A 表示它的身份标识。用 || 串联两个字符串，那么证书

计算如下[11]：

$$\mathrm{Cert}(A) := \mathrm{Sig}_{CA}(PK_A || ID_A), PK_A, ID_A \qquad (9-1)$$

同时还包括标准中所规定的其他内容，如有效期、发布者。

研究者最近提出了一种新型证书——隐式证书。其中的一种类型就是 Qu-Vanstone 椭圆曲线（ECQV）隐式证书。ECQV 证书中没有明确地说明标识符、公钥和签名，它只包含了公钥的长度，其信息需要在隐式证书中重建。大大降低了带宽开销，但该证书目前是否已被应用到 VANET 网络中，还无从考证。

车辆的注册过程可以由 OBU 或 RSU 的制造商或者车辆原始设备生产商（OEM）执行。不同国家的 CA 布局存在差异，每个国家可能有一个 CA，或者每个省有一个 CA，同时会有多个注册机构（Registration Authority，RA）。注册由 CA 或独立的 RA 来处理。如果注册由 CA 处理，则 CA 生成一个公钥/私钥对，发布公钥证书，并以安全的方式向节点返回证书和私钥。如果注册由独立的 RA 处理，则 CA 将证书返回给 RA，通过它转发给申请注册的节点。如果 CA 不知道该节点的身份信息等，那么 RA 将不能获得证书，因为证书必须被保证能够安全地从 CA 发送到节点。这种注册过程可能会提高隐私的级别。一种更安全的方法是节点生成公/私钥对，并只提供公钥给 CA 用来获得颁发的证书。

2. 密钥分配及更新

密钥管理的性能直接决定了系统的安全认证服务，有效的密钥管理机制是认证取得成功的前提。上述 PKI 体系中提到的集中式密钥管理方案不能很好地适用 VANET 网络的特性。在集中式密钥管理方案中，可信的权威机构 CA 负责管理系统密钥，包括系统密钥的产生、更新及销毁，并能够为其他节点提供认证服务。节点想要进入网络通信，首先要向 CA 申请认证，节点的身份通过验证后，CA 使用系统的私钥对其证书签名，再用系统的公钥验证证书的签名。对于 VANET 来说，这种方法的可扩展性较差，且可作为 CA 节点的 RSU 的数目将会影响到节点的认证效率，对于基础设施覆盖不完整的地方，较少的 RSU 直接影响系统的正常运行。换句话说，集中式密钥管理方案中系统的安全取决于 CA 的安全，一旦 CA 被攻击，系统私钥泄露，后果将不堪设想。针对 VANET 网络的特点，目前已提出的车载自组网密钥管理方案有以下几种。[8,14,19]

（1）部分分布式密钥管理方案

部分分布式 CA 采用公钥加密技术，由离线的管理中心挑选 n 个服务器节点组成 CA，并将 CA 的公钥 PKCA 告知所有节点，再根据 Shamir 秘密共享算法将 CA 的私钥 SKCA 分为 n 份，每个服务器节点获得一个分量。每个私钥分量都可用来为其他节点签发部分证书，t 份以上正确的部分证书组合起来才能得到一个完整的有效证书。每个证书都有有效期，节点必须在证书过期前更新证书，同理更新证书时必须向至少 t 个服务器节点提出请求，获得批准后由服务器节点分别产生新的部分证书并发送给组合器，由组合器检验证书的有效性。机构图如图 9-8 所示。

为了防止攻击者在一段时间内攻破 t 个以上服务器节点，CA 的私钥需要定期更新。每个服务器节点将自己拥有的 CA 私钥再分成几份，按一定方式给其他的服务器节点发送一份，然后将其他服务器节点发给自己的私钥整合起来便得到了新的 CA 私钥分量，该过程称为私钥主动更新。

部分分布式密钥管理方案能够提高系统的安全性，避免单一 CA 受到攻击时导致的网络

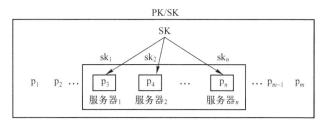

图 9-8 部分分布式密钥管理结构

的可用性及安全性受到威胁的问题,而在分布式密钥管理方案中,少于门限 t 个节点被攻陷不会使网络受到很大威胁,只要服务节点足够多,其可用性也不会降低。但这种方案的网络消耗较大,在移动网络中网络拓扑变化快,服务节点分散在网络中,可能需要经过多跳才能找到 t 个服务节点,而边缘节点甚至不能确定能否找到足够的服务节点,这就使证书签名认证或更新的成功率较低,系统的可用性达不到预期。

(2) 完全分布式密钥管理方案

完全分布式密钥管理方案也采用 Shamir 秘密共享算法、可检验的秘密共享算法和私钥主动更新机制,不过它不需要选择特殊节点作为服务器,而是将 CA 私钥分配给网络中的所有节点。结构图如图 9-9 所示。

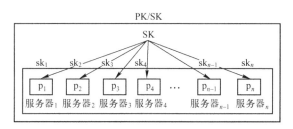

图 9-9 完全分布式密钥管理结构

在网络初始化阶段,离线的管理中心负责初始化最初的 t 个节点,包括提供初始证书 certID、CA 证书 certCA 以及 CA 私钥分量。之后,管理中心只负责给新节点发放初始证书,任何新加入网络的节点都将成为分布式 CA 的一个服务器节点。新节点需向 t 个以上邻居节点提出 CA 私钥分量申请,由邻居节点验证其初始证书合法性后再为其分配一个 CA 私钥分量。

完全分布式密钥管理方案的弊端在于:第一,CA 私钥的初始化和更新工作复杂;第二,t 的选择必须谨慎,选值过大可以防止更新期间攻击者会破坏足够多的几点,但会影响系统的可用性,选值过小会增加系统被攻击的风险;第三,必须提供证书同步机制;第四,需要管理中心负责给节点发放初始证书以及 CA 公钥;第五,每个节点都需要被分发私钥分量,会增加很多系统开销。

(3) 自组织密钥管理方案

自组织密钥管理方案基于良好隐私(Pretty Good Privacy,PGP)技术,节点不需要 CA 产生系统密钥及签发证书,通信的双方节点通过验证后互相颁发认证证书,密钥也由节点自己产生。每个节点需要有一个证书库来存储自己颁发过的证书和其他节点颁发给它的证书,这些证书不能随意丢弃,所以需要较大的存储空间。当在本地证书库找不到通信方的证书时，可向其他信任节点发送认证申请，这时可将两个或多个节点的证书库合并，试图从中找到一条证书链来实现对陌生车辆的信任。例如网络中三个节点 A、B、C，A 和 B 已经相互认证，B 和 C 也互相认证，但 A 和 C 并不认识，这时可通过证书链实现信任传递，即 A 通过 B 实现对 C 的信任。

该方案不需要基础设施的参与，有很强的自组织性，但缺点就是不能保证每次都能找到一条证书链。自组织密钥管理方案适合节点少且不需要可信的第三方机构的网络，同时也要求节点有一定的计算能力。

目前很多密钥管理方案都将几种基本方案结合使用，比如混合式密钥管理方案，针对不同的应用环境使用不同的密钥管理方案，只有合适的密钥管理方案才能保证密钥的安全性。

3. 车辆撤销

由于现实生活中的一些原因，比如说私钥的泄露，当事人的失踪死亡等情况，应当对其证书进行撤销。这种撤销必须是及时的，若撤销延迟的话，本应作废的证书被不正常使用，可能会造成一定的损失。另外车辆出现不可靠行为后，认证中心有权利将其证书撤销，由于每个车辆拥有多个证书，证书撤销机构有时候可能只是吊销了不可信任车辆的一部分而非全部的证书，故只有当车辆的所有证书被撤销后，不可信车辆的撤销过程才算完成。

在 CA 中，采用证书撤销列表（CRL）机制对车辆的证书进行撤销，撤销过程分为三个步骤。

（1）检测恶意节点

识别并撤销恶意节点是 VANET 中的关键问题，即使有高效恶意节点撤销机制，但首要任务是将这些节点识别出来。车辆的异常行为可能有多重原因：车辆故障、传感器被操纵、司机恶意行为、密钥被提取并被用于伪造信息，也可能是车辆被盗或者注册证书已到期。

通常，恶意节点的识别过程可以由一个中央机构通过分析 RSU 接收的通信数据来完成，也可以通过车辆间的相互协作识别恶意节点。以车辆发布虚假位置消息为例：一种方法是利用多个 RSU 对被测车辆所发送的无线信号进行监测，通过计算获取的信号传播时间信息，运用三角形定位法进行位置估计便可验证车辆是否发布虚假信息，另一种方法则是利用邻居车辆的协同合作，根据所接收到的被验证车辆的信息的信号强度来验证其地理位置。

根据参考文献［11］，Raya 等人提出了一个能够识别恶意车辆并且暂时对其进行撤销的方案。在恶意车辆识别系统（MDS）中，车辆使用自身的传感器与 GPS 输入和接收消息，并且根据一系列的评价规则识别出收到的异常消息。首先 MDS 利用一个基础性规则来识别操纵协议和操纵传输数据的行为，然后 MDS 通过正常的邻居节点对一个节点的实际行为进行评估赋值，如果评估值超过提前定义的阈值，则该节点被识别为恶意节点，之后便会对恶意节点执行投票评价式局部逐出攻击者（LEAVE）协议。该方案的前提是恶意节点的大多数邻居节点都是诚实的。大多数情况下，我们可以认为只有小部分节点有恶意行为，然而攻击者可能会互相串通或者进行女巫攻击，然后恶意地指控正常节点。因此 MDS 需要包含适当评估规则以便在 CA 端识别这种攻击行为。

2004 年，Golle 等人提出了一个更一般的方法：车辆将收到的数据和 VANET 中的物理模型进行比较，该物理模型中包括一定的规则和事件的统计属性（比如，车速不可能超过 200km/h，多个车辆不可能在同一位置），如果数据与 VANET 物理模型高度一致，则车辆接收该数据，否则，车辆将拒绝接收该数据。虽然该方法考虑了女巫攻击的可能性，但是作者没有给出具体算法。

（2）撤销检测到的恶意节点

证书撤销列表（Certificate Revocation List，CRL）由 CA 签署，用来列出被认为不能再使用的证书的序列号。其本质是用户把包含所有证书撤销信息的文件即 CRL 从 CA 周期性地下载到本地缓存，在下次更新时间未到时，证书用户若需验证某个证书状态，则查询本地缓存的 CRL 即可，不需要访问 CA。若 CRL 的更新时间已过，则用户需要重新下载。X.509 版本 2 中定义了 CRL 的结构，如图 9-10 所示。

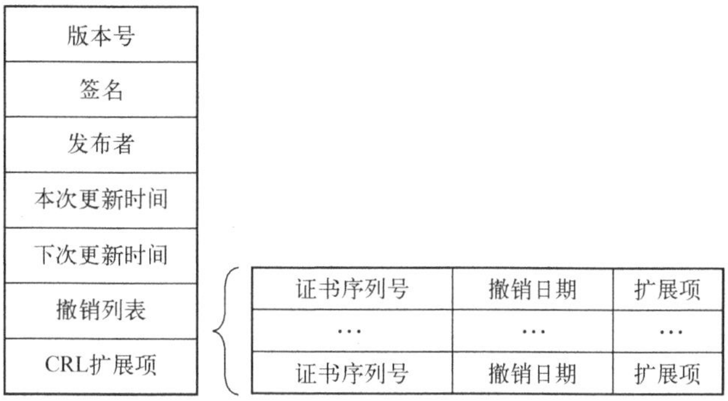

图 9-10 CRL 结构图

其中：
- CRL 的版本号：如果缺省则表示为版本 1。
- CRL 的签名：签名以及产生签名所使用的签名算法。
- CRL 发布者：包含发布者实体信息。
- 撤销列表：所有被撤销的证书。
- 证书序列号：被撤销证书的证书序列号。
- 撤销时间：证书的撤销时间。
- 扩展项：比如证书被撤销的原因，撤销后被插入到哪里等。

CRL 扩展项：可选。

恶意节点被识别后，CA 将该恶意节点的证书序列号发送至 CRL 中。之后车辆会接收到更新的 CRL，并检测与之通信的车辆节点是否存在于列表之中，若存在，则忽略该车辆节点发送的所有信息。同时如果被撤销的证书中包含一个截止日期，那么一旦该证书到期，就应该将它从 CRL 中删除，以减少系统压力。

（3）发布证书撤销信息

恶意节点证书摘要放在由 CA 签发的 CRL 中后，需要将 CRL 中的信息分发到所有节点。一般情况下，RSU 一直与 CA 保持连接，且能直接获得 CRL，故由 RSU 来周期性广播 VANET 网络中全部 CRL 信息。车辆收到 CRL 后使用 CA 的公钥对其进行验证并加以存储。每当车辆与另一个节点通信时，它首先检查该节点的证书是否在 CRL 中。但是这样做存在一个弊端，CRL 越来越大，其分发可能会成为通信信道的负担甚至导致信道拥塞，进而在 CRL 更新和车辆收到其更新信息之间会存在延迟，延迟期间车辆很容易受到恶意节点攻击。针对该问题，提出了多种改进策略，但是每种策略都各有弊端，实际应用中应根据实际情况，分析并选择合适的策略。

- **差分 CRL**：由于 CRL 的更新是有规律的，即每当添加新证书时更新或定期进行更新，所以除了完整的 CRL 之外，还需要创建差分 CRL（CRL 增量）。差分 CRL 只列出那些自上次更新后新增加的证书，同时对差分 CRL 进行编号，便于节点确认是否漏接收之前的差分 CRL。使用差分 CRL 能显著减少通信带宽开销，弊端就是需要采取相应的措施确保车辆能够准确地获得差分列表。

- **分割 CRL**：把整个 CRL 分割成更小的列表来使单个 CRL 分区的规模更小，该情况下，证书中需要包含一个指示信息，指示该证书被撤销时应该插入哪个 CRL 分区中。事先确定一个阈值，只要 CRL 的条目达到该阈值就对其进行分割，分割依据可以是证书中的地理位置，在 CA 中进行，也可以直接将证书均匀分布到各个区域。大多数情况下，尤其是在按照地理位置进行分割的情况下，车辆只需要检查单个 CRL 分区中的证书，但是需要适当的机制使车辆能够从其他分区获得足够的 CRL 条目，以便在没有请求 CRL 的情况下也能够高效地查找证书。

Raya 等（2006 年）提出了三种 VANET 专用的车辆撤销方案：第一种是压缩 CRL 撤销协议（RC2RL），它使用布隆过滤器来压缩 CRL，进而降低了节点的额外计算负担。第二种是使用防篡改设备的撤销（RTPD）机制，假定所有节点都配备一个防篡改的设备（又称可信平台组建或可信计算平台），不同于广播 CRL，CA 只需要发送一个命令到车辆的防篡改设备即可将其关闭，但是，使用该机制时要确保攻击者不能简单地检测出关闭设备的命令消息并将它们过滤掉，故 CA 和设备之间传播的信息应该被加密，以使攻击者不能从其他消息中区分命令消息。第三种是分布式撤销协议（DRP），它是检测恶意节点并警告其邻居节点的一种机制，所以可以看作是在临近范围内对节点的一种临时撤销，之后才将此信息转发给 CA 做进一步行动。

9.5 安全认证

在 VANET 中，认证是核心的安全需求，它提供了信息的完整性，从而避免信息被操纵。从根本上说，VANET 中的所有应用都需要进行认证，概括讲可以分为车辆身份认证和消息认证。

门限秘密共享原理：(t,n) 门限秘密共享是指将秘密 K 拆分为 N 个份额的共享秘密，利用任意 t（$1<t<n+1$）个或更多个共享份额就可恢复秘密 K，任何少于 t 个的共享份额组合在一起不能得到秘密的任何有用消息。

9.5.1 车辆身份认证

车载自组网初步稳定后，服务节点可为系统提供证书服务。当有新的 OBU 节点要加入网络参与通信，首先需要核实该节点的身份，根据门限秘密共享原理得知，一个节点得到系统的签名认证是 t 个服务节点对它信任的结果，而没有得到认证的节点将被隔离在网络系统之外，不得参与信息的传递，从而使网络的安全性得到保证。在通信过程中，还需要定期更新维护证书，确保它的有效性，如果某节点被发现有威胁到网络安全的行为，网络中其他节点则可以对它进行举报，并将其判定为恶意节点，之后该节点的证书就会被撤销，并不再被允许参与网络通信。

车辆和车辆或 RSU 之间安全通信前需要交换证书，且要求所有的节点在继续通信之前进行证书验证。参考文献［11］中提出了一种普遍的证书验证算法：

  if C(A)是一个证书
then
  检查 Ver_{CA}(C(A))是否为"valid"
  存储 C(A)及其有效性标志位和摘要
else if
  C(A)是证书摘要
then
  验证 C(A)是否已被存储及其有效性
end if
  验证 C(A)是否存在 CRL 表中

1. 新节点加入

每个车辆在交通部门注册时都被发放了一个可以证明其身份的证书，证书包括该节点的唯一证书序列号、唯一的 ID_i、证书有效期及公钥。当某节点需要与其他节点通信时，首先要向对方发送它的身份证书来申请对方的签名认证，对方若信任它，则返回一个带有自己签名的认证证书。通信过程中，发现某个节点已经拥有被自己签名认证的证书，就会认为它是可信的，可与其通信。

经过初始化后，VANET 网络已初步稳定，车辆节点 U 要加入网络与其他节点通信，首先要申请入网，获得 t 个服务节点的认可才能加入网络，场景如图 9-11 所示。

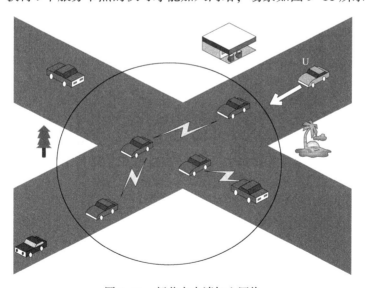

图 9-11　新节点申请加入网络

节点 U 向网络中广播其申请认证的信息，收到申请的服务节点对 U 的身份证书进行验证，验证通过后使用其具有的系统私钥分量对节点 U 的证书签名，得到部分系统私钥签名证书，并将该部分签名证书发送给申请节点 U。不可否认申请过程中有人会发送错误的签名证书，目的是使该节点认证失败，那么节点 U 之前所做的工作全部无效，需要重新发出申请，这将导致节点不能及时加入通信网络，获取相应信息。根据门限秘密共享技术，节点 U 只有收到至少 t 个有效的部分签名证书才能够生成完整的由系统私钥签名的证书。

2. 邻居节点的行为监督

节点的可信度在通信过程中是动态变化的。在分布式网络中，任一节点都有义务检测邻居节点的行为，一旦发现不良行为就将这个节点记录到自己的 CRL 列表中，并向网络广播这条消息，以降低因为不良节点的行为而给系统带来的损失。

根据节点行为将节点划分为三个信任度等级：安全节点、可疑节点和恶意节点。安全节点表示其能够正确发送或转发消息；可疑节点表示其有不良行为，比如拒绝转发消息，但没达到被撤销证书的程度；恶意节点说明其行为已经严重影响了系统的安全性，比如发送虚假消息，认证证书也将被撤销。新加入的节点初始信任度等级为安全节点，后续根据具体行为对其进行等级划分。

3. 证书更新及撤销

节点通过身份验证后获得系统的签名认证证书，但所有证书都有一定的使用期限，需要对其进行定期更新才能保证其持续有效性。在分布式网络中，基于门限密码共享，由 t 个服务节点共同合作来完成证书更新服务。某节点证书到期并申请更新，只有得到 t 个新的部分签名证书才能完成签名证书更新服务。技术层面上讲，证书更新与申请加入认证是类似的，区别就在于需要先对节点的旧证书进行验证，再根据 CRL 中该节点的可信度记录来决定是否为其提供更新服务。若申请更新的节点不在 t 个服务节点的 CRL 表中或存在 CRL 中但未被撤销证书，则可以为其提供证书更新服务。但当为其提供更新服务的某服务器节点发现该节点在其本地 CRL 中记录为被撤销证书的节点，则不为其更新证书，同时广播该节点证书撤销的信息。

9.5.2 消息认证

1. 数字签名广播消息认证

广播消息认证提供以下安全服务：单一的节点发出一个消息，然后 n 个接收节点都能够验证这个消息。广播消息认证符合 IEEE P1609.2 标准，是 VANET 的默认认证方式，其认证过程不建立会话，且每个消息被独立地发送。例如，广播消息认证可以用来验证车辆的信标帧消息和安全消息，也可以验证 RSU 的消息。同样参考文献 [11] 得出广播消息认证算法如下：

1）节点 A 对消息 m 进行签名 $S:=Sig_{SKA}(m)$ 并广播 $(m,S,C(A))$，其中 $C(A)$ 是 A 的证书或证书摘要。

2）接收端 B 运行 CERT_CHECK 算法并提取出 A 的公钥。

3）B 检验 $C(A)$ 是否在 CRL 中。

4）B 检查 $Ver_{PKA}(m,S)=$ "valid" 是否成立。

Pintsov 和 Vanstone（2001）提出的一种基于 ECC 的签名方案——椭圆曲线签名（ECPVS）算法，该算法提供了消息恢复机制，并且签名的大小从 ECDSA 的 64 字节减少至 32 字节，对于 VANET 网络来说，数字签名的减小大大降低了通信开销。

2. 一对一认证和组认证

VANET 网络中，除了 $1:n$ 的通信方式之外还存在 $1:1$ 的关系。例如：一辆汽车每天路过同一个 RSU，或者重复地从同一个服务提供商那里获取服务。这种一对一认证使用了不同于广播认证的协议，建立一对一的认证只在通信双方有重复交互行为时才有用，否则，上述广播认证协议也可用于单一的接收者。

一对一的认证采用对称的消息认证码（MAC）机制，计算消息认证码能够比广播消息中的数字签名快几个数量级。MAC 算法通常基于哈希算法。MAC 的算法如下（该算法的前提条件是两节点共享一个密钥 K）：

（1）节点 A 使用共享密钥 K 对消息 m 计算 MAC，$M:=MAC(m,K)$，并发送 (m,M) 给 B；

（2）B 收到 (m',M')，计算 $M'':=MAC(m',K)$；

（3）当且仅当 $M''=M'$ 时，B 接收这个消息。

3. TESLA 广播消息认证

TESLA 是一种基于混合数字签名和由对称加密算法生成的消息认证码，并以接收端的认证延迟为代价进行认证的一种高效认证方式，属于广播消息认证的一种。起初，TESLA 用于可以忽略认证延迟的广播组中，比如多媒体文件流认证和股市行情认证等。

TESLA 利用时间差和对称函数提供不对称的签名。首先，发送端 A 利用临时的密钥 $k_i = h(k_{i+1})$（其中，$i=0,\cdots,n$）生成一个哈希链，并将最后一个元素 k_0 以授权的方式（如使用数字签名）广播发送给所有的接收端。然后，A 在时间间隔 t_i 内发送由密钥 k_i 认证的消息 m_i。TESLA 保证安全的基本需求是消息只在时间间隔 t_i 内，而不是之后的时间被接受。在下一个时间间隔内，A 关闭 k_i，接收端验证 m_i。另外，发送端和接收端之间必须进行时钟同步，否则，在一个密钥被公开之后攻击者便可以利用这个密钥伪造信息，威胁网络安全。TESLA 广播认证方案如下：

（1）初始化，A 签名 $S:=Sig_{SKA}(k_0)$ 并且广播 $S, C(A)$；

（2）每个接收端 B 运行 CERT_CHECK 算法并且验证 S；

（3）For i=1 to n 在时间间隔 t_i 内,对于消息 m_i, do

（4）　　A 计算 $M_i:=MAC(m_i, k_i)$，并且广播 M_i, m_i；

（5）　　B 检查它自己在时间间隔 t_i 内是否接收并缓存 M_i, m_i

（6）end for

（7）For i=1 to n 在时间间隔 t_{i+1} 内,对于消息 m_i, do

（8）　　A 广播 k_i

（9）　　B 检查 M_i 与 $MAC(m_i, k_i)$ 是否相等

（10）end for

9.6 隐私保护

VANET 网络作为一种车辆辅助系统，采用多跳技术进行车辆之间以及车辆与路边单元之间的信息传递，由于车辆发布的报告中包含车辆身份、位置、速度、路线等信息并且通过

无线网络公开发布，攻击者可以很容易获得这些信息，提取车辆以及用户的隐私信息，比如日常路线、驾驶习惯等，这些信息可能会被攻击者非法利用，随时随地跟踪定位任何特定的车辆，因此用户的隐私必须得到保护[12,16]。

9.6.1 隐私威胁

首先，VANET 网络具有开放性，具体如下：

（1）服务的开放性　传统的网络通信是将具有共同兴趣的个体联系在一起，通信关系具有一定的稳定性，有利于建立隐私信任关系。然而车载应用具有典型的公共服务特征，成员几乎包括所有的社会个体，来自通信对象的隐私威胁更加严重。

（2）数据的开放性　因为车载应用的公益性和数据处理的实施要求，与交通安全相关的报文多以明文传输，使得攻击者收集信息更加容易。

（3）信道的开放性　信道的开放性是无线通信的基本特征，这使得窃听不易察觉，加之无线收发装置价格低廉，信息采集的成本低，难度小。

其次，VANET 网络具有高度的隐私敏感性，具体如下：

（1）通信实体敏感　大多数车辆属于私有财产，通信中需公开的车辆性能、车况及车载系统等属于用户的隐私，同时车辆与人是一个密切的整体，车辆受驾驶员控制并继承了自然人的全部隐私属性。

（2）通信内容敏感　交通安全通信中的车速、位置、方向等具有极强的隐私敏感性。

（3）通信环境敏感　尤其在城市交通环境下，位置信息更具有现实意义，攻击者可根据通信位置对应的场所特征，推断驾驶员的身份与行为。

因此，当隐私泄露后会带来难以估计的损失，具体如下：

1）交警根据通信报文推断用户驾驶行为，对驾驶员偶然、无害的违规行为开具罚单。

2）保险公司可能会收集用户的通信报文，分析驾驶习惯，有针对性地对事故保险类型进行差别收费，或者在合约中增加更苛刻的免责条款。

3）犯罪团体会收集出入高消费场所的车辆记录，选择袭击目标，也可分析特定目标的出行习惯，选择袭击的时间或场所，还可以检测执法车辆的动态，逃避抓捕。

概括来说，目前 VANET 网络主要面临的三种隐私威胁是：

（1）身份隐私　车辆或成员等的实体身份不能轻易从搜集到的信息中提取或者推测出来，包括用户自身身份信息以及车辆的信息，即网络内车辆及车辆用户的真实身份，例如驾照信息，网络假名信息，需要频繁变换身份信息，防止信息被窃听者关联。

（2）位置隐私　不能根据接收到的信息判断出车辆的具体位置或者驾驶路线。

（3）条件隐私　正常情况下维护用户的隐私安全性，一旦有事故或纠纷发生，允许仲裁机构或者其他可信的第三方获取真实身份并实施处罚。

9.6.2 隐私技术指标

隐私保护技术不是阻止人们发布信息，而是对信息进行控制，防止人们的信息在未经许可的情况下被他人获取。也就是说，隐私是个体对自身相关的敏感信息于何时、何地、被什么人以何种方式使用的一种控制能力。从这个角度给出衡量隐私性能的技术指标。

（1）匿名　隐藏执行给定动作的实体身份，是隐私保护的关键。在匿名的前提下，即使攻击者获知动作背后的丰富内涵，也无法侵害个体的隐私。需注意的是，实现匿名的前提是存在一个具有相似特征的成员集合，执行一个动作，该集合内成员都可能是执行者。否则，若某个动作只能被某个固定成员所执行，则无论采用何种隐藏措施，攻击者都可以获取行动执行者。

（2）不可追踪性　攻击者不能判定一系列行为是否为同一个体执行。虽然匿名有利于不可追踪性，但并不充分，攻击者可能不知道谁执行了哪些动作，但是知道他们是同一个实体的行为。

（3）不可关联性　隐藏两个或者多个动作、身份或者信息元素间的关系。不可关联是比匿名和不可追踪更宽泛的概念，匿名即执行者身份与动作不可关联，不可追踪即同一实体的多个动作不可关联，而不可关联可以描述比匿名更弱化的隐私保护需求，比如，攻击者可以判定谁发送报文，谁接收报文，但并不知道发送方和接收方的对应关系。

（4）不可观察性　隐藏用户的活动，使攻击者不能判定感兴趣的信息元素是否存在。相比不可关联性，不可观察重点在于如何隐藏信息元素本身。比如，在身份动作不可关联要求下，发送动作是已知的，重点在隐藏发送者身份，而不可观察性要求隐藏发送动作，通常可以采用注入虚假流量隐藏真实的发送动作。

（5）机密性　隐藏数据内容或者在一定控制范围内公布数据，或者说保持对信息访问或信息泄露的授权限制。尽管机密性是安全特征，但是它对保持隐私特征如匿名性和不可关联性非常重要。比如，当用户需要向系统提交真实身份时，用户与系统的通信必须是机密的。

（6）似真否认　从隐私角度看，当个人否认执行某些动作时，第三方无法确认或反驳。从攻击者的角度看，攻击者不能证实用户知道、做过或说过某事。可以发现，似真否认与安全需求里的不可否认性相悖。但是在某些特殊的应用需求中，似真否认比不可否认性更重要。比如，否认发送过检举信息、否认存在秘密文档、否认文件来自特定数据源等。对同一个个体而言，似真否认和不可否认性不可兼得，但是可以作为两种服务能力向不同的个体提供。

9.6.3　用户身份隐私保护

1. 基于匿名证书认证

Raya 和 Hubaux 于 2007 年提出了一种基于匿名证书认证的安全协议：首先权威机构（CA）在车辆注册时会分配给每辆车大量的匿名证书（大约 5000）个，并将这些匿名证书装在每辆车的 OBU 中，每次和其他节点通信时车辆会在其中随机挑选一个匿名证书来签署将要发送的信息，之后，该证书将被丢弃不再使用。这样既保护了信息发送者的个人身份隐私，同时又因为对不同的信息使用不同的匿名证书，使得攻击者不能判断出截获的不同信息是否来自同一个发送者，保证了通信的不可追踪性。另外，为了保证通信过程中的条件追踪，每辆车在注册的时候权威机构会保存车辆的真实信息和匿名证书之间的关系，一旦出现事故的时候，权威机构则可根据证书追踪到车辆的真实身份，从而实现了恶意行为的可追踪性。

虽然该方案可以满足 VANET 中对条件隐私保护的需求，但在实际的应用中，该方法也存在一些不足。

就 OBU 的存储能力而言，为了满足通信的不可追踪性，每一辆车都必须事先装载大量的匿名证书，假定每一个证书的大小为 1024 B，每辆车装载大约 5000 个证书，那么就要求每辆车的 OBU 至少有 50 MB 的证书存储空间，极大增加了防篡改的无线通信设备 OBU 的成本。

就权威机构的追踪效率而言，由于其存储了管辖范围内的所有车辆的所有匿名证书，当需要追踪恶意节点的真实身份时，权威机构不得不在一个巨大的数据库中进行检索，从而使得追踪效率极差，同时也会极大地限制 VANET 网络的规模。

就证书撤销而言，当发现一个恶意节点后，权威机构需要在整个 VANET 网络中广播作废该车辆对应的所有身份证书，从而 CRL 的增长非常快，当网络中其他合法节点接收到权威机构分发的 CRL 后，在每次收到信息时都要对信息来源进行核对，检查其是否在 CRL 中，极大地降低了信息来源的认证效率。

2. 基于群签名认证

由 Chaum 和 Van Heyst 提出的群签名方案可以看作是成员证明自己拥有群管理员颁发的签名密钥的过程。

该方法的主要思想是[10]：网络中的所有车辆节点都必须事先在权威机构进行注册，注册成功后由管理员分发各自的私钥和群公钥，并向车辆节点传输所需要的所有公开系统参数，节点通过群组的验证加入群之后，就可以利用自己的私钥对即将发送的信息进行签名，并将信息发送出去，接收者利用群公钥对接收信息进行认证，一旦出现争议，权威机构可根据车辆追踪者提供的证据去查找车辆的真实身份并将其注销。通信模型如图 9-12 所示。

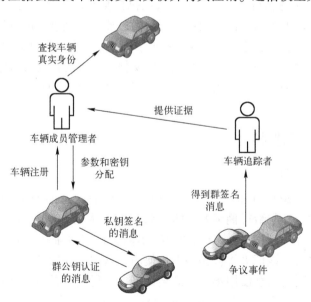

图 9-12　基于群签名的安全通信模型

通过群签名方案，群体中的每个合法成员都可以代表整个群体进行匿名签名，验证者只能验证签名是否来自该群体，而不能确定参与签名的具体成员身份。但是特殊情况下，群管理员可以打开签名来确定生成签名的群成员的身份，且生成签名的群成员不能否认自己的签名行为。群签名能同时提供隐藏发送者身份和追踪信息源头两种功能，隐藏发送者身份能为合法用户提供匿名保护，追踪信息源头可使群管理者对成员的行为进行有效跟踪和监督，对成员行为进行合理限制。同时，群签名机制在不打开签名的条件下，不可以判断两个不同的群签名是否来自同一个群成员。这种无关联特性使其得到广泛的应用和研究。

虽然该方案不需要 OBU 事先装载大量的身份证书，但自身仍存在一些不足，主要表现在以下几方面：

1）就作废车辆身份代价而言，若一个群组中出现一个恶意节点，则需要更换整个群的密钥来保证所有节点的安全，如此造成了很大的代价。

2）就信息认证效率而言，由于信息的认证时间和车辆身份注销清单中的数量之间存在线性关系，因而随着车辆身份注销清单中作废车辆数目的增加，信息的认证时间将会大大延长，而 VANET 网络又属于时延敏感型网络，因此这样不但降低了信息认证效率，而且对网络的安全性构成了一定的威胁。

3）就更换密钥自主性而言，由于 OBU 是在权威机构中注册的，通过安全的通道来获取私钥，也就是说 OBU 不能自主地改变自己的私钥，这一非独立的私钥获取过程增加了节点被攻击的可能性。

4）就网络规模而言，较难对网络规模做出平衡。一方面，如果群中节点过多，那么 CRL 就会增长较快，导致认证效率降低；另一方面，如果群中节点过少，那么当车辆进入一个没有群成员的特殊区域时，攻击者可以很容易地通过对比群 ID 来跟踪该车辆节点。

9.6.4 用户位置隐私保护

所谓位置隐私保护，是指在位置服务过程中，采用相应的技术来确保用户的位置隐私信息不会泄露，以避免隐私信息泄露给用户带来安全威胁。目前，国内外学者对 VANET 网络的隐私保护技术提出了很多创新性的技术，研究最多的方案就是基于指定区间内车辆更换假名的 Mix-zone 技术。其基本思想是：车辆向权威机构申请注册成功后，权威机构向车辆节点颁发可认证的但不暴露真实身份信息的假名集，假名必须在特定的地理区域内进行更换，以防止被监听者跟踪。通过频繁的交换假名可以隐藏车辆的真实信息，即使被监听者获取了假名表，但由于车辆配有大量非关联的假名，攻击者无法在大量并发的假名中关联到特定的车辆节点，从而达到保护隐私的目的。根据参考文献［18］得出混合区（Mix-zone）模型图如图 9-13 所示。

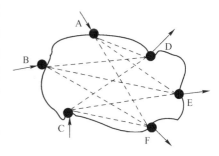

图 9-13　Mix-zone 模型图

车辆节点从 A/B/C 某个点进入混合区，在离开区域前完成假名更换，因为攻击者不知道车辆会从哪个出口（D/E/F）出去，所以不利于攻击者将假名与特定车辆联系起来。

1. 基于特殊位置的 Mix-zone

特殊位置包括十字路口、公共停车场等，因为特殊位置车辆繁多，容易对车辆用户信息进行混淆和隐蔽。尽管基于特殊位置的 Mix-zone 方法能够提高路径的不确定性，但是由于特殊位置具有很高的可监控性，攻击者可专门针对某特殊位置做出对应的攻击技术，一旦形成规律，用户的隐私安全也会受到威胁。

2. 基于静默时间的 Mix-zone

利用分布式思想的动态 Mix-zone 可以有效地弥补由于特殊位置带来的局限性，在特定时段车辆之间形成一个静默时段，在此期间更换假名，脱离了特定交通设施与特定位置的依赖，同时也能完成假名更换过程。不同于基于特殊位置的 Mix-zone，该方案的混合区并不固定。静默时段的选取有两种方法：一种是根据特定区域，比如在红绿灯处，车辆必须减速，可以停止数据交换，进行换名，这样更加有利于提高假名交换的不可追踪性，但这会导致某一时间段用户信息无法获取，可能会因此发生交通安全事故。另一种是根据车辆行驶速度确定静默时间，事先设定一个速度阈值，当车辆速度达到该阈值时更换假名。但是该方案不适用于出行高峰期，因为此时车辆会频繁改变速度，导致频繁更换假名。由此可见，无论是根据速度还是特定区域来确定静默时间都会出现数据丢失的情况，也会增加假名更换的复杂度。

9.7 总结

VANET 在为用户提供便捷服务的同时，也带来了安全隐患。本章节着重介绍对 VANET 网络安全性影响较大的两个因素——安全认证和隐私保护。安全认证中的身份认证不允许有不良行为的节点或恶意节点加入网络并完成通信，消息认证验证通信节点所发信息是否可靠，降低因恶意节点发送的虚假信息而损害网络安全性的可能性。隐私保护采用匿名和 Mix-zone 内更换假名的方法来隐藏用户的身份信息和位置信息，避免通信报文被攻击者截获并从中提取出用户隐私，对用户造成财产威胁甚至是生命威胁。而安全认证和隐私保护都离不开证书服务，证书中包含用户的密钥、序列号、CA 签名等敏感信息，如何分配证书及管理密钥也是 VANET 网络中较为重要的一方面。目前，由于 VANET 节点的快速移动性，研究方案是基于 PKI 的分布式 CA 管理，将 CA 权限分布到网络节点中，降低了 CA 的通信压力，也减少了一些不必要的开销。

预计，未来在全世界范围内可能会存在几个不同的车辆网网络，每个 VANET 将覆盖一个国家或整个大陆的范围，如何选择合适的算法、安全协议等将是影响 VANET 网络发展的一个重要因素。同时，还要兼顾不同 VANET 网络间的兼容性。

当前针对网络安全提出了多种实施方案，但并没有一个严格的执行标准。在 VANET 系统安全方面的研究仍有很大的研发空间。

参考文献

[1] Samara G, Al-Salihy W A H, Sures R. Security issues and challenges of Vehicular Ad Hoc Networks (VANET)[C]//International Conference on New Trends in Information Science and Service Science. Piscataway: IEEE, 2010:393-398.

[2] Raya M, Papadimitratos P, Hubaux J P. Securing Vehicular Communications[J]. Wireless Communications IEEE, 2006, 13(5):8-15.

[3] Imad Aad, Jean-Pierre Hubaux, Edward W. Knightly. Impact of Denial of Service Attacks on Ad Hoc Networks[J]. Ieee-Acm Transactions on Networking, 2008, 16(4):791-802.

[4] Lin, Xiaodong, Lu, Rongxing, Zhang, Chenxi, et al. Security in vehicular ad hoc networks[J]. Communications Magazine IEEE, 2008, 46(4):88-95.

[5] Ren W, Ren K, Lou W, et al. Efficient user revocation for privacy-aware PKI[C]//International ICST Conference on Heterogeneous Networking for Quality, Reliability, Security and Robustness. ICST (Institute for Computer Sciences, Social-Informatics and Telecommunications Engineering), 2008:1-7.

[6] Falasi H A, Barka E. Revocation in VANETs: A survey[C]//International Conference on Innovations in Information Technology. Piscataway:IEEE, 2011:214-219.

[7] Bellur B. Certificate Assignment Strategies for a PKI-Based Security Architecture in a Vehicular Network[C]//Global Telecommunications Conference, 2008. IEEE GLOBECOM. Piscataway:IEEE, 2009:1-6.

[8] Hao Y, Yu C, Zhou C, et al. A Distributed Key Management Framework with Cooperative Message Authentication in VANETs[J]. IEEE Journal on Selected Areas in Communications, 2011, 29(3):616-629.

[9] Wasef A, Shen X. EMAP: Expedite Message Authentication Protocol for Vehicular Ad Hoc Networks[J]. IEEE Transactions on Mobile Computing, 2013, 12(1):78-89.

[10] Zhu X, Jiang S, Wang L, et al. Privacy-preserving authentication based on group signature for VANETs[C]//GLOBECOM Workshops. Piscataway:IEEE, 2013:4609-4614.

[11] Hannes Hartenstein, Kenneth P Laberteaux,等. VANET 车载网技术及应用[M]. 孙利民,何云华,周新运,等译. 北京:清华大学出版社, 2013.

[12] Bayrak A O, Acarman T. A Secure and privacy protecting protocol for VANET[J]. 2010, 23(3):579-584.

[13] 周俊. 车联网环境下信息认证技术研究[D]. 西安:长安大学, 2014.

[14] 侯云娇. 车载自组网无中心分布式认证方案[D]. 长春:吉林大学, 2014.

[15] 高永康,郝建军. 车载自组网中的网络与信息安全[J]. 中兴通讯技术, 2011, 17(3):21-23.

[16] 赵娜. 车载自组织网络安全认证与隐私保护的研究[D]. 南京:南京航空航天大学, 2014.

[17] 陈辰,韩伟力,王新. VANET 安全技术综述[J]. 小型微型计算机系统, 2011, 32(5):896-904.

[18] 黄志浩. 车联网中 Mix-zone 的隐私保护机制研究[J]. 无线互联科技, 2015(6):37-40.

[19] 梁源凯. VANET 中自组织密钥管理方案的研究与实现[D]. 长春:吉林大学, 2014.

[20] 付浩彬. VANET 下的无中心网络安全认证机制[D]. 长春:吉林大学, 2014.

第10章 移动建模与仿真

10.1 车联网建模与仿真概述

与许多研究领域的创新发展一样，车联网的研究与实现包括 4 个阶段：首先，对车联网相关技术进行分析研究、计算或评估，以确定进一步的研究需求；其次，利用仿真验证技术的可能性，并减少实际应用中可能的风险；再次，实现原型以确保用户能够接收相应的车联网应用，并设计人机接口；最后，设备工程师进行产品开发及大规模生产[1]。因此，车联网的建模与仿真是车联网研究与发展过程中至关重要的一个环节。基于车联网的应用有 3 种不同的类型：

1) 主动道路安全类应用发布实时的安全消息，例如包括紧急刹车预警消息在内的各种预警消息，从而避免交通事故。

2) 交通效率类应用主要用于交通管理、拥堵控制、改善交通流动性并提供与交通管理直接相关的间接服务，典型的应用包括：交叉路口管理、交通灯最优速度建议和协同变换车道等。

3) 娱乐类应用为经过的车辆提供按需的娱乐信息和舒适的驾驶体验，典型的应用包括：车辆接入 Internet、商业广告和各种 P2P（Peer-to-Peer）应用。

不同的应用研究对仿真的需求不同。在主动道路安全类和交通效率类应用中，车辆间（Vehicle-to-Vehicle，V2V）以及车辆与基础设施间（Vehicle-to-Infrastructure，V2I）无线通信的结果会影响车联网中拓扑的变化。例如，在交通事故预警、实时交通状况更新和任何需要驾驶员间协同的应用中，驾驶员需要对无线通信发送的控制信息进行反应并导致车联网拓扑变化。这就需要在车联网的建模和仿真中实现交通仿真与网络仿真间的双向耦合和实时交互。而娱乐类应用只是利用车联网作为传输增值服务的媒介，不会影响车联网的拓扑，所以只需要通过车辆运动轨迹确定网络仿真中节点的位置就可以满足建模和仿真的需求；另一方面，娱乐应用的建模和仿真实现需要网络仿真平台中包含有完整的通信协议栈[2]。

因此，车联网的建模和仿真中需要考虑的因素包括：

1) 实现车辆运动模型的交通仿真。
2) 实现通信协议栈网络仿真。
3) 交通仿真与通信仿真间的交互模式。

本章在后续的章节中将针对以上 3 点分别进行介绍，并基于 SUMO 和 OMNeT++仿真平台给出车联网建模和仿真实例。

10.2 车辆运动建模

10.2.1 车辆运动模型概述

车联网建模与仿真的重要组成部分是车辆的运动模型。在交通运输学科中将车辆运动模型按照交通的间隔尺寸或粒度大小分为以下三种。

（1）宏观模型（Macroscopic model） 着重从全局角度研究系统特性，对交通系统的要素和细节描述处于最低的程度。在宏观交通仿真模型中，交通流的运动按照流体动力学的相关机制进行处理，通过流量-密度关系来控制交通流的运行。模型中不追踪单个车辆的移动，其关心的参数是车辆密度或平均速度[3]、车辆行驶路径、车流峰值和车流的汇合等[4]。

（2）中观模型（Mesoscopic model） 将车辆实体构成的队列进行总体建模，研究气体运动学和排队论或宏观度量，例如研究速度/密度间的关系以确定车辆的运动[5]。

（3）微观模型（Microscopic model） 以跟车模型为基础，追踪每个车辆的移动过程。将每个车辆当作不同的实体，以更精细的方式建模计算，其建模行驶状态包括行驶速度、车辆间距离和车辆类型等[4]。在微观模型中，车辆的移动由驾驶员的特性、车辆性能、车辆周围的环境和道路集合条件来决定。微观交通仿真对交通系统的要素和行为的细节描述程度最高，包括三个重要方面：车辆移动基本规则（跟车模型与换道模型）、服务有限规则和信号约束规则。

为了对车辆运动真实建模，使得仿真评估结果有实际应用价值，应联合考虑交通运输学科中的宏观和微观模型[5]。图 10-1 对生成真实车辆运动模型应包含的模块进行了归纳和总结。

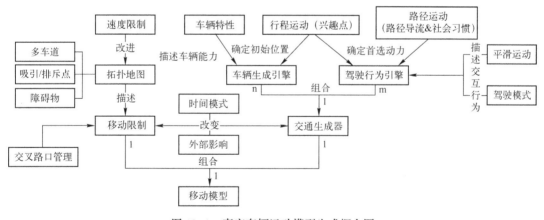

图 10-1 真实车辆运动模型生成概念图

在图 10-1 给出的车辆运动模型生成概念图中包含了宏观和微观的建模，其中包含以下几个方面。

（1）道路拓扑建模

道路拓扑建模中需要包括多个车道、不同的道路类型及限速、障碍物（限制车辆行驶或阻碍无信通信的传输）以及吸引点和斥点。将吸引点和反力点作为车辆道路行驶的起点和终点。大多数情况下，多个车辆会朝向相同的终点（例如，办公地点）运动或从类似的地点出发（例如，家），其中的终点和起点就分别称为吸引点和斥力点。存在吸引点和斥力点的行驶路径可能会成为交通运行的瓶颈。

（2）车辆建模

由车辆类型及出行意向建模仿真中的车辆节点。

（3）驾驶行为建模

由出行意向、路程意向（包括路径选择和社会习惯）、车辆平稳运动和驾驶模式建模驾驶行为。

（4）道路交通建模

将建模的车辆节点、驾驶行为以及不同时段、考虑各种可能道路突发状况的车辆行驶限制条件实现道路交通的建模。

（5）车辆行驶限制建模

在道路拓扑建模的基础上加入交叉路口管理以及道路上不同时段、可能的道路行驶突发状况的交通模型生成不同时段、各种可能的车辆行驶限制模型。

（6）车辆运动建模

将道路交通建模与车辆行驶限制建模相结合生成真实的车辆运动模型。

在车辆运动模型的设计中考虑的模块越多，最终生成的运动模型的真实性越高，但复杂度也越高。

10.2.2 车辆运动模型分类

由于建模真实车辆运动模型的高复杂度，实际车联网的移动建模往往采用简单的假设并忽略图 10-1 中相应的模块。从总体上说，文献［5］将车辆运动模型可以分为四类：合成运动模型（Synthetic Models）、基于观测的运动模型（Survey-based Models）、基于轨迹的运动模型（Trace-based Models）和基于交通仿真器的模型（Traffic Simulators-based Models）。我们将分别介绍这四类车辆运动模型。

1. 合成运动模型

车联网建模研究中最初采用的就是合成运动模型，其主要的研究是通过数学模型来反应实际的物理效应。文献［6］对该类模型进行了详细的调研，并进一步分为：随机模型（Stochastic Models）、交通流模型（Traffic Stream Models）、车辆跟随模型（Car-following Models）和流交互模型（Flows-interaction Models）。

（1）随机模型

在随机模型中，车辆的运动受限于用图来表示的道路拓扑中，并且采用随机移动速度沿着不确定的路径行驶。早期车辆随机模型主要沿用移动 Ad Hoc 网络（Mobile Ad Hoc Network，MANET）研究中的运动模型，具体如图 10-2 所示。

图 10-2 中给出的 MANET 中节点运动模型关注的是单个节点的微观行为，包括节点位置、节点间的相对速度。因为这些因素直接影响端到端通信时链路的建立与断开。车联网建模与仿真中采用最多的就是随机路点模型（Random Waypoint Model）。

当车辆节点采用随机路点模型时随机选择仿真区域中的一个位置作为终点，并采用[0,

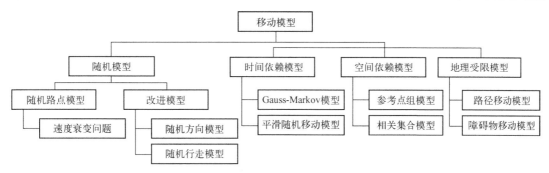

图 10-2 MANET 运动模型分类

V_{max}]区间内随机均匀分布的速度朝终点运动。其中,V_{max}是车辆的最大行驶速度。仿真中不同车辆节点的运动速度和运动方向相互独立。当车辆节点到达终点后,停留T_{pause}时间后重新随机选择一个终点并在允许的速度区间内随机选择行驶速度朝向终点运动。在仿真结束前,所有的车辆节点不停地重复这个过程。

在随机路点模型中,V_{max}和T_{pause}是确定车辆移动性的两个重要参数。如果V_{max}较小且T_{pause}较大,则网络拓扑相对比较稳定;若V_{max}较大且T_{pause}较小,则网络拓扑变化频繁。改变V_{max}和T_{pause}的数值就可以获得不同车辆运动速度的不同移动场景,但它没有考虑实际道路拓扑相关参数对车辆节点运动的限制。

随机路点城市模型(Random Waypoint City Model)[7]将随机路点模型与实际街道矢量地图相结合对市区车辆运动进行了建模仿真。在随机路点城市模型中,车辆节点当前行驶路径与其历史路径以及其他车辆的行驶路径间相互独立。蜂窝自动模型(Cellular Automation Model)采用整数概率元胞自动准则建立车辆在高速公路的随机运动模型。高速移动模型(Freeway Mobility Model)[8]是一个基于地图的随机模型以模拟车辆在高速公路的运动,其中每个车辆的运动受限于高速公路的车道;车辆的运动速度与其上一时刻的速度相关,即

$$|V_i(t+1)| = |V_i(t)| + \text{random}() * |a_i(t)| \tag{10-1}$$

其中,$|V_i(t)|$和$|V_i(t+1)|$分别是车辆i分别在t和$t+1$时刻的速度;$|a_i(t)|$是车辆i在t时刻的加速度;random()用于产生[-1,1]区间内均匀分布的随机数。

相同车道上的两个车辆间需要保持安全距离$D_{safetey}$,即跟随车辆的速度不能大于前车的速度。对于在同一车道上的车辆i与车辆j应满足:

$$\forall i, \forall j, \forall t \quad D_{i,j} \leq D_{safety} \Rightarrow |V_i(t)| \leq |V_{i+1}(t)| \tag{10-2}$$

曼哈顿移动模型(Manhattan Mobility Model)是考虑了交叉路口管理的随机运动模型,以模拟市区的车辆运动。曼哈顿移动模型中的道路拓扑由多个横向和纵向的道路组成,每条道路包含两个方向的车道,车辆沿着水平和竖直的格子形道路行驶。当车辆到达交叉路口时以 0.5 的概率直行;0.25 的概率左转或右转行驶。车辆运动速度同高速移动模型中的规定。

(2)交通流模型

交通流模型就是从宏观的角度将车辆的移动作为流体动力现象进行处理。它将车辆运动速度描述为关于车辆密度单调递减的函数,并当交通拥塞达到一定程度后定义了车辆运动速度的下限。交通流模型的数学描述如式(10-3)所示。

$$|V_i(t+1)| = \max\left\{V_{\min}, V_{\max}\left(1 - \frac{n/l}{k_{\text{jam}}}\right)\right\} \quad (10\text{-}3)$$

其中，$V_{\min}$ 和 $V_{\max}$ 分别为所允许的车辆最小和最大行驶速度；n 是与车辆 i 在同一车道上的车辆数；l 是当前车道长度；k_{jam} 是检测到交通拥堵时的车辆密度。

(3) 车辆跟随模型

在车辆跟随模型中，采用排队模型中的先入先出（First Input First Output，FIFO）建模道路中行驶的车辆。IDM（Intelligent Driver Model）[9] 就是典型的车辆跟随模型，它通过瞬时加速度对车辆行为进行建模。在 IDM 中加速度是速度、车辆间距离 S 和车辆间速度差 $\Delta|V_i(t)|$ 的连续函数：

$$|a_i(t)| = |a_i|\left[1 - \left(\frac{|V_i(t)|}{|V_-|}\right)^\delta - \left(\frac{D^*(|V_i(t)|, \Delta|V_i(t)|)}{D_i}\right)\right] \quad (10\text{-}4)$$

其中，$|a_i|$ 是允许的车辆最大加速度；V_0 为车辆期望的运动速度，文献 [9] 中取值 120 km/h；D^* 所期望的车间最小距离；δ 为加速指数，文献 [9] 中取值为 4。另一方面，车辆的减速度取决于期望的车辆间最小距离和车辆间的实际距离 D_i，具体如公式（10-5）所示。

$$D^*(|V_i(t)|, \Delta|V_i(t)|) = D_{i,0} + D_{i,1}\sqrt{\frac{|V_i(t)|}{|V_0|}} + T_i|V_i(t)| + \frac{|V_i(t)|\Delta|V_i(t)|}{2\sqrt{|a_i(t)||b_i(t)|}} \quad (10\text{-}5)$$

其中，$|b_i(t)|$ 是车辆 i 的减速度；T_i 是车辆安全行驶时间，文献 [9] 中取值 1.6 s；$D_{i,0}$ 和 $D_{i,1}$ 分别为拥塞距离，文献 [9] 中的取值分别为 2 m 和 0 m。

(4) 流交互模型

流交互模型是在车辆跟随模型的基础上考虑高速公路匝道以及市区交叉路口车辆的并道或变道行驶。IDM-IM（IDM with Intersection Management）[10] 在 IDM 中增加了两种交叉路口场景：具有车辆停止信号和交通灯管理的交叉路口。在两种场景中，当第一辆车达到交叉路口时，IDM 会自动将后续的车辆行为切换为车辆跟随模式。第一辆到达交叉路口的车辆遵从式（10-6）所示的 IDM-IM。

$$\begin{cases} D_i = D_{\text{intersection}} - D_{\text{safety}} \\ \Delta|V_i| = |V_i(t)| \end{cases} \quad (10\text{-}6)$$

其中，$D_{\text{intersection}}$ 是车辆距离交叉路口的距离；D_{safety} 是交叉路口中心与车辆停止点之间的安全距离。一旦车辆遇到停止信号停车后会获得交叉路口其他道路上等待通过交叉路口的车辆数。如果不存在其他等待通过的车，则当前车辆就行驶通过交叉路口；否则，按照先到先通过和靠右行驶规则等待通过路口。

当车辆到达交通灯管理的交叉路口时，根据交通灯状态通过路口或在路口等待。车辆遇红灯等待的参数同停止信号场景中的参数。但不同的是，车辆的行为需要根据交通灯状态进行动态变化。当交通灯由红灯变为绿灯时，车辆先遇红灯进行减速，并在没有完全停下时遇绿灯进行加速；当交通灯由绿灯变红灯时，车辆先遇绿灯继续行驶并在没有通过路口前遇红灯减速。因此，定义最小制动距离 $D_{\min}$：

$$D_{\min} = |V_i(t)|t - \frac{k|b_i(t)|}{2}t^2 = |V_i(t)|\frac{|V_i(t)|}{k|b_i(t)|} - \frac{k|b_i(t)|}{2}\left(\frac{|V_i(t)|}{k|b_i(t)|}\right) = \frac{|V_i(t)|^2}{2k|b_i(t)|} \quad (10\text{-}7)$$

其中，k 是大于等于 1 的减速因子。

IDM-LC（IDM with Lane Changing）[10]是对IDM-IM的进一步扩展，在IDM-IM中增加了车辆变道和超车。当车辆到达交叉路口前通过宏观运动信息获得道路信息，若当前行驶的车道在下一个行驶的路段中不存在，则向右行驶接近路口。若当前车辆的右侧车辆拥挤不具备变道条件，则车辆在交叉路口前停止运动直到可以进行变道操作。在超车模型中采用了博弈论的方法解决变道问题，即在最小化所有车辆的制动的情况下，允许车辆进行变道超车。满足这个需求，需要满足以下两个条件：

$$\begin{cases} a^l - a \pm a_{\text{bias}} > p a_{\text{cur}} + a_{\text{new}} - a_{\text{cur}}^l - a_{\text{new}}^l + a_{\text{thr}} \\ a_{\text{new}}^l > -a_{\text{safe}} \end{cases} \quad (10\text{-}8)$$

其中，当满足式（10-8）中第一个不等式时，允许车辆移动到车道l，即变道的加速度优势$a^l - a$需要大于其跟随车辆的加速度（$a_{\text{cur}} - a_{\text{cur}}^l$）和候选车道中的加速度（$a_{\text{new}} - a_{\text{new}}^l$）；$p$为驾驶行为的礼貌程度，其值越大说明驾驶行为越文明；反之，说明驾驶行为很自私，甚至是恶意驾驶。a_{thr}是加速度门限值，是允许超车变道的最小加速度值，以避免边界情况中的连续变道。a_{bias}是加速度偏离值，用于还原多车道行驶时的靠右行驶规则。a_{safe}的含义是要求车辆变道后所在车道的后续车辆的减速度应大于a_{safe}的数值。

所有车辆运动的数学模型中的参数需要根据车辆真实的道路行驶数据来调整以保证建模的真实性。大多数基于合成的运动模型最大的局限性就是建模驾驶行为的高复杂度。因此，在建模中考虑车辆间的相互影响越多，所建立的模型越复杂，或者根本就无法用模型来描述所有的车辆间相互影响。

2. 基于观测的运动模型

观测数据是宏观运动信息的重要来源，其中大部分的大规模观测数据都来自美国劳工部，包括了大量美国工人行为的统计数据：通勤时间、行驶距离或喜欢的午餐类型等[8]。将所有这些统计数据包含在运动模型中就可以复原真实市区交通中所观测到的伪随机或确定性行为。

UDel Mobility Model是典型的基于观测的运动模型，其观测数据来自美国劳工统计局、商业研究机构和城市规划与交通工程机构。在这些观测统计数据的基础上，车辆交通是通过国家和地方政府采集的车辆交通统计数据获得的以模拟车辆的运动特性和每天的道路使用情况。Agenda-based Mobility Model[11]将社交行为与地理运动相结合，其中每个节点都基于各自包含每天所有类型活动的日程运动。日程数据来自美国全国家庭旅游调查中的活动分布、职业分布和停留时间分布。ETH提出一个复杂且需要进行计算的车辆运动模型，它用于生成瑞士24小时内真实道路地图区域中的公共和私人车辆交通。这个模型将社交活动与地理运动结合起来，其中的社交活动数据来自全国家庭出行调查（National Household Travel Survey，NHTS）的观测数据。

3. 基于轨迹的运动模型

由于车辆移动性建模的复杂性，只有少数非常复杂的合成模型能够模拟真实的车辆的运动模式。因此，另一种车辆运动模型的建立方法是从车辆运动轨迹中提取通用的运动模型。CrawDad[12]，UMASSDieselNet，MIT Reality Mining[13]，USC MobiLib[14]和Cabspotting[15]等项目都是进行运动轨迹采集。这种方法的难点是根据运动轨迹推测出不能从轨迹中直接观察到的运动模型。另一个局限性是通过这种方法得到的运动模型与观测数据的类型有紧密的联系。例如，如果运动轨迹数据来自公交车系统，则推测得到的运动模型不可能适用于私人汽车。目前可用的车辆运动的轨迹数据有限，虽然已有一些研究团体搭建了测试平台，但在短时间内很难获得测试结果并供公众使用。

文献［5］中给出了三个从已有的运动轨迹提取车辆运动模型的方法。第一个是德国Fleetnet[16]和 Network on Wheels 项目[17]采用了 Daimler AG 公司通过可视化 HWGui[18]采集的高速公路车辆运动轨迹数据。第二个是 Massachusetts 大学进行的 DieselNet 项目，该项目采集了美国马萨诸塞州的阿姆赫斯特市公交车运动轨迹。Cabspotting 项目[15]是第三个采集车辆运动轨迹的项目。该项目给美国旧金山湾区的所有出租车安装了数据采集设备，可以获得整个出租车系统的实时、可视化数据。

4. 基于交通仿真器的运动模型

一些公司或研究团体通过改善合成模型并根据真实轨迹或观测的行为进行大量的验证后开发了交通仿真器。目前较为成熟并且已具有商业性和通用性的交通仿真软件有：

（1）PARAMICS[19]

英国 Quadstone 公司开发的商业化交通仿真平台，它具有细致的路网建模、灵活的信号及车辆控制、完善的路径诱导、丰富的编程接口、详尽的数据分析。采用并行计算技术，仿真的路网规模可以达到上百万个节点，4 百多万个路段，3 万多个小区。PARAMICS 目前在世界许多国家得到了广泛应用。英国的联邦政府利用 PARAMICS 测试交通路网和高速公路的设计、评价交通控制策略和尾气排放水平，以及研究中远期的交通规划、管理战略。

（2）CORSIM[20]

CORSIM 是由美国联邦公路局开发的，其中综合了两个微观仿真模型：城市的 NETSIM 和高速公路的 FRESIM，分别用于仿真城市道路和高速公路的交通流。CORSIM 的目标是交通系统管理的开发和评价。它是一个能够真实再现动态交通的随机交通仿真模型，有先进的跟车模型和车道变换模型，以 1s 为间隔模拟车辆的运动，提供了很多指标来量化交通路网性能并便于用户观察动画显示的仿真结果。

（3）VISSIM[21]

VISSIM 是德国 PTV 公司开发的微观仿真软件，是一种微观的、以时间为参照、以交通行为模型为基础的仿真系统，主要用于城市和郊区交通的模拟仿真。它采用离散、随机、以 0.1s 为时间步长的微观模型。车辆的纵向运动采用了基于规则的算法；不同驾驶员行为的模拟分为保守型和冒险型。VISSIM 提供了图形化界面，用 2D 和 3D 动画向用户直观显示车辆运动，运用动态交通分配进行路径选择。交通灯控制程序可以采用定时控制方式也可以采用感应式信号程序方式进行模拟。

（4）TRANSIMS[22]

TRANSIMS 是在美国交通运输部、能源部和环境保护局三方联合支持下，由美国洛斯阿拉莫斯国家实验室主持开发的一款集出行需求预测、交通流量仿真和交通污染评价于一体的微观交通仿真建模系统。它采用 cellular automata 微观仿真器对区域交通系统进行分析，能够以高时空分辨率的方式模拟研究区中居民的出行行为，进而分析交通运输系统的性能。

(5) SUMO[23]

SUMO 是由德国航空航天中心开发的，微观、连续道路交通仿真平台，实现空间连续、时间上离散的不同类型车辆的运动。其中，采用了具有变道的多车道管理、不同的靠右行驶规则以及交通灯控制；可以管理超过由 10000 条边街道组成的交通网络，在 1 GHz 的计算机中实现每秒更新 1000000 辆车的运行；实现全网、基于边、基于车辆和基于检测的仿真结果输出。

(6) TransModeler[24]

TransModeler 是美国 Caliper 公司为城市交通规划和仿真开发的多功能交通仿真软件包，是一个综合宏观、中观和微观的多功能仿真软件。它采用最新的交通行为仿真模型，为技术专家和决策者提供科学的仿真数据和形象的演示效果。TransModeler 提供强大而灵活的数据输入和编辑功能，支持多种格式的遥感图像并提供一套与 Google Earth 并线协调和导入图像的功能，方便生成交通仿真网络的道路和设施等，将仿真功能的结果建立在真实地理数据的基础之上，并以实时动态的方式显示出来，其结果也可存储为 wmv 等格式进行日后的演示。

所有这些商用交通仿真器和开源仿真器都采用车辆的真实轨迹验证了其有效性和真实性。一个交通仿真平台验证的特例就是 VanetMobiSim[25]，它是一款开源的免费的车辆运动模型仿真平台，由 Jave 编写为不同的网络仿真软件产生车辆运动的轨迹文件。VanetMobiSim 的开发者通过比较 CORSIM 和 VanetMobiSim 在类似的环境中生成的运动模式进行比较，证明了 VanetMobiSim 的有效性。

10.3 车联网网络仿真平台

车联网的网络仿真平台主要用于实现面向车联网的通信协议栈。目前的车联网研究中主要采用的网络仿真平台有以下几种。

(1) QualNet[26]

QualNet 是美国 Scalable Networks Technologies 公司的产品，前身是 GloMoSim，来源于美国国防部高级研究计划署（DARPA）的全球移动通信计划，主要对无线移动通信网络进行了优化处理，从仿真速度上得到了很大的提升，同时通过对无线信道和射频技术的建模也保证了较高的仿真精度。QualNet 基于已经过验证的 PARSEC 并行仿真内核。每个节点都独立进行运算，这也和现实相符合。允许用户在真正的并行仿真环境当中优化并行仿真性能。对小规模同种复杂度的网络模型仿真，QualNet 仿真速度是其他仿真器的几倍，对于大规模网络，QualNet 仿真速度是其他仿真器的几十倍，如果 QualNet 采用并行仿真机制，能达到比其他仿真器快千倍的速度。

QualNet 中没有车联网相应的通信协议模块，需要在 QualNet 中已实现相应的协议模块基础上进行修改或增加车联网的通信协议模块。

(2) JiST/SWANS[27]

JiST（Java in Simulation Time）是采用 Java 语言实现的离散事件仿真器。SWANS（Scalable Wireless Ad hoc Network simulator）是搭建在 JiST 上层的离散事件仿真平台，用于大规模（超过 10^4 个节点）无线通信网络的仿真与协议验证。但 JiST/SWANS 的开发团队已公开声明不再对该仿真平台进行更新和维护，所以 JiST/SWANS 中也没有包含车联网的通信协议模块。

（3）OPNET

OPNET 是一款商用软件，需要购买授权才可以使用。它能够准确分析复杂网络的性能和行为，并包含有厂家提供的标准库模块，允许授权用户使用有限状态机进行通信网络协议开发。最新版的 OPNET 中实现了车联网中的 IEEE 802.11p 协议。

（4）ns-2[28]

ns-2（Network Simulator version 2）是一个面向网络研究的离散事件仿真器，支持有限和无线网络中的 TCP、路由、多播协议仿真。目前 ns-2 可以用于仿真各种不同的 IP 网，已经实现的仿真包括网络传输协议（TCP、UPD）、业务源流量产生器（FTP、Telnet、Web CBR 和 VBR）、路由队列管理机制（Droptail、RED 和 CBQ）、路由算法（AODV、DSRC、DSR 等）、多播和介质访问控制（Media access control，MAC）子层协议。采用 ns-2 进行车联网通信协议仿真，需要在已有的模块基础上进行修改或手动添加新的模块。

（5）ns-3[29]

ns-3 并不是 ns-2 的扩展，而是一个全新的离散事件仿真器。ns-3 中的仿真核和模型采用 C++语言实现，可以作为库静态或动态链接 C++的主程序中定义仿真拓扑、启动仿真器。ns-3 也可以输出其所有的应用程序接口（Application Programming Interface，API）到 Python，允许 Python 程序采用 C++中相同的加载方式加载 ns3 模块。

目前 ns-2 中的一些模块已经被移植到 ns-3 中，但并没有全部移植。ns-3 中实现了基于 WAVE 的车联网协议栈中的基于 IEEE 802.11p 的 MAC 层和物理层。

（6）OMNeT++

OMNeT++（Objective Modular Network Testbed in C++）是一个可扩展、模块化、基于组件的 C++仿真库和体系框架，用于搭建网络仿真器。它是一个免费的、开源的多协议网络仿真软件，是一个具备完善图形界面接口的离散事件仿真器。OMNeT++除了与其他离散事件仿真器一样可以在 Linux 环境中搭建外，还可以在 Windows 环境和 OS 环境中进行搭建。OMNeT++中的 Veins（Vehicles in Network Simulation）开源车辆网络仿真体系结构实现了基于 WAVE 的应用层、IEEE 1609.4 的多信道切换和 IEEE 802.11p 的 MAC 层和物理层。

所有这些网络仿真器的工作原理都相似，不同的是可用的模块（典型的 MAC 和路由协议等）数量和仿真时支持的节点数不同。

10.4 交通仿真与网络仿真间的关系

为了更好地对车联网进行建模仿真，需要将车辆移动模型与网络仿真结合起来。目前，已有的车辆移动模型与网络仿真间的关系可以分为开环耦合和闭环耦合两种方式。在开环耦合中，车辆的运动与网络仿真相互独立，彼此互不影响；在闭环耦合中，车辆的运动不仅仅是作为网络仿真的输入和通信判决条件，而且网络仿真中的通信传输结果也会反过来影响或改变车辆的运动。

10.4.1 开环耦合

车联网建模与仿真的开环耦合方式中交通仿真与网络仿真间的关系,如图 10-3 所示。

根据交通仿真与网络仿真是否并行运行,进一步分为离线耦合和在线单向耦合两种。

(1) 离线耦合 (Offline Coupling)

在离线耦合方式中,将 VISSIM 或 SUMO 等交通仿真产生的车辆运动轨迹以文件的方式保存;然后将车辆的轨迹文件转换为网络仿真器中的移动轨迹用于车联网的协议性能评估和分析。

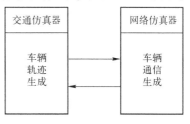

图 10-3 车联网建模与仿真的开环耦合方式

(2) 在线单向耦合 (Online One-way Coupling)

在线单向耦合方式与离线耦合方式最主要的区别就是,在线单向耦合方式中的交通仿真与网络仿真并行运行,实时将交通仿真中生成的车辆运动相关参数(位置、速度、加速度等)输入网络仿真器。因此,可以将 VISSIM 或 SUMO 等交通仿真产生的车辆运动轨迹通过接口等实时输入到网络仿真器中。

这种开环耦合方式适用于车联网中娱乐类应用的验证和仿真分析。

10.4.2 闭环耦合

在车联网建模与仿真的闭环耦合方式中,交通仿真与网络仿真并行运行,并且双向实时交互。这种闭环耦合方式可以进一步分为嵌入式闭环耦合和联合闭环耦合。

(1) 嵌入式闭环耦合

在嵌入式闭环耦合中,交通仿真器和网络仿真器融合为一体,如图 10-4 所示。

为了解决车联网建模与仿真中交通仿真与网络仿真间的交互问题,研究开发了将交通仿真器与网络仿真器融合为一体的新的仿真平台。MoVES (Mobile Wireless Vehicular Environment Simulation)[31,32]体系结构就是用于并行、分布式的车联网

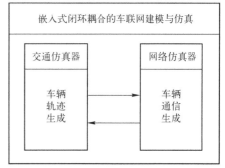

图 10-4 嵌入式闭环耦合的车联网建模与仿真

仿真。它将车辆运动场景与无线通信、移动服务/应用融合为一体,其体系结构如图 10-5 所示。

图 10-5 所示的 MoVES 层次结构采用 Java 编写,包含了 3 个子层:①应用子层用于建模基于通信的服务和应用;②网络子层用于建模无线技术和协议体系结构、网络基础设施、静态设备、介质和传播特性;③车辆子层用于建模没有移动网络设备的车辆、真实的道路拓扑和驾驶员行为、交通场景和交通管理策略。其中,应用子层中的服务和应用位于虚拟设备的上层,便于采用基于 socket 类似的 API 进行建模以模拟网络协议套件。网络子层中,MoVES 实现了网络通信设备中的定义协议栈的组件建模,还可以根据需要定义设备技术和静态的设备基础设施。车辆子层可以实现真实交通场景和安装有移动无线设备车辆的可扩展建模。道路模型组件还包括了街道、车道、交叉路口、交叉路口策略和交通灯。车辆模型组

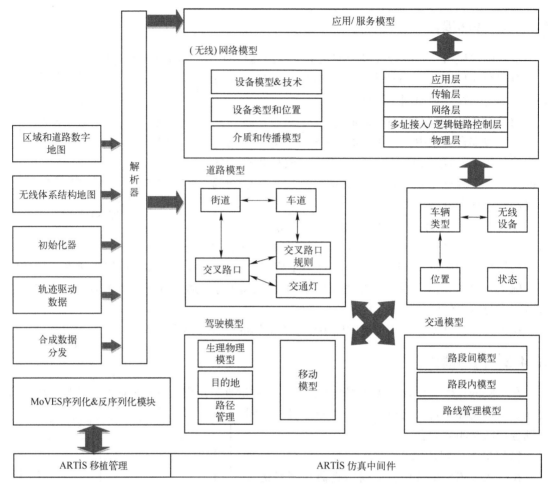

图 10-5　MoVES 体系结构

件包括了无线设备。驾驶员模型组件中包含了生理物理状态、移动模型和路径优先。交通模型组件包含了路径管理策略、路段内和路段间的模型。与此同时，MoVES 层次中还有相应的服务模块：解析器组件能够从数字 GPS 地图、无线基础设施地图和合成的、轨迹驱动的数据源中获取数据对实体进行初始化和数据输入。序列化和反序列化负责将模型实体的状态信息按贯序移植到 ARTIS 中的不同物理执行单元。

NCTUns[33]是由台湾交通大学开发的网络模拟与仿真软件，它搭建在 Linux 平台上，是开源、可扩展、模块化的网络仿真软件。为了满足车联网研究需求，NCTUns 的 6.0 版本中增加了车联网中 IEEE 802.11（p）/1609 协议套件，支持基于代理和基于模块的车辆运动控制；不同的车辆移动模型；路网构建和路边单元的评估与仿真。NCTUns 的体系架构[34]和所实现的 IEEE 802.11（p）/1609 协议架构分别如图 10-6 和图 10-7 所示。

图 10-6 中，图形用户接口（Graphical User Interface，GUI）为用户提供可以构建所需要道路网络的环境，其中用户通过鼠标操作就可以进行路段的建立/连接、网络协议的选择和网络参数的设置。当道路和网络子系统所有的设置都完成后，GUI 自动为体系架构中的其他组件生成配置文件。GUI 为用户节省了包含大量车辆和道路的仿真场景定义时间，而且 GUI

也可以回放分组传输和车辆运动的动画。

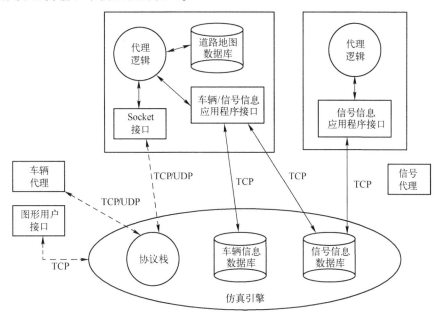

图 10-6 NCTUns 体系架构

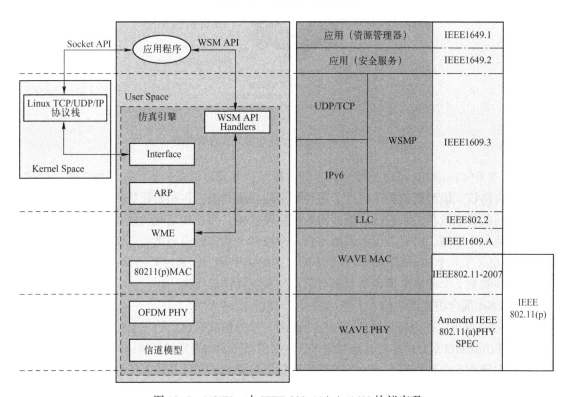

图 10-7 NCTUns 中 IEEE 802.11（p）/1609 协议实现

图 10-6 中的仿真引擎主要实现仿真中传输层和网络层的协议，并存储部分由车辆代理或信号代理发布请求相关的车辆和信号信息。仿真中的每个车辆节点中都有车辆代理，其由

4个组成部分,包括:代理逻辑、道路地图数据库、Socket套接字接口和车辆/信号信息的应用程序接口(API)。代理逻辑控制车辆代理中运行的车辆节点的自动驾驶行为;道路地图数据库存储道路的位置和方向;Socket套接字结构提供车辆间TCP/UDP因特网连接用于道路信息交互;车辆/信号信息API的功能是实现逻辑代理对位于仿真引擎中的车辆和信号信息数据库的调用。这些API相互间采用TCP/IP进程间通信实现车辆代理与仿真引擎间的信息交互。

图10-6中的信号代理是位于交叉路口控制交叉路口4个信号灯的信号状态的改变。其包含2个部分:信号逻辑和信号信息API。信号逻辑对信号状态的变化进行管理;而当信号代理要对仿真引擎中存储的信号信息进行更新时,就调用信号信息API。

图10-7是NCTUns 6.0中支持的两类IEEE 802.11(p)/1609无线车辆网络节点:802.11(p) RSU和802.11(p) OBU中的协议栈配置。

GrooveNet也是一种嵌入式的车辆通信仿真平台,其模块化结构中包含了移动模型、不同链路和物理层通信模型上的路径和消息广播模型[35],如图10-8所示。

图10-8 GrooveNet模型管理器及其内置模型

图10-8中GrooveNet可以支持多种不同的模型,并且可以进一步扩展增加安全、应用、广播和路由协议。模型管理器中包含了每种模型的功能列表。在初始化阶段,模型管理器对所有模型间的相互依赖关系进行解析并构造模型关联树,并在初始化父模型后初始化其树结构中的其他每个模型。所有的模型都派生自一个或多个抽象的模型类和定义的虚函数。目前GrooveNet定义了8个抽象模型类和多个不同实现的派生模型。通过C++多态性地扩展使用,新模型只需要对1个或多个模型类型进行扩展并实现具体的行为。

GrooveNet混合仿真器的输入、输出组件[35]如图10-9所示。

GrooveNet既可以作为仿真器又可以作为路测实验的仿真平台。为了使仿真器的测试代码可以直接移植到测试平台中,仿真器和测试平台采用相同的网络策略和帧结构。在图10-9b中混合仿真引擎有5个基本输入。地图数据库和仿真场景测试文件是仿真模型中必需的,除此以外,测试平台中还需要有GPS接收器、一个或多个网络接口和可选的在线诊断子系统。混合仿真器的输出数据有3种:可视化道路地图中显示所有车辆的当前位置;所有的通信、仿真事件和车辆数据都可以写入一个或多个日志文件;仿真分组可以选择接口并经一个或多个接口发送与真实的车辆进行信息交互。

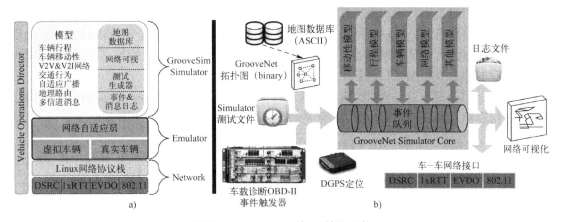

图 10-9 GrooveNet 输入/输出组件

(2) 联合闭环耦合

第二种闭合耦合的车联网建模与仿真方法是联合采用已有的成熟交通仿真器和网络仿真器，并在两者之间通过遵从一定准则的通信结构实现交互，具体如图 10-10 所示。

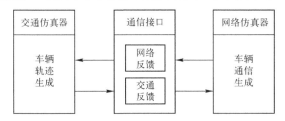

图 10-10 联合闭环耦合

联合闭环耦合方式与嵌入式闭环耦合方式相比，联合闭环耦合方式仿真平台中的交通仿真器和网络仿真器都是经过大量验证、可靠性较高的公认平台。TraNS（Traffic and Network Simulation Environment）[36]采用微观交通仿真器 SUMO 和网络仿真器 ns-2，其中间的通信接口采用 TraCI（Traffic Control Interface）[37]，其组成架构如图 10-11 所示。

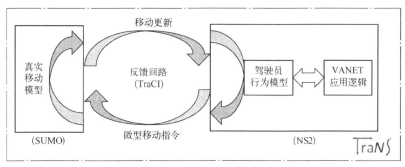

图 10-11 TraNS 组成架构

图 10-11 给出的 TraNs 有两种不同的运行模式。第一种是以网络为中心运行模式，采用真实的节点移动，评估不影响节点实时移动的车联网的通信协议性能，例如用户间音乐或旅游信息的交互或发布。第二种是以应用为中心运行模式，用于评估在仿真运行期间影响节点实时移动性的车辆应用，例如紧急刹车和碰撞避免等安全应用。

在以网络为中心运行模式中，TraNS 采用开环耦合方式，为网络仿真器提供交通仿真器中产生的真实移动轨迹。而以应用为中心运行模式中，TraNS 采用联合闭环耦合方式，允许网络仿真器控制仿真中车辆的移动，并根据仿真场景修改所选车辆的移动。交通仿真与网络仿真间的双向耦合采用 TraCI 实现。

MSIE 采用 VISSIM 作为交通仿真器，应用层采用 MATLAB 实现，ns-2 作为网络仿真器，其体系结构和运行环境[39]如图 10-12 所示。

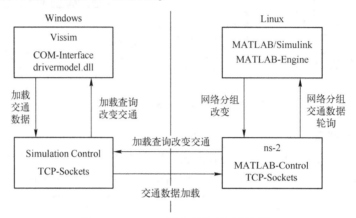

图 10-12　MSIE 体系结构及运行环境

在图 10-12 中，交通仿真 Vissim 在 Windows 操作系统中；实现应用层的 Matlab 和网络层的 ns-2 运行在 Linux 系统中。网络仿真和交通仿真中的双向耦合和实时交互采用 TCP 套接字实现。不同的操作系统间采用仿真控制实现网络仿真和交通仿真间跨操作系统的交互。

Veins（Vehicles in Network Simulation）[40]分别采用同样基于 C++的 SUMO 和 OMNeT++作为交通仿真和网络仿真平台，通信接口采用 TraCI，其组成结构如图 10-13 所示。

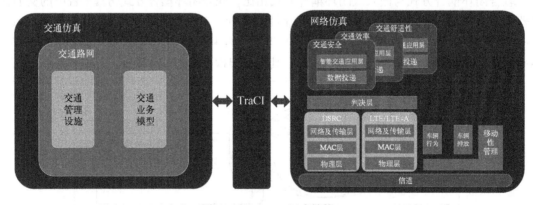

图 10-13　Veins 组成结构

图 10-13 中的交通仿真部分由 SUMO 实现；网络仿真部分由 OMNeT++中的 Veins 仿真框架实现。交通仿真和网络仿真间的双向耦合、实时交互采用 TraCI 实现。

OVNIS [41] 和文献 [42] 都采用 SUMO 和 ns3 分别作为交通仿真器和网络仿真器，通信接口都采用 TraCI。OVNIS 的体系架构如图 10-14 所示。

图 10-14 中所示的仿真平台中可以对车辆网络的协议和应用进行仿真分析，并且可以实现交通仿真器和网络仿真器之间的实时交互。其中，交通仿真器包括了车辆轨迹和在线移

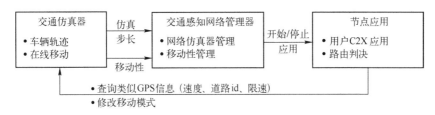

图 10-14 OVNIS 体系结构

动。车辆轨迹是从实际地图和交通数据获得的静态数据，用于生成车辆移动场景；在线移动是相应的模型在场景中的计算结果，即生成的包括限速、车道变换、交通拥堵和碰撞等在内的交互结果。在线计算的移动性结果按照网络仿真步长输入到网络仿真部分。图 10-14 中的交通感知网络管理器是仿真平台的核心部分，用于协调交通仿真器和网络仿真器的共同运行，具体包括：

1）网络仿真器的开始、初始化和管理。
2）交通仿真器作为独立的服务器开始运行并采用用户给定的移动场景进行初始化。
3）为网络应用提供交通仿真器接口以查询交通仿真器中类似 GPS 参数，具体包括目前的车辆速度、道路 id、限速以及每个节点所在的车道号。
4）根据仿真步长迭代查询交通仿真器参数。
5）根据交通仿真器中的移动信息管理节点的移动性。
6）开始并停止用户定义的车辆应用。

图 10-14 中最右边是用户部分用于实现用户设计的算法/协议，可以通过接口与交通仿真器进行通信，查询车辆的信息或修改车辆的运动路径。

iTETRIS[43]也分别采用 SUMO 和 ns-3 作为交通仿真器和网络仿真器，但通信接口采用 iCS（iTETRIS）处理 SUMO 和 ns-3 之间的交互，具体如图 10-15[43]所示。

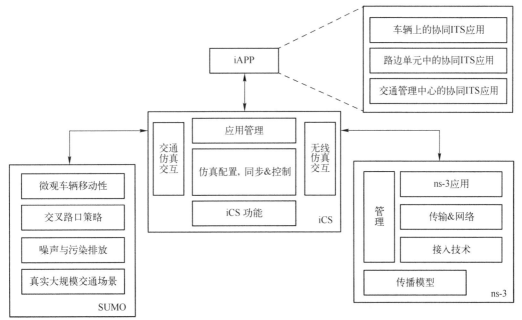

图 10-15 iTETRIS 体系结构

iTETRIS 支持交通管理中心处的协同 ITS 应用仿真、单个连接的车辆节点或路边单元 RSU 的仿真。iTETRIS 没有对交通管理中心与通信基础设施单元间的通信骨干链接进行建模。因此，iTETRIS 中表示的 TMC 仅与协同 ITS 应用的执行有关，并没有在 SUMO 或 ns-3 中建模。另一方面，车辆和 RSU 与其他节点间的无线信息交互需要在 ns-3 中建模表示。车辆也需要在 SUMO 中建模以模拟其移动性。为了解决节点在不同平台中的表示问题，iTETRIS 实现了中心模块 iTETRIS 控制系统 iCS，由 iCS 实现 SUMO 和 ns-3 间的交互，并准备、触发、协同和控制 iTETRIS 仿真。图 10-15 中的 iTETRIS 体系结构还将真实世界中部件进行建模并在平台中的不同模块进行模拟。协同 ITS 应用在车辆、RSU 或交通管理中心运行，具体由外部模块 iTETRIS 应用 IAPP 实现。

iTETRIS 中的文件体系结构和仿真运行环路迭代如图 10-16 所示。

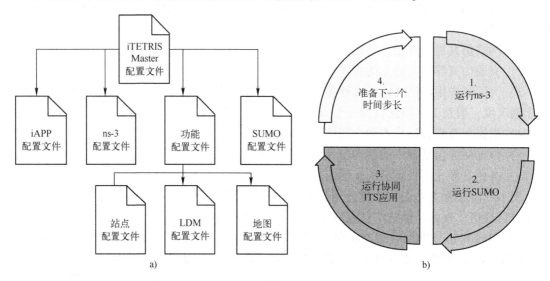

图 10-16　iTETRIS 文件体系结构和仿真运行顺序

iTETRIS 仿真由 iCS 控制。由图 10-16a 可知，iCS 通过初始化不同的 iTETRIS 可配置目标设置仿真环境。为了增加仿真配置的可读性，iTETRIS 采用层次 XML 配置文件结构以便于多个 iTETRIS 模块的定制。在这个层次结构中，主配置文件定义一般性参数，例如仿真时长、配有模拟无线接入技术的车辆渗透率、与 ns3、SUMO 和 iAPP 通信套接字的 IP 地址和端口号。当 iTETRIS 运行时，SUMO 和 ns-3 由 iCS 控制采用系统中已注册的独立可执行线程开始运行，并开始接受指令。与此同时，iCS 为模拟的每一个协同 ITS 应用（iAPP）都分配一个专用的执行线程，从 iCS 功能模块中读取配置文件。然后，读取 SUMO 和 ns3 的配置文件建立交通和无线环境。

在图 10-16b 中，iTETRIS 仿真由 iCS 出发的 ns-3、SUMO 和 iAPPs 构成的迭代环组成。主配置文件中定义的仿真时长分为 1 秒中的多个仿真步长。在每一个仿真步长内，不同的 iTETRIS 模块模拟所有步长内调度的应用、交通或无线通信事件。运行时间环路中的入口点事 ns-3 中的无线消息传输的模拟。这些消息的应用层负载在 iCS 中创建并存储。当 iCS 调度消息在 ns-3 中传输时，只是给 ns-3 有关这些负载的参考值。当 ns-3 在当前步长仿真所有事件调度时，iCS 检索成功的无线传输并将接收的消息与所存储的负载进行匹配并更新确定的与通信相关的 iCS 功能。在仿真运行环路的第 2 个阶段中，SUMO 触发模拟与建立的仿真步长对应的所有交通移动事件。SUMO 需要给 iCS 交通仿真交互模块提供更新后的车辆位置和速度结果，以及当前步长内进入仿真场景的车辆位置和速度。只有配备有通信技术的车辆可以运行协同 ITS 应用，车辆才能在 iCS 中创建以连接 SUMO 和 ns-3 中的表示实体。当收到 SUMO 的仿真结果后，iCS 更新与移动性相关的 iCS 功能，存储车辆相关信息并用于 iAPP 中实现的应用。然后，iCS 将仿真标志发送给 iAPP 模块。iCS 应用管理问询 iAPP 订制 SUMO 和 ns-3 中的仿真结果以执行相应的应用实现。基于订制的仿真结果，iCS 为 iAPP 转发其所需要的信息。在相应的仿真步长中 iAPP 执行了相应应用后，iCS 获取 iAPP 执行结果并生成 SUMO 和 ns-3 中新的动作。最后一个阶段就是为 ns-3 中下一个步长中需要执行的动作做准备。iCS 的无线仿真交互调度需要传输的新消息，命令 ns-3 根据 SUMO 的结果更新节点位置，创建新入车辆的连接。然后，iCS 更新步长计数器，并检查其数值是否等于预配置的仿真时长。若步长计数器的数值等于仿真时长，则仿真结束；否则，执行新一轮的迭代环路。当仿真结束后，iCS 清除内存中所有目标，关闭日志文件，断开与 ns-3、SUMO 和 iAPP 间的连接并清除它们执行的线程。

VNetIntSim[44]采用两个商用软件 INTEGRATION 和 OPNET 分别作为交通仿真器和网络仿真器。与其他闭环耦合仿真平台不同的是，VNetIntSim 的交通仿真器和网络仿真器中没有通信接口，而是直接通过交通仿真器和网络仿真器间传输的 Hello 消息实现两个仿真器间初始同步和连接后，两个仿真器间进行仿真参数同步，包括：仿真持续时间、网络地图大小、位置更新间隔、最大并行运行车辆数和信号数。在同步阶段，INTEGRATION 作为主设备，OPNET 作为从设备，即 OPNET 中相关参数的数值必须与 INTEGRATION 中所计算的数值匹配。两个仿真器间出现例如仿真持续时间、固定信号控制器数量和最大并行运行车辆数等参数不匹配的情况就会造成仿真的终止。此时，OPNET 给 INTEGRATION 发送同步错误消息。这个操作可以保证仿真操作的一致性并采集两个系统中的仿真结果。但 OPNET 中地图大小与 INTEGRATION 中地图不一致，则可以容忍。

在仿真过程中，INTEGRATION 计算车辆新的坐标并发送给 OPNET，并依次更新每个车辆的位置。这个操作在每个更新间隔 update_interval 都要重复执行。位置更新的时间同步可以通过两个步骤实现。首先，每个仿真器中采用一个信号灯，即 intgrat_made_update 和 opnet_made_update；然后在每个更新步长，INTEGRATION 给 OPNET 发送当前的仿真时间。若 INTEGRATION 发送的时间与 OPNET 的时间不一致，OPNET 要采取措施解决不一致性。具体的操作如图 10-17 所示。

在图 10-17 中的每个位置更新循环内，INTEGRATION 计算车辆的更新位置并检查最后一次更新是否已经复制（intgrat_made_update=0）。若已经复制了，就将更新的数值写入两个仿真器的共享内存中，并将 intgrat_made_update 标识置为 1。而 OPNET 一直处于等待更新状态，当接收到新的更新后，如果接收时间等于当前时间，OPNET 中的驱动过程将复制位置，并将 intgrat_made_update 标识置为 0，然后移动车辆到新的位置。如果接收时间大于 OPNET 当前时间，将调度执行接收时间处的处理进程。若接收时间小于当前时间，OPNET 将丢弃更新值。

位置更新操作和处理循环是 VNetIntSim 平台的核心。ITS 应用需要交互其他一些类型的消息以将通信结果反馈给 INTEGRATION。信息如何交互以及何时交互由应用决定。因此，

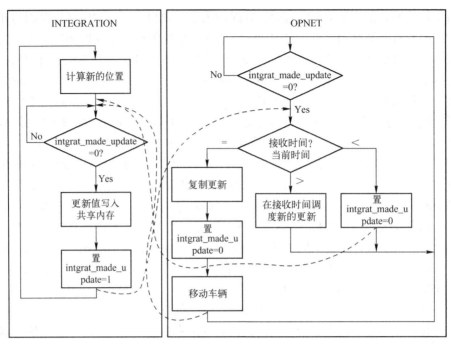

图 10-17　VNetIntSim 位置更新基本操作

应用规范定义了消息的交互方式和交互时间。VNetIntSim 支持瞬时多个应用并行，其中，每个应用都可以使用一个或多个编码以支持相应的功能，其应用运行的完整通信循环如图 10-18 所示。

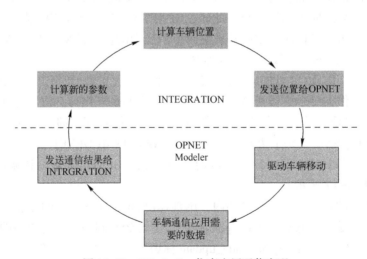

图 10-18　VNetIntSim 仿真应用通信实现

在图 10-18 中，若实现多速度控制系统，则 INTEGRATION 将负责车辆的运动，OPNET 负责车辆间速度信息的交互。在交互的信息基础上，每个车辆确定新的速度，并将新的速度发送给 INTEGRATION。INTEGRATION 计算更新参数（例如加速度或减速度），然后计算更新后的车辆位置。

10.5 基于 SUMO 的交通仿真实现

10.5.1 SUMO 简介

SUMO 是一个开源、微观、多模交通仿真器，可以模拟由单个车辆在给定的道路网络中的运动。其中，每个车辆都可以进行详细建模，有自己的行驶路径；仿真参数可以是确定性的，也可以引入一定的随机性。SUMO 中包含了交通仿真的所有相关功能，在建模方面可以实现：

1）空间连续、时间离散的车辆运动。
2）具有变道的多车道道路。
3）不同的靠右行驶和交通灯规则。
4）快速的 openGL 图形用户界面。
5）可以管理多达 10000 条边（道路）的网络。
6）运行速度快（1GHz 的计算机上实现每秒更新 100000 辆车）。
7）与其他应用的在线交互。
8）在建模的网络范围内实现基于边（道路）、基于车辆和基于检测器的建模结果输出。
9）支持基于行人的交互出行模式。

而路网的建立可以导入 VISUM、VISSIM、Shapefiles、OSM、RoboCup、MATsim、OpenDRIVE 和 XML 描述的地图，其中没有定义的相关信息可以采用随机值。每个车辆都可以有自己的行驶路由，也可以采用不同的动态用户分配算法。自 2001 年以来 SUMO 应用于不同国家的研究项目，其实际应用包括：交通灯评估、路径选择和路径变更、交通监控手段的评估、车辆通信的仿真和交通预测。

为实现相应的交通建模和仿真，SUMO 中包含了以下应用程序：

1）SUMO：命令行应用，没有可视界面的微观仿真。
2）SUMO-GUI：具有图形用户界面的微观仿真。
3）NETCONVERT：路网导入和生成器，可以读取不同的路网文件格式并转换为 SUMO 可用的路网格式。
4）NETEDIT：图形网络编辑器。
5）NETGENERATE：生成用于 SUMO 仿真的抽象网络。
6）DUAROUTER：计算网络中的快速路由，导入不同类型的命令描述。
7）JTRROUTER：采用交叉路口转弯比例计算路径。
8）DFROUTER：根据感应线圈测量计算路径。
9）OD2TRIPS：将 OD 矩阵去耦合为单个车辆路径。
10）POLYCONVERT：从不同格式的路网导入兴趣点和多边形并转换为 SUMO-GUI 中可视化的描述。
11）ACTIVITYGEN：根据建模人群的移动性生成指令。

除了上述应用程序外，还有其他一些额外的应用工具。值得注意的是，只有 SUMO-GUI 具有图形用户界面，其他应用程序都需要用命令行方式运行。SUMO 可以在 Windows、

Linux 和 MacOS 系统中运行。后续章节将根据 http://sumo.dlr.de/wiki/Main_Page 中的相关内容进行介绍。

10.5.2 Hello SUMO 实例

SUMO 中的 Hello SUMO 例子位于 SUMO 安装目录下的 docs/tutorial/hello 文件夹中。Hello 实例中定义了由节点和边定义的简单路网，并且只有一辆车在路网中行驶。

(1) 节点定义

节点的定义中主要是给出节点的坐标，并将定义好的文件命名为 hello.nod.xml 保存。其中，.nod.xml 是 SUMO 中节点文件的默认后缀名。节点文件中的内容为：

```
<nodes>
<node id="1" x="-250.0" y="0.0" />
<node id="2" x="+250.0" y="0.0" />
<node id="3" x="+251.0" y="0.0" />
</nodes>
```

即 hello 节点文件中定义了一条直线上的 3 个节点。

(2) 边定义

在节点定义的基础上定义边将已经定义的节点连接起来。边是有方向性的，车辆在按照边行驶时，从给定的 from 开始到 to 结束。将定义好的边文件命名为 hello.edg.xml 保存。边文件中的内容为：

```
<edges><edge from="1" id="1to2" to="2" /><edge from="2" id="out" to="3" /></edges>
```

即 hello.edge.xml 中共定义了两条边，其中第一条边从节点 1 开始到节点 2 结束；第二条边从节点 2 开始到节点 3 结束。将定义好的边文件用 NETCONVERT 转换为路网文件 hello.net.xml，指令为：

```
netconvert-node-files=hello.nod.xml -edge-files=hello.edg.xml -output-file=hello.net.xml
```

(3) 车辆及行驶路径定义

在 SUMO 中车辆的类型定义中包括车辆长度、运动加速度、减速度和最大运动速度。进一步可以通过定义 sigma 参数为车辆定义车辆跟随模型中的随机行为。除了车辆类型及运动参数外，还需要定义车辆行驶的出发时间。车辆及行驶路径定义文件命名为 hello.rou.xml，其具体内容为：

```
<routes>
<vType accel="1.0" decel="5.0" id="Car" length="2.0" maxSpeed="100.0" sigma="0.0" />
<route id="route0" edges="1to2 out" />
<vehicle depart="1" id="veh0" route="route0" type="Car" />
</routes>
```

即 hello.rou.xml 文件中定义的车身长度为 2 m，加速度为 $1.0\,\mathrm{m/s^2}$，减速度为 $5.0\,\mathrm{m/s^2}$，最大行驶速度为 100 m/s，车辆跟随模型参数 sigma 为 0（没有随机行为）。交通仿真中只有一个 id 为 veh0，类型为已定义的 Car 车辆，其行驶出发时间为 1s，行驶路径为 route0（依次经过所定义的两条边)。

(4) 配置文件定义

最后,需要将所有定义的文件综合到配置文件 hello.sumocfg 中,其内容为:

```
<configuration>
<input>
<net-file value="hello.net.xml"/>
<route-files value="hello.rou.xml"/>
</input>
<time>
<begin value="0"/>
<end value="10000"/>
</time>
</configuration>
```

即配置文件中包括的输入文件和仿真时间定义。通过 sumo -c hello.sumocfg 或 sumo-gui -c hello.sumocfg 运行 hello 实例。后续章节将详细介绍 SUMO 仿真中所需的各个文件的定义。

10.5.3 节点描述

在节点文件中,节点描述语句格式为:

<node id="\<STRING\>" x="\<FLOAT\>" y="\<FLOAT\>" [type="\<TYPE\>"]

其中,节点 id 为字符串;x 和 y 分别为节点的坐标,用浮点数表示,单位为 m;[ ] 中是可选定义。所有的节点属性如表 10-1 所示。

表 10-1 节点属性

属性名称	数值类型	属性含义
id	字符串	节点名称
x	浮点型	节点 x 方向位置,单位为 m
y	浮点型	节点 y 方向位置,单位为 m
z	浮点型	节点 z 方向位置,单位为 m
type	枚举型	节点可选类型
tlType	枚举型	交通灯算法可选类型
tl	字符串	交通灯算法可选 id
radius	正浮点型	可选的转弯半径,单位为米,默认值为 1.5 m
shape	位置列表	节点自定义形状
keepClear	布尔型	是否设置 junction-blocking-heuristic,默认为 true
controlledInner	边 id 列表	由 TLS 控制的边

在表 10-1 中,节点类型 type 是一个枚举型变量,其包含的类型有:

- priority:在低优先级边上的车辆需要等待高优先级边上的车辆通过节点后才能移动。
- traffic_light:节点由交通灯控制,并且当相互冲突的连接同时为绿灯时采用 priority 准则避免碰撞。
- right_before_left：车辆将允许其右侧车辆通过。
- unregulated：节点处没有控制规则，即所有车辆可能不刹车直接通过节点而可能导致碰撞的发生。
- traffic_light_unregulated：节点处只有交通灯控制而没有其他规则。
- priority_stop：与 priority 类似，所有低优先级连接上的车辆在通过节点时必须停止。
- allway_stop：主要指在美国、加拿大和南非行人、车辆、摩托车和自行车通过交叉路口的不同行为准则。
- rail_signal：节点有铁路信号控制。
- zipper：节点连接的边的车道数减少，交通流需要进行合并。
- rail_crossing：节点为铁路和道路的交叉点。
- traffic_light_right_on_red：节点有交通灯控制，并且右转车辆可以无限制通过。

表 10-1 中的 tlType 的枚举值包括：
- static：交通灯每个状态的时长固定。
- actuated：交通灯的绿灯状态可以根据交通测量延长。

因此，根据所有的节点属性，可以根据建模与仿真需求定义相应的节点，下面举例说明。

【例 10-1】交通仿真中的节点描述实例。

```
<nodes><!-- The opening tag -->
<node id="0" x="0.0" y="0.0" type="traffic_light"/><!-- def. of node "0" -->

<node id="1" x="-500.0" y="0.0" type="priority"/><!-- def. of node "1" -->
<node id="2" x="+500.0" y="0.0" type="priority"/><!-- def. of node "2" -->
<node id="3" x="0.0" y="-500.0" type="priority"/><!-- def. of node "3" -->
<node id="4" x="0.0" y="+500.0" type="priority"/><!-- def. of node "4" -->

<node id="m1" x="-250.0" y="0.0" type="priority"/><!-- def. of node "m1" -->
<node id="m2" x="+250.0" y="0.0" type="priority"/><!-- def. of node "m2" -->
<node id="m3" x="0.0" y="-250.0" type="priority"/><!-- def. of node "m3" -->
<node id="m4" x="0.0" y="+250.0" type="priority"/><!-- def. of node "m4" -->
</nodes><!-- The closing tag -->
```

10.5.4 边描述

在边文件中，边的描述语句为：

```
<edge id="<STRING>" from="<NODE_ID>" to="<NODE_ID>"/>
```

其中，边描述语句中的可选描述包括：

［type="<STRING>"］
［numLanes="<INT>"］

［speed="<FLOAT>"］
［priority="<UINT>"］
［length="<FLOAT>"］
［shape="<2D-POSITION>［<2D-POSITION>］*"］
［spreadType="center"］
［allow="<VEHICLE_CLASS>［<VEHICLE_CLASS>］*"］
［disallow="<VEHICLE_CLASS>［<VEHICLE_CLASS>］*"］

边描述语句中详细属性如表 10-2 所示。

表 10-2 边属性

属性名称	数值类型	属性含义
id	字符串	边的 id（必须唯一）
from	参考节点 id	边起点，节点文件中节点 id
to	参考节点 id	边终点，节点文件中节点 id
type	参考节点 id	边类型文件中的类型
numLanes	整型	每条边的车道数，必须是整数
speed	浮点型	边所允许的最大速度，单位为 m/s
priority	整型	边的优先级
length	浮点型	边的长度，单位为 m
shape	位置列表	所有边起点和终点位置
spreadType	枚举型	道路拓展描述
allow	车辆类列表	允许行驶的车辆类型
disallow	车辆类列表	不允许行驶的车辆类型
width	浮点型	车道宽度，单位为 m
name	字符串	街道名称（不唯一，用于可视化显示）
endOffset	大于等于 0 的浮点数	停止线距离交叉路口的距离
sidewalkWidth	大于等于 0 的浮点数	增加给定宽度的人行道，-1 表示没有人行道

在表 10-2 中边的 spreadType 属性的枚举取值为 center 和 right。

【例 10-2】交通仿真中的边（道路）描述。

<edges>

<edge id="1fi" from="1" to="m1" priority="2" numLanes="2" speed="11.11"/>
<edge id="1si" from="m1" to="0" priority="3" numLanes="3" speed="13.89"/>
<edge id="1o" from="0" to="1" priority="1" numLanes="1" speed="11.11"/>

<edge id="2fi" from="2" to="m2" priority="2" numLanes="2" speed="11.11"/>
<edge id="2si" from="m2" to="0" priority="3" numLanes="3" speed="13.89"/>
<edge id="2o" from="0" to="2" priority="1" numLanes="1" speed="11.11"/>

```
<edge id="3fi" from="3" to="m3" priority="2" numLanes="2" speed="11.11"/>
<edge id="3si" from="m3" to="0" priority="3" numLanes="3" speed="13.89"/>
<edge id="3o" from="0" to="3" priority="1" numLanes="1" speed="11.11"/>

<edge id="4fi" from="4" to="m4" priority="2" numLanes="2" speed="11.11"/>
<edge id="4si" from="m4" to="0" priority="3" numLanes="3" speed="13.89"/>
<edge id="4o" from="0" to="4" priority="1" numLanes="1" speed="11.11"/>

</edges>
```

10.5.5 路网生成

SUMO 中的路网除了采用 NETCONVERT 工具在节点文件和边文件的基础上生成路网文件外，还可以采用 NETGENERATE 生成抽象路网，包括 Grid-like 路网、Spider-like 路网和 Random 路网。

（1）Grid-like 路网

Grid-like 路网的定义需要给定 x-和 y-方向需要建立的节点数，其参数分别为 --grid-x-number 和 --grid-y-number，且节点间间距参数分别为 --grid-x-length 和 --grid-y-length。如果待创建的网络 x-和 y-方向参数相同，则可以采用参数 --grid-number 和 --grid-length。其中，长度的单位为 m。与此同时，也可以用可选参数 --attach-length 来为生成的格形边增加道路。

【例 10-3】 格型（Grid-like）路网-1 定义示例。

```
netgenerate --grid-net --grid-number=10 --grid-length=400 --output-file=MySUMOFile.net.xml
```

生成的路网如图 10-19 所示。

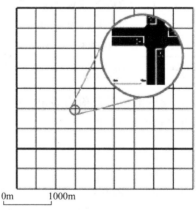

图 10-19 【例 10-3】生成的路网

【例 10-4】 格型路网-2 定义示例。

```
netgenerate --grid-net --grid-x-number=20 --grid-y-number=5 --grid-y-length=40 --grid-x-length=200 --output-file=MySUMOFile.net.xml
```

生成的路网如图 10-20 所示。

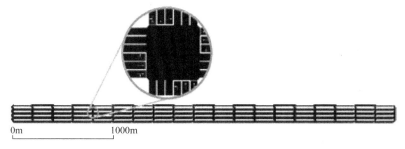

图 10-20 【例 10-4】生成的路网

(2) Spider-like 路网

定义 Spider-like 路网时需要定义轴的数量,参数为--spider-arm-number 或--arms,其默认值为 13;圈数,参数为--spider-circle-number 或--circles,其默认值为 20;圈之间的距离,参数为--spider-space-rad 或--radius,单位为 m,默认值为 100。建立 Spider-like 路网时可以通过可选参数--spider-omit-center 或--nocenter 来设置忽略中心点。

【例 10-5】Spider-like 路网-1。

netgenerate --spider-net --spider-omit-center --output-file=MySUMOFile. net. xml

【例 10-6】Spider-like 路网-2。

netgenerate --spider-net --spider-arm-number=10 --spider-circle-number=10 --spider-space-rad=100 --output-file=MySUMOFile. net. xml

生成的路网如图 10-21 所示。

【例 10-7】Spider-like 路网-3。

netgenerate --spider-net --spider-arm-number=4 --spider-circle-number=3 --spider-space-rad=100 --output-file=MySUMOFile. net. xml

生成的路网如图 10-22 所示。

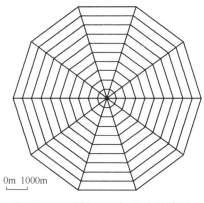
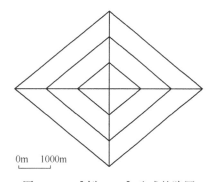

图 10-21 【例 10-6】生成的路网   图 10-22 【例 10-7】生成的路网

(3) Random 路网

Random 路网生成可能需要设置的参数包括:

--rand.iterations<INT>
--rand.bidi-probability<FLOAT>：双向边概率
--rand.max-distance<FLOAT>：边最大长度
--rand.min-distance<FLOAT>：边最小长度
--rand.min-angle<FLOAT>：两个边之间的最小角度
--rand.num-tries<INT>
--rand.connectivity<FLOAT>
--rand.neighbor-dist1<FLOAT>
--rand.neighbor-dist2<FLOAT>
--rand.neighbor-dist3<FLOAT>
--rand.neighbor-dist4<FLOAT>
--rand.neighbor-dist5<FLOAT>
--rand.neighbor-dist6<FLOAT>

【例 10-8】Random 路网。

netgenerate --rand -o MySUMOFile.net.xml --rand.iterations=200

生成的路网如图 10-23 所示。

SUMO 除了可以生成抽象交通路网外，还支持将不同格式的交通地图导入。以 OpenStreetMap 格式导入为例，首先，在 OSM 官网选择需要的交通地图并将其导出保存为后缀名为 .osm 的文件。然后，采用 NETCONVERT 进行转换，即

netconvert --osm-files ##.osm -o ##.net.xml

就可以将真实的交通地图转换为 SUMO 中的路网。

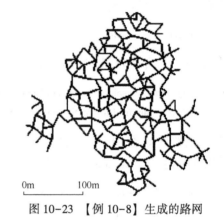

图 10-23 【例 10-8】生成的路网

10.5.6 车辆相关描述

在 SUMO 中车辆包含 3 个重要的组成部分：车辆类型（描述车辆的物理特性）、车辆的行驶路径和车辆自身。

【例 10-9】车辆描述。

```
<routes>
<vType id="type1" accel="0.8" decel="4.5" sigma="0.5" length="5" maxSpeed="70"/>

<route id="route0" color="1,1,0" edges="beg middle end rend"/>

<vehicle id="0" type="type1" route="route0" depart="0" color="1,0,0"/>
<vehicle id="1" type="type1" route="route0" depart="0" color="0,1,0"/>

</routes>
```

车辆可以定义的属性如表 10-3 所示。

表 10-3　车辆属性

属性名称	数 值 类 型	属 性 含 义
id	字符串	车辆名称
type	字符串	车辆类型 id
route	字符串	车辆行驶路径 id
color	颜色	车辆颜色
depart	浮点型或触发方式	车辆进入网络的时间
departLane	整型/字符串	车辆进入的车道
departPos	浮点型（m）/字符串	车辆进入网络的位置
departSpeed	浮点型（m/s）/字符串	车辆进入网络的速度
arrivalLane	整型/字符串	车辆离开网络时的车道
arrivalPos	浮点型（m/s）/字符串	车辆离开网络时的位置
arrivalSpeed	浮点型（m/s）/字符串	车辆离开网络时的速度
line	字符串	公共交通线 id
personNumber	整型	车辆内座位数，默认为 0
containerNumer	整型	车辆进入时所占容器数

在表 10-3 中，type 的取值范围包括：private、emergency、authority、army、vip、taxi、bus、motorcycle、bicycle 等。depart 规定了车辆进入网络的时间，若网络中没有足够的空间，则车辆在仿真中的实际出发时间可能会推后。当采用了 -max-depart-delay 可选项时，若车辆不能在给定的时延范围内发车则丢弃。当采用特殊数值触发时，当驾驶员进入后车辆立即出发。

表 10-3 中的 departLane 的取值有以下几种情况：

- 大于等于 0：车道索引值，最右边的车道索引值为 0。
- random：随机选择出发的车道。
- free：从最空闲的车道出发。
- allowed：符合 free 条件，允许相应车辆类别行驶的车道。
- best：符合 free 条件，允许车辆不需要变道行驶最远的车道。
- first：最右边的车道。

表 10-3 中的 departPos 用于确定车辆在出发车道中的位置，其可能的取值包括：

- 大于等于 0：车道中的位置，从车道的起点开始并小于车道的长度。
- random：车道中随机选取位置。
- free：空闲位置。
- random_free：先随机选取，若随机选取位置失败则按照 free 准则选取。
- base：将车辆放置在车道起点之前。
- last：将车辆放置在按照给定速度车道中最后一辆车的后面。若车道为空，则按照 base 准则放置。

表 10-3 中的 departSpeed 的取值有三种情况：大于等于 0 的数值、0~min（车辆最大速度，车道最大速度）间的随机值以及车辆所选择的出发车道所允许的最大速度。arrivalLane 表示车辆结束行驶时的车道，其可能的取值有：

- current：当车辆结束行驶时不变换车道或车辆最便于到达终点的车道；
- 大于等于 0：车辆变换车道到达终点并行驶到规定的车道。

表 10-3 中的 arrivalPos 用于确定车辆在终点边的位置，其可能的取值有：max 表示车辆

直接行到最后的车道，这是默认值；浮点型数值表示车道中的位置；random 表示在随机选取终点位置。而 arrivalSpeed 用于确定车辆行驶结束前的速度，其可能的取值有：

- current 表示当车辆接近终点时不改变速度，这是默认值。
- 大于等于 0 的数值表示车辆选取规定的速度达到终点。

在交通仿真中，往往需要定义重复的车辆流，其所有属性如表 10-4 所示。

表 10-4 车辆流属性

属性名称	数值类型	属性含义
begin	浮点型（s）	第一辆车出发时间
end	浮点型（s）	发车间隔结束时间
vehsPerHour	浮点型（h）	每小时车辆数
period	浮点型（s）	在定义的时间内伤产生等间隔分布车辆
probability	浮点型（[0,1)	每秒产生车辆的概率
number	整型	车辆总数

在表 10-4 中，vehsPerHour、period 和 probability 三个属性不能同时使用。

【例 10-10】车辆流定义。

```
<flow id="type1" color="1,1,0" begin="0" end="7200" period="900" type="BUS">
<route edges="beg middle end rend"/>
<stop busStop="station1" duration="30"/>
</flow>
```

车辆行驶路径定义包含的属性如表 10-5 所示。

表 10-5 车辆行驶路径属性

属性名称	数值类型	属性含义
id	字符串	路径名
edges	id 列表	车辆行驶过的边，用边的 id 表示，不同边间用空格隔开
color	颜色	路径颜色

车辆的交通仿真中也可以只给出车辆的出发点和终点，而不明确规定车辆行驶的路径。此时，车辆行驶将根据交通状况采用最快路径到达终点。

【例 10-11】车辆快速路径。

```
<vehicles>
<trip id="t" depart="0" from="beg" to="end"/>
<flow id="f" begin="0" end="100" number="23" from="beg" to="end"/>
<flow id="f2" begin="0" end="100" number="23" from="beg" to="end" via="e1 e23 e7"/>
</vehicles>
```

车辆仿真中的车辆跟随模型有多种，可以根据需求采用不同的车辆跟随模型。

【例 10-12】车辆跟随模型。

```
<routes>
<vType id="type1" length="5" maxSpeed="70">
```

```
<carFollowing-Krauss accel="0.8" decel="4.5" sigma="0.5"/>
  </vType>
</routes>
```

车辆跟随模型参数是车辆类型参数的子集，具体如表10-6所示。

表10-6 车辆跟随模型参数

参数名称	数值类型	默认值	参数含义
id	字符串		车辆类型名
accel	浮点型	2.6	车辆的加速度（m/s²）
decel	浮点型	4.5	车辆减速度（m/s²）
sigma	浮点型	0.5	车辆跟随模型参数
tau	浮点型	1.0	车辆跟随模型参数
length	浮点型	5.0	车身长度（m）
minGap	浮点型	2.5	车间距离（m）
maxSpeed	浮点型	70.0	车辆最大速度（m/s）
speedFactor	浮点型	1.0	车道限速的车辆预期因子
speedDev	浮点型	0.0	seedFactor的偏差
color	RGB颜色	"1,1,0"（黄色）	车辆颜色
vClass	枚举类型	"unknown"	车辆类
emissionClass	枚举类型	"P_7_7"	车辆排放类
guiShape	枚举类型	"unknown"	车辆显示方式
width	浮点型	2.0	车辆宽度（m）
imgFile	字符串	" "	车辆显示用的图形文件
impatience	浮点型或'off'	0.0	驾驶员耐心程度
laneChangeModel	字符串	'LC2013'	变道模型
personCapacity	整型	4	车辆载客数
containerCpacity	整型	0	车辆容器数
boardingDuration	浮点型	0.5	人上车所需时间
loadingDuration	浮点型	30.0	车辆加载容器所需时间

10.6 基于OMNeT++的车联网通信仿真实现

OMNeT++是一个可扩展、模块化、基于组件的C++仿真库和体系框架，主要用于搭建网络仿真器。其模块架构中包括了传感器网络、无线Ad Hoc网络、Internet协议、性能模块和光网络等各个独立的工程。OMNeT++采用基于Eclipse的IDE，图形运行环境及其他一系列的工具，可以在Windows、Linux、Mac OS X和其他Unix-like系统运行。本节主要介绍OMNeT++中的车联网通信协议实现。

10.6.1 Veins通信协议栈实现

Veins（Vehicles in Network Simulation）是基于OMNeT++的开源车联网仿真平台，可以与SUMO交通仿真平台通过TraCI进行在线交互仿真，其组成体系如图10-24所示。

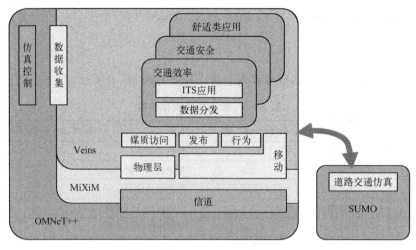

图 10-24 Veins 体系结构

在图 10-24 中，Veins 将 SUMO 中的车辆实例化为网络中的节点，具体由 OMNeT++中的 TraCIScenarioManagerLaunchd 模块来实现。TraCIScenarioManagerLaunchd 模块与 TraCI Server (SUMO 或 sumo-launchd) 连接订制车辆创建和车辆运动消息。SUMO 中创建的每一辆车都会实例化一个 OMNeT++仿真中的复合模块，并且该复合模块中包含有移动子模块，其移动性类型为 TraCIMobility。TraCIMobility 模块也包含车辆到达预定位置停止的功能，即交通仿真中实现交通事故的产生，对应的设置 accidentStart 和 accidentDuration 参数。TraCIScenarioManagerLaunchd 所包含的其他的关键参数有：

- updeateInterval：SUMO 仿真更新时间间隔。
- moduleType：行驶的车辆在 OMNeT++中所对应的实例化模块。
- port：与 sumo-launchd 连接所对应的 TCP 端口。
- seed：配置 SUMO 的随机数种子。
- roiRects：只模拟感兴趣区域（Region of Interest，ROI）中行驶的车辆。

Veins 中的应用层模块可以利用 TraCICommandInterface 类及相关类获取 TraCIMobility 的参数与交通仿真进行信息交互。

【例 10-13】Veins TraCI 应用。

```
mobility = TraCIMobilityAccess(). get(getParentModule());
traci = mobility->getCommandInterface();
traciVehicle = mobility->getVehicleCommandInterface();
traciVehicle->changeRoute("Second Street", 3600);
```

与车辆相关的命令还有 setSpeed 和 setParking，在程序运行过程中也可以采用类似的方法 addVehicle，获取道路行驶的平均速度 getMeanSpeed 等，具体可以查看 TraCICommandInterface 模块的实现。

图 10-24 中的物理层、MAC 层和应用层主要是基于 IEEE 802.11p 和 IEEE 1609.4 的 DSRC/WAVE 体系结构实现的。首先，Veins 的应用层定义了 WAVE 短消息，并基于 WSM 定义实现了周期性 Beacon 消息和 Data 消息的发送。其次，Veins 的 MAC 层实现了基于 IEEE

802.11p 中的 EDCA 机制和基于 IEEE 1609.4 的多信道切换机制。最后，Veins 的物理层实现了基于 IEEE 802.11p 的物理层功能。

图 10-24 中的信道部分实现了 Two-Ray 干扰模型和建筑物障碍衰落模型以模拟真实的车联网无线信号传输。在 Veins 的仿真中对信道干扰模型和建筑物障碍衰落模型的配置是通过 xml 配置文件实现的。

【例 10-14】信道配置实现。

```
<root>
    <AnalogueModels>
        <AnalogueModel type="SimplePathlossModel">
            <parameter name="alpha" type="double" value="2.0"/>
            <parameter name="carrierFrequency" type="double" value="5.890e+9"/>
        </AnalogueModel>
        <AnalogueModel type="SimpleObstacleShadowing">
            <parameter name="carrierFrequency" type="double" value="5.890e+9"/>
        </AnalogueModel>
    </AnalogueModels>
    <Decider type="Decider80211p">
        <!-- The center frequency on which the phy listens-->
        <parameter name="centerFrequency" type="double" value="5.890e9"/>
    </Decider>
</root>
```

除了 Two-Ray 干扰模型、SimplePathlossModel 和 SimpleObstacleShadowing 外，Veins 中支持的信道模型还有：

BreakpointPathlossModel
JakesFading
LogNormalShadowing
PERModel

10.6.2 异构车联网 VeinLte 通信协议栈实现

VeinsLte 是在 Veins 的基础上增加了基于 OMNeT++ 的 SimiLTE 仿真框架实现异构车辆的建模与仿真。VeinsLte 中包含的模块库有：

- Veins：基于 DSRC 的车联网仿真模型。
- INET：常用 IP 连接和 IEEE 802.11 Wi-Fi 模型连接等。
- SimuLTE：基于 LTE 的蜂窝网络。

VeinsLte 的体系结构[45]如图 10-25 所示。

在图 10-25 中根据异构车联网需求重新定义了应用层，并在其中定义了异构车联网消息 HeterogeneousMessage。异构车联网消息在实现

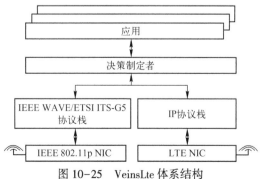

图 10-25　VeinsLte 体系结构

中是采用 C++ 中的继承概念，即 HeterogeneousMessage 与 WSM 之间是继承关系，在 WSM 的基础上增加了源节点（sourceAddress）、目的节点（destinationAddress）、网络类型（networkType）和发送时间（sendingTime）四个控制域。其中的网络类型包括：DONTCARE、LTE 和 DSRC。

图 10-25 中的 Decision Maker 与 Veins 中的应用层是继承关系。当 HeterogeneousMessage 到达 Decision Maker 后将根据消息宏的 networkType 不同进行不同的处理。

若 networkType 为 DSRC，则由 Decision Maker 将异构消息封装为 WSM 消息经由 DSRC 系统发送。

若 networkType 为 LTE，则将异构消息封装为 LTE 的消息格式经由 LTE 系统发送。

若 networkType 为 DONTCARE，则 Decision Maker 根据产生的随机数与预置的判决门限进行比较决定当前消息传输的网络形式。

图 10-25 中左侧的 DSRC 部分同 Veins 中的体系结构包括了基于 IEEE 1609.4 协议的多信道切换和基于 IEEE 802.11p 的 MAC 层和物理层。图 10-25 中右侧的 LTE 部分的体系结构[46]如图 10-26 所示。

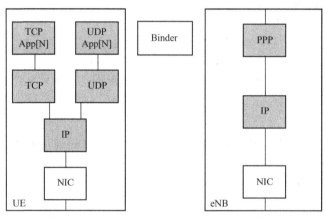

图 10-26 VeinsLte 中 LTE 部分实现体系结构

在图 10-26 中，SimuLTE 实现的 UE 和 eNB 均为 OMNeT++ 中的复合模块，它们之间可以互联并组成网络。Binder 模块是网络中所有节点都可见的模块，其中存储网络中所有节点的信息。图 10-26 中灰色的模块都是采用 OMNeT++ 中的 INET 软件包。而 NIC（Network Interface Controller）主要实现 LTE 通信协议栈中的分组汇聚子层（Packet Data Convergence Protocol，PDCP）、无线资源控制（Radio Resource Control，RRC）子层、无线链路控制（Radio Link Control，RLC）子层、多址接入子层（MAC）和物理层（PHY）。

10.7 车联网仿真实例

10.7.1 Veins 仿真实例

1. Veins 仿真环境搭建

Veins 仿真环境搭建步骤[47]如下。

(1) 下载 SUMO 0.25.0[48]并于 C:\Users\user\src\sumo-0.25.0 解压，SUMO 的可执行文件位于 C:\Users\user\src\sumo-0.25.0\bin\sumo.exe。最新的 SUMO 的各个版本的运行都需要先安装 Microsoft Visual C++ 2010 Redistributable Package（x86）。

(2) OMNeT 官网下载 OMNeT++ 4.6Windows 版本并解压到 C:\Users\user\src\omnetpp-4.6。然后运行 C:\Users\user\src\omnetpp-4.6\mingwenv.cmd 脚本文件，在打开的窗口中依次输入 ./configure 和 make 指令完成 OMNeT 的配置和编译。完成编译后在窗口中输入 omnetpp，打开 OMNeT++ 4 IDE，默认选择 C:\Users\user\src\omnetpp-4.6\samples 为 OMNeT 的工作空间。

(3) 下载 Veins 4.4 并解压到 C:\Users\user\src\veins-4.4，在 OMNeT++4 IDE 的菜单栏中的 File>Import>General：Existing Projects into Workspace，将 Veins 加载到工作空间中。然后在菜单栏中通过 Project>Build All 对 Veins 进行库构建。

(4) SUMO 运行验证。在 OMNeT++ MinGW 的命令行窗口中输入指令/c/Users/user/src/sumo-0.25.0/bin/sumo.exe -c erlangen.sumo.cfg 或/c/Users/user/src/sumo-0.25.0/bin/sumo-gui.exe -c erlangen.sumo.cfg 实现交通仿真的运行。

(5) 运行 Veins 中的示例。在 OMNeT++ MinGW 的命令行窗口中输入指令/c/Users/user/src/veins-4.4/sumo-launchd.py -vv -c /c/Users/user/src/sumo-0.25.0/bin/sumo.exe 开启交通仿真 SUMO 和网络仿真 Veins 之间的通信端口。指令输入回车后，命令行窗口中显示：Listening on port 9999。然后回到 OMNeT++ IDE 中右击 veins-4.4/examples/veins/omnetpp.ini 并选择 Run As>OMNeT++ simulation 就可以运行 Veins 中的仿真示例。

2. veins 结构及组成

在 OMNeT++4.6 中打开 veins 目录，其中包含的文件结构如图 10-27 所示。

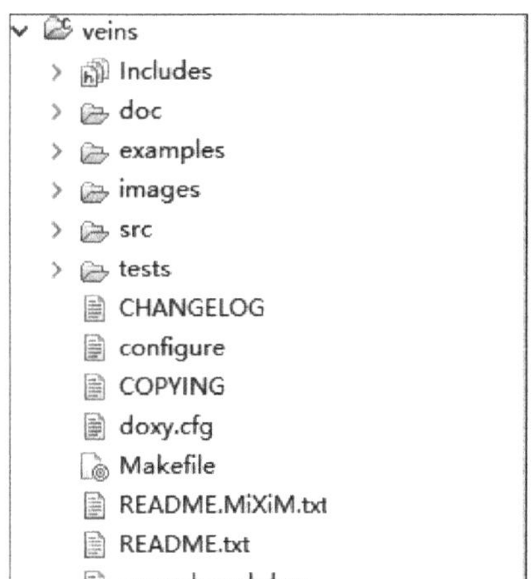

在图 10-27 中，src 文件夹中是 veins 实现的具体协议代码；examples 文件夹中是 veins 中已经实现的实例，其所实现的具体网络场景为 RSUExampleScenario，具体如图 10-28 所示。

图 10-28a 为 RSUExampleScenario 的网络设计图，该网络场景是 veins\src\nodes 中的 Scenario 网络场景的扩展，即 network RSUExampleScenario extends Scenario，在 Scenario 网络场景的基础上增加了 RSU。RSUExampleScenario 示例网络中包含的子模块如图 10-28b 所示，包括：

图 10-27 veins 文件结构示意图

1) AnnotationManager 模块：OMNeT++仿真中的动画管理。

2) ObstacleControl 模块：实现无线电波传播中障碍物的影响，其中模拟的每个障碍物均为一个多边形，无线电波传播经过的边时无线电波的接收功率置为 0。

3) BaseWorldUtility 模块：提供网络仿真中例如场景大小，空中传输数据帧标识等信息和相应的调度使用。

图 10-28　RSUExampleScenario 网络场景

4）ConnectionManager 模块：根据发射机功率、无线电波波长、路径损耗系数和最小接收功率确定通信范围或网络中节点间的干扰范围。

5）TraCIScenarioManagerLaunchd 模块：在仿真开始/结束时连接 sumo-launchd.py 脚本中的运行实例，以实现 SUMO 中实例的自动加载或结束。其定义的具体重要参数包括：connectAt（与 TraCI 服务器的连接时间）、firstStepAt（仿真初始步长）、updateInterval（仿真更新间隔）、moduleType（SUMO 仿真中的车辆在网络仿真中采用的模块类型）、numVehicles（车辆数）、penetrationRate（车辆采用车联网通信技术的概率）等。

6）RSU 模块：对 RSU 进行了建模实现，其具体的设计和组成如图 10-29 所示。

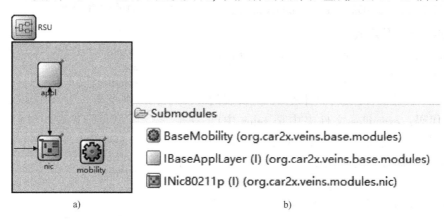

图 10-29　RSU 建模及组成

在图 10-29 中，RSU 由 appl、nic 和 mobility 三个模块组成。其中 nic 模块采用了车联网中基于 IEEE 802.11p 协议的 nic 模块。

3. Veins 仿真实例的参数配置

Veins 仿真实例的配置参数由图 10-27 中所示的 examples\veins 中的 omnetpp.ini 文件定义，其中定义的主要参数包括：

- 仿真网络场景 network = RSUExampleScenario。
- RSU 的位置和移动性。
- RSU 的应用层类型 applType = TraCIDemoRSU11p。

- RSU 应用层不发送周期性消息，发送 data 消息且仅在车联网中的 CCH 中进行发送，即 appl.sendBeacons=false，appl.sendData=true，appl.dataOnSch=false。
- RSU 发送的 data 优先级为 2，即 appl.dataPriority=2。
- 网络接口卡中的 Mac1609.4 中不适用 SCH，即 nic.mac1609_4.useServiceChannel= false。
- TraCIScenarioManager 中的模块类型 moduleType="org.car2x.veins.nodes.Car"。

Car 的建模实现，其具体的设计和组成如图 10-30 所示。

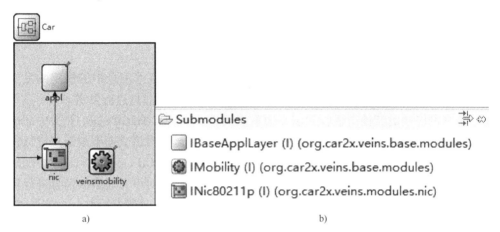

图 10-30　Car 建模及组成

在图 10-30 中，SUMO 中的车辆节点在 OMNeT 中的建模由 appl、nic 和 veinsmobility 模块组成。在 omnetpp.ini 中定义的有关 Car 的参数为：

- Car 应用层类型定义 node[*].applType=TraCIDemo11p。
- Car 不发送周期性消息，发送数据且数据不在 SCH 上发送，即 node[*].appl.sendBeacons =false，node[*].appl.sendData=true，node[*].appl.dataOnSch=false。
- Car 发送的数据优先级 node[*].appl.dataPriority=2。
- Car 移动性采用交通仿真 SUMO 中的车辆实时位置、速度和加速度等，即 node[*].veinsmobilityType="org.car2x.veins.modules.mobility.traci.TraCIMobility"。
- 仿真中车辆 id 个位为 0 的车辆在 75s 时发生交通事故 1 起，交通事故持续时间为 30s，即 node[* 0].veinsmobility.accidentCount=1，node[* 0].veinsmobility.accidentStart= 75s，node[* 0].veinsmobility.accidentDuration=30s。

由仿真参数配置可知，在仿真过程中，当车辆发生交通事故时会在 CCH 上发送与交通事故相关的 data，RSU 收到相应的 data 后也会进行相应的转发。

4. Veins 仿真实例流程

Veins 中给出的仿真实例的实现流程为：

（1）TraCIMobility 类的 initialize( ) 函数中根据 omnetpp.ini 中设置的 accidentStart 参数生成 startAccidentMsg 并加入调度队列。

（2）当 TraCIMobitlity 类的 handleSelfMessage( ) 函数在交通事故发生时对 startAccidentMsg 进行处理。首先调用 TraCIMobility 类中的 commandSetSpeed 函数，通过 TraCIScenarioManager

类将 SUMO 仿真中相应车辆的行驶速度置 0；然后根据 omnetpp.ini 中设置的 accidentInterval 参数生成 stopAccidentMsg 并加入消息队列。

（3）TraCIDemo11p 类中的 handlePositionUpdat（）函数通过 TraCIMobilityAccess 类的 getSpeed（）函数获得当前车辆的速度。若当前车辆速度小于 1，且距离上一次的更新时间大于等于 10s，首先，将仿真场景中的相应节点的颜色更新为红色；然后，若 sentMessage 为 false，则调用 TraCIDemo11p 类中的 sendMessage（）函数。

（4）TraCIDemo11p 类的 sendMessage（）函数首先将 sentMessage 置为 true，然后根据 dataOnSch 参数值判断 data 的发送信道为 SCH 还是 CCH；其次，调用 BaseWaveApplLayer 类中的 prepareWSM（）函数进行 data 组帧；最后调用 TraCIDemo11p 类的 sendWSM（）函数将 data 发送给协议栈中的 Mac1609_4 模块。

（5）Mac1609_4 类的 hanleUpperMsg（）函数收到消息后，根据消息中的规定的发送信道类型将消息加入相应信道的 EDCA 队列中，采用 EDCA 机制对消息进行发送。

（6）仿真网络中的其他车辆收到该交通事故消息后，若其 TraCIDemo11p 类中的成员变量 sentMessage 为 false，则调用其成员函数 sendMessage（）函数对该交通事故消息进行转发。

（7）仿真网络中的 RSU 收到该交通事故消息后，若其 TraCIDemoRSU11p 类中的成员变量 sentMessage 为 false，也调用其成员函数 sendMessage（）函数对该交通事故消息进行转发。

上述过程一直持续到 TraCIMobitlity 类的 handleSelfMessage（）函数处理 stopAccidentMsg 时结束。

10.7.2 VeinsLte 仿真实例

1. VeinsLte 仿真环境搭建

由于目前 VeinsLte 在 Windows 环境中的运行还存在一些问题，所以仅能在 Linux 环境中搭建仿真环境并运行仿真，具体步骤为：

（1）到 VeinsLte 官网下载 Veins LTE。

（2）安装 OMNeT++4.6 和 SUMO0.25.0。

（3）同 Veins 仿真环境搭建过程中的 veins 框架在 OMNeT++ 中的加载和编译过程，在 Linux 环境中的 OMNeT++ 中加载 VeinsLte 框架并编译。值得注意的是，VeinsLte 加载到 OMNeT 的工作空间的共 3 个文件夹，即 inet、simulte 和 veins。VeinsLte 的仿真实例位于 veins\examples 中的 heterogeneous 文件夹中。

（4）VeinsLte 仿真实例的运行同 veins 的运行相同，右击 veins/examples/heterogeneous 文件夹下的 omnetpp.ini 选择 Run As>OMNeT++ Simulation。

2. VeinsLte 结构及组成

VeinsLte 仿真框架中 veins 文件夹下的文件组成同图 10-27 类似，不同的是 example 文件夹下实现的仿真实例是 heterogeneous，具体的网络仿真场景为 scenario，具体如图 10-31 所示。

在图 10-31 中所包含的模块分别位于加载到工作空间中的 inet、simulte 和 veins 这 3 个不同的文件夹下，具体包括：

（1）world 模块：采用位于 veins\src\base\modules 中的 BaseWorldUtility 实现；提供网

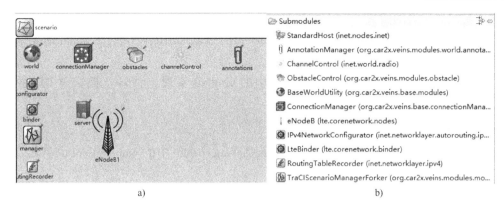

图 10-31　VeinsLte 实例的网络仿真场景

络仿真中例如场景大小，空中传输数据帧标识等信息和相应的调度使用。

（2）connnectingManager 模块：采用位于 veins\src\base\connectionManager 中的 ConnectionManager 实现；根据发射机功率、无线电波波长、路径损耗系数和最小接收功率确定通信范围或网络中节点间的干扰范围。

（3）obstacles 模块：采用位于 veins\src\modules\obstacle 中的 ObstacleControl 实现；实现无线电波传播中障碍物的影响，其中模拟的每个障碍物均为一个多边形，无线电波传播经过的边时无线电波的接收功率置为 0。

（4）channelControl 模块：采用位于 inet\src\world\radio 中的 ChannelControl 实现；根据采用不同协议的网络接口卡以及节点的位置、信道特性等确定节点间的连接关系，并维护邻节点信息。

（5）annotation 模块：采用位于 veins\src\modules\world\annotations 中的 AnnotationManager 实现；对 OMNeT++ 仿真中的动画进行管理。

（6）configurator 模块：采用位于 inet\src\networklayer\autorouting\ipv4 中的 IPv4NetworkConfigurator 实现；为网络中的所有节点提供 IPv4 网络接口并提供全局静态配置的 IPv4RoutingTable。

（7）binder 模块：采用位于 lte\src\corenetwork\binder 中的 LteBinder 实现；该模块在整个网络仿真中只有一个具体的实例，存储 OMNeT++ 仿真中的模块 ID 与 IP 地址间的全局映射表等。在仿真开始时，LteBinder 模块被 LteDeployer 模块调用，为网络中的所有节点创建 MacNodeIds 和 IP 地址。利用节点的 ID 和 IP 地址，LteBinder 模块填充其所维护的表格，包括下一跳 nextHop，即将每个主节点与其从节点绑定；节点 ID 号 nodeId，即将每个节点的 ID 与 OMNeT 中的模块 ID 绑定；dMap_用于 LTE 系统中自适应调制与编码（AMC）的主节点与从节点的绑定。LteBinder 模块所维护的表格，可以分别用于仿真中的 eNodeB 查询 nextHop 表格，确定自己覆盖内的用户设备 UE；仿真中的所有模块查询其 OMNeT 模块 ID；AMC 查询所部署的 UE 与每个主节点间的映射关系。

（8）manager 模块：采用位于 veins\src\modules\mobility\traci 中的 TraCIScenarioManager-Forker 实现。TraCIScenarioManagerForker 是对 veins 中 TraCIScenarioManager 的扩展，在 TraCIScenarioManager 的基础上实现了可以根据需要自动标定交通仿真 SUMO 中的每个实例。

（9）routingRecorder 模块：采用 inet\src\networklayer\ipv4 中的 RoutingTableRecorder 实

现；用于记录路由表的变化。

（10）server模块：采用inet\src\nodes\inet中的StandardHost实现；StandardHost模块由TCP和UDP等子模块组成。

（11）eNodeB1：采用inet\nodes\nodes中的eNodeB实现。eNodeB模块对LTE网络中eNodeB的协议栈进行了建模。

3. VeinsLte仿真实例的参数配置

VeinsLte仿真实例的配置参数由examples\heterogeneous中的omnetpp.ini文件定义，其中定义的主要参数包括：

- 交通仿真中的车辆在网络仿真OMNeT中的模块类型moduleType = "org.car2x.veins.modules.heterogeneous.HeterogeneousCar"和OMNeT中的模块名称moduleName = "node"。
- 仿真中车辆节点中的WAVE应用层采用ExampleDecisionMaker。
- 网络仿真中节点的移动性采用交通仿真中模拟的车辆移动性，即node[*].veinsmobilityType = "org.car2x.veins.modules.mobility.traci.TraCIMobility"。
- 仿真中eNodeB个数eNodeBCount = 1。
- 仿真中LTE系统MAC层的资源调度方式采用最大在干比MAXCI算法。
- 仿真中车联网通信和LTE通信的信道条件等，具体见omnetpp.ini定义。

VeinsLte仿真中采用的异构车辆节点建模如图10-32所示。

在图10-32中，decisionMaker下面左侧同veins中实现；decisionMaker下面右侧是LTE系统的通信协议栈建模。

4. VeinsLte仿真实例流程

VeinsLte仿真实例中消息传输的具体流程为：

（1）当交通仿真中的车辆进入仿真场景时，对应的在OMNeT++中创建车辆所对应的节点实例，并在实例初始化时产生一个消息并加入调度列表。具体在veins\src\modules\heterogeneous\application中的SimpleApp类的initialize()函数中通过语句scheduleAt（simTime() + uniform(0,1), new cMessage("Send")）；实现。

（2）当产生的消息到达SimpleApp类的handleSelfMessage()函数处理时，handleSelfMessage()函数将生成新的异构车辆消息HeterogeneousMessage，并设置消息中的各个域的参数，其中HeterogeneousMessage的网络类型NetworkType设置为DONTCARE。最后调用SimpleApp类的send()函数将生成的HeterogeneousMessage发送给图10-32中decisionMaker模块。

（3）veins\src\modules\lte中的DecisionMaker类收到消息后，由DecisionMaker类的handleMessage()函数根据消息中的网络类型调用不同的函数进行相应处理。SimpleApp类中设置的网络类型为DONTCARE，所以调用DecisionMaker类的sendDontCareMessage()函数对消息进行处理。

（4）在DecisionMaker类的sendDontCareMessage()函数中，首先通过语句（rand() % 100）产生一个0到99之间的随机数；若随机数大于50，则调用DecisionMaker类的sendLteMessage()函数；否则调用DecisionMaker类的sendDSRCMessage()函数。

（5）在DecisionMaker类的sendDSRCMessage()函数中，将消息重新封装为WSM，然后

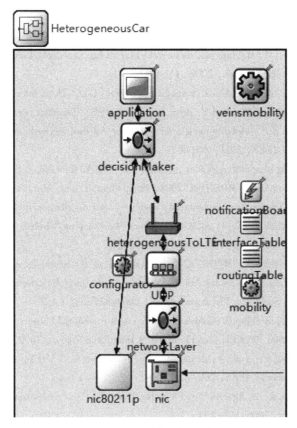

图 10-32　异构车辆建模

DecisionMaker 类的基类 BaseWaveApplLayer 类中的 sendWSM( ) 函数将消息发送给图 10-32 中的 nic 模块采用 802.11p 协议进行消息发送。

（6）在 DecisionMaker 类的 sendLteMessage( ) 函数中调用了 DecisionMaker 类的 send( ) 函数将消息发送给图 10-32 中的 HeterogeneousToLTE 模块进行处理。

（7）在 HeterogeneousToLTE 类的 handleMessage( ) 函数中，将收到的上层消息逐层经过图 10-32 中的 UDP、networklayer 和 LTE 的网络接口卡实现消息的无线传输。

（8）仿真中的车辆节点不论通过 802.11p 网络接口卡的空中接口还是 LTE 网络接口卡的空中接口接收到数据后，将数据逐层上传至图 10-32 中的 DecisionMaker 模块。

（9）DecisionMaker 类的 handleLowerMessage( ) 函数根据消息到达的门对消息进行不同的处理。若消息从图 10-32 中的右侧上传至 DecisionMaker 类且消息类型为 UDP_I_DATA，则将消息类型置为 CAM_TYPE，并调用 send( ) 函数发送给应用层；若消息从图 10-32 中的左侧上传至 DecisionMaker 类，则直接调用 send( ) 函数发送给应用层。

参考文献

[1] Wegener A, Hellbruck H, Wewetzer C, et al. VANET Simulation Environment with Feedback Loop and its Application to Traffic Light Assistance[C]// GLOBECOM Workshops. Piscataway：IEEE, 2008：1-7.

[2] Liu B, Khorashadi B, Du H, et al. VGSim: an integrated networking and microscopic vehicular mobility simulation platform[J]. Communications Magazine IEEE, 2009, 47(5):134-141.

[3] Harri J, Filali F, Bonnet C. Mobility models for vehicular ad hoc networks: a survey and taxonomy[J]. IEEE Communications Surveys & Tutorials, 2009, 11(4):19-41.

[4] Li Z, Hu J. Framework of Real VANET Simulation Research[C]// Third International Conference on Multimedia Information NETWORKING and Security. Piscataway:IEEE Computer Society, 2011:136-140.

[5] Khairnar V D, Pradhan S N. Mobility models for Vehicular Ad-hoc Network simulation[C]// Computers & Informatics. Piscataway:IEEE, 2011:460-465.

[6] Fiore M. The networking shape of vehicular mobility[C]// ACM Interational Symposium on Mobile Ad Hoc NETWORKING and Computing, MOBIHOC 2008, Hong Kong, China, May. Trier:DBLP, 2008:261-272.

[7] Kraaier J, Killat U. - The random waypoint city model -: user distribution in a street-based mobility model for wireless network simulations[C]// ACM International Workshop on Wireless Mobile Applications and Services on Wlan Hotspots. New York:ACM, 2005:100-103.

[8] Bai F, Sadagopan N, Helmy A. IMPORTANT: a framework to systematically analyze the Impact of Mobility on Performance of Routing Protocols for Adhoc Networks[C]// Joint Conference of the IEEE Computer and Communications. IEEE Societies. Piscataway:IEEE, 2003:825-835 vol. 2.

[9] Treiber M, Hennecke A, Helbing D. Congested traffic states in empirical observations and microscopic simulations[J]. Phys Rev E Stat Phys Plasmas Fluids Relat Interdiscip Topics, 2000, 62(2 Pt A):1805-1824.

[10] Fiore M, Harri J, Filali F, et al. Vehicular Mobility Simulation for VANETs[C]// Simulation Symposium, 2007. Anss '07. Piscataway:IEEE, 2007:301-309.

[11] Zheng Q, Hong X, Liu J. An Agenda Based Mobility Model21[C]// Symposium on Simulation. Piscataway:IEEE Computer Society, 2006:188-195.

[12] Kotz D, Henderson T. CRAWDAD: A Community Resource for Archiving Wireless Data at Dartmouth[J]. Acm Sigcomm Computer Communication Review, 2005, 4(4):12-14.

[13] MIT Media Lab: Reality Mining. http:// reality. media. mit. edu.

[14] Community-wide Library of Mobility and Wireless Networks Measurements. http://nile. usc. edu/MobiLib.

[15] The Cabspotting Project. http://cabspotting. org.

[16] The Fleetnet Project-Internet on the road. http://www. et2. tu-harburg. de/fleetnet.

[17] The Network on Wheels Project. http://www. network-on-wheels. de.

[18] The HWGui Project-Visualizing, Evaluating and Transforming Movement Patterns of Vehicles on Highways. http://www. informatik. uni-mannheim. de/pi4. data/content/projects/hwgui.

[19] QuadstoneParamics. http://www. paramics-online. com/.

[20] CORSIM:Microscopic Traffic Simulation Model. http://www. mactrans. ce. ufl. edu/mct/? page_id=63.

[21] VISSIM. http://vision-traffic. ptvgroup. com/en-uk/products/ptv-vissim/.

[22] TRANSIMS. http://www. fhwa. dot. gov/planning/tmip/transims.

[23] SUMO. http://sumo. dlr. de/wiki/Main_Page.

[24] TransModeler. http://www. caliper. com/transmodeler/default. htm.

[25] VanetMobiSim. https://sourceforge. net/projects/vanetmobisim/.

[26] QualNet. http://web. scalable-networks. com/content/qualnet.

[27] JiST/SWANS. http://jist. ece. cornell. edu/docs. html.

[28] ns-2. http://www. isi. edu. nsnam/ns/.

[29] ns-3. https://www. nsnam. org. /

[30] OMNeT++. https://omnetpp. org.

[31] Bononi L, Felice M D, Bertini M, et al. Parallel and distributed simulation of wireless vehicular ad hoc networks[C]// International Symposium on Modeling Analysis and Simulation of Wireless and Mobile Systems, MSWIM. Trier:DBLP, 2006:28-35.

[32] Bononi L, Felice M D, D'Angelo G, et al. MoVES: A framework for parallel and distributed simulation of wireless vehicular ad hoc networks[J]. Computer Networks the International Journal of Computer & Telecommunications Networking, 2008, 52(1):155-179.

[33] Wang S Y, Lin C C. NCTUns 6.0: A Simulator for Advanced Wireless Vehicular Network Research[C]// Vehicular Technology Conference. Piscataway:IEEE, 2010:1-2.

[34] Wang S Y, Chou C L, Chiu Y H, et al. NCTUns 4.0: An Integrated Simulation Platform for Vehicular Traffic, Communication, and Network Researches[C]// Vehicular Technology Conference, 2007. Vtc-2007 Fall. 2007 IEEE. Piscataway:IEEE, 2007:2081-2085.

[35] Mangharam R, Weller D, Rajkumar R, et al. GrooveNet: A Hybrid Simulator for Vehicle-to-Vehicle Networks[C]// International Conference on Mobile and Ubiquitous Systems-Workshops. Piscataway:IEEE, 2007:1-8.

[36] M. Piórkowski, Raya M, Lugo A L, et al. TraNS:realistic joint traffic and network simulator for VANETs [J]. Acm Sigmobile Mobile Computing & Communications Review, 2008, 12(1):31-33.

[37] Wegener A, Raya M, Fischer S, et al. TraCI: an interface for coupling road traffic and network simulators [C]// Communications and NETWORKING Simulation Symposium. New York:ACM, 2008:155-163.

[38] Piorkowski M, Raya M, Lugo A, et al. TraNS: Joint Traffic and Network Simulator for VANETs[C]// New York:MOBICOM. 2007.

[39] Lochert C, Barthels A, Cervantes A, et al. Multiple simulator interlinking environment for IVC[C]// International Workshop on Vehicular Ad Hoc Networks, Vanet 2005, Cologne, Germany, September. Trier: DBLP, 2005:87-88.

[40] Sommer C, German R, Dressler F. Bidirectionally Coupled Network and Road Traffic Simulation for Improved IVC Analysis[J]. IEEE Transactions on Mobile Computing, 2010, 10(1):3-15.

[41] Pigné Y, Danoy G, Bouvry P. A platform for realistic online vehicular network management[C]// GLOBECOM Workshops. Piscataway:IEEE, 2010:595-599.

[42] Su Y, Cai H, Shi J. An improved realistic mobility model and mechanism for VANET based on SUMO and NS3 collaborative simulations[C]// IEEE International Conference on Parallel and Distributed Systems. Piscataway:IEEE, 2015:900-905.

[43] Rondinone M, Maneros J, Krajzewicz D, et al. iTETRIS: A modular simulation platform for the large scale evaluation of cooperative ITS applications[J]. Simulation Modelling Practice & Theory, 2013, 34(5):99-125.

[44] Elbery A, Rakha H, Elnainay M Y, et al. An Integrated Architecture for Simulation and Modeling of Small- and Medium-Sized Transportation and Communication Networks[M]// Smart Cities, Green Technologies, and Intelligent Transport Systems. Berlin:Springer International Publishing, 2015:282-303.

[45] Hagenauer F, Dressler F, Sommer C. Poster: A simulator for heterogeneous vehicular networks[C]// Vehicular NETWORKING Conference. Piscataway:IEEE, 2014:185-186.

[46] Virdis A, Stea G, Nardini G. SimuLTE - A modular system-level simulator for LTE/LTE-A networks based on OMNeT++[C]// International Conference on Simulation and Modeling Methodologies, Technologies and Applications. Piscataway:IEEE, 2015:59-70.

[47] Veins Tutorial. http://veins.car2x.org/tutorial/.

第 11 章　应 用 开 发

11.1　车联网架构分析

车联网以车内网、车际网和车载移动互联网为基础，按照约定的通信协议和数据交互标准，在车-车、车辆与互联网之间，进行无线通信和信息交换，以实现智能交通管理控制、车辆智能化控制和智能动态信息服务的一体化网络，是物联网技术在智能交通系统领域的延伸。与普通的物联网技术不同，车联网技术主要面向道路交通，为交通管理者提供决策支持，为车路提供协同控制，为交通参与者提供信息服务。

车联网需要一种专有的协同通信架构和协议栈，将不同底层数据进行整合，实现信息交互，确保数据传输的实时性、完备性和安全性。车联网涉及众多的实体[1]，根据所处的位置和服务的对象，这些实体可以归类为以下四种：车载子系统、路侧子系统、行人子系统和后台中心子系统。一辆车就可以形成一个独立的车载子系统，多少辆车就有多少个车载子系统，同样地，路侧子系统也是基于每套路侧单元各自形成完备的路侧子系统，行人子系统以人为单位，而后台中心子系统往往只对应了一个集中式的控制中心子系统，根据扩展的需求它可以采用云处理方式提供分布式的架构。这些子系统实现的功能不同，定位也不一样。子系统之间如果要进行数据交互，它们将形成通信的对等实体，根据业务的需求和环境的特点子系统之间采用不同的通信技术进行交互，如图 11-1 所示。一般来说，面向主动安全的应用会涉及车载子系统、路侧子系统和行人子系统，由于需要极低的通信时延和极高的传输可靠性，它们之间往往采用 DSRC/LTE-V 完成信息的交互，所以这里主要基于它们实现 V2V/V2I/V2P 的应用。

车载子系统以车辆为载体，完成信息的采集、交互、处理和智能决策等，它需要基于一整套应用逻辑根据车辆当前所处的状态给出相应的判断，比如是否有碰撞危险，进而采取相应的措施来规避危险。车载子系统的处理架构如图 11-2 所示，在开发原型系统验证功能时，包括的设备有 LTE-V/DSRC、GPS/北斗、HMI 显示屏、CAN 转 USB 连接线、调试用显示屏。考虑到 LTE-V/DSRC 的处理能力有限，一般将其作为下位机，负责通信转发功能，同时选择处理能力更为强大的工控机或嵌入式开发板作为上位机，负责复杂逻辑处理，而它们可以进一步扩展接入其他的传感器，如摄像头、雷达。在量产车型上，整个硬件将以嵌入式开发板（控制平台）形式出现，而 LTE-V/DSRC 和 GPS/北斗将以模组的形式集成在嵌入式开发板上，HMI 显示屏将由车载中控屏替代。

主要硬件功能如下。

1）工控机（可以用嵌入式开发板来代替）：接收数据用于安全算法的实现，向驾驶员提供安全报警，同时将自车信息发送至周围车辆。接收的数据包括从车载 OBD 接收的车辆状态信息，从 GPS 接收的地理位置信息，以及通过 LTE-V/DSRC 接收周围车辆的状态信

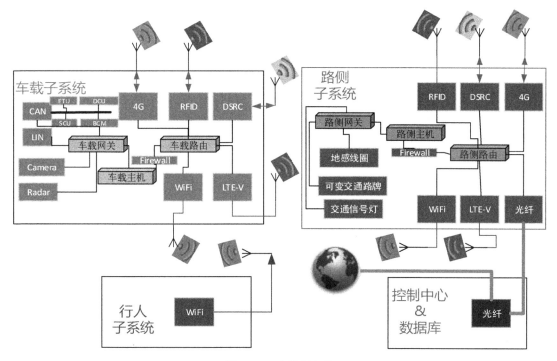

图 11-1　车联网架构

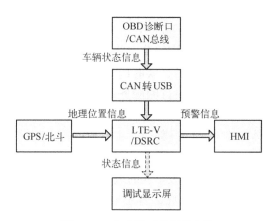

图 11-2　车载子系统硬件框架

息；发送的信息包括发送给 HMI 的报警信息，以及通过 LTE-V/DSRC 发送的自车状态信息。

2）LTE-V/DSRC：接收周围车辆信息，并将其发送至工控机；接收工控机发送来的自车状态信息，并将其广播给周围车辆。

3）车载 OBD 接口：获取车辆状态信息，包括车速、方向盘转角、转向灯，这部分需要车厂开放 CAN 协议。通过 CAN 转 USB 接头与工控机相连。

4）GPS：获取车辆地理位置信息，包括经度、纬度、航向角、海拔。GPS 通过 USB 接口或网口与工控机相连。GPS 可选用多种型号，若使用差分 GPS 可与工控机直接相连，也可使用 LTE-V/DRSC 车载单元自带的 GPS。

5）HMI：接收工控机的报警信息，向驾驶员提供报警。

6）调试显示屏：用于显示工控机界面，便于外场测试与调试。

路侧子系统如图 11-3 所示，包括工控机、LTE-V/DSRC、信号控制机和信号灯、路侧感知设备（如摄像头、微波雷达）、路由器和各种交通标识。路侧感知设备将感知到的各种信息（比如行人、车流量）通过路侧 LTE-V/DSRC 发送给车载单元通过信号控制机等对信号灯状态进行控制，并将信号状态信息由路侧 LTE-V/DSRC 通过 V2I 方式传递给车载单元，或者由云端服务器通过 V2N 方式传递给车载单元；另一方面，路侧子系统可以根据特殊车辆（比如救护车）的请求，动态调整配时方案，优化通行的效率。同时，路侧子系统通过光纤等方式与后台中心子系统连接，可以在后台对道路交通设施进行监控，还可以由云端服务器推送信息（如拥堵路段）给路侧单元。

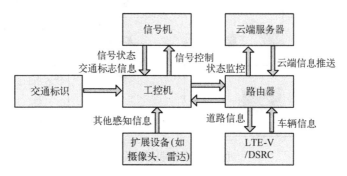

图 11-3　路侧子系统硬件框架

后台中心子系统作为整个车联网架构的管理单元，发挥着协调调度的作用。一方面，它可以接入第三方的应用（比如天气系统），实时向车载子系统或路侧子系统推送信息（如天气状态），也可以响应它们的请求，提供订阅服务；另一方面，通过将路侧子系统、车载子系统传来的数据进行统计分析，以及对道路状态的监控实现对车辆、道路的管理。

行人子系统作为交通体系中重要的一部分，主要通过行人所携带的移动终端设备实现信息交互，最典型的应用就是 V2P，通过人车通信实现行人碰撞危险的检测。还可以利用 I2P 与路侧子系统交互，及时订阅车站里相关车辆的进站信息。

针对车联网应用的系统开发应当兼顾效率与可行性，当前的应用开发存在着几个显著的问题[2]：应用与传感设备耦合过紧，不同型号设备之间可移植性差；开发与测试过程分离，测试周期过长；管理周边环境信息操作繁杂等。为解决上述问题，考虑一种支撑智能网联汽车的中间件架构设计，按照应用算法的分析过程，将数据流分层设计，平台整体框架如图 11-4 所示。从上往下依次为：

- 设备驱动层：从各种具体的传感器设备中读取数据并转换为符合抽象传感器接口规定的形式。
- 抽象传感器接口层：分离设备与算法和应用，提供兼容不同厂商设备的可能性，并为平台回放时的虚拟传感器接口提供支持。
- 数据融合层：读取传感器数据，并进行多传感器融合以便世界模型和上层应用使用。
- 世界模型：读取融合后的传感器数据用于更新自身信息；与周边环境进行信息交互并进行对象管理。

- 应用层：各类车联网应用集中于此层。

关于中间件的具体描述将放在本章的 11.4 节介绍。

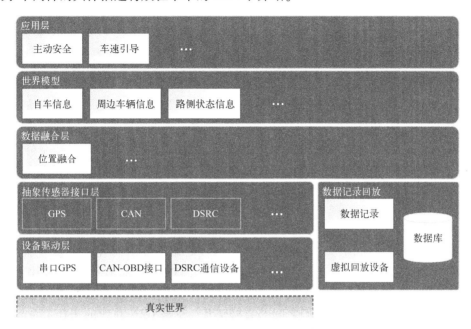

图 11-4　基于中间件的平台架构

11.2　车联网应用开发中的环境感知

11.2.1　CAN 数据采集处理

目前车联网领域风起云涌，尤其在国内外的互联网巨头纷纷进军车联网后，传统的汽车行业受到了巨大的冲击，行业中新兴的产业正在趁势而起。此时汽车不仅是作为一种单纯的交通工具，更多的则是作为一种智能终端来实现众多车联网应用。大量的汽车组成车联网，汽车的行车信息数据则在车联网中流动，而通过对流动在车联网中这些数据的分析和处理能够实现基于车辆的一系列应用，如车辆预警、自动驾驶等。

随着互联网巨头在车联网领域的部署，车联网的生态系统正在逐渐成熟，尤其是随着我国汽车销量的不断增加，汽车行业附加服务将越来越多元化，与汽车密切相关的车联网市场得以迅速发展。据易观智库、智研咨询预计，2020 年车联网用户数将超过 4000 万，渗透率超过 20%，市场规模突破 4000 亿元。

然而这一切的美好前景都无法避免这些问题：几乎所有的车联网应用都需要汽车 ECU 中的数据来实现，那么怎么获得这些数据？又如何实现这些数据在车联网中的流动和共享？如何方便、可靠地获取车辆的实时状态信息？这些问题都亟须解决。其中数据的获取可以通过车载 OBD-Ⅱ接口来实现，OBD-Ⅱ接口已成为我国车辆上的标准配置，具有普遍的适用意义。至于数据的流动和共享则可以通过众多的通信设备完成，如 DSRC、3G 以及 ZigBee 等。出于保密考虑，各厂商均对公司 CAN 数据进行了加密，因此在获取数据时，很难直接读取相关信息，必须经过一步转码解析才能对数据进行使用。

从个人层次来说，OBD-Ⅱ的广泛使用使得它进入一般车主的视野，通过 OBD-Ⅱ 接口对汽车 ECU 数据进行读取与解析，车主可以方便快捷的知晓个人的车况，包括行驶速度、冷却液温度、发动机转速等信息，而不必再依赖于专业人员。除此之外，基于本车数据以及流动在本车周围车辆的数据，还可以实现车队协同、SoLoMo 社交等应用。

1. CAN 总线介绍

CAN 是控制器局域网络（Controller Area Network，CAN）的简称，由研发和生产汽车电子产品著称的德国 BOSCH 公司开发，并最终成为国际标准[3,4]，是国际上应用最广泛的现场总线之一。CAN 总线最早用于车辆内部的故障检测和车辆内各传感器部件之间的数据通信，目前已广泛应用于机械工业、机器人设计、过程控制等多个领域。其中，车辆上的 CAN 总线主要有高速 CAN 总线和低速 CAN 总线两种，高速 CAN 总线主要用于连接发动机控制单元、ABS 控制单元、安全气囊控制单元、组合仪表等这些与车辆安全和行驶直接相关的系统，其通信速率可达 500 kbit/s；而低速 CAN 总线则主要用于连接车辆门窗、车内照明、车载空调等这些对数据传输速度要求不高，而且不会影响车辆驾驶性能的车身舒适系统上，其通信速率为 125 kbit/s 左右。CAN 总线电平有显性和隐性两种，由两根线上的电位差决定。在车辆内部，各个控制单元都直接连接在 CAN 总线上，并通过改变 CAN 总线的电平来实现它们之间的数据交互，车载 CAN 总线的拓扑关系如图 11-5 所示，其中 DDM、PDM 等连接的是两根低速 CAN 总线，而 ABS、SAS 等连接的是两根高速 CAN 总线，它们均通过 CAN 总线将数据传输至 CAN 控制器，并最终传输至 CPU 模块进行处理[5]。

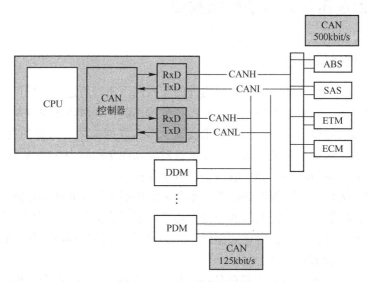

图 11-5 CAN 总线连接图

CAN 总线协议是建立在国际标准组织的开放系统 OSI7 层互联参考模型基础之上的。其模型结构只有 3 层，保证了节点间无差错的数据传输。

CAN 总线上用 "显性" 和 "隐性" 两个互补的逻辑值表示 "0" 和 "1"。以 ISO 11519-2（10~125 kbit/s）的物理信号为例，其传输方式如图 11-6 所示。

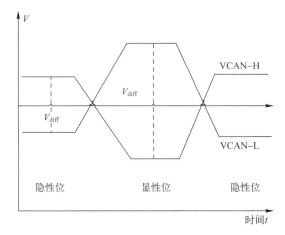

图 11-6 CAN 总线位数值传输方式

VCAN-H 和 VCAN-L 为 CAN 总线收发器与总线之间的两接口引脚，信号是以两线之间的"差分"电压形式出现。在隐性状态，VCNA-H 和 VCAN-L 被固定在平均电压电平附近，Vdiff 近似于 0。显性位以大于最小阈值的差分电压表示。CAN 总线的通信距离最远可达 10 km（位速率为 5 kbit/s），通信速率最快可达 1 Mbit/s（此时最长通信距离为 40 m）。

2. CAN 总线特点

（1）发送方式

CAN 总线采用半双工的通信方式，数据可以在一个信号载体的两个方向上传输，但是不能同时传输。

（2）数据刷新频率

CAN 总线数据刷新频率一般为 10 Hz 以满足应用对 CAN 数据的要求。

（3）多主控制

在总线空闲时，所有的单元都可开始发送消息（多主控制）。即当总线空闲时，网络上的任何一个节点都可以向其他节点发送消息，最先发送的节点会获得发送权；当多个节点同时发送消息时，则根据消息的优先级来决定哪个节点获得发送权。

（4）消息的发送

在 CAN 协议中，所有的消息都以固定的格式发送。总线空闲时，所有与总线相连的单元都可以开始发送新消息。两个以上的单元同时开始发送消息时，根据标识符（Identifier 以下称为 ID）决定优先级。ID 并不是表示发送的目的地址，而是表示访问总线的消息的优先级。两个以上的单元同时开始发送消息时，对各消息 ID 的每个位进行逐个仲裁比较。仲裁获胜（被判定为优先级最高）的单元可继续发送消息，仲裁失利的单元则立刻停止发送而进行接收工作。

（5）系统的柔软性

与总线相连的单元没有类似于"地址"的信息。因此在总线上增加单元时，连接在总线上的其他单元的软硬件及应用层都不需要改变。

（6）通信速度

根据整个网络的规模，可设定适合的通信速度。

在同一网络中，所有单元必须设定成统一的通信速度。即使有一个单元的通信速度与其他的不一样，此单元也会输出错误信号，妨碍整个网络的通信。不同网络间则可以有不同的通信速度。

（7）远程数据请求

可通过发送"遥控帧"，请求其他单元发送数据。

（8）错误检测功能、错误通知功能、错误恢复功能

所有的单元都可以检测错误（错误检测功能）。

检测出错误的单元会立即同时通知其他所有单元（错误通知功能）。

正在发送消息的单元一旦检测出错误，会强制结束当前的发送。强制结束发送的单元会不断反复地重新发送此消息直到成功发送为止（错误恢复功能）。

（9）故障封闭

CAN 可以判断出错误的类型是总线上暂时的数据错误（如外部噪声等）还是持续的数据错误（如单元内部故障、驱动器故障、断线等）。由此功能，当总线上发生持续数据错误时，可将引起此故障的单元从总线上隔离出去。

（10）连接

CAN 总线是可同时连接多个单元的总线。可连接的单元总数理论上是没有限制的。但实际上可连接的单元数受总线上的时间延迟及电气负载的限制。降低通信速度，可连接的单元数增加；提高通信速度，则可连接的单元数减少。

3. CAN 协议的基本概念

CAN 协议覆盖了 ISO 规定的 OSI 基本参照模型中的传输层、数据链路层及物理层。

数据链路层分为 MAC 子层和 LLC 子层，MAC 子层是 CAN 协议的核心部分。数据链路层的功能是将物理层收到的信号组织成有意义的消息，并提供传送错误控制等传输控制的流程。数据链路层的功能通常在 CAN 控制器的硬件中执行。它们在参考模型中的具体定义如图 11-7 所示[6]。

CAN 协议经 ISO 标准化后有 ISO 11898 标准和 ISO 11519-2 标准两种。ISO 11898 和 ISO 11519-2 标准对于数据链路层的定义相同，但物理层不同。

（1）关于 ISO 11898

ISO 11898 是通信速度为 125 kbit/s～1 Mbit/s 的 CAN 高速通信标准。

目前，ISO 11898 追加新规约后，成为 ISO 11898-1 新标准。

（2）关于 ISO 11519

ISO 11519 是通信速度为 125 kbit/s 以下的 CAN 低速通信标准。

ISO 11519-2 是 ISO 11519-1 追加新规约后的版本。

4. 帧的种类

CAN 协议用于通信的帧主要包括 4 种[7]，分别是数据帧、远程帧、错误帧和过载帧。数据帧和遥控帧有标准格式和扩展格式两种。标准格式有 11 个位的标识符（Identifier 以下称为 ID），扩展格式有 29 个位的 ID。数据帧用于发送单元向接收单元传送数据的帧，远程帧用于接收单元向具有相同 ID 的发送单元请求数据的帧，错误帧是用于当检测出错误时向其他单元通知错误的帧，过载帧是用于接收单元通知其尚未做好接收准备的帧。在车联网应用中，常用数据多来自于数据帧，数据帧的构成如图 11-8 所示。

OSI基本参照模型	在各层中CAN定义事项		
	层	定义事项	功能
7. 应用层	4层	再发送控制	永久再尝试
6. 表示层	2层 (LLC)	接收消息的选择（可接收消息的过滤）	可点到点连接、广播、组播
5. 会话层		过载通知	通知接收准备沿未完成
4. 传输层		错误恢复功能	再次发送
3. 网络层	2层 (MAC)	消息的帧化	有数据帧、遥控帧、错误帧、过载帧4种帧类型
2. 数据链路层 LLC*1 MAC*2		连接控制方式	竞争方式（支持多点传送）
1. 物理层		数据冲突时的仲裁	根据仲裁，优先级高的ID可继续被发送
		故障扩散抑制功能	自动判别暂时错误和持续错误，排除故障节点
		错误通知	CRC错误、填充位错误、位错误、ACK错误、格式错误
		错误检测	所有单元都可随时检测错误
		应答方式	ACK、NACK两种
		通信方式	半双工通信
	1层	位编码方式	NRZ方式编码，6个位的插入填充位
		位时序	位时序、位的采样数（用户选择）
		同步方式	根据同步段（SS）实现同步（并具有再同步功能）

图 11-7　ISO/OSI 基本参照模型和 CAN 协议

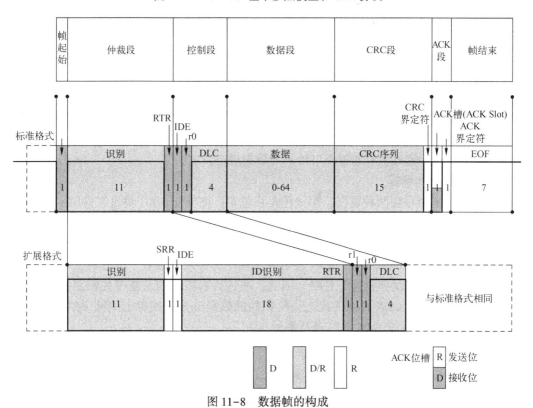

图 11-8　数据帧的构成

(1) 帧起始

表示数据帧开始的段，1 bit 的显性位。

(2) 仲裁段

表示数据的优先级的段。

(3) 控制段

控制端由 6 bit 构成，表示数据段的字节数。

(4) 数据段

数据段可包含 0~8 字节的数据，从最高位开始输出。

(5) CRC 段

CRC 段是检查帧传输错误的帧。由 15 bit 的 CRC 顺序和 1 bit 的 CRC 界定符构成。

(6) ACK 段

ACK 段用来确认是否正常接收。由 ACK 槽和 ACK 界定符 2 bit 构成。

(7) 帧结束

帧结束时表示该帧的结束的段。由 7 bit 的隐性位构成。

5. CAN 数据的读取与解析

(1) CAN 数据的读取

由于车载 OBD 接口是车辆数据与外界交互的唯一接口，所以要想在计算机端读取车载 CAN 总线的数据就必须通过 OBD 接口来实现车辆与计算机的通信。然而，OBD 接口数据传输遵循的标准并不能与 PC 或 PDA 直接兼容，所以需要合适的通信适配器才能将车辆与计算机相连，实现它们之间的通信。这种适配器有很多，有将车载诊断接口与计算机端标准 RS232 接口相连实现通信的，如 ELM327 可以通过 RS232 接口用 OBD 命令或者 AT 命令来实现与汽车之间的数据交互，从而实现汽车运行状态的监控和故障分析；也有将 OBD 接口与计算机端 USB 接口相连实现通信的，如 CAN 转 USB 接口，车载 CAN 总线中的原始数据在经过 CAN 转 USB 接口后会按照一定的规约协议进行输出，并按照每一帧 20 字节的形式以串口通信的方式上传至计算机端，波特率为 115200 波特。通过转换接口将车辆与计算机相连之后，就可以在计算机端对通过串口传来的数据进行读取。

(2) CAN 数据的解析

CAN 数据的解析存在两种情况，第一种是在整车厂商给出 DBC 协议文件时，通过 CAN 工具（比如 ValueCAN3）可以读取任何想要的 CAN 信息。另外一种是在未知 CAN 协议时，需要对读取到的数据进行解析。首先对串口进行初始化设置，然后便可以打开串口读取车载 CAN 数据。由于采集到的原始数据是一连串毫无规律的十六进制数，所有的 CAN 数据帧都是连续出现，它们之间没有明显的界限。因此，在进行解析之前，需要先按照 USB 转 CAN 规约协议的格式，根据 CAN 报文的报文头将原始的数据流分解成单个的帧。然后再根据车辆的 CAN 协议来对每一帧 CAN 报文进行解析。

6. CAN 数据处理实例

本小节以某车型为例，详细说明如何解析车辆 CAN 协议的方法。采用广成 USBCAN-II-PRO 型号的 CAN 总线设备（见图 11-9）。其具体参数如表 11-1 所示。

图 11-9　CAN 总线设备

表 11-1　CAN 设备参数

参　　数	配　　置
接口形式	OPEN6 端子接口
CAN 信道数	2
工作电压	5 V
操作系统	Linux/Windows
二次开发	支持
编程环境	C/C++/VB/VC/Delphi/Labview
通信波特率	5 kbit/s~1 Mbit/s

通过将 CAN 总线读取设备与车载 OBD 诊断口连接,并根据车辆的 CAN 协议读取车辆方向盘转角、加速踏板、转向灯等信息。基本上 OBD 诊断口都在汽车制动踏板上方挡板中。在车辆的行驶过程中 OBD 诊断系统实时地对车辆发动机、催化转化器、排放控制等系统的工作状况进行检测,若发现系统工作出现故障情况,则 OBD 会及时判断故障发生位置以及故障情况,并将判断结果存储至系统。从而可以帮助车辆维修人员快速定位车辆故障位置及故障严重情况,提升车辆维修效率,减小车况判断错误的概率。OBD 诊断口均采用 16 引脚的具有数值分析资料传输功能形式插件,并统一各车种相同故障代码和意

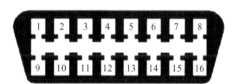

图 11-10　OBD 接口引脚示意图

义。且 OBD 接口具有行车记录器、重新显示记忆故障代码功能。车辆完成检修后可通过 OBD 检测仪器直接清除障碍码,不会影响下一次车辆故障检测。OBD 诊断口采用梯形结构,防止误插情况发生。OBD 接口如图 11-10 所示。

图 11-11 为从 CAN 总线中采集到的原始数据,图 11-12 为此车型具体的 CAN 协议所截取的刹车踏板与加速踏板部分。

现根据以上两图,以刹车踏板与加速踏板为例子具体说明车载数据的解析过程:提取一帧 20 个字节数据如表 11-2 所示。

表 11-2　数据帧内容

AA 55 01 01 01	帧头,并说明是标准数据帧
55 02 00 00	4 个字节的数据帧 ID 00000255
08	说明接下来的 8 个字节为数据帧
10 00 18 1D 10 26 62 04	8 个字节的数据帧
00 43	备用字节与校验位

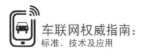

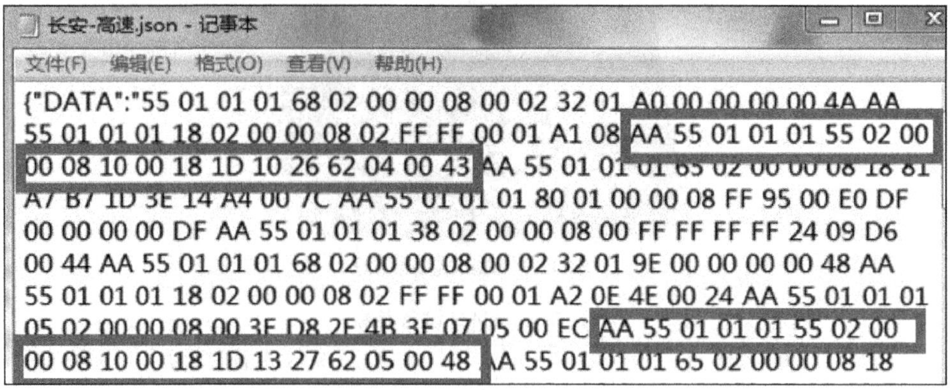
长安-高速.json - 记事本

文件(F) 编辑(E) 格式(O) 查看(V) 帮助(H)

{"DATA":"55 01 01 01 68 02 00 00 08 00 02 32 01 A0 00 00 00 00 4A AA
55 01 01 01 18 02 00 00 08 02 FF FF 00 01 A1 08 AA 55 01 01 01 55 02 00
00 08 10 00 18 1D 10 26 62 04 00 43 AA 55 01 01 01 65 02 00 00 08 18 81
A7 B7 1D 3E 14 A4 00 7C AA 55 01 01 01 80 01 00 00 08 FF 95 00 E0 DF
00 00 00 00 DF AA 55 01 01 01 38 02 00 00 08 00 FF FF FF FF 24 09 D6
00 44 AA 55 01 01 01 68 02 00 00 08 00 02 32 01 9E 00 00 00 00 48 AA
55 01 01 01 18 02 00 00 08 02 FF FF 00 01 A2 0E 4E 00 24 AA 55 01 01 01
05 02 00 00 08 00 3E D8 2F 4B 3F 07 05 00 EC AA 55 01 01 01 55 02 00
00 08 10 00 18 1D 13 27 62 05 00 48 AA 55 01 01 01 65 02 00 00 08 18

图 11-11　CAN 总线原始数据

字节	位	位	信号名称（英文）	信号名称（中文）	信号描述	信号类型	初始值	默认值	解决方法	偏置	单元	CAN范围		物理范围	
1	7	7	BrakePedalStatus	制动踏板状态	0X0：放松状态 0X1：压力状态 0X2：保留 0X3：错误	Unsigned	0	NA	NA	NA	NA	最小值	最大值	最小值	最大值
	6	6										0X0	0X3	0	3

图 11-12　具体 CAN 协议部分

结合 CAN 协议与 USB-CAN 规约，分析 8 个字节的数据帧的含义：根据图 11-11 所示 CAN 协议，第一个字节的 7、8 位代表的是刹车信息：01 表示刹车踩下，00 表示刹车未踩下；而根据上述对应的原始数据：第一个字节为 10（HEX），转换为二进制：0001 0000，7、8 bit 均为 0，表示此时的刹车并未踩下。

第 6 个字节的 8 个 bit 代表的是加速踏板力度，上述数据为 26（HEX），转换为十进制为 38；由于刹车力度范围为[0,100]%，而 8 bit 的数据最大 255，根据对应关系，将 38 除以 2.55，得到此时加速踏板力度为 14.9%。类似以上解析 CAN 协议过程，不同车型的 CAN 协议虽然不同，然而方法却是大同小异。

11.2.2　GPS 数据采集处理

1. GPS 介绍

车联网的很多应用都需要依赖车辆的位置信息，在广播消息的过程中需要实时定位车辆精确位置，因此，车载 GPS 在车联网系统是非常重要的传感设备。在大多数应用场景中，我们需要利用 GPS 获取车辆的经纬度、航向角、速度等信息。

全球卫星定位系统以其高精度、全天候、全天时的特点，在定位、导航、测距、授时遥感等领域广泛应用，并得到了快速的发展。它极大地提高了地球社会的信息化水平，有力地推动了数字经济的发展。其基本原理是测量出已知位置的卫星到用户接收机的距离,综合多颗卫星的数据就可知道接收机的具体位置。28 颗卫星（其中 4 颗备用）早已升空,分布在 6 条交点互隔 60°的轨道面上,距离地面约 20000 km。已经实现单机导航精度约为 10 m,综合定位的话,精度可达厘米级和毫米级。但民用领域开放的精度约为 10 m[8]。

2. GPS 特点

（1）全球全天候定位

GPS 卫星的数目较多,且分布均匀,保证了地球上任何地方任何时间至少可以同时观测到 4 颗 GPS 卫星,确保实现全球全天候连续的导航定位服务（除打雷闪电不宜观测外）。

（2）定位精度高

应用实践已经证明,GPS 相对定位精度在 50 km 以内可达 10~6 m,100~500 km 可达 10~7 m,1000 km 可达 10~9 m。在 300~1500 m 工程精密定位中,1 小时以上观测时解其平面位置误差小于 1 mm,与 ME-5000 电磁波测距仪测定的边长比较,其边长校差最大为 0.5 mm,校差中误差为 0.3 mm。

实时单点定位（用于导航）：P 码 1~2 m；C/A 码 5~10 m。

静态相对定位：50 km 之内误差为几 $mm+(1~2p/m \times D)$；50 km 以上可达 $0.1~0.01\ p/m$。

实时伪距差分（Real Time Differential,RTD）：精度达分米级。

实时相位差分（Real-Time Kinematic,RTK）：精度达 1~2 cm。

（3）观测时间短

随着 GPS 系统的不断完善,软件的不断更新,20 km 以内相对静态定位,仅需 15~20 min；快速静态相对定位测量时,当每个流动站与基准站相距在 15 km 以内时,流动站观测时间只需 1~2 min；采取实时动态定位模式时,每站观测仅需几秒钟。

因而使用 GPS 技术建立控制网,可以大大提高作业效率。

（4）测站间无须通视

GPS 测量只要求测站上空开阔,不要求测站之间互相通视。这一优点既可大大减少测量工作的经费和时间（一般造标费用约占总经费的 30%~50%）,同时也使选点工作变得非常灵活,也可省去经典测量中的传算点、过渡点的测量工作。

（5）仪器操作简便

随着 GPS 接收机的不断改进,GPS 测量的自动化程度越来越高,有的已趋于"傻瓜化"。在观测中测量员只需安置仪器,连接电缆线,量取天线高度,监视仪器的工作状态,而其他观测工作,如卫星的捕获、跟踪观测和记录等均由仪器自动完成。结束测量时,仅需关闭电源,收好接收机,便完成了野外数据采集任务。

如果在一个测站上需做长时间的连续观测,还可以通过数据通信方式,将所采集的数据传送到数据处理中心,实现全自动化的数据采集与处理。另外,接收机体积也越来越小,相应的重量也越来越轻,极大地减轻了测量工作者的劳动强度。

（6）可提供全球统一的三维地心坐标

GPS 测量可同时精确测定测站平面位置和大地高程。GPS 水准可满足四等水准测量的精度,另外,GPS 定位是在全球统一的 WGS-84 坐标系统中计算的,因此全球不同地点的测量成果是相互关联的。

3. GPS 差分定位技术

GPS 信号在传播过程中受多种因素的影响，如电离层、对流层、多路径效应等。因此在观测数据中含有较大的系统误差，严重影响定位结果精度。差分处理是提高接收机定位精度的有效办法，将基准站和流动站的观测数据进行差分处理，可以有效地消除或减弱信号在传播过程中电离层、对流层、多路径效应等因素的影响，极大地提高定位精度。

差分的原理是在坐标已知的台站上安置一台接收机，其余接收机则自由移动，基准站和流动站进行卫星同步观测。根据基准站观测值可算出已知坐标与测定坐标的差值，此差值即为差分改正。流动站利用基准站的差分改正，将流动站的观测数据进行处理，即可得到流动站的所在位置的定位坐标[9]。

（1）位置差分

设已知基准站的精密坐标为 (X,Y,Z)，通过基准站上的 GPS 接收机对 4 颗或 4 颗以上的卫星观测，便可实施定位，求出基准站的坐标 (X',Y',Z')。由于存在着卫星星历、时钟误差、大气折射等误差的影响，解算出的坐标与基准站的精密坐标不一致，按式（11-1）求出其坐标改正数：

$$\left.\begin{aligned} \Delta X = X - X' \\ \Delta Y = Y - Y' \\ \Delta Z = Z - Z' \end{aligned}\right\} \quad (11\text{-}1)$$

根据 ΔX、ΔY、ΔZ 的坐标改正值，用式（11-2）对用户接收机解算出的坐标进行改正：

$$\left.\begin{aligned} X_k = X'_k + \Delta X \\ Y_k = Y'_k + \Delta Y \\ Z_k = Z'_k + \Delta Z \end{aligned}\right\} \quad (11\text{-}2)$$

经过上述改正后，用户坐标中消除了基准站与用户站的共同误差，例如卫星轨道误差、大气影响等，提高了定位精度。

位置差分的优点是计算简单，适用于各种型号的接收机。但该方法要求基准站与流动站必须观测同一组卫星，这在近距离内可以做到，距离较长时很难满足。此外，随着基准站与流动站之间距离的增加，会出现系统误差，这是任何差分方法都不能消除的。因此，位置差分只适用于基准站与流动站相距一定距离以内的情况。

（2）伪距差分

伪距差分是目前应用最广的一种差分技术，几乎所有的商用差分接收机均采用这种技术，国际海事无线电委员会推荐的 RTCM-104 也采用这种技术。

在基准站上观测所有卫星，根据基准站的已知精密坐标 (X_0, Y_0, Z_0) 和由星历计算得到的某一时刻各卫星的地心坐标 (X^j, Y^j, Z^j)，按式（11-3）求出每颗卫星在该时刻到基准站的真正距离 R^j：

$$R^j = \sqrt{(X^j - X_0)^2 + (Y^j - Y_0)^2 + (Z^j - Z_0)^2} \quad (11\text{-}3)$$

设此时测得的伪距为 ρ_0^j，则伪距改正数为：$\Delta \rho^j = R^j - \rho_0^j$

其变化率为：$\Delta \dot{\rho}^j = \dfrac{\Delta \rho^j}{\Delta t}$

用户站改正后的伪距为：

$$\rho_M^j = \rho_M^j(t) + \Delta\rho^j + \Delta\dot\rho^j(t-t_0) \quad (11-4)$$

伪距差分有以下优点：

1) 由于计算的伪距改正数是直接在 WGS-84 坐标上进行的，得到的是直接改正数，不需要变换为当地坐标，所以精度较高。

2) 这种改正能提供 $\Delta\rho^j$ 和 $\Delta\dot\rho^j$，这使得在未得到改正数的空隙内，也可以进行差分定位。

3) 基准站提供所有观测卫星的改正数，用户选择任意四颗相同的卫星进行改正，无须与基准站接收相同的卫星数。因此，用户站采用具有差分功能的简易接收机即可。

伪距差分能将两站间的公共误差抵消，但是随着用户站与基准站之间距离的增加，系统误差将会明显增加，而且这种误差是任何差分方法都不能消除的。因此用户与基准站之间的距离对伪距差分的精度具有决定性的影响，距离越近，用户和基准站观测误差的空间相关性越强。

(3) 相位平滑伪距差分

由于载波相位测量的精度比码相位的测量精度高出 2 个数量级，因此，如果能获得载波整周数，就可以获得近乎无噪声的伪距观测量。一般情况下，无法获得载波整周数，但能获得载波多普勒频率计数。实际上，载波多普勒计数测量反映了载波相位变化信息，即反映了伪距变化率。在接收机中一般利用这一信息作为用户的速度估计。考虑到载波多普勒测量的高精度，并且精确地反映了伪距变化，若能利用这一信息来辅助码伪距观测量就可以获得比单独采用码伪距测量更高的精度。这一思想也称为相位平滑伪距测量。

(4) 载波相位差分

载波相位差分技术又称 RTK 技术，通过对两测站的载波相位观测值实时处理，能实时提供观测站的三维坐标，并达到厘米级的高精度。与伪距差分原理相同，由基准站通过数据链实时将其载波观测量及站坐标信息一同传送给用户站。用户站接收 GPS 卫星的载波相位与来自基准站的载波相位，并组成相位差分观测值进行实时处理，确定用户站的坐标。

实现载波相位差分 GPS 的方法分为两类修正法和差分法。前者与伪距差分相同，基准站将载波相位修正量发送给用户站，以改正其载波相位，然后求解坐标。后者将基准站接收的载波相位发送给用户站，并与用户站接收的 GPS 卫星载波相位求差，然后求解其坐标。前者为准 RTK 技术，后者为真正的 RTK 技术。

4. GPS 数据的读取与解析

对 GPS 模块的数据处理本质上也是串口通信程序设计，输出的数据结构为 8 个数据位、一个起始位、一个停止位、无奇偶校验位，输出的数据格式初始化为 NMEA-0183 格式，波特率为 4800 波特。因此，对 GPS 数据的读取部分与对车载 CAN 数据的读取类似，但波特率由 115200 波特变成了 4800 波特。

通常 GPS 模块的数据通信采用的都是 NMEA-0183 协议，NMEA-0183 是美国国家海洋电子协会（National Marine Electronics Association，NMEA）为海用电子设备制定的标准格式。目前已成为 GPS 导航设备统一的 RTCM（Radio Technical Commission for Maritime services）标准协议。

表 11-3　NMEA-0183 协议信息[10]

序　号	命　令	说　明	最大帧长
1	$GPGGA	全球定位数据	72
2	$GPGSA	卫星 PRN 数据	65
3	$GPGSV	卫星状态信息	210
4	$GPRMC	运输定位数据	70
5	$GPVTG	地面速度信息	34
6	$GPGLL	大地坐标信息	
7	$GPZDA	UTC 时间和日期	

该协议采用 ASCII 码语句，协议帧格式的形式如：

$aaccc,ddd,ddd,…,ddd * hh<CR><LF>

其中：

- "$"表示帧命令起始位。
- aaccc 表示地址域，前两位为识别符，后三位为语句名。
- ddd,…,ddd 表示数据。
- "*"表示校验和前缀。
- hh 表示校验和，$与 * 之间所有字符 ASCII 码的校验和。
- <CR><LF>表示帧结束。

因为在车联网场景中用到了 GPS 的定位信息，所以我们需要对 GPS 数据中的 $GPGGA 信息和 $GPRMC 信息进行解析。首先根据帧起始位来确定并从原始数据流中分出每一个 GPS 数据，然后根据识别符和语句名来获取我们需要的语句，并按照各自的语句格式进行解析。

GPGGA 是 GPS 中的主要定位数据，其数据格式为：

$GPGGA,<1>,<2>,<3>,<4>,<5>,<6>,<7>,<8>,<9>,<10>,<11>,<12>,<13>,<14> * <15><CR><LF>

其中，各部分数据意义如下：

<1>：UTC 时间，格式为 hhmmss.sss。
<2>：纬度，格式为 dddmm.mmmm（度分），前导位不足则补 0。
<3>：纬度半球，N 或 S（北纬或南纬）。
<4>：经度，格式为 dddmm.mmmm（度分），前导位数不足则补 0。
<5>：经度半球，E 或 W（东经或西经）。
<6>：定位质量指示，0=定位无效，1=定位有效。
<7>：使用卫星数量，从 00 到 12，前导位数不足则补 0。
<8>：水平精确度，0.5 到 99.9。
<9>：天线离海平面的高度，-9999.9 到 9999.9 m。
<10>：高度单位，M 表示单位 m。
<11>：大地椭球面相对海平面的高度（-999.9 到 9999.9）。

<12>：高度单位，M 表示单位 m。
<13>：差分 GPS 数据期限。
<14>：差分参考基站标号，从 0000 到 1023，前导位不足则补 0。
<15>：校验和。

GPRMC 是 GPS 中推荐的定位数据，其数据格式为[11]：

$GPRMC,<1>,<2>,<3>,<4>,<5>,<6>,<7>,<8>,<9>,<10>,<11>,<12> * <<13><CR><LF>

其中，各部分数据意义如下：

<1>：UTC（Coordinated Universal Time）时间，hhmmss（时分秒）格式。
<2>：定位状态，A=有效定位，V=无效定位。
<3>：纬度，格式为 ddmm.mmmm（度分）格式，前导位数不足则补 0。
<4>：纬度半球，N 或 S（北纬或南纬）。
<5>：经度，格式为 dddmm.mmmm（度分）格式，前导位数不足则补 0。
<6>：经度半球，E 或 W（东经或西经）。
<7>：地面速率，000.0 到 999.9 节，前导位数不足则补 0，每小时 1 节等于每小时 1 海里。
<8>：地面航向，000.0 到 359.9 度，以正北为参考基准，前导位数不足则补 0。
<9>：UTC 日期，ddmmyy（日月年）格式。
<10>：磁偏角，000.0 到 180.0 度，前导位数不足则补 0。
<11>：磁偏角方向，E（东）或 W（西）。
<12>：模式指示，仅 NMEA01833.00 版本输出，A=自主定位，D=差分，E=估算，N=数据无效。
<13>：校验和。

知道 $GPGGA 和 $GPRMC 的数据格式之后，就可以根据相应的格式进行解析。

5. GPS 数据处理实例

GPS 接收可以与计算机通过串口进行通信，开发 GPS 数据处理软件，首先要解决计算机和 GPS 接收机的串口通信。在 GPS 接收机和计算机的数据传输过程中，计算机的串行端口作为 CPU 和串行设备间的编码转换器，提供了计算机与 GPS 接收机之间的数据传输通道。

串行端口的本质功能是作为 CPU 的串行设备间的编码转换器。当数据从 CPU 经过串行端口发送出去时，字节数据转换为串行的位。在接收数据时，串行的位被转换为字节数据。在 Windows 环境下，串口是系统资源的一部分。应用程序使用串口进行通信，必须在使用之前向操作系统提出资源申请要求打开串口，通信完成后必须释放资源关闭串口。

串口通信有多种实现方法，常用的有：用 MSComm 控件设计串口通信程序、Windows API 编程控制串口等。

MSComm（Microsoft Communications Control）控件通过串口接收数据，为应用程序提供串行通信功能。控件在串口编程时比较方便，在编程工具中可以使用。串口通信的实现步骤如下（注：这里采用 Visual C++ 的编程工具）：

(1) 在当前中添加控件

打开菜单"Project->Add to Project->Components and Control",从弹出的对话框中选择"Registered ActiveX Controls"中的"Microsoft Communications Control"组件,结果 VC 将自动向应用程序中添加 MSComm 控件相关的类 CMSComm。

(2) 串口初始化并打开串口

初始化是对 MSComm 控件的属性进行设置,主要是对有关的通信参数和输入输出属性的设置,包括设置串口号,设置波特率、奇偶性、字节有效位数、停止位,以及设置从接收缓冲区读取数据的格式。

打开串口一般来说要完成以下几个设置:设定通信端口号、设定通信协议、设定传输速率等参数、设定其他参数、打开通信端口。打开 COM1 串口操作的例子如下:

```
m_Com.SetCommPort(1);              //串口设备 COM1
m_Com.SetInBufferSize(1024);       //设置输入缓冲区的大小
m_Com.SetOutBufferSize(512);       //设置输出缓冲区的大小
if(! m_Com.GetPortOpen())          //串口是否打开
m_Com.SetPortOpen(TRUE);           //打开串口
m_Com.SetInputMode(0);             //设置文本输入模式
m_Com.SetSettings("9600,n,8,1");   //设置波特率、奇偶校验、数据位和停止位
m_Com.SetThreshold(1);             //每接收一个字符则激发 OnComm()事件
m_Com.SetNullDiscard(False);       //保存接收到的空格
```

(3) 读取串口数据

MSComm 控件可以采用查询或事件驱动的方法从端口获取数据。事件驱动法的机理是:有事件比如接收到数据发生时通知程序,并在程序中需要捕获并处理这些通信事件。

读取数据通过 GetInput 函数实现。

```
VARIANTvRECEIVE;
int k;
if(m_Com.GetCommEvent()==2)
{
    k=m_Com.GetInBufferCount();
    if(k>0)
    {
        vRECEIVE=m_Com.GetInput();
        ...
    }
    ...
}
```

(4) 关闭串口

```
m_Com.SetPortOpen(0);
```

6. 融合定位算法

在车辆碰撞预警算法中,判断车辆之间是否有碰撞危险,车-车之间的距离是最基本的

判断条件。在基于车联网的车辆碰撞预警系统中,两车之间的距离是通过车辆坐标信息计算得知,因此只有通过接收到的周围车辆位置坐标信息,才能计算得出本车与周围车辆距离,如果车辆位置信息出现较大偏差,车辆之间距离则会出现误差,进而使系统判断的准确性严重下降。只有在车辆实时精确定位的前提下,系统方能正确地判断出车辆碰撞可能性,从而保证车辆在道路上的安全行驶。

车载 GPS 的首要功能提供车辆的位置、速度和行驶方向等信息,然而 GPS 定位存在许多问题,如当车辆行驶在隧道中或者被高楼大厦所包围的道路上,其定位信号很有可能会产生中断;由于墙体或障碍物而造成的多路径效应,导致 GPS 定位存在相当大的误差;GPS 在某些场合比如在高楼大厦里,地铁通道或者水下等都无法正常使用。对车辆碰撞预警系统来说,能否提供高精确度、高可靠性的车辆定位信息对于系统碰撞预警功能的实现至关重要。

这里采用一种基于卡尔曼滤波的车辆轨迹预测和电子地图匹配的信息融合 GPS 精确定位算法。

(1) 融合算法

首先结合车辆历史运动轨迹及运动状态,对 GPS 接收到的定位结果进行滤波,预测车辆当前时刻的坐标、速度等信息,基于卡尔曼滤波的方法能有效减小 GPS 所造成的误差。其次,将得到的结果与高精度地图信息进行匹配,地图匹配算法依据路网的拓扑结构对车辆位置进行进一步纠正。根据以上要点,这里采用了一种基于卡尔曼滤波的车辆轨迹预测和电子地图匹配的信息融合定位算法。

算法结构图如图 11-13 所示。

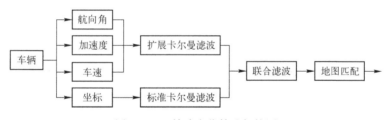

图 11-13 精确定位算法架构图

系统首先读取车载 GPS 坐标、车辆航向角、车辆加速度、车辆速度,通过车辆 GPS 和航位推算的融合方式精确车辆坐标位置,再通过地图匹配进一步精确车辆的坐标位置。

(2) 坐标修正

通过将 GPS 定位与车辆轨迹预测组合,进而减小 GPS 定位过程中因为丢失卫星信号而造成的误差。利用车辆轨迹预测方法来定位车辆坐标,可避免外界环境所带来的影响,但该定位方法是利用车辆上一时刻的位置和车辆行驶状态来判断车辆位置,其误差会随着时间推移而增大,所以该方法只能在较短的时间里保持高精确度。将 GPS 定位与车辆轨迹组合的方法来对车辆进行定位,可弥补两种方法的不足。利用 GPS 定位可以时刻修正车辆轨迹预测的结果,减小其累积误差,同时利用车辆轨迹预测方法可以补偿 GPS 定位中产生的随机误差,进而提高车辆定位的精确度。当车辆在行驶过程中遇到 GPS 接收不到信号或者接收到的 GPS 信号误差较大的情况,系统可以把上次车辆保存的位置用作车辆轨迹预测的初始位置,根据车速、航向角、加速度等信息来推算出车辆的当前坐标。当 GPS 信号恢复正常后,则利用 GPS 定位信息来修正车辆的坐标信息。

这里采用标准卡尔曼滤波法对车辆 GPS 接收到的信息进行滤波平滑，采用扩展卡尔曼滤波法对车辆轨迹预测的坐标信息进行修正，然后通过联合滤波将两者信息融合，最后结合精确电子地图信息对输出的车辆坐标进行校对，提升车辆定位的精确性。

（3）航向标定

通过坐标转换已经将车辆位置在直角坐标系中标识了出来，为了实现车辆轨迹预测，还需要了解车辆的航向信息，这个信息可以从车辆 GPS 的航向角数据获取，GPS 的航向角是通过车辆历史轨迹推算出来的。

由 GPS 获取的航向角为度分形式，它以正北方向为 0°，按顺时针方向从 0°到 360°。前面已经将车辆位置转换到直角坐标下，为了方便进行向量计算，在直角坐标系中一般是以 x 轴正方向作为 0°（即正东方向），且是按照逆时针方向从 0°到+180°，按顺时针方向从 0°到 −180°。所以，在获取 GPS 航向角之后需要对航向角进行转换，改用直角坐标系下的角度来标定车辆航向。

（4）航位推算

车辆轨迹预测是利用航位推算（Dead Reckoning）的方法对车辆轨迹进行预测。通过 GPS 接收到的车辆坐标位置信息、车辆速度、车辆航向角以及加速度传感器测得的车辆加速度，从而推算出车辆移动后的位置信息。

在车辆定位与导航中，由于 GPS 是通过对卫星信号的处理来获得车辆当前的位置信息，所以它的定位精度很容易受到外界因素的影响，比如说天气、建筑物的遮挡、多径传播等等。因此，采用 GPS 定位与航位推算相结合的方式来获取车辆的位置信息可以在车辆因为被遮挡而丢失卫星信号的时候仍然可以有效地确定车辆的位置。航位推算的建模过程与 GPS 数据的卡尔曼滤波所建模型类似，均为"当前"统计模型，其状态向量与 GPS 的卡尔曼滤波的状态向量一样。

在实际应用中，通常认为车辆是在一个二维空间内运动，在采样时间很短的情况下，我们可以认为车辆做直线运动，在已知车辆初始坐标位置和车辆各时间段的位移量的条件下，可以通过车辆初始位置信息、航向、速度和加速度信息进行累加，获得下一时刻的准确位置信息和采样时间内车辆的行驶距离。其原理图如图 11-14 所示。

由于车辆轨迹预测是一个累积的过程，GPS 输出的车速、车辆位置等信息的误差会造成积累，定位精度会随着误差的增加而降低，对系统碰撞可能性的判断造成极大影响。因此，航位推算不能长时间单独使用。

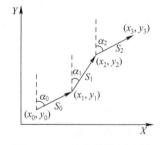

图 11-14 航位推算原理图

卡尔曼滤波算法在滤波过程中实时地对系统状态进行估计，同时根据滤波输出的结果对系统预测的系统状态进行修正，从而提高系统结果的精确度。在车辆 GPS 定位中，对于 GPS 输出结果中存在的噪声误差干扰，采用卡尔曼滤波算法对 GPS 输出结果进行修正，可以有效地减小 GPS 所造成的车辆定位误差，提高车辆定位的精确度。

车辆定位信息地图匹配技术通过结合车辆 GPS 定位信息和精确电子地图信息，对车辆 GPS 定位过程中存在的误差进行适当的修正，从而进一步提高车辆定位精度。电子地图匹配算法可归结为一种建立在"车辆始终行驶在道路上"的基础上的模式识别问题，首先

GPS 定位设备提供车辆当前定位点的位置、车辆行驶航向角和历史行驶轨迹信息,将这些信息作为匹配样本,结合电子地图提供的道路网信息中的各路段作为匹配模板,将车辆定位信息与地图信息进行匹配,选择与待匹配样本最接近的车辆位置作为最终匹配结果,对车辆 GPS 定位系统存在的误差进行校正。车辆定位系统是在坐标空间内实现的,而用户是在真实环境下行车,地图匹配完成了具体的坐标向车辆实际地址的转换。地图匹配减小了车载 GPS 的定位误差,把车辆定位点与实际道路进行匹配,从而保证车辆定位信息总在行驶的道路上。其框架如图 11-15 所示。

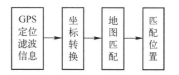

图 11-15 定位信息匹配框架图

11.2.3 DSRC 数据采集处理

1. 常见的消息定义

针对车联网消息发送格式标准,美国汽车工程师学会(Society of Automotive Engineers,SAE)提出了位于协议栈的顶部的 J2735 消息集。J2735 是直接面向应用的消息定义集合,它的核心消息集包含了常用的数据字段,如车的经纬度、车速、红绿灯的信息等,为 DSRC 的核心应用提供必要的数据支持。J2735 规范还在不断地完善,以支持更多应用,为开发者提供方便。

在第 2 版 J2735 里定义的 15 种核心消息里,基本安全消息(Basic Safety Message,BSM)消息是最基本最重要的消息。因为 BSM 包含了车辆的基本信息,各种安全应用或多或少都会使用到这些数据。同时,地图数据 MAP(Map Data)消息和信号相位与配时(Signal Phase And Timing,SPAT)消息是实现 V2I 应用最重要的两类消息,包含了道路属性和交通信号状态。

(1)BSM

BSM 是 J2735 里最重要的消息。它包含了发送车辆的核心状态信息,同时支持用户添加额外必要的数据。一个对防碰撞应用所用到的数据的研究表明,尽管存在许多不同的冲突避免应用,但它们所需要的数据大部分是重复的。这就直接促进了 BSM 的产生,而不是由应用开发者自定义协议内容。

BSM 由两部分组成。第一部分是必填的,包含了车辆最基本的状态信息,必须被包含在每个待发送的 BSM 里。这部分的数据强调简洁和高效。第二部分是可选的,其发送频率可以低于第一部分的发送频率,且其内容可以包含用户自定义的数据。BSM 适用于很多场景,比如防碰撞等。BSM 第一部分的字段定义如表 11-4 所示。

表 11-4 BSM 字段定义

数据项名称	占用字节数/B	描述
DSRC_MessageID	1	每个消息的第一个字段,表示消息的类型
MsgCount	1	序列号,每次成功发送一个 BSM 则递增一
TemporaryID	4	一个随机值,并在若干分钟内保持不变
DSecond	2	当前的时间,精度为 1ms
Latitude	4	物理纬度

(续)

数据项名称	占用字节数/B	描述
Longitude	4	物理经度
Elevation	2	海拔，精度为 0.1
PositionalAccuracy	4	定位精确度
TransmisionAndSpeed	2	3 bit 表示车辆传输设置，13 bit 表示车速
Heading	2	车辆运行方向
SteeringWheelAngle	1	轮转角
AccelerationSet4Way	7	经度/纬度/垂直方向上的加速度
BrakeSystemStatus		表示每个轮子上的刹车状态
VehicleSize		车辆长宽，精度为 1 cm

BSM 第二部分字段定义如表 11-5 所示。

表 11-5 BSM 可选字段定义

数据项名称	占用字节数/B	描述
utcTime	2~6	系统时间
timePrecision	7	时间精度
Systemword	7	系统预留字
headingPrecision	28	航向精度
speedPrecision	28	车速精度
sysHealth	31	系统健康度
yawPrecison	41	偏航精度

（2）MAP

MAP 消息主要提供了交叉路口的相关信息，如路口中心经纬度、道路宽度等，通常和 SPAT 一起使用以标识红绿灯的位置。一个 MAP 消息可以包含若干个交叉路口的信息，每个路口用一个 ID 号来标识。MAP 消息中最重要的是 Intersection（这里采用的是 SAE J2735 2009 版本的定义）。Intersection 是数据帧，每个 Intersection 代表一个交叉路口，每个 MAP 可包含多个 Intersection。Intersection 中的重要字段如表所示。MAP 消息用于需要交叉路口相关数据的场合。

同时，因为 MAP 消息结构简单，并且数据来源方便（主要是经纬度），这里用来测试 J2735 的部分采用的也是 MAP 消息。

MAP 中最重要的 Intersection 的成员表如表 11-6 所示。

表 11-6 Intersection 成员

消息类型	用途
IntersectionID	十字路口标识
ApproachObject	子路口，可包含多个同类型消息
refPoint	参考点，通常在十字路口中间

（3）SPAT

每个 SPAT 消息包含了一个交叉路口的红绿灯数据。一个交叉路口可有若干个红绿灯，比如每个子路口都有一个红绿灯。SPAT用于和红绿灯相关的应用，比如车速引导，红绿灯信息显示等[11]。通常和MAP消息结合使用。以单片机控制方式为例，介绍SPAT消息的封装、解析、传递过程。

使用单片机对红绿灯直接控制，利用路侧设备RSU通过网线使用UDP协议与单片机进行通信，接收到红绿灯消息后封装发送给车辆，使车辆能够提前、快速、准确地了解到前方红绿灯信息，对车速进行准确引导。整个控制过程分为三个部分，即单片机对红绿灯的控制，路侧设备接收解析单片机传送的红绿灯信息，按照美标J2735封装红绿灯消息并发送。流程框架如图11-16所示。

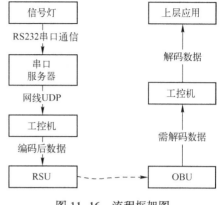

图11-16 流程框架图

（1）单片机控制红绿灯

用单片机对红绿灯直接控制，单片机只提供RS232端口通信，单片机提供TTL电平，串口通信使用RS232电平，使用MAX3232将TTL电平转换为RS232电平。路侧设备RSU不提供该接口，使用串口服务器将串口转换为网口UDP数据与路侧设备RSU进行通信。为了传输尽量少的数据，数据使用二进制位来表示，还需进一步解析。

（2）路侧设备接收消息

路侧设备RSU读取到信息后解析，接收到的数据是单片机发送出来的数据，也就是信号灯数据，对于信号灯数据格式现在并没有一个强制的全国统一的标准，甚至有些信号灯就不能发送数据，因此单片机的原则是发送数据尽量简单。举例如下，发送数据总共4字节，第一个字节是该数据的头，用于判别该数据是否是单片机控制的信号灯发送，使用0xEF表示。而第二个字节表示信号灯倒计时，表明还有多少时间信号灯状态改变，该倒计时并不能表明三个方向（左、直、右）各自的倒计时，而是三个状态共同的倒计时。第三个字节和第四个字节的高4位表示信号灯状态，第四个字节的低4位表明信号结束，设为0xF。其中0x1表示红灯，0x2表示黄灯，0x4表示绿灯。

（3）消息封装发送

按照美标SAE J2735对解析出的消息进行封装，使用ASN.1格式封装。ASN.1是定义抽象数据类型规格形式的ISO/ITU-T标准。是用于描述数据的表示、编码、传输、解码的灵活的记法。它提供了一套正式、无歧义和精确的规则，以描述独立于特定计算机硬件的对象结构。

ASN.1是通信协议中描述数据传输的正式标记（notation），它与语言实现和物理表示无关，与应用的复杂度无关。ASN.1特别适合表示现代通信应用中那些复杂的、变化的及可扩展的数据结构。

ASN.1发送任何形式（音频、视频、数据等）的信息都必须用数字传送。ASN.1只能包含信息的结构方面（没有已经定义的或考虑到的处理数据值的操作）。它不是一个编程语言。

在Cohda Wireless的MK5（一种DSRC设备）中，应用层业务采用C语言编写，但是要实现不同厂家设备应用层数据的互联互通，对外发送的数据应该根据国标或美标，从C结构转换成 ASN.1 格式的数据对外发送，同时从接收设备接收到的 ASN.1 格式数据要转换成 C 结构数据，以便在设备端处理。

使用 ASN1C 程序对 ASN.1 的数据格式进行编译，编译为 C 可用的结构体。然后按照标准对该结构体进行填充。

接收数据后要按照 J2735 进行封装后再发送，J2735 中的 SPAT 消息专门用于表示信号灯状态。具体的 SPAT 消息的 ASN.1 格式如下：

```
SPAT ::= SEQUENCE {
msgIDDSRCmsgID,
nameDescriptiveName   OPTIONAL,
—— human readable name for this collection
—— to be used only in debug mode
intersections SEQUENCE (SIZE(1..32)) OFIntersectionState,
——sets of SPAT data (one per intersection)
—— # LOCAL_CONTENT
}
```

其中，OPTIONAL 是可选字段，可以不填写。DSRCmsgID 是一个元素用于表示是何种消息类型，它是第一个值，接收到消息后首先应判断该字节，确定是何种消息以便接收。DSRCmsgID 是一个枚举类型，具体枚举值如下：

```
DSRCmsgID ::= ENUMERATED {
reserved (0),
alaCarteMessage (1), —— ACM
basicSafetyMessage (2), —— BSM, heartbeat msg
basicSafetyMessageVerbose (3), —— used for testing only
commonSafetyRequest (4), —— CSR
emergencyVehicleAlert (5), —— EVA
intersectionCollisionAlert (6), —— ICA
mapData (7), —— MAP, GID, intersections
nmeaCorrections (8), —— NMEA
probeDataManagement (9), —— PDM
probeVehicleData (10), —— PVD
roadSideAlert (11), —— RSA
rtcmCorrections (12), —— RTCM
signalPhaseAndTimingMessage (13), —— SPAT
signalRequestMessage (14), —— SRM
signalStatusMessage (15), —— SSM
travelerInformation (16), —— TIM
... —— # LOCAL_CONTENT
}
```

总共可以有 127 个值用于与外界通信，128~255 被用来进行本地通信，可以本地自己定义。这里使用的是 SPAT 消息，设置为 13。

name 只是一个标识，主要是用于调试，具体不进行展开。SPAT 中最关键的就是 intersections，它是一个存放 IntersectionState 结构列表，每一个 IntersectionState 可以完整地表示一个路口的信号灯状态。由于 Intersections 是一个列表，它可以包括多个 IntersectionState，也就是说一个 SPAT 消息可以包含多个路口消息，我们只封装一个路口的消息。具体的 IntersectionState 结构如下：

```
IntersectionState ::= SEQUENCE {
nameDescriptiveName OPTIONAL,
    —— human readable name for intersection
    —— to be used only in debug mode
idIntersectionID,
    —— this provided a unique mapping to the
    —— intersection map in question
    —— which provides complete location
    —— and approach/move/lane data
status IntersectionStatusObject,
    —— general status of the controller
timeStamp TimeMark OPTIONAL,
    —— the point in local time that
    —— this message was constructed
lanesCnt INTEGER(1..255) OPTIONAL,
    —— number of states to follow (not always
    —— one per lane because sign states may be shared)
states SEQUENCE (SIZE(1..255)) OFMovementState,
    —— each active Movement/lane is given in turn
    —— and contains its state, and seconds
    —— to the next event etc.
prioritySignalState OPTIONAL,
    —— the active priority state data, if present
preemptSignalState OPTIONAL,
    —— the active preemption state data, if present
... —— # LOCAL_CONTENT
}
```

同样有一个可选 name，不再叙述，IntersectionID 是一个 8 位位组类型（OCTET STRING），用于存放路口的 ID，由于 SPAT 里没有路口实际地理几何布局相关的数据，需要由 MAP 消息提供，SPAT 通过这个路口 ID 与 MAP 消息相对应。MAP 消息里包括各个路口的 GPS 坐标以及路口中心点的坐标，通过这些信息可以判断接收哪个路口消息。之后是一个 IntersectionStatusObject 元素，也是一个枚举类型，主要是发送给 OBU 当前路侧的控制状态，正常情况下设置为 0，表示控制正常并且倒计时正常。具体如下：

```
IntersectionStatusObject ::= OCTET STRING (SIZE(1))
    —— with bits set as follows Bit #:
```

—— 0 Manual Control is enabled. Timing reported is per
—— programmed values, etc but person at cabinet can
—— manually request that certain intervals are terminated
—— early (e.g. green).
—— 1 Stop Time is activated and all counting/timing has stopped.
—— 2 Intersection is in Conflict Flash.
—— 3 Preempt is Active
—— 4 Transit Signal Priority (TSP) is Active
—— 5 Reserved
—— 6 Reserved
—— 7 Reserved as zero

可选元素是可以不填写的，timeStamp、priority 和 preempt 就不填写了，lanesCnt 是一个整型元素，表示接下来有几个状态，一般可以用来表示路口有几个方向（十字路口还是T形路口）。

最后是最重要的数据——信号灯状态 states，同样它也是一个结构列表。每一个 MovementState 表示一个状态，但这个状态并不一定就是一个方向全部的 3 个方向灯的状态，也不是一定只是一个方向的状态。具体的 MovementState 结构如下：

```
MovementState ::= SEQUENCE {
    —— The MovementNumber is contained in the enclosing DF.
    movementName DescriptiveName OPTIONAL,
    —— uniquely defines movement by name
    laneCnt LaneCount OPTIONAL,
    —— the number of lanes to follow
    laneSet LaneSet,
    —— each encoded as a LaneNumber,
    —— the collection of lanes, by num,
    —— to which this state data applies
    —— For the current movement State, you may CHOICE one of the below:
    currState SignalLightState OPTIONAL,
    —— the state of a Motorised lane
    pedState PedestrianSignalState OPTIONAL,
    —— the state of a Pedestrian type lane
    specialState SpecialSignalState OPTIONAL,
    —— the state of a special type lane
    —— such as a dedicated train lane
    timeToChange TimeMark,
    —— the point in time this state will change
    stateConfidence StateConfidence OPTIONAL,
```

在 MovementState 中 movementName 是可选字节，表示定义一个 movement 名字，不填写。laneCnt 表示车道的数目，laneSet 设置具体的车道号，同样具体的车道的地理信息要在 MAP 消息中给出。通过 laneCnt 和 laneSet 可以设置几个车道，这就表明这个 MovementState 对应这几个车道。通常一个 MovementState 对应一个灯的方向，再对应相应的车道。比如东方向的左转弯灯，它对应东方向路口的左转道 1 以及可以左转和直行的车道 2，那 laneCnt 需设置为 2，laneSet 设置为 1、2，东方向的左转弯灯单独封装为一个 MovementState。东方向的直行灯对应车道 2 和 3，虽然 2 已经在左转中有了，但直行仍需填入，所以 laneCnt 需设置为 2，laneSet 设置为 2、3，东方向的直行灯单独封装为一个 MovementState。但如果这个路口右转向灯是长绿，或者就没有右转灯，4 个方向的右转的车道可以放入到一个 Movement-State。如图 11-17 所示。

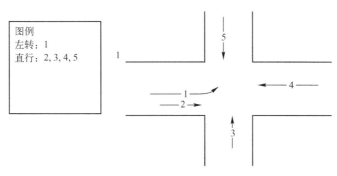

图 11-17 路口参数示意图

当然，MovementState 也可以复用，即对各个相位的信号放在同一个 MovementState 里，对应多个车道，但这样无法区分究竟哪个方向灯对应哪个车道。在这里，我们只设计了一边红绿灯，不需要考虑 4 个方向的问题，并且上层应用没有需要到具体对一个方向划分多车道的情况，所以信号灯的 3 个方向为 3 个 MovementState，但都对应一个车道，设置为 1。

MovementState 中 timeToChange 也是一个整型数，表示该状态剩余时间，也就是信号灯倒计时。但现在分了不同方向发送 MovementState，单片机发送的倒计时是 3 个方向的共同倒计时，很明显这个倒计时是 3 个方向倒计时中最短的那个，并不是 3 个方向真实的倒计时，这需要根据单片机的设置分别转化为相应的时间。

最后 pedState 和 specialState 分别是人行道和特殊车道，这里不需要填写。只填写 currState，currState 也是一个整型数，具体如表 11-7 所示。

表 11-7 消息内容定义

	绿 色	黄 色	红 色	闪 烁
左转	0x00000010	0x00000020	0x00000040	0x00000080
右转	0x00000100	0x00000200	0x00000400	0x00000800
直行	0x00001000	0x00002000	0x00004000	0x00008000
曲线左转	0x00010000	0x00020000	0x00040000	0x00080000
曲线右转	0x00100000	0x00200000	0x00400000	0x00800000
掉头行驶	0x01000000	0x02000000	0x04000000	0x08000000

其中球灯表示没有箭头指示的信号灯，本文使用的是箭头灯。从表中可以看出不同的方向所占的位数不同，如左方向占第二位，右方向占第三位。这也是之前说的 MovementState 可以复用，不同方向按位与即可表示各自状态。比如 Left Arrow 为 0x00000010，传输为

0x10，Right Arrow 为 0x00000100，传输为 0x0100。如果两个方向复用为 0x00000110，传输为 0x0110。

数据封装完成后使用 DER 进行编码，为之后的发送做准备。

（4）车载子系统接收路侧消息

数据编码后使用 UDP 发送给 RSU，路侧工控机和 RSU 以及信号灯都在同一个局域网中，RSU 接收数据进行发送，对于工控机而言，RSU 对它是更底层的东西，RSU 的传输是透明的，往 RSU 的 IP 地址发送就相当于往车载工控机发送，RSU 的具体实现不需要考虑。

RSU 是一个嵌入式的 Linux 系统 ARM 板，它的空中网络传输类似于普通网口，仍然使用 SOCKET 套接字，只是使用的通信协议不同，这里不做具体介绍。

与发送类似，OBU 接收数据后使用 UDP 发送给车载工控机，车载工控机依旧使用 QT 平台，使用 C++进行编程，对数据进行解析。车载根据 SPAT 进行解析，DER 解码后取数据即可。数据解析后存储，等待其他应用使用。

2. 消息的封装与解析

所有 J2735 消息的解析和封装在语法上是类似的，因此这里介绍的方法包括但不仅限于 BSM、MAP 和 SPAT。SAE 提供了 J2735 的 ASN.1 描述。ASN.1 是一种接口描述语言（Interface Description Language，IDL），和具体编程语言无关，需要编译器生成不同语言的实现代码。如图 11-18 所示，ASN.1 在一种高度抽象的层次上来表示数据结构信息，各种应用程序无法直接对其进行操作和使用。因此，在实际应用中，需要先将 ASN.1 描述的数据结构翻译转换成具体语言（如 C、C++、Java 等）的数据结构表示形式，然后通过相应的 ASN.1 编码函数生成能在通信介质上传输的二进制码流。此处介绍使用开源的 ASN1C 作为编译器，使用 C 语言作为实现语言。值得注意的是，2009 版本的 J2735 指定所有的消息使用 DER 编码方式，但是 2015 以及更高的版本要求 MAP 和 SPAT 这两种消息使用对齐编码规则（Unaligned Packed Encoding Rule，UPER）编码以提高带宽效率。但是，在实现层面，由于 ASN1C 产生的代码中关于不同编码方式的接口的使用方法是一致的，因此此处介绍将仅以 DER 编码方式为主要论述点。

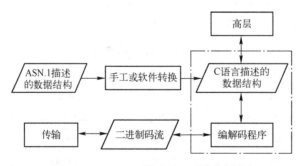

图 11-18　ASN.1 描述转 C 数据原理图

ASN1C 为每种核心消息和数据帧（Data Fram，DF）以及数据元素（Data Element，DE）都生成了对应的.h 和.c 文件，可以从图 11-18 中直观地看出，此外还包括各种编解码的实现文件。

简单地说，ASN1C 将 ASN1 描述的数据结构翻译成 C 语言当中的结构体（struct）。编码时，开发人员只需要填入对应结构体的内容，并调用对应的编码函数；解码时先调用对应的解码函数，然后从对应的结构体提取数据即可。如图 11-19 及图 11-20 所示，以 BSM 编解码为例子，其中 bsm 为指向 BSM 结构体的指针。

```
asn_enc_rval_t er;
er = der_encode_to_buffer(&asn_DEF_BasicSafetyMessage, bsm, buffer, length);
asn_DEF_BasicSafetyMessage.free_struct(&asn_DEF_BasicSafetyMessage, bsm, 0);
```

图 11-19　BSM 编码

```
struct BasicSafetyMessage *bsm = 0;
asn_dec_rval_t rval;
rval = asn_DEF_BasicSafetyMessage.ber_decoder(0, &asn_DEF_BasicSafetyMessage, (void **)&bsm, buffer, length, 0);
```

图 11-20　BSM 解码

国标的 ASN 源码使用 asn1c 工具编译成 .c 和 .h 文件，编写程序时需要将这些编译出来的文件添加到车联网程序文件夹内。这些 .c 和 .h 文件可以分为两类：一类是和 ASN 编解码工具相关的工具类文件；另一类是和车联网应用层数据交互标准中定义的数据格式相关的应用类文件。填充应用层业务数据时需要调用文件类型 2 中的定义的结构体，编码发送和解析收到的信息时调用文件类型 1 中的 BER、XER、PER、UPER 工具。

11.3　数据处理

为了开展各种车联网应用，需要对车联网感知数据进行处理，包括数据预处理、区域划分、场景分类以及危险评估。数据预处理需要清除异常数据，保证感知数据的可用性，区域划分讲述了基于九宫格的划分原则，将周围车辆映射到以本车为中心的九宫格中。

场景分类在区域划分的基础上结合车辆的状态信息可以区分相应的场景类型，比如是前向碰撞预警还是交叉口碰撞预警，然后根据轨迹预测判断可能引发的潜在碰撞风险。危险评估部分，主要是在各种场景类型下，根据车辆的状态信息，来判断车辆之间是否存在碰撞的危险，如果存在的话，则给出相应的安全告警提示。这里的判断方法主要有两种：一种是当车辆的历史轨迹拟合度高时，利用历史轨迹拟合出车辆的轨迹方程，然后判断两车轨迹是否存在交叉以及交叉是否在判定的范围之内；另外一种是当车辆轨迹的拟合度不高时，利用车辆当前的状态信息，进行轨迹预测，该方法利用同一时刻的坐标点进行判断，主要的依据为点之间的距离是否小于临界距离。

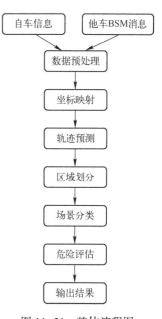

如图 11-21 所示，整体的流程由事件触发，即自车和他车数据都具备时，才会触发检测流程。在实际道路上测试时，如果自车周围存在多辆车，那么便会循环这个流程，直到把周围所有车辆都检测一遍。其中自车数据的刷新率由传感器决定，一般为 10 Hz 左右。

图 11-21　整体流程图

11.3.1 坐标映射和轨迹预测

在前面已经介绍,数据初步处理,作为面向目标分类的车联网应用开发的第一部分,关系后面的分类实现。但由于从传感器采集的数据传输到应用层的数据都是一些初始数据,无法直接使用,所以需要对数据进行初步的处理,对其进行相关的转化,以便于后续工作的进行。

本文涉及到的关键数据有:经纬度,航向角,速度,转向灯,方向盘转角,预测轨迹等等。其中的经纬度不便于车辆之间的位置关系确定,考虑到碰撞决策以相对方位为基础展开分析更为容易,有必要将GPS产生的经纬度坐标转换为以自车为中心的本地直角坐标。而航向角由于是从差分GPS中读出,范围为0~360°,与常规的直角坐标系不同,故也需要将其变到直角坐标系的标准取值。

1. 距离求解

经纬度坐标,其实是把地球看作是一个球体,以地球球心为中心,本初子午线为0精度线,赤道为0纬度线建立的曲面坐标系。由于安全监测时,只涉及车辆的几何中心,所以在进行坐标计算时,用车辆的几何中心位置来代表车辆。且考虑到本文所用通信模块的有效通信距离为500 m左右,远小于地球尺寸,所以在计算车辆之间的相对距离时,忽略地球曲面因素的影响,即利用平面坐标系的距离公式来计算车辆之间的相对距离[25]。

假设在地球表面有三个点,它们之间的相对位置如图11-22所示,其中 A 点和 B 点处在同一经度线上, A 点和 C 点处在同一纬度线上, A 点经纬度坐标为 (Lo_1, La_1), B 点经纬度坐标为 (Lo_1, La_2), C 点经纬度坐标为 (Lo_2, La_1), 地球半径为 R。

那么 A、B 两点之间的近似直线距离 d_0, A、C 两点之间的近似直线距离 d_1, 分别可由式(11-5)和式(11-6)得到:

$$d_0 = \frac{(La_1 - La_2) \times R \times \prod}{180} \quad (11-5)$$

$$d_1 = \frac{(Lo_1 - Lo_2) \times R \times \cos(Lo_1) \times \prod}{180} \quad (11-6)$$

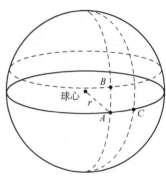

图 11-22 地球坐标系

2. 坐标求解

在本文中,所有的分类都是基于以自车几何中心为原点,自车行驶方向为 Y 轴正半轴的直角坐标系,自车的坐标始终为 $(0,0)$, 关键在于计算出他车的坐标值。而从GPS获取的航向角是通过历史轨迹推算出来的,它是以正北为0°,顺时针旋转一周为360°范围内的一个值,所以在求解他车的坐标时,可以先以正北方向为 Y 轴正半轴方向建立坐标系求出初始坐标值,然后再以原点为中心进行旋转,旋转角度值为自车的航向角,得到最终的坐标。

假设存在两辆车, A 车代表自车,坐标为 (Lo_1, La_1), 航向角为 α_1, B 车代表他车,坐标为 (Lo_2, La_2), 航向角为 α_2, 它们的相对位置关系如图11-23所示,虚线代表车辆行驶方向,由前面介绍可知,A

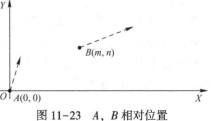

图 11-23 A, B 相对位置

车的坐标为 $(0,0)$,关键是求出 B 车的坐标 (x,y)。

首先建立以 A 车为坐标原点,正北方向为 Y 轴正半轴的坐标系,在前面已经介绍过如何求解地球表面两点之间的距离,所以不难得出在该坐标系下,B 车坐标 (m,n) 可由式(11-7),式(11-8)计算得出:

$$n = \frac{(La_1 - La_2) \times R \times \prod}{180} \tag{11-7}$$

$$m = \frac{(Lo_1 - Lo_2) \times R \times \cos(Lo_1) \times \prod}{180} \tag{11-8}$$

然后,将 A 车的航向角转化为直角坐标系之后,再变成以弧度为单位,如式(11-9)所示:

$$\alpha = \frac{\alpha_1 \times \prod}{180} \tag{11-9}$$

最后,对坐标点进行旋转,如图 11-24 所示,可由式(11-10),式(11-11)求得 B 车的最终坐标为:

$$x = m \times \cos\alpha_0 - n \times \sin\alpha_0 \tag{11-10}$$

$$y = m \times \sin\alpha_0 + n \times \cos\alpha_0 \tag{11-11}$$

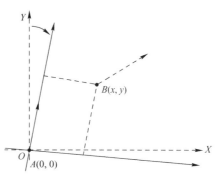

图 11-24 旋转后的坐标系

3. 轨迹预测

车辆轨迹预测是进行安全监测的前提,在这里采用两种方案进行:一种是根据历史轨迹进行拟合,得出轨迹方程,用来预测轨迹;另外一种是利用当前车辆状态进行轨迹预测。在实际运行过程中,根据历史轨迹点的拟合程度,来决定采用哪一种方案。在直线行驶过程中,利用历史轨迹来进行预测相对来说,比较准确,因为车辆的数据存在一定的抖动范围,即车辆保持状态不变时,读出来的数据也会在一定范围内变动,利用历史轨迹进行拟合,可以在一定程度上消除这种误差;但在曲线或者是弯道上行驶时,直线拟合,会引起很大的误差,这时采用当前车辆状态进行轨迹预测,相对来说准确度要高出很多。

(1)拟合方程法

拟合方程法,顾名思义,就是对历史轨迹的离散点进行线性拟合,在这里可以分为三大部分:历史轨迹点的转化、最小二乘法拟合和拟合度判断。

历史轨迹点转化指的是将历史轨迹点的经纬度坐标转换成以自车为中心的直角坐标系坐标。前面已经介绍过相关的转化的过程,不同的是需要设置一个循环进行多次转化。

最小二乘法拟合[26]通过最小化误差的平方和寻求数据的最佳匹配函数。在拟合过程中,历史轨迹点 N 个,(x_i, y_i) 为第 i 个点,首先设方程为:$y = k \times x + b$,可以得到误差的表达式为:

$$e = \sum(y_i - k \times x_i - b)^2 \tag{11-12}$$

分别对 k 和 b 求一阶导数,得到式(11-13)和式(11-14)。

$$\frac{de}{dk}=\sum(x_i\times y_i-k\times x_i^2-x_i\times b) \quad (11\text{-}13)$$

$$\frac{de}{db}=\sum(y_i-k\times x_i-b) \quad (11\text{-}14)$$

令两个一阶导数都为零,然后求解,求得 k 和 b 的表达式分别如式(11-15)和式(11-16)所示:

$$k=\frac{\sum x_i\times\sum y_i-N\times\sum(x_i\times y_i)}{\sum x_i\times\sum y_i-N\times\sum(x_i\times y_i)} \quad (11\text{-}15)$$

$$b=\frac{(\sum y_i-k\times\sum k_i)}{N} \quad (11\text{-}16)$$

在这里需要考虑到斜率 k 不存在,即 k 为无穷大,可以假设当 $k>1000$ 时, $k=1000$;或者是当 $k<-1000$ 时, $k=-1000$。

(2) 当前状态预测法

当前状态预测法主要是根据车辆的当前速度、方向盘转角、航向角、坐标和车轮轴距,来预估车辆在一段时间内的轨迹,所得到的预测轨迹为一系列离散的轨迹点,确切来说,是从连续轨迹中,按照一定的时间间隔取点,这样做有利于后面的安全检测。

由前面的介绍已经知道,采用这种方式进行轨迹预测时,车辆的行驶轨迹为曲线,所以要得到车辆的预测轨迹,就必须要知道车辆曲线轨迹的半径、点与点间隔时间、车轮转向角等参数。

车轮转向角 $\beta(°)$:指的是车辆在行驶过程中车辆前轮与直线行驶方向之间的夹角。在实际生活中,方向盘转角与实际的车轮转向角并不相等,而是存在一个比例系数 ε,取值一般为20以内,具体大小由车辆厂商决定。所以实际的方向盘转角 θ 与车轮转向角 β 可由式(11-17)求得:

$$\beta=\frac{\theta}{\varepsilon} \quad (11\text{-}17)$$

车辆轨迹半径 $r(m)$:车辆在行驶过程中,如果保持方向盘转角不变,那么车辆的行驶轨迹将是一个圆,如图11-25所示。设车轮轴距为 l,车轮转向角为 β,那么车辆的转弯半径可以近似为式(11-18)所示:

$$r=\left|\frac{l}{2\times\tan(0.5\times\beta)}\right| \quad (11\text{-}18)$$

点与点之间的间隔时间 $\Delta t(s)$:由前文介绍已知,曲线预测轨迹点是在连续轨迹按照一定的时间间隔取得的,必须要避免发生漏判的情况,所以时间间隔不能太长。

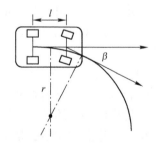

图11-25 车辆转弯半径

在这里假设车辆的最大速度为 50 m/s,车辆的长度为 $h(m)$,那么所允许的最大间隔时间如式(11-19)所示:

$$\Delta t<0.02\times h \quad (11\text{-}19)$$

在确定了车辆的车轮转向角 β,轨迹半径 r 以及间隔时间 Δt 之后,就可以开始预测轨迹了。在这里预测的轨迹都是假设车辆保持当前的速度 v 和车轮转向角 β 不变进行预测,同时为了便于求解和编程的方便，采用递推的方式，即找到前后两个点之间的关系，然后通过前一个点来求解下一个点的坐标，如图 11-26 所示，假设当前点的坐标为 $p_i(x_i,y_i)$，航向角为 α_i，下一个坐标点为 $p_j(x_j,y_j)$，具体的求解过程如下所示。

首先，根据式（11-20）求得在相邻两个之间的弧长 L，如果车速过慢的话，为防止预测轨迹太短，不利于某些特定场合的场景判断，设定 $v*\Delta t$ 的值为 $0.1 \mathrm{m}$。

$$L = v \times \Delta t \qquad (11-20)$$

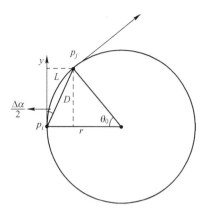

图 11-26 车辆轨迹点预

其次，需要求解两个点之间航向角的相对变化量 $\Delta\alpha$，弦长 D，下一个点的航向角 α_j，如式（11-21），式（11-22）和式（11-23）所示：

$$\Delta\alpha = \frac{L}{r} \qquad (11-21)$$

$$D = 2 \times r \times \sin(0.5 \times v) \qquad (11-22)$$

$$\alpha_j = \alpha_i + \Delta\alpha \qquad (11-23)$$

最后，根据式（11-24）和式（11-25）求出下一个点的坐标：

$$x_j = x_i + D \times \cos(0.5 \times \Delta\alpha) \qquad (11-24)$$

$$y_j = y_i + D \times \sin(0.5 \times \Delta\alpha) \qquad (11-25)$$

11.3.2 区域划分

在区域划分过程中，需要先进行车道划分，然后根据车道将其划分到具体的区域，具体实现如图 11-27 所示。

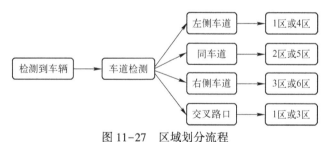

图 11-27 区域划分流程

注：图中编号为不同的区与图 11-27 相对应。

1. 车道划分

车道划分有两种情况，区别在于自车的历史轨迹是否能够拟合。

（1）如果自车的历史轨迹能够进行拟合，那么假设自车的拟合轨迹方程为：$y = k \times x + b$，先根据式（11-26）计算出他车的 N 个历史轨迹点到自车拟合轨迹的距离平均值 $\overline{d}$：

$$\overline{d} = \frac{\sum(y_i - k \times y_i - b)}{N \times \sqrt{(1+k^2)}} \qquad (11-26)$$

再根据车道宽度 w 来判断所在车道，满足式（11-27）时，为同车道；满足式（11-28）

为左侧车道，满足式（11-29）为右侧车道：

$$-0.5 \times w < \bar{d} < 0.5 \times w \tag{11-27}$$

$$1.5 \times w > \bar{d} > 0.5 \times w \tag{11-28}$$

$$-1.5 \times w < \bar{d} < 0.5 \times w \tag{11-29}$$

如果以上的限制条件都不满足，则需要考虑是否处在交叉路口。这时首先需要判断他车是否位于自车的前方，如果不是，便不考虑；其次需求得他车航向角与自车航向角的差值，当航向角之差值的绝对值为 70°~110° 之间时，那么根据车辆位于自车的左右，来判断他车是位于左侧还是右侧的交叉路口。

（2）如果自车的历史轨迹不能够进行拟合，那么便通过他车在以自车为中心的坐标系的坐标，来确定他车所在的车道。所依据的主要判定值为 x 坐标值，类似于前面拟合车道的范围判断，只不过将前面的平均距离 $\bar{d}$ 改为坐标值 x。

2. 宫格分布

宫格分布，具体来说就是把车辆周围的区域，划分成一个个的小格子，这样做有助于场景的分类，具体的宫格分布与美国交通部的相关标准相似，如图 11-28 所示。

车辆周围的区域被划分为 7 个区域，自车始终处在方格的正中心，然后依次对其他区域进行编号 1~6。其中的 1 号和 3 号区域，相对于其他的区域来说，又需要进一步的划分。在实际的驾驶环境中，左右区域一般只需要考虑相邻车道的车辆，但是在交叉路口环境下，需要考虑来自非相邻车道的车辆，而这些车辆只会出现在 1 号和 3 号区域。故在交叉路口的特殊情况下，需要在 1 号和 3 号区域设定一个小区域来对此做出响应。

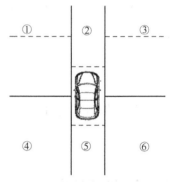

图 11-28 宫格分布

周围车辆的宫格划分是在车道划分的基础上进行的。在前面已经介绍过如何进行车道的划分，在车道划分确定之后。如果是被认定在左相邻车道，那么在根据他车是在自车的前方还是在自车的后方，前方则认为是在 1 号宫格，后方则认为是在 4 号宫格。相同车道和右侧车道上面的宫格划分与此类似。对于交叉路口，则需要判断是在交叉路口的左方还是右方。

11.3.3 场景分类和危险评估

场景分类部分主要是根据车辆的运动状态和相对位置关系判断车辆之间可能产生哪种类型的碰撞，这也是预警提示的主要依据。为了使得分类时的计算量达到最小，不同区域可以分别进行不同类型的场景分类。本文主要考虑了六个最典型的碰撞场景：前碰预警、交叉口碰撞预警、超车预警、左转辅助、变道/盲区预警、逆向超车预警。在图 11-28 所示宫格分布中，1 号区域只可能发生逆向超车预警，左转辅助，左侧交叉预警；2 号区域只可能发生前碰预警；3 号区域只可能发生右侧交叉预警；4 号区域只可能发生超车预警，变道/盲区预警；5 号区域只可能发生前碰预警；6 号区域只可能发生变道/盲区预警，超车预警。

场景分类方式采取两种方案：连续拟合轨迹在一定范围内是否会产生交叉和离散预测轨迹点之间是否达到碰撞的临界范围。在这里具体采取哪一种检测方案取决于两车的历史轨迹是否都可以进行拟合。如果轨迹都可以进行拟合，便采取轨迹拟合检测的方法。连续拟合轨迹预测方法的关键是求解拟合直线以及是否会有交点。如果存在交点的话，交点是否在一定的范围之内。该方法的优点是可以直接利用前面的运算结果，可以有效减少运算量，特别是在车辆较多时，能够有效减少时延。在这里我们详细介绍离散轨迹点检测法。为了简化车辆的模型，不妨把车辆看作是一个矩形。那么，车辆之间的碰撞就可以简化为两个矩形的相交。本节所涉及的六个车辆碰撞场景，就可以简化为如图 11-29 所示的三种情形。

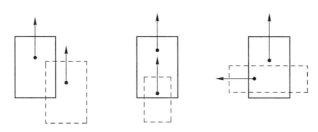

图 11-29 矩形交叉可能

左起第一个表示两辆车侧面碰撞，第二个表示两辆车前后碰撞，第三个表示两辆车交叉碰撞。其实不难看出，当发生重叠时，两矩形中心点之间存在一定的关系。

假设矩形 A 的中心点坐标为 (x_{i1}, y_{i1})，矩形的宽度为 w_1，长度为 l_1，矩形 B 的中心点坐标为 (x_{i2}, y_{j2})，宽度为 w_2，长度为 l_2。

对于第一种和第二种情形，只要利用矩形的中心点满足式（11-30）式（11-31）所示的等式关系，则认为存在碰撞的可能。

$$|x_{i1} - x_{i2}| < (w_1 + w_2) \times 0.5 \qquad (11-30)$$

$$|y_{i1} - y_{i2}| < (l_1 + l_2) \times 0.5 \qquad (11-31)$$

对于第三种情形，类似于前两种，不同之处在于右边的限制条件发生了改变，如式（11-32）和式（11-33）所示：

$$|x_i - x_{i2}| < (l_2 + w_1) \times 0.5 \qquad (11-32)$$

$$|y_i - y_{i2}| < (l_1 + w_2) \times 0.5 \qquad (11-33)$$

同时，由前面介绍已经知道，相邻两个点之间的时间间隔为 Δt，借助下标序号 i，可以得知碰撞时间 t 由式（11-34）计算得出：

$$t = i \times \Delta t \qquad (11-34)$$

根据即将发生碰撞的时间，可以为每一个碰撞事件设定一个碰撞危险等级，在本设计中，假设 $t<3\,\mathrm{s}$ 为三级碰撞，$3\,\mathrm{s}<t<6\,\mathrm{s}$ 为二级碰撞，$t>6\,\mathrm{s}$ 为一级碰撞，级别越高，越危险。然后根据不同的危险等级发出不同提示，使得预警内容更加具体。

11.4 基于中间件设计的平台开发架构

为了更好地搭建开发平台，并简化应用开发、算法调试流程，需要依赖一个中间件，能够将底层感知设备所采集的数据进行融合处理，为上层的应用决策提供更好的数据支撑服务。由此，数据平台的需求正式提出。

11.4.1 平台功能需求

1. 解耦应用与设备,并增加设备支持的多样性

兼容不同厂商的传感器设备,并为上层提供统一接口,当传感器设备发生更替时无须对上层做较大改动。这一点要求分离具体的传感器设备驱动与抽象的传感器数据接口。事实上,目前平台已经具体提出了既能兼容通过串口直连到主机(即工控机)的串口 GPS,又能兼容通过网线连接、TCP 收发的网络 GPS(位于下位机 DSRC 上的 GPS)的要求。

2. 数据记录、存储及回放功能

为了解决测试周期长、测试机会难得的问题,平台决定引入数据采集管理机制,能够将测试过程中的数据记录下来,并在平台上进行回放仿真,以便应用快速测试算法;同时,记录下来的数据存入数据库中进行管理,便于日后进行数据分析/机器学习等操作。

3. 应用开发的简便性

即便平台已经封装了基本的传感器数据读取操作,要管理与其他车辆、路侧的通信,以及管理周边环境中对象的信息等,仍旧是比较烦锁的操作。平台希望引入一种机制,能够自动管理周边环境中的对象,以及与它们之间的通信流程,从而简化应用开发的过程,应用只需调用平台相应的接口即可轻松获得周围环境的信息,同时平台会在需要时自动收发消息以与周围环境交换信息。

4. 应用开发的自由度与灵活性

在为上层应用提供统一接口的同时,给予上层应用最大的自由度,尽量不为上层代码引入额外的限制。同时,为了方便后续开发人员接手平台代码,除了避免使用复杂高级的语言特性,还要避免过度抽象、过度封装导致的无意义的代码复杂度。

这样,就构成了对于数据平台的四大基本设计需求。

11.4.2 平台架构设计

数据从传感器采集到车联网应用的过程总是一定的,即总是遵循图 11-30 的步骤。

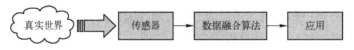

图 11-30 数据传递一般过程

基于中间件的功能架构会与这些步骤相适应,但同时,平台还需要满足已经在前文提出的几大需求。

前面我们已经研究了各传感器包括 GPS、CAN 总线等的工作原理以及如何获取数据,但是这些大量的数据并不能直接用来传给应用层,需要数据融合层对数据进行修正,将不同传感器得到的数据梳理整合。

我们以车辆坐标转换为例简单说明一下。车辆获取到 GPS 滤波系统获得的车辆经纬度坐标信息后标定在地图上,同时将接收到周围车辆发送的 GPS 坐标信息标定在地图上。在此需要采用坐标转换的方法将坐标信息映射至二维平面上。在空间坐标系中,车辆 A、C 的位置如图 11-31 所示。

由于车-车通信距离在 500 m 以内,且车辆碰撞预警算法只能判断到本车与其接收到的车辆是否存在碰撞危险,所以本文采取一种简单的坐标转换方法,节省系统工作时间。该 500 m 范围内可忽略地球曲面因素对坐标转换造成的影响,因此该方法中不考虑地球曲面因素,将两车看作在同一平面内,具体转换方法如下。

将地球近似为球形,半径 r 为 6371000 m。若假设本车的经纬度为 $(lon1, lat1)$,目标车辆的经纬度为 $(lon2, lat2)$。以自车为平面坐标原点,正东方向为 x 轴正方向,正北方向为 y 轴正方向,建立直角坐标系。于是可得式(11-35)和式(11-36)。

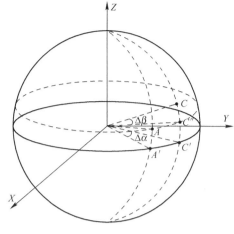

图 11-31 空间坐标系

$$S_x = r \times \cos\left(lat1 \times \frac{\pi}{180}\right) \times \Delta\theta_{lon} \times \frac{\pi}{180} \quad (11-35)$$

$$S_y = r \times \Delta\theta_{lat} \times \frac{\pi}{180} \quad (11-36)$$

进而可由式(11-37)得两车的距离。

$$S = \sqrt{S_x^2 + S_y^2} \quad (11-37)$$

式中,S_x 表示两车在 x 方向上的距离;S_y 表示两车在 y 方向上的距离;$\Delta\theta_{lon}$ 表示两车在经度上的角度差值;$\Delta\theta_{lat}$ 表示两车在纬度上的角度差值。

转换后的坐标系示意图如图 11-32 所示。

将车辆的坐标信息标定在电子地图上后,通过与电子地图的道路数据等信息比对,首先判断本车所在车道,然后判断目标车辆所在车道,同时参考转换后直角坐标系两车的位置,进而判断出车辆碰撞模型。

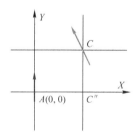

图 11-32 转换后的直角坐标

在车联网应用中,经常出现同一或相近观测实体的多个测量数据。因此,可以考虑整合这些数据,去除冗余信息。所谓数据融合是指不同实体的数据组合成单个的值。融合的目标是产生距离区域的粗化数据表示。将得到的大量数据经过整合处理后,就可以按照传感层、数据融合层、应用层不同的层次结构来存储数据。并在应用过程中,将速度、加速度、航向角等关键数据实时存储下来,建立日志文件,以供后期测试使用,构建车联网应用的整体架构。

为了实现解耦应用与设备,并增加设备支持的多样性,在传感器和数据融合算法层之间插入一层中间层,称为抽象传感器接口,由该层负责与更加具体的传感器设备打交道,而该层以上包括融合算法与应用均不能与具体的设备进行交互,确保算法、应用与具体设备相互分离。在分离之后,由抽象传感器接口层负责提供数据读取的接口供上层读取数据。

为了实现数据的记录存储,我们在抽象传感器接口层以上引入一个数据记录模块,由该模块在有传感器数据进入时触发数据记录,将数据写入后台的时间序列数据库。

而对于数据的回放功能,则将其设计为虚拟的传感器设备,也就是当平台切换到回放模式时,将不再加载真实传感器设备的驱动,而是将其替换为虚拟的传感器设备,这些虚拟传感器设备将从后台数据库中读出数据并像真实传感器一般填入抽象传感器接口层中。由于上层算法与应用已经被抽象传感器接口层隔离,因此传感器设备的变化对它们完全透明,它们就觉得自己如同在真的进行实测一样,可以正常的进行断点调试等操作。

之前叙述的都是平台为了更好地采集自车传感器中的数据而设计实现的各种机制,车与车之间还没有信息交互,车对环境(主要是路侧、地图等,即 V2X)也没有感知。然而从需求可以知道应用需要进行信息交换,并且需要简便的信息交换接口,以及自动化的信息状态管理。

事实上,一旦车辆之间、车与路侧设备之间开始交换信息,包括各自的坐标与各部件的状态、地图信息、红绿灯信息等等,那么随着信息交互的不断进行,车辆便会逐渐建立起对周围环境的感知,从而建立起对真实世界的抽象模型。本平台将这个模型称为世界模型(World Model)。世界模型将负责向周围车辆、路侧等对象广播自身的状态消息,并从周围环境接收消息并解析。同时,世界模型还具有一定的管理功能,比如定期清除较长时间没有出现在可视范围内的对象以及采用一定的数据结构(如四叉树,KD 树)来进行对象的空间划分管理,以加速各类上层应用算法的运行。

在有了世界模型之后,上层应用便直接与世界模型打交道,将原本应用需要自行实现的消息收发与管理功能,以及一定的坐标转换等辅助功能移动至世界模型之中,从而极大地简化应用的开发。平台数据流如图 11-33 所示。

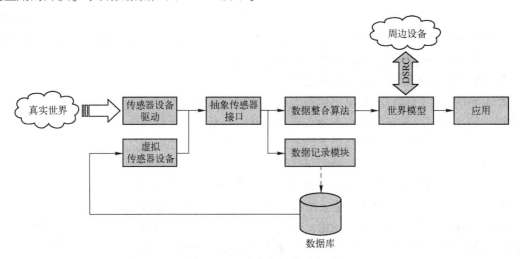

图 11-33 平台数据流示意图

11.4.3 平台硬件实现

平台所需设备由一台工控机以及车载单元构成。这里,我们选择 Cohda Wireless 公司的 DSRC 设备 MK5 作为 OBU。MK5 车载单元是成熟的,可应用于大范围场景产品。它是一个小型的、低功耗的模块,具有双 IEEE 802.11 天线,一块用于运行 V2X 软件栈和应用的处理器。它还内置了可定位到车道级别精度的 GPS,以及用于 V2X 安全的硬件加速防干扰的密码学芯片。如图 11-34 所示。

平台运行在工控机上。在需要通过 DSRC 设备发送消息时，平台先将消息通过 UDP 发送给 MK5，由 MK5 从 UDP 包中取出消息再通过 DSRC 协议栈所规定的流程进行消息广播。

图 11-34　硬件设备

11.4.4　平台软件实现

结合图 11-3 的平台架构，软件实现包括以下几个环节。

（1）设备驱动层

设备驱动层负责从具体的传感器设备（GPS、CAN、DSRC 等）中读取数据，然后转换为符合抽象传感器接口层所规定的数据形式，并将数据传递到抽象传感器接口层。串口 GPS 传感器负责通过串口、以太网等多种途径从设备中读取原始 GPS 数据，然后转换成结构体形式，并交由抽象传感器接口层处理。网络 GPS 与串口 GPS 的差异主要在于数据不再直接从串口读出，而是从与平台相连的网络上的某处以 TCP/UDP 等方式发来。在本平台上，位于下位机上的 MK5 中的内置 GPS 即属于以该方式读取。MK5 中的内置 GPS 支持 GPSd 网络库。OBD 接口作为传感器，在本平台中主要提供关于刹车、油门、转向灯之类关于车辆的信息，这些信息来源于 CAN Bus 上，通过 OBD 接口传给工控机。读取汽车 CAN 数据时，首先使用 CAN->USB 转接器将 CAN 总线转接为通过 USB 相连的串口设备，然后平台按照读写串口设备的方法从中读取即可。本平台将 DSRC 设备也作为一个"传感器"来看待，不同的是该传感器除了可以"感知"（即接收消息）外，还可以发送消息。具体的 DSRC 消息发送由在下位机 MK5 上的子程序来完成，该子程序会负责将 DSRC 消息打包为 UDP 数据报的部分。本平台只需将消息发送到下位机 MK5 指定的 UDP 端口并侦听指定 UDP 端口的消息即可实现 DSRC 消息的收发。

（2）抽象传感器接口层

设备驱动与它对应的传感器接口的交互主要是通过调用接口函数来完成。抽象传感器接口中有一个数据暂存处（data 变量，DSRC 特殊传感器除外），首先将关于数据暂存处的读写锁加写锁，然后更新数据，然后解开读写锁。接着判断平台是否处于回放模式，若不是则打上平台当前时间戳，否则打上回放系统时间戳，然后使用发出数据更新信号，此时上层凡是注册了该信号的应用或是数据融合层算法都会收到通知。

(3) 数据融合层

从单一传感器收集到的原始数据，如 GPS 提供的位置信息，往往不能符合要求。一方面是精度和刷新频率的问题（普通 GPS 的精度在米级，刷新频率 10 Hz 左右）。另一方面，作为原始数据，其中常常出现异常点，比如航向角在行进过程中突变为 0。此时需要一定的算法从数据中将异常点剔除，并尽可能地整合多种传感器的数据，得到更高精度的信息。这就是传感器融合过程。研究具体的融合算法并不是本平台的主要任务。并且，具体的融合算法往往会随着系统上搭载的传感器类型不同、组合不同而千变万化。数据在进入平台之后会进行多次预处理过程，最终会通过世界模型的相应机制提供给应用。一般而言，不建议上层应用越过世界模型和融合层直接访问传感器原始数据。但如果应用有特殊需求，需要直接访问传感器，平台也为其留出了后门。使用全局指针即可直接访问传感器数据。这也是平台的设计理念中"给应用开发以最大的灵活性和自由度"的一种体现。

(4) 世界模型

世界模型是应用最靠近的一层，也是应用最常交互的一层。如同架构设计中所描述的，世界模型目前负责收发消息和管理对象状态。世界模型通过 DSRC 设备收发的消息内容符合 SAE-J2735 标准的规定。具体而言，目前平台上主要实现了三类用于信息交互的消息。第一类是 BSM，即 BasicSafetyMessage 基本安全消息。第二类是 SPAT，即 SignalPhaseAndTiming 信号相位配时消息，主要包含红绿灯状态。第三类是 MapData，即地图消息。顾名思义，主要用于传输周围环境的地图。但此处的地图并不同于传统意义上描述道路几何特征的地图，而是以十字路口为基本单元并描述它们之间的拓扑连通性的拓扑图。通过对以上三类消息的解析，平台可以构建出包含车辆、红绿灯、十字路口和路网等对象构成的简单世界模型。随着应用需求和处理消息种类的不断增加，世界模型也会变得越来越复杂和强大。

(5) 场景重构

场景重构的终极目标是保证应用在回放时的行为和在实测时完全一致。传感器的感知过程相当于对环境进行了离散采样，我们只要真实地日志每个传感器的每个采样点并打上传入时的时间戳，将其保存在数据库 InfluxDB 中，再在回放时将它们读出，并保持和写入时一样的时序即可实现回放，理论上还可实现加速播放、快进快退等功能。当然，对平台上运行的应用以及融合层算法也要引入一定的限制。具体地说，算法对时间的测量必须且只能依赖传入的时间戳，而不允许直接取得系统时间；依赖于随机数发生器的算法也不能任意选定种子，而应该由平台实现接口或者提供统一的随机数种子等。平台将传感器驱动与抽象传感器接口相分离，除去兼容不同厂商的设备以外，另一个作用便是为回放机制的实现提供便利性。当平台检测到以回放模式启动时，便不再创建真实的传感器设备驱动，而是创建用于回放的虚拟传感器设备，这些设备将从数据库 InfluxDB 中读取数据进行回放。由于平台已经使用抽象传感器接口将融合层以上的部分与设备完全分离，因此回放过程底层机制的变化对应用完全透明，应用会感受到自己和在真实环境下进行实测一样。

11.5 应用场景分析

DSRC 为基于安全的应用预留了专用信道，车辆安全信息是车联网中最基本、最核心且优先级最高的一种信息。几乎所有的车-车协同应用场景前提都是安全信息可扩散。所谓的安全信息扩散即所有行驶车辆周期性不间断地向外广播携带了自身 GPS 及车辆信息的特殊报文，这些信息一般包括实时经纬度、速度、方位角、时间、加速度、转向、制动，车辆 ID 等信息[12]。借助于接收和处理道路上其他相邻车辆发送的安全信息，在 VANET 网络中的每个车辆可以感知其周围存在的其他车辆，并能在车载智能终端实时显示出来，供车辆驾驶员做出及时、准确的判断和操作。

车联网应用分为多个种类，根据功能及应用场景的不同，可以分为安全类应用场景、效率类应用场景以及便捷类应用场景。

11.5.1 交通安全类应用场景

1. 场景描述

交通安全类应用场景是车联网中一个重要的应用[13,14]。装有 DSRC 设备的车辆在行驶过程中，不断地广播其位置、行驶速度、航向角等运动状态信息。通过车-车之间的信息实时交互，系统结合本车的运动状态信息和接收到的周围车辆的运动状态信息进行综合判断，判断本车与周围车辆是否有碰撞的可能，然后通过 HMI 向驾驶员发出警报使驾驶员可以提前采取措施。基于车联网的安全类应用场景算法能有效避免由于大型车辆遮挡或交叉路口盲区等情况造成的交通事故。

下面以综合防碰撞（包括前向碰撞、后向碰撞、侧向碰撞、交叉碰撞）算法为例对安全类应用场景进行说明。

2. 场景分析

综合碰撞场景根据碰撞类型可以分为两大类：同车道碰撞和交叉碰撞。以下对这两大类情况进行说明。

（1）同车道碰撞

同车道碰撞是指两车行驶在同一车道上时发生碰撞的情况，同一车道既可以是直行车道也可以是弯道。同车道碰撞按照碰撞点可以分为以下两种情况：追尾碰撞和正面碰撞。

追尾碰撞情况经常发生在市内交通中，这时车辆之间的间距一般比较小，如果前车突然减速，在驾驶员反应不及时的情况下很容易发生追尾。追尾碰撞情况如图 11-35 所示，这时是直行情况下的追尾碰撞，在 B 车突然减速的情况下，A 车就会撞上 B 车发生追尾，A 的碰撞部位在车前部，而 B 的碰撞部位在车后部。

正面碰撞情况通常发生在车辆的超车过程中，由于车辆在超车时越过道路中线而与对面行驶过来的车辆发生碰撞。正面碰撞情况如图 11-36 所示，A 车在行驶过程中想要从 B 车左侧超车，A 车将会越过道路中线逆向行驶，在这时 C 车从对面行驶过来就有可能和 A 车发生正面碰撞。对于 A 车和 C 车来说，碰撞部位都是车辆前部。

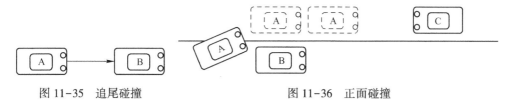

图 11-35　追尾碰撞　　　　　　　图 11-36　正面碰撞

（2）交叉碰撞

交叉碰撞是指两车行驶在不同车道上时发生碰撞的情况。交叉碰撞按照碰撞情况的不同可以分为两种情况：超车变道碰撞和路口碰撞。

超车变道碰撞主要发生在超车过程中，由于被超车辆没有及时减速避让而发生的碰撞。超车碰撞情况如图 11-37 所示，A 车和 B 车在不同车道同向行驶，A 车想要通过超车进入 B 车所在车道，此时 B 车并没有注意到 A 车的超车信号，依然保持一定速度前行，就有可能与正在进入 B 车-车道的 A 车发生交叉碰撞。对于 A 车和 B 车来说，碰撞部位均在车的侧面。

路口碰撞主要发生在没有设置红绿灯的小型交叉路口，在路口视野不清晰的情况下容易与交叉方向行驶来的车辆发生碰撞。路口碰撞情况如图 11-38 所示，A 车和 B 车分别从路口交叉的两个方向行驶到路口，因为遮挡物的关系，A 车和 B 车没有办法事先观察到彼此，在两车互不减速的情况下，就有可能发生路口碰撞。

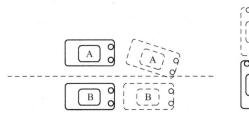

图 11-37　超车变道碰撞

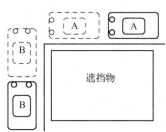

图 11-38　路口碰撞

无论是同车道碰撞情况还是交叉碰撞情况，只要当速度在一定可控范围内，都是可以通过提示驾驶员采取正确操作来避免的。现有的一些车辆防碰撞系统已经可以比较好地解决追尾和正面碰撞情况，像雷达检测和机器视觉都可以检测到车辆周边的情况。但对于交叉碰撞的两种情况来说，现有的一些检测手段是难以提前检测出来的，尤其是路口碰撞，因为可能存在遮挡物的关系，没有办法事先观察到它，而当车辆出现在面前才检测到又来不及采取制动措施来防止碰撞。所以，针对交叉碰撞最好能有一种无视遮挡的检测方式，并能够通过算法正确预测车辆行驶轨迹，V2X 提供了这种平台。

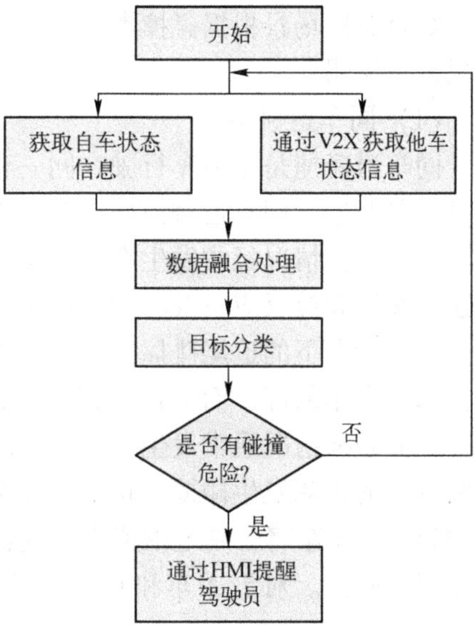

综合防碰撞检测框架如图 11-39 所示。

车辆利用 CAN、GPS 等传感器获取本车-车辆状态信息，利用 DSRC 无线通信技术获取周围车辆及环境信息，将数据在传感层进行整合。整合后的数据通过融合算法进行计算，最终根据算法分析做出场景判断。

图 11-39　碰撞预警流程图

3. 场景实现

（1）车辆数据获取

车-车碰撞预警技术所需要的数据主要通过车辆 CAN 总线接口、GPS 传感器接口和 DSRC 通信接口获得，其中自车行驶状态信息主要由前两个接口获取，而周围车辆行驶状态信息主要通过 DSRC 通信获得。

从车辆 CAN 总线接口中可以获得车速和方向盘转角信息，详细描述如表 11-8 所示。

表 11-8　车辆 CAN 总线数据

数 据 名 称	单　位	取 值 范 围	数 据 类 型
车速	km/h	0~120	double
方向盘转角	度	-540~540	double

从 GPS 传感器接口中可以获得经纬度以及航向角信息，详细描述如表 11-9 所示。

表 11-9　GPS 传感器数据

数 据 名 称	单　位	取 值 范 围	数 据 类 型
经度	度	73~135	double
纬度	度	3~53	double
航向角	度	0~360	double

以上是车辆的动态信息，而车辆 ID、车长、车宽和轴距则是车辆的固有属性，可以从预先配置的车辆文件中读取。车长、车宽和轴距前文中已经介绍过，车辆 ID 是车辆的标识，因为从 DSRC 中获取的其他车辆的数据内容和直接从自车获取的数据内容是一样的，所以为了区分自车和他车的数据，每一辆车都有自己独特的 ID。车辆固有属性的描述如表 11-10 所示。

表 11-10　车辆固有属性

数 据 名 称	单　位	数 据 类 型
车辆 ID	无	String
车长	m	double
车宽	m	double
轴距	m	double

上文表中已经列出了车辆的所有基础数据，每一辆车的工控机中都有专门的数据区域来存储自车数据和通过 DSRC 设备获得的他车数据，当数据接口中有新的数据或者从 DSRC 中获取新的车辆数据时，工控机中的车辆数据也将会被刷新，数据接口不是按照统一的频率刷新。

（2）车辆数据处理

车辆数据处理是一个数据融合计算的过程，主要是对上文中读取的基础数据进行分析，将 GPS 的大地坐标系转换为以自车为中心的本地直角坐标系，分别计算出他车的直角坐标系坐标、直角坐标系下的航向角、车辆的预测轨迹坐标点列表和车辆矩形顶点列表。然后采用前面介绍的九宫格方式基于他车的相对方位对目标车辆进行分类，为随后的碰撞检测提供碰撞场景判断的依据。

（3）车辆碰撞判断

在得到轨迹预测点和与轨迹预测点相对应的车辆矩形顶点坐标后，就可以使用矩形碰撞检测算法进行碰撞检测了。按照轨迹预测点的时间顺序依次检测代表车辆的矩形是否发生交叉，算法流程如图11-40所示。

设i表示第i个轨迹预测点时间，N为预测的总的车辆矩形轨迹点的个数，依次从坐标列表中取出第i个自车和他车的矩形顶点坐标并进行矩形碰撞检测，如果检测到车辆对应的矩形发生碰撞就结束检测过程，并输出预警信息，如果没有检测到碰撞就继续循环执行第i+1时间点处的矩形碰撞检测，如果i+1超过检测上限，即已经检测完所有的车辆矩形并且依然没有发生碰撞时，那就结束整个检测过程。

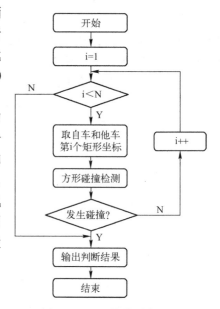

图11-40 碰撞检测流程图

11.5.2 交通效率类应用场景

交通效率类应用是安全类应用以外另一个非常重要的应用，旨在提高交通效率，节约能源消耗，避免交通拥塞，实现效益最大化。下面以车速引导为例对节能类应用进行说明（见图11-41）。

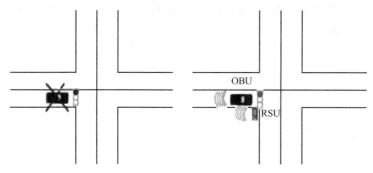

图11-41 车速引导场景示意图

1. 场景描述

驾驶员获取信号配时的不确定性，以及不恰当的驾驶习惯，致使在交叉路口附近的车辆速度波动较大，如遇红灯，则会增加行程时间，也将导致燃油消耗及排放的增加。本应用获取信号配时信息，使车辆按照最佳通过速度不停车通过交叉口。提高驾驶的平顺性、舒适性，降低停车次数、油耗及污染排放。

车速引导分为单车引导和多车引导，多车引导通常是针对车队的，将车队作为一个整体进行车速引导，其中单车-车速引导流程图如图11-42所示。如果车辆进入控制区域（该区域通常对应V2X设备如DSRC的覆盖范围），通过V2X获取前方交叉口的交通信号状态，基于当前交通信号状态和剩余时间，以及车辆距离交叉口的路程，计算一个合理的建议车速。考虑到车速的波动性，往往建议车速给出的是一个区间值，只要车速在该区间范围内，车辆尽量做到不停车通过当前交叉口。该应用可以进一步引申到多个交叉口的场景，结合车辆的路径规划，给车辆连续的建议车速，让车辆做到不停车连续通过多个交叉口，这就是一种"绿波带"应用。

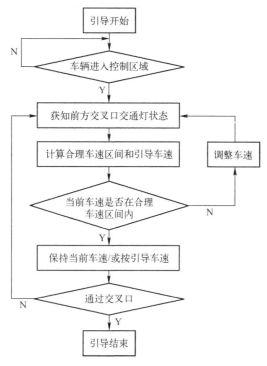

图 11-42　单车引导策略流程图

2. 场景分析

图 11-43 给出了单车-车速引导示意图，最上方与纵轴垂直的一条直线代表着交通信号出现的周期。如果车辆保持当前车速行驶，如图中实线所示，在到达交叉口时，将遇到红灯，不得不停车等待。此时车速引导算法有两种策略，其中一种是加速行驶，在正常行驶到交叉口所遇到的那个红灯信号周期出现之前顺利通过交叉口，即上方的虚线所示；另外一种方式是减速行驶，在红灯信号周期刚好结束时到达交叉口，也可以做到不停车通行，如下方的虚线所示。虚线（或实线）的斜率代表着车辆速度，在虚线处代表着车辆进入车速引导阶段。

考虑到车速引导的建议值是一个区间，车辆应尽量按照所建议区间的中间值行驶，如果当前车速离建议的中间值相差很大，应该加速或减速；如果相差不大，应该缓加速或缓减速。具体来说，有以下几种建议操作：

- 保持当前车速。
- 加速。
- 缓加速。

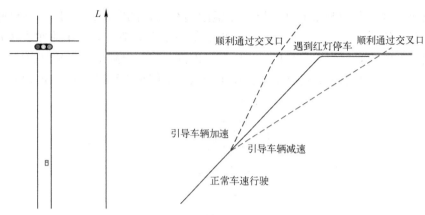

图 11-43 单车引导示意图

- 减速。
- 缓减速。
- 减速停车等红灯。

在判断加速或缓加速（减速或缓减速）时，会给出一个 ΔV 参量，当 $\Delta V \geqslant 10\,\text{km/h}$ 时采用加速（减速），当 $\Delta V < 10\,\text{km/h}$ 时，采用缓加速（缓减速）。缓加速和加速的区别仅是提示驾驶员加重油门的程度不同。

参量定义：

- V_a 为引导车速，取合理车速区间的中值。
- V_0 为当前车速。
- V_{limit} 是道路限制速度，一般城市中限速是 $50\,\text{km/h}$。
- ΔV 是当前车速与引导车速的差值，这里取其阈值为 $10\,\text{km/h}$，确切的值可等测试的时候再修正。
- L 为本车与交叉口的距离。

注意：由于新交规中的黄灯法规实际操作性不强，故在此算法中将黄灯时长计算入红灯时长。

(1) 情况 1：当前车辆遭遇绿灯

如图 11-44 所示，车辆在遭遇时刻收到信号灯的消息，发现此时信号灯为绿灯，剩余时间为 T_g，即在 T_g 后信号灯将切换为红灯，车辆此时距离信号灯路口为 L，那么在当前绿灯信号周期结束前通过交叉口的条件是车速至少需要达到式（11-38）所示条件：

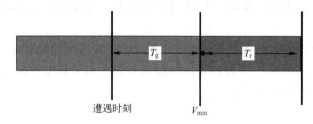

图 11-44 车辆到达时正好是绿灯的情况

$$V_{\min} = \frac{L}{T_g} \tag{11-38}$$

当$V_{\min} > V_{\text{limit}}$时，在本周期绿灯结束前车辆是无法通过交叉路口的，此时需要提示驾驶员减速到路口处，不需要给出引导车速。

当$V_{\min} \leq V_{\text{limit}}$时，则$V \in [V_{\min}, V_{\text{limit}}]$，$V_a = \dfrac{V_{\min} + V_{\text{limit}}}{2}$：

1）若$V_0 \in (V_{\min}, V_{\text{limit}})$，提示以当前速度行驶到路口，同时可以给出引导车速$V_a$，方便驾驶员参考。

2）若$V_0 \leq V_{\min}$，$\Delta V = |V_a - V_0|$，则

- 当$\Delta V \leq 10\,\text{km/h}$时，提示驾驶员缓慢加速，同时可以给出引导车速$V_a$，方便驾驶员参考。
- 当$\Delta V > 10\,\text{km/h}$时，提示驾驶员加速，同时可以给出引导车速$V_a$，方便驾驶员参考。

3）若$V_0 \geq V_{\text{limit}}$时，$\Delta V = |V_a - V_0|$，则

- 当$\Delta V \leq 10\,\text{km/h}$时，提示驾驶员缓慢减速，同时可以给出引导车速$V_a$，方便驾驶员参考。
- 当$\Delta V > 10\,\text{km/h}$时，提示驾驶员减速，同时可以给出引导车速$V_a$，方便驾驶员参考。

（2）情况2：当前车辆遭遇红灯（见图11-45）

如图11-44所示，车辆在遭遇时刻收到信号灯的消息，发现此时信号灯为红灯，剩余时间为T_r，即在T_r之后信号灯将切换成绿灯，该绿灯信号周期为T_{g2}，车辆此时距离信号灯路口为L，那么在绿灯信号周期内做到不停车通行的条件是车速满足以下最小（式11-39）和最大（式11-40）限制条件：

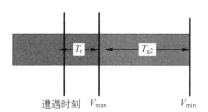

图11-45 车辆到达时正好是红灯的情况

$$V_{\min} = \frac{L}{T_r + T_{g2}} \tag{11-39}$$

$$V_{\max} = \frac{L}{T_r} \tag{11-40}$$

一般情况下，$V_{\min}$是不会超过V_{limit}的，所以这里不考虑它们的大小，默认$V_{\min} < V_{\text{limit}}$。

当$V_{\max} > V_{\text{limit}}$，则$V \in [V_{\min}, V_{\text{limit}}]$，$V_a = \dfrac{V_{\min} + V_{\text{limit}}}{2}$，则

1）若$V_0 \in (V_{\min}, V_{\text{limit}}]$，提示以当前速度行驶到路口，同时可以给出引导车速$V_a$，方便驾驶员参考。

2）若$V_0 \leq V_{\min}$，$\Delta V = |V_a - V_0|$，则

- 当$\Delta V \leq 10\,\text{km/h}$时，提示驾驶员缓慢加速，同时可以给出引导车速$V_a$，方便驾驶员

参考。
- 当 $\Delta V > 10\,\text{km/h}$ 时,提示驾驶员加速,同时可以给出引导车速 V_a,方便驾驶员参考。

3) 若 $V_0 > V_{\text{limit}}$, $\Delta V = |V_a - V_0|$, 则
- 当 $\Delta V \leq 10\,\text{km/h}$ 时,提示驾驶员缓慢减速,同时可以给出引导车速 V_a,方便驾驶员参考。
- 当 $\Delta V > 10\,\text{km/h}$ 时,提示驾驶员减速,同时可以给出引导车速 V_a,方便驾驶员参考。

当 $V_{\max} \leq V_{\text{limit}}$,则 $V \in [V_{\min}, V_{\max}]$, $V_a = \dfrac{V_{\min} + V_{\max}}{2}$:

1) 若 $V_0 \in (V_{\min}, V_{\max}]$,提示以当前速度行驶到路口,同时可以给出引导车速 V_a,方便驾驶员参考。

2) 若 $V_0 \leq V_{\min}$, $\Delta V = |V_a - V_0|$, 则
- 当 $\Delta V \leq 10\,\text{km/h}$ 时,提示驾驶员缓慢加速,同时可以给出引导车速 V_a,方便驾驶员参考。
- 当 $\Delta V > 10\,\text{km/h}$ 时,提示驾驶员加速,同时可以给出引导车速 V_a,方便驾驶员参考。

3) 若 $V_0 > V_{\max}$, $\Delta V = |V_a - V_0|$, 则
- 当 $\Delta V \leq 10\,\text{km/h}$ 时,提示驾驶员缓慢减速,同时可以给出引导车速 V_a,方便驾驶员参考。
- 当 $\Delta V > 10\,\text{km/h}$ 时,提示驾驶员减速,同时可以给出引导车速 V_a,方便驾驶员参考。

3. 场景实现

车速引导应用所需要的数据主要通过 V2X 的硬件数据接口获得,三个数据接口分别为车辆 CAN 总线接口、GPS 传感器接口和路侧 DSRC 通信接口。

从车辆 CAN 总线接口中可以获得车速,详细描述如表 11-11 所示。

表 11-11 车辆 CAN 总线数据

数据名称	单 位	取值范围	数据类型
车速	km/h	0~120	double

从 GPS 传感器接口中可以获得自车经纬度以及航向角信息,详细描述如表 11-12 所示。

表 11-12 GPS 传感器数据

数据名称	单 位	取值范围	数据类型
经度	度	73~135	double
纬度	度	3~53	double
航向角	度	0~360	double

从路侧 DSRC 设备获取 map 消息和 spat 消息,其中 map 消息包括路口中心点和 4 个路口交叉点的 GPS 坐标,spat 消息包括了路口 4 个红绿灯的当前状态、剩余时间以及红绿灯的红灯、黄灯总秒数。详细描述如表 11-13 所示。

表 11-13 路侧 DSRC 设备数据

数据名称	单位	取值范围	数据类型
路口中心点经纬度	度	73~135	double
4个路口交叉点经纬度	度	3~53	double
4个红绿灯状态	无	0~3	enum
4个红绿灯当前状态剩余时间	秒	根据具体周期而定	int
红绿灯周期	秒	根据实际情况而定	int

将车辆 CAN 总线、GPS 获得的车辆数据进行解析，利用 DSRC 获取周围环境信息，提取出表中所列关键数据，将数据进行融合计算。整合 map 数据确定车辆在路段的相对位置，解析 spat 消息，得到交通灯状态信息，通过本节给出的算法进行场景判断，给出引导车速。

11.5.3 交通便捷类应用场景

1. 场景描述

车队协同管理[15-17]，是在保证行车安全的前提下，提高道路通行效率，利用道路条件，将若干个车辆组成柔性车队，使该车队具有驾驶速度快、间距小的特点，一方面降低交通管理的复杂程度，减缓交通拥堵；另一方面可以减少由人为因素所致的交通事故，保证交通安全，并在此基础上节约能源，减少环境污染。

2. 场景分析

图 11-46 表示基于纵向跟车场景的车队协同管理算法流程图，基于前车的驾驶状态，分为前车匀速或加速、前车减速和前车静止等三种工况。当车距小于 d_{common} 时，发出一般提醒，提醒司机保持车距；当车距小于 λd_s 时，表示当前需要更大的减速度才能避免碰撞，发出紧急提醒；如果车间距大于最大行车距离，则提醒后车司机加速跟上；其他时刻车辆处于安全行驶状态，所以不提醒。

3. 场景实现

（1）最大跟车距离的确定

我们知道，DSRC 模块之间的通信距离最大可以达到 1000 m，足以保证两辆车之间的有效通信，这个距离显然不能成为最大车距的限制因素，因此需要从其他方面着手考虑。

车辆行驶在单车道上，而且后车的驾驶状态受到前车驾驶状态的制约，因此两车处于跟驰驾驶状态。显然，车队协同驾驶是建立在车辆跟驰行为之上的，车辆跟驰行为成为制约最大跟车距离的关键因素。美国《道路通行能力手册》（HCM）规定，当车头时距小于等于 5 s 时，车辆处于跟驰状态。文献 [7] 通过对实际交通流的观察和研究发现，当车头时距大于 8 s 时，车辆处于自由行驶状态，当车头时距小于 5 s 时，车辆处于跟驰状态，当车头时距介于 5 s 和 8 s 之间时，车辆处于过渡阶段，因此，最大跟车距离 d_{max} 可以根据车头时距确定，跟驰的车头时距确定为 5 s。

车头时距的计算公式为：

$$t_{headway} = \frac{\Delta d}{v_{follow}} \tag{11-41}$$

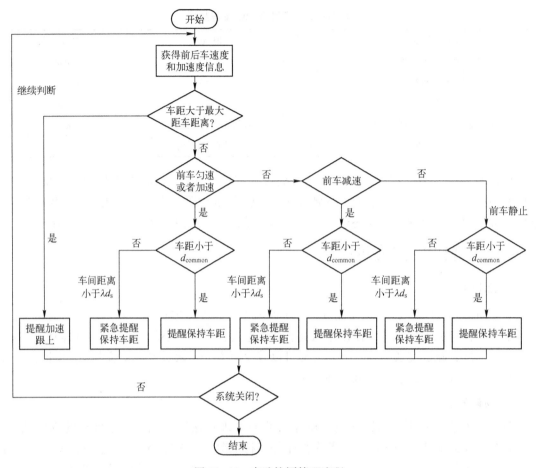

图 11-46　车队协同管理流程

式中，Δd 是两车之间的距离（前车-车尾到后车-车头距离）；v_{follow} 是后车此时的速度。由此可以计算出预估的车头时距，显然对于后车，车头时距与车速和当前车辆之间的距离有关。进而得到最大跟车距离计算公式：

$$d_{max} = t_{hwreco} \times v_{follow} \tag{11-42}$$

式中，t_{hwreco} 是最大建议车头时距，这里取 5 s；d_{max} 是最大建议车距。

(2) 车辆纵向跟车场景的判断

车队协同管理的安全距离算法是基于纵向跟车场景的，因此，在应用算法之前，有必要判断当前车辆是否处于纵向跟车场景下。流程图如图 11-47 所示。

纵向跟车场景的判断是基于两车当前的方向盘转角和航向角信息的，具体标准是，两车的航向角差值的绝对值小于 10°，即判断为同向跟车驾驶；相反，当两车的航向角的差值的绝对值大于 170°而小于 190°时，即判断两车为反方向驾驶。当两车的方向盘转角均大于-5°且小于 5°时，判断为在直道纵向驾驶。因此，两车的航向角差值的绝对值小于 10°并且两车的方向盘转角都大于-5°且小于 5°时，就可以认为当前两车处于直道纵向跟车场景。当判断当前工况为直道纵向跟车场景之后，进入车队协同算法模块。

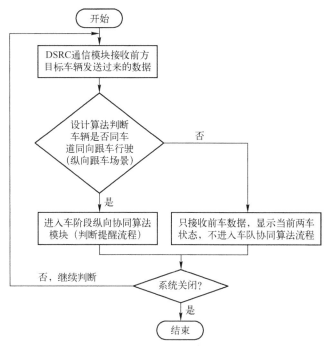

图 11-47　车辆跟车场景判断流程

（3）安全距离的计算

除加速度外，其他车辆行驶状态信息可以实时获得，包括两车的速度、航向角和方向盘转角等，车载 GPS 可以对车辆进行定位，进而计算出当前两车之间的距离。其他相关参数比如司机的反应时间、道路与轮胎的摩擦系数 ϕ 等可以在程序中提前设定，如图 11-48 所示。

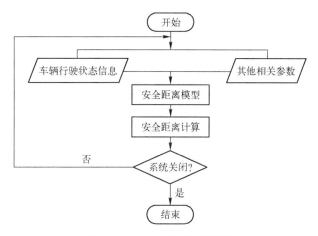

图 11-48　安全距离计算流程

11.6　结论

本章讨论了车联网应用层的相关问题。首先介绍了车联网应用架构，然后从数据感知、数据通信、智能处理等层面分别进行了概述。应用层作为整个车联网架构的顶层，承载着算法分析、场景判断、决策预警等关键作用，需要对其他底层数据进行整合，并通过算法实现应用场景。车联网应用分为安全类应用、节能类应用以及便捷类应用。安全类应用是车联网研究工作的重点，节能类应用可以大大提高交通效率，便捷类应用的引入具有潜在的重要意义。通过场景描述、场景分析及实现对三大类应用场景分别进行了介绍。除了车载子系统，路侧子系统、行人子系统和后台中心子系统三大核心模块外，HMI 的设计也直接影响着车联网系统的交互体验，因此，良好的人机交互界面也有着非常关键的作用。

但是，随着车联网应的用推广和道路复杂度的提高，对车联网应用的要求也越来越高，这就对数据融合及算法提出了更高的要求，同时由于普通 GPS 精度不高，对其进行滤波和简单的航位推算只能是消除其中定位的跳变点并对定位结果进行大致的修正，最后的定位结果不一定能满足车联网中一些对车辆位置精度很高的应用。所以，在提高车辆定位精度方面，还有很多研究空间，关于车联网应用还有很多工作要做。

参考文献

[1] Rakouth H, Alexander P, Brown A, et al. V2X Communication Technology: Field Experience and Comparative Analysis[C]// Proceedings of the FISITA 2012 World Automotive Congress. Berlin: Springer, 2013: 113-129.

[2] 陈晓娟, 楼培德. 基于 OBD 的车载智能终端现状及其发展趋势[J]. 软件, 2014(10): 95-99.

[3] 李晋华, 邱春玲, 田地, 等. 基于 CAN 总线数据采集系统的设计与实现[J]. 长春: 吉林大学学报(信息科学版), 2004, 22(2): 134-137.

[4] 潘益斌, 张海峰. 基于 OBD 的汽车数据采集及捕获系统设计[J]. 杭州: 杭州电子科技大学学报, 2015(1): 41-44.

[5] 韩成浩, 高晓红. CAN 总线技术及其应用[J]. 制造业自动化, 2010, 32(2): 146-149.

[6] 瑞萨科技. CAN 入门书[DB/OL]. (2006-02-20)[2016-06-10]. http://www.renesas.com/zh-cn/doc/products/region/rtcn/mpumcu/apn/rcj05b0027_can_intro.pdf.

[7] 潘益斌. 基于 OBD 的汽车数据通信研究与应用[D]. 杭州: 杭州电子科技大学, 2015.

[8] 方伟骏. GPS 与数字地图匹配的组合导航研究[D]. 南京: 南京航空航天大学, 2009.

[9] 张新生. 差分 GPS[EB/OL]. (2014-5-24)[2016-6-1]. http://baike.baidu.com.

[10] 张令文, 刘留, 和雨佳, 等. 全球车载通信 DSRC 标准发展及应用[J]. 公路交通科技, 2011(s1): 71-76.

[11] 任晓奎, 郭海雯. 基于超声波和 GPS 技术的车辆防碰预警系统[J]. 计算机测量与控制, 2013, 21(3): 694-696.

[12] Kenney J B. Dedicated Short-Range Communications (DSRC) Standards in the United States[J]. Proceedings of the IEEE, 2011, 99(7): 1162-1182.

[13] Misener J A, Sengupta R, Krishnan H. Cooperative collision warning: Enabling crash avoidance with wireless technology[C]// 12th World Congress on Intelligent Transport Systems. 2005: 6-10.

[14] Astm E. Standard Specification for Telecommunications and Information Exchange Between Roadside and Vehicle Systems-5 GHz Band Dedicated Short Range Communications (DSRC) Medium Access Control (MAC) and Physical Layer (PHY) Specifications[J]. Astm, 2003.

[15] 杜江伟. 基于车-车通信的安全车距研究[D]. 武汉: 武汉理工大学, 2012.

[16] 侯德藻. 汽车纵向主动避撞系统的研究[D]. 北京:清华大学, 2004.
[17] 侯德藻, 刘刚, 高锋, 等. 新型汽车主动避撞安全距离模型[J]. 汽车工程, 2005, 27(2):186-190.
[18] CVIS. http://www.cvisproject.org/.
[19] SMARTWAY. http://www.epa.gov/smartwaylogistics/.
[20] 何民, 荣建, 任福田. 判定跟驰状态的研究[J]. 公路交通科技, 2001, 18(4):74-78.
[21] 白亮, 秦永元, 严恭敏, 等. 车载航位推算组合导航算法研究[J]. 计算机测量与控制, 2010, 18(10):2379-2381.
[22] Ammoun S, Nashashibi F. Real time trajectory prediction for collision risk estimation between vehicles[C]// IEEE, International Conference on Intelligent Computer Communication and Processing. Piscataway:IEEE, 2009:417-422.
[23] 曹婷婷, 高玉. GPS 中 NMEA-0183 协议的应用[J]. 电子工程师, 2006, 32(10):8-11.
[24] 屠宇, 徐建闽, 钟慧玲. DSRC 系统通信协议的开发[J]. 计算机工程, 2003, 29(21):28-30.
[25] 黎珍惜, 黎家勋. 基于经纬度快速计算两点间距离及测量误差[J]. 测绘与空间地理信息, 2013, 36(11):235-237.
[26] 丁克良, 沈云中, 欧吉坤. 整体最小二乘法直线拟合[J]. 阜新:辽宁工程技术大学学报, 2010, 29(1):44-47.

第12章 车联网大数据

12.1 车联网大数据及其特征

如前一章所述，车联网数据（主要是车辆 CAN 总线数据、GPS 数据等）是车联网通信的主要内容，是实现各种车联网应用的计算依据，具有极为重要的价值。事实上，随着传感器技术和数据分析、人工智能技术的快速发展，车联网系统中具有利用价值的数据将不仅限于总线数据。由各种车载传感器（例如摄像头、雷达等）采集的驾驶环境数据、路边基础设施传感器（如监控摄像头等）采集的交通和道路数据，以及其他环境数据（例如天气、广域交通状况等），也将在车联网系统中扮演越来越重要的角色，组成未来的车联网数据。

车联网数据完全符合定义"大数据"的 4 V 特征[1]，因此我们可以称之为车联网大数据。车联网大数据的 4 V 特征如下：

1) 数据量巨大（Volume）：各类车辆数据和道路交通数据是车联网传输的主题，是实现车联网应用的基础。城市交通系统中车辆众多，随着传感器种类的快速增长和车联网应用的不断拓展，在车辆之间、车辆和道路之间传输的车联网数据总规模将极为巨大。

2) 数据类型多样（Variety）：车联网数据来源广泛，既包括车辆总线和 GPS 数据，也将包括多种车载传感器、道路传感器数据，及其他数据（例如增值服务数据等），导致数据类型多样，具有多维度、多层次、机构化与非结构化并存等特点。

3) 数据高速生成（Velocity）：因为直接关系到道路交通安全，车联网应用对数据的生成、传输、处理的实时性需求极高。大量传感器快速采集各种环境信息，并在车联网中完成共享。这将导致在城市路网或高峰时段，数据可以呈爆发式增长，对实时数据处理提出巨大挑战。

4) 数据价值高（Value）：由于以上三点特征，车联网数据往往难以直接处理，且价值密度低，但其蕴含的应用价值总量极高。从道路安全、交通管理、商业应用等角度，车联网数据中的各个部分都能够成为极具价值的资源。

12.2 车联网大数据应用

针对车联网大数据的研究工作，目前仍处在起步阶段。本节将简要介绍几类典型应用。

12.2.1 车辆碰撞避免

车联网最重要的应用即为主动安全。传统情况下，驾驶员通过自己判断前后行车距离采取刹车、减速、转向等措施以避免车辆间的碰撞。但实际中，由于行车环境多变或车速过快，往往出现驾驶员没有足够的反应时间采取安全措施，而导致事故。先进的车辆碰撞预警系统（Collision Warning System）或碰撞避免系统（Collision Avoidance System）能够运用雷达、激光、摄像头及其他传感器设备，采集车辆行驶数据和行车环境数据，不断对周围车间安全距离进行实时评估，对碰撞事件进行预判。一旦检测到碰撞可能，系统会给驾驶员提供警报信息，甚至自动采取安全措施，以避免碰撞或减小碰撞程度[2]。运用车联网技术在车辆之间、车辆与道路之间共享传感器数据，且运用大数据和人工智能技术（例如神经网络）对海量车辆和环境数据进行高效融合与分析处理，不仅能够实现车辆对驾驶环境的精确感知和理解，也能够针对变化的驾驶环境完成对车辆的最优主动控制，达到更高的安全性能[3]。

除了精确判断车间安全距离、完成碰撞预警或实现车辆的最优避撞控制，对海量传感器数据的深度挖掘，也能够在其他方面为碰撞避免功能提供支持。例如，在特殊的行车环境——湿滑路面，对车辆的滑行趋势进行准确预测，能够辅助控制系统调整碰撞预警或碰撞避免系统的评估机制。文献［4］提出一个预测车辆滑行的大数据系统框架，该系统基于NoSQL构建海量传感器数据（车辆位置、速度、方向等）的存储和检索机制，并以Hadoop Map/Reduce实现实时分析，当判断有可能出现车辆滑行导致的危险状况时，系统向控制中心提出预警。

12.2.2 驾驶行为分析

交通环境中的事故成因很大程度上在于驾驶员不能准确判断危险情况，而做出不适当的驾驶行为。若能够对驾驶员行为进行准确分析，对其意图进行提前判断，进而提供适当的辅助或警告，提高驾驶员对交通环境的警觉性，则车辆安全驾驶系统将能够在减少事故、提高道路交通安全和效率方面发挥更重要的作用[5]，对驾驶行为进行精确建模是一项极为复杂的任务，需要考虑多种因素的交互影响，例如车辆动力学参数（速度、加速度和方向等）、驾驶员信息（年龄、驾龄和反应时间等）、行驶环境（周边交通、道路和行车状况，以及与十字路口或斑马线的距离等）。车联网能够实现车辆之间、车辆与道路之间高频率、不间断的数据传输，因此允许大范围、长时间跨度采集各种相关数据，进而通过合理的大数据分析手段（统计建模、机器学习等）对高维数据进行深度处理和知识挖掘，使更科学、准确、真实的驾驶行为分析成为可能。例如，文献［6］介绍了一种称为"思维追踪"的计算架构，通过采集数据、建立驾驶行为认知模型，最终对驾驶员意图进行推断，即体现了运用驾驶行为分析辅助车辆安全应用的一种典型流程。

由于交叉路口事故多发，交叉路口决策支持系统是学术界和工业界多年的热点研究内容，美国交通部和欧盟委员会都支持过大规模的研究项目以提高交叉路口的安全性[7-9]。例如，文献［10］运用交叉路口采集的视频数据，提出了针对车辆抵达路口时间和驾驶员对车辆走停控制的统计预测方法，为交叉路口防碰撞系统建立了闯红灯行为概率模型。文献［11］结合路口交通车辆数据，运用支持向量机（Support Vector Machine，SVM）和隐马尔可夫模型（Hidden Markov Model，HMM）两种方法对驾驶员行为进行分类建模，对驾驶员是否会违反交叉路口信号灯指示做出有效预测。

除了特定场景下的驾驶行为建模，自然行驶环境中的驾驶员行为分析也是研究者重视的问题。例如，文献［12］运用高斯混合模型（Gaussian Mixture Model，GMM）框架，从行车数据对司机的跟车和踩踏板特征进行建模。结果显示，从原始数据中提取的特征能够用于驾驶员的识别，既验证了方法的准确性，也体现了不同司机行为模式具有显著的差异性。文献［13］从人类行为建模和预测的角度出发，提出将人类动作视为一系列由马尔可夫链描述的有序状态的马尔可夫动态模型（Markov Dynamic Model，MDM）。通过车辆参数数据（方向盘角度、刹车踏板和加速踏板位置等），判断驾驶员动作，并预测随后的行为。

驾驶员行为分析除了能够应用于安全驾驶系统，还广泛用于车险费率的厘定——基于驾驶行为的保险（Usage-Based Insurance，UBI）。UBI以动态制定价格的方式，通过对驾驶员驾驶行为和特征的判别，向具有高危险系数的用户收取更高的保险费用，从而促使驾驶行为不佳的驾驶员主动改善自己的驾驶模式，也对具有良好驾驶习惯的驾驶员进行了鼓励，从而保证所有人和整个行车环境的安全[14]。基于驾驶行为的保险产品已有许多实际商业案例。例如，Snapshot是美国前进保险公司（Progressive Insurance）基于驾驶行为的汽车保险计划，根据驾驶员如何开车、开车里程和开车时间等信息定制不同驾驶员的保险费率。好事达（Allstate）公司的UBI产品Drivewise通过分析驾驶员行车速度、刹车行为和驾驶时间来给予用户积分奖励。然而，现有的UBI产品大多基于较为简单的驾驶习惯模型，例如是否常有急刹车行为、是否常有超速行为、是否常夜间开车等。真正基于海量车联网数据，对驾驶员行为进行精确刻画评估的模型，仍有待探索。

12.2.3 车辆故障诊断与预测

汽车故障是威胁汽车行驶安全的重要因素。传统的车辆故障诊断主要依靠车载故障诊断（On-Board Diagnostics，OBD）系统。OBD系统会根据请求到的总线数据，分析故障类型，并按照协议给出相应的故障代码，为维修工作人员提供指导和帮助。汽车是由多个系统构成的具有层次结构的复杂机械系统，每个系统可分为若干子系统，每个子系统又由若干部件组成。各个子系统、各个部件之间既具有一定独立性，又相互影响和制约。当某一子系统或部件发生故障时，有可能导致和它关联的子系统或部件状态发生变化，进而也出现故障。此外，即使是设计制造工艺完全相同的汽车，由于驾驶员习惯、使用强度和行驶工况等方面的差异，会导致汽车各部件状态以不同规律和不同程度随时间发生变化。因此，汽车故障问题复杂多样，单纯利用OBD系统的代码快速定位具体故障，将对维修工作人员的能力提出越来越高的要求。运用大数据技术，关联故障车辆总线数据、驾驶和环境数据，以及所有其他同类型车辆的相关历史数据，能够对车辆故障进行快速识别与准确定位，提升车辆维修效率，也能够帮助汽车公司深度了解产品状况，发现典型零部件问题，促进研发。

除了OBD系统能够明确提示的、驾驶员易于发现的车辆显性故障，车辆系统中往往还存在一类隐性故障问题。这类故障难以被OBD系统检测，对车辆日常行驶不造成明显影响，难以被驾驶员察觉。但隐性故障的长期存在会最终导致车辆较大显性故障的产生。因此，利用车联网大数据分析技术，发现隐性故障的典型表征和产生规律，准确预测未来显性故障，能够向用户主动提供个性化的维修保养建议和服务，提升用户体验，也能够降低企业维修运营成本，是具有极高商业价值的应用之一。

12.2.4 自动驾驶

自动驾驶是当今智能交通领域最前沿、最具挑战性的研究课题之一。据美国交通部调查表示，超过90%的汽车碰撞事故是由驾驶员判断失误、决策失误、操作失误等原因造成的[15]。因此，利用自动驾驶技术代替人类驾驶员，达到无失误、零事故行车，是近年来各国政府、企业和研究机构深入关注的焦点。一些国家已经开始修订交通法案，汽车公司和科研团队也纷纷发布各自的自动驾驶原型系统。例如，谷歌公司的无人驾驶汽车在 2012 年完成了 50 万公里的无事故行驶，百度公司的无人驾驶汽车也于 2015 年在北京实现市内路况行驶。

现有自动驾驶汽车的行为决策机制主要依赖于其自身携带的高精度传感器组，通过激光雷达、摄像头、GPS 等传感器采集车辆自身和周边环境数据，完成对驾驶环境的精确感知和深入理解，进而进行决策并控制汽车驾驶状态，实现自动驾驶。然而，此类高精度车载传感器组通常价格昂贵，导致车辆成本较高。另一方面，由于驾驶场景复杂多变，车载传感器组的感知范围和可靠性容易受到物理环境影响，具有明显的局限性。因此，通过车联网技术在车与车、车与路之间实现实时传感器数据共享和联合协作感知，从而大幅提高单一自动驾驶汽车对行驶环境的理解能力，成为一个新的研究方向[16]。举例来说，通常情况下，车辆是沿车道中心线行驶的，当所有车辆的行驶数据上传到云端之后，在数据量足够大的情况下，我们可以利用车辆行驶轨迹的大数据分析出车道中心线的位置，而且可以基于车辆的历史轨迹预测出它们的未来行驶轨迹，结合车道中心线和未来行驶轨迹，就可以开展车道保持这类自动驾驶的应用。当车辆行驶的状态都能共享之后，利用大数据就可以分析车辆的行驶意图和态势，这对于车辆之间碰撞冲突的检测来说是非常有价值的。

利用车联网技术实现自动驾驶传感器数据共享，对数据的传输、存储和处理都提出了新的挑战。除了如何对海量传感数据进行合理选择，以适合在多变的车联网无线信道中完成低时延高可靠性传输之外，如何将来自多源（有可能高速移动）、多种类传感器的数据进行高效融合，快速挖掘出支持自动驾驶应用的核心信息，是体现车联网大数据在自动驾驶领域价值的关键。

12.3　总结

本章将传统的车联网数据进行拓展，涵盖车辆总线数据、车载传感器数据、交通数据、环境数据等。在大规模车辆共存的交通场景下，形成车联网大数据的概念。数据量巨大、类型多样、高速生成、价值高的 4V 特征，使车联网大数据在传输、存储和处理方面既面临挑战，也充满机遇。本章从车辆碰撞避免、驾驶行为分析、车辆故障诊断与预测、自动驾驶四个方面简要介绍了车联网大数据在驾驶安全和商业领域的应用。针对车联网大数据的研究目前仍处于起步阶段，创新的数据传输、存储、分析处理技术和新型的应用（包括交通规划、城市监控等）仍有待探索，以充分挖掘其巨大的潜在价值。

参考文献

[1] Hu H, Wen Y, Chua T-S, et al. Towards Scalable Systems for Big Data Analytics: A Technology Tutorial [J]. IEEE Access, 2014, 2: 652-687.

[2] Milanes V, Perez J, Godoy J, et al. A Fuzzy Aid Rear-end Collision Warning/Avoidance System [J]. Expert Systems with Applications, 2012, 39(10): 9097-9107.

[3] Mon Y J, Lin C M. Supervisory Recurrent Fuzzy Neural Network Control for Vehicle Collision Avoidance Sys-

tem Design [J]. Neural Computing & Applications, 2012, 21(8):2163-2169.

[4] Jeon J, Lee W, Cho H J, et al. A Big Data System Design to Predict the Vehicle Slip [C]. Proceedings of the 2015 15th International Conference on Control. Automation and Systems (ICCAS), 2015:592-596.

[5] Aoude G S, Luders B D, Lee K K H, et al. Threat Assessment Design for Driver Assistance System at Intersections [C]. Proceedings of International IEEE Conference on Intelligent Transportation Systems. IEEE, 2010: 1855-1862.

[6] Salvucci D D. Inferring Driver Intent: A Case Study in Lane-Change Detection [C]. Proceedings of the Human Factors and Ergonomics Society 48th Annual Meeting, 2004:2228-2231.

[7] Bougler B, Cody D, Nowakowski C. California Intersection Decision Support: A Driver-Centered Approach to Left-Turn Collision Avoidance System Design [EB/OL], 2008. https://escholarship.org/uc/item/5nz512bt.

[8] Chan C Y, Bougler B. Evaluation of Cooperative Roadside and Vehicle-based Data Collection for Assessing Intersection Conflicts [C]. IEEE Intelligent Vehicles Symposium. IEEE, 2005: 165-170.

[9] Fuerstenberg K, Bossler B. A New European Approach for Intersection Safety—The EC-project INTERSAFE [J]. Advanced Microsystems for Automotive Applications, 2005: 493-504.

[10] Zhang L, Zhou K, Zhang W B, et. al. Prediction of Red Light Running Based on Statistics of Discrete Point Sensors [J]. Transportation Research Record Journal of the Transportation Research Board, 2009, 2128 (2128): 132-142.

[11] Aoude G S, Desaraju V R, Stephens L H, et al. Driver Behavior Classification at Intersections and Validation on Large Naturalistic Data Set [J]. IEEE Transactions on Intelligent Transportation Systems, 2012, 13 (2): 724-736.

[12] Miyajima C, Nishiwaki Y, Ozawa K, et al. Driver Modeling Based on Driving Behavior and Its Evaluation in Driver Identification [J]. Proceedings of the IEEE, 2007, 95(2): 427-437.

[13] Pentland A, Liu A. Modeling and Prediction of Human Behavior [J]. Neural Computation, 1999, 11: 229-242.

[14] Dijksterhuis C, Lewis-Evans B, Jelijs, et al. In-car Usage-based Insurance Feedback Strategies: A Comparative Driving Simulator Study [J]. Ergonomics, 2016, 59(9): 1158-1170.

[15] U. S. Department of Transportation Report (DOT HS 812 115). Critical Reasons for Crashes Investigated in the National Motor Vehicle Crash Causation Survey, 2015. https://crashstats.nhtsa.dot.gov/Api/Public/ViewPublication/812115.

[16] Kim S-W, Liu W, Ang M H Jr, et al. The Impact of Cooperative Perception on Decision Making and Planning of Autonomous Vehicles [J]. IEEE Intelligent Transportation Systems Magazine, 2015, 7(3): 39-50.

附录　中英文对照表

英文缩写	英文全称	中文全称
2C-CC	Car-to-Car Communication Consortium	车-车通信联盟
3GPP	3rd Generation Partnership Project	第三代合作伙伴计划
AA	Authorization Authority	授权中心
AC	Access Category	访问类别
AC_BE	AC Best Effort	尽最大努力交付访问类别
AC_VI	AC VIdeo	视频流访问类别
ACI	Access Category Index	访问类别索引
ACID	Application class identifier	应用类别标识符
ACK	Acknowledgment	确认
ACM	application context mark	应用程序内容标记
AD	Automatic driving	自动驾驶
ADAS	Advanced Driver Assistance System	高级驾驶辅助系统
AES	Advanced Encryption Standard	高级加密标准
AGR	Abiding Geocast Routing	持续的基于位置路由
AHS	Automated Highway System	自动高速公路系统
AIFS	Arbitration Inter Frame Space	仲裁帧间隔
AIFSN	ArbitrationInter Frame Space Number	仲裁帧间隔时隙数
AL	Access Layer	接入层
AP	Affinity Propagation	亲和力传播
APDU	application protocol data unit	应用程序协议数据单元
APEC	Asia-Pacific Economic Cooperation	亚太经合组织
API	Application Programming Interface	应用程序语法
ART	Advanced Rapid Transit	先进高速交通
ASCII	American Standard Code for Information Interchange	美国信息交换标准代码
ASD	Aftermarket Safety Devices	后装安全设备
ASDU	Application Service Data Unit	应用程序服务数据单元
ASIL	Automotive Safety Integration Level	汽车安全完整性等级
ASN	Abstract Syntax Notation	抽象语法符号
ASN.1	Abstract Syntax Notation 1	抽样描述文法1
ATMS	Advanced Traffic Management System	先进的交通管理系统

(续)

英文缩写	英文全称	中文全称
BER	Basic Encoding Rules	基本编码规则
BIT/SK	Binary Phase Shift Keying	二进制相移键控
BM-SC	Broadcast Multicast Service Center	广播组播业务中心
BSA	Basic Set of Application	基本应用程序集
BSM	Basic Safety Message	基本安全消息
BSS	Basic Service Set	基本服务集
BSW	Blind Spot Warning	盲点预警
BTP	Basic Transport Protocol	基本传输协议
CA	Co operative Awareness	协同感知
CA	Certificate Authority	证书颁发机构
CAF	Channel Access Function	信道访问功能
CALM	Communications Access for Land Mobiles	陆地移动电话的通信接口
CALM	Communications Access for Land Mobiles	中远距离的持续无线接口
CAM	Co operative Awareness Message	协同感知消息
CAN	Controller Area Network	控制器局域网
CBF	Contention-Based Forwarding	基于竞争的转发
CBR	Channel Busy Ratio	信道占用率
CCA	Clear Channel Assessment	空闲信道评估
CCH	Control Channel	控制信道
CCM	Counter with Cipher Block Chainin Message Authentication Code	密码块链消息认证码
CCSA	Chinese Communication Standards Association	中国通信标准化协会
CDMA	Code Division Multiple Access	码分多址
CEN	Comité Européen de Normalisation, European Committee for Standardization	欧洲标准化委员会
CGR	Cached Geocast Routing	缓存的基于位置路由
CH	Cluster Head	簇头
CL	Channel Load	通道负载
C-ITS	Cooperative Intelligent Transport Systems	协作式智能交通系统
CME	Certificate Management Entity	证书管理实体
CMH	Cryp Tomaterial Handle	密码材料操作
CMV	Cognitive MAC Protocol for VANET	针对 VANET 的认知 MAC 协议
CoNa	Co operative Navigation	协同导航
CPS	Cyber Physical System	信息物理融合系统
CRL	Certificate Revocation List	证书撤销列表
CSM	Co-Operative Speed Management	协同速度管理

(续)

英文缩写	英文全称	中文全称
CSW	Curve Speed Warning	弯道车速警告
CSMA/CA	Carrier Sense Multiple Access/Collision Avoidance	载波侦听多路访问与碰撞检测
CSR	Certificate Signing Request	证书签名请求
CUL	Channel Usage List	信道使用状况列表
CV	Connected Vehicle	车联网
CVIS	Cooperative Vehicle-Infrastructure System	协作性车辆基础设施一体化系统
CVO	Commercial Vehicle Operations	商用车辆运营
CW	Contention Window	竞争窗口
D2D	Device-to-Device	设备对设备
D-FPAV	Distributed-Fair Power Adjustment for Vehicular environments	车载环境分布式公平功率调整
DA	Driving Assistance	驾驶辅助
DCC	Decentralized Congestion Control	分布式拥塞控制
DCC_access	DCC component of the access layer	接入层 DCC 组件
DCC_app	DCC component of the facility layer	设备层 DCC 组件
DCC_mgmt	DCC component of the management layer	管理层 DCC 组件
DCC_net	DCC component of the network layer	网络层 DCC 组件
D-CCA	CCA sensitivity for DCC	DCC 的 CCA 灵敏度
DCF	Distributed Coordinated Function	分布式协调
DE	Data Element	数据元素
DEN	Decentralized Environmental Notification	分布式环境通知
DENM	Decentralized Environmental Notification Message	分布式环境通知消息
DER	Distinguished Encoding Rules	可辨别编码规则
DF	Data Frame	数据帧
DLL	Data Link Layer	数据链路层
DMRS	DeModultion Reference Signal	数据解调参考信号
DNPW	Do Not Pass Warning	禁止通行警告
DNS	Domain Name System	域名系统
DOT	Department of Transportation	交通运输部
DSC	DCC Sensitivity Control	DCC 灵敏度控制
DSRC	Dedicated Short Range Communications	短距离无线通信
DSSS	Driving Safety Support System	安全驾驶支持系统
E-UTRAN	Evolved Universal Terrestrial Radio Access Network	进化型的统一陆地无线接入网络
EC	Electronic Commerce	电子商务

(续)

英文缩写	英文全称	中文全称
ECC	Electronic Communications Committee	电子通信委员会
ECIES	Elliptic Curve Integrated Encryption Scheme	椭圆曲线综合加密方案
ECU	Electronic Control Unit	电子控制单元
EDCA	Enhanced Distributed Channel Access	增强型分布式信道访问
EEBL	Emergency Electronic Brake Lights	应急电子刹车
EFC	Electronic Fee Collection	电子收费
eMBMS	Evolved Multimedia Broadcast Multicast Service	演进多媒体广播/多播服务
EN	Commission Européen de Normalisation	欧洲标准化委员会
RSM	Radio Spectrum Management	无线电频谱管理
ETC	Electronic Toll Collection	电子不停车收费系统
ETSI	European Telecommunication Standard Institute	欧洲电信标准协会
FA	Name of interface between facilities layer and ITS-S applications	设备层与ITS-S应用程序之间的接口名称
FCC	Federal Communications Commission	联邦通信委员会
FCW)	Forward Collision Warning	前向碰撞预警
FDMA	Frequency Division Multiple Access	频分多址
FIFO	First Input First Output	先入先出
FL	Facilities Layer	设备层
FPAV	Fair Power Adjustment for Vehicular environments	车载环境公平功率调整
FR	Functional Requirement	功能需求
GMM	Gaussian Mixture Model	高斯混合模型
GN	GeoNetworking	地理网络
GN6ASL	GeoNetworking-IPv6 Adaptation Sub-Layer	地理网络-IPv6适配子层
GN6SDU	GN6 Service Data Unit	GN6服务数据单元
GNSS	Global Navigation Satellite System	全球导航卫星系统
GPRS	General Packet Radio Service	通用无线分组业务
GPS	Global Positioning System	全球定位系统
GPSR	Greedy Perimeter Stateless Routing	贪婪周边无状态路由协议
GUI	Graphical User Interface	图形用户接口
GVL	Geographical Virtual Link	地理虚拟链路
HDFS	Hadoop Distributed File System	Hadoop分布式文件系统
HL	Hop Limit	跳限
HMI	Human Machine Interface	人机接口
HSS	Home Subscriber Server	归属签约服务器
HT	Header Type	头部类型

(续)

英文缩写	英文全称	中文全称
HVC	Hybrid Vehicular Communication	混合式通信
I2V	Infrastructure-to-Vehicle	车路通信
ICMPv6	Internet Control Message Protocol for IPv6	IPv6 网络控制信息协议
ICV	Intelligent Connected Vehicle	智能网联汽车
ID	Identifier	标识
ID	Integrated Devices	一体化的设备
IDL	Interface Description Language	接口描述语言
IEEE	Institute of Electrical and Electronics Engineers	电气与电子工程师协会
IETF	Internet Engineering Task Force	互联网工程任务组
IMA	Intersection Movement Assist	交叉口移动辅助
IN	Name of interface between access layer and networking & transport layer	接入层与网络传输层之间的接口名称
IoT	Internet of Things	物联网
IP	Internet Protocol	互联网协议
IPv6	Internet Protocol version 6	互联网协议第六版
ISO	International Organization for Standardization	国际标准化组织
ITS	ITS Intelligent Transportation Systems	智能交通系统
ITSC	ITS Communications	ITS 通信
ITS-G5A	ITS Frequency band 5,875 GHz to 5,905 GHz dedicated for safety related applications	处于 5.875~5.905 GHz 频段的 ITS 无线通信
ITS-S	ITS Station	ITS 站点
ITS-ST	ITS Station Time	ITS 站点时间
IVC	Inter-Vehicle Communications	车间通信
IVG	Lnter-Vehicle Geocast	车辆间基于位置的组播
IVI	Intelligent Vehicle Initiative	智能车辆先导
KDC	Key Distribution Center	密钥管理机构
LAN	Local Area Network	局域网
LCH	Logical Channel	逻辑通道
LCW	Lane Change Warning	变道预警
LDM	Local Dynamic Map	本地动态地图
LLC	Logic Link Control	逻辑链路控制
LocT	Location Table	位置表
LocTE	Location Table Entry	位置表登记
LPV	Local Position Vector	本地位置向量
LS	Location Service	位置服务
LSAP	Link Service Access Point	链路扩展服务接入点

(续)

英文缩写	英文全称	中文全称
LSI-S	Local Service Indicator for Security	管理本地安全服务指标分配
LTA	Left Turn Assist	左转辅助
LTS	Long Training Symbol	长训练符号
MAC	Media Access Control	介质访问控制
MANET	Mobile Ad Hoc Network	移动 ad hoc 网络
MCS	Modulation and Coding Scheme	调制和编码方案
MIB	Management Information Base	管理信息库
MID	MAC ID	介质访问控制的标识
MIVC	Multi-hopIVCs	多跳车-车通信
MLME	MAC sublayer Management Entity	MAC 层管理实体
MLMEX	MLME extension	MLMEX 扩展
MNO	Mobile Network Operator	移动网络运营商
MPDU	MAC Protocol Data Unit	MAC 层协议数据单元
MSB	Most Significant Bit	最重要位
MSDU	MAC Service Data Unit	MAC 层服务数据单元
MTU	Maximum Transmission Unit	最大传输单元
N&T	Networking & Transport Layer	连接网络传输层
NA	Not Applicable	无法应用
NAFTA	North American Free Trade Area	北美自由贸易区
NBMA	Non-Broadcast Multi-Access	非广播多路访问
ND	Neighbor Discovery	邻居发现
NDL	Network Design Limits (DCC management information base)	网络设计的限制
NHSTA	National Highway Traffic Safety Administration	国家公路交通安全管理局
NHTS	National Household Travel Survey	全国家庭出行调查
NIST	National Institute for Standard and Technology	国家标准与技术研究所
NMEA	National Marine Electronics Association	美国国家海洋电子协会
NUD	Neighbor Unreachability Detection	邻居不可达检测
OBD	On Board Diagnostics	车载自动诊断系统
OBE	On Board Equipment	车载设备
OBU	On Board Unit	车载单元
OCB	Outside the Context of a (n IEEE 802.11) Basic service set	超出基本服务集的内容
OEM	Original Equipment Manufacturer	原始设备制造商
OFDM	Orthogonal Frequency Division Multiplexing	正交频分复用
OID	Object Identifier	对象标识符

(续)

英文缩写	英文全称	中文全称
OSI	Open System Interconnection	开放系统互连
PCF	Point Coordinated Function	点协调功能
PCI	Protocol Control Information	协议控制信息
PCRF	Policy and Charging Rules Function	策略与计费规则功能单元
PDCP	Packet Data Convergence Protocol	分组汇聚子层
PDU	Protocol Data Unit	协议数据单元
PGP	Pretty Good Privacy	良好隐私
PHY	Physical layer	物理层
PICS	Protocol Implementation Conformance Statement	协议实现一致性声明
PK	Public Key	公开密钥
PKI	Public Keying Infrastructure	公钥基础设施
PLCP	Physical Layer Convergence Protocol	物理层会聚协议
PLME	physical Layer Management Entity	物理层管理实体
PMD	Physical Medium Dependent	物理介质关联
PoI	Point of Interest	兴趣点
POTI	Position and Time Management	位置和时间管理
ROVER	Robust vehicular routing	鲁棒的车辆路由
PPDU	PLCP Protocol Data Unit	PLCP 协议数据单元
PS	Personal ITS Station	个人智能交通系统站点
PSC	Provider Service Context	供应者服务内容
PSDU	PLCP Service Data Unit	服务数据单元
PSID	Provider Service Identifier	供应者服务标识符
PSSME	Provider Service Security Management Entity	供应者安全服务管理实体
PST	Provider Service Table	供应者服务表
PV	Position Vector	位置矢量
PVDM	Probe Vehicle Data Message	探测车辆数据消息
QAM	Quadrature Amplitude Modulation	正交幅度调制
QC	Quality Control	质量控制
QPSK	Quadrature Phase Shift Keying	四相移键控
RB	Radio Block	无线资源块
RCA	Request Channel Assignment	信道分配请求
RCP	Resource Command Processor	资源命令处理器
RCPI	Received Channel Power Indicator	接收信道功率指示
RDD	Resilient Distributed Datasets	弹性分布数据集
REC	Recommendation	建议

(续)

英文缩写	英文全称	中文全称
RF	Radio Frequency	无线频率
RFC	Request for Comments	一种 IETF 文档
RHW	Road Hazard Warning	道路危险预警
RM	Resource Manager	资源管理
RMA	Resource Manager Application	资源管理应用
ROI	Region of Interest	感兴趣区域
RPST	Response to Provider Service Table	供应者服务表响应
RR-ALOHA	Reliable Reserved-ALOHA	可靠预约 ALOHA
RRC	Radio Resource Control	无线资源控制
RS	Roadside ITS Station	路边智能交通系统站点
RSD	Retrofit Safety Device	改造安全设备
RSE	RoadSide Equipment	路侧设备
RSU	RoadSide Unit	路侧单元
RTD	Real Time Differential	实时差分
RTK	Real-Time Kinematic	实时相位差分
RTS/CTS	Request-to-send/Clear-to-send	请求发送/清空发送
RTTT	Road Transport and Traffic Telematics	道路运输和交通远程信息处理
RVC	Road to Vehicle Communications	路车通信
S-GW	Service Gateway	服务网关
SA	Schedule Assignment	调度分配
SAE	Society of Automotive Engineers	美国汽车工程师学会
SAF	Service Advertisement Frame	服务广告帧
SAP	Service Access Point	服务访问点
SCF	Service Context Frame	服务环境帧
SCH	Service Channel	服务信道
SCR	Stable Clustering Routing	稳定分簇路由
SDEE	Secure Data Exchange Entity	安全数据交换实体
SDMA	Space-Division Multiple Access	空分多址
SDU	Service Data Unit	服务数据单元
SE	Sender	发送方
SfCH)	Safety Channel	逻辑安全信道
SHB	Single Hop Broadcast	单跳跃级广播
SL	Sidelink	侧链路
SIB	Security Information Base	安全信息基础
SIM	Subscriber Identification Module	用户识别模块
SIP	Strategic Innovation Promotion Program	战略性创新推进计划

（续）

英文缩写	英文全称	中文全称
SIVC	Single-hop IVC	单跳车-车通信
SME	Station Management Entity	站台管理实体
SNAP	Subnetwork Access Protocol	子网访问协议
SNR	Signal to Noise Ratio	信噪比
SOA	Service Orientated Architecture	面向服务架构
SP	Special Publication	特别版本
SPAT	Signal Phase And Timing	信号状态定时
SPS	Semi-Persistent Scheduling	半静态调度
SRVC	Sparse RVC	稀疏网络下的车路通信
STS	Short training symbol	短训练符号
TA	Timing Advertisement (frame)	定时公告
TAC	Transmit Access Control	传输访问控制
TAI	International Atomic Time	国际原子时
TCP	Transmission Control Protocol	传输控制协议
TDC	Transmit Datarate Control	传输码率控制
TDMA	Time Division Multiple Address	时分多址
TLS	Transport Layer Security	传输层安全
ToE	Target of Evaluation	评估目标
TPC	Transmit Power Control	传输功率控制
TPEG	Transport Protocol Experts Group	传输协议专门组
TR	Technical Report	技术报告
TRC	Transmit Rate Control	传输速率控制
TS	Technical Specification	技术规范
TSB	Topologically Scoped Broadcast	拓扑范围广播
TSF	Timer Synchronization Function	定时同步功能
TTP	Trusted Third Party	第三方信任实体
TVL	Topological Virtual Link	拓扑虚拟链路
TX/RX	Transmit / Receive	发射/接收
TXOP	transmission opportunity	传输机会
UBI	User-Based Insurance	基于驾驶行为的保险
UDP	User Datagram Protocol	用户数据报协议
UE	User Equipment	用户设备
UHF	Ultra High Frequency	特高频
UI	User Interface	用户接口
UPER	Unaligned Packed Encoding Rule	对齐编码规则
URVC	Ubiquitous RVC	普适环境下的车路通信

(续)

英文缩写	英文全称	中文全称
USDOT	U.S. Department of Transportation	美国交通部
UTC	Coordinated Universal Time	世界标准时间
UTF	nicode Transformation Format	传输一致性格式
V2C	Vehicle to Cloud	车与云端
V2I	vehicle-to-infrastructure	车对基础设施
V2P	Vehicle to Pedestrians	车与行人
V2V	Vehicle-to-Vehicle	车对车
V2X	V2V and/or V2I	车和车及车和基础设施
VAD	Vehicle Awareness Devices	车辆感知设备
VANET	Vehicular Ad-hoc Network	车载 Ad-hoc 网络
VCAS	Vehicle Collision Avoidance System	车辆碰撞避免系统
VICS	Vehicle Information and Communication System	道路交通情报通信系统
VII	Vehicle infrastructure integration	车辆基础设施一体化
VDP	Vehicle Data Provider	车辆数据提供商
VS	Vehicle ITS Station	车辆智能交通系统站点
VSC	Vehicular Safety Communication	车辆安全通信
VSA	Vendor Specific Action (frame)	供应商具体行动帧
WAVE	Wireless Access in Vehicular Environments	车载环境无线接入
WBSS	WAVE Basic Service Set	WAVE 基本服务集
WHO	World Health Organization	世界卫生组织
WME	WAVE Management Entity	WAVE 管理实体
WRA	WAVE Routing Advertisement	WAVE 路由公告
WSA	WAVE Service Advertisement	WAVE 服务公告
WSM	WAVE Short Message	WAVE 短消息
WSMP	WAVE Short Message Protocol	WAVE 短消息协议